顧頡剛全集

顧頡剛日記

卷 六

中 華 書 局

目　　録

一九四七年

（民國卅六年）

卅六，一，九，與馬蔭良書云：（下略，見《顧頡剛書信集》）

一九四七年一月

一月一號星期三 （十二月初十）

又曾來。整理信札雜紙。仲周來。受之來。十時，雇車，與靜秋同赴車站，上十一時〇六分車，擠甚，過常州後方得坐。在車進午飯。

下午四時許到京，將行李票交國大招待所代領。與靜秋到揚子飯店落宿。旋出，雇車到木蘭處，未晤，飯于中大附中對面一小館。遇王選長。

乘公共汽車到車站，取行李，還旅館。八時一刻即眠。

一月二號星期四 （十二月十一）

與靜秋到熱河路吃點。九時，出旅館，上輪渡，到浦口站，送靜秋上車。十一時，車開。予返下關，向旅館算賬取物，雇車到招待所。途遇周桂金，陳玉符夫婦，傅尚霖夫婦。

補記廿天來日記，未畢。甘家馨來。陳玉符夫婦偕其三女來。

到滿庭芳吃點當飯，已四時。

到曾資生家赴宴，九時歸。

今晚同席：陶希聖　鄧飛黃　鄧必義等（以上客）　曾資生（主）

一月三號星期五（十二月十二）

補記日記，略訖。出吃點。訪馬鶴天，未遇。遇劉起釪夫婦，同到招待所小坐。出，到吳錫澤處，遇其女出痘。到泉澄處，未遇，留條。到玉符處亦未遇，與其女談。由光華門步至中山門，到中央博物院，曾昭燏留飯，長談。

屈萬里來。王天木歸，又看天木數年來工作成績。與萬里，天木共游半山寺。到黨史會訪貢珍，遇之。出，遇張溥泉，談國史館事。溥泉以車送歸。起釪來，同到大華吃飯。葉蘊輝來。改受之所鈔《拉卜塄游記》。八時許即眠。

昨晚與鄧君談逢原事，今晨五時，遂夢與靜秋，逢原，哭而醒。予與後進寄以極殷切之屬望而夭其天年者，若侃燮，若克讓，若勁修，若逢原，皆不勝其傷慟。此皆我國家我人類之損失也。

今日下午與溥泉先生談時忽覺不適，兩頰緋紅，若病將至，起釪邀宴，勉強吃一碗飯，因早眠。

今晚同席：吳晃（石安）　鄧必義　予（以上客）　劉起釪夫婦（主）

一月四號星期六（十二月十三）

爲蘊輝寫册子。寫靜秋信。劉起釪來。葉蘊輝來。出吃點。到鼓樓郵局寄信。到興華旅館訪呂健秋，不遇。到蘆席營訪黃奮生，遇之。回，到鳳香吃飯。歸，與泊生談。

寫舜欽，問渠，詩銘，鴻鈞，鏡如，果庵信。爲人寫字六件，繼又寫十四件，又寫四件。奮生來。吳聰（重明）來。起釪來。張克寬來。黃祝耆來。寫姜步堯，李文實，傅維本，吳練青夫婦信。

到快活林吃飯。寫自明信。看《李太白集》，至十時許。

昨夜八時眠，今晨五時始醒，既而又睡，七時乃起。經此休息，今日身體便比昨好。咳已止，痰亦厚，傷風當自愈。

一月五號星期日（十二月十四）

看李玄伯《中國古代社會研究》。訪田伯蒼，未晤。吃豆漿。寫汪仲周，静秋，金振宇，章友三，伍蠡甫，周谷城，童丕繩，華問渠信。起釬來。

到松鶴樓吃麵。出，遇滕仰支夫婦，蘇鴻恩。到鼓樓寄信，未得。遇鴻庵，同到新亞細亞學會，開邊疆學會理監事會，討論與國防部合作事。五時半，會散，到山西路國民酒家吃飯。

爲人寫字六件。起釬夫婦來。看《李太白集》至十一時半。寫筆記數條。

今日同會，同席：許公武　馬鶴天　黎伯豪　韓鴻庵　丁實存　黃奮生　劉維漢　王殿之　劉家駒（劍秋）　晚飯時，鴻庵離去，予與公武爲客，其他爲主。

一月六號星期一（十二月十五）

劉維漢來。奮生來，同到快活林吃點。與奮生同到鶴天處。同乘吉普車到國防部，訪卿汝楫及泉澄夫婦，商補助邊會事。出，到社會部訪谷振綱，并晤佘蒸雲。到水利委員會訪薛子良，并晤鞏克忠，張克寬。到天林春吃飯。遇李雲漢，任寶祥，由其回鈔。

到鶴天寓舍，商邊疆叢書事。出，到予寓，訪李培國，并晤王致雲。以付應生寄信亂投，責之。寫朱騮先信，爲請款事，寫黃仲良電，爲留奮生在京事。與鶴天同雇車到公武處吃飯。

八時許席散，冒大雨歸。看《李太白集》。

今晚同席：官其欽　王蔭榆　俞□□　黎伯豪　馬鶴天　丁

實存　劉維漢　王殿之（以上客）　許公武及其長子（主）

一月七號星期二（十二月十六）

紀果庵來。出門，遇劉維漢，同到中大門前吃點。訪吳子臧，不遇，見其夫人。予出寄信，到程仰之處，并晤胡家健。再至子臧處，與其兩女令徽，令安玩。十二時後子臧歸，在其家飯。

與劉維漢同歸，旋同到教育部，訪凌民復，又到周鴻經處，并晤余上沅，錢臨照，顧惕生。與維漢同歸，爲寫驪先信。寫靜秋信。徐正穩來。

到中央飯店，參加國大同人聯誼會。到慰堂處談，并晤其子祖安。歸，爲人寫字十件。

今午同席：劉維漢及予（客）　吳子臧夫婦（主）

靜秋到徐，而心懸于蘇州之家，以致睡眠不安，心跳又甚，聞之懷念，祈天佑彼。

今晚同席：齊璧亭　王泊生　李鴻儒　陳再達　鄒樹文　陽叔葆　王同榮　劉振東（主席）　李培國　王立文　盧毓駿鄭湘疇等百餘人　每人繳餐費一萬元。

一月八號星期三（十二月十七）

吃豆漿。起釬來，奮生來，同到鶴天處，不晤。與奮生到國防部，晤汝楫及泉澄夫婦。出，再訪鶴天，仍不遇。予到社會部訪張鴻鈞，不晤，訪任寶祥，并晤胡勤業（進德）。到教育部，訪田伯蒼，并晤王渭珍，果端華。

到鳳香吃點。奮生來。爲人寫字十六件。鄒明誠來，同出，看新建之邊疆文化館屋舍及現辦公處。訪劉家駒及鴻庵均不遇，晤鴻庵夫人。出，在文昌橋吃麵。吳琪來。鶴天來。寫靜秋，田伯蒼信。到任覺五處。

到中央圖書館赴宴。歸，爲人書字九件。黃祝耆來。

今晚同席：于野聲　吳有訓　戚壽南　吳伯超　晏勛甫夫婦　蔣百里之女三小姐，四小姐，五小姐（以上客）　蔣慰堂（主）

馬歇爾今日返美，年餘調和，竟以失望去。此次歸國，係任國務卿。臨行時謂國共兩黨俱無誠意，共黨惟求赤化，國黨則頑固分子必須清除，各黨派之賢能應加入政府云云。

鴻鈞來書，謂潮兒對花玻璃窗輒欲作語，豈襁褓中已有審美觀念耶？

一月九號星期四（十二月十八）

寫鴻鈞信。起釪夫婦來。王之屏來。鶴天來兩次，奮生來，同到快活林吃點。到新疆省辦事處訪張治中，不晤。到國防部訪白健生，亦不晤。到主席官邸訪周策縱，晤之。歸，寫靜秋信。寫仲周，蔭良信。

滕聖芳，王玉康來談，爲寫字三件。到中大寄信。出吃飯，遇梅應運于途，同歸，遇董彥堂。奮生，家駒來。鶴天來，同討邊會事，計畫組織通訊社及邊疆福利公司。天木來。泊生來。

到大陸西菜館吃飯。到濟之處視疾。到彥堂處談。歸，祝耆來，爲人寫字六件。

今晚同席：彥堂　何茲全　孟真（以上客）　郭子衡　曾昭燏　王天木　陳槃厂　勞貞一　芮逸夫　傅樂煥　高小梅　李濟之太太　辜孝寬　岑仲勉　王之屏　共五十餘人（以上主）

一月十號星期五（十二月十九）

寫卿汝楫，沈子愉信。到齊璧亭處，并晤郭堉愷，吃歐烤麵包。任覺五來。寫成泉，肖甫，參政會，官蔚藍信。買物，送黎東方夫人處，黃祝耆伴往，汽車往還。歸，理物。寫靜秋信。

到大華定菜，鳳香吃飯。歸，寫杭立武，陳東原，陸志鴻，辛樹幟信。祝耆伴上汽車，至鶴天處，同出，訪汝楫及泉澄夫婦，訪白健生部長，并晤鍾長江，李永新，榮祥等。出，到社會部訪張鴻鈞。歸，爲人寫字九件。

璧亭來辭宴。到大華宴客。歸，爲人寫字十件。孟士衡，梁醒黃，韓樹森來。

今晚同席：任覺五　吳重明　孫家振　宦邦顯　黃祝耆　王家濤　葉世茗　劉起釪（以上客）　予（主）　共九萬七千元。

今日本宴齊璧亭，王泊生兩君，而以張溥泉邀宴，未能至。

一月十一號星期六（十二月二十）

六時起，整理訖。七時出，孫家振，黃祝耆，王家濤送行。到站，適彥堂出國，高小梅，勞貞一，郭子衡，石璋如，芮逸夫等送行，合攝二影。八時車開，與彥堂詳談，同吃點及飯。

一時到蘇，雇車歸，與家人談，視外姑疾。祝懷冰夫婦來。到魯弟處，并晤汪士宏，畢格心。丕繩來談。看各處來信。詩銘，林甍，舜欽等來談。

到文通編輯所開會。歸，丕繩來談。又曾誠安來談。整理信件什物。

數日不見潮兒，竟能咿唔學語。外姑今冬身體常有病痛，此次又兩臂作痛。老年多病，誠苦事也。

丕繩告我，黃永年語彼，近日周予同在復旦講堂上大罵我，謂我"邪說橫行"，此真怪事，我有何邪說耶？總之，我加入上海學術界便是罪，使海派之惴惴不安者我之過也。惟念當《古史辨》初出，予同亦頗捧場，何前恭而後倨耶？無他，以前無利害關係而今則相迫相摩耳。我之樹敵，皆由此來，孟真如此，煨蓮如此，曉峰如此，贊虞如此，賓四如此，正不必責予同矣。予是以決絕辭去復旦，使彼輩得高枕而臥也。

一月十二號星期日（十二月廿一）

寫靜秋，守堃，社教院課務組信。到詩銘，漢鏞，自珍，丕繩處。又曾來。十一時飯，與鴻鈞同乘車到站。脫車，遇馬詒壽，談。十二時五十分，始上車。

二時四十分到滬，到大中國。到皇宮飯店，晤華宗澤。到橫浜橋美楣里十九號誠安新寓，見誠安弟婦及冬侄和兒。回大中國，與振宇，宣人談。待雁秋來，同乘汽車到君匋處赴宴。

九時出，乘汽車，到誠安處。旋出，到大中國，與鴻鈞同榻。

今晚同席：嚴學禮　徐鑄成　李□□　張雁秋　金振宇　張鴻鈞　金緯宇　陳宣人（以上客）　丁君匋夫婦（主）

魯弟遷新居，三層樓，每層一間，頂費三條金子。這筆債不少，蓋已在一千萬元以上矣。

雁秋以明日蘇省府開會，彼須爲連雲市代表，故今日一見即別，渠乘十一時夜車行矣。約到上海後同回蘇州度年。

一月十三號星期一（十二月廿二）

將鴻鈞送至魯弟處。予至皇宮飯店訪華問渠，遇之。共商談文通編輯所事，由彭林蕡筆記。張士敏來，加入。與林蕡，詩銘同出，訪尹雪曼于益世報編輯部。出，到開明書店，晤徐調孚，周予同等。出，飯于文新街清真館春華樓。

到起潛叔處。到張炎生夫人處取款，再到起潛叔處。到大中國，存款。在大中國吃飯。

尹雪曼來。與君匋談大中國事。歸，與魯弟夫婦談至十時，仍與鴻鈞同榻。

今午同席：彭林蕡　方詩銘（以上客）　予（主）　二萬元。

大中國局開六個月，營業七萬萬元。七月初開，生意未多。八九兩月漸好，至十月後每天平均五百萬元矣。惟君匈量窄，見金氏兄弟收得亞光版稅一萬萬元，不免嫉妒，謂自己拿不到一百萬，相去太遠。實則亞光之版稅係由過去七八年中金氏兄弟奮鬥而來，且與大中國訂有契約，并無法律以外之貪取，而其兄弟全部時間均在公司，半年月薪，每人亦僅有百餘萬元。予甚恐"天國春秋"之故事復見于今日，故竭力爲之調解，勿使陳稼軒竊笑于旁也。

一月十四號星期二（十二月廿三）

寫静秋，鶴天信。金振宇，擎宇來，同出，乘汽車，予與鴻鈞到炎生家，予取款後到大中國，存款。到皇宮飯店，與問渠，士敏，宗澤到凱福吃點，談文通事。重到皇宮飯店，再談。十二時，予與詩銘同到四馬路會賓樓赴宴。

與詩銘同到開明，與伯祥等談，取書。到大中國，與振宇同出，到凱福茶叙，商大中國事。出，遇楊廷福。剃頭。

在大中國吃飯。飯後開局務會議，同乘汽車歸，與魯弟夫婦談至十時半。

今午同席：潘伯鷹　予與詩銘（以上客）　卜青茂（蔚然）張鑄新　尹雪曼　劉一樵（以上主）

理髮，四千元矣。

一月十五號星期三（十二月廿四）

七時，雇人力車赴復旦大學，晤楊玖生。上試堂，則谷城已代出題。出，吃點。到谷城處，蠡甫處，友三處，辭職。在蠡甫處又進點。到會計處領薪。到保管課，與趙鳳至到合作社看存箱。訪高瑞蘭，不晤，乘校車回。遇蔣天樞。

訪華問渠，不遇。訪張士敏，遇之。寬正，大沂來，同到和平博物館參觀。在和平博物館晤劉致平，莫宗江，李光謨，李晨嵐，李霖燦。晤蕭稟崧，馬清和。出，到凱福吃西餐。到大中國，爲劉子喬等寫字二件。李小峰來。與小峰同乘車。視鴻鈞。

到梁園老正興，未遇人。到天天食堂吃飯。到聖陶，紹虞處談。九時半歸。

今日幸得將復旦教職辭去，使予肩負稍輕。惟復旦仍聘予爲特約講席，囑來滬時仍到校演講，不爲常課，薪金亦臨時致送。

今午同席：楊寬正　蔣大沂（以上客）　予（主）　五萬二千元。

在京夜中爲人書字過多，輒不易入睡。惟既入睡亦即酣眠。今日自南京路步行回橫浜橋，身體稍勞，入眠頗易，足徵運動之重要也。

一月十六號星期四（十二月廿五）

寫靜秋，毛以亨，葉維清，頤萱，黃永年，高瑞蘭信。算賬。記日記四天。詩銘來。

寫家駱，小魯，筱蘇，壽彝，濤川，紀果庵信。又寫紀清漪，何海秋等信。詩銘來，冒雨同到文通，與問渠談局事，留飯。

九時，到大中國，晤振宇，宣人等。乘汽車歸。

一月十七號星期五（十二月廿六）

到炎生夫人處。到大中國，寫饒劍雄，朱錦江信。到文通，送問渠行，留飯。寫陸步青，頤萱嫂信。

到市立博物館，晤寬正，大沂，丕繩，名世。簡香來。起潛叔來。到大中國，吃年夜飯，陪客。

九時許，乘汽車歸，與魯弟夫婦談。

今晚同席：汪孟鄒　李小峰　振宇　緯宇　擎宇　君匋　宣

人　劉子喬　尹文發　華耀明　志堅　金竹安等卅餘人（凡四桌）

一月十八號星期六（十二月廿七）

大沂來，與同出，到王以中處，晤綏貞及其子女。與以中大沂同至丁山處，長談，留飯。周謙冲來。

丁山處出，乘暨南校車到北四川路，轉一路電車到靜安寺。到起潛叔處，爲合衆圖書館寫顧一樵信。到張宅，接鴻鈞，爲潮兒購乳瓶。訪馬蔭良，未值。返起潛叔處赴宴。

與建猷等同車歸。黃和繩來。

今晚同席：葉揆初　陳鴻舜　朱寶昌　魏建猷　莊恭天　錢存訓　楊家駱　鄭相衡　鳴高叔　典韶叔（以上客）　起潛叔（主）

相衡贈予百萬元作過年費，盛意可感。

一月十九號星期日（十二月廿八）

到大中國，寫蕭禀崧，炎生夫人信。簽贈人書。與振宇，宣人同到凱福吃點，商同人加薪事。到博物館，晤大沂，丕繩。購物送誠安家。與鴻鈞同到大中國，知購票無望。到萬壽山，赴宴。

與伯祥等同乘汽車，予到大中國。開局務會議，至晚。發自珍電。與志堅同返誠安家，吃年飯，與光詠夫婦談。

看誠安與其友人所作詩。

今午同席：馬彝初　鄧初民　周建人　潘梓年　王伯祥　葉聖陶　周谷城　周予同　李季子　田漢　陳家康　傅彬然　蔡尚思　焦敏之　鄭振鐸　李平心　楚圖南　吳澤（以上客）　翦伯贊（主）

今晚同席：徐光詠夫婦　志堅　鴻鈞（以上客）　誠安夫婦　德峻　德泰　德勇　德平（主）

一月二十號星期一（十二月廿九）

記日記四天。寫趙肖甫，欒植新信。蕭稟崧來兩次。志堅弟來，謂票已由文匯報館買好，即與鴻鈞同到大中國。遇黃永年。

在大中國吃飯。一時到車站，以脫車，三時上金陵號車，在車遇呂誠之父女，鳴高叔。四時半到蘇州，雇車歸。看各處來信。李炳埁來。

祀神過年。八時，雁秋歸。九時半，靜秋偕高玉華，姜義安來。十一時半眠。

上海旅居者多，尤以蘇北難民爲甚，至年底皆欲歸家，以是北站及中國旅行社購票者人山人海，有夜不睡眠而待于門者。予託志堅等覓票兩日，卒賴君匋之力得之，然與鴻鈞仍分乘兩節，此往年未有之現象也。

靜秋咳嗽久不愈，日前在徐竟咳出血，以心懸兩地，夜眠又不佳，職業婦女之苦如是。

一月廿一號星期二（十二月三十）

發張士敏電，寫仲川，顧志華信。與靜秋到二嬸母處。與德輝挂代圖。又曾，舜欽來。到又曾處。與雁秋談。

與雁秋，鴻鈞，義安，玉華同到觀前買物，乘公共汽車到閶門，吃點。遇大雨，雇人力車歸。

祀祖先，與靜秋同到嬸母處。到外姑室辭歲。

樹幟惟恐予不到蘭大，今日又寄來二百萬元。

一月廿二號星期三（正月初一　丁亥元旦）

在本宅拜年。曾健華來。顧培懋來。文通諸人來。高永吉來，留飯。

賓四夫人偕張一飛來。與雁秋，靜秋，永吉打麻雀牌，至晚。

與家人談話。

一月廿三號星期四（正月初二）

劉詩孫來。與德峻侄到觀前買物，到嚴小白家吃飯。

歸，照合家歡及予夫婦及潮兒三人相。陳其可，周圭來。周君贈畫。與雁秋，靜秋到陸福亭夫人處。到趙維峻處。

全家擲骰爲戲。看《古史辨》第三冊自序。

今午同席：江晉伯　江士宏　徐光詠　胡濟川　德輝　德峻（以上客）　嚴小白　文塤及其祖母，母（主）

一月廿四號星期五（正月初三）

吳受之來。與靜秋同出，到紹虞處。到賓四處，晤一飛。到嚴衙前，到竹庵夫人，鳴高叔，志遨叔，扶蒼叔處，遇憶賡叔。歸，到孀母處飯。光詠夫婦來。

許德祖夫婦來。蔣企犖夫婦，枕霞夫人，吳子明夫人等來。陸福亭二女三女來。趙維峻夫婦來，同觀予家古物。

看蔡守堃《大保國》。與雁秋談古史問題，至十一時。

今午同席：江士宏夫婦　徐光詠夫婦　李丙生夫婦　蔣企犖夫婦及其子女　彭枕霞夫人及其子　吳子明夫人　九孀　志堅弟　德輝夫婦　予夫婦（以上客）　二孀母　德峻等（主）

一月廿五號星期六（正月初四）

王東野自徐來。與靜秋，雁秋，義安，鴻鈞同出，到旅行社買票，到宮巷看照片。到馬詩垌處，到采呂處，未晤，晤循之夫人及綏遠之妹（陳太太）及其妻。到逯劍華處。到陸福亭夫人處，吃飯。

予獨至耀曾處，未晤。到馬蔭良處，晤其夫人。到李延甫處，晤之。到蔣企犖處，到彭枕霞夫人處。與企犖同到朱金聲處。到胡遠香處。到葉琯生處。歸，鳴高叔夫婦來。

到自珍處，與綏平談。宴客。

今午同席：趙維峻夫婦　雁秋　予夫婦（以上客）　陸福亭夫人及其二女，三女（以上主）

今晚同席：華宗澤　徐光詠夫婦　方詩銘　馬繼高　馬爲義　彭林賞　嚴舜欽（以上客）　予（主）

一月廿六號星期日（正月初五）

與綏平，丙生同到松鶴樓，到吳中飯店訪王東野，與同至松鶴樓，早餐。與諸人到可園，晤吟秋，聖一，參觀圖書。出，到滄浪亭。出，與綏平，丙生，東野同到怡園，吃茶，照相。予歸飯。

到碧澄處。到家珏處。到孝淑處，未晤。到仲川處，見其夫人。到陳福清處，并晤孝淑，孝超。到公綏處，晤其夫人。到憶廣叔處，門不啓。到景春伯母處，到江土宏處，并晤其兄家聲。

到詩銘處，與得賢談。與自珍，丙生，鴻鈞，義安到潔如處，與綏平談。得賢來。

今早同席：殷綏平　顧潔如　王東野　李丙生　顧志堅　顧德峻（以上客）　予（主）

予夫婦爲綏平與潔如撮合，下午，渠等已同至公園，同飯而歸，已有八九成功矣。

一月廿七號星期一（正月初六）

到陸尹甫家，并晤其女承曜。到程銅士處，未晤，見其子治平。到贊廷叔祖處，門不啓。到姜逸鷗處，吊其兄喪，并晤其父和生。到祝懷冰處，未晤，晤吳鈞伯。歸，招待來客。

設宴。汪安之偕其妹三人來。陸續送客。得賢來。舜欽偕其子衍餘來。看寶四《讀康南海歐洲十一國游記》。

得賢來。寫蔣吟秋信，交漢鏞。

今日始見晴光，倍覺可愛。蓋天氣陰沈者已一月餘，自聖誕節以來長在愁雲淒雨中也。

静秋抱潮兒，爲唱歌，潮兒亦伊呀學唱，四月餘之小孩能如此，不謂之聰明不可得也。

今午同席：馬詩垌夫婦　趙公紱　姜逸鷗夫婦　陳福清夫婦　江士宏夫婦　又曾　錢本林小姐　童丕繩夫人　二孃母　九孃母　陸福亭夫人及其二小姐（以上客）　予夫婦及德輝（主）　今日之菜爲毓蘊作。

一月廿八號星期二（正月初七）

補記日記八天。又曾來，爲寫逯劍華信。葉瑄生來。到馬醫生處挂號。到憶賡叔處，晤孃母，芙先，晨先及其晨先之女。到祝懷冰處，未遇。到青年會，與史襄哉談。到江士宏處，赴宴。

與德輝夫婦到自琛處。又與自琛同到舜欽家，遇嚴南聲。寫雁秋，高吟谷，鄧道生信。馬醫生來診疾。董渭川夫婦來。二孃與吳子明夫人來。

與得賢談。到書房，爲得賢找尋予舊作。翻看顧潛（鼎臣侄）《静觀堂集》。

静秋昨夜病頭暈，今日未起床。馬詒壽醫生來，謂是慢性氣管支炎，必須静養。静秋患傷風，已兩月餘，心急，負責任，産後遂多病，爲之愁絶。外姑近日亦常發病，一發則胸悶骨痛，坐臥不寧。前發甚稀，今來愈亟，三日兩頭有之。高年多病，如何如何。

今午同席：二孃　吳子明夫人　彭枕霞夫人　餘妹　蔣冠英　月英　德輝夫婦　嚴小白　潔如　德武　張毓芳　江晉伯　顧克義（以上客）　江家源夫婦（主）

一月廿九號星期三（正月初八）

理書室，算存款。小白，潔如來。許自琛來。畢格心來，爲寫胡遠香信。寫誠安，丕繩信，托得賢帶滬。到誠安處，拜許氏孀。

送得賢行。看詩銘所編《史與地》稿。到中山堂，開文廟整理委員會。遇王長之。

看《史與地》稿，訖。

今日同會：單束笙　陸尹甫　汪仲周

一月三十號星期四（正月初九）

又曾來。喚理髮匠到家剃頭。寫金振宇，樹幟信。到義昌福，爲周宏逵，郭美蓮訂婚證明人。禮畢就席。

訪欣伯，門不啓。遇蔣犀林。到郵局寄信，到上海銀行匯款，到米高梅取照片。歸，馬詒綏來診靜秋，外姑，自珍病。張俊德，王慧貞來，伴之游家中各室，留飯。

又曾來，交與存款。

靜秋頭暈甚重，昨晚洩瀉兩次。自珍亦發燒，至一〇二度。外姑亦發病。吾家何多事也。早粥鍋內，發現死鼠，亦是湊趣。

今午同席：張耀華　沈誼　殷貢九　金雪野　殷鐵珊　祝懷冰　俞□□　郭振華　李疇人等（以上客）　周宏達,宏逵（主）

一月卅一號星期五（正月初十）

與鴻鈞，義安，玉華到拙政園。予訪曾健華及劉及辰夫婦。出，到董渭川處，汪長炳處。到贊廷叔祖處。到高達觀處。歸飯。德輝赴滬。

到陸棣威先生處，汪仲周處，周振鶴處，吳緝熙夫人處，汪安之處，黃昏歸。

丙生來。爲人寫字八件。

顧頡剛

面積	地價	定着物價值	收登記費
1 畝 0 分 0 厘 7 毫 3	3,224,000 元	4,800,000	16,048
池 0　2　2　3	714,000		1,428
0　8　2　0	2,626,000	4,400,000	14,052
1　4　9　7　8	4,793,000	6,400,000	22,386
0　1　3　1	420,000	1,200,000	3,240
	11,777,000	16,800,000	
		11,777,000	
		28,577,000	

卅二，二，廿一報載教育部新訂私立學校經費最低數額

高級中學：

一、建築費　一億二千萬元⎫
　　　　　　　　　　　　⎬開辦費
二、設備費　八千萬元　　⎭

三、每年經常費　一億二千萬元

初級中學：

一、建築費　八千萬元

二、設備費　六百萬元

三、每年經常費　八千萬元

一九四七年二月

二月一號星期六（正月十一）

　　看詩銘所編《史苑》第廿一，廿二期稿。汪仲周來。汪長炳來。二孀母，餘妹，潔如來。

　　李樹桐來。殷綏淑，之芬來。殷綏亞，許達華來。梁文純來，

爲青年風題字。

　　看紀果庵所作《諸葛亮》及壽彝《中國史學之分期》。

　　　今日静秋頭暈頗愈，飯量亦佳。潮兒近日愈認人，以三姨之撫養之也，惟睍三姨，三姨與語則語，與歌則歌。静秋雖極意親之，終不表示歡意。又認房屋，至他室亦不歡。

二月二號星期日（正月十二）

　　　詩銘偕文學山房江文濤來。沈顏閔來。與詩銘同訪潘景鄭，不遇。途遇許自琛。寫振宇信。張子祺來。看畚厂所作《桓溫》。寫光華中學信。將稿件運入內室。

　　　送自珍丙生行。德輝自滬歸。寫高吟谷，黃奮生信。到德輝處指派工作。朱金聲來。沈顏閔又來。寫陳逸民信。與静秋生氣。

　　　理稿件。到又曾處，與之俱到静秋床前商外姑事。

　　　外姑日來發病愈亟，幾每日一次。年已八十二，深恐一旦不測，不能不豫爲準備，故今日與又曾共商衣衾棺槨之事。

二月三號星期一（正月十三）

　　　江静瀾，文濤來。開應辦事及治學方法與德輝。潔如來。先母卒忌，設祭。

　　　錢本林來。馬醫生來視外姑，静秋疾。改德輝，毓蘊代草信稿五通。寫練青信。寫起潛叔信。潔如來，爲畢格心借款。

　　　伴静秋談話。

　　　天晴七日，今朝又霏霏下雪，在此陰沈天氣中，又逢外姑及静秋之疾，心緒甚壞，竟打不起作事精神來。

　　　静秋上午有熱四分。以天冷，咳仍時作。外姑則一日未進飯。

二月四號星期二（正月十四）

寫紹虞信。寫高吟谷，鄧着先信。看德輝等代書信函。舜欽來。批閱文通公文。錢本林來。理信札及鈔稿。

寫張士敏，馮止堂，趙宗英，紀果庵，蘇子涵信。看劉馮二君所編純熙堂書目，修改之。改德輝代書函。

評定社教院畢業生考分。

二月五號星期三（正月十五）

仲川，汪克祜來，與仲川到嬸母處。程治京小姐來。寫振宇，炎生夫人，誠安，志堅，丕繩，寬正，文懷沙，蕭稟崧，伯祥信。交嚴舜欽帶滬。

與鴻鈞，玉華，義安同出，到上海銀行匯紀果庵等稿費，與鴻鈞等到公園，可園，滄浪亭，文廟游覽。出，予獨至中山堂，開文廟整理會，與水木作講價。

看《希馮公祠志》。祀先，到嬸母處拜祖。

今日同會：王志瑞　單束笙　蔣吟秋　汪仲周　陳□□

二月六號星期四（正月十六）

六時起，預備功課。到社教院，上課三小時（鄭樵《藝文略》分類、火之崇祀）。遇吳增芥。

蔡守堃來。許崇清，方惇頤來。何亞光女士來。延錢伯烜來，視外姑及靜秋疾。潘景鄭來。陸欽墀來。趙書敏及其子彥高，夏爲良來，爲寫鄧著先，杭海槎信，留飯。爲外姑疾，寫逯劍華，趙維峻信，發雁秋電。

改德輝所書信十通。高永吉爲雁秋送物來，視外姑疾，十一時去。

今日下午，外姑發燒，囈語，延錢伯烜診視，言恐老熟，一家惶急。

静秋附診，錢醫謂其心肝脾肺腎都弱，但尚不致成癆病，必須完全休養方可。

二月七號星期五（正月十七）

陸欽墀來。趙維峻來。爲静秋寫徐女師信。寫起潛叔，卜青茂，范爭波，陳逸民信。寫鵬彩信。出社教院試題。修改詩銘所作審查大學教師資格之著作評語。寫亞洲銀行，中華銀行兩分行開幕賀聯。寫陸尹甫先生信。

高永吉來，留飯。預備明日功課。二嬸母來談。又曾夫人來談。殷綏平自滬來。改德輝所書信。

趙書敏來。綏平，潔如來。十時許，雁秋歸，談至十二時眠。

外姑服錢醫之藥，今日神智清朗，轉危爲安。中藥竟有如是力量。静秋亦言，今日身體較昨日好。錢醫謂静秋身體遠不及老太太之結實。

二月八號星期六（正月十八）

到校，上目録學一堂（《通志·藝文略》）。以美國奧君演講停課。到蔡守堃，曾健華處。歸，晤誠安。理書物，與雁秋談。與雁秋，綏平到誠安處飯。

汪仲周來。方惇頤來。白夫喬來。到校，訪逸民，參加院務會議。到張拱貴處談。歸，陪錢醫，與嚴舜欽，又曾談。

宴客。改德輝夫婦所寫信。

今午同席：雁秋　畢格心夫婦　張櫻媛　殷綏平　嚴子明夫人（以上客）　誠安及潔如等（主）

今晚同席：白夫喬　雁秋　誠安　綏平　櫻媛　又曾（以上客）　予夫婦（主）

二月九號星期日（正月十九）

與白夫喬參觀予書室。改德輝所書信札。與白夫喬同出，乘車到站，上十一時車赴京，擠甚，不得坐。

車至丹陽始得坐，進食。四時許到南京，雇三輪車赴教育部，部中爲安置珠江飯店。出，剃頭，到精一食堂吃飯。

乘吉普車到驪先處，驪先邀熊式輝來，談東北事，邀予往任文化工作。十時歸。幾失眠。

　　熊式輝到京，與驪先商，欲聘予爲東北行轅教育處處長，掌九省之教育，驪先又欲予任教育部東北特派員，掌九省之專科以上學校。熊氏以東北受日人教育多年，一切日本化，故有意于爲社會教育，囑予爲辦東北史地學會，編輯民衆讀物。予爲國家作事，本甚應當。惟京滬工作業已展開，將交付何人乎！

二月十號星期一（正月二十）

寫静秋信，到中大寄。到豆漿鋪吃點。到邊疆文化教育館，晤奮生，鄒明誠，戈定邦，衛惠林等。到中央圖書館，晤繆鎮藩。到教部，十時，開小學課程會議。

在部午餐。飯後回旅館，取元刻《孟子》送鎮藩處。寫慰堂信。到邊教館，與奮生同到馬鶴天處，商談邊疆學會事。

出至一小館吃飯。又回鶴天處談。九時許歸。

　　今日同會，同席：朱經農　金兆梓　沈百英　沈剛伯　伍叔儻　吳士選　魏冰心　吳研因　潘平之　張天麟　薛天漢　陸步青　趙吉雲　朱驪先　田培林（主席）

二月十一號星期二（正月廿一）

寫静秋信，至中大寄。到文昌橋，遇中舒，同到點心鋪進餐。遇丁驌。到翟毅夫處，并晤金少英，劉師舜。到教部，續開小學課程會議。應朱部長宴。

到韓鴻庵處。到羅雨亭處，晤其夫人及鄭天叔夫人。下午開小組會議，予參加第三組（社會常識……）。

在部應吳司長研因宴。繆鎮藩偕孫永齡來。竟夜無眠，上午二時得靜秋電而無書譯出，更多思慮。

今日同席：如昨，中午加一董洗凡。

二月十二號星期三（正月廿二）

到學術審議會送審查稿件兩次。到丁駿處。到豆漿館吃點。到教部，續開小學課程會議，畢。在部晤樹幟，與同至珠江飯店談。出，同到考試院，晤陳百稼。到中研院，晤傅孟真。出，樹幟邀至曲園吃飯。回旅館，徐中舒來。爲人寫字三件。

與樹幟到陳東原處。東原來。晤卓升。回旅館易鞋，到曲園赴宴。未畢，到中央大學，講演“《詩經》大義”。到中國文學系，與叔儻，雨亭等談。雨中乘車歸。

今晚同席：如昨，加凌純聲，曹漱逸，王文新等。趙士卿，陸步青（主）。

昨晚得靜秋電，囑予以自由立場爲社教工作，動搖之心得此又鎮定矣。

二月十三號星期四（正月廿三）

起釪來，適得靜秋函，即欲返徐，即托起釪發電阻止。到飯一居吃點。到教部，開中學課程會議。樹幟邀至曲園吃飯。

與王文新談。在部晚餐，與陳友松同歸。

許德鄰，陳忠信來。起釪夫婦來。劉宏濟來。寫靜秋信。

本日同會，同席：伍叔儻　沈剛伯　朱經農　沈士遠　吳士選　沈亦珍　羅志希　傅孟真（今日未到）　辛樹幟　陳禮江

薩本棟　陳友松　趙士卿　陸步青　吳研因　凌純聲　曹漱逸
王文新　田培林（主席）

　　今午同席：陳禮江　魏應祺　張德粹　任國榮　沈剛伯（以
上客）　辛樹幟（主）

二月十四號星期五（正月廿四）

　　魏瑞甫來。張德粹來。奮生，劉悟西來。金子敦來作別。在珠
江路吃點。到中大寄信。到教部，續開中學課程會議，畢。寫教部索
書信。到劉英士處。到陳東原處。訪賀師俊未遇。在部應部長宴。

　　飯後與志希，剛伯等閑談。代靜秋作詩二首。在部晚餐後歸，
得靜秋來電，知外姑病重，即理物，寫樹幟，趙友琴，張溥泉，魏
瑞甫，金振宇，賀師俊信，鈔大中國局呈教部文。

　　爲靜秋題我三人照片贈練青：

　　與君同舉犬年兒，遠道何由一見之。江上梅花香萬里，互將
畫象寄相思。

　　稚態憨情尺幅留，懷中啼笑盡忘憂。他年把臂獅林下，合與
郎君竹馬游。

二月十五號星期六（正月廿五）

　　理物畢，奮生來，與同到中大附中，訪顧榮華，領木蘭出，奮
生送至車站，代買票，上十一時快車，看中學課程標準。在車進膳
兩次。

　　在車看報。與乘客談。五時半到蘇，雇車歸。外姑病甚劇，請
錢伯煊，陳魯珍兩醫診治。看各處來信。與雁秋，龍書談。

　　又曾來。看廣東文理學院學報。十一時眠。

　　外姑仍日發病，多囈語，出粘汗，頭足冷，飲食少進，恐大
漸之期已近。龍書，瑞蘭，吳表姊，郭在元均來。

静秋仍咳嗽。

二月十六號星期日（正月廿六）

到詩銘，德輝處。趙公綏來。陳魯珍來。補記日記七天。錢大成來。夏清和夫婦及其女璧君來。馬朝旨來。

寫趙維峻信。潘景鄭來。到維峻處，晤其夫人。到公綏處，并晤其母及彭慕甫。歸，看詩銘所編《史苑》稿件。改德輝夫婦代寫信稿十篇。看《聖詠譯義》。

點文實囑鈔之《中華民族是一個》文，未畢。

昨外姑病甚危篤，今日較好，則藥物之力也。據馬詒綏醫生表示，不必爲此麻煩，蓋根本無法治療者。然在子女之心則必不能如此，故仍中西兼治，每日所耗之醫藥費近廿萬元。

二月十七號星期一（正月廿七）

點《中華民族是一個》訖。寫文實，吟谷信。周振鶴來。華宗澤偕嚴衍齡小姐來。詩銘來。看文通信稿。

改毓蘊夫婦代書信件十五通。趙公綏來。韓席籌自徐來，長談。囑德輝爲覓睡具。又曾送外姑殮衣來。

送席籌到誠安處宿。看雁秋父子下圍棋。

二月十八號星期二（正月廿八）

到二孀母處。到席籌室，與同出，到丹鳳進茶點。分手出，晤憶廣叔，知贊廷叔祖病亟。歸，詩銘來。寫志希信。寫起潛叔，蔣慰堂，吳聞天，于野聲，鄧恭三信。張子祺，曹棟來。改信五通。理內室書，付漢鏞理入書庫。

與雁秋，静秋同到倉街妙香庵，晤明道尼姑及朱太太，談停靈事，并以外姑姓氏參加保壽會。出，到耦園。歸，看復旦試卷。卜蕙薲來，留宿。

　　德武佺來。改信五通。以發肝陽，未作事。

　　　予近日晚飯後常發肝陽，面紅耳赤，不便作事。此固舊疾，甚慮血壓緣此而增高也。

二月十九號星期三（正月廿九）

　　蕙薲早赴京。寫米高梅照相館信。到仲川處，未晤。到社教院，晤古楳及蔡守塈。上課二小時（民眾讀物，屬社教系）。到贊廷叔祖處，晤其夫人及兩女。歸，席籌來，與同飯。

　　與雁秋，靜秋同到昌善局，晤馬朝吉，沈厚載表叔，看外姑壽材。出，參觀育嬰堂，晤陳院長。汪仲周來。楊繩武來，爲寫朱家積信。

　　改信五通。看各處寄來之報紙，雜志。

二月二十號星期四（正月三十）

　　與雁秋全家到妙香庵拜佛，爲外姑求籤及仙水。在庵看"目録學"試卷。與雁秋，吳大姊，姜二姊，靜秋到丹鳳吃茶及點。到北局購戲票。歸，看復旦試卷。蔡守塈來，告驌先來電話。發樹幟，驌先兩電。

　　寫復旦教務處，會計處兩函，交瑞蘭帶校。看社教院卷，畢，寫院教務處信。韓席籌來。與席籌同出，到宮巷剃頭。

　　到清泉洗澡，遇朱家積，朱仲遠。八時，歸飯。雁秋談連雲港情狀。

　　　潮兒今日忽有熱，雖不高，靜秋已甚憂慮。故不令起床，使毋再受寒。

　　　靜秋近日咳嗽較好。一家人，惟我與靜秋得安眠，三姊則夜爲潮兒哭吵，常不得眠。他人以伴外姑，亦不得睡，致諸人累得病倒。

二月廿一號星期五（二月初一）

理信札，送和兒處。到文通，與彭方諸君談。改信四通。馬詒綬來視潮兒疾。謝仲謇來，請舜欽與談。

寫朱騮先部長信，辭東北事，凡千五百言。喚工人阿杏來伴夜。爲外姑準備報喪條及親友名單。改信稿五通。

寫魯弟，德泰姪信。又曾等來。

外姑此數日中不思進食，一進飲食即思嘔吐。自知無望，囑勿延醫，醫來亦不肯服藥，看來大期已近。然每聽得潮兒哭聲，即問小孩如何，即不哭，亦輒問。其愛潮兒可謂至矣。

二月廿二號星期六（二月初二）

看果庵所作《淝水破秦》故事。改詩銘代寫信四通。憶廣叔來，報贊廷叔祖死訊。理書物。與雁秋靜秋同出，到王天井巷俞服一處，爲外姑，潮兒等算命。到元妙觀吃飯。

到馬詒綬處問潮兒應服藥。出，遇胡遠香，汪仲周。歸，馬醫生來。與靜秋到蘇州大戲院，看《出水芙蓉》電影。

歸飯，與又曾談。改信五通。送李召軒至誠安處眠。

潮兒熱仍未退，晨高一百度〇六分。

今日仲周以單束笙丈之名義，囑余下午四時到單宅。靜秋恐予往，則拉予至電影院。

贊廷叔祖昨日下午亡故，其子孟剛，仲健皆在遠方，急切無所得殯費，向予借錢，商得靜秋同意，以外姑後事費二百萬借予之。

二月廿三號星期日（二月初三）

　　張公輝，金輪海來。汪克祜來。汪仲周來。汪毓平姊妹來。與
德輝靜秋同到昌善局弔贊廷叔祖之喪。送靜秋出，到中由吉巷，訪
許崇清，方惇頤，惇頤留飯。晤張迦陵。爲張炎生寫張簡齋信。

　　復到昌善局，與蔣犀林及其子展初談，與叔祖母談。送入殮。
到程銅士處，長談。到陸欽墀處，并見其父季皋。

　　又曾來。爲蘇中事，與靜秋鬥口。點毓芬所鈔予文。改信五通。

　　今午同席：古柏良　朱亦松　陳禮江　方旦明　顧嶽中　董
渭川（以上客）　　方惇頤夫婦（主）

　　銅士四十年不見，今日相晤，謂予猶四十年前樣子，惟髮白
耳。銅士自己則瘦弱已甚。

　　靜秋爲外姑挖出糞便，純孝可敬。

　　昨蘇中學生聯合蘇女師學生到蘇報館，將館中生財全部搗
毀。以蘇報登蘇中校長杭海槎劣迹，杭氏煽動學生以泄憤也。靜
秋常恐因仲周故使予陷入漩渦，出言過激，又致打架。

二月廿四號星期一 （二月初四）

　　點毓芬所鈔文訖。華宗澤來。改德輝夫婦所起信稿十餘通。看
漢鏞所編書目。翻看《責善半月刊》全份，覓予文及與予有關之
文，交毓芬鈔。將受之所編予文集亦看一過。

　　錢大成來。錢本林來。謝仲謇來。鳴高叔來。

　　到又曾處。趙維峻夫人來。

　　潮兒熱仍未退。

　　外姑今日神志不甚清，又發病遍身作痛。陳魯珍爲打麻醉劑，
夜間得眠。今日服張簡齋懸擬方，價六萬餘元，不知有效否？

　　今日又接驌先電，逼予往東北。

二月廿五號星期二 （二月初五）

簽署毓蘊所鈔信。徐瀚澄來。寫甘家馨信一千餘言，即鈔清付寄（托其將予不應東北聘之故轉達騮先）。

點毓芬所鈔予通俗讀物論文三篇。看各處寄來報紙雜志及書信。韓席籌來，留飯，談。

與雁秋論開發西北事。

二月廿六號星期三（二月初六）

到平江路吃點。到社教院，與古柏良談。上“民衆讀物”二堂。安真來談。到逸民處。到仲川處，未晤。歸，又曾，舜欽來。

殷綏來來。與舜欽，雁秋到嚴南聲處，晤華宗澤，看文通所租宿舍。與雁秋到社教院，游拙政園，晤何亞光。出，到昌善局看壽材。在平江路吃點。歸，趙廷祺來。褚姨太太，高太太（瑞蘭之母），高洪早，高玉舜，玉華，姜義安自徐州來，伴談。

改信兩通。送洪早，義安宿誠安處。

今日潮兒已無熱，即高興。

外姑仍如昨，飲水不下，苟不打針噴烟，恐已撒手人間。但如此拉住，終非久計，奈何！現在一天之醫藥費及開銷約須廿萬元，何以持久！

二月廿七號星期四（二月初七）

到宮巷吃點。到蜜蜂洞訪席籌，并晤吳克齋，志平父子。與席籌到府學，滄浪亭，可園，晤吟秋及宗一，參觀圖書。出，坐車到公園，步一周。

與席籌到功德林吃飯。歸，改信八通。林蕡，繼高來。到德輝處。到毓芬處。到嬸母處，并晤九妹。看馮漢鏞所編書目。

整理社教院學生自出題目。整理書桌。

二月廿八號星期五（二月初八）

到平江路吃點，晤段鴻章。到社教院，與古柏良談。上“民衆讀物”一小時。與柏良商出刊物事。歸。寫金振宇信。

寫吳玉年信。仲川來。與雁秋，静秋，洪早，褚姨太太同到昌善局看壽材，晤張鴻蓀。出，到獅子林，茶叙。予與洪早穿假山。歸。高吟谷自徐來。趙維峻夫人來。

與吟谷談。改德輝所書信稿十五通。又曾來。送吟谷到誠安處宿。

予去年在平，入中行公司股十萬元。今日得玉年信，知該公司營業順利，予股已升至二百五十萬元。此予意外之財也。底股之數，係取之于履安之金飾，將來該公司營業發達，予當以所得贏餘悉數爲履安作紀念。

“民衆讀物”課學生（社會教育行政系三年級）：甄裕，蕭紹安，吳宗鑫，周洪淵，韓連珠，吳劍萍，于德清，葉玉福，閻質夫，喻平清，張儒生，皮永寧，冉崇白，李樹惠，劉寶善，吕子騰，廖志榮，尹承管，陳先墀，張代發，周永祚，楊鄰桂，米寶順，谷六合，戴瑞生，張遠佚，錢志明，鄭含光，吕德英，吕素琳，李聯璧，魏美珍，陳定閤，王毓芬，金念同，賈儒英，虞稚筠，伍朝良，戴玎（四年級），郭世昌，王琢五，向文焰，張紹良，胡文英，吳玉珍，傅世璜，何懋德，周心恕，嚴大中，顧菊如（四年級），林國萱，毛選堯，劉訪師，李世勛，龍鍾靈（55）。

鶴天介紹：

邢相禹，山西安邑人，年卅餘歲，西北聯大英文系畢業，曾任綏遠奮鬥中學英文教員，張家口《奮鬥日報》副刊編輯主任及英文翻譯。通訊處張家口奮鬥日報社。

一九四七年三月

三月一號星期六（二月初九）

與吟谷，洪早，褚太太同觀予家房屋，并到德輝處。早餐後與吟谷，洪早，義安同出，到從雲小學，訪施劍翹。到草橋中學，參觀一周，由汪君爲導。游公園，吳苑，怡園，護龍街書肆。到松鶴樓吃飯。游玄妙觀。歸。

佟志祥自渝來。韓席籌來，看書畫。博習醫院醫生索羅曼來，視外姑疾。簽署餘妹毓蘊所書函。馬詒綏醫生來，爲寫趙維峻函。高仲三自鎮江來。黃英自上海來。

趙書敏及其子彥高，張克義來。

三月二號星期日（二月初十）

與仲三，洪早到中山堂訪永吉，同到鴻興樓吃點。遇孫意如。歸，沈伯安，趙公綏來，談甪直事。夏清和來。寫陳克和信。褚姨太太返京。到光華中學，參加董事會。到錢業小學，赴宴，參觀該校。

與沈勤廬，滕承基同出，到勤廬家，看書，見其母。與勤廬同到文衙弄游藝園（今爲七襄公所）。到五峰園柳毅墓。到畢家小靈巖館。到頤園，游戈裕良所堆假山。歸。接束笙先生條，即到縣政府，訪沈縣長乘龍，談甪直事。

出，到公綏處，告伯安以接洽結果。歸飯。志堅自滬歸。又曾來談。

今日同會：金震　陶載厚　汪稼倉　彭恭甫　徐偉士　祝總駿

今午同席：徐瀚澄　宋炎文　滕承基　鄭範五　沈勤廬　朱

家積　華有文等（共兩桌）（以上客）　　錢仲鹿（主）

在勤廬處看書，則我父舊藏之程敦《秦漢瓦當文存》在焉。渠得之于琴川書社，價萬二千元。又予贈健常之英譯《古史辨自序》亦在，得之于皮市街書肆，價數千元耳。覽此生嘆。

三月三號星期一（二月十一）

寫顧振中信，爲瑞蘭寫復旦請假信。木蘭返京。寫馬詩峒信。到詩銘處。到德輝處。整理信件。寫誠安，德峻，德泰信。

殷綏來來。與靜秋，玉華，瑞蘭同到觀前買布，鞋，帽等物。與靜秋到樂口福吃"千張包子"。改信稿五通。

翻看《拜經樓叢書》。志堅來。

今日外姑脉搏九十二，頗較前爲愈。此藥物之功，亦雁秋一家人純孝之所致也。

三月四號星期二（二月十二）

爲吳海峰等寫屏聯。吳表姊，玉華，義安行。改信稿五通。與雁秋靜秋到九嬸母處拜六十壽。寫徐瀚澄信，送慶泰錢莊開幕禮。古柏良，蔡守塋來。寫朱驪先信。鄧博文來。赴九嬸母宴。

與雁秋，黃英同到站，以搭客太多，上不了車，待三點半車來，又擠，幸雁秋見潘玉珣在車，與招呼，乃由窗洞鑽入。五時許到滬，乘警局車到愛多亞路厚德福吃飯。

與雁秋到炎生家，同床宿。與鄧老太太及炎生夫人談至十一時許。

今午同席：二馮君　雁秋　許德祖　又曾　嚴舜欽　予夫婦德輝　鴻鈞（以上客）　　九嬸母及志堅弟（主）

今晚同席：雁秋　范惕生　王鳳　柏德馨　陳銓　周泗安（以上客）　　潘玉珣（主）

三月五號星期三（二月十三）

　　[考古學課本日起始] 出外吃點。到起潛叔處，請爲炎生代寫挽幛字。回張宅，再吃點，與雁秋同到萬安殯儀館，吊王公璵父慕陳之喪，遇冷禦秋，黃任之，陳石珍，曹寅甫，逯劍華，吳聞天等。出，到大中國局，與振宇，擎宇等談，寫傅角今信，仲川信。到博物館，晤寬正，丕繩，名世，大沂，孫實君等。回大中國吃飯。

　　到銀行公會訪誠安。到益世報館，晤張撝之。到開明書店，晤伯祥，雪村，建功等。到淵若叔祖處，進點。到馬蔭良處，未晤。到起潛叔處，遇王以中，同在叔處吃飯。到古拔路口爲潮兒買乳頭。

　　再至起潛叔處，與起潛，鳴高兩叔談。回張宅，翻看所借書。炎生夫人來談。至十二時眠。

三月六號星期四（二月十四）

　　在張宅早餐後，與炎生夫人同乘汽車到大中國，參觀各室工作。與振宇，擎宇等談。十一時半，雇車赴北站，買票上車，十二時半開。在車看《考古發掘方法論》。

　　三時到蘇州，雇車歸，吃飯。看各處來信及報紙雜志。舜欽來談。到詩銘處。改德輝所書信五通。送高崧，玉舜回徐。

　　又曾來談。登記學生工作。

　　外姑頗轉佳，能進牛乳，脉搏八十餘，惟易動怒耳。

　　潮兒易驚，輒于夢中哭醒，一夜不得安眠。此兒不足月而生，又但飲牛乳粉，皆其多病之因也。

三月七號星期五（二月十五）

　　到校，上“民眾讀物”一堂（文字技巧），“考古學”兩堂（通論）。與柏良談。出，遇張公輝于門，同雇車行。又遇金輪海，同到宮巷老正興吃飯。

到公綏處。歸，改德輝所書信稿六通，又看林蕢所書文通信稿。雁秋又以船事赴滬。看勤廬見借之吳縣地圖。舜欽送文通一，二月賬目來，閱之。

公輝來，伴之談話，且參觀各室。留飯及宿。爲漢鏞寫起潛叔信。莊興仁（銅梁人）來。

今日潮兒已好，仍極高興。

三月八號星期六（二月十六）

寫趙維峻信，交舜欽。與公輝談。志祥來。記日記四天。改信稿八通。到德輝處。改丕繩代作之《我們何以要研究神話》一文，寫丕繩信。

又曾來。沈勤廬來。逯劍華夫婦來。寫孟剛叔信。張子祺來。爲人作字。寫岑家梧信。改信稿四通。整理積牘。

寫魯弟信。公輝來，與同到臨頓路看蘇錫文戲（樊梨花），十時歸。

外姑體極軟弱，深慮精力不繼。

三月九號星期日（二月十七）

沈顏閔來。到方惇頤處。到張子祺處借書，并晤朱文珏（嫻紅）。到開明大戲院購票。訪景鄭，未晤。歸，又曾來。

理稿件。孟剛仲健兩叔來。郭瑞符來。寫李得賢信，高吟谷電。改信稿六通。雁秋自滬歸。永吉派人來取被。

到臨頓路剃頭。到觀前買物。理書室，至十時許，未畢。

三月十號星期一（二月十八）

鎮日理重慶帶歸之稿件及書室，訖。朱寶昌來。墳客朱阿唐來。憶廣叔來。

永吉來。寫王仙舟，王肯堂信。雁秋赴鎮。

校張二小姐所鈔予文（《責善半月刊》第二冊）。

三月十一號星期二（二月十九）

準備明日功課，看學生所作通俗文字，加以修改。尹甫太表叔來，導觀書室，文通編輯所及德輝住屋。警士來，畫裝電話地點與之。

與靜秋同到玄妙觀吃點。到觀前買乳粉。

修改憶賡叔所作《顧氏現丁錄》及序，并將《現丁錄》統看一過，交德輝付印。

三月十二號星期三（二月二十）

到校，開蘇州可照電影處，交柏良。上"民衆讀物"二堂（批改，分組），"考古學"一堂（清代金石學）。洪早回徐州。翻看新寄到之《東洋歷史大辭典》。又曾送驪先電來。

有斐來。受之來。朱文騏來。草致熊天翼書。改信稿五通。托復旦運回之木箱由曹慶森運到，即打開。高嵩自徐州來。

與靜秋同到觀前散步，購物，遇江兆蘭，吳賡夔等。雁秋自鎮江歸。看朱文騏所作保健故事。童太太來。

三月十三號星期四（二月廿一）

將致熊天翼書鈔繕，又寫致驪先書草稿，改訖，即繕發。與雁秋談。

中山鎮長王厚康，副鎮長王宗泰來。核文通一，二月賬目。豫備明日功課，修改學生作品，排分組名單。雁秋，高嵩到滬。

三月十四號星期五（二月廿二）

到校，上"民衆讀物"一堂（各組定召集人），"考古學"兩堂（石器）。何亞光女士來。遇董渭川夫人及王寶鋆。

與靜秋同到滄浪亭及可園看梅花。到府學，到觀前買物，吃豆漿。歸，改信四通。看文通信稿。江靜瀾來，爲寫繆鎮藩信。

校重鈔《寶樹園雜記》。

三月十五號星期六（二月廿三）

葛厥孫來。周道鑾，白明光來。理書桌。守堃來，修改《蘇州的文化》，未畢。張公輝來。保長來調查戶口。寫軍隊信。

樊漱圃先生自京來。朱菊人自滬來。將《蘇州的文化》一稿改畢，交守堃。改信稿六通。寫蔣慰堂信。

與漱圃談。校重鈔《我爲什麼寫中華民族是一個》。寫李文實信。

三月十六號星期日（二月廿四）

與漱圃同到丹鳳吃點，到城隍廟前買香燭錫箔。乘車到金門，買汽車票，待一小時上車。到樂園公墓祭先父及履安。出，遇大中國同人，即上車，游鄧尉，看司徒廟柏樹，上楚傖亭，到山頂，望太湖。遇安真及其弟妹，陳百莊，任叔永，周經農等。下，車至木瀆，飯于石家飯店。

飯畢已近四時。車至虎丘，在千人石上照相。到冷香閣品茗。到西園，游羅漢堂及放生池。進城，飯于宮巷上海老正興，予作東。飯畢，與大中國同人分手。

歸，到又曾處。

今日同游，同席：金光宇，振宇，緯宇，擎宇　陳宣人　丁君匋　張維新　凌大夏　劉子喬　顧志堅　樊漱圃

三月十七號星期一（二月廿五）

　　静秋赴徐，瑞蘭赴滬。到社教院，修改《蘇州的文化》。逸民與英千里來。到孟剛叔處，商量發訃事。到沙利文，赴漱圃宴。

　　與漱圃同到護龍街買書。游怡園，買查伊璜字見贈。到可園，訪潘聖一，參觀圖書。到滄浪亭。歸，稍息，復與漱圃，雁秋，道鑾到孟剛處談。

　　到上海老正興宴客。九時許歸，與漱圃談。又曾來。

　　静秋校務積擱已久，不得不行。然家中上有老，下有小，實不能行，今日含淚登程，殊可憐也。婦女之不能置身社會，豈非天哉！

三月十八號星期二（二月廿六）

　　準備明日功課。批改學生所作民衆讀物。漱圃赴杭。尹甫太表叔來。寫沈忱農兩信，潘道南信。永吉來。

　　到張子祺處。訪潘景鄭，未晤，見其弟。太姑母徐顧素文來。吳受之來。改信稿六通。批文通公文。

　　擬民教分組工作草案。得静秋電，即覆之。

三月十九號星期三（二月廿七）

　　寫静秋信。到校，與古柏良談。馬蔭良來。吳安真來。上"民衆讀物"兩堂（分組工作草案），"考古學"一堂（石器時代之陶器）。訪汪長炳，未晤。與張紹良，葉静蘭談。

　　飯後又到社教院，取物，寫柏良信。訪長炳，仍未晤。出，到潘由笙處。到瀚澄處，未晤。到尹甫處。到束笙處，未晤。歸，又出，到景春伯母處送禮物。歸，守堃來。起釪自京來。批文通公文。

　　到又曾處。記日記五天。寫星期六請客片。

三月二十號星期四 （二月廿八）

爲遷居劉家花園事，與起釪，漢鏞，爲義談。改信三通。準備明日功課，修改學生作品。

寫太倉銀行賀軸。張效宗來。尚愛松自鎮來。起釪，漢鏞，爲義，志祥，樹德，馬必泉六人遷居耦園。

看《古玉圖考》。與雁秋，尚愛松談。至十一時。

三月廿一號星期五 （二月廿九）

寫靜秋，賓四夫人，華宗澤信。到校，與古柏良談。上"民衆讀物"一課（分組工作）。上考古學堂時，諸生要求參觀予家藏物，因與歸，看一小時去。伴客。

宴客，李樹桐來，方旦明來。校《蘇州文化》一文。賓四夫人來。嚴小妹來。改信稿六通。

又曾來談。點校丕繩所作《春秋史論》。

今日同席：單束笙　陸尹甫　趙維峻　張雁秋　吳賡夒　張又曾　蔡壽康（以上客）　潘仁章　予與德輝（主）　邀而未至者：沈乘龍　徐季華　潘道南　陸棣威　王芝九

三月廿二號星期六 （二月三十）

寫靜秋信，駿孫片。汪克祜來，寫長炳片。鄧博之來。汪仲周來。華宗澤來。到德輝處。雁秋赴滬。改文通信稿。寫自珍信。

宴客。汪家兩表妹來。寫鄧博之母壽詞。沈駿孫來診外姑疾。靜秋自徐歸。理書。改信四通。

童太太來。看書畫，校先父雲林《十萬圖》題語。又曾來。

今日同席：許崇清　朱亦松　古柏良　汪長炳　戴公亮　方惇頤　高達觀　張拱貴（以上客）　予（主）　邀而未至者：劉及辰　張公輝　方旦明

　　静秋謂此次返徐，所見未周歲之兒童多人，皆不及潮兒伶俐，潮兒視覺聽覺皆甚發達，能作多方面之注意。静秋因謂慧福不易兼備，早熟亦易早衰，不如平庸些也。

三月廿三號星期日（閏二月初一）

　　張效宗來。寫王姨丈長信，千五百言。改信六通。看各處寄來之書報，振鐸所編之《歷史參考圖譜》（秦）。

　　高大姨回徐。伴愛松，揚季看我家古物書籍。蕭稟崧，黃時亨來，看文通各部。

　　寫趙肖甫，井成泉，廣順自明信。

三月廿四號星期一（閏二月初二）

　　整理行裝。與静秋，鴻鈞到景德路爲外姑覓橡皮圈，予順便購宋碟二。歸飯。予即乘車上站。

　　二時半車開，四時三刻到滬。車中爲徐女師作紀念會聯語。到大中國，與振宇，擎宇等談。君匋來，留飯。觀新租房屋。寫静秋信。簽署虎丘照片。

　　在局整理文件。算稿費。定辦事項目。至十二時睡。

　　爲徐女師作聯：

　　生于宋邑，學于楚宮，勝迹溯先民，呼吸猶沾豪傑氣。

　　出爲良師，處爲賢母，仔肩擔大任，辛勤須盡女兒才。

三月廿五號星期二（閏二月初三）

　　寫起潛叔信，寫劉漢墅信，托志堅送去。在局進點。到誠安處，到博物館，晤丕繩，名世。出，遇周謙冲。到同濟大學，晤牟潤孫夫婦及紹虞夫人。到文通書局，與張士敏，蕭稟崧，夏清和談。到勝利出版社購《當代史學》。到大中國飯。

　　與君匋談民衆讀物稿費事，寫蔭良信，紀果庵信。出，到吉陞棧訪朱菊人。到伯祥處。在伯祥處并晤魏建功，章錫琛等。到益世報送稿，晤張撝之。到商務書館，訪李伯嘉。回大中國飯。

　　爲大中國作史地圖表社五周年紀念詞，《崔東壁遺書》廣告及消息。寬正，丕繩來。

三月廿六號星期三（閏二月初四）

　　簽署贈人圖。寫呂誠之信。朱菊人來，同出，到麥根路，看王綏珊所藏宋元本，晤其子浙明及顧和聲等。出，與菊人訪蔣慰堂于中美醫院，長談。出，宴菊人于會賓樓。

　　飯後到吉陞棧，爲菊人寫張溥泉信，并買書兩部。乘車到暨大宿舍，訪丁山。出，訪綏真，劉紀澤，左潞生，陳玉吉等。與丁山同出，到暨大文學院，晤劉大杰，到謙冲處，晤其夫人。到郭沫若處，遇之。到博物館，與丁山分手。予至文通取款，到誠安處吃飯。

　　王以中來。與綏平同出，還大中國，朱菊人，楊文獻來。紹虞來。寬正偕徐文珊來。失眠，至上午一時。

三月廿七號星期四（閏二月初五）

　　上午五時起，六時到車站，遇張雪賓。上凱旋號車，七時許開。八時五十分到蘇州，在站吃點。乘車歸，與靜秋談。看信。

　　改信稿八通。看文通公事。到德輝處。整理帶歸物。蔡守堃來。準備明日考古學課。眠極酣。

　　外姑病依舊，昨日雁秋赴連雲，明日靜秋赴徐州，予在家責任重矣。

三月廿八號星期五（閏二月初六）

　　靜秋赴徐。到校，上"民衆讀物"一小時（雜談），"考古學"

兩小時（中華遠古之文化）。與柏良談。鍾靈秀來。到逸民處，并晤俞慶棠。

志堅與誠安回蘇，談。顧嶽中來，爲其未婚妻高毓馨歸國事，寫朱騮先信。看《開明二十周紀念文集》。

改信六通。到又曾處。

三月廿九號星期六（閏二月初七）

六時起，作本日演詞一千五百言。到校，爲朱騮先部長代表，參加中國社會教育社開幕典禮，照相，開預備會議。十二時散會，歸，到嬸母處。寫靜秋信。

志堅來。與德峻同到仲川處，看其藏書與銀幣譜。仲川之侄女淑民來，同游拙政園，看棲霞山農民生活畫展，晤沈承珩女士。仲川等去後，予回至會場，聽趙冕等演講。六時，與金輪海同到老通源，與伯寅先生等同坐。與曾也魯，楊興榮，湯祥麟等談。

飯後出，途遇張紹良，同至予家，談民衆讀物事。魯弟，德峻來。得靜秋電。作振鐸《歷史圖譜》介紹文。

三月三十號星期日（閏二月初八）

發靜秋電。劉虛舟來。到德輝處，并晤德峻，訓之。寫靜秋信。到校，參加年會，聽宣讀論文。與馬星五談。在研究部，與許公鑑，程柏廬，舒新城談民衆讀物事。十二時出，雇車到典存處，長談。

到省立圖書館，看書畫，圖籍，盆景展覽，與童潤之談。遇吟秋，宗一，景鄭，錢太初，陶冷月，顧培戀，王季玉，陳貫吾等。與王芝九同到文廟，看修理工程。四時出，到大成坊吃點當飯。訪劉虛舟，未晤。歸，旋出，到青年俱樂部，赴宴。陸錦霖來。

九時出，至觀前，遇舒新城，柏良，公鑑，同行。歸，丕繩夫人來。

　　今晚同席：中國社會教育社全體社員（以上客），青年軍
二〇二師師長羅澤闓　吳縣縣長沈乘龍　臨時參議會議長單束笙
商會理事長張壽鵬　金城銀行王季勉　縣教育局王志瑞　范君
博等（以上主）

三月卅一號星期一（閏二月初九）

　　改信稿兩通。到公鑑處，寫蔭良信。與趙步霞談。到校，參加
社教會年會。予亦登臺勸人參加民眾讀物社。十時半閉幕。寫靜秋
信。到齊門郵局付寄，遇陳定閣。歸飯。改文通公事。

　　又曾來送款。到德輝，毓芬處付款。批佟志祥日記。改信稿五
通。朱菊人自滬來。補記日記八天。寫張溥泉，奮生，振宇信。到
振華，晤王校長季玉，王啓潤等，參觀全校。

　　到新雅西餐館宴客，九時許，與許公鑑同步歸。

　　今晚同席：顧一樵夫婦　程柏廬　俞慶棠　陳青士　張彭年
章伯寅　鍾靈秀（以上客）　陳逸民　古柏良　許公鑑　馬蔭
良　甘導伯　予（以上主）

　　一樵見告，渠到穹窿山附近之小王山（由善人橋往），在李
根源之母墓後見吳丞相顧雍墓，正對太湖。此事爲府志所未載而
發見于李氏者。將來當往調查。

卅六年

四月	蘇州十二天	南京十三天	上海五天
五月	蘇州十八天	南京十三天	
六月	蘇州九天	南京十八天	上海三天
七月	蘇州八天	南京十五天	上海八天
八月	蘇州九天	徐州十二天	上海十天
九月		徐州三十天	

十月　　　蘇州十三天　　徐州十八天
十一月　　蘇州廿三天　　　　　　　　　　上海七天
十二月　　蘇州十三天　　南京四天　　上海十天　　鎮江四天
卅七年
一月　　　蘇州十三天　　南京十六天　　上海二天
二月　　　蘇州十六天　　南京八天　　　上海五天
三月　　　蘇州十九天　　南京三天　　　上海九天
　　　　　蘇153　　京90　　徐60　　　滬59　　　鎮4
　　此一年中：蘇十二分之五　京十二分之三　徐十二分之二　滬
十二分之二

　　擬名我復員以來，至于卅六年十月之日記，曰"腐腸鑑"，永
爲炯戒。自十一月起，我之生活必入于正常之途，跳出此驛馬運。
宜注重自己的成功，勿長爲他人而勞碌！

卅六年
四月一日至二日　　　　　蘇州
　　三日至九日　　　　　南京（留學生講習班，邊疆學會，國
　　　　　　　　　　　　　史館）
　　十日至十一日　　　　蘇州
　　十二日至十六日　　　上海（大中國圖書局，送鄭相衡出國）
　　十七日至十九日　　　蘇州
　　二十日至廿五日　　　南京（中學課程標準會議，國史館，
　　　　　　　　　　　　　邊會，民衆讀物社）
　　廿六日至五月十八日　蘇州（外姑逝世，招待親朋）
五月十九日至六月十三日　南京（國民參政會，民衆讀物社，國
　　　　　　　　　　　　　史館）
六月十四日至十五日　　　上海（大中國）

十六日至十八日	蘇州
十九日	上海（大中國，五聯）
二十日至廿四日	南京（五聯）
廿五日至七月八日	蘇州（臥病）
七月九日至廿三日	南京（聯合國文教會議預備會，五聯）
廿四日至八月一日	上海（五聯）
八月二日至九日	蘇州
十日至十八日	上海（大中國占屋之訟）
十九日	蘇州
二十日至十月十八日	徐州（以慢性腸炎阿米巴痢疾，留徐休憩）
十月十九日至十一月廿一日	蘇州（養病）
十一月廿二日至廿八日	上海（大中國股東會，到醫院檢查身體）

　　　　此八個月中移動二十次

廿九日至十二月十日	蘇州（洪兒生）
十二月十一日至十七日	上海（大中國發行所開幕）
十八日至廿一日	上海（與適之先生商出版文存）
廿二日至廿四日	南京（五聯借款）
廿四日至廿六日	鎮江 ⎫
廿七日至廿八日	鎮江 ⎭（静秋競選監委）
廿九日至一月三日	蘇州

卅七年

一月四日至六日	上海（局務會議，商借款）
六日至八日	蘇州
九日至廿四日	南京（見蔣主席，請貸款）
廿五日至卅一日	蘇州
二月一日至三日	上海（局務會議，中國出版公司結束

	會議)
四日至五日	南京(大衆傳播組會議，給貸款)
六日至十九日	蘇州(過年)
二十日至廿一日	上海(看金神父路屋)
廿二日至廿三日	蘇州
廿四日至三月三日	南京(文學院課程會議，爲大中國集地圖材料)
三月四日至七日	上海(看施高塔路屋)
八日至廿三日	蘇州(大衆傳播組開會)
廿三日至廿五日	上海(施高塔路修屋)
廿六日至廿七日	蘇州
廿八日以下	上海(遷家)

　　此四個月中移動廿一次

一九四七年四月

四月一號星期二（閏二月初十）

　　與朱菊人同吃點。寫紀果庵信。仲川來，爲寫陳逸民信。與菊人同到社教院，引之至又曾處。予訪逸民。到研究部，等振宇信。擬社教界購書優待辦法及登記表。寫趙維峻信。

　　參考詩銘所作，重擬中國歷史故事百題。改信稿六通。修改社教院學生所作民衆讀物。

　　修改所擬史題。潘仁章來，爲寫潘道南科長信。

四月二號星期三（閏二月十一）

　　郭春和來。到郭家，與春和及其友四人同到拙政園。金德寶來，知壽彝全家已到蘇。到社教院，上"民衆讀物"二堂（中國歷史故事目錄），"考古學"一堂（中華遠古之文化）。到東北街訪壽彝，未晤，晤夏清和夫人。

到滄浪亭公醫院，訪壽彝，遇之。到府學，開文廟整理委員會，請周振鵬來談。同出，參觀明倫堂等處。出，遇陳萬里。雇車歸，改信六通。

整理書物。

今日同會：單束笙　徐偉士　蔣吟秋　范君博　陸尹甫　鄭□□

自予還家，蘇州人以我爲唯一之國民參政員也，以紳士待之，私立學校如振華女學，從雲小學，錢業小學皆請我爲董事，圖書館，文廟整理會則延爲委員，此尚有可言。乃至吸烟人犯，則其親屬求我保出，甚至向不往來之劣紳如錢梓楚者亦復入我門庭，予厭之甚，雖不答訪，然終不能驅之門外也。可奈何哉！

一九七六，六，五記。

四月三號星期四（閏二月十二）

五時半起，整理行裝。七時許，與菊人同到車站，訪楊文怡父子，取票。八時四十分上車。以陵口有車出軌，時時待交車。在車遇夏清和夫人，同飯。遇張爲平。在車看朱寶昌《辯證法與共產黨》。

三時半到南京，雇汽車，送夏太太及其女至大方巷。予與菊人到新亞細亞學會，以一榻，同出，訪徐公起，同至民生旅社定房間。與菊人同出，閱書肆。到會取行李再到旅社。

到大行宮廣東酒家吃飯。送趙友琴至車站，遇于斌。十一時歸寓。

今晚同席：趙友琴　柴親禮　蘇冠軍　王恢先　朱守謙（以上客）　馬鶴天　黃奮生（主）

四月四號星期五（閏二月十三）

與朱菊人同出，剃頭，到北平真味吃點。訪張溥泉先生。出，回旅館，寫靜秋，鴻鈞，德輝信。看丁山《中華民族之盛衰與地理》。十二時，奮生來，同到金陵酒家吃飯。遇任映蒼夫婦。予與菊人移寓新亞細亞學會。

看丁山長文，畢。丁實存來。奮生來。梁甌第來。出，到文化食堂吃飯。遇樊漱圃，同到中央圖書館。

與漱圃同到陸步青處。出，到孔德成處長談。出，入書肆，遇劉仁成。歸，奮生來。

　　張繼先生，號溥泉，滄州人，在國民黨中爲元老。以非蔣系，給以閒差爲國史館館長，彼乃延予爲聘任纂修，與吳向之先生（廷燮）等同列，固欲修辛亥革命後之"中華民國史"。乃今日往訪，已病在床，不久便逝世矣。解放後，近代史研究所在劉大年同志領導下，集衆力爲之，以年月分，亦以人物分，此事庶有成乎！　　　　　　　　　　一九七六，六，五記。

四月五號星期六（閏二月十四）

丁君匋以夜車來，同到步青處。歸，果庵來。王希哲來，與君匋，希哲同到大三元定菜，到教部，晤王頌三，爲公費留學生百卅人演講中國歷史二小時，在部進食。任映蒼來。

與希哲到君匋處，遇姚忠華。與君匋同到教部，時早，無人，參觀中央圖書館，晤鎮藩，吳大澄，孫永麟，呂紹虞等。到教部，訪陳東原，晤汪家正，劉季洪。訪吳研因，劉英士，朱騮先，翟毅夫，萬紹章等。出，到編譯館，訪趙吉雲館長。與君匋游玄武湖，夜餐。

歸，旋至易彼得夫婦處，與彼得到沈剛伯夫婦處。歸，奮生來。

今午同席：予（客）　王希哲　金莖（以上主）

四月六號星期日 （閏二月十五）

草上教部呈文（爲大中國承印教科事）。寫劉自乾信（爲邊會捐款）。趙榮光，王頌三來，邀至國民酒家吃點。回寓，鶴天，奮生，柳君來，談會事。紀果庵來。劉悟西來。趙吉雲來。張禮千來。柳君邀至金陵酒家吃飯。遇尹石公。

君匋來。寫静秋，又曾，相衡，白夫喬信。記日記五天。到大三元宴客。訪任映蒼，未晤。訪張溥泉，并晤張廷鏞。

歸，與王應榆談。

今早同席：予　王頌三（以上客）　趙榮光（主）

今午同席：鶴天　奮生　劉悟西（以上客）　柳仲箎（主）

今晚同席：吳研因　趙吉雲　馬元放　陸步青　（請而未至者：田伯蒼　曹漱逸　英千里　劉英士）（以上客）　予　丁君匋（以上主）

四月七號星期一 （閏二月十六）

漱圃來，邀至國民酒家吃點。到圖書館，晤尹石公，屈翼鵬，沈仲常等。到邊教館。訪奮生。到紫竹林東方語文專修學校，演講西北情形，歷一小時許。張禮千導觀全校。遇羅季偉等。到禮千家吃飯，晤章淵若。

回寓，看許雲樵《北大年史》。溥泉來，同車到國史館，晤李怡燕，劉濟生，田綏祥，熊緯書等。溥泉與同游陵園，到黨史會，晤文珊等。出，乘溥泉車至國際聯歡社，晤蔣紹禮，李秉德，董新民，參加鷄尾酒會，與諸公費留學生談，至七時半散。晤賀師俊，樊際昌，林伯超等。

到金陵酒家吃飯。出，遇剛伯夫婦，同到寓，李得賢，馬鳴獅來。

今早同席：朱菊人　易彼得（以上客）　樊漱圃（主）

今午同席：予　章淵若（以上客）　姚梓良夫人　張禮千
（以上主）

四月八號星期二（閏二月十七）

寫靜秋信。漱圃來。奮生來。與奮生同出，遇果庵。到國防
部，訪泉澄夫婦，并晤唐錫如，邵鼎勛，趙錦華。汪叔棣來。到史
料局，訪魏瑞甫，張公亮，并晤吳石局長。瑞甫與予同車出，到南
軒吃飯，遇鄧飛黃。

與瑞甫到寓所談話，至二時，同出，乘公共汽車，到中研院，
晤槃厂，耕望，逯欽立，岑仲勉，貞一，肖梅，芮逸夫，王崇武
等，參觀陳列室。出，到編譯館，晤羅根澤，梅應運，樹森，仁成，
施仁等。出，到志希處，并晤顧如女士，與同車，到沈剛伯處。

在剛伯處飯，談至九時歸。

得靜秋信，知外姑病仍重。潮兒種痘發燒甚高，且身有紅
斑，疑是疹子，聲音低啞，頗爲不安，甚望其勿陷于肺炎也。

今午同席：予（客）　魏瑞甫（主）

今晚同席：賀昌群　樓光來（以上客）　沈剛伯夫婦（主）

四月九號星期三（閏二月十八）

奮生來。劉仁成來。爲人寫字十四幅。許德生來。到教育部，
晤英士，千里，研因，凌純聲，湯吉禾，程柏廬，程其保，王希哲
等。歸，到金陵酒家赴宴。遇張相涵。

回寓，開邊疆學會座談會，予任主席，到二十餘人，商編輯叢
書事。自二時半至六時。尹石公來。伯庸來。步青來。到石公處。
鶴天邀往國民酒家吃飯。仲箎來。周申甫來。寫振宇，志希信。

八時，與伯庸同十時夜車，已擠甚，奮生，悟西送至車上。在
車看《京滬周報》。

今午同席：予（客）　陳邦賢　丁實存　趙榮光　施仁　梅應運　劉仁成　隋樹森（以上主）

今日同會：榮祥　馬鶴天　卿汝楫　杜光簡　徐益崇　張禮千　梁甌第　武尚賢　馬濟霖　丁實存　劉悟西

今晚同席：紀伯庸　周申甫　劉悟西　黃奮生　丁實存（以上客）　馬鶴天（主）

四月十號星期四（閏二月十九）

四時四十分到蘇州，與果庵到茶館，待天明。六時，雇車進城。歸，與靜秋等談。看信。起鈃偕張希聖來談長沙公理報事，爲出介紹函十餘通。

眠一小時許。到壽彝處談。洗浴。將通俗讀物社舊稿交果庵閱選。將憶廣叔所編本族生存婦女名錄統改一過。

改信稿十八通。家中新裝電話，看靜秋打徐女師電話。

四月十一號星期五（閏二月二十）

出社教院考題。到平江路吃點。到社教院，與柏良，逸民談。上“民衆讀物”一課（歷史題，畢），“考古學”一課（安特生中華遠古文化，畢）。張子祺來。到逸民處領款（《民衆周報》費壹千萬元）。歸。

擬民衆讀物計畫。爲靜秋寫陳石珍信。寫津《民國日報》信，寄文。張紹良來，招果庵與同討論編輯周報事。與靜秋同到壽彝處。出，到社教院，晤何亞光，汪畏之，張公輝等。到逸民處送稿。到元香居吃點。到從雲小學，晤劉女士。歸。

誠安夫婦及平侄來。又曾來。記日記。

四月十二號星期六（閏二月廿一）

爲衍餘寫馬祖武信。安之兄妹來，爲寫奮生及許德生信，贈以川資五萬元。看惠半農，紅益父子校讀之《呂氏春秋》，未畢。爲壽彝寫張希斌信。改信稿六通。到壽彝，德輝處。

到站，乘一點〇六分車赴滬，在站遇尹甫太表叔，談。在車與曾繁康，王琦談。下站，詩銘，林賞等來接。到粥店小坐。到大中國，與諸人談。到起潛叔處，留宿。

與起潛叔到相衡處談。

此次聯合國文教會議將在南京開會，主要議題爲掃除文盲及成人教育，故教育部有意作社會教育工作。此次到滬，主要事件爲與大中國商定民衆讀物之印刷及《民衆周報》之發行。予今日携至上海一千萬元，即爲印行《民衆周報》之用，惟物價騰貴，此數不足，必須大中國肯貼錢也。

四月十三號星期日（閏二月廿二）

到大中國書局，開事務會議一整天。

寫滬社會局，楊寬正，英千里信。吳詩初來。剃頭。

返起潛叔處，看果庵所作三國故事。

今日同會同席：陳宣人　金振宇　丁君匋　金緯宇　金擎宇

四月十四號星期一（閏二月廿三）

看果庵所作之三國故事，爲之修改。與静秋通電話。與徐道鄰談。

爲中國出版公司事，與楊質夫通電話。到鄭相衡處長談，進午餐，與相衡家駱聯名致燕京印刷所信，談至四時許出。與起潛叔及寬正到北平圖書館駐滬辦事處，訪王育伊，并晤范九峰。

續看三國故事。與鳴高叔等談。

今午同席：李石曾夫婦（夫人名林素珊）　　楊寬正　楊家駱

起潛叔（以上客）　　鄭相衡（主）

李石曾，名煜瀛，直隸高陽人。其父鴻藻，爲清穆宗師，位大學士，得慈禧后寵用，故石曾爲慈禧寄子，賜一品蔭生。長而留學法國，參加同盟會，與張靜江，蔡元培，吳敬恒等創立"進德會"，主張不做官與議員，又創"勤工儉學會"，吸收國內青年留法，周恩來總理即其一人，此于革命甚有功也。然其人內實險詐，二十年代歸國後睹蔡先生辦學成就而美之，遂挾法、比兩國退還之庚子賠款，創立中法大學，孔德學校，陸謨克學院，以與蔡爭勝。北伐勝利後蔡爲中央研究院長，渠乃立北平研究院與之對峙，并將北平所有大專院校合爲一"北平大學"，甚至有"北平大學北大學院"之笑柄，其爲學閥彰然明矣。不第此也，馮玉祥班師回京，受渠慫恿，驅逐溥儀出宮，改爲"故宮博物院"，此亦佳事，乃以易培基爲院長，朋比爲奸，日買假古董二百元，由易氏攜入院長室，提取宮中古物以出，裝運至巴黎出售，以彼在巴黎設有文物肆也。又不止此，今之北京動物園，昔爲"農事試驗場"，兼蓄動物，故名"萬生園"。李氏攫得此園，改爲"天然博物院"，以蕭瑜爲之長。園中舊例，每死一動物，即剝皮製一模型，注明年月，及蕭氏主院，則悉易爲"一九二八年製"，以銘己功。猶有甚者，西山一帶固多廟宇，并有田產。李乃畀錢與住持僧，令其至南方名刹參觀。既去，乃以娼妓引誘幼僧與通，而己使人捉奸，及老僧歸而寺已入官，門上懸"北平研究院某某研究室"牌，然瞰其室則無一人焉。彼固以攫取田產爲其目的者也。亦有僧不服而控訴于法庭者，然李爲河北省第一豪紳，法官雖明知其曲直而不敢判也。焦菊隱者，其外甥也，妻年三十餘，頗風騷，李年已七十，乃竊之而逃，到滬盤買世界書局，即以甥婦爲出版人，今日所見之林素珊是也，與李儼然夫婦矣，是非人妖乎！　　　　　一九七六，六，五記。

四月十五號星期二（閏二月廿四）

今日起，改用新鐘，提早一小時。終日作《歷史故事叢書》序文五篇，約四千字。徐森玉來。范九峰，王育伊來。詩銘，林巽來，伴其參觀圖書館，詩銘留飯。

牟潤孫來。徐道鄰來。錢鶴林來。

與起潛叔等談。

四月十六號星期三（閏二月廿五）

將關羽故事續看一遍，修改序文。揆初先生來。雇車到大中國，與諸人談。吃麵。上站，遇孫燕翼，殷綏來。

三時許到蘇，雇車歸，看各處來信及報。到果庵處，嬸母處。俞式如來。又曾來。看《三國志·魏武帝》卷。

童丕繩夫人來。

予下午歸，而靜秋于上午十一時行。小孩尚未全愈，外姑腫雖稍消，而精神益衰弱，靜秋之行真有說不出之苦也。雁秋前日歸而昨日即赴滬。

四月十七號星期四（閏二月廿六）

到詩銘處，德輝處。憶賡叔來。童太太偕其姊蔣慶薇來。又曾來。記日記五天。改信稿十五通。

又曾夫人來。到壽彝處談。寫靜秋，王季玉，戴伯衡，張家駒信。甄銘來，改《如何把中華民族團結起來》，寫一跋，與刊入《西北文化》。賓四夫人偕其女輝來。改信五通。

到果庵處談。看《三國志》。雁秋自滬歸。

四月十八號星期五（閏二月廿七）

寫靜秋信。又曾來。寫簡香信，張致堂壽詩。雁秋來談。到北街寄信。到仲川處繳墓地鋪草價，晤徐君。沈顔閔來。

小眠。改信六通。改所擬歷史故事目。到社教院，晤逸民，守垫。寫馮伯平信。到果庵處。王效仁，張效宗來。魯弟婦來。

理物。與雁秋談。看《三國志》。

四月十九號星期六 （閏二月廿八）

寫静秋信。又曾來。爲人寫扇三。文通編輯所開第一次所務會議，予任主席，自九時至十一時。發《史苑》及《史與地》之稿費。改信稿五通。

雁秋赴滬。應壽彝宴，飯後茶叙，棣棠，壽彝及予作短講。徐氏太姑母來。九嬸，有斐夫人來。爲志鈞侄寫静秋片。起潛嬸及鳴高叔來，爲潮兒照相。抱潮兒至又曾處。到果庵處談。寫静秋信。嬸母，魯弟婦來。

又曾來。寫志祥信。

今早同會：白壽彝　馬繼高　方詩銘　彭林賁　佟志祥　馬爲義　金德寶　嚴舜欽　吳樹德

今午同席：宗棣棠　白時和　宗曉初　張雙貴　馬少洲　鎖秉泉　宗銘之　葉子政　馬玉田　于元龍　馬明德　劉如麟　穆静齋　沙霆　鄭清善　馬遵洪　文通編輯所同人（以上客）　白壽彝（主）

四月二十號星期日 （閏二月廿九）

五時起，理行裝。七時廿分到站，入茶室。八時許上站臺，晤吳子我，談。八時四十一分上車，在車看小報，吃飯。

車中晤袁哲，談。四時到京，雇車至邊疆學會，與汪安之，許公武談。馬鶴天來。出到四象橋訪楊質夫夫婦，爲寫字十餘幀，留飯。寫静秋信。

到建康路乘公共汽車，范力大送回，眠已十一時。

今晚同席：予及針科李君　山西李君（以上客）　楊質夫夫婦　熊耀文（以上主）

四月廿一號星期一（三月初一）

寫屈翼鵬，拱宸，冠一，又曾，社教院，李祖桓信。到教育部，九時許，開會，討論中學歷史課程。晤胡煥庸，沙學浚等。質夫來。奮生來，與同到鶴天處飯。

到文涓處送物，遇步青。繼續開會。出，遇奮生，同乘車，到金陵酒家吃飯。返會，寫任乃强信。質夫來。

寫叔棟信。

今日同會：金子敦（主席）　沈剛伯　袁鳳書　吳士選　陳東原

今午同席：予與奮生（客）　馬鶴天（主）

四月廿二號星期二（三月初二）

寫靜秋信。出，遇查良釗。遇韓鴻庵，與同到邊疆文化教育館參觀。出，遇鄒明誠。到編譯館訪蕭毅吾，蕭銳方，并晤劉仁成。到教育部，續開會，午，討論畢，在部飯。

到文涓處，并晤光詠。到安樂酒店，訪王公璵，未晤。到鏡秋家，晤其夫人。回成賢街，遇宓賢璋，同到小館長談。到教部，訪英千里，未遇，晤吳研因。出，遇熊迪之，同到其家。

到文涓處飯，長談。歸，杜光簡來，王澤民來。

今日同會：如昨

今日同席：查良釗　程柏廬　袁哲　金子敦　吳士選　趙廷爲　沈剛伯　袁鳳書　盧紹稷

今晚同席：予（客）　徐光詠夫婦（主）

四月廿三號星期三（三月初三）

出，與澤民道遇，同到山西路天津館吃點，談通俗讀物事。劉鏡秋來。歸，寫靜秋，屈翼鵬信。到教部，訪英千里，遇之，談民眾讀物社事。到中央研究院，同出，到大華飯館吃飯。

到中大，訪吳子臧。同出，遇劉士能。到編譯館宿舍，與王澤民，蕭從方等談民眾讀物事。到編譯館，與趙吉雲，羅雨亭等談。到紀伯庸家。

到金女大，訪沈鏡如，不遇，晤王抱冲，并遇美國人牟復禮。在抱冲處留飯。歸，柳仲篋來。眠後汪叔篋來。

今午同席：予（客）　陳槃厂　勞貞一　傅樂煥　王之屏　嚴耕望（以上主）

今晚同席：予（客）　王抱冲夫婦（主）

四月廿四號星期四（三月初四）

樊漱圃來，邀至國民酒家吃點。歸，寫靜秋信。出寄信，冒雨到屈翼鵬處。又到徐公起處。到文化食堂吃飯。到姚梓良處，并晤張禮千。

在會批社教院學生試卷，未畢。公武邀飯。漱圃來。

在邊疆學會開會，討論邊疆福利社事，十一時眠。

今晨同席：予　汪安之　易彼得(以上客)　樊漱圃(主)

今晚同席：予　王應榆　許德生(以上客)　許公武父子(主)

今晚同會：趙友琴　王應榆　許公武　武尚賢　朱守謙　柴親禮　馬鶴天　黃奮生　劉家駒

四月廿五號星期五（三月初五）

到湖南路剃頭。遇史秉麟。在山西路吃點。歸，寫靜秋信。到中央飯店，參加國史館宴會，席上討論編史方法。一時半，辭出。

回學會取物，乘車到站，乘三時車。在車看小報多份。

九時到蘇，雇車歸。到門口，遇雁秋適從鎮江來。

今日上午同會同席：吳向之　汪辟疆　魏應祺　丁實存　馬駪程　李銘燕　鄭鶴聲　劉成禹　陳謐　王德亮　莊敬果等二十餘人（以上客）　張溥泉　但燾（植之）（以上主）

四月廿六號星期六（三月初六）

張公量，張吉輝來，留點，即返京。到文通，開第一次編輯會議。丕繩來談。到伯庸處。

改德輝所草信稿十六通。殷綏淑來。陸欽墀來。小眠。填中研院之一生履歷表。

丕繩來談。

今日上午同會：壽彝　詩銘　繼高　金德寶　林蕙

歸後極累，今日午後欲休息，客至，又不得。

四月廿七號星期日（三月初七）

靜秋偕高廣淦舅，郭三姨，趙宗英姊自徐來。與又曾，舜欽同到許宅，參加其湯餅筵。

孟剛叔，大鵬弟來。趙維峻夫人來。伴丕繩，雁秋看書畫古物。丕繩來談。

今午同席：又曾一家　舜欽　張君衡　德輝　嚴康齡（以上客）　許如珍（號褆玉）　德祖父子（主）

四月廿八號星期一（三月初八）

到振華，爲學生作演講（西北生活）一小時。到公醫院，晤陳文法，李庚成，爲外姑請看護，未得。到崇年處，并晤吳致覺。與崇年同出請看護，亦未得。歸，打電話與公醫院，請別聘。毓蘊作菜，宴徐州客。丕繩返滬。

小眠。沈鳳笙來。護士潘志英來。王澤民自滬來，留之宿，同討論民衆讀物事，并介紹與伯庸相見。與伯庸，澤民同到玄妙觀，城隍廟，飯于朱鴻興。

到趙公紱處。

今午同席：童丕繩　高廣淦　郭老太太　趙宗英及雁秋一家（以上客）　予夫婦及德輝夫婦（主）

四月廿九號星期二（三月初九）

尹甫太表叔來。看社教院期中考試卷，定分數訖。準備明日功課，看《古玉圖考》等書。

濤弟（晚霞）自徐來，談，看古物。

四月三十號星期三（三月初十）

到校，上課三小時（民衆讀物計畫，玉器）。濤弟，廣淦舅來校。與古柏良談。安真來。董渭川偕梁仲華來。到渭川處，與仲華同游獅子林。

在渭川處飯，遇鄧□□，照相。柏良來。歸，與静秋，濤弟，趙宗英等同出，游滄浪亭，可園，文廟。到公園品茗。予往訪趙彦高，至，同到玄妙觀吃點當飯。

與濤弟等談。

天氣冷暖燥濕刻刻不同，予氣管炎又發矣。

今日下午同游：張晚霞　趙宗英　趙彦高　蔡守堃　張鴻鈞　静秋

挽外姑聯：

具純粹德，懷卓犖才，岳岳立丈夫氣概。敵寇突憑凌，舉家轉徙桂渝，屈指計凱唱之期。果見河山重光，登舶開還鄉笑口。

抑鶺別恨，作燕翼謀，勤勤成兒女材名。絲蔦喜相依，携杖偶游吳會，含飴弄外孫爲樂。那堪風雨如晦，驀地聽薤露悲歌。

一九四七年五月

五月一號星期四（三月十一）

趙宗英返徐。起釪招寫聯扁。與晚霞談。史襄哉來，借書。準備明日功課，看《三禮圖》等書。晚霞赴滬。勸誡馮漢鏞。作《典瑞》《玉人》比較表。睡至上午一時，爲静秋叫起。

外姑卧病三閲月，精神日差，近日神智時模糊，且説話亦無力，食物之進絶少，至今日而氣促，中夜遂逝。年登耄耋，子女純孝，撒手人間，應無遺憾。特雁秋，静秋之悲難塞耳。

五月二號星期五（三月十二）

上午一時五十分，外姑逝世。到又曾，伯庸處，叫起，同辦事。予與周揚季及德輝寫發報喪條三百份，寫紹虞，吟谷，仲三等處信。

到昌善局布置一切，與馬朝宗談。到錢大成處談。復返昌善局，雁秋等留宿，予與静秋歸飯。

五月三號星期六（三月十三）

到昌善局，招待賓客，視外姑大斂。歸取小錢入斂。回局，爲外姑點主。

張仁傑，同慈，慈倫，義安，玉華，高大姊，吳大姊，澗南二嬸，玉舜等自徐來。瑞蘭自滬來。木蘭自京來。

與仁傑等歸家，晤華宗炳兄弟。送仁傑等到東安旅館。歸，仲三，月如來，又送之至旅館。十二時眠。以客多，予與靜秋住壽彞室，失眠。

五月四號星期日 （三月十四）

與仲三，月如，仁傑同到平江路吃點。趙彦高來。汪毓平來。到汪典存家，同商振華辦大學事。與吟秋同到沈君匋家，吊其夫人之喪，留飯。

與孔憲高同出，過其家。到二孀母處。到新雅，參與蘇州文藝社紀念五四大會，略作演説。與向培良，朱家積談。

到樂鄉飯店，應趙維峻之宴，十一時歸。十二時眠。

今午同席：徐偉士　陶載厚　孔憲高　蔣吟秋　朱家積等（以上客）　沈君匋（主）

今日上午同會：王季玉　王啓潤　汪典存　袁世芳

今日下午同會：向培良　朱家積　王紓燕（主席）　青年約六十人

今晚同席：雷儆寰夫婦及其子女　夏道平　徐季華　陳逸民（以上客）　趙維峻（主）

五月五號星期一 （三月十五）

蔣仲川來。寫尹甫太表叔信，借錢（爲文通）。到社教院，導雷儆寰等參觀。出，到獅子林。到松鶴樓赴宴。

飯後導儆寰等游三清殿。到牛角浜照相。歸，張曼全來，同觀古物。到昌善局。與炎生到社教院，送之上車站。與徐德榮同乘汽車歸。

到義昌福，宴徐州來客。飯後游青年俱樂部。

今午同席：雷儆寰夫婦及其子女　夏道平　陳□□　黃英

（以上客）　陳逸民（主）

今晚同席：澗南二嬸　劍秋妹　周揚季　高龍書　高玉舜 高耀玥　姜義安　張又曾　嚴舜欽　張鴻鈞（以上客）　予（主） 廿二萬元。

五月六號星期二（三月十六）

神憊骨痛，臥床。高廣淦舅，郭三姨，玉華，木蘭，張仁傑，龍書，張劍秋，玉舜，耀玥，義安均離蘇。

馬詩坰來診疾。常夢華來。看《古玉圖考》。

童太太自滬歸，來談。今晚，予復歸己室。

予近日時咳，晨間痰尤多，傷風已一星期，而南京歸後，喘息未定，已觀外姑之喪，又服奔走之勞，睡眠苦少，致一身疲憊無力，若罹大疾，社會關係多，無術休息，是可悲耳。

五月七號星期三（三月十七）

到臨頓路吃點。到校上課三小時（吳歌史，玉器）。安真來。到許公鑑處，公鑑來。定閣，紹良來。

小眠。澤民到滬，寫振宇信托帶。起釪返京。揚季返明光。到伯庸處，取《故事小叢書》目錄，重寫一過。到嬸母處。嬸母來。祝肇齡來。

略看德輝所作之《秦始皇》。童太太來。

五月八號星期四（三月十八）

孔憲高來。補記日記十八天。社教院金君來，約演講。外姑頭七，到昌善局設祭。王公璵夫婦，逯劍華來。蔣伯雲來。與德輝及雁秋父子同到孝子祠，壽彝偕。

小眠。瑞蘭返滬。鏡秋自京來，與同到昌善局，晤張鴻蓀。到平江路吃點，歸。到德輝處。

　　飯後與鏡秋在園內散步。到伯庸處。又曾來。王公璵夫婦來。失眠，至十二時後始得睡。

　　此十餘日中，予真忙極矣，來客紛紜，迄無握管可能。迄今雖補記，已忘事不少，奈何奈何！

五月九號星期五（三月十九）

　　雁秋，高大姊，鏡秋均行。到臨頓路吃點。到社教院上課三小時（吳歌，玉器）。歸，憶賚叔來。回真觀羅道士來。

　　整理報紙，信札。補記日記訖。童太太來。張紹良，吉承燕來。到醋坊橋剃頭。

五月十號星期六（三月二十）

　　文通開所務會議，予為主席。看《文訊月刊》七卷一期稿。

　　為繼高寫奮生信。沈文倬來，為寫趙吉雲信。到伯庸處談。看伯庸所作《姜維》。

　　中夜失眠。

　　今日上午同會：壽彝　繼高　詩銘　林黌　舜欽　為義　德寶　徐易源

　　下午困倦甚，如有大病。此數日天氣寒燠不常，且因雨潮濕空氣瀰漫，病者固自多，而予又經此勞累，自當不支矣。

五月十一號星期日（三月廿一）

　　到陸仲暘處診疾。歸，臥。旋起。王仙舟來。趙彥高來。錢大成來。夏清和來。

　　王玉明來。又臥。又曾來。顧培懋來。看伯庸所作鄧艾，荊軻，句踐三傳。

早眠。中夜起，爲外姑回煞。

醫言我辛勞過甚，脉極弦緊，疑昨晚有熱，并謂血壓一定又高，須多休養。

今午同席：王仙舟　趙彦高（以上客）　予夫婦（主）

五月十二號星期一（三月廿二）

看容希白《商周彝器通考》。到昌善局，爲外姑拜回煞懺。蔣伯雲來談。伯雲又偕企羣來。

歸，續看《彝器通考》。高吟谷自徐來。

又曾來。失眠，至上午一時始眠。

静秋已有二月孕，今冬須產。有此兩兒，實不能再作事。然爲雁秋一家計，又不能不作事，此皆雁秋過于公忠不治生產之過也。

潮兒生八個月，智慧已非常豐富，能開櫃門，知電門與電燈電扇有關，好弄紙張與信封，聽人哭則亦哭，聽大聲（如道士作法事）則哭，旁晚抱至大廳不見一人則哭，樂于洗臉洗手，俱足徵其理智之發達。只須身體好，便是第一等人矣。

五月十三號星期二（三月廿三）

寫景鄭，振宇等，澤民，泉澄信。張公輝來。到壽彝處。與静秋同到馬詒綬處診疾，并晤張世保夫婦。出，遇德輝，文填。到觀前，遇吟谷，鴻鈞，與同到丹鳳吃飯。

小眠。張公輝導社教院國語專修科學生三十人來，參觀吾家書籍古物，予爲説明。

留公輝飯。童太太來，出示其姊慶薇文稿。

今日驗血壓，予上一百五十二，下九十四，尚不算過高。今日服藥而眠，得一佳睡。

潮兒近日奶粉減少，增吃稀飯及豬肝湯，鮮牛乳。渠臉色太白，當係缺乏鐵質所致。奶粉中生機太少，不如鮮乳也。惟當乍改之際，大便溏薄，當是腸胃中不習慣耳。

五月十四號星期三 （三月廿四）

臥床，看《燕京學報》中希白所作論文。蔡守堃來。吟谷偕二嬸，吳大姊回徐。

張一庵自鎮江來吊，留飯及宿。陳媽返其家。又臥床。

未服藥，早眠，得眠。

得亞東銀行蕭副理來電，轉達顧墨三意，招予任江蘇大學校長。此校在徐州，予一家可團聚，固甚好，但以今日黨派之猖獗，學潮之澎湃，加以經費之短少，予不敢應也。

今日本當到校上課，而靜秋以予血壓高，強禁止之，以是遂臥。

靜秋以有孕，極不舒服。

五月十五號星期四 （三月廿五）

蕭秉忠派黃國章來，即書覆函。趙公紱偕其姊陳君玉夫人來，為寫仲川信。伴張一庵看書畫。與靜秋，一庵等到昌善局，為外姑二七設奠。蔣伯雲來談。歸，宴客，出藏畫共賞。毓綺夫婦來。

小眠。看常翠華兒童讀物論文。張效宗來，為寫錫澤片。德輝夫婦來談。

到伯庸處談。與靜秋談此後家庭處置。

致蕭秉忠君書云：“剛受墨帥知遇有年，義當拜命。惟今日之大學，政治問題，經濟問題，困難萬端，已非我輩書生所能控御。剛年逾五十，血壓易高，亦不得不自安閑散。幸為代謝，他日報墨帥者將別有在也。”

今午同席：韓天眷　烏叔養　蔣仁　謝孝思　劉葦　盧濬
董渭川　古楳（以上客）　予與壽彝（主）

五月十六號星期五（三月廿六）

寫振宇，君匋等信，交伯庸帶滬。到社教院，向兩班學生講
話，未授課。到烏叔養處。與古柏良談。逸民來。審查錢亞新《鄭
樵校讐學》稿。一庵回鎮。到馬詩峒處驗血壓。遇錢賓四太太。
歸，遇憶廣叔。

眠一小時。理書室。記日記三天。寫黃濤川信。陳君玉夫人
來。寫王季玉信，未畢。看先父所編印譜。

今日驗血壓，已降至一百四十，可喜也。惟仍極疲倦，則以
天氣悶熱潮濕之故。

靜秋將于外姑三七後返徐，二姊，三姊，書忍，潮兒均將同
往，家中僅留頤萱嫂及鴻鈞，婢淑琴亦隨往，前者人太多，今又
太少矣。

五月十七號星期六（三月廿七）

作外姑挽聯。徐德榮赴徐。寫徐季華，顧墨三，王季玉，程銅
士，徐道鄰信。汪氏兩表妹來。沈鳳蓀遣袁女士來。爲丕繩《談
畫》鈔目録。

舉家爲我吃麵。寫外姑挽聯。改《做事與做人》一文交《青
年風》。改德輝所書函稿十一通。淑珍病。

改德輝所書函稿十通。失眠，服藥。

今日陰曆三月廿七，予廿三生辰，向所不記，靜秋今年亦爲
母喪忘之。今日想起，爲補吃麵，并邀德輝夫婦同餐。

晚飯後改信十通，又致失眠。予夜中不能工作如此，一嘆！

五月十八號星期日 （三月廿八）

改德輝所草信稿二十六通。汪毓平來。陳媽來。

小眠。簽署發出函件。馮漢鏞來辭行。與二姊，三姊，静秋，鴻鈞，潮兒同到國際照相館照相，到樂口福吃點。張效宗來。

續簽署函件，畢。

五月十九號星期一 （三月廿九）

五時許起，理物。七時三刻出，到車站，八時四十分上車。車上看上海小報。過丹陽後吃飯。

二時到南京，下車，與邵力子夫人同乘汽車到參政會。報到，取款，携物至中央飯店，宿二一九號。取物出，到邊疆學會，晤公武，安之。寫静秋信，付寄。到編譯館，晤葉□□夫婦，恒秋，葛毅卿。到毅卿處，晤伍叔儻夫婦及衛士生。

毅卿邀至玄武湖吃飯，品茗，遇吳顯齊，張能剛，談至九時許歸，失眠。

今晚同席：予（客）　　葛毅卿（主）

五月二十號星期二 （四月初一）

到成賢街吃點。到文昌橋，訪起釪，未得。到中大，晤郭廷以，韓鴻庵。到教部送審稿。到參政會，行開幕禮，自十時至十一時。與一山同出，到中央飯店，同乘汽車到中央黨部吃飯。開會討論對學潮事。

與一山同車到大方巷白宅。出，乘一山車到編譯館，晤趙吉雲，王向辰，邦賢，實存等。出，到中大附中，晤顧振中及其子沈娀，張木蘭。出，到姚栟處，并晤張禮千，史國綱。到邊疆學會，寫静秋信，到鼓樓寄信。出，遇蘇淵雷。冒雨回中央飯店。

到太平路吃飯，在太平路散步。劉起釪夫婦來。到李樹茂，張登鰲處，并晤張志廣。

今午同席：國民黨籍之參政員蕭一山　陳逸雲　錢公來　張之江　朱惠清等　約百人（以上客）　孫科　吳鐵城　張繼　鄒魯　陳立夫　張群等（以上主）

今日學生游行，在新街口與軍警衝突，雙方互有傷者。"五二○血案"一名辭成立矣。

五月廿一號星期三（四月初二）

到大三元吃點。出，遇齊樹平。到參政會，聽張群政治報告及書面質詢，至下午一時散會。在會遇張道行，饒鳳璜，于斌，陳博生，余楠秋等。與蘊剛到五味齋吃飯。

回旅館，晤盧冀野。到中央圖書館，晤繆鎮藩，蔣祖安。到會，聽政治報告之口頭質詢及答復，至七時半散會。到清真館吃飯。

到果庵家送錢。歸，張效宗，安靜之來。楊宗億，張克寬來。與王冠英談。

今午同席：予（客）　姜蘊剛（主）

五月廿二號星期四（四月初三）

李貽燕來。魏瑞甫，王德亮來。印維廉來，同出吃點。到參政會，聽外交報告及質問。至下午一時散會。在會晤冰心，實秋，叔棣，寶瑄，葉公超等。到碑亭巷吃飯。

遇鄭天叔，同到中央圖書館，理皮包。寫靜秋信。記日記四天。作提案三通（根據金輪海文重作）。到太平路大梁菜館赴邊政公論社宴。出，遇彭枕霞。

汪安之來。韓鴻庵來。樊漱圃來。華宗炳來。楊質夫來。

今早同席：蔣建白　郭子通（以上客）　印南峰（主）

今日因作提案，缺聽谷正綱之社會報告，謝冠生之司法報告。

今晚同席：白雲梯　王化成　武肇煦　奚倫　張西曼（以上客）　吳禮卿　周昆田　張承幟（以上主）

五月廿三號星期五（四月初四）

到飯一居吃點。到會，聽財部俞鴻鈞作財政報告及書面質詢。與饒聘卿談。與孔□庵，馬景常，劉次簫等談。與章行嚴汪叔棣談。以提案請人簽名。到中央圖書館，寫糧食質詢案一，遇陳定閣。

到會，聽財政口頭質詢及俞氏答復。聽糧食部谷正倫報告及質詢，七時半散。在會寫靜秋信。

與何葆仁等到和會街張宅吃飯，談東方語專事。十時一刻歸。失眠。

今晚同席：何葆仁　鄭揆一　陳榮芳　張禮千（以上客）吳純玉　陳有成　陳恩榮　王鉞　陶蔭　程度中　黃心銘（以上主，均東方語專學生）

五月廿四號星期六（四月初五）

到成賢街吃點。遇張星樞。到醫務處取藥，遇俞育之。到會，與王立哉談。寫靜秋信。寫農林詢問案一。出席，聽左舜生農林報告及答復。十二時，會散，到曬布廠汪宅吃飯。

寫交通質詢案一。與柳翼謀同車，到會，聽國防部次長林蔚作軍事報告。六時半畢。聽俞大維作交通報告及質詢，七時半散。

在一小館吃飯。歸，樊漱圃來。到外剃頭。十時歸，楊宗億來。得眠。

今午同席：柳翼謀　但植之　劉成禹　章行嚴　汪旭初　劉□□　潘□□　萬□□　陳無咎（以上客）　汪辟疆　尹炎武（以上主）

五月廿五號星期日（四月初六）

印維綱來。到大三元吃點。到會，寫教育，衛生詢問案二，静秋信一。與驪先，麟閣等談。寫警寰信。出席，聽交通質詢及俞大維答復。十一時，休息，與張維楨談。顧如邀進咖啡，同座爲張邦珍，查良釗。與孫繩武談。復座，聽教育部朱部長報告及質詢。

叔棣兄弟邀至碑亭巷常州館吃飯。冒雨到中央圖書館小息。記日記三天。寫王公璵，又曾，毓芬，社教院，沈鳳笙信。到勵志社赴張院長茶會，與富保昌，孔德成，梁龍光等談。

到楚僧室，并晤潘連茹，孫繩武等。到教部，赴朱部長宴。與楊端六，劉次簫及孟真等談。伴楚僧接其夫人，同到中央飯店。邵恒秋來。陸鏗來。失眠。

今午同席：予（客）　　汪家正，叔棣（主）

今晚同席：張伯苓　楊端六　劉次簫　蕭蘧　高濟宇　沈剛伯　樓光來　黃如今　傅孟真　張其昀　蕭一山　許楚僧　張良修　薩孟武（以上客）　朱驪先　杭立武　田伯蒼（以上主）

五月廿六號星期一（四月初七）

四時半起，作關于學潮之談話一千六百字。寫金玉書信。泉澄來。奮生來。與泉澄奮生到廣東酒家吃點。與泉澄同至參政會。以所作稿交英士閱。聽教育口頭質問及朱部長答復。十一時半，休息。續聽薛篤弼報告水利。一時散。到碑亭巷吃飯。

到文涓處。張公輝來。到中央圖書館，寫澤民信。作內政質問案。到會，聽張勵生內政報告。五時，休息，與楠秋談。復入席，討論蕭一山之臨時動議（和平案），七時散，與趙澍同行。

李洽來談。看《民眾周報》。到中央飯店孔雀廳，參加參政會聯誼會。與志廣等談。九時散。得眠。

今晚同席：林虎　李瑛　嚴鐏　宋宜山　張潛華　許楚僧等

百三十人，凡十三桌，每人納費一萬五千元。

五月廿七號星期二（四月初八）

魯宗保來。爲印水心寫張溥泉信。到大三元吃點。到會，聽翁文灝資源委員會報告。與蘊剛，謝澄平談。到三六九吃飯，遇黃席群。

乘野雞汽車到車站，接靜秋，未得。乘公共汽車歸，得靜秋信，知改遲行期。到會，聽霍寶樹善後救濟總署報告及陳啓天經濟部報告。與謝明霄，劉問泗，但恕剛談。寫靜秋信。

到勵志社赴宴，聽陳誠談軍事。與劉景健，王若英等談。十時半歸。

今午同席：予（客）　黃席群（主）

今晚同席：國民黨參政員百餘人（客）　總裁夫婦及孫科吳鐵城　張溥泉等（主）　爲和平方案事。

五月廿八號星期三（四月初九）

丁實存來。張金鰲來。到會，聽參政員六十人對于和平問題之意見。到主席官邸赴宴，談學潮事。

到勵志社，赴主席宴，與周寄梅，許靜仁，嚴鍔等談。

今午同席：張伯苓　吳貽芳　吳有訓　陳裕光　何基鴻　周鯁生　蕭蘧　燕樹棠　蕭一山　陳豹隱　張金鑑　張其昀　許德珩　邵力子　陳布雷等（以上客）　蔣主席（主）

今晚同席：張群　王雲五　于右任　王世杰　周詒春　許世英及全體參政員（以上客）　蔣主席夫婦（主）

五月廿九號星期四（四月初十）

魏瑞甫來，爲寫驪先信。與同至廣東酒家吃點，遇陳邦賢父子。寫起潛叔，王澤民信。到文化會堂，參加教育小組會議，審查議案十餘。被推爲教育報告意見起草員，余楠秋意也。

到會堂，與許紹棣，雷沛鴻同商政府教育報告審查意見。由予起草，成一千六百字。爲會堂工友催行，斥之。劉維漢來。

李樹桐來，同到太平路寄信，到獨立出版社參觀。步歸。孫桂籍夫婦來談。楊杏庭來。

五月三十號星期五 （四月十一）

到文化會堂，與許紹棣，雷沛鴻談。修改審查意見，重鈔一過。到張道藩處談。到通惠銀行赴宴。

到會堂，參加審查會，與英千里等談。與黃離明辨論導師制。張公輝來，同到其家夜餐。

借公輝車到紀伯庸，并晤雷迅等。歸，徐德榮來，留宿。

今午同席：奚倫　呂雲章　王啓江　廖學章　武肇煦　姚廷芳　何海秋　江翊雲　林隱青　榮照　席振鐸　劉景健　吳望伋等（以上客）　鄧華民（主）

今晚同席：許楚僧夫婦　陳方（芷町）　文群（超雲）吳興國　胡軌　張質民　張會民（以上客）　張公輝夫婦（主）

五月卅一號星期六 （四月十二）

徐德榮返蘇。到會，通過一，二，三，四，五組各議案，共一百餘件。重要議案爲收回旅大及向美磋商借款二事。與叔棣談，晤楊復興等。宴客于湖南飯館。

寫靜秋信。

返旅館，即到文匯報館訪君匋，在館進晚飯。與君匋雇汽車同到陸步青處，談教科書事。十一時許方回。

今午同席：楊復興　鎖莊佛　楊生華　姚天驥　吳振綱　張

李冰（以上客）　予（主）　十八萬元。

［剪報］卅六，五，廿七《中央日報》

　　　顧頡剛談學潮

　　　大學生應該多加磨煉

　　　　"吃好菜"非正當要求（下略，見《全集·寶樹園文存》）

　　此文予本寫白話，爲報社改成報紙體文字，殊失精神，既未留稿，無如何矣。卅六，六，十三，記。

［剪報］卅六，六，二《和平日報》

　　　教育報告審查意見

　　　　參政會昨修正通過（下略，見《全集·寶樹園文存》）

一九四七年六月

六月一號星期日（四月十三）

　　漱圃來，同到大三元吃點。到文洰處送旁聽票。到會，通過內政等提案。與文洰夫婦談。董維翰來。寫靜秋信，未畢。在碑亭巷吃飯。歸，想起許公武生日，即趕往入席。

　　疲極，上樓小眠。四時，到會，通過交通，司法，財政，經濟等提案。七時散會。寫靜秋信畢。

　　到教育部，未見人。遇張其昀，同到大華飯店吃飯。遇成覺，同到國大招待所，訪喜饒嘉措及麻傾翁。到太平路寄信。侯啓明來。劉起釪夫婦來。東方語文校兩程君來。

　　今午同席：許公武（客）　榮耀宸　孔慶宗　黎澍（伯季）劉維漢　黃奮生　劉家駒　丁實存　王殿之　劉悟西等（以上主）

六月二號星期一 （四月十四）

到廣東酒家吃點，遇趙澍。到會，與陳豹隱談。通過第四組議案。選舉駐會委員。與叔棣談其親事。到碑亭巷吃飯。魯宗保來。

小眠。到會，通過和平議案，聽清查團報告。行閉幕禮。寫靜秋信。參加參政會同人聯誼會。魯儒林來。

到太平路寄信。張午炎來。邵恒秋來。黃強來。

今晚同席：彭革陳（主席） 羅衡 張邦珍 武和軒夫婦 姚廷芳 喬廷瑜 張曉峰 鄒秉文 燕樹棠 伍純武 吳望伋 林隱青 吳貽芳 陶玄 盧冀野等，共八桌，仍每人萬五千元。

六月三號星期二 （四月十五）

爲人寫扇三件。楊宗億來，與同到廣東酒家吃點。又同到鄒海濱夫婦處。到邊會，晤安之。到汽車站，遇張一庵。回旅館，理物。與建白談民衆讀物事。隋樹森來。

到王冠英處，未晤。到合作食堂吃飯。歸，眠一小時。補記日記七天。到大成旅館訪午炎。晤午炎之弟張惠民。到中國銀行訪彭枕霞。回午炎處，與同到金鈺興吃飯。

中政校生周維恭，李寶軒來。寫靜秋信，即付寄。又安來。倪江表來。周申甫來。

今晚同席：張緒謨（父） 張午炎（子）（以上客） 予（主）
五萬元。

六月四號星期三 （四月十六）

到大三元吃點。剃頭。歸，與建白談。到文涓處，送衣。到教育部，訪凌純聲，英千里及驪先，遇勞君展，劉家駒，馬志成，杜念嘉，姚廷芳，程其保等。到公餘聯歡社赴宴。

三時歸，稍息。與建白同到中央博物院訪曾昭燏及天木，由天木導觀正在興工之各室。到曲園吃飯。回中央飯店。

杜呈祥來。葛啓揚來。嚴耕望來。東方語文校陳恩榮，陳有成來。蔣建白返滬。失眠。

今午同席：牟宗三　唐君毅　張道藩　胡一貫（以上客）華仲麟（主）

今晚同席：蔣建白　王天木（以上客）　予（主）　四萬元。

六月五號星期四（四月十七）

理物。到三六九吃點。陳懋恒來，談辦民衆畫報事。修改《河州視察記》。到國史館，應宴。

在史館開纂修會議。四時散，與石公同到山西路。到邊疆學會，晤安之，公武。出，遇薀剛。到編譯館；晤樹森，榮光等。到中研院，晤孟真，談。曾昭燏來，同到曲園吃飯。

洗浴。

今午同席：柳翼謀　劉禹生　汪辟疆　汪旭初　丁實存　但植之　尹石公　濮一乘

今晚同席：傅孟真夫婦及其子　俞大維夫婦　王天木（以上客）　曾昭燏及其弟（主）

六月六號星期五（四月十八）

到教部，晤湯吉禾，程柏廬，英千里等。到中央圖書館，晤鎮藩。到中大醫院，視溥泉疾，未晤，留條。到薀剛處，并晤陳量伯。到剛伯處，晤其夫人。并遇叔儻，王子政。到北平真味吃飯，遇徐擁舜，徐兆鏞。

乘人力車到站，則凱旋號車早到。到邊疆學會，留條。回旅館，則靜秋等已來，由起鈅接得。黃淬伯自徐來。與靜秋等到起鈅家吃飯，并游中大。

劉子衡邀往紫金坊談話，至十二時方歸。失眠。

今晚同席：予夫婦　三姊　姜書忍　淑珍（以上客）　劉起鈃夫婦（主）

今日到華僑招待所訪蘊剛，忽覺頸間作癢，捂之則疹粒大起，且蔓延極速，此蓋多日蘊藏之內熱，借皮膚作一發泄也。

黃淬伯南來拉我任蘇大校長，劉子衡從旁贊之，真使我為難。彼等言軍人很有錢，經費無問題。是耶非耶？

六月七號星期六 （四月十九）

到德國醫生馬耀伯處打針。瑞甫來，同到廣東酒家吃點。陳懋恒來。丁君匋，高膺生，黃仲明來。杜光簡來，為寫李哲民片。與君匋靜秋等到參政會及教育部，晤王同榮夫婦及英士等。到金鈺興宴客。

小眠。趙孟涵來，為寫驪先，伯蒼片。與靜秋等雇汽車，游玄武湖。雇船泛湖，上草地休息，與靜秋談此後計劃。到又一村吃飯。雇三輪車回。

今午同席：姜蘊剛　丁君匋　黃仲明　三姊　書忍（以上客）　予夫婦（主）　廿一萬元。

今早瑞甫作主。

德醫為我打鈣針，兼敷黃藥，衣上滿染油漬，然作癢依然也。

潮潮愈好玩，益懂事。惟尼三姊亦愈甚，片刻不見則哭。

六月八號星期日 （四月二十）

魏瑞甫來，同到大三元吃點，擠甚。飯畢，同乘吉普車到明孝陵，中山陵，國民革命紀念堂，靈谷寺，譚墓，遇姜蘊剛，常燕生等。二時回城，到南軒吃飯。

回旅館，晤淬伯，吉雲，君匋，黃仲明等。到馬醫師處打針。

到文涓處，與同到中大對面茶社，晤光詠及錢斗南。返，晤黃奮生。雇二汽車，送靜秋等上津浦路，遇高吟谷。

九時，輪渡回南京，乘公共汽車回。飲汽水。君匋來，留宿。

今午同席：予夫婦　三姊　書忍（以上客）　魏瑞甫（主）

爲了靜秋不能辭徐女師校長（徐州人不讓辭），爲了江蘇大學之堅邀，我只得到徐州去。自恨經濟基礎不曾打好，到今日只得宛轉隨人。

六月九號星期一（四月廿一）

淬伯來，寫顧墨三信，爲蘇大事。寫臧哲先信。爲人寫字二十餘件。周振權，張靖六來。與君匋到教部，訪英士，千里等。邀英士同到曲園吃飯。

爲君匋寫顧竹淇信。歸，以英士意重寫臧哲先信。寫又曾，舜欽信。作華宗澤喜聯，即寫。到馬醫生處打針。買足可凈（Socosin）藥水，擦身。到中研院，晤王之屏。遇黃仲良。與仲良同到大華吃飯。訪貞一，仲舒，并不遇。訪鴻庵，遇之。

訪羅雨亭，已睡。

今午同席：劉英士（客）　高膺生　丁君匋　李宗發（以上主）

今晚同席：黃仲良（客）　予（主）　五萬元。

經德醫打針三次，毫無進步。滿身紅粒，癢不可忍，君匋勸擦足可凈，試之，居然有效。此藥數千元耳，醫生則廿萬元。

六月十號星期二（四月廿二）

與君匋到廣東酒家吃點。作教部呈文三件。雇汽車，與君匋到中央日報訪馬星野，文化運動會訪華仲麟，邊疆學會訪汪安之，編譯館訪趙吉雲，陸步青，沈鳳笙，李心莊。與吉雲步青等同乘車到曲園飯莊，宴客。遇歐陽翥。

中政校人來，同乘汽車到校，爲演講一小時半（我的自白——古史研究與民衆讀物）。與張金鑑等談。訪伯庸，未晤。歸，寫静秋信。到瀟湘吃飯。

與君匋同到太平路寄信，到新亞書店訪高膺生，到吳園書場看光明技術團表演。

今午同席：凌純聲　曹漱逸　劉英士　趙吉雲　陸步青　英千里（以上客）　高膺生　丁君匋（以上主）

得静秋信，知渠等于昨晨到徐時適逢傾盆大雨，人與物俱濕，潮潮竟未患感冒，此兒之抵抗力已增加不少。

六月十一號星期三（四月廿三）

紀伯庸來，與伯庸，君匋到大三元吃點。歸，理物。爲教部作推行《民衆周報》令。與君匋到内政部，訪傅角今。到夫子廟買畫。到金粉酒家吃飯。

與君匋到教育部訪萬紹章，英士，師俊等。出，到新聞局，訪曾虚白，并晤董顯光，詹潔悟等，談民衆讀物事。出，訪黄本初，未晤。到新生活社吃飯，遇徐兆鏞。歸，寫建白信，王澤民信。

樊漱圃來。起釪夫婦，顔竟愚來。君匋返滬。眠甚酣。

報載外蒙兵攻入新疆，蘇聯飛機爲作掩護。斯大林如此横行，有不爲希特勒第二者乎！

六月十二號星期四（四月廿四）

七時始起，到東首小店吃點。看報。歸，補記日記，未畢。劉子衡，黄淬伯來，同乘汽車到國史館，子衡等别去。予到李翼廷處談話。開會討論體例。與田綏祥，管笠，張潤泉談。

在館午餐，寫静秋信，未畢，續開會，討論體例畢。子衡，淬伯來，同乘汽車至紫金坊王耀武家談話，吃飯。回中央飯店，奮生來。

耕望來。寫靜秋信畢。到太平路寄信。到新亞，與陳邦楨，高膺生談。出，剃頭。

今午同席：柳翼謀　劉禺生　尹石公　汪闢疆　但植之　管笠　趙阿南　張潤泉　魏瑞甫　李翼廷　吳景賢　陳謐　吳向之　鄭鶴聲

六月十三號星期五（四月廿五）

五時起，補記日記訖。安之來。寫任映蒼信。到巴山吃點。到參政會，托買票，晤錫五，龔霽光，寫字二幀。晤達浦生。到編譯館，取教科書約。晤吉雲，步青，叔儻，雨亭，向辰等。到新亞書局，應邀至曲園（太平路）吃飯。

小眠。理報紙，剪報。寫靜秋信。整理行裝。到新亞，蓋呈文章。

到太平園吃麵。到光詠夫婦處，未晤，遇嚴秉淳夫婦，談。九時半，與范承樞，朱應瑞同上站，十一時車開，得眠。

今午同席：予（客）　陳邦楨　高膺生（以上主）

六月十四號星期六（四月廿六）

八時到滬，值大雨，雇車到大中國，晤志堅等。振宇，擎宇，宣人，君匋等旋來，談。招誠安至，同談。十二時，與君匋到外匯管理處，訪余英杰，沈奏廷。

二時歸飯。到魯弟銀行公會，訪孫傚仁。到文匯報館，與君匋同歸。陳志良來。招王澤民來，談《民衆周報》事。雇車到起潛叔處，并晤頌良，鳴高諸叔嬸。

飯後與起潛叔同到章元善夫婦處，并晤其子媳。十時歸。

六月十五號星期日（四月廿七）

爲織科叔寫聯。寫錫五，曾虛白信。在起潛叔處吃點後出，乘車到大中國，開局務會議，予任主席。與澤民談《周報》事。誠安來。改發文四件。爲君匋題悲鴻所繪鷄。在局午飯。

與曹慶森同乘金陵號車，三時許到蘇，同到家。到嬸母處。舜欽來。童丕繩來。任建蜀，葉玉福來。到丕繩處，吃其四十壽麵。

履安四周年祭。丕繩來。又曾來。看各處來信，至十一時。失眠。

今日上午同會同席：陳宣人　金振宇　丁君匋　金緯宇　金擎宇

今日歸家，人均走矣，所未行者頤萱嫂耳。寂寞之感刺傷了我的心，一夜未得眠。家庭可以安人，亦可惱人。

六月十六號星期一（四月廿八）

壽彝來。整理帶歸各物。與丕繩同到社教院，晤守堃，到逸民處。與丕繩游園。出，同到獅子林，涉覽一周。歸飯。又曾來。爲華宗澤題結婚題名。看德輝所輯《論語》注。

寫靜秋信。小眠。到嬸母處，晤枕霞夫人。到詩銘處。到德輝處。補記日記訖。洗浴。看文通諸人工作日記。看德輝所作《漢高祖與項羽》。

德輝夫婦來。得眠。

今日又不知何故，瀉了幾次，真怕變爲痢疾（幸即止）。

洗浴後覺得氣急，喘逾時方定。其衰徵耶？抑勞動過度之反應耶？

六月十七號星期二（四月廿九）

又曾來，爲寫繆鎮藩信。到社教院，出畢業生考題，送教務處。到逸民處。與柏良談。到渭川夫婦處。到昌善局，為外姑終七設祭。與蔣伯雲談。在局飯。

到振華女學，并就餐。與季玉，芝九談設院事。到東吳大學，訪凌景埏，范烟橋談。歸，整理什物。以一月來積信交德輝整理。

汪采齡，松齡兩表妹來。失眠。看張默生所作《厚黑教主傳》，炯炯達旦。

今午同席：又曾　舜欽　德輝夫婦　毓芳　頤萱嫂

今午又同席：朱經農　楊永清　尹任先夫婦　汪典存夫人　王明貞女士　楊女士　王芝九（以上客）　王季玉（主）

每一失眠，便溺特多。便溺既多，腎便作緊張與疲弱之態。本當休憩數天，俾得恢復正常，而無此福分，奈何奈何！

六月十八號星期三（四月三十）

陸尹甫先生來。祁龍威，胡鍾達來。到社教院，上"民眾讀物"一堂（周報及實習）。到校醫室取藥。安貞來。上"考古學"一堂（銅器）。

壽彝來。理古物室內書籍。社教院社教行政系學生五十人來，參觀吾家藏物。分班入內，予一一為講解。五時去。劉鴻坤來。張希斌來。顧嶽中來。

到東吳大學文乃史家，參加嶽中婚禮。八時許，到上海老正興，預喜筵。十一時，歸。得眠。

今晚同席：陳逸民　陳友端　吳睡白夫婦　劉葦　丁景清　毛□□（以上客）　顧嶽中高毓聲（新郎新婦）

六月十九號星期四（五月初一）

又曾來，送校薪。志翱叔來。蔣吟秋來。寫靜秋信。乘車到社教院，交所出題。出，遇顧嶽中。到車站，吃飯。上錢塘號車，一時開。在站遇文乃史，陸尹甫先生。

二點四十五分到上海，雇車到大中國，與振宇，宣人等談。鳴高叔來。到澤民處談，并晤方惠。出，剃頭。到國際飯店豐澤園作主人，宴客。

客散後討論教科書事，決定到京接洽。與君匋，仲明，邦楨同乘車到北站，遇余楠秋。以購票未得，至十二時回大中國眠。

今晚同席：朱經農　顧蔭亭　劉百閔　葉溯中　劉守中　范洗人　徐調孚　陶百川　印維廉　張一渠（以上客）　丁君匋陳邦楨　黃仲明　李小峰　趙景深　劉季康　曹冰嚴（以上主）

教部編出中小學教科書全套，教授法全套，交七聯出版。乃七聯僅將小學教科書全套印出，中學但印國文、公民、歷史、地理四種，他俱不印。至教授法則因銷售不多，更付高擱。本年教部既將國定本開放，復招商將中學教科打成紙型，繳部五副。上次君匋，仲明，邦楨等到京，以補助一億八千萬元，與教部講定承印，歸而告之新五聯（大中國、新亞、中聯、北新、廣益）同人。廣益經理劉季康酒後漏言，爲商務李伯嘉所聞，即乘夜車與中華郭農山到京，要求教部，只須補助一億元，歸其承辦。所謂爭氣不爭財也。事爲五聯所知，因決定拉我赴部力爭。部中懲于七聯以前之驕橫及包而不辦，亦甚願提携後起書商，使商務等有一競爭之對象，故英士等亦甚望我到京，我遂不得不行矣。惟部中總務司賀師俊司長頗加抑阻，須疏通耳。

六月二十號星期五（五月初二）

四時起，步至北站，晤志堅，買票。仲明來，邦楨來，同上凱旋號車，遇吳傳歡女士，談。七時車開，在車小眠，至無錫始醒。

三時五十五分，到南京。雇汽車，到陸步青處，談教科書事。又雇汽車，到教育部，晤朱部長，杭、田兩次長，劉英士，賀師俊，英千里等，談。到新亞書店，吃麵。遇王景瑺。

到慧園巷大上海飯店歇宿。與黃仲明談。高膺生來。失眠。

六月廿一號星期六（五月初三）

作上教部呈文約二千字。到新亞，共商定，付鈔。到曲園吃點。予與君匋到編譯館，與趙吉雲，陸步青談。遇羅雨亭等。出，到教部，與朱部長及劉英士談。遇吉禾。與梁方仲通電話。

到曲園吃飯。遇曾資生。出，與仲明同在市街散步。游康樂園及一商場，倦甚，回旅館眠。四時，到新亞，與君匋同至繆鎮藩處，又到立武處，并晤李正偏。六時，到曲園飯。寫靜秋信。

與君匋仲明同游夫子廟，到金門聽大鼓相聲，十二時許歸。

今晚所聽：章翠鳳（劉寶全女弟子）：刺湯。劉寶　高元鈞：相聲。滑稽水滸。張霞：擊鼓罵曹。

六月廿二號星期日（五月初四）

與仲明同到朱雀路吃粥。歸，寫靜秋長信。出，買藍墨水。又寫黃淬伯信。十二時，到新亞，同到曲園吃飯。

回旅館，眠二小時。君匋來，與君匋仲明同出，到夫子廟，入上海咖啡館。出，到城東南隅小巷散步。回夫子廟，到鴻運樓吃飯。

嚮導張小姐來。到中華戲茶廳聽京戲清唱及彩排《周瑜歸天》及《法門寺》。十二時歸。

此次到京，除本職外不訪一客，故知予來者極寡，今日星期遂真得休息，亦難得之事也。

予去年此日，在蘇磅體重得一百四十六磅，今日得一百六十磅，知一年來身體頗有進步。

六月廿三號星期一（五月初五　端午）

與仲明出吃點。乘公共汽車至山西路，訪李正偏，談民眾讀物事。到瞿菊農處，未遇。回新亞，與君匋等同到教育部，晤英士，得開會消息。與仲明同到一麵館，草呈文。出，晤邦楨等。又到大梁菜館，修改呈文。

到新亞，看余太太鈔呈文。步青等來談。回旅館臥。寫靜秋信。六時，到新亞，赴端午宴。九時許，與仲明同歸。遇鐵明。

步青送物來。

今日教部開會，出席爲吉雲，步青，英士，師俊，漱逸，研因，鎮藩等人，決定以印行教授法名義，給五聯一億六千萬元。名義上由大中國，新亞兩家分受。因補一呈文，作此請求，填二十日，并申請印行中學教科。予以疲累，決先行，仲明等則留待取款，以免如上次之中變。

今午同席：陸步青（客）　邦楨　仲明　君匋等（以上主）

今晚同席：余浩　王景璆　仲明　君匋　沈仲約　徐秀成（以上客）　陳邦楨（主）

六月廿四號星期二（五月初六）

五時起，理物。七時半，別仲明，上汽車，到車站，吃點。上車，待至九時始開。在車看報。

二時十九分到蘇州，僱車歸。看各處來信。洗浴。

疲倦，早眠。然又失眠。服藥，得眠。

六月廿五號星期三（五月初七）

寫靜秋信。到書房，看詩銘，慶薇等工作。爲舜欽作挽聯。理物。殷綏達來。到護龍街寄信。途遇孝淑。到振華女中，參加畢業禮，赴宴。遇周振鶴，陸詠縈，王季昭等。

席半，心中作噁，疾作。三時歸，即眠。發燒。嬸母偕彭枕霞夫人來，爲寫趙維峻信（軍人占屋）。

一夜筋骨疼痛，不成眠。

今日下午，熱至一〇一度。小便特多，一小時一次，但不熱不紅。予欲病者三個月矣，今日始病倒，本在意料中，特至今日始有權休息耳！

今午同席：楊永清　蔣吟秋　袁廣臺　楊□□　汪典存夫人（以上客）　王季玉校長（主）

六月廿六號星期四 （五月初八）

臥床。壽彝來。詩銘來。蔣慶薇來。

黃慰萱來。陸仲暘來視疾。王效仁來。看詩銘所作《怛邏斯之戰》。

伊耕叔，芙先弟來。蔡守堃來。張效宗，趙廷祺，甄銘來。

昨夜未出汗而熱退，今日延醫診視，謂是積食所致。腸中停止工作，勉強吃半碗挂麵，實不餓也。

六月廿七號星期五 （五月初九）

臥床。王翼之來。古柏良來。蔣孝淑來。發張家駒電。又曾來，改其代作教部呈文（《民衆周刊》補助）。

黃慰萱來，爲寫張炎生片。瑞蘭自滬來。口授德輝，寫王澤民信。

張振鈞，王佩玉來。看德輝日記。

六月廿八號星期六 （五月初十）

臥床。陳定閣來。孔陟岵來。看德輝日記，訖。

續延陸仲暘診治。教訓德輝。顧（英達），劉二女士來。看葉德均《戲劇論叢》。

九嬸來。又曾來。與瑞蘭長談。

今日民衆讀物社在社教院開成立大會，到會者爲社教院師生百餘人，選出予及渭川，逸民，柏良，慶棠，澤宣，祖武七人爲理事。縣政府代表吳年成，縣黨部代表陸益梁出席指導。此機關總算組織起來了。從前通俗讀物編刊社失敗原因有三：一，無組織；二，無政治聯繫；三，無經濟基礎。當時時取爲鑑誡，始克有成也。

六月廿九號星期日（五月十一）

寫靜秋，振宇信。臥床。頤萱嫂返徐。陸尹甫先生偕其女承曜來。趙彥高來。看德輝家賬目。

王澤民自滬來。程鴻自滬來。趙維峻夫人來，送物。二嬸，九妹，小宏來。

蔡守塋來。常翠華，張振鈞，王佩玉來。

今日大便甚多，約有十次，宿食當盡矣。

六月三十號星期一（五月十二）

寫靜秋信。寫振宇，君匋信。臥床。伊耕，起潛兩叔來。趙廷祺，曾友華來。

續延陸仲暘診治。黃慰萱來。又曾夫人來。與澤民談。看德武，智駿所鈔時事，爲改正。

程鴻來，留飯及宿。

醫言脉已正常，腸胃亦清，而仍不思進食者，殆與濕令有關也。

一九四七年七月

七月一號星期二（五月十三）

卧床。看羅正緯《大學廣義》，略畢。壽彝來。程鴻返滬。孔陟岵來。看毓蘊日記。詩銘來。舜欽赴錫。

王澤民返滬。張鑑文妻妾來。殷綏亞，之士來。方惇頤偕梁甌第來。

金德寶來。看予旦所作《乳娘曲》，未畢。

七月二號星期三（五月十四）

朱寶昌來，留點。壽彝來。欣伯來。張鑑文來。王季玉來。寫王達剛信。寫靜秋信。趙彦高來。又曾來。看《乳娘曲》，畢。上午起床，下午睡，又起。

侄孫永潤來。嚴文堉來。趙維峻來。蔣企羣來。錢亞新來。蔡守堃來。

開無綫電。補記日記兩星期，未畢。沈文倬家來送物。

食量稍進，每頓可吃挂麵一大碗。

七月三號星期四（五月十五）

補記日記，訖。寫何亞光信，交又曾。汪典存來。校民衆讀物二文。理書物。責潘德。剃頭。又曾夫人送菜及飯來。

眠二小時。彭林蕢來。寫靜秋信。寫汪安之，姜又安信。改德輝夫婦所草信稿約二十通。

又曾夫人及九嬸來。理四年來與靜秋信，編爲十二册。半夜失眠三小時。

七月四號星期五（五月十六）

填中研院院士提名表，寫槃厂信。金輪海來。何亞光來，留飯。朱寶昌來，留飯。爲寶昌夫人王淳華寫王季玉信。詩銘來。改德輝夫婦起草信稿四十餘通。

寫雁秋信。蔡守堃來，爲寫殷綏來信。小眠。

亞光返校。

今日大便已不溏薄，惟仍不餓。

七月五號星期六（五月十七）

舜欽自錫歸。寫静秋信。耿嵐毓，陸承曜來。壽彞來，同到方廳開所務會議，十一時許散。寫施劍翹信。寫教育部信。修改輪海所編《國民讀本》，訖。

陸仲暘來診。眠一小時。理四年來静秋書札，訂七册。

在院乘凉，與德輝瑞蘭談。失眠，服藥。看《少年文選》。

陸醫謂予脉氣，舌苔俱已正常，惟胃尚呆滯，因立方，用良薑等藥，謂可多服幾帖。

天氣太熱，不動也流汗不止。

七月六號星期日（五月十八）

寫魯弟信。批侄輩鈔復諸信。寫静秋信。顧培懋來。史襄哉偕艾克路易來，詢問歷史上諸問題。并參觀古物。綏達來，留飯。

眠一小時許。姜亮夫來，長談。簽校兒輩代鈔諸信。

與德武，智駿談。與又曾談。九時，子臧自京來。十時，紀彬，澤民自滬來。十二時後眠，失眠，服藥，亦無效。

駐華美軍顧問團陸軍上校艾克路易（Lewis F. Acher）由吳石之介來訪，問若干中國宗教史上之問題，談兩小時。外國人之問，有時甚幼稚，有時甚奇，足資啓發。

七月七號星期一（五月十九）

志堅自滬歸。與紀彬，澤民同看社教院試卷。蔣吟秋來。與子臧，澤民，紀彬，壽彝同出，到獅子林，品茗。又至拙政園。壽彝歸，予與子臧等同到松鶴樓吃飯。

予獨到社教院，遇金輪海。與逸民，渭川等談。三時半，開民衆讀物社理事會，五時許散。歸，到方廳，與子臧等談。在女廳同飯。

與子臧，澤民，紀彬同看予家古物。又談話，至十一時眠。

今午同席：紀彬　澤民　子臧（以上客）　予（主）　六萬六千元。

今晚同席：客如上　予與壽彝（主）

今日下午同會：陳逸民　古柏良　馬祖武　董渭川（以上理事）　蔡守堃（書記）　開會結果，逸民，柏良與予被推爲常務理事，予又被推爲理事長。并加推馬蔭良，王向辰爲理事。

七月八號星期二（五月二十）

寫靜秋信。爲紀彬等寫扇四柄。馬祖義來。與子臧到玄妙觀，訪各書肆。十二時半歸。

飯後，澤民，紀彬，子臧同到滬。視瑞蘭疾。小眠。汪仲周來。王啓潤來。理書物，行裝。

守堃爲社事來二次。理物畢。又曾來。

今午同席：客如上　壽彝　予（主）　吃炸醬麵。

瑞蘭今日病瘧，熱度高至百〇三度六分，傍晚熱退，明日不知其將復發否。予明日不得不離蘇，家中事無人管矣。

七月九號星期三（五月廿一）

三時半起，登記考分。寫課務組，顧墨三，孔玉芳信。又寫陳松樵，朱經農，何育京信。改德輝所書信稿十五通。到站，上八時半車，遇扶蒼叔，渭川，俞慶棠，童潤之，談。

下午二時到京，雇汽車到教部，報到。入中大附小臨時宿舍，寫靜秋信。到教部，訪英千里，田伯蒼，遇張天麟，談。到文涓處送物，到新亞書店，晤王景璆。到三六九吃飯。

乘公共汽車，到伯庸家，知已到滬，與其夫人談。到邊疆學會，晤公武，安之，張西曼，取《民周》歸。與周辨明，金海觀，蔡樂生談。洗浴。

七月十號星期四（五月廿二）

與海觀到大華吃點，晤建功。到教部，參加遠東區文教會議豫備會。上午部長致詞及諸同人發表意見。中午，部長在大華設宴。與經農，曉滄，熊芷，劢西，勉仲等談。

歸，寫民眾讀物工作報告一篇，約一千字。到會，聽諸同人繼續發表意見。與安宅同到大華吃飯，畢，同到宿舍。

起釪夫婦來。文涓夫婦來。到起釪處。又與起釪到張德粹處。歸，洗浴。

今日同會同席：（下缺）

七月十一號星期五（五月廿三）

將第三組提案看一過。與安宅到大華吃點。到部，君匋來。予參加第三組，在部開會。中午，與步青，吉雲，李伯棠，王向辰同到曲園吃飯。

乘汽車到部，寫伯蒼信。在國際文教處開會，繼續討論，予任主席。君匋又來。

吳士選邀至泰利吃西餐。歸，馬立元來。張煦來。

今晚同席：廖□□　鄭曉滄（下缺）

七月十二號星期六（五月廿四）

爲君匋作上教部呈文，寫伯蒼信。到豆漿店吃點。到部，修改昨決議報告。君匋來。開大會，討論一，二兩組案。中午，到大華，應南京友人宴。

回宿舍，作教科書出版消息。到部，君匋來。開大會，討論三，四，五，六組案。六時三刻散會。到曲園，宴恪士。遇舒新城。

歸，鴻庵來。光簡來。葉立群來。李得賢，馬鳴獅來。與鴻庵到昌群處。十一時眠。

午刻同席：（下缺）　主人：凌純聲　吳研因　周鴻經　瞿菊農　劉英士　英千里　雷芻　酈自修　薛天漢　趙士卿　陳東原　程時煃　郝更生　程其保　陸殿揚　艾偉　熊芷　雷震清　王向辰　趙迺傳　吳俊升　羅廷克　常道直　蕭家霖　朱傳鈞　芮逸夫　馬客談　章柳泉　韓儒林　徐益棠　呂叔湘（皆在南京工作者）

七月十三號星期日（五月廿五）

五時起，六時出，遇丁實存。乘汽車到中山碼頭。待一小時，靜秋來。同到熱河路吃點。乘公共汽車到建康路，到大上海飯店歇息，談話。十一時許，到文涓家，留飯。

與靜秋到倪亮處。到金女大，上南山頂，至甲樓，訪吳貽芳，以午睡，待之，在客堂記日記五天。出，到夫子廟上海咖啡館，進涼食。六時半，回大上海。

到土街口上海飯店，應許恪士宴，十時歸。

今晚同席：沈剛伯夫婦　蕭孝嶸　方東美　孟心如　沙學浚　胡□□　陸志鳴（以上客）　許恪士（主）

七月十四號星期一（五月廿六）

與靜秋到三六九吃點。乘野鷄汽車到下關站，送靜秋到鎮江。

十時許到部，參加教育問題座談會。與士卿，步青同到曲園，商執照補救事。

到部，開分組會，予在社會教育組。與姚從吾等談。

到新亞，送君匋回上海。

今午同席：趙吉雲　陸步青　丁君匋　李宗發

下午同會：李安宅　陳逸民　熊芷　英千里

七月十五號星期二（五月廿七）

與逸民到朱部長家，未晤。同到大華吃點。參加社會教育組小組會議，予任主席，討論畢。十一時半，到英千里處，作審查報告二千餘言。在司進食。遇洪女士。

薛天漢來。開大會，討論高等，中等教育問題。與羅良鑄等談。陳邦楨自滬來。

赴部長宴于大華。到新亞，與邦楨談。歸，孔祥嘉來。

七月十六號星期三（五月廿八）

起鈐來。段克興來。賓四來。續開大會，討論目前緊急問題及社會教育問題。十二時散，到大華吃飯。大雨。

與芮逸夫同到麥利酒家，參加中國科學促進會，開談話會，五時散。與逸夫同到中研院，與貞一，槃厂等談。為人寫字十餘幀。與貞一同出，到大華吃飯。

到貞一處。到濟之處吊其父喪。回貞一處，陳遵嬀來。貞一，遵嬀送至宿舍。文珊父子來。晚洗浴，感受風寒，傷風。

今日下午同會：瞿菊農　熊芷　查勉仲　任美鍔　沈其益（主席）

七月十七號星期四（五月廿九）

丁實存來。寫靜秋，井成泉信，到中大匯成泉款。到部，訪杭立武，田伯蒼，曹漱逸，英千里，程柏廬。到新亞，吳拯寰邀至曲園吃飯。

到許恪士處。到陸步青處，長談。到安之處。回宿舍，理物。寫菊農信。到部，訪部長，未見。訪菊農，亦未見。

到介壽堂，又赴拯寰之宴。歸，衛惠林，馬長壽來。

今午同席：潘天格　陳邦楨夫婦　王景琱　李宗發（以上客）　吳拯寰（主）

今晚同席：吳研因　王君夫婦　潘天格（以上客）　吳拯寰（主）

《民眾周刊》請款爲田培林所駁，部中定以"經費支絀，礙難補助"作批矣。不期我一事業，又爲小人所敗！此人胡可作次長，只配當奴才耳。朱先生用之，亦致敗之道也。

七月十八號星期五（六月初一）

劉訪師來。王先進來。理物畢，送行李至新亞書店。到三六九吃點。出，遇王又民。到新亞，與邦楨同到中央飯店，落宿三六一號室。與邦楨同到教部，訪英士，驪先。到純聲，研因處。到新亞，與景琱談。邦楨來，同飯。

到國史館，參加會議，五時散。與尹石公冒鶴亭同車行，回旅館。剃頭。

到介壽堂，赴吳禮卿宴。歸，漱圃來。克宣來。王先進來。

今日下午同會：柳翼謀　汪辟疆　冒鶴亭　但燾（主席）汪旭初　丁實存　鄭鶴聲　魏應祺　尹石公　吳向之

今晚同席：柯象峰　李安宅　徐益棠　黃奮生　周昆田　馬長壽　凌純聲　韓儒林　衛惠林　張承熾（以上客）　吳禮卿（主）

七月十九號星期六（六月初二）

到附小，晤安宅及崔光電，段克興。鴻庵惠林來。同到大華吃點。芮逸夫，芮秀文來，同席。到王又民處，長談，留飯。

歸，小眠。靜秋自蘇州來，談。五時許，同出，游中央商場，遇杜呈祥，鎖藏佛，吃酪。到泰山吃麵。

歸，洗浴。張克寬來。張齡來。

七月二十號星期日（六月初三）

與靜秋到大三元吃點。歸，瑞甫來。奮生來。陳邦楨，黃仲明來。代靜秋寫汪寶瑄，王公璵信。補記日記七天。勤盧來。

仲明邀予夫婦到老曲園吃飯。與仲明靜秋到白鷺洲吃茶，在東花園吃飯。仲明先行。予與靜秋游徐氏東園。

歸，洗澡。汪叔棣來。安之來。

今日午晚同席：予夫婦（客）　　黃仲明（主）

七月廿一號星期一（六月初四）

與仲明到劭西處。懋恒來，與靜秋，懋恒，仲明到本飯店之食堂吃點。與懋恒長談。邦楨來，與靜秋乘其車到太平路購徐州票。到新亞，與景璆談。與靜秋到建康商場。歸，奮生及其弟立生來，同到大三元飯。

歸，小眠。予到國史館，開館刊編輯會議，至六時散。乘館車歸。在館進食。雇汽車送靜秋至中山碼頭，同渡江，送上車。

八時半出，渡江，到熱河路飲汽水，乘公共汽車歸，已十時矣。

今午同席：予夫婦（客）　　黃奮生　立生（主）

今日下午同會：汪辟疆　尹石公　鄭鶴聲

七月廿二號星期二（六月初五）

段克興來，爲寫驪先信。與仲明到大三元吃點。邦楨來，同到編譯館，晤趙館長。到教部，晤研因，英士，金采芝，翟毅夫，金公亮，陳東原等，爲執照及貸款事。到步青家，待至下午一時許始見。

二時，到曲園吃飯。歸，小眠。起，寫静秋，德輝，启潤，舜欽，總駿，吟秋信。到太平路寄信。到五芳齋吃飯。

歸，理物。安之來。

七月廿三號星期三（六月初六）

到溥泉先生處，值其病。見唐敬杲及魏君。到三青團部，訪呈祥，晤祁君。乘公共汽車到太平路，到松林吃點。回館，寫李樹桐，陳懋恒，楊生華，紀伯庸信。理物，爲人寫扇。安之來，取《周刊》，吃西瓜。

與仲明同到新亞，到曲園吃飯。到新亞吃瓜。與仲明到水果鋪飲汽水。到旅館，上汽車，與邦楨到車站，上凱旋號車，遇吉禾，談。車中看《清史探微》。

在車進飯。十一時到上海，志堅來接，乘邦楨汽車到新惠中216號室。服藥眠。

七月廿四號星期四（六月初七）

在旅館進點。李得賢來。寫静秋，菊農，朱介凡，姜亮夫，常翠華，楊宗億，杜呈祥信。記日記四天。伯庸來。君匋來。志堅來。志堅取行李來。到新亞，與邦楨同到上海西菜社吃飯。

回新亞，參觀各樓。劉季康來，同到廣益，并晤曹冰嚴。到大中國，與振宇，擎宇，宣人談。到銀行公會訪誠安。在舍洗浴。

與誠安同至大中國晚餐。誠安志堅送余至上海飯店310號。早眠。

七月廿五號星期五（六月初八）

振宇來，同到上海酒家吃點。志堅來。君匋來。寫静秋信。到大中國吃飯。回館，換 309 號室。

小眠。王以中來。志堅來。爲五聯作致書商業公會，輸入管理會限額分配處信稿及上教部呈文（爲印教科書）。

到大中國吃飯。誠安來。與澤民談《民衆周刊》交廣益發行事。歸，丕繩來。

七月廿六號星期六（六月初九）

以君匋意，重作昨三文。志堅來。到上海酒家吃點，看報。到大中國，與劉子喬談。到史地圖表社，與擎宇談。陳邦楨，曹冰嚴來，同到凱福吃飯。

歸寓，周成位，常翠華來。小眠。寫靜秋信。寫和兒信，未畢。寫德武信。到大中國吃飯。

歸寓，起潛叔來。

今午同席：陳邦楨　曹冰嚴（以上客）　振宇　宣人　君匋　予（以上主）

七月廿七號星期日（六月初十）

誠安志堅來。誠安邀至上海酒家吃點。返寓所，談。九時半，到大中國，開局務會議，十二時半散。到誠安家吃飯，晤綏平，丕繩。

三時，與冬侄同出，飲汽水。雇汽車至大中國。與宣人君匋同到中聯，開五聯會議。六時許散，同到錦江飯館吃飯。

至南昌路訪公璵夫婦。十時歸，常翠華，周成位來。

今日上午同會：宣人　振宇　君匋　緯宇　擎宇

今日下午同會：仲明　小峰　邦楨　季康　冰嚴　君匋　宣人

七月廿八號星期一（六月十一）

寫陸步青信，靜秋信。柳述人來。到郵局寄信。到中聯，與小峰，錢少華談。留飯。

與仲明小峰同商五聯組織大綱。由予寫出原則二頁。寫德輝，舜欽，吉禾，樹幟，逸民信。通步青長途電話，知高小執照已發出。

應五聯宴。飲後與宣人同車歸。到大中國，晤志堅，知井成泉已到蘇。

今晚同席：予（客）　仲明　邦楨　冰嚴　季康　宣人　小峰（以上主）

七月廿九號星期二（六月十二）

誠安，志堅來。與誠安同到大馬路冠生園吃點。到開明，訪伯祥，聖陶夫婦，范洗人，章雪村，予同，盧芷芬，徐調孚等。歸，寫傅角今信。到大中國吃飯及瓜。

歸寓，小眠未着。志堅來，同到三江浴室洗澡。歸，葉立群來，爲寫靜秋信。看編譯館民衆文庫稿。到大中國，晤秦林舒夫婦。

飯後續看文庫稿畢，寫王向辰信，退稿八篇。

七月三十號星期三（六月十三）

寫靜秋信，到郵局寄。振宇，擎宇來，邀至凱福吃點，晤肆主史君。到中聯，草教科用書聯營處簡章，訖。周頌久來談。

在中聯午餐。寫靜秋長函。將簡章與小峰仲明商談。五聯人集，又將簡章正式通過，并討論他事。

在中聯晚餐。到大中國。

今日推出：主席——顧頡剛。常務委員——陳邦楨，陳宣人，黃仲明，劉季康，李小峰。委員——丁君匋，李宗發，王念航，姚伯南，曹冰嚴，及以上六人。監察：丁君匋，王念航。秘書：曹冰嚴。

七月卅一號星期四（六月十四）

七時出，到同濟訪紹虞夫婦，留餐。出，吃素麵。到市博物館，晤楊寬，丕繩等。與丕繩同到暨南宿舍，晤以中夫婦。到丁山處，未遇。到以中家午餐。

再到丁山處，遇之，長談。與丕繩同出，至北四川路分手。到大中國，回寓所。出，剃頭。到大中國，寫贈人圖書封面。寫蔣主席信。

糜文溶兄弟來。到中聯公司預宴。十時許歸。

昨晚下雨，今晨差涼。一出太陽，又復炎熱。

今午同席：予　童丕繩（以上客）　王以中夫婦（主）

今晚同席：糜文溶　糜文煥　高杰等（以上客）　黃仲明　姚伯南　金振宇　陳宣人　丁君匋（以上主）

〔原件〕　　　中國邊政學會
　　　　　　常務理事會：

理事長	吳忠信
常務兼總幹事	周昆田
常務兼副總幹事	廣　禄
常務兼總務組主任	曾少魯
常務兼總務組副主任	張中微
常務兼出版組主任	吳澤霖
常務兼出版組副主任	張承熾
常務兼研究組主任	凌純聲
常務兼研究組副主任	孔慶宗

　　常務監事會：

常務監事　李惟果　顧頡剛　李宇龕

一九四七年八月

八月一號星期五（六月十五）

到大中國，爲君匋寫扇。王國賢來。到三民圖書公司，訪吳拯寰。到中華女子中學，訪紀伯庸。到新亞書店，與五聯會商。到杏花樓吃飯。

到大中國，寫柳翼謀，賀師俊信。草歷史小叢書章程及契約。寫曹冰嚴信，即囑澤民持與商洽《民周》事。回旅館，志堅來。誠安來。與志堅，誠安同出，到黃浦江水上飯店吃夜飯。

在水上飯店遇綏平，潔如。歸，熱不成眠，起理物，至十二時。

今午同席：吳拯寰　陳邦楨　黃仲明　李小峰　劉季康　曹冰嚴　陳宣人

今晚同席：誠安　志堅（以上客）　予（主）　十八萬元

八月二號星期六（六月十六）

五時起，得志堅電話。六時一刻到站，上車，遇章元善。七時開車，九時到，與元善同歸。德輝夫婦來，又曾夫人來，童太太來。到同壽里看屋。孔陟岵來。井成泉夫婦來。到成泉處。到嬸母處，到九嬸母處。高竹筠，崔菊如來。壽彝來。

小眠。潘天如來。洗浴。到成泉處筆談。又曾來。看各處來信。郭椿和偕其同學孫蕙等四人來。

元善偕周常文來，同飯。看古物，談至十時去。元善留宿。

沈兼士先生于今晚在北平以腦充血逝世，年六十一。劉廷芳亦于今日沒于美國，年五十五。

歸後付款：二嬸母五十萬元（靜秋前借），九嬸母廿萬元（我借用），汪表妹五萬元（我借用），童太太廿萬元，井成泉四十萬元，伙食賬廿萬元，上海車票十萬元，詩銘喜禮四萬元，招待賓客五萬元，共 174 萬元。

八月三號星期日（六月十七）

周希文來，與元善，希文吃點後同到祝家橋巷，訪管復初。出，到可園，訪蔣吟秋，參觀書籍。出，與元善等分手，獨歸。張家駒自滬來，留飯。

到童太太處。井成泉來，筆談。馬國靖女士自滬來。與家駒及高崔二女士同觀古物。又曾來。爲吳廣藍之女寫信二通，考學校。洗浴。許自琛來。

蔡守塈來。與家駒，玉華，守塈及高，崔二女士同到青年俱樂部吃茶，遇詩銘，毓芬。十時許歸。

家駒言，蘇滬較廣東爲熱，長江流域夏日真不可居。

今日潔如侄女與綏平內侄在滬訂婚。

八月四號星期一（六月十八）

寫志堅信，祝總駿信。舟人韓國良來。程銅士來。與張家駒到松鶴樓吃點。到北局購車票。歸，汪氏兩表妹來。王鳳笙之女露珊來，寫鳳蓀及逸民信。寫擎宇信，交家駒帶去。壽彝，國靖來，寫陶秋英信。

到花廳，爲詩銘，毓芬證婚，入訂婚宴。與壽彝及馬國靖談。小眠。爲洪德輝寫對聯。理北平帶來書稿。芙先來，爲寫王芝九信。洗浴。

井太太來。續理物。

今日時雨，天氣遂涼，夜中蓋被矣。

今午同席：嚴舜欽　彭林蕓（介紹人）　白壽彝　馬繼高　馬爲義　金德寶　童丕繩夫人　德輝夫婦　許德祖夫婦　高玉華

張耀曾夫婦（以上客）　方詩銘　張又曾夫婦及毓芬（以上主）

八月五號星期二 （六月十九）

又曾，舜欽來，爲衍餘寫祝總駿信。賓四夫人來。送書至詩銘處。送信至德輝處。高竹筠，崔菊如返徐。蔣吟秋，鄭保兹來。鈔寫日記廿八天。

俞式如來。頭痛，小眠。理北平帶來雜紙。靜秋偕頤萱嫂，木蘭侄自徐來。

馬國靖來。井成泉夫人來。二嬸母來。德輝德武到滬，寫振宇信。

今日止七十八度，較前數日差至二十度。

予本于今晚到滬，票已買好，靜秋歸，遂不果往。所買之票，交德輝送德武前往。

八月六號星期三 （六月二十）

與靜秋談。理北平帶歸雜紙。馬國靖來辭行。

文心圖書館長英石牧來。爲潘仁章寫匾。小眠。寫高吟谷信。洗浴。俞式如來。

理書物。

八月七號星期四 （六月廿一）

爲舜欽寫總駿信。與靜秋到徐道秉醫生處，未遇。到董渭川處，談。到獅子林，吃茶。觀池魚。歸飯。

與靜秋及家中諸人同到青年會，觀《龍鳳花燭》（玉梨魂）影片。步歸。洗浴。時煒華來。

今日同觀電影者：九嬸母　又曾夫人　餘妹　童教寧三姊妹　毓蘊　毓芳　智駿　頤萱嫂　木蘭（以上客）　予夫婦（主）

八月八號星期五（六月廿二）

答成泉所詢各項。陳媽又來。整日理文稿，雜紙入卷宗，略訖。洗浴。

詩銘來談，同觀苻秦白雀地莂。

八月九號星期六（六月廿三）

到文通，開所務會議。李綏之來，同到昌善局，奠外姑百日。蔣伯雲來。張鴻蓀來。在局進餐。

與綏之同到獅子林，吃茶，又到拙政園。出，獨歸。周希文，王建新來，同觀吾家瓷器。洗浴。周成位來。詩銘偕黃永年來，留飯。

接志堅電話。理物。到又曾處。寫逸民信，雁秋電。

今午同席：李綏之　嚴舜欽　張又曾　張毓芳　予夫婦　德輝夫婦　頤萱嫂　木蘭內侄

今早會議：白壽彝　馬繼高　方詩銘　佟志祥　嚴舜欽　彭林賫　馬爲義

晚得大中國電話，知所頂南仁智里卅九號屋，因二房東方澤民出頂，頂費已收清，而方氏延至兩個多月尚不遷出，迫至宣人等以武力接收，事態擴大，囑即到滬處理。因此本定明日午後動身者只得提早乘慢車行矣。顧頡剛竟同此等事發生關係，奇絕悵絕！

八月十號星期日（六月廿四）

四時起，理物。六時與靜秋出門，到站，遇鄭保玆。上錫滬區間車，十時半到滬。到大中國，與子喬同到太平洋大廈，晤張鶴林，振宇弟兄，君匋，宣人。到上海酒家吃飯。

飲後到上海飯店稍息。與靜秋至大中國，獨至太平洋大廈，與鶴林同訪俞叔平。回，到魯弟家，與静秋同到紹虞處，并晤葛砥石。回魯弟處飯。

在魯弟處洗浴。歸，以天熱，與静秋臥地板上。

今午同席：張鶴林　沈士芳　楊魁　丁君匋　振宇兄弟　陳宣人

收回房屋事，知方家已將大中國武力接收，并將其什物移至上海飯店，控至虹口警局。而大中國方面亦以鶴林之故，得警備司令部之援助，相持不下。方澤民夫婦與陳宣人亦互有皮膚之傷，由醫院出具檢驗證明書。方氏又請空軍出面説話，昨日一夜幾皆未眠。

八月十一號星期一（六月廿五）

到凱福吃點。商屋事。與擎宇到虹口警局，晤李局長及司法股長許士彬，巡官張運鴻，對方方澤民。回公司，商量。回旅館，旋到大中國晤陸步青，同到金谷飯店吃飯。

在金谷與劉樫年，方澤民談，商量遷屋條件，晤王曉籟。與宣人，君匋同到新亞，又到中聯，開五聯會議。

在中聯晚餐。九時，乘汽車歸。

今早同席：葛律師　誠安　予夫婦　丁君匋　張鶴林　振宇兄弟　陳宣人

今午同席：陸步青　高杰　宣人　君匋　振宇　予夫婦

今晚同席：黃仲明　陳邦楨　李小峰　曹冰嚴　劉季康　陳宣人　丁君匋

今晨與擎宇到警局，晤見股長巡官，知我方本直，而以武力接收及牽涉警備司令部兩事，竟至易直爲曲。局方人士之態度傲慢尖刻，知已受方家之賄矣。劉樫年之父本與方澤民爲摯交，此次方氏要樫年報復。予見在法律方面，社會方面，對方均占優勢，只得屈伏，因與樨年議定，貼補方氏壹千萬元了事。

八月十二號星期二（六月廿六）

到上海酒家待客吃點。看大中國爲方澤民遷存物件之室。到方家，與方太太談。回旅館，方澤民，熊康齡，聶裕澂來，長談。到大中國吃飯。

與靜秋到方家談。與靜秋乘電車到起潛叔處，并晤聞在宥夫人。到張炎生家，晤鄧蘇民。到北豐別墅。到中山公園。出，乘無軌電車到外灘。

到銀行公會赴宴，未畢，志堅，君匋來，同到加厘飯店，拉劉樨年出。回大中國。丕繩，名世來。魯弟夫婦來。洗浴。

今早同席：劉樨年　誠安　君匋　張鶴林　予夫婦

今晚同席：予夫婦（客）　誠安夫婦（主）

今日將方氏物件送回，而方家忽將大中國一小職員（凌大韶）扣留，因此，君匋又拉我見樨年，邀其調解。劉去而凌出，則方家理物，欲其作證也。

八月十三號星期三（六月廿七）

與靜秋到復興園吃麵。到大中國借款。與靜秋到北四川路一帶購物。遇王澤民，同冷飲。又晤文懷沙，再同飲。到正陽樓午飯。看《大公報》所載巨耒《當代中國史學讀後感》。

到大中國，寫致方澤民道歉信。回旅館，方澤民，聶裕澂，劉樨年來談。靜秋看電影歸，與同到四馬路，遇王樹民。到加厘飯店。

宴客。歸，洗浴。夜受寒咳嗆。

今晚同席：張鶴林　王曉籟　劉樨年　方澤民　熊康齡　方太太　聶裕澂　葛□□　劉百閔　吳□□　丁君匋（以上客）予夫婦（主）

今日方家開來失單，計遺失黃金十兩，金飾若干，衣服若干，將當壹億元之外。明是敲詐，然我方既是擅遷，又無法辨護，因此請檉年調解，并謂失物係一事，請客又爲一事，今日仍請赴席。不意君匋不勝其憤，徑至方宅斥方太太，致席上又幾不歡而散，君匋遂以此失却調人資格。

八月十四號星期四 （六月廿八）

與靜秋到武昌路廣東館吃粥。歸，張家駒夫婦來，魯弟來，柳樹人來，與家駒夫婦到上海酒家再進點。回室，寫陳東原信。劉檉年來。到大中國。到杏花樓，應王國賢宴。

三時，回大中國，開座談會，討論款項事。君匋之女丁鳳至來，與同到旅館。洗浴。魯弟來，在大中國飯。與靜秋，鳳至到北四川路橋散步。

與振宇等到蘭心戲院，看《造謠生事》話劇，十二時歸。

今午同席：李伯嘉　郭農山　李小峰　張一渠　劉季康　曹冰嚴　徐調孚　劉守中（以上客）　王國賢（主）

今午同觀劇者：陳宣人夫人及其女碚□　丁君匋夫婦及其女鳳至　劉子喬　張鶴林　予夫婦（以上客）　金振宇（主）

今日下午，與鶴林，振宇，君匋談，方家所開失單固不當賠償，然不賠則事又不了，擬先説五百萬，以加至一千萬爲度。

八月十五號星期五 （六月廿九）

到凱福，魯弟等來，同餐。到大中國。回旅館，寫炳塤自珍，王芝九，程銅士，鄭保兹，孔陟岵，章友三，董洗凡，李養東，趙太侔信。到大中國午餐。

爲張鶴林寫扇。爲大中國作上警局及司令部呈文。與靜秋返旅社，以電梯不開，到上海酒家品茗，記日記五天。劉檉年，方澤民，聶裕黻來，商條件。譚季龍來。到大中國晚餐。與静秋到新知書店買書。

與子喬，静秋到黃金戲院觀劇，上午一時歸。

今晨同席：魯弟　逸如侄女　德武侄（以上客）　予夫婦（主）

今晚同觀劇：予夫婦　張鶴林　劉子喬（以上客）　金擎宇（主）

今晚所觀劇：麒麟童，芙蓉草，高盛華，裘世戎，梁一鳴：全部《迴荊州》。麒麟童，李□□，裘盛戎，裘世戎：全部《二進宮》。

今日與方澤民談判，由樨年調停，講好賠與壹千五百萬，連前所許爲兩千五百萬，一切了結。

八月十六號星期六（七月初一）

與静秋到勝利園吃點。到外匯管理會訪沈奏廷，并晤陸益壽。到大中國。回旅館，劉樨年來，雜談。方澤民來，收款。十一時去。到大中國。發印歷史故事序文。在局午餐。

與静秋到拉斐德路，訪汪寶瑄夫婦，長談。并見其女珏，子班。出，到霞飛路購物。飯于霞飛商場。到公璵新宅，晤其弟。雇車歸。

洗浴。

昨日正當談判之際，忽方太太入室，言有警備司令部來人警告，斥令速遷，故渠方今日取錢，明日即遷，本定延至月底者，乃得提前半個月，真爽快事也。方氏夫婦既狡又迂，予一以柔應，賴劉君之熱心調解，竟得于一星期中了結，不可謂非幸事。否則一日不遷，彼方即天天有新花樣想出，將使宣人，君匋輩頭大如栲栳矣。

八月十七號星期日（七月初二）

舜欽來。與静秋到凱福，應邀吃點。到大中國，開業務會議。

誠安來，同飯。

　　爲人寫對聯三付。與誠安，静秋同出。到民光電影院看《泰山沙漠大捷》。出，到誠安家吃綠豆湯。與静秋及雪如侄到虹口公園散步。回誠安家飯。

　　回旅館，洗浴。早眠。

　　今日上午同會：張鶴林　金振宇　陳宣人　金擎宇　金緯宇丁君匋

　　今午同席：予夫婦　誠安（以上客）　金振宇弟兄（主）

　　嚴伯明夫人前日在滬自殺，死于醫院。昨舜欽到滬爲辦後事，約計須化四百萬元，由静秋借與百萬。此人有烟癖，既無子女，又無丈夫，宜其死也。

　　振宇弟兄自動捐助《民衆周刊》一千萬元，感激之甚。予爲此事，受教育部之氣，受廣益之氣，受君匋之氣多矣，得不到一個錢。振宇弟兄乃肯如此，甚矣其可感也！

八月十八號星期一（七月初三）

　　四時起，理物，作《歷史故事小叢書》總序，約六百言。與静秋到勝利園吃點。到大中國，寫王曉籟，劉槤年信。寫蔣氏家譜序，草大中國局小史。與君匋同到中央銀行，晤瞿秘書。回，與張迎祥談。

　　與静秋上金陵號車，一時半開，三時到家。家中諸人來談。洗浴。看各處來信及報紙雜志。署父大人所鈔書十四册。

　　又曾來，詩銘來。

　　張迎祥君爲我推命，謂我現在走驛馬運，固疲于奔命，而勞苦之結果必有成就，此後十五年中可以打出一個局面來也。

八月十九號星期二（七月初四）

壽彝，詩銘來。沈伯安，趙公綏來。姜逸鷗來。理物，送書與詩銘。點改《堯典二十有二人説》入《文史雜志》。

過七月半節，祀先。二孀母，餘妹來。成泉夫人來。尹甫先生來。小眠。洗浴。到成泉處。寫佟志祥信。文學山房江估來。爲人寫字三件。

爲人寫扇四柄。與静秋到新雅，赴宴，九時許歸，晤陳悟麟。芙先弟來。遇馬祖武。

今晚同席：單束笙先生　趙公綏　余夫婦（以上客）　沈伯安（主）

八月二十號星期三（七月初五）

五時起，理物。七時半，與静秋到站，八時四十分，上凱旋號車，車中看多種上海報紙。過丹陽後吃飯。

二時到南京，將行李交站。與静秋到山西路龍鳳廳進凉飲。到湖南路剃頭。到國民酒家吃茶。予往訪汪安之，未晤。回國民酒家吃飯。五時，回京滬站取物，過江。進浦口站公園。

八時，上車。九時，開車。車中得眠。

一到南京，如投火海，稍動即遍體流汗，飲汽水暫一解渴而已。渡江後便較好。南京真不適于建都哉！

八月廿一號星期四（七月初六）

七時到徐州。雇車與静秋到女師，進點。與三姊，玉舜等談。高吟谷來。余長泉，景生然，朱俊英，彭英，姜步堯等來。尹素雲來。卓啓俊來。

小眠。濤弟之母及其女來。沈士芳來。高鐵嶺來長談。王介堂來。張之隆來。高耀玥，瑞蘭來。尹聘三來。看傅東華作《李清照》，未畢。

疲極，早眠。

兩月來不見潮兒，長大不少。静秋抱之，子已有母一半高矣。脾氣較前爲大，有所不欲，輒摇頭，或發聲阻止。牙已有四，語仍未能，但聽覺甚鋭，注意力絶强，一室中物無不視。手中不欲空，恒選物握視，最喜弄紙，取而覽之，儼然若識字者。睡眠一日四次，甚酣，不如以前之放下即醒。好食，最喜饅頭及燒餅，恒咽大塊致噎。有人扶之，略能舉步。面部頗多表情，與之言，亦能聽懂。又常拉吟谷之鬚而笑，知已懂得開玩笑矣。

静秋所居室，蘇東坡作徐州刺史時之逍遥堂也，其後則霸王樓。

八月廿二號星期五（七月初七）

看傅東華《李清照》畢。與静秋抱潮兒至長泉處，俊英處。濤弟來，長談。抱潮兒至教務處玩。徐州書業界同人來。尚雲亭來。

小眠。胡正寧來。高鐵嶺夫婦及其幼子來。潘涵，蕭淑芳等來。陳璞如來。

與静秋到致美樓赴宴，遇馮子固。九時許歸。洗浴。與玉舜、王振華談婚事。

今晚同席：朱茂榮　劉鴻九　徐哲夫　姜朝棟　尚雲亭　予夫婦等（以上客）　卜蕙蓂（主）

晚雨，稍凉，居然有秋意矣。

徐州書業界來訪者：許汝章（聯誼書局）　蔡福祚（國華書店）　曹馨芝（新光書店）　趙秀峰（中華書局代辦分局）　拾方颷（大陸書局，商務印書館特約分館）

八月廿三號星期六（七月初八）

王肯堂先生來。頤萱嫂，褚宏滋來。李天佑來。李文實自京來。抱潮兒到考場游玩。上霸王樓，記日記七天。寫紹虞信。吳大姐來。與静秋到致美樓赴宴。

歸，李天佑又來。與靜秋到周綸閣家吊其母殯。到張晚霞，仁傑家談。歸，蕙賞來，爲寫立達校牌。到霸王樓，補記日記。高鐵嶺來，與同到其家，吃飯。遇周仲範。

到得賢處談話。高大姐來。頤萱嫂等來辭行。

今午同席：予夫婦（客）　　張之隆　張聖齋　黄懋彬　曹潤生（以上主）

今晚同席：予夫婦　高凌涯夫人　高靜一夫人及其媳（以上客）　高鐵嶺夫婦及其子（主）

潮兒又傷風咳嗽，且拉稀。此兒身體不强，無抵抗力，甚可憂也。

潮兒今日懂得行敬禮。最喜翻抽屜，將一個抽屜中器物盡檢出擲地，如特務然。又好乘車，上了不肯下。最厭高大姨，一見即大哭。

八月廿四號星期日（七月初九）

高凌涯來。王頌三，陳鐵凡來。張同慈來。韓席籌來。黄月如來。上霸王樓，續補日記。與靜秋到高家赴宴。

小眠。立達畢業女生七人來。魏效亭來，長談。仁傑來。褚大姨太來。

與靜秋到北關張家赴宴。歸，洗浴。

自入今年即無暇晷，五月後尤甚，日記中所寫缺漏至多，今日在霸王樓，乃得一補，然未能盡也。

今午同席：陳璞如　趙光茹　崔菊如　予夫婦（以上客）高凌涯夫婦及其女竹筠（主）

今晚同席：高龍書夫婦　予夫婦　同慈（以上客）　張晚霞夫婦及其母，弟仁傑（以上主）

八月廿五號星期一（七月初十）

與靜秋到立達，晤蕙蓀一家。到王肯堂處。到席籌處，未晤。到楊蔚如家，晤其女。到徐道鄰處，見其母。到褚大姨太處。歸，高大姐送菜來，同飯。

眠一小時。到霸王樓，為人寫字一幅。邵國基（永圖）來。周鴻經來。王頌三，陳鐵凡來。趙書敏，葛砥石來。何曉村來。

晚霞來長談。洗浴。

今午同席：予夫婦　三姊等（以上客）　高大姐　耀玥　瑞蘭（以上主）

八月廿六號星期二（七月十一）

為人寫字約十件。與靜秋到黃月如處。到雲生哥家，弔其喪。到同慈家。到趙書敏處，并晤韓席籌。到電報局訪志鈞侄，并晤蘇州張君。訪劉漢川，未遇。到新新西餐館，赴宴。

歸，為人寫字三件。小眠。看靜秋等定草榜。出，到戶部山大彭中學，與李運周，葛砥石及教務長蘇君談。六時，到新新西餐館赴宴。

歸，洗浴，朱茂榮來。

今午同席：駱東藩（仲彝）　李運周　段聿栽　趙松芷　卜蕙蓀　朱立人　予夫婦（以上客）　趙書敏　葛砥石（以上主）

今晚同席：予夫婦（客）　王肯堂　韓席籌　高吟谷　高少雲　朱俊英　余長泉　彭英　陳傳薪　張孝愚　姜步堯　張鵬彩　李得賢　卓啓俊（以上主）

八月廿七號星期三（七月十二）

看孫毓修《雕版源流考》。為玉舜振華寫訂婚證書。玉舜振華訂婚，予為證明人，并周旋諸客，同飯。

与铁岭谈。小眠。看《天方夜谈》。与静秋吟谷到永安饭店，未入席。

到一品香赴宴。尚志，同慈，慈伦来。洗浴。

今午同席：高铁岭　高静一（以上主婚人）　予夫妇（证明人）　高吟谷　卜蕙䕌　景生德　李文实（以上介绍人）　张晚霞　尹聘三　高凌涯　高铁岭夫人　赵佑之　杨劭清（以上来宾）　高玉舜　王振华（订婚者）

今晚同席：（立达董事校友公宴）尚云亭　尹聘三　侯汉声　高吟谷　朱茂荣　卜蕙䕌　予夫妇　潘涵　萧淑芳　牛松云　张瑞华　张剑秋　张霞慈　褚猷桢　严淑珍　郭玉英　郭文英　焦素兰　吴淑兰

八月廿八号星期四（七月十三）

写金振宇，辛树帜，汤吉禾，联合国教科文组织中国委员会信。杨培之来。到新新西餐馆赴宴。归，小眠。

杨蔚如来。何晓村来。写汪宝瑄信。与静秋到高大姐家，又至高梅家。

到立达女中，赴宴。褚太太来。归，洗浴。

今午同席：予夫妇　蕙䕌（以上客）　朱欣亭　尹聘三　尚云亭　侯汉声（以上主）

今日本拟赴京，参加联合国教科文组织之中国委员会，以咳嗽及肠胃不消化，遂请假。

今晚同席：张晚霞　李文实　余长泉　彭英　高吟谷　侯汉声　尚云亭（以上客）　卜蕙䕌（主）

八月廿九号星期五（七月十四）

赵光茹来。看《天方夜谈》。张炎生，徐道邻来。与静秋到骆東藩處，董漢槎處。與静秋同到龍泉春吃羊肉。

到保齡醫院，訪侯漢聲。小眠。李蔭棠（召貽）來。楊蔚如來。蕙賞來。與静秋到尹聘三家，又到縣參議會，訪欣亭，未晤。

到少華街張宅赴宴。歸，洗浴。魏洪禎來。

今午同席：徐道鄰　予夫婦（以上客）　張炎生（主）

今晚同席：予夫婦　李伯□（以上客）　張尚志　慈倫　同慈　懿德（以上主）

八月三十號星期六（七月十五）

看《天方夜談》，盡一册。與静秋蕙賞到炎生處，同到新新西餐館宴客。歸，小眠。

炎生夫婦來，同到立達女中參觀。到雲龍山看地，至張氏塋。

到李天佑處赴宴。歸，洗浴。沈士芳自滬來。

今午同席：徐道鄰夫婦　張炎生夫婦　滕杰夫婦　朱欣亭　侯漢聲　韓席籌　展恒舉　衡權（政五）　方先覺　馮子固　董漢槎　耿繼勛　趙復漢　吳協理（漢民）　劉自强　朱秀媛　劉永焜（以上客）　卜蕙賞　静秋　丁熙民　楊文炳（以上主）

今晚同席：予夫婦　李文實　仝菊圃　趙冰鑑（張太太）　章丘劉君夫婦　楊培之（以上客）　李天佑（主）

八月卅一號星期日（七月十六）

看《天方夜談》。啓俊來，爲題其三畫。與蕙賞，静秋到永安飯店，祝徐又錚夫人七十壽。飯後到白雲路，與張炎生夫婦，趙復漢夫婦等談。

歸，小眠。沈士芳來。潘涵，蕭淑芳來。

與文實談。張晚霞來，長談。

前數日極熱，今晨雲集，起風，天驟凉，相差殆二十餘度，雖爽快，而極無力，只有看小説矣。

近日予咳較好，仍不能絶，痰仍多。

静秋腹日大，艱于轉側矣。

今午同席：予夫婦　炎生夫婦　鐵嶺　肯堂　席籌　聘三　趙復漢夫婦等（以上客）　徐毅行　道齡夫婦及其子小瑞（以上主）

近年予夏間太易出汗，一年來體較肥，汗尤甚。汗多則心煩，痱子起，不能工作，然以各方面牽繫，又非工作不可，故予度夏如遭難，遂有衰老之感。明年之夏，能至西北最好，否則亦當至廬山，青島等處作避暑計。不知經濟力量足供此否？記之于此，明春當豫爲計也。

［剪報］卅六，八，十四，上海《大公報》

國定本初高級小學教科書

全新版本現已出齊　大量供應歡迎采購

本公司等遵照教育部規定印行國定本初高兩級小學教科書力求精良深得教育界贊許自領到許可執照後即大量印製完全出版所有預定之書業已寄發其言明自取者務請迅即向原定書處取書并盼多多賜購無任企幸

上	大中國圖書局	四川北路	電	四二九三八
	廣益書局	福州路		九七三一二
	新亞書局	河南中路		九四二五八
	北新書局	福州路		九六四七九
海	中聯印刷公司	茂名北路	話	三八五九七

備有樣本，承索即寄

書　　　名　册　數

初小國常課本　一——八

初小算術課本　一——八

高小公民課本　一——四

高小國語課本　一——四

高小算術課本　一——四

高小歷史課本　一——四

高小地理課本　一——四

高小自然課本　一——四

初級成人班課本　一——四

初級婦女班課本　一——四

中學·師範教科書印刷中

書　名	册　數	書　名	册　數
初中公民	一——三	初中地質礦物	一　册
初中國文	一——六	初中化學	上下册
初中歷史	一——六	初中化學實驗教程	一　册
初中地理	一——六	師範教育心理	上一册
初中算術	上下册	師範教育心理	下一册
初中代數	上下册	師範教育行政	上一册
初中實驗幾何	一　册	師範教育行政	下一册
初中幾何	上下册	師範社會教育	一　册
初中植物	上下册	師範教育測驗及統計	上一册
初中動物	上下册	師範教育測驗及統計	下一册

　教育部許可執照

茲據大中國圖書局呈送國定本教科書第壹組初級小學各科
教科書樣本共叁陸册經審查合格准予印行其有效期限叁年
自即日起至民國三十九年七月十七日止合行發給許可執照

　　　　　　　　　　　右給大中國圖書局收執

　　　　　　　　　　部長　朱家驊

中華民國三十六年^{教育}_{部印}七月十七日

　　教育部許可執照

（文如上從略）

　　　　　　　　　　　右給新亞書店收執

　　　　　　　　　　　右給廣益書局收執

　　　　　　　　　　　右給中聯印刷公司收執

　　　　　　　　　　　右給北新書局收執

　　教育部許可執照

茲據新亞書店呈送國定本教科書第貳組高級小學各科教科

書樣本共四十四册經審查合格准予印行其有效期限叁年自

即日起至民國三十九年七月廿六日止合行發給許可執照

　　　　　　　　　　　右給新亞書店收執

　　　　　　　　　　部長　朱家驊

中華民國三十六年^{教育}_{部印}七月廿六日

　　教育部許可執照

（文如上從略）

　　　　　　　　　　　右給大中國圖書局收執

　　　　　　　　　　　右給廣益書局收執

　　　　　　　　　　　右給中聯印刷公司收執

　　　　　　　　　　　右給北新書局收執

［剪報］卅六，八，十三，上海《大公報》

　　顧頡剛先生《當代中國史學》讀後感　　巨　未

　　顧頡剛著《當代中國史學》，爲潘公展，葉溯中所編當代中國學術叢書之一。三十六年一月南京勝利出版公司出版。全書一四二頁。除凡例與引論外，共分三編，上編近百年中國史學的前期，中編新史科的發現和研究，下編近百年中國史學的後期。上編分史籍的撰述，史料的整理與輯集，金石學的興起與研究，元史與西北地理的研究，經今文學的興起與貢獻五章。中編分甲骨文字的發現與著録，銅器群的發現與考釋，考古學的發掘和古器物學的研究，西北文物的發現與著録，内閣大庫軍機處檔案與太平天國史料的發現與著録五章。下編分史籍的撰述與史料的整理，甲骨文字與金文的研究，元史蒙古史中外交通的研究，俗文學史與美術史的研究，古史的研究與"古史辨"五章。

嘗謂論列近百年來中國史學，其難有二：

顧名思義，所謂"當代中國史學"，應爲當代中國人對于歷史之研究。歷史包括中外，不僅限于本國史。且近代外國史學所予中國史學之影響，亦甚重要，并須論及。今日學術分科日繁，一人所能精究者，每限于一方面或數方面，鮮能全部精通者。苟非其所專究者，即難免隔膜膚淺之患。此一難也。

當代史學，所論及者多屬生存之人，涉筆易起争端，不免多所瞻顧。且以當代之人，論當代之事，必有超時代之眼光，始能不囿于近習。此二難也。

著者顧先生爲今日史學名家，學問所涉極廣。出其緒餘，著成此書，自屬出色當行。精論要義，隨文可見。略舉數端，以見一斑。

全書三編，編各五章，已見上引。每章復分節，少者二三多至六七。于近百年中國史學重要之各方面，包舉無遺。

引論云：

> 這百年來的史學可以分作前後兩期，大致民國成立以前
> 爲前期，民國成立以後爲後期。前期的史學界，學者們
> 依然走着過去的大路，繼續前此學者的工作，……同時
> 那時的史學界，還有三種新的趨勢，就是一金石學的考
> 索，二元史和西北邊疆史地的研究，三經今文學的復
> 興。……
>
> 後期的史學，方向更多，大要言之，除繼承前期的成績，
> 加以發展外，又多出：一考古學和史前史的研究，二中外
> 交通史和蒙古史的研究，三敦煌學的研究，四小説戲曲俗
> 文學的研究，五古史的研究，六社會史的研究。……
>
> 後期史學的面目，是頗新穎的，他所以比前期進步，是
> 由于好幾個助力：第一是西洋的科學的治史方法的輸
> 入。……第二是西洋的新史觀的輸入。……第三是新史
> 料的發現。……第四是歐美日本漢學研究的進步。……
> 第五是新文學運動的興起。……（頁一至三）

可見全書著眼之點。著者論史，甚重古代史與現代史：

> 史學本來以現代爲重要。……（頁七）
>
> 最近二十多年來古史的研究，可説是當代史學研究的核心
> 之一。……對于中古史以及近代史的研究，反而熱心較
> 差。……古代史是後此歷史的根源，不從根源著手，支流
> 的實相確也不易尋得。……（頁一二五）

書中除下篇第一章包括材料最多，占二十二頁外，首推下篇
第五章論古史占篇幅最多，共十八頁。全章分七節：古史研
究興起的背景，古書著作年代的考訂，古代民族史的研究，
《古史辨》與古史傳説的研究，《古史辨》與古書的研究。
蓋近二十年之疑古運動，著者身預其事，主編《古史辨》，

蜚聲國内外。故此章所言，最爲詳盡。

至于近代史部分，前期則有上編第一章第一節當代史的撰述
一頁半，第二章第一節當代史料的整理與結果一頁半。後期
則有下篇第一章第一節近代史的撰述與史料的整理二頁。第
四節論及清史部分一頁。共計六頁。微嫌過簡。下編第一章
第一節，論近代史之斷限云：

> 所謂近代史，現在史家對于它的含義與所包括的時代，有
> 兩種不同的看法。第一種認爲……近世史的範圍實包括近
> 三四百年來的歷史，無論中國與西方皆係如此；此派可以
> 鄭鶴聲先生的中國近世史爲代表。第二種則認爲……歐洲
> 產生了工業革命，中國與西方發生新的關係，以中國言方
> 係近代史的開始；此派可以蔣廷黻先生的中國近代史爲代
> 表。……郭廷以先生……的看法與蔣先生一樣。（頁八三
> 至八四）

按蕭一山有《清代通史》及《清史大綱》，自云：

> 本書所述……爲清國史，亦即清代之中國史，……故本書
> 又名曰中國近世史。（《清代通史》敘例）

> 一部清史，就是一部中國近代史。近來常有人把近百年史
> 作爲近代史，這是不很合理的。（《清史大綱》引論）

蕭氏之看法，亦屬第一種。而著者列蕭氏之書于第四節斷代
史研究的成績之清史部分中，僅以蕭氏于《清史大綱》後記
自述作書動機之言，爲著者之論定，于其分期主張，隻字
不及。

近代史的撰述，僅舉鄭鶴聲《中國近世史》，蔣廷黻《中國
近代史》，郭廷以《中國近世史》，沈鑑王杕《國恥史話》，
陳恭祿《中國近代史》，鄒魯《中國國民黨史稿》，馮自由
《中華民國開國前革命史》數種，至于單篇論文，或專題研

究，在本書論及其他方面時，多所徵述。而于近代史，即學術名作，如邵循正《中法越南關係始末》，王信忠《中日甲午戰爭之外交背景》等書，均未論及。

關于近代史史料的整理，舉左舜生《中國近百年史資料》初續編，蔣廷黻《中國外交史資料》（輯要），王芸生《六十年來中國與日本》，及《黨史史料叢刊》。至于故宮博物院等處所編印之各種史料，質量并極重要，亦未論及，似嫌疏略。

又如三十年來之學術，除受外來影響之外，以與清代學術之關係，爲最重要。梁啓超《清代學術概論》及《中國近三百年學術史》，影響于二十年來之學術界者甚巨。然蓽路藍縷之作，不免于疏闊。學如積薪，後來居上，錢穆《中國近三百年學術史》，雖曰"與梁氏書取徑不同"（頁八七），其實精深獨造，價值當在梁書之上。蓋以梁書盛名在前，不願貽好名之譏，故其自序有："蓋有詳人之所略，略人之所詳，而不必盡當于著作之先例者"之語，當即指梁書而言。著者徑取其前二語，以爲考語，不另加論定，亦嫌過略。

除近代史部分，所論嫌不足外，最大缺點，爲于治史方法與新史觀，討論太不充分。

治史方法，梁啓超《中國歷史研究法》及《補編》，爲本國人之作。其他介紹西洋論著，如李思純譯《史學原論》，何炳松譯《新史學》，皆爲專著，風行國內。至于更精深之方法，爲學者所采用者，如法國社會學派，及莫爾甘以後之人類學，皆予近十餘年史學研究以甚大之影響。其間價值之高低，影響之大小，雖有不同，其應爲本書所致其詳者，則一也。

至于新史觀，著者于引論中云：

> 過去人認爲歷史是退步的，愈古的愈好，愈到後世愈不
> 行；到了新史觀輸入以後，人們才知道歷史是進化的，後
> 世的文明遠過于古代，這整個改變了國人對于歷史的觀
> 念。如古史傳說的懷疑，各種史實的新解釋，都是史觀革
> 命的表現。還有自從所謂“唯物史觀”輸入以後，更使過
> 去政治中心的歷史變成經濟社會中心的歷史，雖然這方面
> 的成績還少，然也不能不説是一種進步。（頁三）

唯物史觀亦可視爲歷史進化觀之一種。進化史觀之外，又
有循環史觀。不以世界歷史爲一體，而分爲若干文化集
團。每一集團，皆經過一定之發展，以至消滅。有如生物
之生長老死者然。此種思想，往昔已有，至歐戰以後而益
流行。斯盆格勒之西土沈淪論，尤爲風行之作。史學專
家，立論亦頗有具此種傾向者。國內則張蔭麟嘗介紹斯盆
格勒之説。史學家以此史觀著論研究中國歷史，當數雷海
宗《斷代問題與中國歷史的分期》一文（《清華社會科學》
第二卷第一期），爲最重要。以淝水之戰爲界，分中國歷
史爲二周。其爲説縱未成定論（尤以第二周中，須訂補者
甚多），然于其所謂第一周歷史，則頗持之有故，言之成
理。所提示之觀點，甚爲重要。蓋通史之作，須根據斷代
史與專門史之研究，而非即各種斷代史與專門史之糅合。
故必須有一貫之看法，通史始爲有機體，始能使人了解。
而不致徒爲許多史實之無情搭合。吾人皆知今日通史之
作，尚非其時，雷文不失爲一極有意義之嘗試；著者似應
予以地位，加以論列。

古人論史家應有四長：史才，史學，史識，史德。今日治史
者，亦應有四條件：精熟舊史料，利用新史料，方法嚴密，

史觀明通。四部之書，皆舊史料也。甲骨銅器，西域簡牘，
敦煌佚籍，皆新史料也。必通經學，始能利用殷契周銅。必
熟晋唐史事，始能利用敦煌寶藏。不能利用新史料，則不能
出古人之範圍。不精熟舊史料，則新史料亦不能爲之用。審
查史料，必須徹底。臆説成見，均應棄置。各種工具，亦應
充分利用。方法始可臻嚴密。史觀應一貫，然必具通識，始
可免生吞活剥，削足適履之患。

當代中國史學，于陳述已有成績之外，應提示此後研究史
學應循之途徑。對于今日最流行的粗製品，應擇數種巨
製，用以上四條件評定之，以杜謬種流傳之害。對于價值
最高之專著，亦應擇要詳論，以爲示範。持此以觀本書，
似于古代史及沿革地理方面，與著者所主持之《古史辨》
及禹貢學會有關者，所論能令人得啓示，誠爲吾人所最歡
迎者。至于其他方面，每僅臚列書名篇名，閑加一二考
語，殊不能令人有親切之認識。兹略舉斷代史及專門史數
條于後。如：

> 郭紹虞羅根澤兩先生各有《中國文學批評史》，二書均未
> 完成。郭先生書僅出上册。羅先生書亦僅有前一二册，至
> 隋唐五代而止。現在戰事告終，舊業可復，知必有以慰吾
> 人之望。（頁八八）

> 關于外交史，有張忠紱先生的《中華民國外交史》。書僅
> 出第一册，由辛亥革命（一九一一）叙至華盛頓會議
> （一九二一）而止。（頁八八）

> 金史，陳述先生有《金史氏族表初稿》，刊《歷史語言研
> 究所集刊》五本三分及四分。復有《金國聞見雜録》，似
> 尚未刊行。（頁九三）

曾無一言之褒貶。郭，羅，張之書，并屬專著，尤應有評介

之語。他如：

> 魏晉南北朝史的研究，以陳寅恪先生的貢獻爲最大。……
> 魏晉南北朝的歷史向來研究者甚少，荆榛滿目。陳先生以
> 謹嚴的態度，豐瞻（贍）的知識，作精深的研究，殆爲斯
> 學的權威。

> 隋唐五代史的研究，亦以陳寅恪先生的貢獻爲最大，他撰
> 有《隋唐制度淵源略論稿》一册，《唐代政治史述論稿》
> 一册。二書對于唐代政治的來源及其演變均有獨到的見
> 解，爲近年史學上的兩本巨著。（頁九〇至九一）

雖加論贊，而于陳先生獨到的見解，概未論及。晉唐之史，
荆榛未闢，陳先生創見甚多，後二書尤爲偉製。然對著者應
有稍詳之介紹，對其著作亦應有更精深之論述，以便初學。
此外疏略細節，如：

> 中央研究院歷史語言研究所擬作《東北史綱》，由傅斯年，
> 方壯猷，徐中舒，蔣廷黻，蕭一山五先生合撰，今僅出傅
> 先生所作的第一册。（頁九九）

按蔣氏所擔任之部分，有《最近三百年來東北外患史》，載
《清華學報》八卷一期。亦應叙入。

> （董作賓先生）積十年之力，撰成《殷曆譜》十四
> 卷。……關于殷代曆法，劉朝陽先生更著有《殷曆質疑》
> （刊《燕京學報》第十期）。（頁一〇八）

按劉氏尚有《再論殷曆》（《燕京學報》十三期），《三論殷
曆》（《中山史學專刊》）。

> 陳寅恪先生和岑仲勉先生對于蒙古史亦有很高的成就。陳
> 先生有《彰所知論與蒙古源流》（《歷史語言研究所集刊》
> 二本三分），《元代漢人譯名考》（《國學論叢》二卷一
> 期）……（頁一一五）

按《彰所知論與蒙古源流》爲陳先生《蒙古源流研究》之一篇，此外尚有《吐蕃彝泰贊普名號年代考》，《靈州寧夏榆林三城譯名考》，《蒙古源流作者世系考》諸篇，均見該所集刊中。

復次，著者于徵列論文篇目，多著刊物之號數，而于專著單行者，甚鮮注明出版處所者。册中于外國人名書名，每不著原文。對于初學，均屬不便。

論列作品，多嫌簡略，此或限于篇幅。若取報章期刊中，所載有關評介之文，隨注于下，使初學因是以求，庶可略窺著作之得失，亦節省篇幅之一道也。

總之，近世中國史學研究，進步甚多，方面甚廣，扼要綜述，指示途轍，實這今日所急需。著者肯以研究之暇，寫此通俗之書，以津逮後學，嘉惠實多。千慮之失，勢所難免，讀後書此，敢云一得，聊爲芹暴之獻云爾。

　　　　　　　三十六年六月二十三日，于清華明齋。

　　此文署名"巨未"，而篇末署"清華明齋"，則當爲清華大學歷史系中人，其所評論甚中其失，將來倘有人將此書重作，可資參考也。又署其年月爲"三十六年六月二十三日"，則此書出版當在一九四七年，此亦予所久忘者，以其非親自動手，而出于童書業及方詩銘筆下也。此套叢書由印維廉編輯，向我說明不必親自動手，故遂以之濟童、方之貧也。

　　　　　　　　　　一九七六，六，三，剛記。

一九四七年九月

九月一號星期一（七月十七）

　　寫德輝，舜欽，詩銘信。記日記五天。慈倫來。與靜秋到新新赴宴。

　　歸，小眠。看《天方夜談》。與靜秋，三姊，頤萱嫂，木蘭到褚家，抱潮兒游公園。與靜秋到慈倫處。

　　與靜秋到勵志社赴宴，與蕙薆到褚家小坐。到藥鋪買藥。

　　今午同席：予夫婦　徐道鄰　張炎生　拾貢三　蕭淑芳（以上客）　王蓉舫　潘玉嶙　潘玉峰　潘涵（以上主）

　　潮兒第一次游園，見樹必窮矚其顛，見荷花則揮手以表喜，見六角亭又注目其結構。

　　今晚同席：徐道鄰夫婦　張炎生夫婦　顧新盤　卜蕙薆　吳漢民夫婦（銀行）　吳一舟夫婦（新聞處）　滕杰夫人　駱東藩　予夫婦（以上客）　趙復漢夫婦（主）（夫人名張蘭君）

九月二號星期二（七月十八）

　　看《天方夜談》，盡一册。范醫生存德來，視潮兒疾。爲潮兒抓周，宴客。

　　小眠。沈士芳來。爲靜秋寫公璵，寶瑄，顧希平，吳貽芳信。

　　到九州飯店赴宴。張炎生夫婦來。書忍，義安自鄉來。

　　今午同席：蕙薆及巴西　褚宏滋　文實　范存德（以上客）予夫婦（主）

　　今晚同席：予（客）　劉子衡（主）

　　以陰曆言，今日爲潮兒十二足月，出諸物令抓，渠先取剪子，次及雪花膏，倘果準，則一純粹之女性矣。

　　潮兒傷風咳嗽已歷多日，昨抱游公園，適有風，夜間遂發燒，今日未退，因招范醫生視之，謂是氣管炎。此兒真多災多難。

九月三號星期三（七月十九）

　　木蘭赴京。看《天方夜談》畢。王蘇民，沈士芳來。孫竹屏來。徐鴻貞來。看《唐代小說》。

小眠。高鐵嶺來。與靜秋出，到褚宅，晤褚宏濤。視龍書疾。訪炎生夫婦，則已行。到潘涵家，同游曉市。

在潘家留飯。歸，洗浴。

久無讀書機會，此次到徐，做數日閑人，竟看完《天方夜談》，殊自慰，惟嫌其猶係節本耳。

近日疲甚，倘久緊張之後得一休息，遂致爾耶？抑寒燠驟易有以致之耶？

今晚同席：予夫婦（客）　潘玉嶙夫婦及其妹涵，子榮田，榮哲，榮牲，侄女榮□（以上主）

在潘家進"纖"（油炸之麵條，甚細，如纖之張），麻老彎滷肉，雜湯小包子，純粹徐州味也。

九月四號星期四（七月二十）

同慈之子協和來。到霸王樓三層，整理信札，紙片。寫周綸閣，殷綏平信。劉漢川來。寫誠安信。權伯恭來。

寫佟志祥，黃奮生，嚴舜欽，白壽彝信。小眠。作《文史雜志》復刊詞三千言。吳瑞芝來。

與文實談。洗浴。

潮兒雖熱退，喉中仍咯咯多痰。予疲稍減，胃仍不活動。近日夜中寒甚，而初睡則熱，故予與靜秋同感寒腹瀉。

下午作文三千言，半夜醒來，即難再睡，我之不適于作文也如是。

九月五號星期五（七月廿一）

寫詩銘信。看《唐代小說》。胡之屏來。張慈敔來。劉子衡以車來接，到方宅吃飯。

歸，小眠。秦希廉夫婦來。子衡來。宴客。

晚霞來，談至十時許。

今午同席：予　劉子衡（以上客）　方子珊夫婦（主）

今晚同席：秦希廉夫婦　沈士芳　三姊一家　書忍　玉蘭（以上客）　予夫婦（主）

潮兒雖尚不能言，而頗懂話，"飛機"，"大樹"，"鳥"，"花"，及父、母，姨等名詞，皆明解。

九月六號星期六（七月廿二）

視文實疾。崔菊如來。出，過魏孝亭。到彭城路寄信。到紅玫瑰剪髮。歸，寫井成泉，高玉華，德輝信。到徐州市銀行赴宴。

范存德來視潮兒疾。歸，小眠。張之隆來。看《唐代小説》。寫振宇信。與靜秋到東興樓赴宴。

杜光簡自京來。劉子衡來。

今午同席：張世光（八十八師師長）　李志遠（敵僞產業處專員）　王佐卿（電廠經理）　吳漢民　史□□（勵志社幹事）（以上客）　董漢槎　劉漢川（以上主）

今晚同席：予夫婦（客）　魏孝亭（紹舜）夫婦（崔天菊）（主）

潮兒夜已不咳，惟喉中咯咯作響，仍多痰。

九月七號星期日（七月廿三）

寫振宇信，交沈士芳帶滬。與士芳同早餐。光簡，文實，啓俊來談。看《唐代小説》。與吟谷到一品香赴宴。

歸，眠一小時。子衡來，靜秋拒之，未見。慈敔（思顯），懿德來，寫姚從吾信。寫王澤民信。

與靜秋到晚霞處談，三姊亦來。歸，看潮兒喜狀。

今午同席：劉漢川及其子，孫　劉淑昭　陳璞如　卜蕙黃

高吟谷　尹聘三　王子石　馬濟民　權浦基（以上客）　權萬邦
及其子伯恭　張晚霞（以上主）　今日爲萬邦之子仲仁與晚霞之
妹志秋訂婚，拉予爲介紹人。

連雨兩日，氣候大寒，予衣竟不給。

三姊到晚霞家小談，潮兒在家，喂之食不食，與之嬉不嬉，
各處探尋不得，現鬱伊之色。及三姊歸，則投擲于懷，歡樂無
已。此兒剛一周歲，便如此多情，可愛也。又渠見靜秋爲予剪指
甲，亦欲剪，爲之修十指，不稍動。如此懂事，大奇。

九月八號星期一（七月廿四）

劉永焜（輝南）夫婦來。畢遠村來。劉子衡送梨來。駱東藩
來。寫馬蔭良，楊蔚如，陳逸民信。

眠一小時。劉子衡來。晚霞來。李天佑來。將霸王樓物取回。
與靜秋晚霞到福水井看屋。坐車到雲龍山，游醉亭。看張炎生所領
黃茅岡地。

到龍泉春吃飯。歸，劉淑昭來。懿德，曖慈來。

自到徐州，排日赴宴，腸胃負擔過重，力竭罷工。日來真不
思進食，每餐只一餅或一饃耳。食少，精神自然不好。

今日放晴，又漸熱。

炎生在雲龍山西麓領官地廿畝，欲造圖書館及研究院，挽予
主之。予受教已多，惟有姑妄聽之。

今晚同席：晚霞（客）　予夫婦（主）　四萬元。

九月九號星期二（七月廿五）

到光簡處。看“選舉報道”。看振華致玉舜書。曖慈，懿德來，
爲寫保育院朱誠信。牛松雲來。劉子衡偕湯位東來，同到方宅吃
飯。秦鴻勛送歸。

潘涵來。到杜光簡處談。與靜秋，蕙蓂到公園。杜光簡來，同
到龍泉居飯。

遇侯漢聲，到保齡藥房談。到魏孝亭家。

今午同席：湯位東（徐兗綏靖區副司令，守滕縣有功）　劉
子衡　方先覺之弟婦

今晚同席：杜光簡　蕙蓂（以上客）　予夫婦（主）　六萬元。

九月十號星期三（七月廿六）

寫汪叔棣，起潛叔，張伯懷信。與靜秋到二陽醫院，就范存德
診。到王肯堂家，視其疾。到王蓉舫家，未晤。歸，與高韻珊談。
臥床，看吳文祺所編《舊小說》自遣。趙彥高來道別。

此數日每天恒泄三四次，糞有紅色，且粘，疑是痢疾，因至
范醫生處取特效之消炎片服之。今日瀉至八九次，只得臥床矣。

與靜秋同試血壓，予自九十至百四十四，而靜秋則爲七十至
百一十。予略高而靜秋甚低，倘以娠故耶，抑血虧過甚耶？

九月十一號星期四（七月廿七）

韓席籌來。李天佑來。臥床，看《舊小說》。

高瑞蘭來道別。蕙蓂來。劉光月來，視予疾。

吳曾祺所編《舊小說》，爲一集成工作，予家舊有之，而未
暇讀也。今臥病徐州，靜秋有《萬有文庫》一部，是書亦在，因
得縱觀。其書編纂，甚有可商（如不記出處，編排雜亂等），而
彙合一處，頗便翻檢，其中不少史料可以選出。予今日最高興
者，知《琵琶記》所述蔡邕，乃唐鄠厂事，彼乃有妻而重娶牛相
國之女者，只以彼名不顯，説故事者乃嫁之于蔡邕耳。

九月十二號星期五（七月廿八）

卓啓俊來。臥床，看《舊小説》。

高梅來。静秋代寫蘇子涵信，匯去卅萬。

徐州婦女會擬選静秋爲國大代表，謂外縣六七皆可響應。今日接汪寶瑄來函，謂静秋未入黨，無此資格。擬自區域出，而以已有蕙賞，亦躊躇。予謂戰事如此，此次選舉代表是否有效亦是問題，此等事得之不足爲喜，失之亦不足惜也。

九月十三號星期六（七月廿九）

黄立生來。趙宗英來。臥床，看《舊小説》。吳大姊來。

許毓峰來。何曉村來，送菜。

臥榻上思予之病，有數因：1. 經年生活不安，太勞頓。2. 上館子太多，胃中滿積油膩。3. 今夏太熱，予在火傘下奔馳，常進冷飲。予本非社會活動人物，何必陷此苦惱。思至此，甚有退意。

今日爲潮兒陽曆周歲，全家吃麵。此兒近日咳仍未痊，惟鼻涕已不流。

九月十四號星期日（七月三十）

杜光簡夫婦來。姜逸鷗夫婦來。臥床，看《舊小説》。

蕙賞偕巴東來。吳大姊之子來。

銅山縣長耿繼勛爲本縣西北鄉人，故扶持西北鄉人爲國大代表，蕙賞亦其一。雁秋静秋兄妹欲以東南鄉人競選，東南鄉人聞之興奮，惟恐西北鄉人之起而破壞耳。少蘭本欲爲立法委員，以張維楨，莊静等起競，知不敵，欲由國大出，則婦女會是其大本營，静秋之放棄亦彼所願。一有名心，同舟可成敵國，可不懼哉！

九月十五號星期一（八月初一）

劉永焜夫婦來。臥床，看《舊小説》。王肯堂來。王致逸來。
席籌來。孫竹屏來。

張晚霞來。

　　予欲至蘭州，而隴海路以戰事斷。欲乘飛機往，而乘客多，
票不易購。今日與劉君言之，渠謂可乘車至鄭州而乘機至西安，
飛機可由其介紹軍用機，静秋遂擬回蘇取予衣服來。

九月十六號星期二（八月初二）

　　張尚志，王蓉舫來。臥床，看《舊小説》。

　　蕙蕢來。高鐵嶺來。張二嬸來。

　　顧静淑來。高吟谷自沛縣歸。劉鈺來。

　　服特效藥片已七日，血已無，粘亦減，日瀉四次，無下墜
狀，病已去什七八，明日可起床矣。

　　潮兒本領愈多，能行敬禮，作揖，能空嚼以示餓，拍腹以示
飽，搖手以示送客。

　　張二嬸談家事，悲極涕下，潮兒即感動而哭。予與静秋假
哭，彼即漠然。此兒富同情心，又能別真僞。

九月十七號星期三（八月初三）

　　起身，補日記八天。與文實携潮兒到大禮堂。王德箴及其兄灝
丞來。張劍秋來。到杜光簡處。

　　小眠。看《舊小説》。開應辦事單與静秋。看《德箴文存》。
發壽彝電，寫華問渠信，交静秋帶去。與潮兒同照相。

　　楊宗英偕其嫂來。霞慈來。九時半，静秋動身，送至門。

　　今日仍泄三次，仍不思食。腸胃之疾，真厭氣也。

　　静秋今晚行，到南京須視木蘭，崔冷秋，到鎮江視丁少蘭，
陳石珍，到蘇州取衣，訪華問渠，到上海訪金振宇。懷胎六月，

如此奔波，亦可憐也。

問渠已到蘇州，甚欲與予一談，而予以疾竟難成行，因托静秋帶一信去，信中説兩點：一，希望在蘇州辦一印刷所，以增加編輯所之效力；二，希望將上海發行機構整頓。

九月十八號星期四（八月初四）

龍書歸。劉子衡偕蕭陽孫君來。蕙蓂偕鄭樞强來。爲蓂蓂寫王東成信。寫壽彝，詩銘信。寫德輝夫婦信。理《萬有文庫》。

審查中華教育電影製片廠脚本十二種，摘出其應修改者。吟谷來，商選舉事。看甘乃光《中國古代經濟思想史》。

到文寶處。渠今晚到京。吟谷來。失眠。

今晚之失眠，蓋由于審查電影脚本之費神。然静秋若在此，加以椎拍，便不至是矣。

九月十九號星期五（八月初五）

頤萱回張集。寫静秋，雁秋，自明，起釪，劉子陵，凌純聲，誠安，詩銘，舜欽，奮生，徐德榮，馬鶴天信。

小眠。看胡懷琛《中國小説史略》。

看半年來日記，尋病因。

九月二十號星期六（八月初六）

抱潮兒至操場，看升旗。與張少雲談。寫静秋，壽彝，德輝，文寶，振宇，問渠，逸民，樹幟及青海藏籍學生白添祥，田冰範函。

眠未着。鈔審查電影意見書。寫紀伯庸，王澤民，鄭相衡信。續看《先秦經濟思想史》。秦鴻勛來。

卓啓俊來。鵬彩來。

蘇教廳有令來，公立學校校長，身份等于官吏，不得競選國大代表及立法委員。因此，静秋如必競選者，勢必辭去現職，但恐"駝子跌筋斗"耳。

報載田培林因打電話不通，跑至中央圖書館打黄編輯耳刮子，黄已與起訴。田本小人，而乘君子之器，遂至頭轉脚摇如此。

九月廿一號星期日（八月初七）

高洪早及其侄永裕來。寫静秋蘇滬兩函，爲選舉事。鈔致澤民信入日記。

入眠一小時。寫丕繩，丁山信。吴大黑來（名鵬，號孝騫）。看楊慶同等《經濟學淺説》，盡半册。

吟谷自鎮歸。

今早一時半醒後，至天將明始復睡，因此精神又壞。大約是爲前昨兩天寫信太多之故。以我奮迅振作之精神，偏居于此不能奮迅振作之身體，此中矛盾痛苦爲何如耶！

吟谷謂静秋辭職競選亦已來不及，只得放棄。謂雁秋爲國民黨員，申請之期已過。渠兄妹欲參加而無準備，遂處處落人之後。

聞大黑之言，南京仍熱至九十餘度。今年天氣真怪。

九月廿二號星期一（八月初八）

寫静秋兩信，分寄蘇鎮。續看《經濟學淺説》，畢。看紀伯庸所作《蘇武》，《霍光》，《湜縈》三篇，略爲點改。

趙冰鑑，樊元春，朱俊英來，看《文訊》七卷三期。

看《金石索》。

前日胃稍好，大概吃得多些，昨大便又三次，今日胃納又少矣。予腸胃素强，今得此疾，則一年來困于酒食可知也。

自静秋離徐，才四宵耳，而予睡眠乃支離破碎，常驚而醒，予夫婦何能作經久之離別耶！

九月廿三號星期二（八月初九）

寫致壽彝長函，道諸計畫，約五千言。

眠一小時。寫練青夫婦信。鈔致壽彝信入日記。

與吟谷談。許毓峰與光簡來。失眠。

今晨吃了一個葱油燒餅，今午麵條吃得多些，下午腹部就不舒服，拉了兩次（連上午共四次）。腸胃之不吸收如此。

天氣甚熱，潮兒又咳，奈何！

九月廿四號星期三（八月初十）

朱誠（孟樂）來。王先進來。看《金石索·金索》之部。

臥床。

今日仍瀉，又以昨晚失眠，疲乏之甚。大便仍有粘汁，終日惟吃少些稀粥耳。

九月廿五號星期四（八月十一）

先進偕梁醒黃來。文實由蘇歸，談。看《金石索·石索》之部。張懿德來。

看《西北通訊》。

吟谷來談。計畫編輯"周秦文類選"，眠較遲。

今日服同仁堂萬應錠，腹較好，仍飲粥。

予前欲爲古代文類編，此事太大，非一時可成。求其簡速而有用，擬先編"周秦文類選"，打破經、史、子、金石之界限，分成若干類，每類各選數篇，爲初學者示徑，且加注釋與序論，可爲大學讀本，當有六七十萬言。得暇，便每日手鈔一篇。

九月廿六號星期五（八月十二）

静秋自滬歸，談，視其所購物。寫梁醒黃，金振宇信。女師教職員多人來見靜秋。牛松雲來。看《中國歷史故事小叢書》。

姬信之（徐師），姜子修（徐中），王東野（蘇院）來。寫殷季達，綏和綏亞，誠安信。

與靜秋抱潮兒到大禮堂玩耍。

靜秋歸，謂上海市場極混亂，金竟無價，物價日高，謠傳有國共講和之説。

靜秋述華問渠意，欲爲予出版文集，此大佳事，擬下月歸後，杜門却掃，除上課外專爲此事。約計至明年三月，可編出一百廿萬字，以廿萬字爲一册，凡六册。俟明秋由蘭州歸，繼續編纂。予之文字約四百萬言，更補未完之作，及作出其已集材而未成文者，約五百萬言，經歷四年，可成廿五册，亦一龐然大物矣。爲予作六十壽禮，不亦善乎！

九月廿七號星期六（八月十三）

寫劉輝南信。寫華問渠信。整理《萬有文庫》初集。

寫壽彝，舜欽，陳逸民信。爲靜秋寫劉虛舟信。懿德來。續理《文庫》。

擬周秦文類選綱要。眠至上午二時醒，遂炯炯達旦。

靜秋欲予體健，今日買鷄作羹，又進香蕉。然予體不任，食後又拉數次。

九月廿八號星期日（八月十四）

寫出昨定編文計畫。喚理髮師來剃頭。汪安之自京來，商邊疆學會事，晚回京。看高田保寫《社會構成論》。

小眠。寫奮生信。啓俊來，留飯。

褚大姨太太來。

今日始服 Acidesia。

安之以許公武先生與之不協，江蘇路不能住，來想辦法。因介文實之西北通訊社，不知能成事否？此人性太粘膩，接近神經病，爲先母故，過而舉之，實不慊也。

天氣甚寒，可穿雙夾，病傷風者累累，潮兒咳又甚。

理一次髮，兩萬元矣，實四毛也。

九月廿九號星期一（八月十五　中秋）

看《國學小叢書》數種。光簡來。爲外姑設祭。静秋宴客，長泉，俊英，芷琴，生然，文實來。寫筱蘇，樹幟信。

劉季洪來。韓席籌來。理《文庫》。文實來。褚宏滋來。

張大嬸來。理物。高凌涯來。高鐵嶺來。

昨日共軍至碭山，約四萬人。徐州人心大震。今日開來兵五團，較安定矣。

午刻得晚霞來書云：“日來局勢緊張，頡剛先生如未離徐，可于今日去京，否則恐日後路斷，交通梗阻，至爲不便也。”情勢如此，只得早行，因定明晨與龍舒夫婦及潮兒行。徐州一時總可無事，但津浦路如截斷，則欲行不得矣。

九月三十號星期二（八月十六）

六時起，理物訖。七時上站，以無車退歸。將静秋處大箱打開，曬碑帖書籍。看《胡適文存》三集。

理書。牛松雲來。與静秋同出，到劉季洪處，并見其母及張鳳壽，王君。到雲龍中學訪韓席籌，并晤武宗及呂張諸君。歸，卜蕙芳，趙宗英來。

家人并在整理行李，潮兒眠予懷中。

昨夜徐州南行車冒險開出，外夾溝（離徐八十里）之鐵路卒被破壞，浦口北行車今早未至。我輩遂白跑一趟，計喚人力車十二輛，來回十四萬四千元。據季洪言，共軍目標係至蘇北，待其過盡後車即可通。如竟不通，彼亦可設法飛機，與我同行也。

聞前日最危險，徐州僅有兵三營，等于空城計。

本月九日至魏孝亭家，其外舅能卜，請其卜靜秋之生產，謂是女孩。廿九日劉季洪來，謂靜秋必生男，其理由，懷男胎者婦容易憔悴，以負擔重故，今靜秋面有黑斑，驟覺其老，一也。靜秋自謂今年懷胎與去年大異，兒在胎中激動殊甚，既已不同，便知是男，二也。記之于此，待產日證之，究卜勝乎，經驗勝乎？

結果，竟是卜準，不亦怪乎！　　　　卅七，四，一，記。

[原件]

《民衆周刊》定閱單

逕啓者：茲由　　　　　　　　　　銀行
　　　　　　　　　　　　　　　　郵局匯上

國幣　　萬　千元正定閱

民衆周刊　　份，自第　卷　期起，至第　卷　期止，共　期，請照下列地址按期（平、挂、航、航挂）寄下爲荷。此致

民衆讀物社

　　　　　　　　　姓名：

　　　　　　　　　地址：

中華民國　　年　　月　　日

介聯
聯合定閱《民衆周刊》定閱單

逕啓者：茲匯上國幣　　萬　千元正，請照下列地址惠寄貴刊，爲盼。此致

民衆讀物社

　　　　　　　　　　啓　　月　　日

姓　名　地　址	自　　卷　　期起 至　　卷　　期止 寄遞方法 平、掛、航、航掛

《民衆周刊》收存數表

卷期	數量	定價	折扣	實　洋	共　　計	存書數	實洋共計
1	2,000 份	1,500 元	50%	1,500,000 元	1,500,000 元	1,625	1,218,750
2	2,000 份	1,500 元	50%	1,500,000 元	3,000,000 元	1,630	1,227,500
3	2,000 份	1,500 元	50%	1,500,000 元	4,500,000 元	1,598	1,207,500
4	2,000 份	2,200 元	50%	2,200,000 元	6,700,000 元	1,067	1,173,700
5	1,000 份	2,200 元	50%	1,100,000 元	7,800,000 元	588	646,800
6	1,000 份	2,200 元	50%	1,100,000 元	8,900,000 元	900	990,000
7	1,800 份	2,200 元	50%	880,000 元	9,780,000 元	775	852,500
8	1,000 份	2,500 元	50%	1,250,000 元	11,030,000 元	914	1,142,500
9	1,000 份	2,500 元	50%	1,250,000 元	12,280,000 元	567	708,750
10	1,000 份	2,500 元	50%	1,250,000 元	13,530,000 元	956	1,195,000
						共計	10,363,000

　　存書除本表所載數目外尚有聯合書報社、五洲書報社等退書尚未退下故不列入

卅六，九，廿，與振宇書云：（下略，見《顧頡剛書信集》）

卅六，九，廿，與陳逸民書云：（下略，見《顧頡剛書信集》）
同日致樹幟書云：（下略，見《顧頡剛書信集》）

同日致王澤民君書云：（下略，見《顧頡剛書信集》）

卅六，九，廿三，致壽彝書云：（下略，見《顧頡剛書信集》）

一九四七年十月

十月一號星期三（八月十七）

劉季洪來。看適之先生《中國哲學史大綱》一百頁。與靜秋同到季洪家吃飯，看打紙牌。

到陳沛然處診病，遇王肯堂太太。

與靜秋到辦公室看報，又至文實處。

今午同席：予夫婦　杜細之　張鳳翥（尋九）　王笑峰　李簡齋　謝佺齋（以上客）　劉季洪（主）　予未能進食，僅以皮蛋佐稀飯耳。

醫謂予寒濕內困，脾陽不振，進以溫中滲濕之藥，又謂當避進葷腥、油膩、生冷之味，以煎餅當飯。煎餅者，麥麩所作，甚富維他命。今日只下便一次，惟飯量仍劣。

十月二號星期四（八月十八）

與靜秋同到陳沛然處診病，又上街買物。潘涵來。許毓峰來。郭量于來，王笑峰來，同游霸王樓及蘇姑墓。

宴客。王先進來，同到公園，游快哉亭。到褚家，與靜秋潮兒同照相。返公園吃茶，又與先進游挂劍臺，范增墓。返褚家吃飯。

與靜秋等步歸。看胡樸安《校讎學》。

今午同席：劉季洪　郭量于　張鳳翥　王笑峰　李文實　高龍書（以上客）　予夫婦（主）

今日爲潮兒陰曆一周歲，雖未能言而甚懂話。

今晚同席：予夫婦　龍書夫婦　吳海峰夫人　頤萱嫂　高玉華　辛大娘（以上客）　褚大姨太太及其女宏滋，媳（以上主）

十月三號星期五（八月十九）

代褚家作挽聯。續看《哲學史大綱》，至二百頁。懿德偕章淑惠來。與文實談。

眠未着。戴樹芷，周麗中，郝佩如來。遇杜長泰。高吟谷自沛歸。

與靜秋應王東野約，到中山堂，看胡少安顧正秋《探母》《回令》，以戒嚴，九時散。

為褚宏濤挽張照乘夫人：

淑德耆年，冬日煦溫慈母愛。

清霜寒草，秋風灑泪葬車塵。

十月四號星期六（八月二十）

高昌華自東雲來。看《哲學史大綱》五十頁。草文集計畫。

寫挽聯。張仁鐸來。陳文鑑來。與靜秋到北關張家，參預其"請照應"，在晚霞處進晚餐。

點《校勘學》四頁。

徐報載津浦路明日可通車，此心又不寧定矣。蓋時局動亂如此，家人在一處，猶可安也。若再離別，則憂國之外更增念家，予與靜秋同為苦事。

在張家所見客：劉墨緣　張仁堯　大姑（劉鏡秋母）　三叔岐潤　六叔岐泰　大宗灼讓　同慈　尚志　體讓

十月五號星期日（八月廿一）

上午一時半醒後即失眠至晚。看《哲學史大綱》七十頁。寫

《逍遥堂摭録》序。草自傳計畫。

　　與静秋，玉華，潮兒到公園，吃茶。出，買紙筆。褚太太來，留飯。

　　晚霞來，長談。

　　泄瀉雖愈，胃納不增，今日起，服高吟谷先生所贈日本藥"表飛鳴片"，仍兼服 Acidesia。

　　天寒，可穿棉矣。

十月六號星期一（八月廿二）

　　文實赴京轉蘭。記筆記十餘條。看《哲學史大綱》八十頁，訖。

　　高梅來，爲耀玥寫請假信。與静秋到北門散步，到張家觀其家祭。

　　張思顯來，爲寫姚從吾信。

　　潮兒又咳，此兒抵抗力薄弱如此。惟能多食，尚肥耳。

　　雁秋打電話來，已由連雲動身來徐，但汽車走不動，前由牛拖，後由人推，一天僅走七十里，至新浦，明後日趕不到矣。

　　適之先生《中國哲學史大綱》上卷，予尚係三十年前所讀。此來因病得閒，而静秋室中適有是書，居然在六日內讀訖。覺其澈骨聰明，依然追攀不上。想不到古代哲學材料，二千年來未能建一系統者，乃貫穿于一二十七、八歲之青年，非天才乎！

十月七號星期二（八月廿三）

　　爲静秋寫秦希廉信。王東野來。與静秋，吟谷同到張家吊喪，與灼讓，仁堯，尚志等談，飯後歸。

　　高吟谷來。看報，記筆記七條。杜光簡來。鈔《哲學史大綱》細目。復到張家，到晚霞處坐。

　　姜修卿自鄉來。讀《大學》。

静秋携潮兒到張家，歷較各家小孩，同年者無其高，異年者無其壯，此兒除掉易傷風之外，實甚健全也。

十月八號星期三（八月廿四）

與静秋到張宅，遇張紹華，與同慈，尚志等談。觀其家宴，十一時半，靈柩發引。予與仁堯，静秋由徑路行，參觀正德中學，到仁堯家小憩。

到泰山下張林，息于張瞻公墓，觀五柩下葬。行禮畢，仍回張宅。到晚霞處坐，吃麵。五時許歸。

讀《中庸》。景生然，朱俊英來。張大嬸（岐瑞夫人）來宿。

十月九號星期四（八月廿五）

寫周秦文簡選目。定五年計畫。晚霞來。王頌三，陳鐵凡來。張紹華來，留飯。欲歸，静秋尼之。

點陶希聖《婚姻與家族》一章。到育幼院，訪朱孟樂。歸，招待來客，游霸王樓等處。

宴客，在禮堂，凡三桌。

今晚同席：岐潤　岐瀛　岐泰（以上爲張家叔輩）　岐瑞夫人（張家叔母）　仁堯　仁義　仁普　仁澤　仁傑（以上爲同輩）　灼讓　體讓　尚志（以上爲侄輩）　慈堯　慈雲（劍泉）　同慈　慈侖　慈秀（以上爲侄孫輩）　鵬杰（少雲）　慶振（以上爲張氏認的本家）　王德如（藹如）　李榮芬　高吟谷　高龍書夫婦　吳海峰夫人　頤萱　玉舜（以上客）　予夫婦（主）　四十餘萬元。

十月十號星期五（八月廿六）

定周秦漢魏叢書計畫。點讀《婚姻與家庭》第二章。王笑峰來。

點讀上書第三章，未畢。晚霞偕盧寶興（振齋）來，示其藏畫。

楊文炳來。王肯堂來。劉香琳來。魏孝亭夫婦來，長談。孝亭留飯。

　讀《中庸》。范存德來視潮兒疾。

　潮兒又感寒發燒矣！熱高一〇一度四。近日天氣突寒，而張家出殯，渠連日抱往，輒索食物，旁人亦盡量喂之，又積食也。以鷓鴣菜飲之。

　晚霞與盧振齋同在軍中，前年在紹興，其地製假畫者甚多，售價甚廉，兩人所得皆多。今日出示，幾無一真，有些畫得不劣，但題字則其僞立見，僅一二無名人尚差強人意耳。因念我父在杭，亦上他們的當不少，紹興人何好欺人若是。

十月十一號星期六 （八月廿七）

　點讀《婚姻與家庭》三、四、五章，全書畢。續擬歷代文籍彙刊計畫。

　曹治泰（逸如）來。褚太太來。王先進來。到禮堂，參加女師迎新會，觀話劇、歌舞，六時許散，在會場中與杜長泰、黃銘勛談。

　同慈夫人及其女瑩和等來，留飯，飯後與張大嬸同歸。

　同慈之幼女雪祺，長潮兒七個月，其智識頗不及潮兒。潮兒欲與之玩，彼乃哭，潮兒欲其坐圈車，彼不肯。自坐其中，視之範，仍不肯。以此觀之，潮兒不但聰明，且富社會性，喜與人接近也。潮兒今日熱退。

　昨日津浦路西寺坡鐵路又爲共軍拆斷，今日不通車。聞毀損不大，明即可通。

十月十二號星期日 （八月廿八）

　王先進來，同出，游燕子樓，又至王陵母墓，又至戶部山，登戲馬臺。同歸，留先進飯。

　耀玥來辭行。韓席籌來，與予夫婦同到文亭街祁家巷祁家看屋。出，至席籌家談。歸，寫德輝信，交耀玥帶蘇。

與靜秋到中山堂，看顧正秋全本《玉堂春》。十一時許歸。

顧正秋爲上海劇校畢業女生，唱做皆佳，始終不懈，吾宗之秀也。

十月十三號星期一 （八月廿九）

雁秋及二姊到徐，徑至北關張宅。點胡樸安《校讎學》五十頁。

曹治泰來。王先進來，與同至青年路東首，游建國市場，入建國戲園，聽河南梆子《吳三桂反雲南》。又至新生里娛樂場，聽河南梆子《響馬傳》。與先進至奎山。下山，喚車歸，與二姊談。

雁秋來。寫韓席籌信。延錢星甫爲雁秋及予診病。雁秋之親族大至，至十二時方得眠。服藥，睡尚好。

雁秋與二姊由連雲，共行八天，乘交通工具六種：1. 汽車，2. 人力車，3. 平車（運貨者），4. 土車（即二把手），5. 火車，6. 船。途中感寒致病，面色憔悴，苦矣。

今日聽河南梆子，爲予生第一回。其戲多不見于京劇，知民間戲之不爲上級社會所見者多矣。戲中時以低級趣味挑動觀者，用武藝處亦較多。戲場外以布圍，內又斬枝爲柵，疑即勾攔遺狀也。收錢不以時，常于劇中緊要關頭停鑼，向座客脫帽鞠躬，謂須取得若干錢，滿其意乃續下。布內柵外亦有人收，惟所取不多耳。覽此，可想見劇界先進之風。其劇班當是家庭組織，故角色不足，便以小兒女充之。

十月十四號星期二 （九月初一）

王肯堂來。喚理髮匠來剃頭。點《校讎學》二十頁，畢。尚志，慈侖，同慈，晚霞來，爲寫字三件。留飯。

寫弻唐七十壽賀軸四件，爲雁秋作頌辭。作《十三經注疏》版本表。岐潤來。卓啓俊來。張文英來。

張氏親族又大至，又至十二時睡，予雖服藥亦不得眠矣。

予今日又拉四次，情形與上月無殊，病又作矣。即購同仁堂萬應錠一包（廿粒）服之。

壽弼唐七十：

俠士衛群，聲揚東國。　　仁人宜壽，瑞靄南山。

十月十五號星期三 （九月初二）

爲王笑峰題其所藏黃石齋瑞雲賦卷及林少穆分家單。蕙賞來。爲修卿書弼唐壽聯。與雁秋早吃飯，到王笑峰處，弔其夫人之喪。

與雁秋到弼唐家，賀其七十壽。與尚志，同慈，體讓，仁普等同游雲龍山之代筆亭，空軍墓及鐵亭。下山，到祁伯垣處，看屋。又至張仰韓夫人家。楊文炳來。高鐵嶺來。

挽斜來。以客多，避至操場，静秋來拉，與之口角。翻《四庫提要》。得眠。

爲了張氏親族諸種家庭糾紛，要乘雁秋旋里時解決，使予夜不眠，憤其。今晚便在操場上轉圈子。静秋勸其至禮堂上商量，逍遙堂無客，予歸室静心一小時，居然得睡矣。予之生活決不能與雁秋在一起，他太熱心，好爲人排難解紛，永遠被人纏繞，而予夜中精神不能緊張，與彼在一起將永不能鬆散也。

今日又拉四次，加以兩夜失眠，體大憊。下午作山游，較振。

十月十六號星期四 （九月初三）

挽斜來，與同到杜細之家，商量屋事。静秋臥疾，予伴之。張愛兵來，爲静秋打針。粘貼普立德《訪華觀感》，讀一過。張志秋來。

席籌來。上街照半身相。遇王肯堂。余長泉來。錢星甫來診疾。與雁秋談。褚宏濤來。

自雁秋歸，親族大來，静秋不得不一一周旋，昨晚又與予生氣，夜中胎大動，今晨竟不能起床。急延産科醫生來，爲打安胎針，眠一日，吐一次，晚漸愈。

錢醫謂予蘊濕熱甚重，夏日冷飲作梗也。今日拉至五次，始服 Eldoformo，德國藥也。

日來物價大漲，米一石超出八十萬。上月静秋至滬，龍頭細布每匹五十六萬，今即至八九十萬矣。

十月十七號星期五（九月初四）

送雁秋行。寫席籌，弼唐，東野信。爲人寫對聯一付。景生然，朱俊英來。

趙書敏之母戴太夫人來。朱欣亭來。王東野來。杜光簡來。小眠。理物訖。

生然，俊英等來送別，高大姐來。將行，得玉舜自車站來電，知今晚車未到，即眠。

今早即拉三次，色赤如血，真血痢矣。決即南行，赴滬就醫。

車票價又漲，自銅山至蘇州，頭等價卅七萬二千元，臥車票十萬元，可駭！

接振宇書，知九月份大中國營業十六億，不爲不多，然彼仍愁賣出補不進，蓋紙張之漲遠在圖書之上也。

今晚車又不至，半月來已第三次受阻矣。

十月十八號星期六（九月初五）

與静秋別家人上站，玉舜送行。到站遇高静一，及其子孝本（隴海站長），知車不至，退出，與静秋到隴海新村訪吳大姐，未晤，見其夫吳海峰及其媳女。自吳家出，渡黃河，雇車歸，到范存德處取藥。

出，遇高孝本，知車將到，即與靜秋趕至站，入孝本辦公室吃飯。二時，上車，二時半開。每至一小站即停數十分鐘，入夜始抵蚌埠。

與牧師林□同室，聽其講道。十時，和衣眠。

今日奔馳，幸不至多泄，否則大苦矣。

車每抵一小站，即停數十分鐘，一爲交車，二則探聽前面有無障礙也。故二時半徐州開車，直至晚九時始抵蚌埠。

今日潔如侄與綏平在蘇州新雅酒樓結婚。

十月十九號星期日（九月初六）

上午四時半到浦口，在站待至七時半，始上澄平輪渡江，即轉京滬路，九時開車，十時半到鎮江，靜秋下車。予在車看各種報紙。

二時許到蘇，林賁及徐德榮來接（接靜秋電話）。即雇車歸。與魯弟夫婦，四侄女，英賁，又曾夫人，嚴舜欽等談話。嬸母，九妹來。馬繼高金德寶來。壽彝來。

又曾來。魯弟來談。九時就眠，忽發抖寒戰，徹夜不安。

前夜車之不至，乃中央軍中途占車逐客之故，非緣共軍也。

昨夜雖睡臥車而無被，今晨未曉即下車，又受寒，故夜又病。

十月二十號星期一（九月初七）

又曾來，書逸民函托帶。視耀玥疾。以體疲乏，眠。魯弟來。黃文浩來。金德寶來。井成泉夫婦來。壽彝來。

陸仲暘來診疾。志堅來。永潤來。看各處來信，未畢。

蔡守堃來。

德輝以予糞便送曹博文處檢驗，有蛔蟲卵及痢疾菌。今日以服陸仲暘藥，中有秋水丸，故瀉至八次。仲暘謂余有熱，約百度。

前日予等車過之後，當夜津浦路即爲共軍炸斷，險哉！

十月廿一號星期二（九月初八）

與德輝乘車至公醫院，久待不得診，退出。到馬詒綏處打針。歸，即眠。壽彝來。

殷綏達來。二嬸母來。看各處來信，仍未畢。

自今日起，打 Emetine Hydrochloride 針，藥甚貴，今日計化四十八萬元，知貧家犯此不克醫也。

今日上午拉五次，下午未拉，針藥之奏效真神速也。

十月廿二號星期三（九月初九）

仍臥床，看各處來信訖。壽彝來。

靜秋自鎮江歸。馬詒綏來打針。華問渠，白壽彝來。

又曾來。德輝來談。

今日上午尚拉四次，下午即無。曹博文檢得予有大腸杆菌，無痢疾杆菌，與前日異，何也？

九妹又生一男。

文通營業不佳，場面太大，編輯所每月亦需四五千萬元。爲節省計，將編輯員移住東北街，此間退租，編輯工作計字論酬，不管伙食，事務員及工友均解雇。舜欽又失業矣。

十月廿三號星期四（九月初十）

起床。舜欽來。壽彝來。王澤民夫人來。孔陟岵來，未見。記日記五天。宴問渠。

與問渠，壽彝討論所務。問渠乘三時車返滬。詩坰來打針。詩銘來。

德輝夫婦取出《萬有文庫》。與靜秋住入後房。

今日只早間拉一次，正常，無粘液。

聞文通今年做教科書，虧十億元。貴陽總管理處及本局，每月開銷只一千餘萬元，而吃拆息至八千餘萬元。資産雖大，而無流動金，時局又嚴重，遂無以過此難關。

十月廿四號星期五（九月十一）

尹甫太表叔偕曜姑來，導至書室。又曾來，檢田單與賣。趙局長夫人來。壽彝夫婦來。看姚名達《目錄學》九十頁。

周麗中來，留飯。詩坰來打針。

童太太偕玲玲來。

大便既正常，可知痢疾已愈，惟爲小心計，仍打 Emetine 針，以期斷根。

十月廿五號星期六（九月十二）

詩銘來。舜欽來訴苦。理書室，找孔陟岵文未得。

詩坰來，打針。續看《目錄學》九十頁。

看德輝所擬《邊疆叢書》序。

詩坰囑予，食物不必太小心。因此進葷菜。惟一隻鷄需六萬餘元，如何可以多吃。（上旬過符離集，買熏鷄一隻，僅兩萬五千元。）

今日靜秋以德輝夫婦不早買布匹，致貴十餘萬元，又買物不付款，致予處錢用完，大生氣，一日不怡。

十月廿六號星期日（九月十三）

靜秋病，延顧志華醫治。詩銘來。又曾偕曹章銘來。續看《目錄學》六十頁，畢。寫秦希廉信。

續延徐道秉診靜秋病。詩坰來，打針。看呂思勉《中國通史》上册三十頁（婚姻）。

靜秋今早上馬桶，忽覺頭暈，汗出如雨，急忙延醫，知其心臟衰弱，又貧血，故致是也。道秉謂小孩尚未至骨盤，不即產。又謂胎位正常。（静秋病與昨日之氣有關係。）

今日初打肝針。

爲準備過冬，買諸物如下：米兩擔，每擔 66 萬。麵兩袋，每袋廿三萬五。炭四擔，每擔 32 萬。炭基五千個，每千 40 萬。煤油兩桶，每桶 30 萬。共五百六十七萬元。

十月廿七號星期一（九月十四）

續改《邊疆叢書》序。佟志祥來。汪安之來。孔陟岵來。爲静秋寫劉鏡秋，崔冷秋，高吟谷信。

寫紀伯庸信。看《中央日報》副刊。詩垌來，打針。秦希廉來。社教院學生王錫蘭，王宗蕙來。

蔡守堃來。翻看《古文尚書》馬鄭注。

今日打 Emetine 針結束。初打葡萄糖針。兩股間打針太多，轉側皆痛。

一個鷄蛋要二千元，大是駭人。徐州則只五六百元耳。

社教院排予課，只中國社會史三小時，大爲輕鬆。

十月廿八號星期二（九月十五）

寫朱星元信，爲題其《周易經文考釋》。看《中國通史》五十頁（族制，政體，階級）。

趙公紱來。詩銘來。翻看《岱南閣叢書》。詩垌來打針。

看《孫星衍文集》。

《歷史故事叢書》，已作七十餘册，再作八十餘册，第一集即全。現在每千字定三萬元，予與君匋每月應各擔負二百萬元左右。此事虧得伯庸與德輝二人之努力，俾予得實現志願之一部。

十月廿九號星期三（九月十六）

看《中國通史》廿頁（財産）。静秋邀同出，至觀前買物，到東吳書局選購書，到麗華做徐女師徽章。

壽彝來，談成泉事。詩坰來打針。翻看今日新得書（《籀膏述林》等）。畢格心來。

詩銘來談。幾失眠。

蘇州振新書社，自民國初年迄廿六年，巍然爲書業領袖。借舊家木版印出書甚多，不知何故，竟爾閉歇，今東吳書局賣其殘剩，價頗不貴。

十月三十號星期四（九月十七）

寫振宇，君匋，家駒，誠安，丕繩，起潛叔，伯庸信，交静秋帶滬。澤民夫人來。到詩銘處。

静秋赴滬。翻看十年前日記兩册。詩坰來打針。又曾來。

詩銘來。失眠。翻看《羅臺山集》。

詩坰謂予兩股之痛爲打痢疾針之反應。又謂近日進食不多，確由于打葡萄糖針分量太重之故。故決于明日停止一天。

買稻柴三千三百斤，價壹百四十八萬。

十月卅一號星期五（九月十八）

井成泉來，將此後工作詳與筆談。澤民來，報告《民周》情形。喚銅匠開書畫櫃門。井成泉夫人來，自辨白。

馬繼高，彭林賞，金德寶今日遷往東北街，來辭行。寫送蘇女師紀念軸。舜欽來。鳴高叔來。

到醋坊橋理髮。散步約三里。歸，理古物，得眠。

久不得自明書，頗念之。今日來函，知爲二小孩忙得不堪，一封信寫了一禮拜。貴陽米價，半月前十五萬元一石，今則漲至五十萬元，離蘇州價值（六十萬）不遠矣。

近日美援華之聲甚盛，軍火，物資可以大來，故物價漸跌，前數日買米，每擔六十六萬，今日跌至六十二萬矣。生活可入正常，爲之一慰。

自成泉夫人來，以其不知節省，不善適應環境，遂致以浪費溺愛騰笑全園。予本欲成泉遣眷回平，今日其妻自來申説，且爲寬之，但不得不干涉其家庭行政矣。

自卅六年十月至卅七年三月之計畫

校課——1. 爲社教院課，多讀中國社會史及目錄學書籍，編出授課綱要，俾將來可以寫成講義。

古史研究
2. 將古史論文筆記編出文集甲輯，計百廿萬字。其中應重作者爲"禹考"，"《堯典》著作時代考"，"《春秋》經傳之構成"等篇，應創作者爲"《詩》起興考"，"《左傳》中之預言"。希望每日能寫五百字。
3. 點讀《大傳》一過。
4. 準備編輯周秦文選，先從事于文集甲輯所用諸篇。

通俗歷史
5. 點讀韋爾士《世界史綱》，計畫編輯中國通史。
6. 編輯《中國歷史故事小叢書》，期得一百種。

生活
7. 杜門謝客。
8. 必不得已而入席，少吃菜。
9. 作適當之休息，或每晚聽説書。

自傳
10. 看卅年來日記，作自訂年譜及分年文目。
11. 作自傳十篇，備《文訊》明年之用。
預定十篇目録：（1）蘇州——舊日的天堂。（2）顧家在蘇州。（3）兩位祖父。（4）我的出生。（5）上私塾。（6）祖母的教養。（7）送父親到上海。（8）考進了高小。（9）到了中學。（10）第一回戀愛。此下爲祖父教經，吃茶買書，結婚，游杭州，革命，參加社會黨，到上海讀書，第一回到北平等篇。

隨遇而安，斯能自得其樂。

有求必應，遂成無所不爲。

"隨遇而安"，介泉評我之言也。"有求必應"，書銘與問渠評我之言也。斯兩評皆確，一顯我長，一著我短，予皆受之。長處當留，短處當去，斯又不敢不自勉者也。

卅六，十一，一，記。

[原件]

出版權授與契約

出版權授與人　　文史雜志社

出版權讓受人　　文通書局

作品名稱　文史雜志（雙月刊）　　主編人姓名　　顧頡剛

上開出版權授與人（下文簡稱甲方）顧將上開雜志之出版權依照下列條件授與上開出版權讓受人（下文簡稱乙方）

第一條　甲方允將本雜志交付乙方一家印刷經售其編輯稿件等各項費用均由甲方擔任之

第二條　甲方擔保其對于本雜志確有出版授與之權利

第三條　本雜志每期一十萬字爲限乙方應根據甲方規定之時間每兩月出版一次不得延誤

第四條　本雜志出版後售價由乙方定之

第五條　乙方爲酬報甲方依本契約第一條授與之權利允照本雜志實際印刷之冊數以等于其售價百分之十五之版稅給付甲方但乙方每期至少應印三千冊

第六條　本雜志版税于每期出版時清算由乙方交付甲方

第七條　本雜志乙方可刊登廣告不收費用至非乙方廣告則甲方可自
　　　　定廣告刊例收取之

第八條　本契約一式兩紙甲乙兩方各執乙紙爲憑

第九條　本契約有效期自民國三十七年一月一日起至三十七年年
　　　　底止

第十條　本契約滿期時經雙方協議得酌予延長

　　　　出版權授與人　文史雜志社　代表人　顧頡剛

　　　　出版權讓受人　文通書局　　代表人　華問渠

　　　　　　　　中華民國三十六年十月廿五日

一九四七年十一月

十一月一號星期六（九月十九）

　　與陸承曜，井成泉，吳樹德談工作。爲静秋寫雁秋，高仲三，
張鵬彩，俞式如信。將存東北街木器搬回，暫置女廳。

　　看德輝所作歷史故事二篇，改信稿五通。與成泉筆談其家事。
詩坰來打針（肝精葡萄糖）。看《中國通史·官制》篇。

　　看《韓非子》。失眠，服藥。

　　今日送便檢驗，痢疾菌已無，而寄生蟲卵（Ascaris）仍有，
但不多耳。

十一月二號星期日（九月二十）

　　寫成泉信，教樹德工作。與德武談。看《通史·選舉、賦税》
兩篇。

　　又曾夫人來。静秋自滬歸，聞存款未送到，借玉曾娶媳款，大
怒，與予吵。到外書房，續看《通史·兵制》篇。又曾來。德輝夫

婦來。

獨至閶門散步。歸，又與静秋吵，至十二時後方眠。

自文通移出，純熙堂西室爲予外書房，成泉到此工作，甚願以此作予閉關修習地也。

十一月三號星期一 （九月廿一）

將古物室存稿移入外書房。到壽彜處。到井王兩家。平静秋之氣，與同出，到閶門，觀肆，飯于一清真館，茗于金山茶室。進城，在中市購物。

歸，詩垌來打針（葡萄糖肝精各一）。卧床。看《通史·刑法》篇，未畢。

改信稿五通。

十一月四號星期二 （九月廿二）

準備下午功課。澤民來，商《民周》事。與静秋到修仙巷宋鴻釗産科醫師處檢查，到九妹家小坐，出到城隍廟購物。汪毓歐來，留飯。

三時，到社教院，上課一小時（社會史略説）。與祝嘉，蔡守堃，趙遠柔談。到教務處，訪黄文浩，并晤顧嶽中。改德輝代作之"大衆廣播"報告。

改信稿五通。童太太來。寫成泉信。

古代制度，予本有意研究，近擬作通史，則制度尤不可不明習。社教院所開社會史課，可迫予作此方面之攻研，故甚樂受。

徐州親友來信，皆謂潮兒能叫"爸爸"，此彼第一語也。

十一月五號星期三 （九月廿三）

準備明日功課，看《社會通詮》等書，摘鈔若干。

祝嘉來，參觀予書室。馬詩坰來打針（葡萄糖及肝精）。秦希廉來。吳安貞來。

改信稿五通。詩銘來談。寫成泉信。

詩銘爲予買《古經解彙函》一部，《玉函山房輯佚書》一部，《津逮秘書》一部，計二百七十萬元。以指數計不能算貴，但予一時何從得此巨數。然不備此則研究工作不易爲，不得不忍痛購之。尚有《清經解》等，亦不可少。真恨日本人害我！

得教部人事室主任萬紹章來信，謂我競選東區教育團體國大代表，已由政府圈定。奇哉，我不但未競選，且未起此心，誰爲我覓五百人簽署耶？

十一月六號星期四（九月廿四）

三時一刻起身，準備功課。八時半到校，上課兩小時（社會史分期論）。與古柏良，陳逸民談《民衆周刊》事。歸，趙維峻來。遇王祖潤。安貞來談。

小眠。三時，與靜秋同出，到東吳大學，看紅葉菊花，訪秦希廉，并見其母，由彼導游花房，體育館，游泳池，景海女校。五時半歸。

補記日記五天。詩銘來。改信稿五通。

傳共黨欲打擊京滬交通，將于廿二日在蘇常兩城起事，以廿三日爲大選期也。此間防務殊虛，乘虛而入故不難。日前王懋功來，即爲此。蘇州自夜十二時起戒嚴矣。

靜秋腹中兒漸漸移下，恐產期已近，願其無在半夜墮地耳。

東吳校中，楓數樹，細葉深紅，可愛之甚。惜家與之遠，否則不厭日日看也。

十一月七號星期五（九月廿五）

到紹虞處，并晤際唐，陸尹甫先生，談一小時。歸，寫朱驪先，英千里信，爲《民衆周刊》請款。寫振宇信。

楊萬源木器鋪主人來，談做寫字檯。詩坰來打針。詩銘，林冀來。沈勤廬來。看張星烺《馬哥孛羅》，未畢。

改信稿五通。與靜秋到觀前購食物。

外姑壽材，由蜀運出，凡五板，用其四，其一板，擬製寫字檯兩個。招木器鋪人估之，需價四百五十萬元。此係楠木，在吳中甚名貴也。

日來予有一計畫，他年手頭寬裕，當將園中他家房屋全買下，重爲布置，建屋四所，爲：1. 廉軍金石苑，2. 子虬藝術苑，3. 頡剛圖籍苑，4. 履安小學，永垂紀念，日後歸之地方。其總名或爲"寶樹園史林"，或即用"寶樹園"三字。

十一月八號星期六 （九月廿六）

鈔《書目答問》中之"古籍"，備編古代史籍彙刊，未訖。與靜秋到壽彝處，談徐女師教務主任事，壽彝介紹周仲仁。出，到王澤民夫人處。歸，寫周仲仁信。

詩銘送《彙刻書目》來。錢大成來。與靜秋同出，遇俞式如，同歸談。式如去，予與靜秋同到察院場取徽章歸。

改信稿四通。續看《馬哥孛羅》。

近日天氣甚熱，在八十度上，俞式如來，竟穿單衣矣。以此故，報頭時載桃李牡丹重華之事。自漢人眼光視之，固亦妖異也。

十一月九號星期日 （九月廿七）

看《馬哥孛羅》小冊，訖。舜欽來，與德輝同點吾家木器。將存置古物室之稿件取出，移入外書房。翻新購《津逮秘書》，未畢。

詩坰來打針。馬繼高來。與靜秋在本園附近轉一圈。

改信稿五通。

静秋以九萬元買菊花六盆歸，置之庭中，遂有生意。潮兒極喜花，徐州花少，校中僅南瓜花，公園則荷花耳，渠皆注視撫弄，表喜悦狀。明年歸來，當多買花，供其精神食糧。將來渠能弄筆，當先令寫生，後再習字。予于諸兒皆未嘗教，今乃致歉意。于潮兒，必令其在十五歲前打好工作技能之基礎，寓之于游戲之中，使無倦怠也。

十一月十號星期一（九月廿八）

翻《津逮秘書》，訖。寫振宇信。記日記三天。再看常燕生《中國社會之史的發展》。看馬長壽《中國古代女系氏族社會》，未畢。寫鵬彩信。徐嘉瑞夫人來。又曾來，交賣田款。

與静秋同到護龍街郵局寄徽章。到觀前購物。到大光明電影院看《神秘女郎》，六時半歸。秦希廉送花來。

詩銘來。改信稿五通。

木匠一工，抗戰前四角八分，今則九萬三千元，加廿萬倍，開作者取其十分之四，計三萬七千二百元，供飯食約去二萬，餘萬七千元爲其贏利。

物價有較戰前高三十萬倍者，顏料，油漆是也。

覽報，西寺坡鐵軌又爲共軍所拆，津浦路不通。因與鵬彩書，囑三姐一家挈潮兒速來，免在戰亂中失聯繫。

農人來拔田十一畝零，得價五百餘萬。予家之田，能賣即賣，不思作田主矣。

十一月十一號星期二（九月廿九）

看楊宙康《文化起源論》。到馬詩坰處，打針。

到校上課一小時（中國社會分期論，未畢）。毛萬容來。陸欽墀來。

改信稿五通。與靜秋下五子棋。

十一月十二號星期三（九月三十）

責德武侄，以其遲起故，兩度到其家。與靜秋到觀前買物。到公園。予到樂益女中，訪張寰宇，接洽社教院演崑曲事。預備明日功課，看《社會通詮》及馬長壽《中國女系社會》一文。略翻韋爾著《世界史綱》。

李文衡來。

改信稿五通。

誠安諸子，性皆平庸，無幹事精神，無大欲望，無做人之目標，只會一天一天的混。予歸後勸之無效，便加斥責，甚哉其無前途也！今日德武以放假故，遲起，予等早餐畢猶不起，予遂盛怒，往加罵焉。然以生氣過甚，血液上升，面熱如火。靜秋見予如此，拉予出游乃已。噫，不得佳子弟，不如其無也！

十一月十三號星期四（十月初一）

到校，上課兩小時（中國社會分期論訖，母系社會，未畢）。與古柏良談。歸，過十月朝節，祀先。唐子東來。

與靜秋及德輝夫婦，耀玥同到昌善局，為外姑燒紙。歸，看《世界史綱》。詩坰來打針。土匠來修竈。

三姊，頤嫂，潮兒，李大娘，潘德，淑琴自徐來，談話。鈔《玉函山房輯佚書》目，未畢。

共軍西占黃口，攻碭山，南擾符離集，徐州遂極緊張，三姊為潮兒安全計，遂與頤嫂同來蘇。靜秋以潮兒之來，喜甚。然以景生然之行，無人任教務，又為懸慮，憂喜交織于心，遂失眠。

三姊等來，經符離集時即聞槍聲，車中入夜不敢開燈，過蚌埠後，乃復正常。

不見潮兒兩旬餘，面龐較瘦，成長臉矣。

十一月十四號星期五（十月初二）

鈔《玉函山房輯佚書》目録，至夜九時，訖。喚銅匠來，分付工作。秦希廉夫婦來，留飯。

飯後與之同游獅子林，拙政園，潮兒同行，四時半歸。

潮兒太喜裝飾，時欲塗脂粉，太女性了。惟渠亦極喜文字，書籍，道中見榜書，輒指之。在家見書籍，必翻之。此則其他小兒所未有者也。聽覺靈敏，有聲必顧，伶俐之甚。

今日同游：希廉，生然，三姊，頤萱嫂，予夫婦，潮兒。

三姊述過京時，寓某小客棧，主人問潮兒之父，渠以顧頡剛對，主人即表敬禮之忱，且談予事甚多。予自審不當有此名譽，而閭里之間居然傳播，予將何以慰之？苟其無以相慰，匪獨使彼輩失望，亦將使後世笑我也。

十一月十五號星期六（十月初三）

寫守堃片。鈔《古經解彙函》目録，訖。寫吳士選母祭幛字。記日記五天。張子祺來。

到臨頓路理髮。歸，看銅匠工作。馬詩坰來，打針。志堅自滬歸。朱寶昌來。

改信稿五通。到詩銘處，付書款，借書。

萬紹章君繼續來書，囑我進行競選。予決聽其自然。蓋此事非我所爲，我所當爲者，僅僅寫作編纂之事，已經擔任不了矣。政府必欲我作跑龍套，不拒絕就是。要我自己進行，我實無此興趣。

十一月十六號星期日（十月初四）

　　寫魯弟，潔如侄，起潛叔，萬紹章，郭紹虞，丁文淵信。潮兒生偷珠眼，送蔣育英處治之。龍弟忌辰，往拜。劉鐵生偕其女樂生來。朱寶昌來。寫錢大成信。

　　宴客，飯畢，導觀古物。寫高吟谷函及電，王笑峰之婿莫春祥信。到皮匠弄劉家，赴宴。

　　與許志澄同步行。歸，看先父手鈔梅笛庵詞。爲潮兒咳，失眠半夜。

　　潮兒氣管炎最易發，此次南來，半夜渡江，來蘇後兩鼻管均塞，多涕，今晚則咳嗆大作，靜秋又爲不怡，與三姊勃谿。此兒體弱如此，慧福洵不得雙修乎？

　　今午同席：蔡守堃　王錫蘭　王宗蕙　高耀玥　三姊　頤嫂（以上客）　予夫婦（主）

　　今晚同席：許志澄　陸重午(以上客)　劉鐵生(維漢)夫婦(主)

　　得悉，有斐弟已垂危，年僅五十，而上有八十餘之母，可憐哉！

十一月十七號星期一（十月初五）

　　寫練青夫婦，南揚，張弼唐，顧墨三，章友三，許博明，沈文倬，蔣慰堂信。舜欽來，述誦唐弟事。

　　理古物室書紙。詩坰來打針。看《社會通詮》。

　　改信稿六通。

　　予昨日左上腭牙甚痛，今日左臉發腫。

　　誦唐弟在紹興自設一官鹽所，誦虞弟則除服務大中國圖書局外，又合伙在滬作生意，九嬸母得此二子，老運亨通矣。此吾族中所少有者。此必母系中有經營之遺傳。

　　詩坰診潮兒疾，謂其右肺發炎，但不重。

潮兒頭腦清楚，有注意力，有理解力，有欣賞力，有記憶力，使其身體好，將來之有成就無疑。

予服藥後，胃口較開，惟下午放屁仍多，胃腸總有癥結在。

十一月十八號星期二（十月初六）

到壽彝處，未晤。壽彝來。準備功課，看馬長壽文及《社會通詮》。

到校，上課一小時（母系社會）。與許志澄同步歸。

改信七通。

十一月十九號星期三（十月初七）

看《社會通詮》，準備功課。芸圃太叔祖來。又曾來。舜欽來，告有斐之喪。

楊萬源送書箱來，即將古物室物件搬開，重行排列櫃架。詩坰來打針。楊萬源主人來。舜欽來。

十一月二十號星期四（十月初八）

到校，上課兩小時（母系社會之特點，經典大要）。到逸民處。到教務處。王慧貞來，留飯。到仁濟殯儀館，吊有斐之喪，與淵若叔祖談。

與靜秋，三姊，頤萱，慧貞，潮兒同到東吳大學訪希廉夫婦。歸，理古物室。詩坰來打針，葳事。

改信一通。又曾來。九嬸母來。

十一月廿一號星期五（十月初九）

理古物室。與靜秋同到觀前買物。并至新開之國貨商場購物。十二時歸。趙維峻夫人來，留飯。

整理古物室，完工。舜欽來。

改信四通。

十一月廿二號星期六（十月初十）

記日記四天。金東雷來電話，爲許博明事。寫參政會信。澤民自滬來。舜欽來。整理行裝。到壽彝，德輝處。飯後雇車到站，乘十二點五十八分車赴滬。

車中遇鄒範文，汪辛伯，吳鈞伯，杜佐周等。二時半到滬，志堅來接。同乘車到局，與振宇等談。到張家駒處。汪孟鄒來，長談，留飯。

寫静秋信。擎宇君匋自香港歸，略談。丕繩來談，十時去。

大中國營業發展，平均一月可做十餘億。已在北四川路八號頂得一鋪面，頗寬大。擎宇，君匋到香港去之結果，擬在港印刷，取其紙張價廉，不過滬值之半也。然港工價貴，故擬在港印一色，運滬再套色及裝訂。其能打算如此。又海外市場漸漸展開，故擬編英文書目，由港發至歐美及南洋。局中諸人，俱有商業經驗及手腕。而君匋能衝鋒，金氏弟兄能在崗位上苦幹，宣人能籌款，配搭至佳。

十一月廿三號星期日（十月十一）

改瑞蘭所作《姨丈》，德輝所作《自責》。寫瑞蘭信。出社教院期中考題，寫黄文浩信。與振宇，擎宇到門市部新址。到凱福吃點。歸，看《社會通詮·拂特封建分》。

蔣大沂，楊寬正來，爲謝維周寫象贊。大中國圖書局開股東大會，予任主席，自三時至六時半。綏平夫婦來。

與振宇，君匋等談。續點《通詮》，至《產業法制分》。

今日同會：張錫君（宣人代）　宣人　振宇　君匋　緯宇　擎

宇　尹文發　劉子喬　陸步青　麋文溶（弟文渙代）　誠安　張振漢（予代）　余松筠（予代）　中行公司（予代）　葛喬（君匋代）

今早同席：誠安　綏平夫婦　逸如　德峻　宣人　君匋（以上客）　振宇　擎宇（以上主）

十一月廿四號星期一（十月十二）

黃奮生來，同出吃點。歸，續點《通詮》。寫靜秋信。改高中歷史科課程標準，寫曹漱逸信。到誠安家，晤弟婦。到博物館，晤張鳳，寬正，大沂，丕繩，子祺，參觀明器室。歸局飯。

續點《通詮》，《刑法權分》畢。爲紐師愈寫聯，爲王昌源改圖書館募書啓。看新舊連環圖畫多種。步青，誠安來，同飯。

開董事會，予任主席，九時許散會。綏平夫婦來。

今晚同會：陸步青　誠安　宣人　振宇　緯宇　擎宇　君匋

局中資本，前年爲七百萬元，去年升值增資爲一億一千萬元，本年擬升爲十五億元。

予病雖痊，而飯量迥不如前，且多泄屁，故靜秋必欲予進醫院檢查。昨日與綏平言之，彼勸至紅十字會醫院，以綏和任該院副長也。惟須歷時兩天，以觀腸中變化。

十一月廿五號星期二（十月十三）

取出糞便。寫振宇條。七時許即出乘電車，到起潛叔處。遇馬蔭良。到紅十字會醫院，綏和來，由陳又新醫師照 X 光。到綏和處談。看張仲仁先生《心太平室集》。出，到張姑丈處，未晤，與紅妹談，并晤豫弟之新夫人。到開明書店，與伯祥，予同，芷芬，調孚，錫珊等談。

到大中華飯店，訪華問渠，未晤。到汪孟鄒處，并晤胡鑑初。出，步至醫院，再照 X 光。出，到蒲石路吃點。到西門中國女子中學，訪紀伯庸。再到大中華訪問渠，晤之，同到高長興吃酒及飯。

歸，寫靜秋信。與君匋，振宇三弟兄討論在港營業事。

今日檢查腸胃殊苦。咽白粉如吞土，喉中格格不入，一也。自晨至午後四時，不進杯水，粒米，二也。醫謂予肺及胃均好，惟腸則以病後較弱耳。

十一月廿六號星期三（十月十四）

到靜安寺，遇陳懋恒，同到一麵館吃點。到紅十字會醫院續照，與綏平談。到合衆圖書館，與起潛叔談。上樓看蔣抑卮藏書。起潛叔留飯。

葉揆初先生來。錢鍾書來。英國文化專員費子智夫婦及 G. Hedley 等來，觀合衆館所藏善本書，至五時。到張廣仲姑丈家，與姑丈母談。出，爲潮兒買玩物。乘人力車歸。吃飯。

在局開卅六次局務會議，予任主席，九時散。

今日所見書：

陸龜山（沾）所鈔《孔子家語》

嚴可均《全上古三代秦漢六朝文》稿本

顧千里校《華陽國志》

張澍稿本輯《帝王世紀》

萬曆及祺祥曆本

龔孝珙校《韓詩外傳》

洪文卿與李少荃函稿

汪穰卿所得友人函

全祖望校《水經注》

顧祖禹《方輿紀要》稿本

錢大昕《演易》稿本

《涉園圖卷》

宋刻《魏志》殘本（王靜安跋）

明清檔案

明考卷

　　今晚同會：宣人　振宇　君匋　緯宇　擎宇

十一月廿七號星期四（十月十五）

　　寫適之先生信（出《文存》）。誠安來。寫靜秋信。照相。寫王向辰信。華問渠來，參觀編輯室，留飯。

　　與問渠同到文通，與張志毅，華宗炳等談。出，剃頭，購藥，遇曹珮聲。歸，寫輸入管理會公函（在港印書）。汪孟鄒來。黃仲明來。李易聲來。鳴高叔來。

　　留汪，黃，李諸君飯。改德輝所草信稿十通。

　　適之先生《文存》三集，亞東出版，以亞東墨守成規，營業衰頹，售盡後竟不能再版。上次先生到滬，欲將亞東紙版售與商務，孟鄒已允之，然終可惜其歷史關係，是以乘予到滬之際，累次商量，歸大中國發行，仍用亞東名義出版。大中國除付胡先生版稅百分之十五外，并付亞東紙版租金百分之五，總計再版一千部，需款二億四千萬。予今日作函請求，并申續編四五兩集之議，不審先生見許否。

　　內教兩部頒布連環圖畫編印辦法，君匋欲使本局占此先着，然此耗本殊巨，不知能成否耳。

十一月廿八號星期五（十月十六）

　　理行裝。改信稿十通。誠安來。瑞蘭來。李夢瑛來。上街買物。遇侯啓明。爲宣人寫起潛叔信。

　　飯後志堅送至車站。上金陵號車，一時半開，三時二十分到蘇。雇車歸。與靜秋等談。看各處來信。

又曾來。抱潮兒到又曾家玩。臥入西屋。

十一月廿九號星期六（十月十七）

續看各處來信。記日記七天。舜欽來。算赴滬用賬。佟志祥來送文通薪。

與靜秋同到青年會，看《丁香山》電影（美國歌舞片）。遇顧言是。趙彥高來，留飯。

抱潮兒到又曾家。

十一月三十號星期日（十月十八）

看《吳縣志》。尹甫先生來。

耀玥來，留飯。與靜秋，三姐，頤嫂，耀玥，潮兒到國貨公司，上樓至自由廳吃茶及點。德武來。晚歸，耀玥飯後回校。

靜秋以德輝所管賬目生氣。點《社會通詮》一章。

［油印件］

先生大鑑：敬啓者查國大代表選期在邇，得人與否所關非細，爲國選賢人各有責，茲本院教授顧頡剛先生業經中央圈定爲東區教員國大代表候選人，同仁聞訊莫不稱慶。頡剛先生文章道德舉世推崇，服務教育成績昭然，歷任參政員爲民喉舌卓然有聲，果獲膺選爲國大代表，則吾國教育之前途必蒙其益。刻聞投票處所定在本城景德路衛生院內，日期爲本月二十一日至二十三日，務祈先生惠予協助，至時前往投票，俾獲實現，不獨個人感念而已。耑此布陳，敬祈垂察，并頌教綏。

陳禮江敬啓。十一月十五日。

予所得票：蘇州　十二(社教院)，江寧　廿六(社教分院)，上海二（楊寬正，蔣大沂），杭州　三（未知誰），六合　一（未知誰），鎮江　一（未知誰）。票數雖少而不以金錢獲得，亦足自豪。

此次選舉，以蘇州言，錢鼎化去八億元，得區域代表，嚴欣淇化十六億元，得爲立委候選人。聞上海有化至百億元而不得選者，不亦冤乎！

嚴欣淇拋出紗三百包，值一百億，故在立委中票最多。

卅七年一月卅日記。

[剪報] 卅六，十一，十七，徐報
張雁秋張靜秋放棄國代競選
（本報訊）銅山縣國大代表競選人張雁秋，張靜秋爲同胞兄妹，對社會皆有供獻，亦皆深負地方鄉望，此次同出競選國大代表，頗爲競選花絮中之異彩，記者特走訪張雁秋氏于寓所，據張談：民主政治競選一事乃國民對本身應有之權利，亦爲對社會應盡之義務，凡屬國民，皆應踴躍參加，形成活潑潑的民主政治之風氣，是以于國家行憲之前，本縣將選國大代表時期，愚兄妹皆曾辦理參加競選手續，準備競選，現在環觀本縣參加競選諸先生，皆爲鄉邦之名流碩彥，其賢與能，皆勝愚兄妹十倍，堪稱本縣民意代表，夫見義勇爲者，固可當仁不讓，而善與人同者，亦不必成功自我，謹本斯義，停止進行，掬我至誠，敬告爲愚兄妹簽署及我全縣父老兄弟諸姑姊妹，并望競選諸先生，在事前不必互相攻訐，在事後尤貴互相禮讓，庶于行憲之始，爲民主樹一好風氣，爲來者樹一好模楷等語。

一九四七年十二月

十二月一號星期一（十月十九）

看蘇州諸記載。壽彝來。到社教院，出席月會，講"蘇州小史"一小時。與逸民，柏良，公鑑等談。

改信稿十通。祝懷冰來。與靜秋，頤嫂，三姐，潮兒到玄妙觀買物，到元興館吃餛飩。

又曾來。詩銘來。二嬸母自江家歸。

老牌漢奸殷汝耕在南京槍決，痛快，痛快！

十二月二號星期二（十月二十）

改信稿十通。將稿卷置櫃中。豫備功課，作帝繫表。舜欽來。將王叔岷所贈《莊子校釋》，略翻之。

到校，上課一小時（母系社會與堯舜）。遇蔣吟秋。

修電燈。與靜秋談。

今日陡寒，僅四十餘度。

德輝爲予起覆信稿，敷衍塞責，別字連篇，如師範作"師犯"，努力作"怒力"，均不恕之錯誤，而屢責不戒。因評其尙曰："不能見賢思齊，而甘心爲不可雕之朽木，我爲汝前途一哭！想汝祖父在地下亦必哭也！"

十二月三號星期三（十月廿一）

改信稿六通。看李玄伯《中國古代社會新研》，未畢。舜欽來。承曜來。爲靜秋寫吟谷信。

與靜秋到菉葭巷散步。殷綏貞來。汪國淑姊妹來。陸欽墀來。

與靜秋到觀前購食物。常翠華來，贈物。喻平清同來。

天氣驟寒，予便易升肝陽，臉上發熱，又左上腭牙痛復作，加以飯量不增，精神頗不痛快，静秋又爲予焦慮矣。

十二月四號星期四（十月廿二）

五時起，續看李玄伯文。到校，上課兩小時（堯舜與母系社會，始祖的出生）。晤陳定閣。寫趙維峻信，爲起潛叔屋事。

改信稿十通。與静秋到趙維峻夫人處，送其生子賀儀。到電話局，看配給呢樣，到牛角浜德記牙醫室，看牙疾。四時許歸。高瑞蘭自滬來。耀玥來。寫毛萬容信。

以三姐等到社教院看音樂會，與静秋哄小孩睡眠。翻《津逮秘書》一集。

十二月五號星期五（十月廿三）

五時起，重看李玄伯文。又曾來。林剛白，李樸園來。舜欽來。寫志和信。紹虞夫人偕郭培德女士來，爲培英托兒所捐款事。蔡守堃來，同到社教院，赴宴（校慶），看圖畫等展覽會及女生宿舍。

與逸民及汪長炳，祝嘉，彭飴三，沈勤廬，陳大白等談。到社事系，出席系會，與劉及辰，徐震洲談，略作演説。静秋，潮兒等來，與同游花園，觀賽球。遇賓四夫人，王明恕，王錫蘭等。五時半歸。

三姐等到校看話劇。予與静秋哄小孩，抱之至又曾家。

太陽一出，天又暖。

在社事系作簡短之演説，血即上涌，兩頰緋紅，予真不能作社會活動！

今日同席：社教院教職員　社教院畢業生　以上客（共十七桌）　陳逸民（主）

十二月六號星期六（十月廿四）

改信稿八通。理稿件入櫃。寫趙維峻信。起潛嬬來。王澤民來。舜欽來。吳顯齊來。寫楊家駱信。

寫文懷沙，吳玉年，振宇，伯祥，李延增，趙肖甫信。何亞光來。秋白，淞甫兩表弟來。

與靜秋到社教院，看《遺扇記》話劇。十時半歸。靜秋發動，招宋醫生來。十二時眠。

得驪先信，教部又補助《民衆周刊》七千萬元，快甚。

《遺扇記》將王爾德《少奶奶的扇子》改編，社教院戲劇系學生演得頗不差。

靜秋孕已九月，今晚看戲較勞，歸即破胞水。延宋鴻釗醫師來，謂尚須有待，大約在一二日間。

十二月七號星期日（十月廿五）

寫秦希廉，陳槃信。到德記牙醫室，由張根泉醫師拔牙。歸，寫蔣慰堂信。林剛白來，托帶槃厂稿。秋白，淞甫來，爲姑丈母寫墓碑。又曾來。

改信六通。華問渠偕壽彝來，爲寫一聯。屈伯剛先生偕子均壽，侄□□來。改信八通。寫張苑峰信。

宋醫生來，靜秋于八時五分生一女。看李玄伯文。洪兒八字：丁亥、辛亥、庚申、丙戌。

靜秋今日下午陣痛漸劇，至八時而產一女，甚胖，約有七磅多重，啼聲甚高，一見即知比潮兒爲壯健。靜秋雅不願生女，但予無如此成見。以其聲洪，擬名之曰洪。且潮兒取名于海，此又取名于山也。其字，擬曰清宇，洗刷宇宙之污濁意也。

丁山以《中國地理與民族盛衰》一稿售與大中國，其後取去修改，乃來函謂擬另售與青年黨之人文研究所。張政烺去春取去卅萬元購日文書，乃杳無消息，去函亦不答。然此爲文通之款，今日問渠來質詢，不得不再函催之。此等人學問固好，但爲人的態度太不對了，使我一方面覺得可愛，一方面又覺得可怕！

十二月八號星期一（十月廿六）

壽彝，詩銘來。續看李玄伯《圖騰制度》一文，未畢。宴客。芸圃叔祖來，爲寫祁道甫信。秦希廉來。

今午同席：吳秋白　淞甫　又曾　舜欽（以上客）予與德輝（主）

洪兒鼻大，眼皮厚，不及潮兒之清秀，惟身體則較潮兒結實。靜秋無點滴乳，只得用乳娘矣。

天氣太暖，棉衣幾不能穿。靜秋坐蓐，汗如雨下。然今日節氣已大雪矣，怪甚！

十二月九號星期二（十月廿七）

三時半起，續看李玄伯文，畢。到書室，理書稿。打電話與宋醫師，招其視洪兒疾。程銅士來。準備下午課。瑞蘭返滬。寫羅雨亭信。

趙書敏來。冒雨到社教院上課一小時（如何進入宗法社會）。與柏良等談。歸，改信四通。

理《莊子》各書，送成泉鈔寫。

昨夜及今晨，洪兒無尿而口吐水，不能咽乳。疑其有病，急延宋醫來視，謂易治，但須謹慎喂乳即可。蓋咽乳時吸入空氣，故作噁也。

十二月十號星期三（十月廿八）

爲有斐之甥婿作挽有斐聯。寫馮世五，趙維峻，郭培德，李夢瑛，高吟谷，趙肖甫信。寫李濟之，起潛叔，邵力子，葉公超，奮生，馬鳴獅信。

與德輝，詩銘到青年俱樂部看小擺設展覽會。出，訪許博明未
晤，到東吳書局買書。歸，寫李潤吾信，幷爲彼喜事寫一中堂。草
爲《文史雜志》上吳縣縣政府呈請登記文。改信四通。

党文翰來。

代挽有斐聯：

視姊家如己室，視甥輩如己兒，昔載托絲蘿，即聽荆妻談廿
年來教養。

以孝慈立庭闈，以勤勞致痼疾，一朝歸泉壤，忍看游子在千
里外號咷。

蘇州王俊甫君嗜"小擺設"成癖，以四十餘年之力，搜集二
千件，今行將運美參加紐約博覽會，先在蘇作一展覽。予往觀
之，乃財神儀仗及其賽會時之種種花樣，若六冲，若十八鑾架，
若茶箱，若臺閣，若滿街鋪，若暖轎，莫不惟妙惟肖，除人與馬
之外，一切仍其原質，如玉器皆雕琢細巧，蓋能表現高度之蘇州
手工藝，亦惟蘇州爲能製此小擺設也。惜不克見其全分，他日博
物館中，必須大量仿此製造。

十二月十一號星期四（十月廿九）

寫吟谷，王振華信。到校，上課二小時（感生帝説之由來，中
國圖騰遺迹）。歸，理物。午飯後上站，遇史國綱。在車看蒲韌
《二千年間》。

三時到滬，至局，與振宇君匋等談。寫静秋，瑞蘭，伯庸信。
看陳冠宇《全史會通》第一册。誠安來，同飯。

鈔録去年予爲大中國所作廣告兩通。志堅來談。

適之先生到京出席中華文教基金會，今日過滬轉京，大中國
因擬出其《文存》，囑往洽，兼以發行所定十六日開幕，故今日
前往。及至滬，知適之先生過滬未停，即已去京矣。

十二月十二號星期五（十一月初一）

草書局發行所開幕廣告。寫德輝，詩銘，静秋，銅士，鵬彩信。到編輯所晤擎宇，家駒，到北四川路八號看鋪面。歸，寫自明信。王澤民來。汪孟鄒來，留飯。

與沈伯明談，乘振宇車，與孟鄒到市博物館參觀，晤寬正，丕繩，大沂，沈心磐等。出，訪紹虞，未晤。到誠安處，晤弟婦。歸，寫自珍，練青信。蕭肆斌來。續看《二千年間》。至第三章訖。

計宜初來，同飯。出外散步，至吳淞路，遇衛晋夫婦。歸，丕繩，大沂，寬正來談，至十時去。

十二月十三號星期三（十一月初二）

寫伯庸，舜欽，慶棠，永年信。王澤民來。寫請求輸入港造地圖節略。看《二千年間》。肝陽忽作，到銀行公會，與誠安同飯。遇李叔明。

參觀銀行公會中各銀行交換票據工作。歸，作教育内政兩部呈文，請求在港印製地圖。鈔宗法表。寫静秋信。計宜初來。俞叔屖來。薛鏡桐來。金光宇來。

與俞薛金諸君同飯。與叔屖談至十時。

十二月十四號星期日（十一月初三）

鈔宗法另一表。志堅來談。到凱福吃點。歸局，瑞蘭來。重作教内兩部呈文，訖。與莊良芹，沈伯良，陳允熙同飯。

振宇擎宇來談亞光版稅事。與振宇同到三江浴室洗澡，扦脚。遇劉詩孫。買皮鞋。寫静秋，紹虞信。

到武昌路剃頭。看歷史故事連環畫數種。

今早同席：予與誠安　金光宇（以上客）　振宇，緯宇，擎宇（以上主）

今天買紋皮皮鞋一雙，價八十萬元，駭人！

十二月十五號星期一（十一月初四）

終日鈔《古代社會新研》中圖騰變爲宗法諸文。大雨中，起潛叔來，送《漢學堂叢書》，爲寫宋香舟信。

君匋回滬。重作呈文之下半。寫靜秋信。

與緯宇等同到發行所，看布置書籍及裝璜門面，十時半歸。

輯佚之書，前在蘇州買得《玉函山房》一部，價一百萬元。今日又得《漢學堂》一部，一百四十萬元，《古經解鉤沈》一部，十萬元。

十二月十六號星期二（十一月初五）

書發行所開幕題名册小序。九時，與振宇等同到局，行開幕禮。予選購書多種。紐師愈，王文源，鳴高叔等來。回經理室，黄仲明，高膺生，汪孟鄒，華一鳴，趙家璧，李昌聲，屠詩聘等來。予爲招待。

王畹薌來。校歷史故事《荆軻》，《李冰》兩篇。爲君匋作其母之訃聞及哀啓。誠安來。校呈教內兩部呈文，修改《藝文畫報》之本局訪問稿。

飯後到發行所，又買書數種。歸，與君匋談。志堅來談。看新購書，至十二時方睡。

十二月十七號星期三（十一月初六）

整理行裝。到中聯，開會討論印教科書事。十一時半，吃飯，雇汽車到北站，晤蕭肆斌，在站待車，看《二千年間》，脱車半小時許。

二時半上金陵號車，四時到蘇州。吃麵。雇車歸，與家人談。安貞來，留飯。

到又曾處談。

今日上午同會同席：曹冰嚴　李小峰　高膺生　丁君匋　黃仲明（主）

十二月十八號星期四（十一月初七）

雇車到社教院，上課兩小時（自圖騰社會至宗法社會之階段）。歸，知適之先生已到滬，即整理物件。爲靜秋寫仲三，吟谷，鵬彩信。

飯後雇車上站，錢塘號車已過，在餐室待二時半車，續看《二千年間》，待至三時許車方到。在車仍看是書。五時到滬，雇車到局，與振宇等談。與孟鄒及適之先生通電話。寫靜秋信。

與君匋談。九時，同到國際飯店，上十四層樓吃茶以待。十時半，適之先生來，到十六層樓，談至十二時出。

天極寒，滴水成冰，報上又謂七十年來所未有，與今夏之熱適成對比。

今晚晤適之先生，知《文存》三集在亞東出版，始終未付過版稅。常日爲友誼關係可不論，抗戰期中，在美不能寄錢回家，累函孟鄒劃付，卒未付一文，因此胡師母亦對亞東大不滿意。此次適之先生必欲與亞東拆伙，并告我輩，亦不必與亞東發生關係，致多牽纏也。

十二月十九號星期五（十一月初八）

看雷敢所著《中國上古史》，并鈔出其目録。擎宇，家駒來。寫靜秋信。澤民來。蕙裳少蘭來，伴之參觀，留飯，送之出，到發行所觀門市。爲靜秋草辭職呈文。

歸，又寫靜秋信，爲頂屋事。評教部委托審查各件。看徐松石《泰族僮族粵族考》。誠安來，同飯。

作殷王世次表。

公璵鄰舍擬出頂，予頗有意承受。蓋有少蘭在，静秋不嫌寂寞，一也。有公園在，兩兒有游散之地，二也。離合衆圖書館不遠，我有用功之便，三也。霞飛路買物近便，不必他往，四也。四海俶擾，他處皆無保障，上海以富貴人多，輪不到我，或可平安度過此難。惟該屋索價金條十一根，此則大費躊躇耳。

十二月二十號星期六（十一月初九）

寫胡次威，胡熙道、叔異、敬修（介生師三子），陸尹甫信。與君匋到新亞，開會，商五聯事。下午一時會散，到鴻雲樓吃飯。

至南昌路王公璵家，遇逯劍華。待一小時，少蘭蕙蓂歸，談。寫雁秋信。到隔壁看屋。蕙蓂赴臺灣，雇一大汽車，予送之，至楊樹浦一號碼頭，上船，與巴西等三孩玩。

八時，與朱炳謙，少蘭同辭蕙蓂下船。予到北四川路吃飯。歸，寫静秋信。振宇兄弟邀至文化食堂，看新疆歌舞團表演，十一時半歸。

今日上午同會同席：陳邦楨　黃仲明　劉季康　曹冰嚴　李小峰　丁君匋

十二月廿一號星期日（十一月初十）

寫姚公書歷史地圖評語。到丕繩處送衣，并晤大沂等。到誠安處辭行。回局，理物，寫静秋信。孟鄒來。小峰、冰嚴來。章雪舟、盧芷芬等來，同飯。

與君匋、冰嚴、小峰同到站，上金陵號車，看小報及《屈原》（陸侃如作）。在車進食兩次。

八時許到南京，乘汽車至中央飯店。寫静秋信，到郵局寄。到廣益書局，尹博公邀出吃飯。

今午同席：汪孟鄒　曹冰嚴　李小峰　盧芷芬　章雪舟　劉甫琴　章士敏　陸聯棠

十二月廿二號星期一 （十一月十一）

理物，到理髮室修面。晤萬紹章。與君匋、小峰、冰嚴到新亞，到曲園吃點。黃仲明自滬來，同到中央飯店。出，到教育部，訪劉英士，談貸款事。到學術審議會，交審查各件。訪英千里與賀師俊，俱未見。到中央圖書館訪蔣慰堂，亦未見。遇韓慶濂，陳東原，鍾道贊。

到老曲園吃飯。歸舍，根據仲明所作呈文，加英士意見，重作一通，約一千五百言，即謄清。陸步青來，與仲明等同商修改呈文事。與冰嚴，小峰，仲明同到新亞，邀王景璆到曲園，吃冬至夜飯。

寫社教院請假信。寫靜秋信，到郵局寄。歸，打電話與朱部長，悉已去滬。

晤紹章，知國大代表我雖不競選，得票甚少，但政府方面仍要我出來。刻正在考慮，如何將未提名而自己競選者如朱國璋之流落選。此事我頗不欲，蓋他日政局有變，便將以名列本屆國大而被視爲與曹錕時代之賄選議員一例也。

十二月廿三號星期二 （十一月十二 冬至）

寫靜秋信。與君匋及仲明到松林吃點。與仲明等四人到教部，以呈文示劉英士。訪賀師俊，曹漱逸，吳研因。到曲園宴客。

歸，汪洋來。張務聰來。與仲明君匋赴四聯總處。訪徐柏園，談貸款事。出，到新聞局，晤謝紹竑。在中山東路散步，入一書肆，購書二種。晤黃祖耀。遇張師賢。

到新亞，寫靜秋信。到老曲園，赴樹幟之宴。樹幟，可忠到予寓談。馬騄程，劉起釪來。君匋，姚宗乃來。

今晚同席：陳可忠　翟毅夫　劉英士　康清桂　顧一樵　陳□□（以上客）　辛樹幟（主）

自曲園歸，得仲三來信，知江蘇參議會選監察委員，徐屬劉虛舟可當選，而票尚有餘，擬以四票保證靜秋當選，囑速與董漢槎接洽，并即至鎮江一行，因此定明日赴鎮矣。

十二月廿四號星期三（十一月十三）

寫静秋信。接仲三來電話。到董漢槎家，并晤劉漢川。出，到松林吃點。與君匋，仲明等同出，到新亞。與君匋，冰嚴同到内政部，訪角今及胡次威。出，欲到警察總署，未尋得。到編譯館，晤沈鳳笙等。邀步青同到曲園吃飯。

到新亞。回旅館。喚汽車到車站，上三時車，仲明等四人赴上海，予在鎮江下車。五時許到，高仲三來接，同到大市口中央飯店歇息。與仲三到清真館吃飯。

與仲三到省府，晤楊敬之，訪曹寅甫，見其夫人。歸，寫静秋信。

選事頗感困難。錢用和到處拜客，期在必得，復派朱稚山來打探我。而徐屬同鄉對于劉虚舟亦不一致，究能由彼讓出幾票，實不可知。現在決選静秋者，只楊蔚如一票耳。此事原由張聖謨，董漢槎兩位發動，叫仲三來邀約，而至今日亦成僵局。然静秋既已簽署，只得幹一下，成敗所不計也。

十二月廿五號星期四（十一月十四）

仲三來，到花園旅社，訪王肯堂，沈子廉。同至省府，到味珍餐館，請張聖謨，楊敬之來吃點。獨游河濱公園。爲静秋辦簽署手續。到省參議會，訪劉虚舟。歸，寫静秋信。仲三來，同出吃飯。

與仲三到曹寅甫處，晤之。訪王棟成主席，未晤，見其副官馬仇。歸，朱稚山來。仲三來，同到董漢槎，劉漢川處談。歸，莫一鈞來。仲三爲喚飯至旅館食。寫静秋信。訪汪寶瑄，未遇。丁少蘭來。

與仲三到張聖謨處。到王肯堂、沈子廉處。到少蘭處。九時許歸。

昨日到鎮，手頭有八十萬，私計不成問題。但一住客棧，一付飯錢，囊中將空，急至中國旅行社購票歸去，然明晨九時車只有頭等票一張，而予已不足付此價，只得趁十時車了。

十二月廿六號星期五（十一月十五）

八時，離旅館，雇車至西站。在長發園進茶點。十時，到候車室。十一時，上車。在站遇汪寶瑄。看《二千年間》畢。

在車看《中央日報》。三時到蘇，雇車歸。與家人談話，看各處來信。抱潮兒。詩銘來。德輝夫婦來。

到又曾處。

今日歸來，手頭只剩兩萬元矣，險哉！

十二月廿七號星期六（十一月十六）

寫答井成泉信。分配成泉樹德工作。壽彝來。澤民來。補記日記一天。剃頭。早吃午飯，十二時至車站。一時上車。

在車看京滬各報。五時半到鎮江，即雇車至水陸寺巷王公璵家，與少蘭談。高仲三來。張一庵來。

陳雪塵來。在少蘭家飯。寫靜秋信。與一庵同出寄信。到保安司令部一庵室少坐。歸，仲三又來。

今日至鎮，知靜秋選事實無希望。錢用和已得四票，不易與競，一也。陳雪塵提出劉淑昭，更分其力，二也。劉漢川回徐，少一票，三也。劉虛舟票減少，不但不能望其分，且當讓之，四也。總之，此事乃張聖謨，董漢槎所提議，而提議之原因乃爲分虛舟之勢，動機已不良，實無真心擁護靜秋之意，仲三過于信爲善意，以爲必成，一再催促，遂至受欺。予爲之化費百五十萬，冤矣！

十二月廿八號星期日（十一月十七）

在少蘭家早餐，與少蘭史爲棟談。出，到仲三家，晤其夫人，遇蕭月如。到商務書館購書。回，仲三來。看社教院卷。赴少蘭宴。擬"先秦諸子彙刊總目"及"群經讀本目"。

與竇雪岩談。與仲三到新新旅館，訪楊蔚如。楊敬之來。回，與少蘭談。張聖謨夫人石文英來。四時許，雇車至西站。五時半，上車，略看陳寅恪《隋唐制度淵源略論》。

九時到蘇州。雇車歸，與靜秋等談。并晤木蘭，耀玥。十一時眠。

今午同席：李召貽　岳□□　邵雨橋　張開侖　董化周　馮守信　竇雪岩　史爲棟（以上客）　丁少蘭（主）

蔚如肯選靜秋，然可恃者僅此一票，有何用處。故予告蔚如，可逕選虛舟，以彼究爲正人也。

十二月廿九號星期一（十一月十八）

補記日記十七天（自十二月十一日起）。伴靜秋。又曾，舜欽來。

與頤萱，三姊，木蘭，耀玥，王錫蘭，潮兒同到蘇州大戲院看《海盜艷史》電影。蔡守堃來。

詩銘來。伴靜秋，抱洪兒。

十二月三十號星期二（十一月十九）

補日記訖。準備下午功課。翻看《廿五史補編》中《漢·藝文志》諸書。書成泉信，囑其編一檢目。爲人寫扇一。

準備功課，訖。遇王啓潤。到社教院上課一小時（商代兄弟共權制）。與守堃，柏良談。翻看《四庫總目》，修改諸子目。

看編譯館寄來審查之《孝經注疏》點本及楊憲益中西交通論文。

今日見報，蘇監委五人，爲劉尹江，衡權，倪弼，侯俊（青年黨），錢用和五人。静秋病榻上，爲此擾擾一星期，皆張聖謨，董漢槎好用手段，高仲三年輕好事之過也。

十二月卅一號星期三（十一月二十）

寫周宏遠喜聯。爲洪德輝書聯。童丕繩來。王澤民來。寫社教院會計室信。薛養素來。

寫雁秋，朱育蓮，姜又安，俞式如信。到文學山房買書，到麗都買棉鞋。修改《堯典二十有二人説》，訖。彭林蓂來。

看王毓瑚《中國歷史上一個資本主義時期》文。

買棉鞋一雙，價三十五萬元。

賀周宏遠聯：

合卺良辰，子年元日。　　怡顔蜜月，雪徑梅林。

[剪報]　卅七，十二，三，上海《大公報》

重建市博物館的重要

"見"的教育應重于"聞"的教育

顧頡剛

（下略，見《全集·寶樹園文存》）

中國古代社會史課計畫：

一、準備藉此作古代史之一部。

二、注意（1）家族組織，（2）階級制度，（3）宗教信仰，（4）國家組織。

三、略印參考材料分發。

四、課前須編節目。

五、點讀呂思勉中國通史，李玄伯中國古代社會研究，陶希聖婚姻與家庭。

目録學課計畫：

一、準備藉此作文集之一部。

二、印發漢書藝文志、七録序録、隋書經籍志序等。

三、將漢志、隋志、通志藝文略、四庫總目、書目答問之分類作一比較表。

四、爲編纂各代文籍彙刊之準備。

五、分爲 1. 分類學，2. 版本學，3. 藏書史，4. 校勘學。

通史計畫：

一、先作中國古代史一册，自三十七年十月起，期于一年中作就。

二、將各家中國通史，世界通史點讀，至少須點十種，隨時加以眉批。

三、搜集圖畫、照片，爲插圖之資。

四、先製一"國史西紀圖"，爲基本工具。

清代學術叢書

顧炎武《日知録》　閻若璩《尚書古文疏證》　王念孫《讀書雜志》　王引之《經義述聞》、《經傳釋詞》　阮元《積古齋鐘鼎款識》章學誠《文史通義》　龔自珍《定盦文集》　吳大澂《字説》、《古玉圖考》、《權衡度量實驗考》　康有爲《新學僞經考》、《孔子改制考》　段玉裁《説文解字注》　葉昌熾《語石》　葉德輝《書林清話》　俞樾《諸子平議》　唐甄《潛書》　戴震《孟子字義疏證》　馮桂芬《校邠廬抗議》　崔述《考信録》　趙翼《廿二史札記》　陳澧《東塾讀書記》《顏氏學記》　顏元《四存編》

春秋學典：

一、春秋經及索引，三傳合編及索引

二、春秋史事類述

三、春秋史地圖表

四、春秋經傳考辨

五、春秋著述目録

周秦文類選計畫（向來選文都以形式分，我今獨以内容分。）

甲、政治與戰争

　　商—商頌、盤庚

　　周—生民、緜、公劉、大明、牧誓、世俘、克殷、大誥、多士、多方、顧命、文侯之命、毛公鼎、六月、采薇、虢季子白盤、雲漢、正月、王子朝書、十月之交

　　晋—晋語重耳出亡、左傳四戰

　　魯—閟宫、洛誥、費誓、春秋、周公子明保器

　　秦—秦誓、石皷文、詛楚文、秦紀、嶧山刻石、會稽刻石、始皇詔

　　楚—

現實生活　齊—左傳召陵之師

　　吴—

　　衛—定之方中、載馳、康誥

　　矢—散氏盤

乙、社會生活及宗教（禮）

　　法治—吕刑、叔向諫子産書

　　儀禮冠昏喪諸篇、曲禮、檀弓、七月、楚茨、九歌、鄉黨、大傳、昏義、氓、溱洧、大東、葛屨、伐檀、北山、郊特牲、坊記、本命

丙、教育方法

　　孝經、祭義、弟子職、學記、文王世子、内則、樂記、勸學

理智
　　學識
　　　客觀
丁、基本知識（非普遍，乃其所至）
　　數學—周髀算經
　　名學—墨經、大取、小取、公孫龍子
　　方法論—察傳
　　天時—夏小正
　　地理—西山經、禹貢、有始
　　史事—天問、帝繫、竹書紀年
　　心理學—管子内業

　　　主觀
戊、學派理論
　　功利學派—管子牧民
　　儒家—大學、中庸、禮運、孟子中長篇
　　墨家—尚賢等十篇
　　陰陽家—洪範、月令、應同
　　道家—呂氏春秋本生等篇、莊子逍遥游等篇、老
　　　　　子、解老、喻老
　　法家—韓非子、商君書、管子法法、明法、重令、禁藏
己、學派論戰
　　論性—孟子、告子、荀子
　　論天—荀子天論、莊子
　　論并耕—孟子、許行之徒
　　儒墨相非—公孟、非儒
　　儒道相非—胠篋、盜跖、漁父、曾子問
　　合評—非十二子、天下、顯學、五蠹
庚、學說下之古史
　　儒家—堯典、皋陶謨、孟子萬章篇、滕文公章、五
　　帝德道家—讓王

技術—辛、實用技術

農—吕氏春秋末數篇

工—考工記

商—管子

醫—内經

卜筮—周易

兵—孫子、墨子備城門以下

縱橫—國策

政術—管子輕重

游説術—韓非説難

陰謀—太公陰符

情感—壬、抒情體物文

抒情—三百篇、離騷、九辨、俀詩

體物—荀卿賦

癸、小説雜記

小説—穆天子傳、燕丹子

雜記—晏子春秋

附録

1. 古籍著録及存佚表

2. 古籍篇目表、分組表

3. 古籍版本表

4. 古器著録及存佚表

5. 古器古籍研究書目表

6. 必需之考證文字

甲—第一册

乙—第二册

丙、丁—第三册

戊—第四册

己、庚—第五册

辛—第六册

壬、癸—第七册

附錄—第八册

希望此書成爲古代政治史、學術史、文化史的一個會通的工作。更集三百年來的考訂、訓詁、校讎于一書。此書雖爲片段的資材，却是直接之史料。

選出必讀之文，爲初學者開門徑，爲成學者作備忘録。寓史于文。

打破經、史、子、集、金石及一切家派之界限，使讀者認識當時環境之全貌。選録之篇加注釋，作按語。每類之前皆作總叙。

此書中仍必雜有漢人文字，惟此亦無可如何。

本書取捨，皆任主觀，與“周秦文合編”異，一成一家之言，一爲比緝之業。

取材于金石文者，可附印拓本。天文地理亦可附圖，俾易讀。

此書約一百五十萬至二百萬字。別選“周秦文簡選”一册，約三十萬言，作大學課本。

此書成後，當續編“西漢文類選”（在此書未成時即須有一個輪廓），蓋西漢之與周秦，在文化上極難分界，必取是以補足之也。

本書取捨，以其文字能否含有彼時之時代精神爲準，凡能高度表見其時代精神者皆入選。

本書表見二義：一、古代民族文化，二、古代思想家之中心問題。

本書應集合校勘、訓詁、貫通三者之長。

作平面之材料爲立體。

墨子大取云：“夫辭以類行者也。立辭而不明于其類，則必困矣。”

鄭樵云："士卒之亡者，由部法之不明也。書籍之亡者，由類例之法不分也。"

龔定盦主張寫定古書。

作此書時，可同時選"清代考證文選"及"當代考證文選"二書。

參考書：

胡　　適：中國哲學史大綱，胡適文存，胡適論學近著

嚴可均：全上古三代秦漢……文

馮雲鵬：金石索

吳大澂：愙齋集古録

孫星衍：平津館叢書

孫詒讓：古籀拾遺，籀廎述林，札迻，墨子閒詁

郭沫若：兩周金文辭大系

于思泊：吉金文選

王國維：周秦文韻讀

俞　　樾：群經平議，諸子平議，春在堂全書，古書疑義舉例

王念孫：讀書雜志

王引之：經義述聞，經傳釋詞

久保愛：荀子增注

王先謙：荀子集解

馬　　驌：驛史

黃以周：禮書通故

江　　永：禮書綱目

文集（有△者待修改或寫作）

甲輯（56 歲出）

第一册：古史辨第一册，二册，三册，四册，五册之序文。

第二册：三皇考，五德終始説。

第三册：△禹考，△堯典著作時代考，禪讓傳説出于墨家考。

第四册：古地理諸文。

第五册：易、詩、春秋諸文，孔子老子諸文。

第六册：筆記（古史及經學之部）。

乙輯（57 歲出）

第一册：△孟姜女故事考，△六月雪故事考。

第二册：吳歌，歌謡諸文。

第三册：風俗諸文。

第四册：元曲叙録。

第五册：元曲選讀（或紅樓夢通信）。

第六册：筆記（民俗之部）。

丙輯（58 歲出）

第一册：史學論文（論記鄭樵，△崔述，△康有爲等文附入）。

第二册：通俗歷史故事。

第三册：辛未訪古日記，諸游記。

第四册：藝術史論文，游記。

第五册：芬它利室收藏記。

第六册：筆記（歷史之部）。

　　　△魯國之國際關係　　△當代中國史學（重作）　　△地理沿革史（重作）

丁輯（59 歲出）

第一册：邊疆諸文。

第二册：西北考察日記，補助西北教育設計報告。

第三册：民衆教育諸文。

第四册：△西南流寓日記，△丙戌東還日記。

第五冊：雜文（現實問題）。

第六冊：雜文。

戊輯（60 歲出）

第一冊：[△]自傳（恐須占兩冊）

第二冊：[△]自訂年譜，[△]分年文目，[△]手編雜志文目。

第三冊：通信集。

第四冊：家書。

第五冊：[△]師友録。

第六冊：少作（自十餘歲至卅歲）

己輯（甲輯之續）（62 歲出）

第一冊：[△]辨偽學史。

第二冊：[△]古代思想史略。

第三冊：[△]中國古代史。

第四冊：[△]禹貢新注。

第五冊：[△]禹貢著作時代考。

第六冊：[△]古史論文及筆記（續）。

庚輯以下

王制考（書）	周官考
月令考	周秦文編叙録
帝繫考	兩漢文編叙録
王制考（事）	戰國郡與秦郡
道統考	中國古史的構成（擴充燕京講義）
經學考	皋陶謨與論語
五德終始説下篇	假定本國語
清代著述考	偽史例　偽史源
藏書目	偽史對鞫

自傳計畫（卅七年一月起，《文訊》每期登載一篇）

一、蘇州——舊日的天堂

二、顧家在蘇州

三、兩位祖父

四、我的出生

五、上私塾

六、祖母的教養　　　新法 政治的
　　　　　　　　　　　　 社會的

七、送父親到上海　　廢科舉

八、考進了高小　　　預備立憲

九、到了中學

一〇、初戀

一一、祖父教經

一二、吃茶和買書

一三、第一回結婚

一四、游杭州

一五、辛亥革命

一六、加入社會黨

一七、到上海讀書

一八、第一回到北京

一九、考進北大預科　　袁世凱的專制

二〇、看戲

二一、篆赤的死　　　藝術的欣賞（父親的藏物）

二二、考進北大本科

二三、徵蘭的死　　　學寫白話文

二四、服務北大

二五、祖母的死

二六、進商務印書館

二七、河南訪古

二八、在北大研究所

二九、辦樸社　　　　　　五卅慘案

三〇、到廈門

三一、廣州兩年　　　　　　國民革命的激動

三二、回到北平

三三、第二度訪古旅行

三四、九一八後

三五、出版禹貢

三六、創辦通俗讀物社

三七、蘆溝橋事變

三八、西北一年

三九、在雲南

四〇、在成都

四一、到重慶

四二、履安的死

四三、踏進書業界

四四、和靜秋結婚

四五、圖書的大損失

四六、還鄉

四七、在苦悶中

　　　要指出幾點：

（1）這是一個大轉變的時代！

（2）這是一個大痛苦的時代！

（3）如何可以安心工作！

（4）未能盡其才！

（5）但已盡了我的力！

　　編輯文集之計畫

一、將成泉帶來之稿，選出若干，交毓蘊等鈔寫。

二、根據卅年來日記，編年譜，分年文目，師友録。

三、整理舊筆記。

四、以百二十萬字爲一輯，約略分出四輯。

五、在卅七年三月底以前編出第一輯。

六、凡第一輯中文應修改及補作者均在卅七年三月底以前作就。

七、到北平圖書館，搜集報紙雜志上之材料。

　　中國文化小叢書計畫：

　　此以一題爲一册，用通俗筆墨寫之，儘量加圖，作博物館之
輔佐。

　　五年計畫（自三十六年十月至四十一年十二月）

（甲）周秦文

　　　　一、周秦文類編 41

　　　　二、周秦文類選 39

　　　　三、周秦文簡選 37

（乙）西漢文

　　　　一、西漢文類編 41

　　　　二、西漢文類選 40

　　　　三、西漢文簡選 38

（丙）考證文選

　　　　一、前代考證文選 39

　　　　二、清代考證文選 38

　　　　三、當代考證文選 37

　　　　四、考證學通論 40

（丁）中國通史

　　一、中國古代史 38

　　二、中國中古史 39

　　三、中國近世史 40

（戊）文集

　　一、甲編 37

　　二、乙編 38

　　三、丙編 39

　　四、丁編 40

　　五、戊編 41

（己）自傳　37—41

三十七年：

　一、周秦文簡選

　二、當代考證文選

　三、文集甲編

　四、自傳十篇

三十八年：

　一、西漢文簡選

　二、清代考證文選

　三、中國古代史

　四、文集乙編

　五、自傳十篇

三十九年：

　一、周秦文類選

　二、前代考證文選

　三、中國中古史

　四、文集丙編

　　五、自傳十篇

四十年：

　　一、西漢文類選

　　二、考證學通論

　　三、中國近世史

　　四、文集丁編

　　五、自傳十篇

四十一年：

　　一、周秦文類編

　　二、西漢文類編

　　三、文集戊編

　　四、自傳十篇

如此作去，五年之中可成大書十九種。但此爲極躊躇滿志之想法，社會上未必許我，使我得偌大之暇閑。但我總當懸以這鵠，畢力以求之。此後辦法：

　　一、應不擔任新職務。

　　二、應竭力擺脫現有職務。

　　三、應由靜秋爲我籌畫經濟之供應。

　　四、竭力跳出交際圈，工作時間決不見客。

　　五、下午及晚間應從事游散，轉移注意力，俾不致失眠。

　　六、應至平、京、滬諸地搜集材料。

　　七、應住居青島，杭州等風景區，以休養心神。

　　靜秋云："你是一個非常人，不當照常人一般生活。你現在各處周到，使人滿意，將來就不能使人滿意了。社會交際，待七十歲後再做。"賢妻之言，決當遵守，但祝其經商順利耳。

　　此外，尚有：

古史辨第八冊以下之編輯

家譜之編輯

二十四史之標點（此書當自四十二年起印行，列入第二個五年計畫）

史地圖表之編輯（此亦這通史工作之一部分）

中國歷史故事小叢書之編輯（此亦通史之豫備）

周秦兩漢叢書之編輯（爲周秦兩漢文類編之準備）

周秦文簡選擬目（約選六十篇，以每篇連注平均五千字計，共三十萬字。）

儒家：大學，中庸，禮運，堯典，皋陶謨，祭義，禮察，孟子（選），樂記

墨家：尚賢，尚同，兼愛，非攻，節用，節葬，天志，明鬼，非樂，非命，非儒，小取

莊子：逍遙游，齊物論，養生主，大宗師，胠篋，秋水，庚桑楚，寓言，天下

荀子：天論，解蔽，正名，性惡

韓非子：顯學，五蠹，定法，難勢，詭使，六反，問辯

其他：禹貢，緜，大明，天問，夏小正，洪範，考工記，孫子，離騷，七月

清以前考證文選

唐劉知幾：駁老子河上公注、疑古、惑經

唐顏師古：漢書叙例（此或入考證學通論）

明梅鷟：尚書考異（選數則）

清代考證文選擬目：

錢大昕：古無輕脣音

段玉裁：

汪中：釋三九

俞樾：孔子弟子三千人辨

閻若璩：尚書古文疏證（選數篇）

章炳麟：

顧炎武：

崔述：齊桓霸業考

龔自珍：

全祖望：

吳大澂：字説（選數篇）

戴震：

王念孫：

王引之：

孫詒讓：

康有爲：

趙翼：廿二史札記（選數篇）

袁枚：後出師表辨

姚鼐：論左傳

阮元：十三經注疏序録

范希曾：校讎學雜述

岳珂：相臺書塾刊正九經三傳沿革例

　　選取標準：

1. 眼光犀利，2. 證據充分，3. 文辭暢達，4. 開風氣者。

　　尚應編《考證學通論》一書，專論文法，如《考信録提要》即可編入。段玉裁《經義雜記序》即入此。

　　考證學的目的：

1. 發見新事實。2. 得到事實的真相，撥除其塵障。3. 從事實的真相及新事實上建立新系統。

　　當代考證文選擬目：

胡適：諸子不出于王官論，水滸傳考證，紅樓夢考證

童書業：夫差都邗説

楊志玖：馬可孛羅離華之年考

郭豫才：覃懷考

王國維：鬼方昆夷玁狁考

錢穆：先秦諸子繫年考辨序

屈萬里：包荒用馮河解

傅斯年：夷夏東西説

陳垣：

陳寅恪：桃花源考

張政烺：

方詩銘：南嶽

徐中舒：耒耜考

丁山：

馮漢驥：爾雅釋親，商代社會

譚其驤：

于思泊：

丁聲樹：論不與弗

郭沫若：釋祖妣，商三句兵跋

胡厚宣：四方風名解

潘重規：公羊疏作者考

呂思勉：燕石札記（選）

劉朝陽：

馮承鈞

唐蘭

周一良

勞幹

周秦叢書　或名"周秦文籍彙刊"

甲、六經：

　一、詩三百篇

　二、尚書

　三、儀禮

　四、周易

　五、春秋

乙、別經：

　一、逸周書　　　　　古文尚書

　二、周官　　　　　　泰誓

　三、考工記

丙、傳記：

　一、儀禮記

　二、大戴禮記

　三、小戴禮記　　　　孝經

　四、易十翼

　五、春秋公羊傳

　六、春秋左氏傳

丁、諸子：

　一、論語

　二、墨子

　三、老子　　　　　　孟子

　四、莊子、逸文　　　尉繚子　司馬穰苴兵法

　五、管子　　　　　　六韜

　六、晏子春秋　　　　陰符經

七、商君書　　　　孫子

八、申子　　　　　吳子

九、鄧析子　　　　尸子（輯）

十、鬼谷子　　　　鶡子

十一、公孫龍子　　呂氏春秋

十二、荀子　　　　燕丹子

十三、韓非子　　　文子

十四、尹文子　　　鶡冠子　慎子

戊、楚辭：

　楚辭

己、史籍：

　一、國語

　二、戰國策

　三、世本（輯）

　四、竹書紀年（輯）

　五、穆天子傳

　六、秦紀

庚、技術：

　一、山海經

　二、黃帝內經　　　靈樞

　三、本草

　四、周髀算經

辛、金石文：

　一、周秦金文輯　　文字學

　二、周秦石文輯　　　一、倉頡篇（輯）

　　　　　　　　　　　二、爰歷篇（輯）

壬、附錄（論定其僞者）：

一、僞古文尚書

二、列子　　　　　　　　老子河上公注

三、關尹子

四、亢倉子

五、子華子

六、慎子（慎懋賞本）

七、子夏易傳

八、三墳

九、黄石公素書，三略

十、晉乘

十一、楚檮杌

十二、子貢詩傳

十三、于陵子

十四、風后握奇經

十五、古岳瀆經

此編不能嚴格，因許多書之著作年代尚未論定。

有許多明知其爲漢人所羼，而分析不開，如左傳，國語，禮記，易十翼等。

我們要在這部書上，表出歷史觀念。

如書局力量不能擔負，可分集出版，如"周秦諸子彙編"，"周漢經學彙編"等。

我要介紹一大部最完全，最可靠，最易讀的古書與後世人！我要集合前人苦心工作的成就給後世人！

西漢叢書

甲、經學：

一、詩毛傳

二、三家詩（輯）　書序

三、尚書大傳（輯）

四、春秋繁露

五、春秋穀梁傳

六、韓詩外傳

七、列女傳

乙、史學：

一、楚漢春秋（輯）

二、史記

三、褚少孫補史記　　吳越春秋　蜀王本紀（輯）

四、七略、別錄（輯）

丙、語言學：

一、爾雅，小爾雅

二、方言

丁、子書：

一、賈誼新書

二、孔叢子

三、揚子法言

四、淮南子

五、鹽鐵論

六、陸賈新語

戊、雜記：

一、説苑

二、新序

三、西京雜記

己、緯書

庚、文辭：

一、全西漢文（嚴輯）

二、全西漢文補

三、全西漢詩（丁輯）

辛、附録：

一、申培詩説

二、神異經

三、十洲記

四、列仙傳

五、洞冥記

六、漢武故事

七、飛燕外傳

八、雜事秘辛

九、漢武内傳

壬、漢簡

東漢叢書

甲、經學：

一、毛詩序　　　　　白虎通

二、詩箋　　　　　　鄭志

三、書馬融注（輯）　易鄭注（輯）

四、書鄭注

五、儀禮鄭注

六、周禮鄭注

七、禮記鄭注

八、左傳賈注（輯）

九、左傳服注（輯）

十、五經異義（輯）

乙、史學：

　　一、吳越春秋

　　二、越絕書

　　三、漢書

　　四、東觀漢記

　　五、漢記

丙、子學：

　　一、趙岐孟子注

　　二、高誘呂氏春秋注

　　三、高誘淮南解

　　四、許慎淮南注

丁、語言學：

　　一、説文解字

戊、子書：

　　一、桓譚新論（輯）

　　二、論衡

　　三、潛夫論

　　四、昌言（輯）

己、技術：

　　一、焦氏易林

　　二、傷寒論

庚、宗教：

　　一、太平經

　　二、四十二章經

　　三、牟子

辛、文辭：

　　一、全東漢文（嚴輯）

二、全東漢文補

三、全東漢詩（丁輯）

壬、雜記：

一、風俗通義

二、獨斷

癸、政典：

一、漢律（輯）

二、漢官儀

三、漢舊儀

四、三輔黃圖

　　政典應列于最前。

魏晉叢書

甲、經學：

一、周易王注

二、尚書孔氏傳

三、左傳杜注　　　　陸璣：毛詩鳥獸草木蟲魚疏

四、孔子家語

五、聖證論

六、論語何氏集解

乙、史學：

一、三國志　　　　史記集解

二、國語韋注　　　　古史考（輯）

三、後漢紀　　　　帝王世紀（輯）

四、水經　　　　穆天子傳郭注

五、華陽國志　　　山海經郭注

丙、子學：

一、老子王注　　　子書：

二、莊子郭注　　　　徐幹中論

三、列子張注　　　　參同契

丁、文辭：

一、曹子建集　　　　王羲之尺牘

二、典論（輯）

三、諸葛武侯集

四、陶靖節集

戊、類書：

一、皇覽（輯）

己、語言學：

一、爾雅郭注

南北朝叢書

文選　玉臺新詠

庾開府集　徐孝穆集

文心雕龍

顏氏家訓

宋書　南齊書　後漢書　三國志注

水經注　洛陽伽藍記

玉篇

齊民要術

鳩摩羅什所譯佛經

金樓子　劉晝新論

世說新語

各家家譜（輯）

齊諧記　搜神記

修文殿御覽（輯）

陶宏景鬼谷子注、真誥、冥通記

相鶴經

　　編纂各代文籍彙刊之計畫：

一、編一引書總目，以便輯集。

二、清人所輯書，編一總目，以便比較擇用。

三、編古籍刊本目錄，以便校對，并定各書之依據本。

四、編古籍研究之論文目錄，以定其時代及作者。

五、編古籍校訂訓解目錄，以期解通其文義。

六、搜集批評文字，作爲序錄。

七、每一彙刊分類爲若干集，其類別得因時代而異。

八、邀約專家，共同商討：

　　（1）在版本方面——顧起潛，趙萬里，陳乃乾，余嘉錫。

　　（2）在校訂訓詁方面——劉盼遂，蔣禮鴻，丁山，陳槃，方詩銘。

九、將各大圖書館之參考書目，混合編一目錄，以便取裁。

十、每一書前作一序文，述考證之結論及本書所具之時代精神。

十一、作“中國書名辭典”之準備，附帶編輯“目錄學叢書”。

十二、點讀姚振宗漢隋藝文志考證。

　　段玉裁云：“校經之法，必以賈還賈，以孔還孔，以陸還陸，以杜還杜，以鄭還鄭，各得其底本。”故段氏寫定春秋古經，又寫定毛詩故訓傳，龔自珍承段意，欲寫定群經。誦讀者利其合，研究者利其分。盡量利用前人已有之成績，照此寫定。

　　引書目：

一、太平御覽　　　　十、漢書注

二、太平廣記　　　　十一、各種書注

三、十三經注疏　　　　十二、經典釋文

四、藝文類聚　　　　　十三、意林

五、北堂書鈔　　　　　十四、群書治要

六、一切經音義　　　　十五、文選注

七、世說新語注　　　　十六、開元占經

八、三國志注　　　　　十七、廣韻

九、史記注　　　　　　十八、説文

　　清代校勘學重要書籍：

勅編：四庫全書考證

顧炎武：九經誤字、五經同異、石經考

戴震：水經注、算經十書

段玉裁：毛詩故訓傳、左氏本春秋、説文解字注

王念孫：讀書雜志

王引之：經義述聞

何焯：義門讀書記

惠棟：九經古義，校禮記

謝墉：荀子

盧文弨：群書拾補

全祖望：七校水經注

張敦仁：禮記、鹽鐵論

顧廣圻：國語、戰國策

趙懷玉：韓詩外傳

孫星衍：平津館、岱南閣叢書、宋本説文

黃丕烈：士禮居叢書

秦恩復：陶宏景鬼谷子注、列子注

阮元：十三經注疏校勘記

汪遠孫：國語

蔣杳生：鐵華館叢書

徐　　　：

沈濤：説文古本考

畢沅：經訓堂叢書

王先謙：荀子、漢書

孫詒讓：札迻、墨子

翟文泉：易林、穆天子傳、漢書人表

嚴可均：唐石經校文

　　　前代校勘學重要書籍：

顏之推：顏氏家訓——書證、音辭二篇

陸德明：經典釋文

顏師古：漢書敘例，匡謬正俗

郭京：周易舉正

徐鍇：説文繫傳——袪妄篇

張淳：儀禮識誤

毛居正：六經正誤

岳珂：刊正九經三傳沿革例

劉攽：漢書刊誤

吳仁杰：兩漢刊誤補遺

吳縝：新唐書糾繆、五代史纂誤

錢佃：荀子考異

沈揆：顏氏家訓考證

朱熹：參同契考異、韓文考異

洪興祖：楚辭考異

方崧卿：韓集舉正

彭叔夏：文苑英華辨證

[原件]

上海市户牌　興業坊 35 號

上海市北四川路區第 21 保第 29 甲第三户（普通户）民國卅七年四月十七日填發

稱謂	姓　名	性別	年齡		籍　　別	職　業	異　動	
			歲	月			原因	時間
户長	顧張靜秋	女	42	12	江蘇省銅山	教育		
女	顧　潮	女	3	8	江蘇省銅山			
姊夫	高龍書	男	51	10	江蘇省銅山			
姊	高張氏	女	51	2	江蘇省銅山			
傭	徐德榮	男	35	2	山東　滕縣			
傭	馮書琴	女	15	8	河南　修武			

[原件]

户籍遷入登記聲請書收據

茲收到第廿一保第廿九甲第三户（普通户）山陰路興業坊 35 號聲請義務人顧張靜秋送來户籍登記聲請書一件除登入正本　　字第　　號并轉呈外合給此據

計全户遷入人口 男二口 女四口 共計六口

計附證件□件

北四川路區公所

第 21 保保長　　蔣裕錦印

中華民國三十七年四月十七日

紹興昌安朱梅官鹽所　顧誦唐

陳石真　　周心恕

香積弄八號　屈伯剛

　　　　（十七）

上海市北四川路區 21 保 29 甲 3 户（普通户）

保長何友興（山陰路七五——七九號）電話（〇二）六一八四三

區公所蔣裕錦　甲長劉子潤　男傭徐浦

吳縣中山鎮四保十六甲廿九户　顧家花園十號

一九四八年

（民國卅七年）

一九四八年一月

一月一號星期四（十一月廿一）

理書物。文學山房送昨購書來，即翻之。丕繩來，長談。作《二十有二人說》後記二百言。

丕繩來談。顧培懋來。祝懷冰來，同到義昌福，爲周宏達證婚。晚飯後與王元祿同步歸。

翻《春在堂全書》至十一時許。丕繩來。謝剛主自滬來，長談。

曲園全書雖保存材料極豐富，而未加以整理，埋沒新見解不少。此後得暇，當爲編"群經平議續編"，"諸子平議續編"二書，庶不沒其苦心。以曲園門人之多，而無爲此者，何哉？

今晚同席：王元祿　祝懷冰夫婦　黃慰萱（客凡六桌）　周宏遠，宏達兄弟（主）

一月二號星期五（十一月廿二）

續翻《春在堂全書》。爲初中歷史課程標準作最後改定，寫曹漱逸函。工業學校學生來捐款。看社教院期中考卷。

壽彝夫婦來。丕繩來作畫，與潮兒觀。佟志祥來。孔陟岵來。

與詩銘，丕繩同到程銅士處看壁畫。又到獅子林品茗。遇宓賢璋。

耀玥來。看新到書報。

潮兒能自找工作做，且爲之不厭不倦。到靜秋室，即要求開抽屜櫃，將各屜一一開之，得照片，可玩弄至一小時，强抱之始去。此真吾兒也。

一月三號星期六（十一月廿三）

理信札。令德輝作張仲仁傳。閱社教院卷，仍未畢。鈔上教部呈文。

血上升甚劇。翻《春在堂全書》。丕繩來。劉瑞雯及其妹穗生來。馬繼高來。祝懷冰，周宏遠夫婦來。壽彝偕朱寶昌來。

伴靜秋。

得振宇及仲明信，囑我明日去滬。而近日靜秋常腹痛作瀉，去固不可久留也。

今年不知何故，入冬即患肝陽，血時上升，面紅耳赤，精神疲憊，許多應作之事因而拖延。此爲血壓之高耶？抑用心過度耶？

一月四號星期日（十一月廿四）

寫吟谷，驪先，周策縱信。木蘭赴京。又曾來。德輝偕永潤來。理物。

與丕繩到站，上二時車，四時半到滬。車上擠甚。買二等票上三等車。與丕繩到博物館。晤蔣大沂。出，到誠安處，晤弟婦及侄輩。

到凱福，赴宣人宴。九時，到大中國，住宿。寫靜秋信，打公璵電話。

今晚同席：孔令煊　莊良炘　王昌源　金振宇　金啓宇　金緯宇夫婦　金擎宇夫婦　劉子喬　志堅　丁君匋　尹文發　華耀

明　陳宗舜（共三桌）　　陳宣人夫婦　　陳宣錚（以上主）

一月五號星期一（十一月廿五）

君匋，宣人來談。擎宇來談。寫起潛叔信。坐振宇車，到中聯，晤仲明，并晤周頌久，留飯。

到公璵夫婦處，并晤張緒坤。到銀行公會，與誠安談。到大中國門市部，買書。回局，開局務會議。

與振宇同到小峰處赴宴，十一時歸。

今日下午同會：宣人　振宇　緯宇　擎宇

滬上所出唯物史觀各書，予向少觀覽，今以教"中國社會史"課，不得不觀。且甚願以此醞釀一部通史，故亦樂爲之。今日在局購書五十六萬元，皆此類也。

今晚同席：劉季康　曹冰嚴　黃仲明　陳邦楨　金振宇　金緯宇　趙景深夫婦（李希同）　　殷菊儂（曲禾）　　胡惠淵　顧志成夫婦（張元和）　　姚季琅　方英達（以上客）　　李小峰夫婦（蔡漱六）　李志雲　李中法（以上主）

一月六號星期二（十一月廿六）

志堅來談。進點後，志堅送至站。上九時車，擠甚，立至蘇，十一時許歸家。與家人談。靜秋已于昨日起床。

到社教院，上課一小時（盤庚遷殷）。歸，看新買各書。九嬸母來。

八時即眠。

一月七號星期三（十一月廿七）

看德輝所作《張仲仁傳》。與靜秋同到宋鴻釗醫生處檢查，又至馬詒綬醫生處，并晤其夫人。到觀前街買物。下午一時，歸飯。

豫備明日功課，鈔馮漢驥文。寫周策縱信。

又曾來。

静秋今日到宋醫處檢查，知子宫頸在出血，歸後果見褲上血漬不少。得毋去年之事又將重演乎！静秋責任心重，極欲早日到徐，其何可能！

今日在馬醫生處量血壓，予上字一百卅八，下字九十，尚平穩。至容易升肝陽，渠謂是神經關係，非血壓所致。

一月八號星期四（十一月廿八）

到社教院，上課二小時（盤庚時代的社會與經濟）。晤汪典存夫人，悉典存病重。歸，租户周太太來。

寫高吟谷，王崇武，黄仲明信。補記日記四天。九嬸母來。理物。

詩銘來。童太太來。

静秋今日血猶未止，蒙被而臥，頗悲傷，決意辭職。予作致吟谷書，請將辭職書即日繕發。渠徘徊于家庭及職業間久矣，事無兩全，長生苦悶。能借此解決，亦佳事也。

昨接策縱書，今日接仲明書，予不得不至京一行。甚矣跑之累也！

一月九號星期五（十一月廿九）

七時許上站，登八時卅四分凱旋號車。車中擠甚，過丹陽後吃飯。看張仲仁《心太平室集》。

一時十五分到南京，僱三輪車到中央飯店，晤仲明，開三六七號房間。寫静秋信。與仲明同到編譯館，訪趙吉雲。又到新亞，又到太平路各書肆閲覽。游太平商場。

與仲明到合作食堂吃飯。

一月十號星期六（十一月三十）

七時，到周策縱處，晤其夫婦。到松林吃點。作上主席呈文，請求貸款，約一千六百言，與仲明商改數次。

與仲明到廣東酒家吃飯，寫静秋信。遇劉書傳，蘇誠鑑。到奮生處，未晤，到中央圖書館，晤鎮藩。到徐家，晤小白母女。

到策縱家吃飯。談至九時許，同縝以車送歸。

今晚同席：曾資生　劉同縝（以上客）　　周策縱　蔡恒（念蓉）（以上主）

一月十一號星期日（十二月初一）

受又曾托，爲人作挽聯。蘇誠鑑來。劉書傳來。書傳邀至大三元吃點。與誠鑑同至吳錫澤處談。與錫澤同到文化會堂，看吳氏吹萬樓書畫展，遇仲明等。出，到泰山飯店吃飯。

寫静秋信，又曾信，社教院信。出，寄信。到劉鏡秋處，談一小時。雨中到中央圖書館，看版本展覽會，在館留飯。翻《玄覽堂叢書》。慰堂以車送歸。

展覽會所遇：朱騮先　王雪艇　沈君怡　顧一樵　向覺明賀昌群　蕭公權　鄭鶴聲　蘇永輝　程希孟夫婦　勞貞一　梁方仲　美國圖書館專家白朗，克來布　汪長炳　徐中舒　杭立武

今早同席：蘇誠鑑與予（客）　　劉書傳（主）

今晚同席：李濟之　錢鍾書　繆鎮藩　孫永齡　蔣慰堂（主）

一月十二號星期一（十二月初二）

與仲明到松林吃點。曾昭璚女士來。同到中央博物院參觀，王天木爲導。出，借曾女士車到編譯館，訪葉匯，并晤吉雲，步青，雨亭，高覺敷等。與仲明同到新亞，與邦楨談，留飯。寫策縱信。

寫静秋信。仲明返滬，予搭車至中央圖書館，知已代買票，請

退。到奮生處。到錫澤處，爲寫屏聯十餘事。

在錫澤處飯。乘汽車歸。

今晚同席：汪叔棣　朱國勛　蘇誠鑑（以上客）　吳錫澤夫婦（主）

一月十三號星期二（十二月初三）

奮生來，同到松林吃點。到三牌樓看屋，晤董元甫。乘小火車回。到新亞，與王景瑹談。到商務書館買書。回新亞吃飯。寫鎮藩信。

寫吟谷信，静秋信。與陳欽及王景瑹同到富强公司看屋。回，寫静秋信，社教院信。看常燕生《歷史哲學論叢》。鈔上主席呈文半篇。出寄信，理髮，買地圖，吃飯。

到策縱處，遇浦琴南夫婦及胡希汾，談至十時歸，正值狂風。

一月十四號星期三（十二月初四）

懋恒來，同到御史廊國防部新聞局，晤泉澄及梅君。到劉訓升處，談得子方法。到史政局，晤吳虞薰，張公量，魏瑞甫。與公量等同到圖書館，晤江之源。與吳局長同乘車返寓。到太平路吃飯。到新亞，準備宴客。

回寓，續鈔呈文，訖。寫静秋信。出寄信。到五芳齋吃點。到錫澤處蓋章。到合作金庫訪蔡恒，未晤。墜錶。到新亞，晤邦楨。到曲園，與邦楨同宴客。

八時，席散。歸，劉訓升來，續談。

今晚同席：周策縱夫婦　葉達三夫婦　王錫光　李承三　王景瑹（以上客）　予與陳邦楨（主）

一月十五號星期四（十二月初五）

接静秋來電話。看《歷史哲學論叢》。魏瑞甫來。奮生來。同到廣東酒家吃點。與奮生到外交部訪尹明德（澤新）。到中央圖書館訪鎮藩，未遇。到教部，遇滕仰支，晤韓慶濂，英千里。出，到粵香村吃飯。

寫静秋信。出寄信。到新亞，訪邦楨，未遇。到美德利修錶。乘公共汽車到鼓樓，步至中研院訪梁方仲，并晤彭澤益，李文治。到史言所，晤李濟之，勞貞一，王崇武，王叔岷，王明（則誠）。

出，步至湖北路翠琅村，到吳家吃飯。九時許，與李浴日等同車歸。

　　今早同席：予與奮生（客）　　瑞甫（主）

　　今晚同席：李浴日　許高陽等八人（客）　　吳石（主）

一月十六號星期五（十二月初六）

七時，到新亞書店，送邦楨行，與談，同進點。回寓，寫仲三，静秋信。奮生來。到美德利取錶。寄信。乘公共汽車到中央圖書館，付退票餘欠，晤鎮藩。到風香甜食店吃飯，晤孫東生。

到中大，晤呂叔湘，徐中舒，鴻盦夫婦，雨亭，吳子臧夫人。乘馬車歸。記日記八天。李承三來。孫東生來。寫静秋信。到藍家莊李承三家吃飯。

歸，眠後，李浴日來。

　　今午同席：孫東生（客）　　予（主）　　九萬元。

　　今晚同席：予（客）　　李承三夫婦及其子渝生，女麗（主）

一月十七號星期六（十二月初七）

到松林吃點。步至國史館，與丁實存，劉鐵生，王德亮，馬驥程，李翼庭等談。與實存同乘翼庭車到史料處，晤鄭鶴聲，陳漢章等，參觀圖書館。歸，寫仲明，静秋信。到太平路吃飯。

到美德利修錶。到開國文獻館，拜溥泉先生之靈。與徐文珊，姚漁湘談。歸，奮生來，同到蒙藏委員會，訪許靜仁先生，晤高長柱，姚光鼐。出，奮生邀至新街口東來順吃飯。遇馬天英，楊守紳，張楓宸等。

到策縱處，晤其夫人及周叔厚，蔡玉祥。歸，看《歷史哲學論叢》。

　　今晚同席：予（客）　　黃奮生（主）

一月十八號星期日（十二月初八）

看《歷史哲學論叢》。張廣琚來。出，訪葉達三，未遇。在中山東路吃點。歸，理物。寫仲明信。出社教院考題。寫黃文浩信。乘公共汽車到車站，寄信，吃飯，吃茶，看《歷史哲學論叢》。

一時十五分，車到，接靜秋，同乘公共汽車，歸寓。看十天來各處來信。寫頤萱嫂信。與靜秋同出，到太平商場游覽。到黃泥岡丁熙民家。在崔冷秋處吃飯。

到熙民處，晤劉漢川夫人。到劉淑昭處。八時歸。

　　今晚同席：予夫婦　　朱芝影　　劉淑昭(以上客)　　崔冷秋(主)

一月十九號星期一（十二月初九）

丁實存來。九時，與靜秋同出，到大三元吃點。到太平路買車票，未得。到中央商場。到中央舞臺買電影票。到夫子廟上海咖啡吃茶及點。

到中央舞臺看《八年離亂》電影。出，到中央商場買物，吃牛奶。步至太平路，雇車歸寓。與靜秋談。六時，到粵香村吃飯。

接朱介凡電話。徐文珊來。徐中舒來。八時半即眠。

一月二十號星期二（十二月初十）

七時半，與静秋同出。到松林吃點。坐小汽車到中山碼頭，乘澄平輪渡江，送静秋上車，十時車開。予再渡江，坐小汽車到新街口，至三六九吃湯團。歸，接策縱電話及國府通知書。

楊守紳，張楓宸來。寫德輝，吳慧貞，木蘭信。理物。到二樓訪黃正清，并晤陰景元，傅師仲。看《拉卜塄寺史》。陰景元來。四時，雇汽車至主席官邸。訪策縱，未晤。到武官處，晤陳生麟。到主席客廳，晤曹聖芬。謁見主席，談民衆讀物及教科書貸款事。出，晤許承志，乘武官處汽車歸。寫仲明信。奮生來，同到太平路寄信。到新亞，以接洽結果告景琁。

與奮生訪馬師儒，未晤。到新街口，遇王天木。與奮生到老鄉親吃飯。又訪師儒，仍不遇。進茶館吃茶。歸，劉維漢來。朱介凡來。

今晚同席：黃奮生（客）　　予（主）　　十萬元。

見蔣主席，面陳教科書貸款事，謂可商量，當召徐柏園計議。又陳民衆讀物事，謂甚好。予請銷至部隊，亦允可。

一月廿一號星期三（十二月十一）

到松林吃點。到三條巷訪陳式湘夫婦，與式湘談一小時，再吃點。歸，寫振宇，君匋，静秋，墨三，任筱莊信。出，寄信。到新亞談。到五芳齋吃飯。

孫滌華來。羅雨亭來。馬師儒（雅堂）來。寫貞一信。李綏之來。

到式湘家吃飯。歸寓，朱介凡來。梁方仲，張錫京來。蕭蔓若來。

今晚同席：予（客）　　陳式湘夫婦（主）

一月廿二號星期四（十二月十二）

寫静秋信。出吃點，寄信。中央研究院派車來接。到社會科學

研究所，爲所中同人講話一小時半（我生三事）。張錫京來，同到
國民酒家吃飯。雨中歸。

李浴日來。看常燕生《歷史哲學論叢》，訖。李綏之來，梁子
青來，同到泰山飯店吃飯。

出，到子青處談，晤馬蔚青。至樓下訪楊令德，并晤吳希聖。

　　今午同席：張錫京　丁文治（以上客）　梁方仲（主）

　　今晚同席：梁子青與予（客）　李綏之（主）

一月廿三號星期五（十二月十三）

仲明自滬來。君匋自滬來。與仲明，君匋同出，到廣東酒家吃
點。到財政部，未見人。到教育部，訪劉英士，吳研因，薛天漢，
陳秘書。遇韓慶濂。

到李家，赴宴。寫徐柏園信。與仲明，君匋同到財政部，晤房
秘書及黃祖耀。方仲派車來接，到鷄鳴寺，與方仲，文治同到張
家。看所藏書，吃飯。

飯後仍由院車送歸，已十時矣。

　　今午同席：柯遠芬（爲之）　楊言昌（味藺）（以上客）
李浴日夫婦（主）

　　今晚同席：汪旭初　汪辟疆　梁方仲　丁文治（以上客）
張錫京夫婦（主）

一月廿四號星期六（十二月十四）

與仲明君匋同到周策縱處，談。出，到大三元吃點。與君匋到
中央商場，又到内政部訪王錫光，黃鏡湖，傅角今。出，到市教育
局，訪馬元放。到新亞，寫静秋信。與仲明君匋到曲園吃飯。遇范
文紀。

到馬政司訪張楓宸，楊守紳，未晤。與仲明，君匋同到編譯

館，晤胡顏立，俞煥斗，李伯棠，趙榮光，施仁，徐斌等。出，到
葉達三家，晤其夫婦。歸，劉仁成來。

與君匋仲明到大三元吃飯。歸寓，理物。到黃子才處辭行。

一月廿五號星期日（十二月十五）

五時起。六時，與仲明同乘三輪車到國府車站，上小火車，七
時到下關，至京滬車站，爲安之行李結票。八時，錢塘號車開，看
報，與仲明談。十二時四十分，到蘇州。雇車歸。

與家人談。看各處來信。劉瑞雯小姐來，取款。章元善，周希
文來。趙書敏，彥高來。到詩銘處。成泉來。

又曾來。點王叔岷《論今本列子》。

一月廿六號星期一（十二月十六）

寫靜秋信。張子豐表弟來，長談。補記日記十一天。童太太來。
壽彝來。陸欽墀來。楊萬源來。補記日記畢。

與潮兒玩。看《西北通訊》。

天寒甚（華氏二十四度），手凍，書不成字。

一月廿七號星期二（十二月十七）

舜欽來。寫靜秋，振宇，劉虛舟信。井太太來。與德武侄談。
房客周太太來。又曾來。

到社教院，晤逸民，安貞，耀玥，樂秀英等。出，遇韓阿順。
到中華銀行，與尹甫先生談。遇王詠祥。到可園，還書，與潘尊一
談。遇凌景埏。步歸。

吳子我來，留飯，伴觀古物。到又曾處，晤陳悟麟。爲吳經解
寫潘序倫信。又曾來。

一月廿八號星期三 （十二月十八）

高龍書，王振華，乳娘馬嫂自徐來。看《人類史話》一章。理信札。王頌三來。寫靜秋信。到又曾處。

看《人類史話》一章。魏惠民夫人來，看廳屋，擬租。詩銘來。寫王天木，騮先，慶濂，玉年，實存信。

陳灣墳客朱文清來。看《人類史話》一章。

《人類史話》爲拉蒙可夫瑪著，陶秉珍譯，開明書店出版。以通俗筆墨寫世界史，似在房龍《人類的故事》之上。

聯合國文教組織函我國教部，送獎學金額六名，到國外考察社會教育六個月，予與逸民推戴公亮。復徇仲明之請，推其子黃時樞。想公亮必可當選。

一月廿九號星期四 （十二月十九）

看《人類史話・商業社會與奴隸社會》一章。剃頭。寫靜秋信。看社教院期中考試卷畢。寫逸民信。

戴公亮來。王欣夫來。看社教院學期考試卷，未畢。

傅世璜，林國營來。又曾來。

一月三十號星期五 （十二月二十）

看《人類史話・封建社會》五十二節，未畢。寫逸民，安之，志祥信。傅世璜來。佟志祥來。看社教院學期考試卷畢，評定等次。

秦思廉夫婦來。薛阿庚父子來。二嬸母母女來。

潮兒日長，氣亦日大。有一不如意即哭鬧，甚至打人，真似其母。今日三姨喂之飲粥，渠欲自食，即奪箸而擊之，三姨其最親者，乃亦暴戾恣睢若此，其可不加裁制乎。

詩銘爲買得秀野草堂藏本《朱樂圃餘稿》，使父大人在，又當歡喜不置矣。（價卅萬元）

三日來作室內工作，坐得太久，血又上升，屁亦屢放，予眞該多走動也。

一月卅一號星期六（十二月廿一）

寫逸民信。顧欣伯之子紹武來。蔣伯雲來。理物。宴客。

寫馬鳴獅，韓慶濂信。與紅妹同到站，乘四時車，六時到滬。到大中國，與振宇，君匋，宣人談。吃飯。

寫靜秋，木蘭，吟谷，慶濂信。志堅來談。

今午同席：姚仲虎夫人，張子豐夫人（紅妹），九嬸母，二嬸母，又曾（以上客），予與德輝夫婦（主）。

洪兒殊肥壯，當視潮兒爲健，惟膚不白，眼不花，殊無潮兒之美。

____社教院社事系三年級生考試成績：

			期中考	學期考	平均分
超	一、	徐厚慈	92	95	94
等	二、	孟桐聲	88	92	90
甲	三、	譚錫齡	80	95	88 ⎤
	四、	王安明	85	90	88 ⎥
	五、	張後吉	80	95	88 ⎥
	六、	楊振宜	82	94	88 ⎦
	七、	李益先	85	88	87
	八、	黨文翰	88	80	84
	九、	萬愼之	85	78	82 ⎤
等	十、	王修誥	76	88	82 ⎦
乙	十一、	吳自清	85	72	79
	十二、	楊達文	76	80	78 ⎤
	十三、	黎文彩	85	70	78 ⎥
	十四、	何金鐸	78	78	78 ⎦

十五、周利人	75	78	77
十六、姜利川	65	88	77
十七、崔豫生	72	78	75
十八、戴德冠	75	75	75
十九、陳海青	70	78	74
二十、陳顯杰	78	70	74
廿一、高思賢	70	78	74
廿二、孫紹仲	78	70	74
廿三、劉潤彩	78	70	74
廿四、張樹堂	88	60	74
廿五、沈企周	65	80	73
廿六、劉祖貴	78	68	73
廿七、廖作琦	65	80	73
廿八、陳文勛	70	75	73
廿九、周筠華	78	68	73
三十、湯伊源	75	70	73
卅一、談思中	68	75	72
卅二、汪方雅	75	68	72
卅三、呂去癖	75	68	72
卅四、伍小琴	78	65	72
卅五、榮繼芬	72	72	72
卅六、吳仲模	80	62	71
卅七、周聲振	75	65	70
卅八、周海如	68	70	69
卅九、王秉鈞	68	70	69
四十、袁汝桐	68	68	68
四十一、劉雪珍	68	68	68
四十二、樂秀英	70	65	68

等
丙

	四十三、周　星	65		68		67
	四十四、孫沐德	62		60		61
等	四十五、李樹芳	62		60		61
丁	四十六、曾友華	60		50		55
等	四十七、喬培華	55		50		53
未	四十八、郭禎祥	75				
	四十九、楊明潔					
試	五十、陳明英					

超等二人，甲等八人，乙等二十七人，丙等八人，丁等二人。

一九四八年二月

二月一號星期日（十二月廿二）

到志堅卧室，與志堅同到誠安處，商魏惠民租屋事。進點。與志堅同到惠民處談此事。回局，與振宇三兄弟談。

開局務會議。四時，會散，乘車至俞佐庭家，開中國出版公司董監事會議，面斥張天澤。出，乘相衡車到愚園路楊家駱處，未晤，晤吳顯齊。

到古柏路吃飯。到起潛叔處談。出，乘電車歸。以精神緊張，失眠半夜。

今日下午同會：陳宣人　丁君匋　金振宇，緯宇，擎宇

又同會：陳凌雲　鄭相衡　楊子毅　張天澤　方大受（家駱代表）　俞佐庭

張天澤辦中國出版公司，民卅二年即收股，至卅四年成立，有七百萬，股東至百餘人。勝利還滬，既不開店，又不囤貨，書則僅出《文史雜志》一册。至卅五年春間錢已用罄，卸其責于俞佐庭，爲之敷衍半年，而負債達四千餘萬。天澤出洋一年半，今

始歸來，猶不肯負賠償之責，要股東分攤，胡顏之厚也！

二月二號星期一（十二月廿三）

寫靜秋，奮生，任筱莊信。志堅來談。招張家駒，馬宗堯，凌大夏，包興華，楊才寶來談編輯製版兩部要求加薪事。到門市部看書。

改德輝所作《藺相如完璧歸趙》。再校《李冰鑿都江堰》。君匋，宣人來談減低亞光版稅事。招振宇商此。

到凱福，應張維新之宴。歸，童丕繩，承名世來談。晤王宜夫。

今晚同席：宣人　君匋　振宇　緯宇　擎宇　王錫源　劉子喬　志堅　華耀明　莊良芹　岳海庚　以上客（共兩桌）　張維新（虹光彩印廠）　許文德（以上主）

大中國門市開後，平均每日營業八百萬，雖不爲多，已可雄視四馬路諸肆。聞去年商務書館營業九百餘億，而吾局亦至二百億，不可謂無成績也。

君匋，宣人嫌亞光版稅多，年至十餘億，占全部盈利之大半，欲減之。然無亞光何能有大中國。予折衝其間，金氏兄弟允減一分。此後爲百分之十二。

二月三號星期二（十二月廿四）

與劉子喬談局事。到凱福，振宇等請吃點。歸，校《荊軻刺秦王》。盧村禾來，商《地學雜志》事。沈士芳來。到合衆圖書館赴宴。

取葉譽虎所贈禹貢學會地圖至史地圖表社，寄存。寫靜秋信。爲人寫字一幅。理物。寫丁山，擎宇信。

宴客。十時，乘宣人車到站。十一時，車開，即眠。

今午同席：葉揆初　孫蜀丞　郝昺蘅　錢鍾書　牟潤孫（以

上客）　　起潛叔（主）

今晚同席：黃仲明　陳邦楨　李小峰夫婦　孔林煊　丁進生
姚伯南　誠安　鈕師愈　起潛叔　俞紀棠　夏杏芳　符志峰　沈升
達　儲禕　張又新　陳其相　張律均　邢維德　張企翁　嚴幼芝
嚴寶禮　徐輔成（以上客）　予與宣人　君匋　振宇　緯宇（主）

二月四號星期三（十二月廿五）

七時到南京。乘公共汽車進城，到教育部，訪韓介軒，未晤。
出吃點。回部，訪劉英士，遇之。到國際文教處，晤逸民。介軒
歸。到宴客廳，開聯教組織中國委員會大衆傳播組會議。十一時半
會散。與孫明經同到金大，參觀影音部，到鼓樓酒家吃飯。遇倪青
原，陳文仙。

包一人力車，到介軒處，取物，至中央飯店，開房間。到行政
院，訪薛銓曾秘書。到四聯總處，訪黃祖耀秘書。到教部，訪朱部
長，杭次長，張幫辦天麟，潘科長平之。出，遇顧孟餘先生及谷錫
五，蔣慰堂。出，返飯店。遇顧壽觀，蔣信，常道直。

到大三元吃飯。到新亞，寫靜秋，趙吉雲，錫五，田伯蒼，黃仲
明，振宇信。與景珸等談。九時，出寄信，歸。遇陳南天，爲寫字。

今午同席：呂錦瑗　曹守恭　石咸坤　王仁德（以上客）
孫明經（主）

二月五號星期四（十二月廿六）

到太平路買票，到大三元吃點。回中央飯店算賬。到金大影音
部，觀《西北》及《蘇州》兩電影。與孫明經到教部製片廠，參
觀，留飯。

與明經同出，到鼓樓別。遇杜呈祥。返中央飯店，携物出，雇
汽車到站。上凱旋號車。四時許，車開。晤陳逸民，長談。在車飯。

九時到蘇州，雇車歸，稍談即眠。

今午同席：李鴻業　羅敬浩　閻麓彬　錢壽荃（未到）　馮四知（以上客）　孫明經（主）

二月六號星期五（十二月廿七）

檢書畫，備至純熙堂張挂。看各處來信。與靜秋到詩峒處送禮物。

將純熙堂亂書運至西書室，訖。寫贈玉舜對聯。劉雪珍，孫沐德來。到觀前，欲寄自明錢，以時晚，未成。

改信兩通。

贈玉舜振華結婚聯：

琴瑟長調，聲同玉振。　室家永樂，美媲舜華。

二月七號星期六（十二月廿八）

壽彝來。挂字畫。玉舜假純熙堂結婚，予爲證婚。并招待來客。伴陸心亘及王東成夫人，趙維峻夫婦參觀房屋。

與靜秋等同到國際照相館攝影。

到玉舜新房，觀鬧房。

今日同席：姜逸鷗夫婦　秦希廉夫婦　魏惠民夫婦　二嬸母及餘妹　九嬸母　又曾夫婦　丕繩夫人　予一家（以上客）　龍書夫婦　玉舜新夫婦（以上主）

二月八號星期日（十二月廿九）

舜欽來。將《人類史話》閱畢。

劉鐵生子女來，送國史館薪。與靜秋等同到獅子林，吃茶，穿假山。

翻看《寄蝸殘贅》。

今日同游：龍書夫婦　玉舜夫婦　頤萱嫂　玉華（以上客）

予夫婦及潮兒（主）

二月九號星期一（十二月三十）

與靜秋，玉舜夫婦，玉華，潮兒同到觀前，看照片，買糖食等。遇陳其可。歸，德輝來述所取五百萬元被竊事。又曾來。

挂祖先圖像。理書室。鳴高叔來。紹虞夫人，凌景挻來。章伯寅先生來。

補記日記。汪國珍，國淑來。過節，祀先。到嬸母處祀先。又曾來。

二月十號星期二（正月初一　戊子元旦）

與家人拜年。到二嬸母處。到壽彝，成泉，澤民，惠民家。到丕繩，又曾家。招待諸賓客。

與靜秋等雇馬車，游虎丘，茗于冷香閣。出，游西園放生池。暮歸。

休息。

今日來客：吳樹德　井成泉　王澤民　劉鐵生及其四女　董雲麾　童丕繩夫婦三女　魏惠民夫婦　張耀曾　又曾夫婦及其子女　曾健華　方詩銘　彭林蕡　馬繼高　佟志祥　馬爲義　二嬸母　吳子明太太　餘妹　九嬸母　郭紹虞（以上晤見）　鄭相衡　朱寶昌　徐震洲（健亞）（以上未晤）

今日同游：龍書夫婦　玉舜夫婦　雁秋夫人　木蘭　玉華　德輝夫婦　張毓芬　毓芳（以上客）　予夫婦及潮兒（主）

馬車兩乘七十萬元，又賞兩萬元。冷香閣茶十二萬元。豆腐花七萬元。糖食十萬元。（共計百萬元）

二月十一號星期三（正月初二）

　　爲靜秋寫王若蘭信。招待賓客。與靜秋到紹虞家，晤其太夫人（年九十）。到賓四家，晤其夫人及張一飛女士。到東吳大學秦希廉家，晤其太夫人及夫人。到凌敬言家，未遇。到嚴衙前，見竹庵叔祖母，鳴高叔夫婦，志遵孀母等。歸，旋出，飯于觀振興，看動物展覽。途遇董渭川夫婦及其子。

　　與靜秋到趙公綏家，晤其夫婦及二女二子。到憶賡叔處，晤其夫婦及二子。到馬詩垌家，晤其夫人及女。到趙維峻家，晤其妹。到姜逸鷗家，晤其父母。到陸心亘家，晤其夫婦及子女。到吳安貞家，晤其母及妹慧珍，美貞，弟貽康。出，乘三輪車歸。

　　爲宴客邀九妹，靜秋與予哄，予避之，至玉舜處坐。三姊，德輝來談。上半夜失眠。

　　今日來客：趙公綏　程銅士　黨文翰　談思中　王安明　周利人（以上晤見）　　壽彝夫婦　吳安真　美真　朱寶昌　顧欣伯　張迦陵　秦希廉　陸欽埠　顧鳴高（以上未晤）

　　九妹驕蹇成性，產時靜秋兩往，而靜秋產時彼不一來，以是靜秋不欲令其預春宴。予私命德輝邀之，靜秋聞之，怒予不告，致生決裂。予與九妹絕無好感，惟在此大家庭中無可如何耳。

二月十二號星期四（正月初三）

　　接待賓客。翻看姚之駰《後漢書補逸》及皮錫瑞《駁五經異義疏證》。宴客，飯後導觀古物。

　　誦唐，志堅兩弟歸，留飯。文通諸同人來。

　　到壽彝家宴客，客散，與壽彝臧否人物。

　　今日來客：汪安之　汪長炳　顧志遵　張子祺　陸尹甫　承曜　許烈夫婦及其子　姜逸鷗夫婦及其二子　錢賓四夫人　方惇頤　九妹偕其子國一　國丞　常翠華　孫紫珊　古柏良　誦唐　志堅

今午同席：馬詩坰夫婦　趙公綏夫婦　王澤民　井成泉　童丕繩　郭紹虞夫婦　張又曾夫婦及其子女　二嬸母　九妹　餘妹九嬸母　魏惠民夫婦及其子　趙維峻夫人　陸齊楣(三小姐)秦希廉　姜逸鷗夫婦　凌敬言(以上客,凡三桌)　高龍書夫婦雁秋夫人　木蘭　高玉舜夫婦(以上亦在客內)　予夫婦(主)

今晚同席：壽彝　詩銘　繼高　林賞　志祥　爲義　樹德（以上客）　予（主）

二月十三號星期五（正月初四）

與靜秋言和。與德輝到景鄭處。又到尹甫太表叔處，未晤，見其女承曜。遇欽墀。與靜秋，頤萱，三姊，玉舜夫婦，木蘭到昌善局，祭外姑之靈。到蔣伯雲處談。與靜秋到公綏處赴宴。看黃鶴山樵，倪雲林畫。

與靜秋到景春伯母處，并晤其子婦，孫女月英，涓英，文英，孫志浩，外孫錢大椿。誦唐志堅來辭行。欽墀來。爲欽墀婚事，招其父季皋及蔣孝秀來談。

宴金緯宇。丕繩來。午飯時覺不適，夜發燒，服消炎片。

今日來客：嚴舜欽　蔣孝秀　金緯宇

今午同席：詩坰夫婦　蔣孝亞　張夢白　龔□□　予夫婦（以上客）　趙公綏夫婦及其母（以上主）

今日忽爾發燒，蓋多日疲勞所致。幸半夜即出汗退涼。靜秋強予眠一日，予亦樂作休息，蓋不病即無休息之可能耳。

二月十四號星期六（正月初五）

德武自滬歸。病臥鎮日（熱已退）。看《中國抗戰畫史》。欽墀來。丕繩來。

玉舜夫婦來。又曾夫人來。

玉舜夫婦，玉華，潘德返徐。

今日來客：陳逸民　永潤侄孫　戴公亮　毛萬容　芙先弟（以上晤見）　彭昭武（未見）

開歲後，米價已至百九十萬元一石。

服消炎片後，胃納甚不振。

二月十五號星期日（正月初六）

起床，休息，未作事。換卧床。又曾夫人來。與靜秋到王澤民家赴宴。

壽彝來。詩銘來，商《文史》贈户。江□□來，爲寫鄭保兹信。魏惠民夫人，李朝俊來。視龍書疾。補記日記。

今日來客：孟剛叔及其子　張玉曾偕其子夫婦　董渭川夫婦偕其子乃强　徐偉士（以上晤見）　何庚（未晤）

今午同席：董渭川夫婦及其子　予夫婦（以上客）　王澤民夫婦及其女（以上主）

聞陰曆正月初三下雨，須下半月。此間河道乾涸，需雨甚亟，惟行動則不便耳。

二月十六號星期一（正月初七）

補記日記訖。寫黃正清信。與靜秋到贊廷叔祖母處，又到陳逸民處，晤其夫人。出，遇逸民。又到董渭川處，晤其夫人，并遇劉及辰及王澤民一家。出，遇渭川。歸飯。

有斐夫人偕其子志浩來。陸欽墀來。許公鑑來。與靜秋到觀前買物，取照片。

寫金振宇信。改澤民所草公文。

魏惠民君解職歸，在上海營"套利"生涯，月得利三角，三個月即可將本錢加倍。此事予所未聞，今日覽《新聞報》，果見上海銀行經營此者甚多，蓋爲公開之高利貸，非是銀行亦得不到存款也。靜秋心動，決到滬進行。（一年滾四次，一萬即成十六萬，較囤貨爲穩。）

物價日高，予力不足任多人之食，德輝亦非沈潛治學之人，一年家居，了無進步，因爲介紹至青年中學任教，初中學生國文兩班，未知其能勝任否？

二月十七號星期二（正月初八）

魏惠民來。剃頭。徐嘉瑞夫人來。寫君匋信。朱寶昌來。秦希廉來。靜秋赴滬。

到陸宅赴宴，入新房。到馬祖武處，晤其夫人及其子鑌。到許公鑑處，未晤。到毛萬容處，并晤其夫人。到戴公亮處，并晤其兄。到社教院，晤徐震洲及社事系助教袁君。到文通編輯所，晤金德寶。步歸。

看報及雜志。理書室。

今午同席：蔣企範（忠杰）　蔣卓人　龔翰青　鄧耕莘　婁爾康　郎小鐵　陸錫祥（以上客，凡三桌）　陸季皋（是福）及其子欽墀，子婦蔣孝超（以上主）

二月十八號星期三（正月初九）

改澤民所作呈文。澤民來。寫徐元璞，劉鏡秋，金振宇，黃仲明，林剛白，紀伯庸，錢賓四，華問渠信。舜欽來。欽墀來。許自琛來。汪家三位表妹來，留飯。

到顧欣伯處，長談，吃點。到鶴園，訪蔣仲川，值開會，未入。到屈伯剛處，未遇。到陳其可處，晤其夫人。到徐偉士處，未遇。到王芝九處，未遇。道遇趙維峻。到王頌三處，并晤其夫人。到徐瀚澄處，未遇。

翻看毓芬所編予家金石文字目録。

來訪未見者：毛汶。

二月十九號星期四（正月初十）

到殷品逸家。到許自琛家。到祝嘉家。出，遇静秋自滬歸。木蘭赴京。到吳碧澄家，晤其夫人及子婦。到劉鐵生家，晤其夫人及諸子女。到古柏良家。到汪長柄家，赴宴。

歸，與静秋談滬事。社教院王統仁，趙秀峰，許逢寅，及女生張華德，江流訓來。張鑑文來。屈伯剛，王星甫來。殷綏平，潔如侄來。留綏平夫婦晚餐。

又曾來。到又曾，詩銘處。詩銘來。

今午同席：Miss Winn　許公鑑　陳逸民夫婦　陳友端夫婦　古柏良夫婦　岳良木夫婦　楊書田等（以上客，凡二桌）　汪文焕夫婦及其兩女（主）

二月二十號星期五（正月十一）

爲德輝未爲誠安買豬油糕，大怒。在臨頓路買之。爲静秋寫俞式如信。與静秋冒雨到站，上九時車，遇吕叔湘，在車看報。十二時到，乘鐵路接送汽車至吕班路口，換乘三輪車至公璵家，晤少蘭，卜蕙蘭，丁豐新，王文俊等，留飯。

飯後，與静秋及楊仿賢同到金神父路，看法人鮑特屋，静秋以屋小，議未諧。回少蘭處。旋辭出，與静秋同到大中國，與諸人談。同晚餐。

續與宣人及振宇擎宇談。志堅來談。

二月廿一號星期六（正月十二）

與静秋到蘿春閣吃點。到誠安處送豬油糕。與四小姐同出。爲君匋寫黃祖耀信。寫許恪士，魏建功信，托君匋帶臺灣。爲大中國寫四聯總處請貸款函。

仲明來談。到金城銀行訪殷紀常，未遇。到門市部。回，寫辛樹幟，童丕繩，錢大成，高吟谷，王先進，孫吉士，張濟才，韓介軒信。

與靜秋到車站，吃飯。上六時五十五分車，十時一刻到蘇。十時半歸，十二時眠。

二月廿二號星期日（正月十三）

與靜秋同出，到魏孝亭處，未晤。出，予獨至張耀曾處，未晤，見曹章銘夫人。到汪安之處，聽其與諸妹互詆。十二時出，到中華銀行赴宴，又至太監弄味雅赴宴。

與趙公紱夫婦及靜秋同到可園看梅花。又到滄浪亭看五百名賢刻石。與靜秋到孝亭家，晤其夫人及弟。予出至中正路買書（松石閣，萃真閣）。與靜秋同歸。二孀母及餘妹，小弘等來。

翻看新購書。早眠。

今午同席：蔣吟秋　　賓四夫人　　俞式如　　及各校長（以上客）　　陸尹甫　宋新之（以上主）

今午又同席：陸欽墀夫婦　　趙公紱夫婦　　蔣企範夫婦　　殷品逸　蔣孝珍　蔣孝亞夫婦　予夫婦　陸應雷之子（以上客）　　蔣孝秀　蔣卓人（以上主）

二月廿三號星期一（正月十四）

寫金振宇信。與靜秋同到唐子東處，晤其夫人，并晤許公鑑。到元妙觀凌雲士處，爲洪兒算命。予至衛前街企鞏叔處賀年，并晤其子來之。到陸棣威太表叔處，未晤。到育文書店訪曹慶森，亦未晤。到九妹處，并晤彭枕霞夫人等。抱九妹新生之子多弘。歸。

宴客。馬祖武來。傅世璜，龍鍾雲來。姜逸鷗來。與静秋同出購車票。歸，理物，記日記。

詩銘來。又曾來。李讓三來，爲寫鄭保兹信。理物。爲潮兒展書畫軸。

今午同席：魏孝亭夫人　唐子東　又曾　龍書夫婦　頤萱（以上客）　予夫婦（主）

凌雲士推洪兒命。其八字爲丁亥，辛亥，庚申，丙戌。一歲行運。爲人極聰穎，在學問上能創造，有財，富在貴上，有派頭（架子）。又謂四歲有小關口，過此甚好。廿一歲至四十一歲，爲黄金時代。

潮兒到古物室，欲看畫，指櫃中卷軸，又指母手令持卷端而予振之。一卷又一卷，眉飛色舞，詢其山在何處，水在何處，樹何石何，皆指出不爽，甚至屋中畫一老人，其狀甚小，亦能指出。繼而揮母手，自握卷端，至覽十餘軸始罷。此兒不及一歲半，而智識欲如此發達，洵非凡才也！

二月廿四號星期二（正月十五）

理物。又曾來。到站，晤希廉夫婦。乘八時廿七分凱旋號車。看京滬諸報。過丹陽後吃飯。

下午一時，車至和平門，下，雇人力車至中央博物院，晤昭遹，天木，宿會客室。理積牘。看《商鞅立法》，修改訖。

與甘益三，沈生同飯，談。與向覺明談，曾昭遹談。

二月廿五號星期三（正月十六）

寫静秋信。與昭遹同車到教育部，開文學院，師範學院公共必修科課程會議。十二時半散，在部飯。

續開史學系史地系課程會議。三時會散，與剛伯到中央圖書館，晤鎮藩。到財政部，晤徐柏園，黃祖耀。到教育部，晤朱騮先。到參政會，晤谷錫五。

到新亞，晤仲明，景琤，蔡恒。在太平路吃飯。歸，與覺明談。睡至十二時醒，失眠。

辛苦兩月，仍給四聯總處評爲不合條例，不予貸放，傷哉！此全係李叔明搗鬼也。

過陰曆年後，物價大漲。今日覽報，白報紙一令價至三百廿萬元，較去秋已逾十倍。米則早出三百萬大關矣。南京科長以下人員，每月仍只有三四百萬元，如何度日！

今日同會同席：田伯蒼（主席）　周鴻經　程伯園　陳雪屏　陳康　方東美　伍叔儻　王駕吾　沈剛伯　江良規　董守義　郝更生

二月廿六號星期四（正月十七）

三時，起寫呈朱部長文。五時半又睡，六時半又起。到中央飯店，訪黃仲明，遇江翊雲，與仲明同到大三元吃點。擎宇自滬來，同到旅館，與仲明商改呈文。與擎宇到内政部，晤角今，鄭資約，王錫光等。與擎宇，仲明到曲園吃飯。

乘馬車歸，應朱部長之命，作學潮問題文，未畢。在博物院飯。寫靜秋信。

到商務買書。晤周策縱夫婦。到新亞待仲明，擎宇，不至，遇陳慶。到中央飯店訪之，遇尹博公。十時歸。

二月廿七號星期五（正月十八）

略寫學潮問題文。到中央飯店，與擎宇同到農林部，訪周昌蕓，未晤。到編譯館，訪陸步青，葉達三，章高煒，遇羅雨亭。到公路總局，晤蔡元，蔣錫乾，參觀統計室。訪林伯超，見其夫人及其父建中，談。到丹鳳街吃飯。遇齊樹平。

到張務聰處，并晤阮國樑。又到伯超處，與其夫人談。到農業經濟研究所，未見人。到新亞。到水利部，訪薛部長篤弼，并晤李湛恩。到教育部，訪韓慶濂，蕭迪忱。訪奮生，未遇。到新亞，寫黃仲明，時樞信。

到曲園，赴宴。八時歸，則靜秋已來。與靜秋，天木談。

今晚同席：擎宇與予（客）　王錫光　張務聰　阮國樑（以上主）

二月廿八號星期六　（正月十九）

五時起。整理訖，待車夫至，乘汽車到中山碼頭。七時渡江，送靜秋，李媽上車，晤魏惠民夫人。別靜秋，上澄平輪渡江。乘公共汽車到新街口，到揚州館吃點。到中央飯店，與擎宇同出，至新亞。又乘馬車到中山門，乘公共汽車到孝陵街（鍾靈街），到中央農業試驗所，訪所長沈宗瀚及李潤吾。

與擎宇到國防部測量局，赴宴。出，到農林部，訪次長周昌蕓，并晤劉效仁。出，獨至中國地理研究所，訪林伯超，長談，并晤高泳□，林建中。出，到陳斟玄處。到户部街大中國圖書局辦事處，晤夏光誥。寫振宇信。

在户部街吃飯。與擎宇同車出，擎宇赴滬，予至大行宮雇車歸，與覺明天木等談。十二時眠。

今午同席：擎宇　王錫光　傅德　郭耀騎（以上客）　俞叔垕及其子清尹（主）

今晚同席：擎宇與予（客）　岳有五　姚宗乃夫婦（以上主）

二月廿九號星期日　（正月二十）

風雨陰晦，終日未出門，寫靜秋，丁山，程銅士，姜亮夫，朱寶昌，李丙生夫婦，婁子匡，自明，孔玉芳，蘇子涵，任筱莊，李文實，楊家駱，紀伯庸，印維廉，社教院信。天木來談。

與擎宇接洽之機關：1. 內政部，2. 農林部，3. 水利部，4. 中國地理研究所，5. 中央農事試驗所，6. 國立編譯館，7. 國防部測量局，8. 交通部公路總局。尚有未去者：1. 資源委員會，2. 氣象研究所，3. 中央氣象局，4. 地質調查所，5. 經濟部。

一九四八年三月

三月一號星期一（正月廿一）

寫靜秋，奮生，參政會，張亮丞，范可中，王樹民，林少川，王渭珍，劉佩韋，陳萬里，鄭相衡，孫詒芬，陳冠宇，朱菊人，沈子淵信。奮生來。

為策縱等寫字五件。寫馮伯平，劉虛舟，誦唐弟，楊拱宸，李搴陽信。乘馬車到大行宮，遇李潤吾。到郵局寄信。到新亞。晤姚宗乃。托王女士購車票。寫靜秋，振宇，社教院信。

到周策縱處談，留飯。晤蔡玉祥夫婦及中大農藝系女生五人。九時，步歸，與天木，覺明談至十一時。

昨書十六函，今書二十函，信債稍清。可見予只須有靜境，仍可做工作，工作效率不減廿年前也。

得振宇信，知已為代覓妥房屋，地點為施高塔路，頂費計黃金廿四兩半，有衛生設備，環境清幽，且近虹口公園，已代付定金。因定三日夜車赴滬看屋，辦理訂約手續。此屋既成，我之生活當可一變。

三月二號星期二（正月廿二）

天木來談。寫靜秋，德輝信。審查編譯館交審之《五洲史地論叢第一輯》及《孝經新舊注疏合刊》，作報告。

天木，昭遹來談。作學潮問題文二千餘字，未畢。爲策縱書字二幅。

天木來談。鈔出下午所作文。

三月三號星期三（正月廿三）

寫趙吉雲信。續作昨文，得二千餘字，即修改謄清。樹幟偕其弟仙椿，王德亮，易静正來。寫陳雪屏信。

到新亞，晤景琇等，取車票。到教育部，訪英士，和欽，遇之。訪驤先，純聲，千里，俱不晤。到邊教館訪奮生，并晤鄒明誠，劉鴻賓，到鴻賓家，見其夫人郭錦蕙與二女一子。與奮生同訪張道藩，不遇。奮生邀至大三元，吃飯。買送昭遹，覺明，天木物。

歸院，理物。與昭遹等三人談。九時，乘汽車出，上卧車，即眠。十一時，車開。

作《學風問題之我見》一文，自謂頗客觀，亦甚肫摯。示英士，英士謂應登《大公報》，易發生力量，因携之滬。其中有譴政府處，英士謂"如爲驤公所見便將删去，但你是一個社會上有地位的人，只可如此説"。

住博物院九天，備受招待，予所化錢極少。今日臨別，因買果子醬，牛乳，鹹魚，香腸等物贈三君。隨便買一點，已是一百廿四萬元。

三月四號星期四（正月廿四）

七時五十分到滬。到局。剃頭。與振宇同到山陰路興業坊看屋，與劉子潤談。到博物館，與丕繩，名世，徐家珍談。看日本所印《通溝》考古册。歸飯。寫静秋信。

到誠安處。出，訪王向辰于大中華飯店，未遇，留條。到中國女中訪紀伯庸，長談。到中聯公司，與姚伯南，黃仲明談，并晤張志毅。

劉子潤來訂約。志堅來談。

宣人，振宇爲予看定房屋于施高塔路興業坊卅五號，與《東南日報》經理劉子潤同居，彼居一二層，予居三四層，計大屋三間，小屋三間，勉可敷用。如靜秋同意，即遷入。否則讓與振宇。頂價爲金廿四兩半，合今法幣約五億元。此價不爲貴，惟予則有難色耳。

上海理髮價，已至七萬元，不改幣制，如何生活。

三月五號星期五（正月廿五）

到長春路，訪鄒珍璞，周策縱，同到凱福吃點。出，還局，晤君匋夫婦，君匋方自臺灣歸。與宣人同出，予至金城銀行，訪嚴良才，與良才同訪殷紀常。到大中國門市部看書。到文通書局，訪張志毅。回，寫靜秋，又曾信。澤民來。

宴客。伴策縱等參觀製圖部。審查民衆文庫圖書。到呂班路嚴家，與良才，殷視之談。并見良才之三子。留飯。

乘十七路電車歸。與君匋同到三江浴室洗澡。

今晨同席：周策縱　鄒珍璞　金振宇（以上客）　誠安及逸如（主）

今午同席：策縱　珍璞　誠安（以上客）　予與振宇等（主）

今晚同席：予與視之（客）　良才夫婦與其三子玲，玥，球（主）

三月六號星期六（正月廿六）

記日記三天。君匋來，同到大中華飯店訪王向辰，徐伯璞，同到大三元吃飯，商民衆讀物事。出，予至中聯，與仲明，小峰談。歸，至門市部。澤民來。

寫章元善，陳伯敬信，交澤民送去。陳青如來。將《學風問題》一文再作一回修改。寫王芸生信。修改練青《信陵君劫符救趙》，訖。

劉開森來。開局務會議，歷四小時，十時散。

今早同席：王向辰　徐伯璞　吳錦芝（志成書局）　鄭文伯（東亞書局）（以上客）　予與君匋（主）

三月七號星期日（正月廿七）

看《吳起與孫臏》及《趙武靈王胡服騎射》兩冊，加以修改。在大中國吃飯後，乘車赴站。

上金陵號車，三時許到蘇，雇車歸，與家人談。在車看杜守素《先秦諸子思想》。理物。看各處來信。

看井成泉所鈔件。又曾來談。

三月八號星期一（正月廿八）

寫成泉信。舜欽來。壽彝來。高靜一夫婦自徐州來，留住後院。銅士之子來。陳萬里來。理文稿。成泉夫人來借錢。靜一夫婦又來。又曾來，改其致房客信。

與靜一到惠民處。到社教院，晤蔡守堃，陳友端，汪長炳，顧嶽中，黃文浩等。寫靜秋，顧一樵信。到西北街寄信。歸，汪國範，國淑兩表妹來。改信稿兩通。

宴靜一夫婦，飯後長談。

三月九號星期二（正月廿九）

準備下午功課。理稿件。與靜一談。

到校，上"民眾讀物"課二小時（自述）。上"中國社會史"一小時（商代結束）。沈勤廬來。晤張紹良，陳定閣，謝孝思。吳宗鑫來。彭林蕢來。到觀前買報。

與德輝談。與靜一談。看王明《太平經》，承曜《西施》稿。看吕誠之《中國通史》。

下午突然疲倦，蓋連上三小時課，天氣熱，空氣又潮熱也。

三月十號星期三（正月三十）

準備明日功課。趙彥高來。趙維峻來，伴至高靜一處。改信稿兩通。

寫靜秋信。寫陸尹甫先生信。改伯庸所作《吳起與孫臏》。房客周太太來。

改德輝所作《趙武靈胡服騎射》，未畢。

三月十一號星期四（二月初一）

準備功課。到校，上"社會史"課兩小時（宗法）。吳宗鑫來。冒大雨歸，衣襦盡濕，換穿中山裝。

寫靜秋信。修改《武靈》文，未訖。丁碧雲，沈企周，李益先，楊達文，劉祖貴，陳海清，譚錫齡，周利人，徐厚慈，王安明十生來，參觀古物，書籍。

林國營，伍朝良，陳焱德來。謝東平來，長談。修《武靈王》文，訖。

三月十二號星期五（二月初二）

整理去年成泉自北平帶來之鈔本，筆記，信稿等。將廿六、廿七年予與履安信札彙裝一册。

到校，上"史料研究"二堂（史料類別）。出，訪錢大成，未晤。到文通宿舍，晤金德寶，馬爲義。歸，林建中，伯超父子自京來，長談。沈勤廬來，爲寫俞式如信。

留建中父子飯，談至八時別去。

三月十三號星期六（二月初三）

到樂鄉飯店，訪林建中父子，同到怡園，拙政園，獅子林游覽。在獅子林遇楊叔明，鄭振文夫婦及夏濤聲夫人，顧一樵，同到上海老正興吃飯。

飯後與一樵及林氏父子同游可園，晤蔣吟秋，游滄浪亭，文廟。三時，別林氏父子，與一樵到社教院，晤孫明經，黎劭西，陳友端，開聯合國文教組織中國委員會大衆傳播組第二次會議。

看電化系所製識字電影及明經帶來之紐約景色靜片。在社院吃飯。冒雨歸。靜秋自徐來。

今午同席：林建中，伯超　顧一樵（以上客）　　予（主）

七十萬元，連同車錢，茶錢約一百卅萬元。

今日下午同會：黎劭西　顧毓琇　孫明經　予（主席）　　蔡守堃（記錄）

討論議案：

一、請聯教在華設立遠東大衆傳播事業技術中心。

二、請政府及聯教派遣中國大衆傳播事業海外考察團。

三、大衆傳播器材之入口，請政府予以便利。

四、民衆讀物及與大衆傳播教育有關之刊物，請政府配給紙張。

五、請教部鑄造注音字母鉛字萬分發各地印刷所。

六、請教部協助製造國音標準音盤。

三月十四號星期日（二月初四）

到中國飯店訪孫明經，同到丹鳳吃點。同歸，參觀古物。到黎劭西處，未晤。歸，明經來，參觀書室，留飯。劭西來，同飯。程治平來。

與靜秋到劭西夫婦處，談。冒雨歸，到靜一處。傅安華自滬來，長談，參觀書室古物室。傍晚別去。蔡守堃來，改其昨日所作記錄。

看《五服異同彙考》。

《論學風問題》一文，竟爲王芸生退回，以《大公報》社論向助學生説話也。

今午同席：黎劭西　孫明經（以上客）　予夫婦（主）

劭西云，亡國有八徵：外戚，宦官，權奸，黨禍，藩鎮，流寇，外患，民變是也。今皆備矣，禍其可逃乎！

三月十五號星期一（二月初五）

將《趙武靈王》一文作最後修改。傅世璜，林國營來。高静一夫婦來。寫君匋，誠安信。

準備明日功課。静秋赴滬。理舊稿。壽彝來。張效宗，于淮來。

二嬸母來。到又曾處。續準備明日課。

爲國民大會將開，連日共軍攻城益急，永吉，洛陽皆下，蘇北，陝北多陷。静秋一職劬繫系，來去不得自由，共軍宣稱將於五月攻下徐州，屆時秩序大亂，其何以處之。因此，静秋心緒極劣。

效宗來，謂去秋我未至西北，蘭大史學系學生竟貼標語，罵學校當局，幾成風潮，此真想不到之事矣。

三月十六號星期二（二月初六）

豫備下午功課。寫雪曼夫婦，又安，伯庸，逸民信。鳴高叔來。錢大成來，看左宗棠與袁甲三信十通。寫樹幟信。

到校，上課三小時（民衆讀物，分組出題。社會史，喪服制）。與傅世璜到逸民處。到謝東平處。

鈔明太祖所定喪服制。又曾來。

三月十七號星期三（二月初七）

程治平來。尹甫先生來。舜欽來。看《五服異同彙考》。到馬醫生處，爲潮兒開方。即至同濟藥房取藥。到潘景鄭處。寫振宇信，到北局寄。

寫誠安，劉虛舟，張金鑑，王明，參政會，張公量，陳懋恒，丁實存，湯吉禾，任筱莊，起潛叔，楊書田信。寫李文實，史筱蘇信。

與又曾到徐文炳家吃飯。看邱家班演藝，九時半歸。

今晚同席：毛寅（瑞芝）　蔣松生　張申之夫人及其子等（以上客，凡四桌）　徐文炳夫婦及其子（主）

潮兒身體不好，已歷十餘日，至今仍泄瀉，糞作綠色。精神疲憊，肌膚瘦削，甚爲憂之。洪洪則乳母雖無乳，猶甚肥健。此當因懷胎之際足月與否而異。

三月十八號星期四（二月初八）

三時半，在床看《儀禮》。六時起，將《儀禮·喪服》篇分行鈔出，并預備本日課。十時，到校，上"中國社會史"兩堂（喪服）。爲潮兒買藥。晤王啓潤，吳安真。到二嬸母處。

社教院學生劉潤彩，周海如，湯伊源，黎文彩，葉文秀來，參觀古物。程治平來。静秋自滬歸。

謝東平偕劉元樹，高廉，儲培君來，參觀古物，九時半去。

三月十九號星期五（二月初九）

讀《儀禮·喪服》篇。寫黃奮生，鄧文儀信。

看梁任公《歷史研究法·史料篇》，豫備明日功課。馬醫生來，視潮兒疾。耀玥偕王錫蘭，王明恕，楊恢烈三女生來。

看丁山評范文瀾通史評，未畢。

三月二十號星期六（二月初十）

準備功課。到校，上"史料研究"二堂（史料品類，續前，訖）。以雨，乘車歸。

鈔《喪服》條文上卡片，備分析，未畢。陸欽墀來，爲其代課事，與之往訪壽彝，并書承曜信。

早眠。

潮兒今日大愈。

三月廿一號星期日（二月十一）

續鈔《喪服》條文上卡片，訖。静一來。尹甫先生偕承曜來。宴社教院諸女生。

整理卡片，加寫號數。黨文翰，張效宗來。

邀又曾來談房租加價事。静秋與予爲此打架。

徐州日緊，静秋以責任所在，不能不往。然該地如淪陷，則恐以負責任故，遭其毒手。連日心境甚劣，動言欲死。我生不辰，逢此百罹，奈何奈何！

今午同席：王錫蘭　王宗蕙　王明恕　楊恢烈　高耀玥（以上客）　予夫婦（主）

三月廿二號星期一（二月十二）

將卡片整理，分十一類鈔之。承曜來。井太太來，談其將來生活。

與静秋同出，到玄妙觀財神殿鄒慕鴻處，爲静秋算八鴿滾命。出，到中國旅行社問運物事。到國貨商場吃茶，予理髮。到范莊前看木器。到大春樓吃飯。在護龍街爲徐校定鋼印。看書。

到蘇州大戲院，看《家》電影，自七時至十時半，遇耀玥，王錫蘭。歸，十一時眠。

馬詩坰至鄒慕鴻處算八鴿滾，爲静秋道其奇，故往一試。其術以邵康節先天數爲之，算出一數即以書交人自覽，渠謂静秋命硬無子，須賴夫命得生，然予命亦硬，未必有望也。又謂其壽六十三，記此待驗。

理髮價已至十萬。與静秋兩人吃麵當飯，亦廿一萬元，從前只五六角耳。

潮兒能知頡剛爲予名。

三月廿三號星期二（二月十三）

寫教務處請假信，出補考題。理物。耀玥來。到成泉處筆談。詩銘來。

黄時樞來。徐文炳夫人來。與静秋携物十二件到站，上錫滬快車，三時五十分開，五時四十分到滬。即赴大中國，與擎宇等談。

嚴幼芝來，留飯，長談。早眠。

夜半作夢，正在吟詩，爲鼠鬧所驚醒，猶記其二句，曰"立身應作千秋業，此日當輸一局棋"。噫，予向不以稻粱之謀而寫作，今爲生活所迫，不能不求一出路，而有暢銷之圖，此非輸乎！

三月廿四號星期三（二月十四）

志堅來。與静秋同到興業坊，指揮工人修理。岳海庚來。到市博物館，晤楊寬正，童丕繩等。静秋來，同參觀陳列室。歸局飯。汪孟鄒來，留飯。

到王澤民處。與静秋同到紀伯庸處，并晤滕大生。出，到城隍廟，吃點，買物。歸，陸步青來，同到山東路老正興飯。

改《墨子》一册，未畢。宣人來談運書事。

三月廿五號星期四（二月十五）

看《墨子》文畢，記出圖畫應修改處。誠安來。家駒來。寫張其春，許恪士，程治平，潘景鄭，陳雪屏，王渭珍信。寫張文白信。

與靜秋到站，二時車開，以交車多，四時半到蘇。坐三輪車歸。

與又曾，靜一談。晤孫世英小姐。

三月廿六號星期五（二月十六）

改信稿一通。理物。與靜秋，頤萱，三姐夫婦，高靜一夫婦到昌善局，祭外姑。歸，宴客。中國旅行社人來，運物。

靜秋，徐德榮到滬。續理書畫。有斐夫人來。豫備明日課。

續理書畫。并成泉夫人來。

今午同席：高靜一夫婦　孫世英女士（劉虛舟之兒婦）（以上客）　予夫婦（主）

三月廿七號星期六（二月十七）

寫成泉信。到校，訪陳友端，晤戴公亮，古柏良等。上"史料研究"二小時（紀載材料）。歸，伯庸自滬來，談。

與伯庸至書室談。彭林蕚來。蔡守堃來。秦希廉來。與守堃到觀前照相，到中正路取鋼印，看書肆三家，到頤園，未入。耀玥來，留宿。

與守堃伯庸同飯。爲人寫字七件。

三月廿八號星期日（二月十八）

爲人寫字八件。毛萬容，濮秉鈞來。整理行裝。智駿來。

又曾來。高靜一來。濮秉鈞來。二時許，與伯庸，龍書夫婦，潮兒，淑琴乘車到站，上三時四十四分錫滬車，五時許到滬。許志道及金丁諸家三輪車來接，即到山陰路新宅。

與靜秋及一家人到山陰路益大麵館吃飯。理書，至十時。

予去年被提爲中央研究院院士候選人，今日覽報，悉候選人百五十名，此次當選者八十一人，予亦當選。此較之參政員國大代表實在的多。惟予近年勞于生活，竟不能從事研究，未免有愧于衷耳。

此數日來，靜秋勞于購買什物，布置新家，辛苦之甚，夜中兩指腫漲，致未能合掌。成立一新家庭，真不易也。

三月廿九號星期一（二月十九）

修改《蘇秦合縱》，訖。陳宣人來。劉子潤來。德峻來。嚴文墡來。與家人到伊斯蘭牛肉館吃飯。

到大中國，與君匋談。寫高仲三信。計志中來。靜秋來，與之同歸。到誠安處，未晤。歸，誠安夫婦偕七侄，平侄來。岳海庚來。抱潮兒到馬路看汽車。

看秉志《競存論略》。

三月三十號星期二（二月二十）

修改《張儀連橫》，訖。寫德輝，中國旅行社信。

乘電車到大中國，看鄭振鐸《中國歷史參考圖譜》。與君匋同到四馬路甤業銀行看屋，到新亞書店開會，到金門飯店訪臺灣教育團諸人，未晤，回局。

與振宇同回家，赴劉宅宴。十時，送靜秋上站。十一時歸，失眠。看《競存論略》。

今日下午同會：仲明　小峰　邦楨　季康　冰嚴　君匋一見劉季康，曹冰嚴二人便起噁心，真非我道中人。廣益能走民衆路綫，而偏以毒質害人，將來非芟刈之不可。

今晚同席：振宇　何學尼　袁□□　郭□□夫婦　予夫婦（以上客）　劉子潤及其夫人張靜梅（主）

潮兒受寒而積食，晚又病，吐水。靜秋以後日徐校開復校二周年紀念會，不能不去，臨別悲甚。

三月卅一號星期三 （二月廿一）

看《競存論略》，訖。寫静秋信，即到北四川路付寄。買文具及兒童書。窗簾匠來工作。開戰國故事目録。

到博物館，晤丕繩，永年，大沂等。到大中國，與君匋談。購肛門用寒熱表。再到博物館，晤名世，寬正。歸，岳海庚來。看木匠電燈匠工作。

寫静秋信。看吕思勉《中國通史》。

昨夜幾徹宵不眠，今日甚疲。

潮兒今日頗愈，惟熱尚未退盡。此兒如此之嬌，養育大不易。今次之病，蓋彼初到滬，極喜憑欄看汽車，而近日天甚寒，遂傷風也。

遷滬所以求逃避塵務。蓋蘇州有本家，有姻戚，有世交，彼輩多無出路，知予交游較廣，競來纏擾，欲解除其困難。然生丁亂世，予力無幾，不但不足以饜其求，而予之時間，精力作此無聊之消耗豈不可惜。年來所定計劃無一成事，爲親我者所痛。又社教院中一任課，即有無數事務集于予身，而課業之準備又廢却時間不少。是以商之静秋，悉索敝賦，頂屋三間于施高塔路，且別在大中國局中覓一秘室，此後至少以半天治學。對蘇州人言，已遷至上海。對上海人言，則猶留蘇州。庶幾許多人可以放過我，使我秉燭之年尚得以學術工作自效于社會國家乎？

卅七，三，卅一記。

［原件］

　　顧頡剛先生

星期＼時間		上　　午				下　　午			
		1	2	3	4	5	6	7	8
每周授課時間表	一			十至十一	十一至十二	一半至二半	二半至三半	三半至四半	
	二					民衆讀物教三	民衆讀物教三	中國社會史事三	
	三								
	四			中國社會史事三	中國社會史事三				
	五								
	六			史料研究圖三、四	史料研究圖三、四				

［剪報］　卅七，三，九《申報・自由談》

夏禹不是一條蟲了　　　　　　　　　孫　鶴

　　顧頡剛教授是我國古史學權威，許多著作裏都有驚人之論，他以疑古之眼來看一切典籍，遂于二十多年前發出"禹是一條蟲"的結論。

　　學術界曾經引起很多人的驚異，一部人對之作懷疑的懷疑，有人則認爲顧先生此說的荒誕而作峻刻的諷刺，魯迅先生便是一個，這，曾經刺激了顧先生，爲之大怒，寫了一封信給任教中山大學的魯迅先生，請他不要離開廣州，因爲他認爲這是莫大的侮辱，等候他來起訴開審。終于魯迅先生并未遵命等待，只是回敬了一頓諷刺而去。顧先生也就沒有進行訴訟，否則爲了學術上的歧見而對簿公庭，倒是學術史上一件佳話。

魯迅先生死後的第十年（民國卅四年），我們却在顧頡剛先生在重慶主編的《文史雜志·古代史專號》的社論上，發現了如下一段——

> 我們的古代史，孔子時便已感到夏殷文獻不足。到了孔子後連西周的文獻也感不足了，所以我們要想研究上古的史實，不能單靠幾本古書，只有盡力從事于考古學，努力向地下發掘遺物，像英國人之考求埃及古史一樣。遺物固然也很零碎，但總是當時的實物，是直接的材料，不像古書那樣，經過多少次的傳鈔重編，發生許多後起的煩瑣問題。四十年來遺物之經發現者業已不少，只要我們肯耐煩，從那遺物的本身上細心探去，未必不能憑我們的想像搭起一個系統來。（中略）不過就我們現在業經發掘的遺物看來，尚只能探索殷商的歷史，對于夏王國仍覺得很茫昧，雖然夏的存在已是無可懷疑，但夏的歷史還不容易着手，銅器出了許多，沒有一件夏的東西。古文字發現得不少，沒有一件是夏人寫的。沒有銅器，是不是他們尚滯留在新石器時代？沒有夏的文字，是不是那時尚未有文字，抑尚未發現？提到這些問題，我們真是茫昧得很，文獻不足，遺物無存，不能憑空臆斷。所以截至現在爲止，我們的古代史只能從殷商寫起，商以前的史事仍舊要靠考古學家們繼續努力去搜求。

顧先生雖然藉《論語》上孔子說的“夏禮吾能言之，杞不足徵也”，以示“一條蟲”說并非太荒唐，但畢竟頗有悔"少作"之意，畢竟否定了過去鑽故紙堆而不憑實物的治學功夫。而且肯定"夏的存在已是無可懷疑"，特別反覆承認自己對夏史的"茫昧"，毫無文過飾非之意，這在治學上的進步精神是值得大書特書的。對于當年要打官司的事，顧先生也許會自己失笑的吧。

　　悠悠之口！

[剪報] 卅七，三，廿八《申報》

中研院評議會選舉結果
院士八十一人當選

投票選舉院士之結果，計三組，八十一人當選；名單如下：㈠數理組"數學"：姜立夫，許寶騄，陳省身，華羅庚，蘇步青；"物理"：吳大猷，吳有訓，李書華，葉企孫，趙忠堯，嚴濟慈，饒毓泰；"化學"：吳憲，吳學周，莊吳繼，曾昭掄；"地質"：朱家驊，李四光，翁文灝，黃汲清，楊鍾健，謝家榮；"氣象"：竺可楨；"工程"：周仁，侯德榜，茅以升，凌鴻勛，薩本棟。㈡生物組"動物"：王家楫，伍獻文，貝時璋，秉志，陳楨，童第周；"植物"：胡先驌，殷宏章，張景鉞，錢崇澍，戴芳瀾，羅宗洛；"醫學"：李宗恩，袁昭瑾，張孝騫；"藥學"：陳克恢；"體質人類"：吳定良；"心理"：汪敬熙；"生理"：林可勝，湯佩松，馮德培，蔡翹；"農學"：李先聞，俞大紱，鄭叔群。㈢人文組"哲學"：吳敬恒，金岳霖，湯用彤，馮友蘭；"中國文史學"：余嘉錫，胡適，張元濟，楊樹達；"歷史"：柳詒徵，陳垣，陳寅恪，傅斯年，顧頡剛；"語言"：李方桂，趙元任；"考古"：李濟，梁思永，郭沫若，董作賓；"美術史"：梁思成；"法律"：王世杰，王寵惠；"政治"：周鯁生，錢端升，蕭公權；"經濟"：馬寅初；"社會"：陳達，陶孟和。

[剪報]

教員團體"東區"當選人：胡煥庸、顧毓琇、朱國璋、丁文淵、章益、朱經農、羅家倫；候補人：趙太侔、張其昀、王守偉、顧頡剛、樓特全。"北區"當選人：袁敦禮，胡適、梅貽琦；候補人：賀麟、鄭華熾。"中區"當選人：姚從吾、周鯁生、王治孚；候補人：趙師梅、郝象吾、蕭貞昌。"南區"當選人：王星拱，李季谷、金曾澄、鄧植儀；候補人：張良修、秦道堅、鍾震、陳頤。"西區"當選人：張洪沅、張廷休、何魯之；候補人：劉運籌（原已當選，政黨互讓）、韓慶濂、任泰。"西北區"當選人：辛樹幟、唐得源；候補人：潘承孝、曹配言、段子美。"東北區"當選人：方永蒸；候補人：楊予秀。"婦女"當選人：黃翠峰、李立、賈秉德、袁昌英、劉恩蘭、姚丁昆、喻忠權；候補人：謝冰心。

本屆國大職業團體之一部分。卅七，三，七，發表。

此後予微細之政治生涯當可結束矣。

[剪報] 卅七，二，十四《大公報》

大中國圖書局

輿圖專業

亞光輿地學社出版

中國史地圖表編纂社編製

供應教科地圖

中學適用精製　中國地理教科圖　廿六元

中學適用洋裝　中國地理教科圖　廿二元

中學適用精製　世界地理教科圖　廿六元

中學適用洋裝　世界地理教科圖　廿二元

十六開本　本外國地理教科圖　十三元

小學適用　中國新地圖　七元

小學適用　世界新地圖　七元

彩印洋裝　小學標準地理教科圖　五元

學生實習十六開本　中國地理暗射圖　四元

學生實習十六開本　世界地理暗射圖　四元

教育部委托編印　中心國民學校挂圖　六種一套二十元〇四角

國民學校挂圖　四種一套十三元六角

△各圖均照基本定價一萬一千倍發售▽

一九四八年之新貢獻

爲減輕讀者負擔特選

袖珍中國分省精圖

袖珍世界分國精圖　｝印行普及本裝本圖

布面精裝定價六元

平裝定價四元五角

特價八折

精裝中國分省精圖　十六元

洋裝中國分省精圖　十三元

精裝世界分國精圖　十六元

洋裝世界分國精圖　十三元

精裝袖珍中國分省精圖　十元

洋裝袖珍中國分省精圖　八元

洋裝袖珍中國分省詳圖　七元

精裝袖珍世界分國精圖　十元

洋裝袖珍世界分國精圖　八元

洋裝袖珍世界詳圖　　　七元

精裝中國分省新地圖　　廿六元

精裝世界分國新地圖　　廿六元

　　　挂　圖

甲種現代中國大地圖　　十六元

甲種現代世界大地圖　　十六元

乙種現代中國大地圖　　七元

乙種現代世界大地圖　　七元

丙種中華民國新地圖　　三元四角

丙種世界新地圖　　　　三元四角

南洋群島新地圖　　　　十二元

中韓日形勢圖　　　　　二元

中菲越泰形勢圖　　　　二元

華北各省交通詳圖　　　十元

大中國立體地形圖　　　十二元

各省分縣詳圖　　　　各三元四角

　　其他圖書另詳目錄

　　　上海四川北路八號　電話四一八六五

　　　　　　　　　　　　　四四九四六

　　　　　　　　　電報挂號〇六九一

　　全國各地同業均有經售

　　聯合供應三十七年修訂最新版本之

　　　國定本中小學教科書　排製印刷最精良

　　　封面裝訂最新穎　內容插圖最標準

　本局等于國定本教科書開放之後，首先承印。三十六年秋季，以小學教科書全部四十冊最新版本貢獻于全國教育界，已承各方稱賞。今復將學校中渴望已久之小學各科教學指引及初中與師範科教本，陸續趕印出書，應全國各校春季開學之需要。全書精校精印，歡迎各方采購。另印詳細目錄，函索即寄。

教育部頒發初字第一、二、四、五、六號許可執照
高字第一至第五

小學教科書及教學指引	
初小國常全八册	初級婦女班全一册
初小算術全八册	初小國常教學法八册
高小公民全四册	初小算術教學法八册
高小國語全四册	高小公民教學指引四册
高小歷史全四册	高小國語教學指引四册
高小地理全四册	高小歷史教學指引四册
高小算術全四册	高小地理教學指引四册
高小自然全四册	高小算術教學指引四册
初級成人班全一册	高小自然教學指引四册
以上除初小國常教學法後四册高小算術指引後三册高小國語教學指引第四册教部稿本尚未發下外其餘均可出版	

中學教科書及師範科本	
初中國文全六册	初中動物上下册
初中公民全三册	初中植物上下册
初中歷史全六册	初中地質礦物全册
初中地理全六册	初中公民輔導書一、二册
初中算術上下册	初中國文輔導書一、二册
初中代數上下册	初中歷史輔導書一、二册
初中幾何上下册	初中地理輔導書一、二册
初中實驗幾何全册	師範教育心理上下册
初中化學上下册	師範教育測驗統計上下册
初中化學實驗教程全册	師範教育行政
上列國文公民歷史地理四種已遵照修訂其餘均爲全新版本即可陸續出齊	

歡迎同業、學校直接采購，批價從廉。

大中國圖書局　四川北路八號　電話：四一八六五

新亞書店　河南中路一五九號　電話：九四二五八

廣益書局　福州路三三八號　電話：九七三一二

北新書局　福州路二五四號　電話：九六四七九

中聯印刷公司　茂名北路三十五號　電話：三八五九七

　全國各地分局辦事處、特約所

　備貨充足　大量供應　歡迎批購

社事三中國社會史期中考試題

一、中國社會史當分若干階段？

二、何謂圖騰社會？

三、中國有無母系氏族社會？

四、經書在中國社會發生何種影響？

　　（擇作三題）

社事三中國社會史試題（擇作三題）

一、圖騰社會如何轉變成宗法社會，試說明其政權集中的程序。

二、商代社會是在那一階段，試分類言之。

三、盤庚何以要遷都，他的臣民如何不願遷，試說明其經濟上之理由。

四、秦始皇發贅婿伐南越，獎勵巴寡婦清，爲築女懷清臺，會稽刻
　　石又說：“有子而嫁，倍死不貞，防隔内外，禁止淫佚，男女
　　絜誠”，這些事實試以社會史的眼光評論之。

[剪報]

談通俗讀物　　　　　王　奇

　通俗讀物即是民眾讀物，自來中國的知識分子，是書愈讀

得多，離俗愈遠，通人學者，是絕對不肯措意于通俗二字的，好像他們讀書的目的，在未達之時，是通古今之郵，代聖賢立言，到了學優則仕，便要志在廊廟，非高文大册典謨訓誥不屑一顧了。中國文盲占全國人口百分之八十，却是沒人管，帝王時代，巴不得農民不識字，所以人人都舉行着秦始皇的一貫政策，黔首以愚爲得體；民國以來，在内戰的炮火與官紳軍閥的敲剥下，自然也談不到這些。然而民衆究竟不能不要求精神糧食，因爲到底他們也是有頭腦的，于是小説、彈詞、鼓書、影詞、小調、民歌……等等數不清的東西，以陋劣的木刻，蹩脚的石印，訛錯的鉛印流行起來，有的内容是屬于民衆自己，有的則是含有毒素的公子落難，花園訂終身的團圓故事，或是報應循環的勸善金科，使人民一步不敢多走。全國專以出版此種讀物爲業的書店，其歷史之長，與數量之多，分布之廣恐怕是任何出版商所不及的，可惜還沒人作一個縱的與横的研究，不免把這些人民精神食糧的供應者淹没了！至于作者，更是不易考查，或則根本無名，起于民間傳說編製，或則士大夫階級化名爲之，唯恐怕被人恥笑，有失身份，他們作了這些東西，十之八九是爲發泄牢騷，而不是真的想爲人民閲覽。《水滸傳》的作者，至今還有筆墨官司，《三國演義》，《童癡二弄》，三言二拍的作者，也是幾經考訂，才能確定。這倒有趣，通俗讀物雖然在當時看不起，幾百年後却成了高級學者們研究的對象，明刻本的坊肆小説，也用金鑲玉的裝束，陳列在雅士的書齋裏，甚至禁閉在國立圖書館的善本室了。

小説有多少種？孫楷第先生已有《中國小説書目提要》，及《大連、日本所見中國小説提要》，俗曲有多少種？劉半農李家瑞二先生也有《北平俗曲總目》了。看了那洋洋厚册，不禁感覺先民創作力的偉大。目下小說詩歌等作品，自五四運動以來，真可汗牛充棟，但有幾本是能够普及民間的？一般說來，新文藝只是供新雅士的欣賞批評，雖然他們描寫的對象也標榜農民大眾，而與農民們正是風馬牛，在上海玻璃櫥窗中陳列的"佳作"，絕對不會和《孟姜女》、《四季相思》、《閻瑞生》、《嘆五更》那麼流行到泥土氣息的農村中去。近來出版的《李家莊的變遷》及《李有才板話》等不知在另一區域其流行情形如何，若也只限于知識分子中間的傳誦，那還是不中用的。北平的老二酉堂、文成堂，上海的錦萃、廣益等書局，才是散布這種真正通俗讀物的老資格，老二酉堂在事變前還可以買到大批木刻的《劉二姐逛廟》、《大小姐偷杏》之類的唱本，而在華北農村所流行的石印影詞（指灤州影戲）大鼓詞，差不多全是錦章出品，我們對于他們營業之深入，不無驚異，但他們却永遠不登廣告吹牛皮的。

民國十三四年間，晏陽初博士開始在定縣辦理平民教育促進會，提出平民教育的口號，石破天驚，中國知識分子爲之一動。他雖是留美留歐的兩重鍍金大師，但却能一肩行李，直入農村，和穿着老布棉襖褲的鄉下老兒周旋，實踐了到民間去的口號。隨着平教會的成立，有平民千字課的出版，這裏所選定的一千字，是根據許多通俗讀物統計而得的，算是以科學方法，學者身份編纂通俗讀物的第一聲；然而這是平民識字的課本，還談不上讀物呀。

平教會的後期，標榜生產、文藝、公民、衛生四大教育，以求治窮、愚、私、弱四大病症，在文藝教育的項目下，也曾出版過不少的劇本、故事、鼓詞、唱本之類，主持者

是熊佛西、孫伏園、及王向辰（即老向）諸公，并有刊物
《民間》周刊出版，經常有些人作着平民讀物的研究工作，
例如由該會石印出版的定縣大鼓書，即其中之一，那完全
是由説書人的口語直接記録下來的，説書人或者竟連一個
字都不認識。

可惜是定縣的民衆讀物流通的并不廣，很有些人批評後期
民教事業之趨于官僚化，事實如何，姑不深論，總之，其
工作未能如理想的展開則是真的。到民國二十五年才有異
軍突起的通俗讀物編刊社，專以出刊通俗讀物爲職志。該
會的主持人是史學專家顧頡剛先生，他爲什麼要作這件
事？原來是受了華北時局沉悶的刺激，因爲那時日本正展
開“華北特殊化”的攻勢，冀東成立僞組織，“首府”即
在通縣，與北平相隔不過四十華里，北平郊外，早也演
習，晚也演習，北平城裏，日本浪人“高麗棒子”，一天
多似一天，土藥店（後改國藥店）滿街都是，白面兒房子
比鄰而居，一個有血氣的知識分子，怎麼能夠忍受？而且
城外的清華燕京，因爲環境比較自由，敵愾心的表現更屬
害，顧氏毅然決然以教授身份發起組織，要把專門學術的
工作，弄到平民化，在中國像這樣坐言起行的人還不多。
聽説很有些高踞“學壇”坐擁皋比的人物，對顧氏加以鄙
視，認爲這是學術圈子以外的事，但顧氏不以爲意，一直
幹了下去。

這機構的成立還不能不感謝宋哲元，當時華北政委會的主
持者。編刊社的第一本大鼓詞《廿九軍大戰喜峰口》，不
但得到北方民衆的歡迎，而且也頗蒙宋將軍贊許，他居然
肯每月出一部分錢作爲社費，于是在北平的府右街觀音堂
就正式覓定社址，并開始徵求各種稿件。

讀物社的徵稿，完全采取"舊瓶裝新酒"辦法，以民間最流行的文學形式，作爲寫作的體裁。例如：長篇章回小說、大鼓詞、彈詞、小曲、京劇脚本、灘簧等，當時最引人注目的就是徵求長篇章回小說，方式是先後約定，投稿的雖則不少，合用的似乎不多，後來還是約定谷斯範（？）寫"新水滸傳"吧？我已記不甚清。彈詞、鼓書、唱本脚本等，成績很好，顧先生自己也寫了一篇《武訓》和《大刀王五》的鼓詞，登在《民衆周報》。

《民衆周報》是該社所辦的定期刊物之一，起初自己發行，後改歸開明書店，内容新舊兼收，是一種真能深入民間的雜志，當時發行數量幾達十萬，在雜志界堪稱首屈一指，其中心思想置重于抗日，附帶也補充民衆常識，對于破除迷信之類，尤再三致意。史學名家徐炳昶也加入工作，《民周》好像就是他主編的。另外還有一種比較程度深些的半月刊，名曰《大衆知識》，編者是今日在中大任教的吳世昌，青年朋友們看的很多，該刊在那時，也是屬于"前進的"。其最特別的一欄，就是歷史名人故事，大半由鄭侃嬺女士執筆，取古人之可資楷模者，以平實的白話寫成傳記，并附插圖；這是別種刊物裏所不見的。鄭氏還寫了許多單行本的傳記小册子，如《曹沫劫齊》，《田單救齊》，《弦高犒師》，《費宮人刺虎》等，與前面所説的曲本鼓詞等裝訂式樣差不多，銷行亦廣，可悲的是鄭女士竟于抗日戰爭爆發後，病死香港，這種損失，向誰去索償呢？

除定期刊外，《申報》還特闢一版，名曰《通俗講座》，每周發刊一回，專刊中西歷史故事，寫作者以在校學生爲多。通俗社的出版物最大特色，如前所云即完全用民衆所習知的體制形式，連印刷裝幀全是襲取流行于民間諸作品的，定價尤其便宜，一本鼓詞或腳本，價不過二分（批發尤廉），亦即是北方的四大枚南方的六只銅板，凡是在街頭賣曲本，小書的攤販，無不有之，唯其與舊東西分不清，而能深深打入其陣營，所以才發生極大的作用。通俗社并曾訓練北平的説書人，義務教給他們唱《廿九軍大戰喜峰口》等腳本，果然在教書界也就流行一時。那時物力豐裕，民生平易，歌臺舞榭中，平民身份的觀衆很多；就是印刷出版，也是幾百元就可以辦一大堆事，豈似現在之又愁報紙又愁經費，所以及今思之，亦大有三代以上之感矣！

爲了批發上述的通俗讀物，曾對北平的小書報攤子作詳細調查，那也是一椿繁難的工作，惜乎該項報告，未能公開印行，不然，倒也是中國出版業一項很有趣的資料。顧氏的計劃，除書刊外，還要逐漸推行至畫幅，民國廿五年，曾印行抗日年畫多幅，也可以在大街上的臨時畫棚中發現，小朋友們買的很多。此外就是另外一種最流行的通俗畫册——連環畫，北方曰小人兒書，南方曰小書。其對于兒童及一般略識文字者的影響，實在比報紙刊物大到不知若干倍，若好好加以利用，效果定有可觀，不料蘆溝橋的炮火一響，這些事完全化爲泡影。日本人是恨通俗社若蛇蝎的，平時，社中連牌子都不敢挂，唯恐浪人們搗亂，這時自然只有流亡。

流亡中的通俗社，始而是甘肅蘭州，繼而是四川北碚。他們没有充足的經費，内地更没有那麼方便的印刷，只好與其他學術機關如中央編譯館等儘量合作，但作品仍是日出不窮，連環圖畫也産生了，不能印，就采壁報方式公開展覽，在大後方苦撐了許久，終于不得已而出于解散。

這之後，正式以編刊通俗讀物的機構就没有了。中央編譯館雖有這一項計劃，而且也徵求過通俗讀物稿件，但向來國家機關辦事是蝸牛化的，也難怪，没錢，没人，如何能成？我每看到那畸畸零零幾小本的唱本故事謎語就不禁嘆一口長氣，這就是我們政府頒給人民的精神食糧嗎？聯合國文教會議雖在中國開過了會，也到各地參觀過，然而關于真可以給老百姓謀一點福利的教育事業好像還没什麼下文，像通俗讀物社這樣的機構，夭折而不能復起，我覺得是可惜的！

顧先生現在主持着大中國圖書局，該局雖然以出版地圖爲主，但也附帶着辦一辦通俗刊物，即如《民衆周刊》，就是完全承襲戰前《民衆周報》作風的，上面明明標着："給市民、農民、工商等人看的"，可是竟不能像《民周》那麼暢銷，其原因無非爲了成本高，售價貴，而一般人救死求生之不遑，也就没什麼心情用到求知上去，還是注意一下行情市面要緊。可是一個國家的"百年大計"，果然應該這麼下去嗎？我真有點不懂。除《民衆周刊》外，還有一套《中國歷代名人小叢書》，也在刊行。這叢書全套共約一百八十種，由兩周至清末，把歷史上政治、軍事、社會、學術各方面的名人多寫成通俗故事，每種以一萬字爲單位，也可以説是一個野心的嘗試。顧氏主張歷史的應該分別對象寫作，他所設計的通史有六種：㈠專供大學生或專家參考的，㈡中學生讀的，㈢小學生課本，㈣章回體演義，㈤歷代名人故事，㈥連環畫。現在㈣㈤兩種可以説都在進行中，㈠㈢也有專家在動手，㈥或者就要着手。把學術從象牙之塔中提出，而使之徹底大衆化，平民化，好像不該再是學者們觀望冷淡的事，許多文化先進國家都有專門編印通俗書刊的書店與學人，希望我國的教授專家，不止爲自己的肚皮叫喊，也爲人民的精神饑饉努力一二。

此文作者未詳爲誰，依王姓推之，其王澤民（方白）乎？

七六，六，五，記。

我必作之論文：

1. 堯典著作時代考
2. 禹貢著作時代考
3. 皋陶謨著作時代考
4. 王制著作時代考
5. 月令著作時代考
6. 詩起興考
7. 春秋左傳的分析
8. 制器的故事
9. 孟姜女故事考
10. 六月雪故事考
11. 公亶父非太王考
12. 左傳豫言考
13. 戰國的郡縣
14. 海經的研究
15. 讀周書王會篇
16. 蘇州的花園
17. 三年之喪辨
18. 孟子兼受孔墨考
19. 清學的大目的

以上諸文倘十年中均能寫出，我這一世便非白活。

卅七，六，十一，記。

又此生應編纂之書籍

1. 古史四考（帝繫考、王制考、道統考、經學考）

2. 寫定群經

3. 先秦諸子彙編

4. 兩漢諸子彙編

5. 古文字學書彙編（？）

6. 古文學書彙編（？）

7. 國史簡編

8. 全史編年

9. 全史紀事本末

10. 標點本二十四史

11. 中國歷史故事小叢書

12. 中國文化小叢書

13. 群書叙錄

14. 歷代著述考

15. 歷史辭書

16. 古今生活變遷圖

17. 中國古代史

18. 中小學歷史教科書

19. 古文尚書公案

20. 劉歆僞經公案

21. 清代學術叢書

22. 中國名著彙刊

到滬後工作豫計：（卅七，四，二擬）

甲、爲通史：

一、修改“中國歷史故事叢書”；俟出至半數時，再編“中國文化小叢書”。

二、讀世界史及近人所作中國社會史。

三、編纂初高中歷史教科，將近人所編教科一一覽訖。

四、編輯“中國古代史”，製古史年表。

五、讀廿四史，《通鑑》。

乙、爲繼續從前研究工作：

一、作《堯典》、《禹貢》、《王制》、《月令》諸考。

二、讀《新學僞經考》、《孔子改制考》、《今古學考》、《五經異義疏證》等書，備將來著作“經今古學問題”，徹底解決此問題。

三、讀古文字學諸書。

四、寫定古籍。

五、精讀《史記》、《漢書》、三禮、三傳。

丙、其他：

一、編輯文集。

二、編寫筆記。

三、編著自傳，整理從前日記。

四、到大中國圖書局辦公。

五、編所藏古物目録，有力時照相。

六、求民衆讀物社之維持與發展。

一九四八年四月

四月一號星期四（二月廿二）

寫成泉、又曾、壽彝、毓芬、驪先、石珍、濮秉鈞信。從日記上，結算去年四月至今年三月之生活。

鈔寫筆記五則（稱王爲詔，殷商與朝鮮，楚國文藝，“師摯之始關雎之亂"，《韓詩序》)，入《文史雜志》。寫詩銘，成泉信。木匠、電燈匠來。岳海庚來。靜秋來電問潮兒安否，即去復電。

丕繩來，長談。

四月二號星期五（二月廿三）

寫靜秋，德輝信。點《新學僞經考》第一卷。大中國同人送沙發來。漆匠二人來。復看《蘇秦合縱》，再改。

乘電車到大中國，草上教部呈文（請購基本教育圖書）。寫成泉信。爲君匋作《誥毅堂小記》。章丹楓來。田他盒來。到北四川路買擠橘汁器具，未得，步歸。

看《先秦諸子繫年考辨》。半夜，大雷雨，爲之驚醒。

四月三號星期六（二月廿四）

點讀《僞經考》第二卷。記筆記三條。做沙發套工人來。再改《張儀連橫》故事。

到大中國，修改德輝所作《秦始皇統一六國》故事。振宇來談。六時，雇車歸。

七時，又大雷雨。翻看廿年前筆記。補點《僞經考》第二卷，訖。

潮兒又有些不舒服，真急人。

教育部發表基本教育方案，經費頗多，大中國同人又要我到南京去走一遭。欲安靜而不得，奈何！

四月四號星期日（二月廿五）

寫靜秋信。到大中國，寫范可中，程治平，潘景鄭，周至柔，沈宗瀚信。開局務會議。

續開局務會議。修改前日所草教部呈文。剃頭。到麗都飯店宴臺灣教育參觀團。

　　與君匋同車歸。上午一時後失眠。

　　　今日同會：宣人　振宇　君匋　緯宇　擎宇

　　大中國上月營業六十億。

　　予今日說話太多，食亦太多，以是半夜醒來，口乾腹脹，又無倦意，直至天曉，才一朦朧耳。如此，終非予生活之正。

　　　今晚同席：許恪士　胡丙申　洪少卿　陳兆茂　鍾桂枝　莊東　柯潮洲　張棟蘭　張秋金　朱阿貴　黃茂興　陳源泉　張媽諒　張芳杰　張坤鍾　蘇淵泉　謝悅(以上臺灣來)　薛天漢　張振宇(以上教部)　李熙謀　嚴春山　盧冠六(以上上海市教育局)　薛祖同(天漢之子)(以上客)　陳邦楨　黃仲明　李曉峰　劉季康　丁君匋及予(以上主)　三桌，菜價二千四百萬，加酒、飯、捐、小賬爲四千萬元。

四月五號星期一 （二月廿六）

　　根據賓四所作繫年，鈔戰國年表五十年。點《僞經考》第三卷七頁。

　　到大中國，寫蕭一山，又曾，德輝，吳玉年，陳懋恒，李文實，靜秋，廖從視，章淵若信。嚴幼芝來。審查《大學入門》稿。與君匋，振宇，擎宇到佳藝木器行，又至協豐木器行。

　　與君匋到四明里李小峰家赴宴，聽昆曲，十時半歸。

　　　今晚同席：薛天漢及其子祖康　仲明　濮文彬　劉季康　陳邦楨　君匋　趙景深夫婦　朱太太(以上客)　李志雲　小峰夫婦(主)

四月六號星期二 （二月廿七）

　　將房間什物全部移至書房，以便掉換傢具。到劉宅付三月賬。點《僞經考》第三卷八頁。

到大中國，續改德輝所作《秦始皇》，以其劣，生氣，作函與德輝，責之。寫靜秋及鴻鈞信。誠安來，與同乘電車歸。

與三姊，潮兒到誠安家。九時歸，點《偽經考》十二頁。

四月七號星期三（二月廿八）

點《偽經考》第三卷上粗畢。鈔戰國年代五十餘年。理衣服。寫瑞蘭信。

與龍書夫婦及潮兒乘電車到起潛處，晤起潛、鳴高兩嬸母，留點。仍到靜安寺待一路電車歸，車中擠甚。

將《偽經考》第三卷上復看十餘頁。

四月八號星期四（二月廿九）

寫張子祺、吳玉年、靜秋信。劉太太來。複看《偽經考》十餘頁。到博物館訪丕繩，未晤，晤徐家珍。到大中國，與擎宇等談。留飯。寫靜秋，德輝信。爲孚先弟作挽聯。

到門市部晤志堅等，爲靜秋潮兒買書。到編纂社取《民眾》。歸，填寫戶籍聲請登記書四分。理行裝。複點《偽經考》第三卷上，訖。

寫靜秋信，紀伯庸信。到君匋處，與同上站，乘十一時臥車赴京。

此次到京之任務：

一、大中國去年所製楷體字小學課本，以與新亞等合作，壓置未用。今擬讓與龍門書局（表面上用合印方式），而龍門未得執照，故到教部洽商。

二、基教經費之一部分爲買書分送各小學，大中國出版物請教部選購。

三、五聯貸款事，再接再厲。

四、蕭一山囑爲李德鄰競選事助一臂之力。

五、處理中國邊疆學會事務。

六、與樹幟接洽蘭大事。

四月九號星期五（三月初一）

在車遇沙孟海。七時到京，與君匋及嚴幼芝同乘公共汽車，到新街口大鴻樓吃點。姚宗乃來，乘車到户部街大中國辦事處。與君匋，幼芝到編譯館，晤趙吉雲，陸步青，孫文明，李伯棠等，到曲園吃飯。

到新亞，晤王景璈，寫靜秋信。到中央飯店，遇榮照，孫繩武。到板橋新村，晤一山及范杰、王今文等。到教部，晤吳研因，張天麟。訪英士，不遇。遇王渭珍。回辦事處，作上教部呈文，并改幼芝所作呈文。

與宗乃到吳宮飯店。與幼芝回辦事處，晚餐。回吳宮，薛明輔來。十二時半，警察來查夜，吵醒，遂不成眠。

住中央飯店，從未查過。今以國大開會，更無空屋，住入吳宮。予已睡熟矣，警察打門查身分證，遂使予徹夜無眠。此種制度真害人也！

四月十號星期六（三月初二）

到水利部訪趙友琴，并晤趙家璧。到碑亭巷吃點。到一山處，并晤高静生，藍孟博，長談。到辦事處，與君匋談。與岳有五到廣益，訪尹博公，未遇。回，李達生來，長談。與君匋到龍門書局，晤孫聿修。幼芝來，同到中華門外馬祥興吃飯。

與幼芝、聿修、君匋游雨花臺，看石子。出，與君匋到内政部，訪傅角今。到地理研究所，訪林伯超。到夫子廟六華春，與幼芝同宴教部編館諸人。

與君匋同回吳宮，趙友琴、陳瑩荪、黃奮生、薛明輔來。十一時眠，得眠。

今午同席：予與君匋（客）　嚴幼芝　孫聿修　邱如升（主）

今晚同席：杭立武　田伯蒼　賀師俊　吳研因　趙吉雲　陸步青　葉達三　金采之　張天麟，韓介軒　陸厚仁　張振宇　王文新　潘平之　滕仰支（以上客）　嚴幼芝　鄭西谷（通和）丁君匋（以上主）

四月十一號星期日（三月初三）

到湖北省銀行宿舍，訪王渭珍，并晤余拯。與渭珍同到國民酒家，吃點。乘公共汽車回吳宮，理物。到辦事處，寫邵力子，黃仲明，尹博公及静秋信。到滿庭芳，赴宴。

與奮生同伴任太太到明孝陵游覽，吃茶。出，與奮生到中央飯店，晤李德鄰夫人。到一山處談。到太平路曲園宴客。

與君匋同到辦事處，取物件，乘三輪車到中國邊疆學會，宿。與俞子厚談。以俞君不熄燈眠，又使予失眠。

今午同席：羅哲情錯（任乃强夫人）　玉珍拉母（劉劍秋夫人）　劉劍秋及其女　趙青礜　石紫瑾（以上客）　趙友琴　黃奮生　陳瑩荪　薛明輔（主）

今晚同席：沈農元　徐允昭　胡顔立　李伯棠　俞煥斗　陳大年（以上客）　嚴幼芝　孫聿修　丁君匋（以上主）

四月十二號星期一（三月初四）

俞子厚同吃點。奮生來。寫玉年、鶴天、騮先、季陶信。友琴來同到國民酒家吃飯。同到李德鄰家，晤張任民。訪樹幟，不遇。

回學會，取書送王渭珍處。任乃强夫人來，送《張獻忠實録》

稿，即翻看。奮生來，同到天津館吃飯。遇孫培良。與奮生等訪樹
幟，又不遇。訪孫辛白。

九時半，到李德鄰處，與友琴，凌鐵庵，德鄰夫人談。待至十
一時，德麟始來。并晤馬毅、高亨、藍文徵等。十二時歸，又幾
失眠。

今午同席：友琴　奮生　瑩荺　明輔

今晚同席：奮生　瑩荺　明輔

兩次失眠，精神極壞。

此次國民大會之主要任務爲選舉正副總統，而總統何人，不
言可知，副總統則競選者有李宗仁、程潛、于右任、孫科、莫德
惠等人。蔣畏李逼，而陳立夫覬覦立法院長，因共推孫科競選，
費用則出自 CC 主持之交通，農民兩銀行，看來孫必當選。實則
如此作法，現政府之塌臺乃更速耳。

四月十三號星期二（三月初五）

七時，至樹幟處，晤王次甫夫婦，郝立仁，張琬如，梁直輪，
鄒靜陶等。與奮生同到一山處。出，予到大中國辦事處，寫靜秋，
懋恒，英士信。爲李達生等寫屏聯三件。到曲園，赴樹幟宴。途遇
范任。

與樹幟同到驪先處，并晤朱國璋。回學會，看《張獻忠實錄》。
奮生來，同到友琴處。又同到樹幟處，邀至大三元吃飯。出，到介
壽堂定菜。

與奮生，瑩荺到劉劍秋處，晤其夫人。出，乘公共汽車歸。看
瑩荺所作文。看《張獻忠實錄》。得安眠。

今早同席：樹幟　奮生　梁直輪　鄒靜陶（以上客）　王次
甫夫婦（主）

今午同席：王撫五　李鏡湖　吳相湘　劉裕昆　陳□□（以

上客）　　樹幟（主）

今晚同席：樹幟(客)　趙友琴　奮生　陳瑩荛　薛明輔(主)

驪先不愜于陳逸民，欲以予任社教院長。如此，對于民衆教育固可大推動，然予自身之計劃又推翻矣。

四月十四號星期三（三月初六）

續看《張獻忠實録》。奮生來。爲李宗仁作競選傳單，約四百字。雇車到介壽堂，修面。赴友琴宴，與劉劍秋等談。席上致詞。

與奮生、瑩荛到大明湖洗澡。到一山處送稿，并晤李宜琛，楊紹業，耿仙洲等。出，與瑩荛到中央商場走一圈。

到東來順赴宴，并晤時子周，達賴之兄。乘汽車歸，寫静秋、凌純聲、鄒明誠信。與瑩荛談。失眠，近天明始略睡。

今午同席：明慈仁　羅桑　丹巴　宋之樞　拉敏益喜楚臣滇增堅贊　計晋美　洛桑喜饒　劉劍秋夫婦　任筱莊夫人（以上客）　趙友琴　黄奮生　陳瑩荛　薛明輔（以上主）

今晚同席：馬步青（子雲）　　馬閣麟（子高）（以上客）友琴　奮生　瑩荛　明輔（以上主）

四月十五號星期四（三月初七）

六時半，奮生來。雇車赴站，奮生，瑩荛，明輔送行。在站遇高仲三，吳錫澤，在餐室吃點。八時許上車，九時開。

在車看當日各報。下午四時〇五分，到滬。雇車歸，褚宏濤、宏滋來。理物。佳藝送木器來。

到大中國，與振宇，君匋，宣人談。與宣人同車，到其家。歸，童丕繩來。十時眠，得眠。

四月十六號星期五（三月初八）

補記日記一星期。將《僞經考》第三卷下粗點一過。理物置室內。

寫岳海庚信。寫静秋信。點《僞經考》第四卷，訖。到大中國，校丁山《地理與中華民族之盛衰》四十頁。在局晚餐。與擎宇談。與君匋談。

童丕繩來。復看《僞經考》八頁。

　　成泉回平，船票已買，應今日上船，而今日竟不至，打長途電話到蘇問之，知係因文通薪未發故，其實此間固可墊也。因此，又得遲半個月。爲此種人辦事真不痛快。

四月十七號星期六 （三月初九）

復點《僞經考》第三卷下畢，點《僞經考》第五卷畢。黄仲明來。

到大中國，到宋建霞處取丁山稿，續校完畢。校德輝所作《藺相如》一稿，畢。

到中聯，商國定本教科書事。留飯。與君匋同車歸。

　　今晚同會同席：高膺生，李小峰　劉季康　丁君匋　黄仲明（主）

四月十八號星期日 （三月初十）

粗點《僞經考》第六卷。瑞蘭來。褚宏滋來。到大中國，寫肖甫，延增，嚴叔平信。

開局務會議。寫李文實，紀伯庸信。容大塊來。爲君匋寫出版業現況，約五百字。五時半，歸。

復看《僞經考》第六卷，并點第七卷。

　　今日同會：宣人　振宇　君匋　擎宇　莊良芹（列席）

四月十九號星期一 （三月十一）

　　點《僞經考》第七卷，畢。續點第八卷，未畢。到大中國，寫王渭珍信。剃頭。十二時歸，胡繩武來，留飯。

　　到北站，乘一時五十分車，遇金輪海，長談。四時十五分到蘇。雇車歸。顧山田來，邀之至上海老正興吃飯。到洪宅，訪林建中父子及惠貞。

　　到觀前買鞋子。歸，又安夫婦來自常州。

　　今晚同席：顧山田　張鴻鈞（以上客）　予（主）　九十萬元。

　　上海剃頭價，至十五萬矣。一萬元不過合兩分錢，物價已五十萬倍，奈何！

　　今午予整裝，潮兒見之已不快。見車夫携行李出則哭，見予上車則大哭。此兒之多情如此。

四月二十號星期二（三月十二）

　　理物。耀玥來。德武來。壽彝來。與静秋等同到昌善局，祭外姑。出，參觀碾米廠。下午一時歸，飯。

　　詩銘來。理物。與成泉筆談。林伯超偕其姊惠貞來，設宴。

　　又曾來。早眠。

　　今晚同席：林惠貞　林伯超　姜又安及其夫人周佑之　張雁秋夫人及其子鴻鈞　德輝夫婦（以上客）　予夫婦（主）

四月廿一號星期三（三月十三）

　　爲林建中寫字。到建中處。到金門，乘八時半公共汽車，至棗市橋車壞，待修，越半小時又行。到木瀆，買物。到樂園公墓，祭先父及履安。

　　到天平山鉢盂泉，吃飯。至中白雲，下山，乘肩輿到靈岩山麓。步上，游琴臺及寺，喝茶。下山待車，看《浮生六記》。五時半車至。

六時，到金門，坐馬車至觀前，回家。到文通宿舍，赴宴。九時，與壽彝、詩銘等步歸。與又安，惠民談。

今日同游：姜又安　德輝夫婦　予夫婦　共化三百卅萬。

天平已三十年未到，靈岩則四十年矣，人生有幾個三四十年耶？在靈岩上望太湖，甚有致。

今晚同席：予與丕繩　洪玉珩（客）　白壽彝　方詩銘　馬繼高　馬爲義　彭林賁　佟志祥　吳樹德（以上主）

四月廿二號星期四（三月十四）

舜欽來，婁子匡夫婦來，同游獅子林。歸，理物。丕繩來。又安爲照相。

眠一小時半。與静秋上街買物。遇李樸園。訪趙公紱，不遇。遇張耀曾，到利濟當鋪小坐。歸，程治平來。舜欽來。

理物至眠。

江蘇民政廳長沈鵬，張群任四川主席時之第三區督察專員也。茲長蘇民政，一切以賄賂行之。同時易警察局長六十人，皆不行賄，或行賄不屬其欲者也。有夫人三，各有欲任之人，奪其筆而書之。又安與惠民，皆被其免職，而惠民且以"行爲不檢"而受撤職處分，視又安之"調省任用"更爲不留餘地。惠民以是決心不再爲國家作事矣。聞沈氏所派各視察員，即負勒索任務，强迫各官送禮，且須送現款。

四月廿三號星期五（三月十五）

寫紀伯庸信。憶賡叔來。八時半，與静秋、丕繩夫婦同上站，九時半車開。十二時到滬。雇汽車歸寓。即打開行李，理物。

到大中國，整理故事書。到朱建霞處。胡繩武來。爲憶賡叔作挽子聯。寫德輝信。步歸，到誠安家，晤弟婦。

理物，未畢。

四月廿四號星期六（三月十六）

理書物，訖。綏平夫婦來。到大中國，與何公超談連環圖畫。與振宇，君匋談。在局午飯。

寫吳研因，金采芝，詩銘，湯吉禾，陸步青信。靜秋來，同歸。補記日記五天。算賬。粗點《偽經考》第八卷，畢。宏滋、瑞蘭來，留飯及宿。與靜秋抱潮兒上街買物。

上海肉價十四萬元一斤，牛肉十二萬元，而鰉魚只三四萬元而已。在此，大可天天吃魚羹！

四月廿五號星期日（三月十七）

瑞蘭來。褚宏滋來。黃仲明來，出帶來書畫與覽。與仲明同出，予至大中國。與志堅談。寫錢大成，紀伯庸，陳同生，孫東生，王崇武，張維思，李潤吾，丁實存，劉書傳，蔡守堃，李樹桐，王德昭信。丕繩、永年來。伯庸、德輝來。

誠安來，起潛叔來，留誠安、起潛叔同晚飯。與誠安同歸。

中夜醒，即覺喉頭炎作，今日到局辦公竟日，萬分疲倦，且覺有熱，歸時即坐不住矣。潮兒終日未見予，夜見予歸猶不抱之，以爲予不愛，鬱悒流淚。此兒太多情矣。

四月廿六號星期一（三月十八）

臥床。瑞蘭延綏平來醫，未遇。翻看大鳥正健《支那古韻史》。童太太來。井成泉夫婦返平過滬，來。均留飯。

延王執中醫師來診視。綏平夫婦來。

今日熱度至華氏百度，雖不甚高，而極疲憊。王醫謂是感冒而實不僅感冒也。

童太太不欲丕繩赴蘭大，蓋近日時局，西北慮有變動，恐去後不易歸來，又不能寄錢回家，而丕繩則以聘書未到，教授未知正副，意興亦淡矣。

四月廿七號星期二（三月十九）

臥床，續翻《支那古韻史》。

黃永年來。誠安來。

失眠，幾達旦。

四月廿八號星期三（三月二十）

臥床。翻看蕭乾《人生采訪》，未畢。

寬正，丕繩來。魏建猷來。詩銘自蘇州來，留飯。

失眠半夜。

丕繩已決不去甘，發電往，謂心臟有疾，醫囑勿乘飛機。

四月廿九號星期四（三月廿一）

與靜秋到執中醫院，就王執中診查，打葡萄糖針。

與靜秋、龍書、潮兒到虹口公園散步，看運動員表演。歸，疲極，臥。

王醫量予血壓，僅八十至百廿，約低廿餘度。又心臟有擴大象。謂予疲勞過度之所致。

今日李宗仁以 1438 票當選爲副總統，孫科以 1295 票失敗。上海市中甚多鞭炮聲，異于廿三日蔣氏當選總統之無聲無息矣。聞市場中以李孫勝負定物價升沈，此亦可測民意也。

四月三十號星期五（三月廿二）

志堅來。得君匋來電話，因與靜秋同往大中國，商事。草廉價廣告説明，在公司飯。

與静秋、龍書、潮兒上街買物，到山陰路北首散步。歸，仍疲，即卧。又安來，留宿。

一九四八年五月

五月一號星期六（三月廿三）

黄仲明來，出印章與賞鑑。與静秋到執中醫院，續打針。

續看《人生采訪》，未畢。紀伯庸來，留飯。誠安來。

今夜忽又有熱度八分。日來腸胃極滯，竟不思食。

今日爲予五十六生日，合家吃麵。

五月二號星期日（三月廿四）

德輝來，告誠之。瑞蘭來。宏滋來。又安來。胡繩武來，留飯。續看《人生采訪》，未畢。

詩銘來。寬正、丕繩、大沂來，長談。静秋爲予出席大中國股東大會，代任主席。

瑞蘭留宿。

蕭乾文筆，自是流利，只是寫得太快，流于滑耳。

五月三號星期一（三月廿五）

瑞蘭返校。與静秋到執中醫院診查，并打針。龍書抱潮兒往種痘。看《人生采訪》，訖。

又安來，即返常州。補記日記九天。翻看《古史辨》第七册《夏史三論》。

劉子潤來。

今日予脉搏僅六十八，血壓則百卅。醫謂再打兩次針可愈，惟此後飲食須留意耳。

五月四號星期二（三月廿六）

看《古史辨》第七册下編諸文。任乃强夫人與西康代表吳香蘭同來。王文漪來，留飯。

錢大成偕張崇賢來。

待静秋歸，看予舊作《戰國秦漢間人的辨僞與造僞》畢，已十一時矣。

大成肯往蘭大，其夫人亦復阻之。然渠已離家，但候機耳。

潮兒時時刻刻尋事作，凡大人之動作靡不摹仿，每作一事亦皆知其始終本末（如開龍頭下水則知塞橡皮塞，洗手既畢又知開塞放水）。徐州諺云，"好孩子不閑，濫孩子不玩"，若潮兒者真好孩子也。

五月五號星期三（三月廿七）

德輝來。看楊寬正《上古史導論》，未畢。

任乃强夫人來。魏建猷來。起潛叔夫婦來。

静秋日來月經當至而不至，疑又受孕，以今日物價之高，牛乳粉一筒至百萬，生兒太密，人力難繼，又恐于上月十九得孕，已于經至十二天之後，疑又將得女，意所不欲，故顔色甚不豫。予無能解除其困難，亦同抑鬱。

日來看《古史辨》，知"帝繫考"材料大都集齊，即可着手。他日作此，當分爲下列諸篇：1. 三代篇，2. 禹啓篇，3. 堯舜篇，4. 五帝篇，5. 三皇篇，6. 開闢篇。凡予舊作此類文字，均可併入。

五月六號星期四（三月廿八）

紹虞來。錢大成來。續看《上古史導論》，未畢。與静秋抱潮兒到成衣匠處。

丕繩來。與静秋、龍書、潮兒到公園。遇趙席慈夫婦。

五月七號星期五（三月廿九）

志堅來。擎宇來。胡繩武來。續看《上古史導論》，未畢。

近日雖胃納較多，而仍不餓，力氣又不足，一動即喘，可見尚伏餘疾。以上海醫價之高，每診一次即須百萬，故亦不敢多往，真無奈何也。

脉搏晨較低，或六十餘，或六十，午則至七八十。

今日看書較多，夜間覺緊張，恐不易寐。與静秋近，忽汗大下，疑將虛脱，決明日就醫。

五月八號星期六（三月三十）

君匋來。與静秋同到大中國，寫蕭一山，蔡守塋函。王澤民來。與振宇、宣人談租房事。在局進飯。

與静秋到公濟醫院散步。回大中國，開局務會議。三時半散。寫致本局同人函，與宣人到五洲大藥房汪企張醫師處診治。到新亞買文憑紙。回局，歸。

誠安來，留飯。宏滋來，留宿。

汪醫診予，謂全是神經衰弱所致，只須眠得好便無害。血壓已至百四十八，正常矣。

得樹幟信，疑予畏共軍，不敢赴蘭，此真冤枉矣。

今日下午同會：宣人　振宇　擎宇　君匋

五月九號星期日（四月初一）

瑞蘭來。德峻，逸如，德全來。潮兒打碎花瓶。與静秋到成衣肆，即歸。

續看《上古史導論》，完畢。

今午飯量增加，進飯一碗，又饅頭一個，可喜也。

潮兒打碎一花瓶，爲父大人故物，使我大生氣，此等物真不該拿出來用。

今日上午九時半至十二時爲日蝕，惜爲雲霧所蒙，未能見，但感其陰晦耳。

寬正一長文，閱四日而畢。此君之才及其急就甚似康長素，問題隨提隨解決，終覺其言之太易耳。

五月十號星期一 （四月初二）

與靜秋冒大雨到大中銀行取徐州款，遇李毅。到川康平民商業銀行放星期存款。出，乘車到四馬路，飯于鴻運樓。

到天蟾舞臺買明日戲票。到永祥印書館買文憑。到東方書社晤王畹薇及劉震初，取《漢代學術史略》版稅。雇車歸。寫樹幟、筱蘇信。

翻看《水滸傳》。

兩日來睡眠頗好，飯量亦進，而疲倦依然，不知何日始有勁作事！

五月十一號星期二 （四月初三）

寫蠡甫信。靜秋與三姊口角，爲之排解。與靜秋、潮兒到公園散步。翻看《水滸傳》。

爲靜秋到三姊處道歉。伯庸偕德輝來。遇鄒今僕，周策縱。策縱明日放洋。

與三姊，龍書，瑞蘭，潮兒同到天蟾舞臺觀劇，十一時歸。

今日所觀劇：高盛麟：一箭仇。楊寶森：捉放曹。梅蘭芳：洛神。《洛神》劇編者太受拘束于賦文，不敢騁以幻想，竟無足觀，大家只看梅蘭芳與布景耳。

潮兒雖幼，亦知看戲，先看跌打戲，大哭，且睡。及梅蘭芳出，則凝神觀之，至于終場。

五月十二號星期三 （四月初四）

瑞蘭回復旦。翻看《水滸傳》。送三姊、潮兒到公園。與静秋同出，乘電車至静安寺，購物，吃飯。

到起潛叔處還書。到霞飛路買物，遇洪謹載夫人。到開明書店，晤伯祥，聖陶，予同，芷芬，雪村，洗人。到大中國，與宣人，振宇談。改伯庸序文。

看《水滸傳》。宏滋來，留宿。

《水滸傳》七十回以後，予所未睹，今乃得從《萬有文庫》中見百廿回本。自宋江招安以後實無足觀，知自古好文章皆在左傾也。金聖嘆改作七十回，截以盧俊義一夢，真文學家大手筆。

五月十三號星期四 （四月初五）

黃仲明來，與静秋同乘其汽車，到江西路下。入牛奶鋪。雇三輪車回。予到大中國，爲君匋寫驪先、沙孟海、一山信。到擎宇處。歸，飯。

理髮。到趙席慈處。歸，張仁傑自徐來。與静秋、仁傑、潮兒同到公園散步。歸，又安自錫來。孫昌康夫婦來，留飯。丕繩，詩銘來。

誠安來。又安、仁傑留宿。

五月十四號星期五 （四月初六）

與静秋携潮兒到市博物館，晤大沂。觀小學生游戲。出，到永安電影院買票。看《水滸傳》。

　　與静秋、三姊、仁傑、又安同到永安，看《翠堤春曉》電影。
看雪村《禾圖説稿》。宣人來。又安、仁傑留宿。

　　近日飯量已旺，睡眠亦安，惟仍無氣力，一動即累，只得仍
以看小説消遣。

　　今日所觀劇，原名爲 The Great Waltz，爲奥國音樂家戀愛故
事，有情節，有結構，場面亦復熱鬧，洵爲成功之作。其演員爲：
波蒂：Luse Raines
約翰史屈勞斯：Fxnand Cravet
卡拉：Miliza Korivs

五月十五號星期六（四月初七）

　　宣人來，與同到大中國。又同到金城銀行，晤殷紀常及徐國
懋，徐輔德。回大中國，馬公愚來。寫伯祥信，澤民信。到擎宇
處。乘電車歸。

　　詩銘來。與詩銘，又安到市博館，晤寬正、丕繩，參觀陳列
室。歸，補記日記五天。洗浴。

　　與静秋、三姊、潮兒同到紹虞處，并晤其諸女。歸，静秋吵架。

　　　今晚予言“仁傑、又安何尚不歸”，静秋即與予鬧。蓋渠至
郭家，見新和之女較潮兒遲生一天，而能走能跑、能説話，體壯
碩，潮兒實不如，故借端發泄也。然彼之父母皆二十許人，乳水
充足，我輩如何及得。

五月十六號星期日（四月初八）

　　紀伯庸來。與静秋、伯庸、又安、潮兒同出，遇大沂、建猷。
與又安、静秋、潮兒到虹口公園照相。歸，仁傑、宏滋來，同飯。
仁傑回徐州。

　　與静秋、宏滋、又安乘三路汽車到武夷路看義賣甲種屋。出，

到霞飛路購物。到永香齋吃飯。

到公璵家，與少蘭、蕙賞、張緒坤同到法國公園散步，回公璵家吃粥。十時歸。失眠，服藥。

宏滋買義賣房屋獎券，得中，今日往觀，一所屋大小十間，一家住極舒服。渠因與四人合買，只得售出，大約可得十五根金條，每人分得三條。以時價計之，二十餘億矣。

五月十七號星期一 （四月初九）

理書物。寫樹幟信。與靜秋到北四川路購物，寄信。

作筆記五則（回目、下場詩、舞鮑老、元代戲班、琵琶記故事），付《文史》。趙席慈來。魏守謨來。王公璵夫婦、卜蕙賞來，留飯。鄒今僕來。

公璵本是 CC 分子，此次出席國大，竟選李宗仁。今日來，謂劉不同，黃宇人，汪少倫等皆陳立夫提拔起來的，乃皆反立夫，可見其眾叛親離也。

五月十八號星期二 （四月初十）

上街買報。與靜秋、又安到大中國取錢，伴又安到擎宇處及門市部。予回局吃飯，晤朱公垂。寫黃奮生、毓蘊信。

在局將胡繩武代作之《地理與中華民族之盛衰》序文重作，得二千三百言。盧村禾、許逸超來。晚飯後歸。

寫《燒白耕年》《拋彩球》筆記兩則。

今日報載，昨立法院選舉副院長，雖仍陳立夫當選，而僅較傅孟真多數十票，CC 之一敗塗地只是時間問題耳。

五月十九號星期三 （四月十一）

寫《前後水滸》筆記一則。作丁山書廣告。翻看《兩廣民歌研究》。

與静秋到大中國，偕志堅到電料行修無綫電機。到北四川路一帶買物，到萬方照相。到市博物館，晤寬正、詩銘、大沂、丕繩等。

寬正、大沂來。紹虞夫婦來。

修無綫電一架，七百萬元，前年生潮兒後買此，三十二萬耳，今同樣之貨需七八千萬元，超過二百倍。（前在蘇州雷聲電料行修此，盡將其中之美國零件易以中國之貨，商人不道德如此。）

五月二十號星期四（四月十二）

寫筆記《陸梁》，《蜀中石器》兩條。君匋來電話，即赴大中國，商到京出席教部會議事。在局飯。

歸，與静秋商到京事。高嵩來。寫筆記《陸顧》一條。到博物館，晤丕繩等。到書局，寫紀伯庸、譚季龍函。修面，與振宇談。留飯。

步歸。理物。

今日教部來信，定于明日在部召集書商，分配基本教育購書經費（共二千一百億），五聯及大中國均欲予出席，然予新愈，食宿均有不便，故仲明提議，静秋伴予前往，藉便照料。

五月廿一號星期五（四月十三）

早，與静秋雇車到站，乘凱旋號車，七時開。晤仲明、小峰、君匋，看報及《水滸傳》。

一時五十五分到南京，雇汽車至新亞。到教部，開購書會議，自四時至六時。會散，到新亞，到安利飯店落宿。到林森路桃園吃飯。

在桃園草兩呈文。出，遇嚴耕望夫婦。回，失眠。

今日同會：王成章（商務）等十家代表　邦楨　仲明　小峰

君訇　予(以上商界)　研因　天麟　平之　采之　滕仰支　徐光
化(以上教部)　今日但論原則，下星期一前開單，星期三審核。

　　靜秋到顧榮華處，徵得其爲徐女師繼任校長之同意。

五月廿二號星期六 （四月十四）

　　到仲明、小峰處，并晤宗發。與君訇、靜秋等同到大中國辦事
處，吃點。出，到新亞，與邦楨談。到教部，至國民、社會兩司，晤
研因、千里、徐光化、金采之、劉子陵、劉雁浦等。飯于老曲園。

　　回安利飯店，小息。仲明、小峰來。與靜秋同到新都大戲院，
看《浮生六記》電影。

　　到六華春，宴客。與靜秋到安利取物。到新街口，乘公共汽車
到車站，至國際大飯店落宿。

　　今午同席：劉雁浦（客）　仲明　小峰　君訇　邦楨（主）
　　今晚同席：金采之　魏冰心　潘平之　劉英士　陸步青　熊
□□（以上客）　陳邦楨　黃仲明　李小峰　君訇及予　陳欽
（以上主）

五月廿三號星期日 （四月十五）

　　八時，上車，與仲明遇。看報及《水滸傳》。下午一時，到蘇
州。雇車歸。

　　與家人談話。佟志祥來。趙彥高來。看羅爾綱《太平天國文
苑》。洗浴。

　　與靜秋到魏惠民處，二嬸母處談，并看屋。冒雨到壽彝處談。

五月廿四號星期一 （四月十六）

　　魏惠民全家北返。在家整理什物，改懸書畫。詩銘來。

　　與毓蘊談。張效宗來。壽彝來。

到又曾處談。

五月廿五號星期二 （四月十七）

早飯後與靜秋乘車到站，乘常滬車，八時半開，十二時到。車中看報。回山陰路飯。理物，與耀玥談。

到大中國，與宣人、振宇談。靜秋、耀玥、瑞蘭、潮兒來，同乘十七路車，到復興公園游覽。八時，雇人力車歸。

歸家飯，飯畢已十時矣。

五月廿六號星期三 （四月十八）

寫可忠信。到大中國，看許逸超地圖説明四篇。擎宇來談。

寫筱蘇，正中書局，徐瀚澄，黃懺華，金子敦，彭昭武，黃奮生，顧嶽中信。歸，整理予與靜秋往來書札。

與靜秋、耀玥、瑞蘭同出，到虹光買票，以時早，到誠安處，晤弟婦等。到虹光看《新閨怨》，晤伯祥，聖陶，洗人等。歸飯，已九時矣。

　　　　史東山編導《新閨怨》劇，具體指出家庭婦女不能爲職業婦女之故，勉强爲之，徒然犧牲子女，此甚足使靜秋憬悟。蓋撫育子女原是婦女最神聖之職業，不勞外求也。

五月廿七號星期四 （四月十九）

劉子潤來。耀玥回蘇。賈新來。張志毅來。到博物館，晤寬正、大沂、丕繩、詩銘等。到國際戲院買票。到大中國，寫許恪士信。

寫宴客片。寫錢大成，井成泉，楊拱宸，楊遇夫，戴公亮，張亮丞信。林伯超來。靜秋來，與同到國際，看《艷陽天》電影。返大中國，寫王天木等信。回家，紀伯庸、德輝來，留飯。

胡繩武來。上街，剃頭。

近日予精神漸好，惟飯量仍不復，每頓兩碗，較病前少三分之一。

昨日教部審查書單結果，今日尚無聞知，但知君匋將于今晚歸滬。

《艷陽天》爲曹禺編導。他指出"好人"應向惡勢力奮鬥，不能怕事作"濫好人"。

五月廿八號星期五（四月二十）

三姊之婢馮書琴逃亡。到大中國，與君匋談。校《信陵君》稿及《李冰》等三序，改伯庸新作序二篇。

到澤民、擎宇處。静秋來，與静秋、擎宇同出買皮箱書包。寫丁山信。與静秋同歸，又出，到君匋家，振宇、擎宇家，宜人家。

回君匋家吃飯。寫驪先、研因、仲明信。十時歸。

今晚同席：予夫婦及君匋之同鄉八人（以上客）　丁君匋夫婦（主）。

馮書琴突然逃亡，家中大急。繼而尋其綫索，則洗衣婦人湯媽所慫恿也。尋湯媽，亦竟不得。

今日得京訊，小學教學指引不被采用，蓋商務，中華等指引尚未出齊，不能與五聯競，因尼教部購其小學文庫也。仲明聞之，憤甚，打電話至君匋家，明晨赴京，囑予作函與部長司長爭之。指引爲部編本，基教之一個對象爲小學教師，而部中竟徇大企業家之意，不讓五聯多銷，政治之黑暗可知。

五月廿九號星期六（四月廿一）

與静秋到子潤處。到大中國，理信札。寫自明、自珍信。摘録來信要點，未畢。

寫研因，陳石珍，李超英，李熙謀，羅爾綱，商韜，張葉舟信。爲人寫字二件。陳宗舜來。静秋來，與同到凱福飯店宴客。

十時歸。聽三姊哭。瑞蘭來，留宿。

今晚同席：劉子潤夫婦　振宇　宣人　君匋夫婦　劉子喬　王昌源　陳苗林　丁小富　尹文發　黄□□　張維新　緯宇夫人　凌大韶　擎宇　岳海庚　誠安（以上客）　予夫婦（主）

今日宴客，共用二千六百萬元。現在一萬只合一分，然則廿六元耳。

五月三十號星期日（四月廿二）

宏滋來。與静秋到子潤處。招湯媽來，群責之，并責其交出書琴。與静秋、宏滋、瑞蘭到大中國。續摘録來信要點。寫壽彝信。

開局務會議。歸，則書琴已接回。寫殷紀常信。與静秋到金家赴宴，九時歸。

理物至十一時。

今晚同席：予夫婦　王宜夫　尹文發　王太太　姚太太（以上客）　振宇夫婦　啓宇　擎宇夫婦　竹安（以上主）

君匋明晨又赴京，作生意真不易。

静秋得蘇教廳來電，囑即到鎮商洽公務（想是爲徐校替人事），因定明日行，予則後日行。滬寓頓爾寂寥。静秋赴徐，約留一月。從此卸其仔肩，安心作家庭主人矣。

五月卅一號星期一（四月廿三）

宏滋別去。送静秋到站赴鎮。歸，洗浴。詩銘、丕繩來。到大中國，爲人寫扇四幀。大雨。

寫静秋，吟谷，毓蘊，仲明，覺明，筱蘇，吳樹德，胡繩武，英千里，王渭珍，姚寶猷信。冒雨歸。補記日記。瑞蘭返校。德輝來。

紀伯庸來。陳宣人來。理毓芬所鈔稿，未畢。

今日到辦公室，案頭有可忠來書，拆視之，則六月三日票購不到，改十七日行。如此，則在滬多留兩星期，可以一清文債，惟到蘭已近暑假，將無課可上耳。

昨晚得仲明書，悉其抵京後向研因爭之，部中可用，但不敢拂商務，中華諸家之意，經與李伯嘉、郭農山等商洽之下，五聯與舊七聯各印一半，仲明奮鬥成功，甚可慶賀也。

大中國出版地圖，初云有四十億至六十億可能，後則謂只二十億上下。大中國人不陪國教司中人打牌，不送禮，不納賄，宜其如此耳。

静秋以四月十八日回蘇州，廿五日至上海，離校四十五天矣。渠極不願為家庭俘虜，但既有兩兒，便生母愛，到他處作事遂多牽挂，實已不能不居家庭，況第三個孩子已有消息乎。

書琴云：湯媽屢向彼表示同情，謂將介紹其至大世界作女工，書琴深信之，故于廿八日晨逃出。彼時有一男子引路，相距數武，謂之曰：“我們看電影去。”書琴知其非善類，乃避至一買菜之婦人旁，且哭。婦人憐之，引之歸。住兩日，詢得其主人及住處，遣人來告，三姊因與劉太太同往，則江灣路二十六號杜家也。險哉，如竟為湯媽誘拐，便入妓院矣。上海多壞人，奈何不謹。

一九四八年六月

六月一號星期二 （四月廿四）

到大中國，修改凌大夏《異軍突起之大中國圖書局》一文。仲明自京歸，來，留飯。

寫程鴻，秦希廉，梁寄凡，王則誠，嚴耕望，欒植新，金大影音部，吳静安，宋香舟信。歸，寫魏郁信。宏滋來，留飯。

與龍書，潮兒到建猷家，遇陳瑞琪。歸，聽廣播昆曲《醉妃》、《山門》。

建猷云，日前唐君毅來滬，渠任江南大學教務長，謂賓四任文學院長，脾氣古怪，真有不可與同群之感。又謂當年顧先生不知如何與彼合作。按賓四爲人，既驕且吝，又處處好占便宜，不爲人留餘地。觀于其對共患難之夫妻尚如此薄情，何論友人乎！

君毅評予，謂氣魄大。倘將來能成大事乎？

六月二號星期三 （四月廿五）

劉子潤來。靜秋至京後折歸。到大中國，翁逸之來。與振宇、宣人談。寫石世奇，羅孟韋，楊拱宸，鄧恭三，楊克强，吳樹德，毓蘊，丁龍驤，于鶴年，賀登崧信。

糜文煥來。靜秋、宏滋來，同出賣草帽。歸，寫風土什志社，史天行，張禮千函。

與龍書伴潮兒到虹口公園散步。聽昆曲《掃松》、《問病》。

靜秋昨日抵京，訪予未得，欲乘津浦車赴徐，則廿九日夾溝一帶爲共軍破壞十五公里，車已不通，只得退回。行路之難如此。徐女師校長一職，廳方對顧榮華表同意。

與拱宸恭三書，謂適之先生後年六十，擬爲發起紀念論文集，明年集稿，後年出版。予擬作“禹貢著作時代考”，將三十年研究作一結論。

六月三號星期四 （四月廿六）

到大中國，寫余松筠，紀伯庸，萬典武（一華），婁子匡，陳瑩莾，張次溪，冼玉清，馮世五，王澤民，李承祥信。爲瑩莾改藏民婚禮一文。爲靜秋草辭職呈文。

到擎宇處。澤民來。靜秋偕潮兒來，同到文化會堂看“全運會特輯"及"新疆歌舞"。潮兒不耐，靜秋伴之先歸。綏平夫婦來，留飯，同訪殷景呂夫人，并晤祥奶奶，曹德模。十時歸。

潮兒始能自走，在諸孩中獨晚。説話則但會叫"爸爸""媽媽""阿姨""姊姊"四名耳。然其常識之豐富則出并時諸兒上，大人的話亦多能聽懂。

六月四號星期五（四月廿七）

到大中國，看鄒景衡《采桑女》稿，谷苞西北諸論文，寫谷苞，鄒明誠，李延增，廖碧虛，鄭良誠，魏郁，葉國慶，袁洪銘，吳玉年，嚴叔平，趙肖甫信。

與許志道同到信達公司倉庫看北平運到書籍。翁逸之來。四時出，在北四川路購茶及藥，步歸。

與靜秋到誠安家飯，談至九時半歸。聽昆曲《望鄉》，《游園》。

今晚同席：予夫婦　綏平夫婦（以上客）　誠安夫婦及其子女（主）

六月五號星期六（四月廿八）

宏滋來。洗浴。到大中國，寫詩銘，樹幟，馮伯平，杜光簡，齊思和，孫元徵，韓介軒，謝扶雅，姜亮夫，岑仲勉信。

歸，聽昆曲《小宴》。德輝來。寫孟剛叔信。與靜秋淑琴買物送杜家。到公園，與龍書潮兒游，六時半歸。

宏滋來。又安自蘇來。德輝來。丕繩，詩銘來。

杜駿熊，上海人，駿寧工程公司職員，曾入蜀築成渝路，今在浦口設公司。淑琴日前逃亡，幸被其夫人所救，故于今日往彼家謝之。其人甚肫摯，可交也。

六月六號星期日（四月廿九）

寫毓蘊信。静秋偕宏滋赴蘇。到大中國，與振宇談。寫馬元放，何仙槎，王東野，馬兆鈞，馬師儒，莊爲璣，劉子植，馮漢鏞，孫明經，邵君樸，吳敬軒，胡吉甫，黃家器，傅世璵信。晤計志中。

歸，寫史天行，劉慕周信。伯庸來，留飯。

與三姊，瑞蘭、潮兒、淑琴到寶安路散步。失眠。服麥乳精。

馮漢鏞又欲來蘇讀書。此人庸而妄，實爲下駟，即作函絶之。

大中國主要人物，振宇，宣人似蕭何，君匋則張良韓信均得其一體。倘予控制得宜，十年中未嘗不可躍爲書業領袖，推行予若干文化計畫。願天助予，爲中華民族盡其任務。

六月七號星期一（五月初一）

到大中國，君匋自南京歸，談。看編譯社會組所編之衛生挂圖，動物挂圖，古史演義，歷代名人像傳，民衆文庫第六集諸稿。汪孟鄒來，同飯。

黃仲明、李宗發來，開會商教部書款事。留仲明飯。乘仲明汽車歸。誠安來。

静秋自蘇歸。

教育部買基教書款，本説五月底發出，故書商都照五月中旬之倍數。乃五月底總務司長賀師俊不肯發，致吳研因憤欲辭職，及總務司肯發矣，而國庫局又不肯發，以無合同作證也。合同須印填。然則又須歷時日。官廳辦事，牽掣如此，真不痛快。

六月八號星期二（五月初二）

洗浴。到大中國，寫英千里函。看民衆文庫第五集，訖。

寫王向辰信。回家，與静秋、又安同到同濟大學訪徐道鄰，未晤。乘車到張炎生夫人處，晤之，進點。并晤天佑。出，到道鄰家，晤其夫婦及葉叔良、葉培振。到霞飛路買物，乘電車歸。遇紹虞夫人。

聽無綫電。看《潛丘劄記》。

顧孟餘先生人甚淡泊，不慣爭競。戰前鐵道部長卸任，即隱居北平西山者多年，及中大校長爲二陳排擯，又赴美國者五載。此次翁文灝招爲行政院副院長，至今不赴。乃今日在同濟中見"學生報"，詆其向主親日，自太平洋事變後，態度始轉。按太平洋事變時，渠早在重慶作中大校長矣。其反對汪精衛組織親日政府，則在汪氏發艷電時也。悠悠之口，造謠侮蔑如此，天下事何能爲！不讓一好人存在，不論換何政府，當局者必皆壞坯子矣。

六月九號星期三（五月初三）

八時許出，到誠安處，與同到銀行公會，又同到興業銀行訪徐寄廎。回公會，寫程玉麟信。到大中國，寫陳可忠，劉裕昆信。記日記三天。看地圖說明"雨量""溫度"兩章。

續看說明"西藏"篇。鄒今僕來。擎宇來。歸，起潛叔來。寫騮先，滕仰支信。爲又安職事，發樹幟、得賢兩電。

與靜秋、又安到李錫清處，未晤，見其夫人。

接奮生五日西安來書，知蘭大正鬧風潮，筱蘇被毆，樹幟將他去。使此訊果實，則余何必往哉！使此事因予不赴而起，則予罪大矣！

昨在霞飛路磅體重，予一百四十八磅，合一百卅五市斤。靜秋一百二十八磅，合一百十七市斤。可見予經此一病，體重并未減少。但夜來盜汗多，總是不健康之徵象耳。

六月十號星期四（五月初四）

送靜秋到車站，上九時車，赴京轉徐。到大中國，看地圖說明"福建省"等三篇。寫徐寄廎信，贈圖。與君匋談。誠安來。志堅來。

與陳宗舜、劉子喬談。胡繩武、趙人龍來，伴繩武至張家駒處。寫井成泉，嚴叔平信。歸，與淑琴、潮兒同出。予剃頭。到公園，迎潮兒歸，遇雨。寫地政局信。王澤民來。

電燈以開電氣熨斗致壞。早眠。

六月十一號星期五（五月初五　端午）

寫徐道鄰，趙肖甫信。看地圖説明"新疆省"一篇。寫静秋信。寫陳紹賢，郭際唐、紹虞唁函。寫毓蘊信。又安回蘇。

與龍書、潮兒、淑琴同到公園，至茶社憩，看區昭文《老子之微程子觀》。歸，續看《兩廣民歌研究》。

理稿件。電燈又壞，即修好。

今日豬肉一斤至三十二萬元（南京只二十二萬）。

報載目今每粒米合價法幣三元，亦即十一年前白米五斗之代價。

六月十二號星期六（五月初六）

唐倫美來。陳宗祥來。宏滋來。到大中國，發樹幟電，寫肖甫，劉裕昆信。爲大中國地圖作廣告。

孟剛叔打電話來，即歸，談。徐德榮自警局歸，予與三姊同往，書筆録。在警局見朱繼民。歸不久，警局人又來，與同往杜駿熊處取證明書。歸，與孟剛叔及宏滋同飯。遇張國燾。

洗浴。上樓與宏滋談。

淑琴爲湯媽拐騙，人既歸來，本已銷案。日前又安來，以其事告之警局。局方乃捕得湯媽，定于今日送之至地方法院，乃欲取得予與杜君之證明以爲左證。累予在大熱之中出門兩次，衣爲汗濕若落水然，亦苦事也。

爲孟剛叔與宏滋妹介紹婚事。此静秋意也。

得可忠信，悉蘭大風潮甚大，死學生一人，傷者甚多，勸予在滬待訊。因函劉裕昆遲購票，并發樹幟電徵其同意。

六月十三號星期日（五月初七）

瑞蘭來。翻《明儒學案》。寫靜秋信。到大中國，看《兩廣民歌研究》一冊，記筆記六頁。與君匋談。緯宇、包桂榮自香港歸。

冒雨歸，易衣，與瑞蘭談。

飯後疲倦瞌睡，八時半即眠。

昨日一〇二度，今日一雨，便似深秋。急歸易衣，而稍厚之袍已爲靜秋收起，不知其處，只得穿中山裝矣。以寒暑劇變，身體又覺不適。然五聯方將以貸款促予赴京也。

瑞蘭自復旦中得消息，蘭大中鬧黨派糾紛，先黨與團爭，後他黨與國民黨爭，弄得死傷不少，史筱蘇被打得死去活來。又封鎖通信，復旦中所得信乃置于棺中運出者。如此紛亂，予自可不去矣。筱蘇真命苦，前年在北碚給人暗殺，去年喪父又喪母，今年又肇此禍。學校中如此多事，我退出學界實爲得計，惟這班青年將來如何成得國家中堅分子，數十年後之中國將成什麼樣的中國，實可憂耳。

六月十四號星期一（五月初八）

翻《天方典禮》。仲明來，乘其汽車到大中國，接可忠信，知蘭大必須去，即歸，寫靜秋，又曾，上海法院信。

到大中國，寫徐寄廎信。作五聯上行政院呈文及致四聯總處公函，爲貸款事，凡三千餘字。紀伯庸來。宏滋來。

寫仲明信。飯後歸。丕繩、詩銘、承名世來。談至十一時去。幾失眠。

六月十五號星期二（五月初九）

　　理書。看《兩廣民歌》。誠安來。到大中國，爲君匋作圖書館徵書啓及謝啓。爲亞光及圖表社作訪問記。

　　宏滋來。歸，承名世來，題湖帆畫卷。起潛叔來，爲寫于斌信。大沂、寬正來。理物。德輝來。六時，振宇派車來接。

　　到雪園赴宴。九時歸，寫靜秋信。十時，與君匋同上站，遇熊芷、仲明。冰岩來。眠甚酣。

　　　今晚同席：緯宇　包貴榮（以上客）　　振宇　宣人　擎宇
君匋（以上主）　　八百萬元。

六月十六號星期三（五月初十）

　　七時到南京，雇汽車，至編譯館，與君匋同訪王向辰。出，予往訪可忠，托買票。到曲園，吃點。到新亞，晤景璆。與仲明、冰岩、君匋同到行政院，值開會，未見人。出，遇李浴日。到教育部，晤劉英士，談貸款事。訪賀師俊，未晤。到曲園飯。

　　到新亞，晤周策縱夫人。到大中國辦事處，批教部托批兩著作。寫靜秋信。到教部，晤徐伯璞，徐光化，葉達三，趙吉雲，方志戀，董守義，可忠等。與君匋同謁驪先。回辦事處，打電話覓房間。

　　到康樂園吃飯，聽歌。九時半出，到中央飯店。以蚊擾不得安眠。

　　　今晚同席：予(客)　仲明　冰岩　君匋(主)　六百萬元。

　　　得樹幟電，蘭大仍當去。本與可忠同行（可忠代表教部前往處理風潮），票已購矣，朱部長囑其勿去，予遂一人行。

六月十七號星期四（五月十一）

　　五時起，寫靜秋，劉仁成，驪先信。在室早餐。雇車到明故宮飛機場，君匋，仲明，冰岩，宗如送行，遇劉衡如，梁士純，王普涵等。九時一刻，起飛。十二時到鄭州，停半點鐘，下機，吃點當飯。

二時半，到西安，停一刻鐘。四時三刻，到蘭州，樹幟，郭子藩，段子美，董爽秋等來接。袁興安代表郭主席來接。即到蘭大静觀園。得賢及校中同人來。吃飯。發静秋電。參觀全校。

與樹幟到張仁山家，赴北大同學會宴。歸，宿静觀園。與樹幟到段子美、董爽秋處。

今晚同席：裴文中　王曰倫　樹幟　予（以上客）　趙元貞　謝斗生　易君左　高亞元　常積仁　宋漢濯　劉鶴年　慈丙如　鄧春膏　張仁山（以上主）　北大同學會。

六月十八號星期五（五月十二）

樹幟導觀學校。王秉鈞來。到文實處，晤郭瑛，吳傳辛。林鵬俠來。李行之來。裴文中，王曰倫來。與樹幟等同到白塔山筱蘇處。到厚德坊吃飯。

與樹幟同訪鵬俠及上官業佑。訪程守啓，并晤蔡小宣。到科學教育館，晤沈祖昭。歸，寫静秋，振宇，宏滋，毓蘊信。張行健來。李瑞徵來。與樹幟同訪張文白，郭寄嶠，皆晤。訪水楚琴，鄧春膏，張鴻汀，皆不晤。到劉衡如，李占春處，略談。到獸醫學院，晤盛彤笙，王志梁。

與樹幟上街吃飯。到蘭馥池洗浴。十時歸，遷入第二宿舍。

今午同席：裴文中　王曰倫　史筱蘇　李文實　王德基　孫培良　段子美　董爽秋（以上客）　樹幟（主）

六月十九號星期六（五月十三）

與文實同到筱蘇處，長談。歸，與文實同早餐。樹民來，同到樹幟處，并晤孔憲武，樊懷義。與樹民同乘汽車到西北師範學院，晤林冠一夫人，何樂夫夫人。易院長邀至三友飯店吃飯。冠一來。

返校，與樹幟談。劉衡如來。水楚琴來。與衡如同車出，訪易君左，不遇。訪王曰倫，裴文中，并參觀新得之古陶器。歸，朱人瑞來。李延青來。李化方來。

樹幟，盛彤笙來。崔澤民，郭瑛來。漢國萃來。馮繩武來。

今午同席：Singer 夫婦　　喬樹民　　周駿章　　王樹民　　宋漢濯　慈丙如夫婦　　李建勛　　郭俊卿　　胡國鈺（以上客）　　易价（主）

六月二十號星期日（五月十四）

補記日記四天。與文實同到喬樹民，向郁階，吳均，劉鶴年，王德基，張季蘭，常麟定處。孫培良來。谷苞夫婦來。吳均來。劉鶴年來。張令琦、裴俊峰來。張鴻汀、王爾黻來。樹幟一家、劉宗鶴來。張行健來。郭普來。丁琦來。張季蘭來。常麟定來。劉熊祥、梁希彥來。與樹幟到凱士林赴宴。

歸，與樹幟談。到朱人瑞處。預備明日課。與樹幟一家出，到七里河訪魯大昌。到醫院視程宇啓疾。到裴建準處。

樹幟邀宴于回教館。到梁希彥家，晤其夫人。到段子美處，并晤向郁階。十時歸，張嘉民來。

今午同席：樹幟與予（客）　　陳守禮　　沈竟秋　　郝紹文　　王紹文　　陳守義　　劉璽　　霍漢琦（以上主）

今晚同席：予與劉宗鶴（客）　　樹幟及其子仲勤，仲毅，女毓南（主）

六月廿一號星期一（五月十五）

五時起，看《古史辨》。樹幟來，同到天山堂看屋。寫靜秋信。劉昌洪來。到天山堂，上課二小時（王官之學與諸子之學）。晤劉仲阮，孫培良。到圖書館取書。

看《古史辨》，豫備功課。馮潔如（貴珍）來。與樹幟同到獸醫學院，稍坐出，晤高行健。即至省府花園赴郭主席宴。

失眠，起看書。

今晚同席：金戈夫婦　樹幟　向郁階　喬樹民夫婦　董爽秋夫婦　段子美　劉衡如　馮國瑞　吳光　姚尋源　路葆清（以上客）　郭寄嶠夫婦（主）

六月廿二號星期二（五月十六）

上課，講"諸子時代"與"經學時代"。易君左來。朱亞英來。易靜正來，同車到師院，飯于三友飯莊。與孫培良游保安堡，歸。

眠一小時許。王樹民來。劉熊祥來。到史系辦公室看書。

熊祥來，邀至厚德福晚餐。到中山林吃茶。到雲亭紀念塔散步。九時歸。服藥睡。

昨夜睡眠極少，今日不舒，故上下午均出游觀。我決不能做工作太多，精神決不能太緊張，須切記也。

今午同席：樹幟　孫培良　王德基　何樂夫　汪如川　王本良　馬輯五（以上客）　易靜正（主）

今晚同席：樹幟一家　劉宗鶴（以上客）　劉熊祥（主）

六月廿三號星期三（五月十七）

寫王爾齡信。上課，講"史學時代"。張質君，李瑞麟來。

寫王爾齡，靜秋，振宇，王畹薌信。發嚴叔平，趙肖甫電。到天山堂看書。與樹幟同到張治中處赴宴。

九時出，到西北大廈，訪鵬俠不遇。歸，到向郁階，徐褐夫，沐允中處。

今晚同席：馬步芳　郭寄嶠　葛德萊　黃萬里　梁士純　趙瓏　易國瑞　易玠　易君左　水梓　裴建準　樹幟　陶峙岳　上官業佑（以上客）　張文白（主）

静秋來電，促余歸。予來此甚不易，已來開課矣，若又不終而去，不將爲西北人笑耶！

後接來書，謂"即返滬"爲静秋事，"静養"爲静秋養日所發，我讀錯了。

六月廿四號星期四 （五月十八）

上課，講予個人爲學經過。到會議室，招待來客。

與鵬俠等參觀學校。與葛德萊談中印文化。劉仲阮作譯人。眠一小時。大雨雹。看《古史辨》。樹幟，宗鶴來。

董爽秋，徐褐夫來，長談。

今午同席：葛德萊（N. B. Gadre）（印度孟買公共工程處總工程師），梁士純　林鵬俠　陶峙岳　上官業佑　王德基　董爽秋　段子美　向郁階　劉仲阮　黄萬里（以上客）　辛樹幟（主）

開封爲共軍所奪，聞主席劉茂恩全家殉難。河南大學死三四百人，民衆當更多矣。

後知此事非真。然女子師範則死四百人。

六月廿五號星期五 （五月十九）

延青來。楊質夫、馮雲仙來。上課，講史料。爲人寫字五件。谷苞來，與同出。剃頭，到德信飯莊赴宴。

歸，吳謙、董珍來。晤吳宏中。眠一小時。到天山堂看書。爲人寫字三件。樹幟、静正來。與樹幟等到陶宅赴宴。歸，樹幟，郁階，子美來。陳守禮來。

張葆英來。朱人瑞，馮潤琴來。看《古史辨》。失眠，服藥。

今午同席：劉衡如與予（以上客）　張令琦　劉景曦　谷苞　李瑞徵　郭普　金元濟（以上主，皆十一年前《老百姓》社友也）

今晚同席：樹幟　向郁階　段子美　喬樹民　王德基　上官

業佑　崔經國（以上客）　　陶峙岳（岷毓）（主）

六月廿六號星期六（五月二十）

寫静秋信。上課，講史料。爲人寫字約二十件。李雲階來。

眠一小時。與樹幟、易静正同到師院，講“邊疆教育與社會教育”一小時。參觀全校，静正、何樂夫導引。到三友飯莊，赴宴。

歸，到楊質夫處，聽雲仙述玉樹事。

今晚同席：樹幟　李建勛　何樂夫　汪如川　孔憲武　樊懷義（以上客）　易静正（主）

六月廿七號星期日（五月廿一）

早至樹幟處。到白塔山拉筱蘇出，九時，上汽車，十一時，到三角城。十一時三刻，到榆中城，周覽一過。上車，十二時許到興龍山，在雲龍橋畔野餐。

上山，拜成吉思汗之陵。又上，至太白泉，啜茗，休息。四時，下山。七時，回蘭州。即赴李廳長之宴。

聽水楚琴講甘肅四十年政局。十一時歸，即眠。

今日同游：朱亞英　樹幟及其子仲毅　金戈夫婦　喬樹民夫婦　顧女士（助教）　常麟定　朱人瑞夫婦　吳光　裴文中　王曰倫　史筱蘇　王德基　劉仲阮及子昌洪　陳祖炳

今晚同席：陶峙岳　水楚琴夫婦　樹幟及其子仲毅　易君左（以上客）　李子欣夫婦（主）

六月廿八號星期一（五月廿二）

李延青來。到天山堂，準備功課。到圖書館，檢書。

眠一小時。質夫來。寫静秋信。到省黨部，講“如何整理中國歷史”一小時。與王爾蕭，陸錫光等談。留晚餐。

九時歸。譚均來。張嘉民、李廣仁來。朱人瑞來。

今晚同席：丁宜中　郭任天　雷震甲　關潔民　潘如清（以上客）　陸錫光　曹啓文　王爾黼　鄧春膏　李瑞徵（以上主）

今日聽者五百人。據爾黼言，是爲文化運動會所辦講演上人之最多者。

六月廿九號星期二（五月廿三）

上課，講《山海經》。李武信來。郭瑛來。爲人寫字二十件。與孫培良談，補日記三天。樹民來，同飯。

小眠。鈔《山海經》材料。陳守禮來。劉仲阮父子來。喬樹民來。郭瑛夫婦邀至抗建堂觀劇。十二時半歸。

今午同席：予與樹民（客）　郭瑛　得賢（主）

今晚同觀劇者：得賢夫婦及楊太太（得賢岳母）（以上客）郭瑛夫婦（主）

今晚所觀劇：戰樊城　探親家　花蝴蝶（白雲亭等）　販馬記（齊蘭秋等）

六月三十號星期三（五月廿四）

與得賢至延青處。晤曹克松。上課，講《山海經》畢。孫培良來談。爲人寫字約二十件。與樹幟同到朱亞英處吃飯。

眠一小時。看《穆天子傳》。寫靜秋信。晚飯後與樹幟一家同出，到勵志路製衣。訪劉子健，到中山林吃茶。訪林鵬俠，未晤。

歸，訪陳祖炳，李萬珍，陳廷瓚。

今午同席：樹幟　喬樹民　段子美　董爽秋　駱力學　李武信　軍官二人（以上客）　朱亞英（主）

一九四八年七月

七月一號星期四（五月廿五）

韓文華來。上課，講《穆天子傳》，《世本》等。鈔《史記》材料。冠一，樹民來，邀至黃家園"金龍"吃飯。晤楊質夫夫婦。

與樹民同步歸，談。眠二小時許。寫李化方信。栗維銘、李端揆來。續鈔《史記》材料。與樹幟等同到南門外，赴張文白約，聽管夫人喻宜萱唱歌，吃點。出，到紫陽觀吃點。歸，在靜觀園吃茶，看報。

張葆英來。

今午同席：予（客）　樹民　冠一　筱蘇　得賢（以上主）

管夫人嗓音瀏亮，有重若崩雲，輕如蟬翼之妙。

今晚同席：管夫人　水楚琴　陶崎岳　上官業佑　易君左　沈市長　陸錫光　易靜正　汪如川　張萬選　辛樹幟　段子美　董爽秋夫婦　毛宗杰(以上客,約百人)　張治中及其夫人洪希厚(主)

七月二號星期五（五月廿六）

上課，講《蜀王本紀》與《華陽國志》之比較，《史記》。與李武信談。爲人寫字八件。出席教務處會議。看來信廿餘通。

眠未着，記日記三天。到天山堂，研究《史記》。謝絕索書者三人。晚餐後，樹幟等來，同到中山林吃茶，到女中美齡堂聽管夫人唱歌。在場與霍漢琦，張文白等談。

十時半歸，服藥眠。

得靜秋信，知已辭職歸蘇州，而洪兒患發燒（以靜秋歸後爲之減少衣服，又洗澡受寒之故）。擬接潮兒歸，俾易照顧。

今晚在蘭市始坐交通車（雙橡皮輪車，每車容客八人）。

今日上午同會：董爽秋　段子美　喬樹民　陳祖炳　李瑞麟

七月三號星期六（五月廿七）

上課兩小時半，講《史記》畢。與武信談。爲人寫字二十件。李萬珍來。劉熊祥來。到會議室。

參加教聯會之宴于太平洋餐廳。歸，眠二小時。整理信札。寫靜秋信。趙德章，吳傳璋來。與得賢夫婦到郭瑛處談。出，予獨至李武信處。至張令琦家，未晤。

歸，與樹幟談。失眠，服藥。

予此次來，取薪六千餘萬元，以五千萬元交得賢買光洋，才廿一元耳。如此日子，如何過得！

曾幾何時，一光洋值五百萬，廿一元值一億餘矣。

卅七，八，十六記。

今午同席：劉熊祥　樹幟　盛彤笙　喬樹民　汪如川　胡國鈺（仲潤）　王志梁　季士儼　莊星書　黎丙祺　趙天梵等（兩桌）　段子美（主）

七月四號星期日（五月廿八）

李延青來。喬樹民來。董漱溟來。張令琦、令瑄、何錦濤來。樹幟一家人來，同到國立蘭州圖書館，晤馮仲翔、李端揆等，參觀全館，翻覽特藏室書籍。

到社會公寓赴宴。出，到丁宜中家，留條。到劉衡如處，視疾。到慕少堂先生家，吊之，見其女。到易君左家，參加和平日報社之"人性與復興"座談會。七時許，會畢，到厚德福吃飯。

與王德謙、向郁階同到馮潤琴處談。歸，九時許眠，得眠。

今午同席：樹幟　向郁階　李端揆　李正陽　常積仁　朱亞英　韓文華　林冠一（以上客）　李化方（主）

今日下午同會及同席：李建勛　向郁階　谷苞　楊質夫　王伯侖　李化方　王德謙（丁宜中夫人）　慈丙如（以上客）

黄立人　王熾如　汪□□（以上主，易君左赴寧夏，未參加）

七月五號星期一（五月廿九）

董漱溟來，與同到陶岷毓處。與岷毓同到蘭園，爲少校以上軍官講話一小時。到省政府丁秘書長處，爲省政府職員又講四十分鐘。出，到谷苞家赴宴。商組織中國邊疆學會甘肅分會事。予捐五百萬元。遇趙廷祺。

歸，寫何樂夫，金振宇，褚宏滋信。到辦公室，準備明日課。樹幟、段子美來。

至省參議會，訪張嘉民及李秉智。到黃河橋散步。歸，喬樹民來。失眠，達旦。

今午同席：葉惟熙（寓塵）　郭普（曉天）　李得賢（以上客）谷苞（望溪）夫婦（尉遲淑君）（主）

昨夜爲白蛉子所咬，左上眼皮紅腫甚。

邇來常失眠，以生活太緊張故。講演，寫字，吃飯，都是擠得緊緊的，叫我如何不興奮。

七月六號星期二（五月三十）

上課，講《詩經》總論。爲人寫字五十件。

眠一小時。到辦公室準備功課。王寶琴來。與樹幟等同到凱士林，小坐。

到勵志社赴宴。九時歸，到靜觀園小坐。歸，得眠。

今晚同席：金戈　子美　爽秋　醫學院諸同人（以上客）喬樹民　（主）

今晚又同席：管喻宜萱　柴木蘭（孫市長夫人）　孫汝楠（市長）　陳必覎　丁宜中夫婦　陶岷毓　上官雲相夫婦　寇永吉夫人　周夫人（張文白之女）　毛宗杰　朱亞英　樹幟　趙龍文（以

上客）　宋恪及其夫人張映暉（主）

接靜秋信，渠爲朝兒打傷寒針，乃竟成傷寒疾，熱度極高。這真是好肉上生瘡，可苦來。

七月七號星期三（六月初一）

上課，講刪《詩》問題及《詩》起興。回舍，寫賀昌群，周谷城，勞貞一，紀伯庸，郭紹虞信。

眠一小時。到辦公室準備功課。王寶琴來。與樹幟同到省立圖書館，參觀藏書。留宴。

九時歸。郭瑛夫婦來。谷苞、葉寓庸來。王近仁、裴俊峰來。趙德章來。

今晚同席：樹幟　宋恪（寶三）　王絅若　張屋　姚鴻德魏海連　劉墨芬（以上客）　李占春（主）

七月八號星期四（六月初二）

上課，講起興畢，接講"《詩》與歷史"。爲人寫字五十件。

眠一小時。寫靜秋，潘景鄭，程銅士信。谷苞來。到辦公室，預備功課。視得賢疾。

閻永禄，張令瑄來。李集益來。

潮洪兩兒，本好好的，靜秋一歸，都病了。靜秋迷信醫藥，一切硬幹，以其好心，製造惡果，奈何奈何！

此間硬幣已至一元合法幣三百萬，是則法幣三萬才合一分，一億只卅三元耳。我輩靠薪水吃飯者如何對付得來！此間米一石，已至四千餘萬，較蘇州高一倍。麵百斤，二千七百萬元。

七月九號星期五（六月初三）

二時半，起，預備功課。上課，續講"《詩》與歷史"。到得賢處。到助産醫院，向延青取藥。郭子藩來。

眠一小時。到辦公室，準備功課。樹幟偕邱泉來。谷苞來。與樹幟同到甘肅省銀行赴宴。

歸，到董爽秋處談。

得静秋書，潮兒之病乃是出疹子，現紅點已現。醫謂如不轉肺炎，則無礙。渠在病中想我，常叫爸爸。閱之悒懷。

今晚同席：孫汝楠，蔣司令雲台　張嘉煦　郭任天　李汝爲　王梓敬　孔天民　樹幟（以上客）　劉望蘇　張令琦　黨家駒（以上主）

七月十號星期六（六月初四）

谷苞來。上課，講《詩序》訖，講"賦詩"，《詩經》講畢。爲人寫字五十件。陶岷毓來。

眠未着。出，剃頭。到圖書館借書，到辦公室看書。萬君來，爲寫字四件。王寶琴來。

到静觀園，與樹幟、子美、爽秋談，并選《詩經》。

七月十一號星期日（六月初五）

董漱溟來，樹幟一家及劉宗鶴來，陳廷瓚來，均乘行轅汽車出，到南門，到清真館吃羊肉泡饃。由漱溟導游五泉山，辛仲毅同行。出，到中山林，吃茶，與樹幟、孫培良談。

到張主任處吃飯。與喜饒嘉措等同到青年館，開中國邊疆學會甘肅省分會成立會，予任主席。六時畢，看余月蘭畫展。與得賢、質夫同步歸。

與質夫同飯。祁俊山、金山兄弟來。翻看《楚辭》一過。

今午同席：喜饒嘉措　楊質夫　水楚琴　楊深之（思）　裴建準　陶峙岳　劉參謀長　曾副參謀長　寇永吉（以上客）　張文白（主）

今日下午同會：喜饒嘉措　楊質夫　水楚琴　宋恪　張漣

易君左　張令琦　李耑徵　李得賢　郭和　谷苞　郭普　龔子瑛
孫浮生　劉國鈞　丁宜中　劉景曦　金元濟　李端揆　王志梁
李屏唐　葉寅塵

七月十二號星期一（六月初六）

張令琦來，同到甘肅省銀行，在紀念週講一小時，又到警官學報，講一小時，畢，參觀。歸，蓋世儒來。寫静秋信。

小眠。大雨，驟寒。王伯俞，朱人瑞來。到辦公室準備功課。與樹幟等同到勵志社走宴。

到樹幟處，與子美談。

今晚同席：陶峙岳　宋恪夫婦　丁宜中夫婦　水梓　喜饒嘉措　楊質夫　劉漫天夫婦　周嘉彬夫婦　管夫人　毛宗杰　李子欣夫婦（以上客）　易价夫婦　樹幟　子美　路葆清　盛彤笙(以上主)

七月十三號星期二（六月初七）

上課，講《楚辭》大綱。劉尚一、秦子元來。何日章來。爲人寫字五十件。李宗堯來。

眠未着。朱人瑞來。到辦公室，準備功課。王全章來。

到樹幟處，同選《詩經》至《小雅》。回舍，略看書。

七月十四號星期三（六月初八）

上課，講《九歌》。補記日記。寫井成泉，魏瑞甫，楊拱宸信。理信札。

眠一小時許。豫備功課。谷苞來。寫趙肖甫信。趙德章夫婦來，寫成泉、振宇信，托帶。

到樹幟處，選《詩經》畢，同到王伯俞，梁希彥，喬樹民，何日章處。李萬珍來。

得静秋信，知潮兒七日晚間病極嚴重，至九日熱度低至三十八度五，疹子已出齊。醫藥費已用去六千萬。尚須加重保護，免成肺炎。

存北平之書，已由嚴叔平君代爲寄出。存北平之稿件，托趙德章君帶滬，交與二千萬元。渠將由蘭赴平，由平轉滬至臺灣也。如此，我編文集事可望成功。

七月十五號星期四（六月初九）

上課，續講《九歌》，仍未畢。爲人寫字五十件。王樹民來，同飯，爲寫易静正信。與樹民同到樹幟處。

寫静秋信，到郵局寄，晤王國雄。到辦公室，準備功課。郭瑛來，同飯。趙德章來。

讀《楚辭》漢人部分。樹幟來。

得静秋信，知君匋欲與五聯商，每家就取得貸款中支五億至十億與我，以報我一年來爲教科書奔走之勞，其盛意可感。但新亞、廣益、北新三家想未必肯耳。予得此款，舊欠債項全可還清，又可製書架整理南運之書，兩快事也。

樹民在西北師院，爲劉熊祥所齮齕，學校迄不肯改專任，不專任則八、九兩月無薪，無以存活。樹民性格，得食則逍遥，事急則求人，宜其有此厄也。

七月十六號星期五（六月初十）

上課，講《楚辭》（《九歌》畢，《天問》）。與樹幟、盧壽栱到西北大厦，訪教部督學鍾道贊，遇劉衡如。與道贊同出，到中央醫院，視程宇啓及莊君疾，筱蘇來，同到獸醫學院吃飯。

還校，準備功課。樹幟偕道贊來。李鋭才來。與喬樹民、王全章同到農民銀行赴宴。

九時許歸。到樹民家小坐。梁希彥來。

今午同席：鍾道贊　金戈夫婦　樹幟　史筱蘇　王志梁　秦和王　高行健　常英喻（以上客）　盛彤笙（主）

下雨，大寒，可穿棉衣。

今晚同席：黃萬里　喬樹民　盧壽栒　王全章　彭月翔　孟梵殊　孫耀武　蔡亞東　王樹藩　王正緯（以上客）　丁慕堯（主）（爲商組江蘇同鄉聯誼會事）

七月十七號星期六（六月十一）

上課，講《楚辭》（《天問》畢，始講《離騷》）。爲人寫字五十件。

王樹民來。寫魯弟，行政院新聞局，黃濤川，拱宸，馬師儒，景培元信。與文實同到凱士林，開邊疆學會甘肅分會第一次理監事聯席會議，會散聚餐。

八時許歸，看《劉夢得集》，記筆記三頁。

今晚同會同席：水楚琴　宋賓三　上官業佑　孫浮生　易靜正　楊質夫　谷望溪　郭曉天　李谿之　張士珩　李文實　葉寓庸　丁宜中　張漣　劉衡如

選出常務理事五人：予　質夫　望溪　宜中　業佑（予爲理事長）常務監事一人：楚琴

七月十八號星期日（六月十二）

得賢夫人產一男。記日記三天。樹幟來。寫靜秋信。到樹幟處。劉熊祥，錢毅南來，同出，到中央醫院程宇啓處。出，到厚德福談話，至十二時飯。

道贊、爽秋來。歸，小眠。研究《楚辭》，至六時半。王文卿來。樹幟邀往晚餐。延青來。

在静觀園談話。歸，畫《楚辭》地圖。失眠，服藥，久之乃效。

今午同席：劉熊祥　錢毅南　段子美　梁希彥（以上客）
樹幟（主）一千七百萬元。

今晚同席：予　郭女士　龐君（以上客）　樹幟一家　劉宗
鶴（以上主）

七月十九號星期一（六月十三）

到辦公室理物，寄信。李端揆來，與同到國立圖書館，出席紀
念周，講"我與圖書"，與衡如，馮國瑞，栗維銘，王宇九等談。
回校，與樹幟、鍾道贊到獸醫學院，接路葆清同到西果園國立農業
專科學校，吃飯。晤陳延中等。

在路校長榻上眠兩小時。出，參觀校中設備。四時返城，到獸
醫學院，與盛院長談，與鍾督學談。六時，到太平洋餐館赴宴。

與樹幟同歸，至静觀園吃瓜，與樹幟談。

今午同席：鍾道贊　樹幟（以上客）　路葆清（主）

今晚同席：張鴻汀　水楚青　鍾道贊　樹幟　易静正　盛彤
笙　路葆清　盧壽枏　鄧澤民　宋賓三（以上客）　劉衡如（主）

七月二十號星期二（六月十四）

延青來。上課，講《離騷》，訖。爲人寫字六件。陳延中來。
劉熊祥來。劉玉霞來。與樹幟到陶宅赴宴，畢。又到張宅赴宴。

飯畢，討論開黨政軍公務員暑期講習班事。乘盛彤笙汽車，到
王文卿家，爲寫字六十件。晤王士彬，士正。還校，與喬樹民談。

陳延中來，爲同到青年館，看豫劇《麻瘋女》。十二時半歸。

今午同席：鮑爾漢　劉文龍　鍾道贊　易静正　水楚琴　樹
幟　王正緯　曾三乎（以上客）　陶岷毓（主）

今午又同席：鮑爾漢　鍾道贊　水楚青　郭寄嶠　上官業佑

孫浮生　宋賓三　樹幟　黃源尹　段子美　董爽秋　王伯侖　鄧
澤民　易靜正　盛彤笙　陶岷毓　李子欣　黃萬里　李建勛　胡
國鈺（以上客）　張文白（主）

七月廿一號星期三（六月十五）

上課，講《九章》，訖。《楚辭》畢。爲人寫字二十件。鮑爾
漢，喜饒嘉措，陳天木（成覺）來校參觀，略談。到厚德福赴宴。

眠一小時許。到佘褐夫處，辭宴。到辦公室，豫備功課。樹
幟、宗鶴來。步至西北大廈赴宴。

與樹幟同訪鮑爾漢，未晤。

今午同席：喜饒嘉措　成覺　段子美　董爽秋　楊質夫（以
上客）　樹幟（主）

今晚同席：陶岷毓　喜饒嘉措　成覺　上官業佑　樹幟　鍾
道贊　易靜正　丁宜中（以上客）　水楚青　張鴻汀（以上主）

七月廿二號星期四（六月十六）

寫靜秋，筱蘇信。質夫來。上課，講《尚書》篇目一小時。與
樹幟等乘車同出，到西北大廈，招鍾督學同游興龍山。十一時，抵
馬家寺，稍息。十二時抵興龍山主席官邸，晤藺克昌，談話。上棲
雲山，游朝元觀。

在官邸進飯。三時，上興龍山，拜成陵，茶于太白泉。五時，
下山。至榆中縣，進城巡一周。至馬家寺稍息。還蘭，至紅山根殯
舍，視蘭大打死學生劉德讓之柩。至蘭州醫院，視重傷學生田兆農。

八時，到太平洋赴宴。九時半歸，洗浴。

今日同游：鍾道贊　向郁階　易靜正　樹幟　沈意秋

今晚同席：鍾道贊　易靜正　樹幟　劉衡如　路葆清　宋賓
三　上官業佑　丁宜中　孫汝楠（以上客）　盧壽枬（主）

七月廿三號星期五（六月十七）

上課，講《尚書》篇目，未畢。返室，看信。陪鍾督學參觀理醫兩院。到靜觀園飯堂，與鍾督學同飯。

到樹幟處看報。與鍾督學同返室，招校中教授來室談話。到辦公室，搜集材料。魏郁來。

到青年館訪謝再善，閻百益，未晤，晤朱懿辰，閻銳，談。出，遇秦子元，至其住處談。出，剃頭。返校，到樹幟處，吃瓜，同到李鏡湖處。十一時歸，失眠，服藥。

七月廿四號星期六（六月十八）

上課，講《書序》。爲人寫字約三十餘件。到樹幟處，與同到太平洋赴宴。

歸，眠兩小時。看《尚書古文疏證》，盡一册。辛仲毅送藥來。續看《疏證》。服藥得眠。

至今日止，已上課五十一小時。

昨夜起雨，今日大雨，庭前積潦，己未能出，人亦不能來，因得安謐半日。

今午同席：鍾道贊及予（客）　樹幟　衡如　壽枏　秦和生王志梁　段子美　向郁階　李端撰　馮國瑞　季士儼　趙天梵莊星書　郭俊卿（以上主）（教聯會）

七月廿五號星期日（六月十九）

樹幟一家來，同到南門清真館吃羊肉泡饃。出，到中山林品茗，作長談，照相。十二時，與樹幟到丁秘書長家吃飯，與丁氏夫婦談。

歸，欲睡，李萃麟來，長談。看《尚書古文疏證》。寫靜秋信。與樹幟同到勵志社赴宴。

歸後未作事，早眠。

今早同席：予與劉宗鶴（客），樹幟及其二子一女（主）。

今午同席：道贊　樹幟　段子美　静正　彤笙　葆清　衡如　壽枏（以上客）　丁宜中　王德謙（主）

今晚同席：道贊　鴻汀　宜中　李建勛　業佑　君左　曹憲　兵團長　郭維屏　張萬選　朱亞英　樹幟　彤笙　葆清　壽枏　衡如　孫汝楠　胡國鈺　汪如川　寇永吉　陸錫光（以上客）　易静正（主）

七月廿六號星期一（六月二十）

四時半起，看《經學通論》。上課，講《書序》與前後時代之關係。返室，記日記三天。薛炳坤來。

眠一小時。到辦公室準備功課。魯大昌來。與樹幟同到中華書局，赴宴。

到青年館，訪閻百益等，未晤。到新光豫劇團看王景雲《義烈風》劇。十二時半歸。

今晚同席：道贊　樹幟　子美　王新甫　何日章　趙廣源　路葆清（以上客）　王泰東（主）

晚間豫劇亦係王經理所請。

七月廿七號星期二（六月廿一）

閻百益、謝再善來。張嘉民來。上課，講《僞古文尚書》篇目及其出現。爲人寫字卅餘件。與樹幟等同到西北大廈，赴宴。

歸，到辦公室準備功課。佟樞慧夫婦來。魏郁來。朱允讓來。爲人寫字廿餘件。樹幟宗鶴來。

喬樹民，常麟定，李萃麟，沐允中來。到樹幟處。失眠服藥，久而始效。

今午同席：陶岷毓　郭寄嶠　李子欣　宋恪　駱力學　水楚

青　張鴻汀　寇永吉　上官業佑　孫汝楠　丁宜中　孟昭侗　張
澤友　易静正　盛彤笙　劉衡如　盧壽枏　史筱蘇　郭維屏　李
瑞徵　谷苞　喬樹民　李鏡湖　李得賢　董爽秋夫婦　梁希彥夫
婦　向郁階　常麟定　李萃麟　沐允中　王伯侖　李萬珍　段子
美　鄧澤民　楊質夫　何日章　徐褐夫　陸錫光　張萬選　丁琦
劉仲阮　馮繩武　陳祖炳　陳廷瓚　孫培良（共到黨政軍界領袖
及本校教員八十餘人）（以上客）　鍾道贊　樹幟（以上主）

七月廿八號星期三（六月廿二）

上課，講《古文尚書》僞迹，以《大禹謨》篇爲例。西北大
學邊疆見習團來，導之參觀。晤水天同。與樹幟到陶岷毓家午餐。
飯畢，到西北大廈視道贊疾。

眠一小時半。延青來。到辦公室，準備功課。王樹民來。寫静
秋信。

到青年館，看王景雲演《三拂袖》劇。與王德謙談。十二時半
戲散，同車出。

鍾督學昨晚出外散步，月黑坡陡，有騎自行車者疾馳而下，
昏暗中彼此不辨，遂將道贊撞倒，傷其髀骨，恐須臥數月方得痊
可，蘭大事之處理又須延緩矣，何不幸乃爾！

今午同席：樹幟　上官業佑　曾三乎及其子（以上客）　陶
副主任（主）

今晚看戲係王德謙女士所邀。渠白話文極暢達流利，與馮潤
琴爲蘭市兩女作家。

七月廿九號星期四（六月廿三）

上課，講《古文尚書》之僞迹及作者主名問題。準備“中國
歷史與西北文化之演講”。水天同來。

李鏡湖先生來。何日章來。呂和中來。五時進餐，雇車至美齡堂講演，晤霍漢琦，孫淳生，李行，郭維屏等。自六時至七時半。畢，與丁宜中夫婦同至西北療養院視鍾道贊病，晤易靜正。

歸，洗浴。豫備明日課，至十二時，服藥眠。

七月三十號星期五（六月廿四）

上課，講鄭王之爭及王肅僞書。爲人寫字四十件。宋漢濯來。

眠一小時。到辦公室，豫備明日課。指導張葆英鈔書。吳正桂來。與得賢同訪郭瑛，未晤。到延青處。訪李萃禱，亦未晤。到得賢家視其嬰兒。

記日記五天。樹幟來談。

七月卅一號星期六（六月廿五）

上課，講《僞古文尚書》公案，畢。爲人寫字約四十件。

眠一小時半。汪伯烈來。到辦公室，爲師院學報寫《漢代的西北》千餘字。李宗堯來。魏郁來。張令瑄偕其姊令瑢來。看舊作《堯典》文字。寫林冠一信。

與樹幟等同車至張文白處吃飯。到西北療養院視道贊疾，與日章同歸。

今晚同席：饒大衛（David Lowe，美耶路大學遠東系主任）　管夫人　樹幟　子美　水天同　董爽秋　宋賓三（以上客）　張主任（主）

筱蘇昨日返西安矣。渠欲待風潮案解決，明定是非後再走，竟不可得，豈非命耶！

蘭大講學記

序論（四個時代）——自六月廿一日至廿四日，八小時。（8）

古史料概述——自六月廿五日至七月三日，十四小時。（22）

《詩經》——自七月六日至十日，十小時。（32）

《楚辭》——自七月十三日至廿一日，十四小時。（46）

《尚書》篇目及漢、魏古文——自七月廿二日至卅一日，十七小時。（63）

《堯典》、《禹貢》、《皋陶謨》、《洪範》——自八月三日至十二月二日，一百七十二小時。（235）

> 分州説——自八月三日至四日，四小時。（67）
> 五服説——八月五日，二小時。（69）
> 四宅説——八月六日至十一日，五小時。（74）
> 五岳説——八月十一日至十四日，七小時。（81）

> 任賢説——八月十九日至二十日，三小時。（84）
> 禪讓説——八月十七日至廿五日，十小時。（94）

> 道統説——八月廿五日至十月廿二日，八十二小時。（176）
> 五倫説——九月十日至十一日，二小時。（178）

五行説——十月廿二日至十二月二日，五十七小時。（235）

　　調和相勝、相生説（十月廿二日至廿三日，三小時）（181）

　　洪範及災異説（十月廿六日至廿九日，七小時）（188）

> 明堂説（十月廿九日至十一月二日，四小時）（192）
> 氣候説（十一月二日至五日，六小時）（198）
> 順時布政説（十一月五日至九日，四小時）（202）
> 五帝五神説（十一月九日至十六日，八小時）（210）
> 月令（十一月十六日至十八日，四小時）（214）

> 三王、五帝、三皇説（十一月十八日至二十日，五小時）（219）
> 五德終始説及三統説（十一月二十三日至十二月二日，十六小時）（235）

豫定之計劃

甲，史料：

　°1. 古史料概述

　°2.《詩經》

　°3.《書經》

　 4.《春秋左氏傳》

　°5.《楚辭》

乙，神話及古史學説：

　1. 神話（自然演變）：

　　a 禹

　　b 帝嚳

　2. 學説（人造）：

　　°a 五帝説

　　°b 三皇説

　　°c 五德終始説

　　°d 道統説

　　　九官説

　　°五行説

　　°災異説

　　°月令説

丙，制度及制度學説：

　1. 制度學説：

　　°a 三統説

　　°b 禪讓説

　　°c 分州説

　　°d 五服説

　　°e 五岳説

　　三正説

　　五等爵説

　　封建説

　　井田説

　　喪服説

　　喪期説

　　宗法説

°任賢説

°明堂説

　　律吕説

　　分野説

2. 制度：

　a 宗教

　b 政權

　c 疆域

　d 家族

　e 生産

　　古史鑰：

　　第一册　　材料篇

　　┌第二册　　學説篇：

變

化　　　　　　甲、五行説與帝繫説

的

　　　　　　乙、制度説

　　　　　　丙、道統説

　　└第三册　　故事篇

求　┌第四册　　史話篇：

真

的　└　　　　政治史

　　　　　　文化史

第五冊　考證篇：

　　　　材料

　　　　學説

　　　　故事

　　　　史實

第六冊　選讀篇：

　　　　1. 學説的

　　　　2. 史實的

每冊後均附地圖、年表、索引。

一九四八年八月

八月一號星期日（六月廿六）

樹幟、宗鶴來。看劉子植《洪範疏證》。喬樹民來。準備明日講演。九時，到抗建堂，參加旅蘭江蘇同鄉會，予任主席。十時開會，十二時半散會。在會，與梁庶杰，張秀倩，袁壽璜，孫耀五夫婦談話。與趙天梵同到紫陽觀吃飯。

歸，眠兩小時。李應德來。準備明日講演。樹幟、李鏡湖來，同到太平洋，赴宴。歸。

樹幟子美邀至青年館訪關益齋，閻鋭，張樹明。又至曹叔希處訪易静正。又至陶岷毓處話別，并晤曾震五。十一時半歸。失眠服藥。

買一牙刷，價一百八十萬元，簡直把人嚇死。

今晚同席：李鏡湖　　水天同　　晏希彦　　張樹明　　李獻之　　駱力學　　孫浮生（以上客）　　樹幟　　静正（主）

李瑞徵後日赴南京，就立法院工作矣。此君還像讀書人，失敗了肯離開。若郭維屏，死不要臉，又向樹幟討好，又向程宇啓夫人處送物（渠送物時，宇啓夫人嚇得發抖），直當以《聊齋》所記"一二三四五六七，孝弟忠信禮義廉"一聯贈之也。風潮案之處置，原由鍾道贊回京發表，今道贊既病倒，樹幟又不敢逕行，故連日函電朱部長，請其親來，不識能來否也。

八月二號星期一（六月廿七）

到樹幟處，同到獸醫學院，晤靳重言，悉講期係下星期一。到省黨部，聽樹幟講"蘭州國立院校館情形"，自九時至十時半。回校，晤謝再善。寫馮潤琴詞贈管夫人，送管夫人上車，到静觀園吃飯。出，到張質君處談話。寫静秋信。

眠一小時。到辦公室，準備功課。林運元來。

到延青處。出遇費克松夫婦，至其室中談。李應德來。

八月三號星期二（六月廿八）

上課，講二十八篇分組及九州說。與樹幟同到西北療養院，視道贊病。到西北大廈餞別陶岷毓。晤易君左等新聞界同人。

與段子美同到蘭園吃茶。四時，參加天山學會周年紀念會，予作簡短演說。出，到文化建設書肆。歸，到辦公室，準備功課。

續鈔明日上課材料，至十一時，服藥眠。

今午同席：陶岷毓　曾震五　上官業佑　李武信（以上客）樹幟　静正　衡如　壽栩　葆清　王志梁（代盛彤笙）（以上主）

今午尚有新聞界同人聯席作餞：（和平日報）易君左　黄立人　王熾如　（西北日報）趙榮聲　袁士安　（民國日報）關潔民　潘若清　（蘭州日報）張曼若　（經濟日報）莊星書　（河聲報）高建亞（中央通訊社）唐雄　（西北通訊社）劉直哉　（大夏通訊社）魯敏

八月四號星期三（六月廿九）

上課，講"九州與十二州"訖。薛雲鶴來。點張葆英所鈔高重源論《禹貢》文，未畢。蓋世儒來。

眠一小時半。到辦公室，準備功課。朱允明來。點高重源文，訖。寫沈竟秋信。爲人寫字六件。樹幟，樹民，日章來。

與樹幟、喬樹民、日章同視道贊疾。出，茗于中山林。

八月五號星期四（七月初一）

上課，講"五服與九服"訖。寫日章信。返室，爲人寫字約四十件，又爲五岳堂署額。寫靜秋信。

小眠。到辦公室，準備功課。到劉昌洪處，未晤，晤其父劉仲阮。寫樹幟信。樹幟來。沈竟秋來。昌洪來，斥之，予以除名處分。

遇郭瑛。與樹幟、日章、子美同茗于中山林。歸，到關益齋處。

郭瑛見我，云："瘦些了！"蓋予一方既須急迫準備功課，一方又須作廣泛交際，更無一刻暇閑，有以使之然也。

歷史系助教劉昌洪，中央大學畢業，湖北人，爲人疲懶。筱蘇作主任時不加訓練，養成吃糧不管事之習慣。余來後，令其工作，無論用什麼方法都推不動。昨日令其專管閱覽室，令其擬閱覽室章程，定今日施行，而第一日彼即不到，亦不向予請假，因請樹幟予以開除。此予來後一快事也。聞文學院助教大都無所事事，既害了學校，復害了助教本人。而青年之無志，亦可見矣。

八月六號星期五（七月初二）

五時起，記日記四天。作《中國通史與邊疆史料》一文，約一千二百字。上課，講"羲和四宅"，未畢。尹巨來。改得賢所草筆記，未畢。徐海光來。

眠一小時。到辦公室，作《蘭大圖書館概況》序八百言，即修訖，重鈔。陳延中來。到樹幟處，到何日章處。

李應德來送瓜。史系耿賈二生來。日章來。與樹幟、關益齋、劉宗鶴同到中山林吃茶。向郁階、郭松懋來。

樹幟改派尹巨來，任予助教。

西行後盜汗久愈，近又發，半夜醒來，肩頸皆濕，此過勞之所致也。自明日起，仍服丸藥。

靜秋來信，亦說予瘦。

三夜游中山林，睡眠漸好，可不服藥矣。

八月七號星期六（七月初三）

到辦公室，整理信札。寫靜秋，振宇，擎宇，伯庸，又曾，銅士，德輝，自珍，胡繩武，奮生，陳瑩莽，劉子喬信。段子美來。郭維屏來。姚佑生、劉子健、馬汝鄰來。

眠一小時半。沈明善夫婦來。朱允明來。丁世蕃來。張化民來。

到樹幟處吃飯。飯後與徐褐夫、朱人瑞、王道燦、董爽秋談。

八月八號星期日（七月初四）

到辦公室，翻閱從前筆記。寫鄧恭三，筱蘇，井成泉，何樂夫，丕繩，詩銘，呂叔達信。樹幟來。

眠一小時。郭瑛來。寫佟樞慧信。到辦公室，寫楊家駱，彭百川，孫媛貞信。樹幟來，與同到青年館看黎雄才圖畫展覽，與雄才談。

與樹幟、郁階、喬樹民、日章同到西北療養院視道贊病。出，與樹幟同到中央廣場理髮，接日章同歸。整理講稿至十一時，服藥眠。

八月九號星期一（七月初五）

與樹幟、毓南、仲勤乘馬車到獸醫學院，講"中國歷史與西北文化"，歷一小時半。講畢，爲該院同人寫字約四十件。到盛彤笙家吃飯。

到志梁處。到高行健處，繼續寫字十餘件。三時歸，眠一小時。沈鳳翔偕其未婚妻來。準備明日課。

與喬樹民同到郵政儲匯局，開江蘇同鄉會理監事會。吃飯。九時半，與趙天梵同歸。

今午同席：樹幟　王志梁　常英瑜　高行健（以上客）　盛彤笙夫婦及彤笙之妹佩芝（主）

今晚同席，同會：王正緯　丁慕堯　王樹藩　劉國鈞　陳倬（雲昭）　沈培庶　趙天梵　邱毓珩　孟繁書　袁壽璜　王全章　孫耀武　蔡亞東　喬樹民　費克松（飯係樹藩所備。）予被推爲理事長。

八月十號星期二（七月初六）

上課，講四宅問題，未畢。與樹幟、宗鶴、竟秋等到下西園，看蘭大附中擬遷屋。到中央醫院，訪問程宇啓。歸。

張質君來。眠一小時。到辦公室，準備功課。丁世蕃來。樹幟來。出，遇李延青。

續準備功課。李秉智來。王德謙來，同到精華劇團觀秦腔劇，以擁擠退出。歸，到喬樹民家吃瓜。失眠，服藥。

八月十一號星期三（七月初七）

到魏蔚文室。上課，講四宅説一小時，畢，講五岳説一小時。豫備明日課。

眠一小時。靳重言來。李國智來。丁世蕃來，同到抗建堂，爲市立小學教員暑期講習會，講西北史地一小時半。與于衛退、孫汝楠談。歸，到辦公室搜集材料，發張葆英薪。寫井成泉信，匯去一千萬元，寄稿件。李占春來。

與得賢同出訪郭瑛夫婦，適遇其來，同到宿舍談話。李應德來。

八月十二號星期四（七月初八）

上課，講五岳説。讀《漢書·郊祀志》，豫備明日課。王樹民偕其夫人楊鳳民來，同飯。飯後同訪樹幟，未遇。

眠一小時。寫章友三，唐培經，静秋信。周書舲來，長談。閻永禄來。

到南城巷張仁山家赴宴。又到厚德福赴宴。歸，到莊鳴山處，又到樹幟處，晤沐允中、李萃麟等。

今晚同席：徐豐彥　張昌紹　周傳儒　段子美　莊鳴山　董爽秋　何日章　喬樹民（以上客）　樹幟（主）

今晚又同席：楊霽青及予（客）　趙元貞　鄧春膏　張仁山　王自治　常積仁　陳雲嵐　易君左　孫發端　吳慶辰　栗維銘　馬澍之　陳志涵　王作才　尹彤墀　楊拯華　周服之　孫克家　于傳曾　謝璧文　李樓鸛　周宗浚　慈丙如（以上主）　爲楊霽青公六十二歲壽。

八月十三號星期五（七月初九）

上課，續講五岳説。沈鳳翔來。劉滋培來。雷震甲，鄧照藜來。樹幟偕馮仲翔來，同訪周書舲，未遇，到凱士林吃飯。

與樹幟仲翔同游城隍廟，吃茶看戲。出，與仲翔同游古董肆。到仲翔家，晤其弟實齋。歸，到辦公室準備功課。徐褐夫來。晏庶侯來。

到沈鳳翔家吃飯。九時半歸，費克松來。喬樹民、李萃麟來。沐允中來。

今午同席：予與仲翔（客）　樹幟（主）

今晚同席：刁雲龍　孫世穌　戴範九　陳太太　高□□（以

上客）　　沈鳳翔　　洪怡静（主人）

朱佩弦于昨日午刻逝于北平，病爲胃潰瘍及腎臟炎，年五十一，子女幼小，積蓄毫無，可憐也。佩弦爲人忠厚，朋輩中所少見，不及中壽，惜哉！

八月十四號星期六（七月初十）

上課，講五岳説畢。豫備功課。周彦英來。張質君來。張玉生來，爲寫王正緯條。

眠一小時。到辦公室，寫《甘肅教育之我見》二千餘言，備入《西北月刊》，未畢。樹幟來。段子美來。林運元來。

耿靖宇，費耀普來。與樹幟及其子女同到蘭園品茗，遇孫培良，沈竟秋。出，到道贊處，與日章同歸。

作賀沈祥麟喜聯：

胥水締盟，齊稱兩美。　　蘭山比翼，喜對雙星。

沈君，鴻翔貿易商行經理。蘇州青年竟有遠走高飛，成家立業于蘭州者，可喜也。

此次來蘭，每一雜志要我寫一文，每一機關要我講演一次，每一人要我寫一兩張字，如何不忙！然辛先生期我多講，我亦望平生所學因講而成一系統，此又一大事也，更如之何不忙！

八月十五號星期日（七月十一）

樹幟、宗鶴來。爲人寫字八件。辛仲毅來，送魚。到得賢家，賀彌月。蕭祖華來。續作昨文二千餘言，訖，交葆英鈔。

小眠，未睡着。沈氏汽車來。即至厚德福，與諸賓客談話。三時許行結婚禮。予爲證婚人。禮成，入席。五時，與羅君同歸。洗浴。

沿黄河散步。進城，到王全章處談。出，到惠東旅館，訪靳重言。十時歸。

今日下午同席：戴範九　馬蓮塘　刁雲龍　羅鏡煥　孫世穌
鄒紹誠　呂渭臣等（凡五桌）（以上客）　沈鳳翔夫婦（主）

八月十六號星期一（七月十二）

喬樹民來。到樹民處。到辦公室，將《對于甘肅教育之我見》
一文修改一過，訖，凡五千言。寫王含光信，送去。喚尹巨來，責
之。寫《西北文化》一文，成數百字。

眠一小時。寫静秋信。到辦公室，預備明日課。到文史閱覽
室。與樹幟、得賢同出，到拜家赴宴，遇趙望雲。

今晚同席：馬少香（繼馥）　趙瓏　水楚青　樹幟　得賢
王熾如（以上客）　易君左　黄立人　拜偉（襄華）（以上主）

八月十七號星期二（七月十三）

上課，講《堯典》禪讓記載。陳威廉來。趙望雲來，同至圖書
館，參觀日本所印中國名畫。到厚德福赴宴。

張玉生來。眠二小時。路葆清來。到辦公室，校劉永濟《天問
通釋》十頁。豫備功課。回，李延青來。

與樹幟父女及宗鶴到勵志社訪趙望雲、黎雄才，看畫。遇陳必
眈。歸，到樹幟處談。

今午同席：閻百益　趙望雲　董爽秋　孫培良　何日章　朱
人瑞（以上客）　樹幟（主）

八月十八號星期三（七月十四）

上課，講孟子禪讓説等。張玉生來。郭維屏來。到會議室赴宴。

張玉生來，爲寫告幫書。到辦公室，校《皋陶謨》與《論語》
相同處。樹幟偕子女來。樹幟偕劉衡如來。費耀普，耿靖宇來。

樹幟來，到静觀園茗談。到段子美夫婦處。歸，朱人瑞來。

今午同席：葛古森（美國醫學教授）　劉瑞恒　金寶善　張查理　姚尋源　劉緯通　段子美　董爽秋　陳良（初如）（以上客）　樹幟　喬樹民（以上主）

八月十九號星期四（七月十五）

上課，講封建制與任賢說之不相容。修改毓南仲勤所作予在獸醫學院講演筆記，未畢。劉滋培來。點適之先生《三年制之逐漸推行》。

王樹民來。徐桂珍來。眠一小時半。到辦公室，續作毓南等筆記畢，送鈔。準備明日課。

樹幟，宗鶴來，與同到西北療養院視道贊疾，到中山林品茗，日章來。十時半歸。失眠，服藥。

政府今日改革幣制，此後人民或能稍蘇乎？一金元合法幣三百萬，一白洋合法幣六百萬，四金元合美幣一元，金每兩合法幣六億元。

一白洋合法幣六百萬，而物價已倍之，是已超過戰前一千二百萬。

八月二十號星期五（七月十六）

上課，講任賢說畢，講禪讓說。將毓南等所記講稿再修改一過。到西北大廈赴宴。

眠一小時半。到辦公室準備功課，寫上官業佑信。樹幟偕馮仲翔、陳必睍來。昝允明、劉文舉來。林運元來，取稿。

到鄧蘇青處。到崔澤民夫婦處。歸，翻看《王静安先生遺書》。

今午同席：鄧澤民　崔澤民夫婦　趙瓏夫婦　楊老太太　常麟定　張季蘭　王樹民　吳秉權　馮繩武夫婦　趙績　張耀南　祁

金山　吳埰　董珍夫婦　馬師曾夫婦　汪國安　胡銘佑　周文玄
李憲　吳讓　陳德溥　陸魚安　祁峻山　牛禛　祁克武　李仲連
張鳳麟（以上客）　李得賢及其夫人楊昭璇（主）　爲其子作湯餅筵。

八月廿一號星期六（七月十七）

上課，講禪讓説，未畢。與樹幟、仲勤、爽秋、培良同到省黨部，看趙望雲畫展，遇陳必睍等。

眠一小時。徐桂珍來。到辦公室，搜習教課材料。祁金山來。郭瑛夫婦來。李應德，史效賢來。記筆記三條。

與文實及楊老太太到雙城門外新光劇團，看王景雲《三拂袖》。出，遇望雲、則睍。

今晚同觀劇：楊老太太（文實之岳母）　文實　郭瑛夫婦（以上客）　予（主）

《三拂袖》爲樊粹庭所編之悲劇，女子蔣心琴鍾情于鄭定遠，兩情繾綣。而鄭之父母遽爲子訂婚于淑英，心琴爲伴娘，禮方成而心琴母死，遂拂袖以去；其後亂中會合，又以淑英之醋意而走；及心琴飾男子拜將，而定遠夫婦又投其麾下，遂以職位讓之，入尼庵以終焉。

八月廿二號星期日（七月十八）

到辦公室，記筆記六條。寫静秋信。樹幟、爽秋來。子美來。與樹幟同到西北大厦赴宴。

與樹幟、彤笙同到程宇啓處。到辦公室，準備後日功課。看《王制》及《荀子》。

程宇啓來。看梁任公《要籍解題》。

今午同席：Greson　劉瑞恒　張查理　金寶善　水天同　劉緯通　張鴻汀　劉望蘇　姚尋源　丁宜中（以上客）　辛樹幟　盛彤

笙　易价　路葆清　劉國鈞　盧壽枏　喬樹民　孫汝楠(以上主)

八月廿三號星期一（七月十九）

到辦公室，準備下午演講稿及明日功課。丁琦來。與樹幟同到西城巷楊宅赴宴。

眠一小時。王樹民來。劉清來，同到七區公路特黨部，爲公路人員講"中國歷史與西北文化"，兩小時始畢。到西北大厦赴宴。七時，曹啓文以車送至省政府花園，與樹幟同游船亭，血迹亭，鹿圃諸處。

至澄清閣赴宴。九時，與彤笙等同車回。到樹幟處吃瓜，晤陳邦瑛女士。歸，失眠，服藥。

今午同席：樹幟　静正　彤笙　葆清　張鴻汀　謝剛杰　王董正　曹啓文（以上客）　楊慎之（思）及其子體儼（主）

今晚同席：予（客）　曹啓文　王克平　郭柏　牛瑛　李天民　雷震甲　韓振高　陳子介（以上主）

今晚又同席：郭寄嶠　樹幟　静正　彤笙　葆清　衡如　壽枏　鴻汀　喬樹民　姚尋源　劉緯通　張查理　丁宜中　孫汝楠　齊廠長　劉院長　吕處長（宗祐）（以上客）　葛古森　劉瑞恒　金寶善（以上主）

八月廿四號星期二（七月二十）

高亞元來。上課，講禪讓説，仍未畢。赴招生委員會，商取邊疆學生事，留飯。與王德基談河西之游。

眠兩小時。到辦公室，準備功課。樹幟偕裝文中來。

張令琦來，留飯。沐允中來。看郭沫若《青銅時代》。失眠，服藥。

今午同席：樹幟　董爽秋　段子美　陳祖炳　常麟定　水天

同　喬樹民　費克松　方乘　李叶乾　王德基　劉仲阮

八月廿五號星期三（七月廿一）

沐允中來。上課，講禪讓説畢，始講道統説。寫井成泉信，匯去二千五百萬元，交葆瑛寄。

眠一小時半。徐桂珍來。到辦公室，準備功課。得賢偕魏競琦來。

到果齋路剃頭。失眠，服藥。

八月廿六號星期四（七月廿二）

上課，講道統説（周公與德）。莊鳴山來。何日章來。吳憲（斌如）來。張鴻汀來。裴俊峰來。與鴻汀同到俊峰處飯。食半出，到凱士林赴宴。

寫静秋信。到辦公室，準備功課。寫賀宋漢濯結婚喜聯。

到樹幟處談，子美同坐。

今午同席：張鴻汀與予（客）　　裴俊峰夫婦（主）

今午又同席：R. E. Laury（羅黎，英國文化專員）　　裴文中　孔憲武　王德基　段子美　董爽秋　劉仲阮　水天同　喬樹民（以上客）　　樹幟（主）

賀漢濯聯：

赤繩遥牽，西逾隴坂。　同心永結，南證蘭山。

（新婦由天水來此）

八月廿七號星期五（七月廿三）

三時半起，鈔《論語》材料。上課，講道統説（周公與孔子）。續鈔《論語》材料。到勵志社，賀漢濯與楊寶珍結婚，余爲女宅主婚人，二時半行禮。

三時入席。四時返校，即至辦公室，預備明日功課。到樹幟處。日章來。六時半出，與魏郁同出南門，予至西北大廈赴宴。

飯畢，看高善齋《拾黃金》，白雲亭《追韓信》，齊蘭秋《紅綫盜盒》劇，十一時半歸。

今午同席：王秉鈞　易靜正　胡國鈺　趙天梵　王新甫　何樂夫　楊老太太　慈丙如夫婦　沈竟秋　王樹民夫婦　嚴德浩　林冠一夫婦等（凡五桌）（以上客）　宋漢濯及新婦楊寶珍（主）

今晚同席：冀朝晋　王新令　龍慶風　水梓　張維　上官業佑　李占春　孫浮生　樹幟　易价　李建勛　胡國鈺　水天同　董爽秋　段子美　陳延中　宋恪　孫汝楠　何日章　何樂夫　趙望雲　李行之　蓋世儒　喬樹民　盧壽枏　路葆清　盛彤笙　寇永吉　柯與參　劉衡如　劉仲阮　趙元貞　沐允中　張大小姐（文白女）　陸錫光等（共十五桌）（以上客）　張治中　郭寄嶠（以上主）

八月廿八號星期六（七月廿四）

上課，講道統說（《論語》中之君子、聖人）。高亞元來。宋漢濯夫婦來。王孔安來。李應德、劉炎來。何自誠來。翻讀《孟子》，未畢。

眠一小時。到辦公室，搜集材料，翻讀《孟子》畢。裴俊峰來。

到樹幟處，與同至道贊處，又至美齡堂聽黃源尹獨唱。十時，乘王治川車歸。

遇延青，她說我瘦了。我自己也覺得，腰帶寬了。但若不破釜沈舟便不能打勝仗，我要建立學問的系統，我又如何可以不經過這艱難困苦的階段。

八月廿九號星期日（七月廿五）

五時起，寫靜秋信。到樹幟處，與同到南門，吃羊肉泡饃。

出，上南門城樓，參觀物產館及圖書館，望全城景色。茗于文化茶廳。歸，王次青來。到辦公室，整理講稿。

飯後與樹幟一家人到黃河邊，乘皮筏到雁灘，茗于清真茶廳。五時出，乘木船過河。步至鄧家花園（鄧寶珊的），觀花果。出，坐人力車到益民路大陸酒家赴宴，步歸。

看李星鋒《周易哲學綱要》稿。李應德來。

今早同席及下午同游：予　劉宗鶴（客）　樹幟及其二子一女（主）

今晚同席：程宇啓　陳祖炳　王德基　喬樹民　段子美　劉宗鶴　劉仲阮　常麟定　莊鳴山（以上客）　樹幟（主）（爲宇啓、祖炳餞行）

八月三十號星期一（七月廿六）

徐桂珍來。到辦公室，修改《中國歷史與西北文化》訖，加作約兩千字。樹幟、宗鶴來。宇啓來。出席歡送程宇啓會，致詞。李應德，劉炎來，爲寫周枚蓀、徐悲鴻信。

蓋世儒偕張九如來。眠一小時許。到辦公室，準備明日功課。樹幟來，同吃手抓羊肉。

到樹幟處，與沐允中、李萃麟等談。歸，宇啓及喬樹民來。爲辛仲勤轉學事，寫驪先、適之先生信，到宇啓處。

今日上午同會：程宇啓　樹幟　陳祖炳　王德基　王道燦　學生三十人　宇啓在會中頻頻拭泪，意甚憐之。

八月卅一號星期二（七月廿七）

冒大雨上課，續講道統説（孔子的中與無爲，《皋陶謨》辨僞）。搜集材料。

爲王寶琴寫章友三信。眠一小時。到辦公室，開文史兩系工作會議。收集材料。費耀普、耿靖宇來。

崔澤民夫婦來談。準備明日功課。

今日下午同會：樹幟　得賢　魏郁　尹巨　何自誠　張葆英

魔術（卅七、九、廿五，《觀察》第五卷第五期）

編者先生：在民國廿四年法幣政策實行前，一個擁有三千萬塊銀元的大富翁，如果他是個安分良民，遵守政府法令，將他所有的現款總是放在家裏，既不活動圖利，亦不注意保持幣值，則到了十三年後的今天，他所有的錢折合成原來本位銀元的話，他便只有一分二厘五毫了！連買一個燒餅都不够。這中間經過幾次的折合收兌，算式如下：

1. $30,000,000 \frac{00}{\times\times}$ 元（銀元）＝ $30,000,000 \frac{00}{\times\times}$ 元（法幣）

……按法幣收兌銀元率

2. $30,000,000 \frac{00}{\times\times}$ 元（法幣）÷ 2 ＝ $15,000,000 \frac{00}{\times\times}$（僞儲幣）

……按僞儲幣收兌法幣率

3. $15,000,000 \frac{00}{\times\times}$ 元（僞儲幣）÷ 200 ＝ $75,000 \frac{00}{\times\times}$ 元（法幣）

……按法幣收兌僞儲幣率

4. $75,000 \frac{00}{\times\times}$ 元（法幣）÷ 3,000,000 ＝ 0.025 元（金圓）

……按金圓收兌法幣率

5. 0.025 元（金圓）÷ 2 ＝ 0.0125 元（銀元）

……按金圓收兌銀元率

汪可珍。九月五日，柳州。

此函看得觸目驚心。先父没前存有法幣四萬元，履安没前存有法幣二萬元，均以不注意保存幣值，存入銀行，至今一文均無矣。苟非予刻苦工作，一家人有不爲餓莩者乎？

卅七，九，廿九，頡剛記。

一九四八年九月

九月一號星期三（七月廿八）

上課，講道統説（孔子的神化，孔子總結）。孫培良、王德基來。鈔孟子材料，未畢。指導鈔寫《清經解》目錄事。

眠一小時半。張令瑄，何錦濤來。鈔張開來《談變》，未畢。

與文實談。早眠。

九月二號星期四（七月廿九）

上課，講道統説（孔孟之異）。責何自誠。寫静秋信。陳威廉來送票。與樹幟同到西北文化建設協會赴宴。

眠一小時。到辦公室準備功課。鈔《談變》畢。樹幟、宗鶴、仲勤、毓南來，同出，與王伯侖同車，至雙城門下，晤陳威廉。

到評書館聽李豫才講《血滴子》。到精誠劇團看《諸葛看星》及《白蛇傳》一集。十時半歸。服藥眠。

今午同席：樹幟　盧壽枏　黃源尹　黎雄才　趙望雲　梁黃冑　上官業佑　孫浮生　陳必睨（以上客）　　王次青（主）

精誠劇團係陝西秦腔，以布景見長，今日係公路黨部所請。《白蛇傳》中之小青，吳中説書及京劇係女子，四川劇則爲男子，今日所見則本係男子，受白娘娘之囑咐，變爲女子，亦見此傳説各地不同也。

九月三號星期五（八月初一）

上課，講道統説（孟子）。樹幟偕馮仲翔，周書舲來，同出，到凱士林談，至十二時飯。

眠一小時半。到辦公室準備功課。馬叔彥來，同飯。到郭瑛夫婦處話別。

　　到宗鶴處，與樹幟談。到延青處。九時眠。

　　　今午同席：周傳儒　馮國瑞（以上客）　樹幟（主）

　　譚均與楊筠如同鄉，據云，筠如于前年逝世。廣州一別，遂不克見，爲之悵絶。永梁、筠如，皆清華研究所之佼佼者，王靜安先生極器重之，乃均不壽，豈非命耶！

九月四號星期六（八月初二）

　　上課，講道統説（孟子畢，接講《繫辭傳》）。責何自誠及尹巨。高亞元來。宋漢濯夫婦來。張玉生來，爲寫介紹片三紙。宴客。

　　眠二小時。到辦公室，準備功課。寫馮伯平信，未畢。段子美來，同出，到凱士林赴宴。

　　歸，到樹幟處吃瓜，茗談。喬樹民來。

　　　今午同席：楊生霖　樹幟　毓南　仲勤　宗鶴　宋漢濯夫婦　延青（以上客）　予（主）　金圓八枚。

　　　今晚同席：徐褐夫　沐允中　李鏡湖　向郁階　段子美　董爽秋　李毓珍　劉仲阮（以上客）　樹幟（主）　爲徐沐釋嫌也。（本屆招生，沐出俄文題，徐以爲誤，遂至涉訟。）

九月五號星期日（八月初三）

　　到警務會議，爲各縣警察局長講西北史，自八時至九時四十分。下，爲李汝爲、王溥（力人）等寫字。歸，看梁啓超《儒家哲學》。王樹民來，同出，至中央廣場，上公共汽車，赴十里店。遇林冠一夫人及博燕民。下車，到冠一處小坐。

　　與冠一樹民同到孔家崖樹民家吃飯。游鎮遠堡及黃河岸。歸，小眠。五時，與樹民同出，參觀中心小學及織毯廠。到十里店三友飯莊，應宴。遇周書舲，樊懷義。

　　冒雨到漢濯家，與樂夫，梁榮廷談。宿禹海涵室，服藥眠。

今午同席：林冠一　宋漢濯（以上客）　王樹民夫婦　楊老太太及其女寶珍（以上主）

今晚同席：易静正夫婦　王本良夫婦　朱振聲　梁榮廷　王樹民　林冠一夫人　何樂夫（以上客）　宋漢濯夫婦（主）

九月六號星期一（八月初四）

静正來，邀至十里店吃早餐。到静正家小坐，即上車，遇博燕民，霍漢琦。到樹民處，與樹幟、樹民、錢青選同看學校工程。到辦公室，將馮伯平信寫畢。寫静秋信。王有生來告幫，爲寫王正緯信。

記筆記《傻瓜》一則。張玉生來，爲寫介紹片八紙。眠一小時。到辦公室，寫黃奮生，魏建猷，張貴永，紀伯庸，陳宣人，金振宇，蔡守塾，黃海平，傅安華信。爲高亞元改其所作《行憲後的警察制度》一文。王有生又來，斥去之。

看《大公報》。服藥，眠。

今早同席：宋漢濯夫婦　王樹民（以上客）　易静正（主）

自予被推爲旅蘭江蘇同鄉會理事長後，一般窮同鄉咸來告幫，或托爲紹介至他人處告幫，費去時間不少。且救濟事業實不易爲，安知告幫者非有僞托，予既不能調查清楚，而貿然代爲介紹，反有助惡之嫌矣。

九月七號星期二（八月初五）

陳延中來。徐桂珍來。上課，講道統説（觀象制器説）。高亞元，蔣金章來。與樹幟、錢青選、董爽秋等看昆侖堂基址。何尚儀來，與談治學方法。

眠一小時許。到辦公室，準備功課。張化民來。李潔甫（叶乾）夫人來。

樹幟來，同出，到香港理髮館剃頭，又到鍾道贊處問疾。歸，在樹幟處看報，子美來。十時許歸。

報載東歐共產陣綫面臨崩潰危機，波蘭，匈牙利，保加利亞均展開反共。果能使史太林政權倒墜，三次大戰當不致爆發。我輩尚有安定讀書之望。

九月八號星期三（八月初六）

上課，講道統説（孔子以前畢）。王正緯來。責尹巨。到延青處。樹幟、宗鶴來。發驪先電。看梁任公《儒家哲學》。延青來，贈呢料。

眠一小時。到辦公室，準備功課。寫沈竟秋信。于衡退來。費耀普，耿靖宇來，爲寫姚從吾信。

樹幟來，同出散步，看昆侖堂基址，遇向郁庭，到其家小坐。

九月九號星期四（八月初七）

上課，講道統説（《中庸》）。看郭沫若《先秦天道觀之進展》，及《莊子》等書。

眠一小時許。寫静秋信。到辦公室，準備功課。樹幟、宗鶴來，同吃手抓羊肉。

與樹幟宗鶴在校中散步。歸，延青來，長談。

九月十號星期五（八月初八）

上課，講道統説（《中庸》畢）及五倫説。到圖書館檢書。看《史記·平準書》。王樹民來，同飯，爲寫何日章信。

眠一小時許。到辦公室，準備功課。印度人師覺月等來，伴游圖書館。六時，與喬樹民伴之同出，到民衆教育館參觀壁畫。

到凱士林應宴。與樹幟等同步歸。

今晚同席：師覺月（P. C. Bagchi），印度國際大學研究院院長，兼北京大學"印度哲學"客座教授　泰無量（泰戈爾之孫），北大研究生　蘇可拉（Y. K. Shukla），北平藝專研究生　水天同　喬樹民　段子美　董爽秋　劉仲阮（以上客）　樹幟（主）

九月十一號星期六 （八月初九）

上課，講五倫説畢，續講道統説（顏子）。裴彬來。爲樹幟作馬子香函。寫江蘇同鄉會信，到喬樹民處，托轉交。翻看《朱子語類》。

眠半小時。到樹幟處看報。三時半上車，到馬家寺小憩，進食。七時半到興龍山，晤孔憲武、陳邦瑛等，落宿勵志社。

憲武來。植物系采集團送飯來。九時眠，甚酣。

九月十二號星期日 （八月初十）

到財神殿（植物系師生所居）吃飯。梁俊杰來。八時半出，步至太白泉吃茶，看《鹽鐵論》。劉光儀送菜來，進飯。

三時半下山，回勵志社，將《鹽鐵論》看畢。與憲武等到財神殿，進晚餐。

寫靜秋信。夜半，下雨。

九月十三號星期一 （八月十一）

雨，未克行。梁俊杰來。寫自明，自珍，驪先，適之先生，陳逸民，魯弟信。與樹幟商量清代學術叢書計劃。

三時，到財神殿吃飯。三時半，上車，六時半返校。一路有微雨。到樹幟處吃飯。到天山堂取書。

費耀普，耿靖宇來辭行。準備明日功課至十一時，服藥眠。

天氣以雨驟寒，都有衣單之感。予幸有一毛綫背心，尚可忍也。雨中望山景，境界更覺幽美。

今日潮兒兩周歲。

九月十四號星期二（八月十二）

三時起，準備功課。上課，講道統説（曾子）。到閱覽室，搜集材料。到校長室。與樹幟同到警官學校，赴宴。

與李子欣同到校。到辦公室，準備功課。譚均來。與樹幟，毓南，仲勤，宗鶴，得賢同到警校觀劇，十一時半歸。

與王新命，陳必睍等談。

今午同席：張鴻汀　裴建準　李子欣　駱力學　宋賓三　丁宜中　郭維屏　呂宗祐　孫汝楠　劉任　拜襄華　樹幟等（以上客，凡四桌）　王孔安　陳雲昭　朱亞英　李汝爲　王溥等警界同人（以上主）

今晚所觀劇：王景雲、蕭喜玲、馬蘭香——西厢記，齊蘭秋、白雲亭——盤絲洞。

九月十五號星期三（八月十三）

上課，講道統説（《孝經》）。寫静秋信。看《漢書・食貨志》。補記日記四天。

眠一小時半。到辦公室，準備功課。樹幟、郁階來。谷苞來。與得賢同到南關。製中山裝。買物。

郭普、劉景曦、金元濟來，贈物。沐允中來。喬樹民來，到樹民處取藥。看書至十一時。

予頸後，此數日内，忽生一塊，恐成落頭癌，請喬先生視之，亦謂地位不好。今日先服藥，明日再敷藥。

夜出房門，忽聞布毛臭甚重，而各室無燒物者，豈其鬼耶？

九月十六號星期四（八月十四）

上課，講道統説（《孝經》、《大學》）。翻看《漢書·食貨志》。與樹幟，彤笙，喬樹民同到西北大廈，赴宴，二時歸。

到辦公室，準備功課。史三學生來，同出，到太平洋飯莊赴宴。晤魏競琦。

與樹幟父女，郁階、宗鶴同到西北大廈觀劇，遇丁宜中夫婦，十一時許歸。看各處來信，十二時眠。

今午同席：王新命　楊令德　鄧春膏　王孔安　陳必睨　喬樹民　劉志清　馬潔　王士倬　王健齋　劉任　趙文彬　張本華(以上客)　樹幟　静正　彤笙　葆清　衡如　壽栢　子美(以上主)

今晚同席：樹幟　孫培良　得賢(以上客)　張紹祖　張自勇焦學詩　何永福　梁志祥　丁維善　金堤　董葆藩　甘棠澤　姜連尚　王金印　梁振基　劉廣毅　葉永元　馬萬里(以上史三男生)辛毓南　何步芳　張令琬　李生華(以上史三女生)(以上主)

今晚所觀劇：（長官公署官兵同樂晚會，劉參謀長任所邀。）

（1）宋淑虞、趙義庭——販馬記

（2）王景雲、馬蘭香——白蛇傳

九月十七號星期五（八月十五　中秋）

高亞元來。上課，講道統説（《大學》）。陳威廉君邀同照相。寫漢武帝年表未畢。

眠一小時半。到辦公室，準備功課。徐桂珍來。仲勤姊弟來送物。樹幟、子美來。晤盧壽栢等。

與樹幟同到富盛居赴宴。歸，到樹幟處小坐。歸，梁希彦來。

來此足三個月矣，上課準備，非常緊張。在此狀態之下，不但將卅年來研究組織一系統，且進益亦不少，是知研究學問，亦必由外力推動也。自九一八以來，十七年中，無如今日之心胸開朗者，此真可紀念之事也。

今晚同席：樹幟　徐褐夫　朱人瑞　梁希彥（以上客）　韓昭　張伯禮　趙士烈　陳世勇　裴彬　陳好忠　楊繼森　薛興唐　戚仕祿　高步月　王義　朱思賢　吳世良　馬世興　薛炳坤（以上主，中文系三年級生）

九月十八號星期六（八月十六）

四時起，準備功課。上課，講道統說（《大學》，畢）。翻看《宋元學案》。到醫學院訪喬樹民，未晤。水天同來。

看上海報紙。眠兩小時許。到辦公室，看梁任公《儒家哲學》。李屏唐來。

樹幟偕其子女及宗鶴來。看《飲冰室集》。

吳金鼎君于此日卒于濟南齊魯大學，年四十七。齊大研究所恐遂星散矣。

九月十九號星期日（八月十七）

上午二時醒，挨至四時，起鈔《禮記》提要。六時半復眠，八時半起。樹幟偕其子女來。到辦公室，爲人寫字約卅件。趙廷祺來。劉景曦來，同到祿家巷金宅，看書畫，吃飯。在金家遇郝立武，隆延瑞，郭舒，王法堯。

看金元濟祖父文問（叔麟）之詩文稿。三時，到勵志社，參加歡送陳雲昭赴任國軍廿九旅旅長會。照相。到南門取衣，未得。歸。

飯後，喬樹民邀至其家晚餐，未進食。與樹幟同到住屋，談出版叢書雜志事。失眠，服藥。

今午同席：予與谷望溪（客）　劉景曦　金元濟　郭曉天（主）

今晚同席：樹幟　盛彤笙夫婦　唐祿琛夫婦及其子　陳貴雲　楊永霓　張澤友　張玉山（以上客）　喬樹民夫婦（主）

今日下午同會：陳倬（客）　王樹藩　王正緯　蔡亞東夫婦

吳懃夫婦　丁慕堯　王念光　劉衡如　呂兆庚　楊成祖　費克松
沈培庶　孟繁書　邱毓珩　顧元光等三十餘人（主）

九月二十號星期一（八月十八）

與樹幟等同出，到市政府對門吃羊肉泡饃。與得賢同取新製
衣，更定製大衣一件。歸，寫靜秋信。

裴俊峰來。眠一小時。發馮伯平電。到辦公室，準備功課。到
圖書館，檢書。到會議室，出席新聞記者招待會。到唐禄琛處塗
藥，與延青同往。

到凱士林，赴宴。與子美同步歸。

今晨同席：樹幟　仲勤　毓南　宗鶴　郁階　日章　殷人杰
方正清　文實（以上客）　予（主）　　（一千一百萬）

今晚同席：張鴻汀　劉任（致遠）　邊固（仙橋）　段子美
孫汝楠　王公弼　師漢卿　文殿杰（以上客）　裴俊峰（主）

今日下午同會：蘭州市新聞記者十餘人（客）　樹幟　爽秋
子美　仲阮　天同　喬樹民　郁階　日章（主）

九月廿一號星期二（八月十九）

三時起看書。復眠。上課，講道統說（結束曾子，周濂溪）。
與孫培良談開課事。史三學生邀照相。看參同契。郭振民來。

李延青來。眠一小時許。趙廷祺來。爲李芳馨寫曾昭燏信。到
辦公室，準備功課。劉衡如來，談道教。

續鈔材料。九時眠，甚酣。

九月廿二號星期三（八月二十）

楊質夫來。與樹幟，爽秋共定史系功課。上課，講道統說
（《通書》及《太極圖說》）。劉熊祥來。看《宋元學案》。

　　鈔《莫高窟現狀》入筆記。到會議室，參加教務會議。開史系功課表。到樹幟處。到辦公室，準備功課。樹幟送《天原發微》來。

　　爲文實寫字。朱人瑞來，長談。看《宋元學案》。

　　今日下午同會：董爽秋　水天同　李鏡清　喬樹民　段子美陳祖炳　常麟定　楊質夫　沐允中　向郁階　李叶乾　方乘　王德基

九月廿三號星期四（八月廿一）

　　上課，講道統説（周子、張子）。看《宋元學案》。爲史系學生選課蓋章。

　　看《大公報》，鈔一段。到辦公室，準備功課。爲學生選課蓋章。到樹幟處，商與大中國訂約事。

　　訪朱人瑞，未遇。上街理髮。歸，續作準備。失眠，服藥。

　　上月廿五日理髮，其時已易新幣矣，價三角；今日則五角矣。可見新幣雖行，物價仍漲，且一個月間漲至三分之二，此可畏也。

九月廿四號星期五（八月廿二）

　　上課，講道統説（張子、大程）。李廷濤來。宋漢濯夫婦來，導觀新建築。爲史系學生選課蓋章。

　　寫静秋、詩銘信。到辦公室，準備功課。王佐卿來。

　　張令瑄來。魏郁送梨。準備功課。九時眠。

九月廿五號星期六（八月廿三）

　　四時起，準備功課。杜國禮來，贈圖章。上課，講道統説（程頤）。蓋世儒來。看《象山學案》。樹幟偕李辰冬來。李廷濤來，同出，到中山路楊家赴宴。

　　乘郝紹文車歸。到辦公室，開選課學生名單。爲人寫字五十件。裴彬來。樹幟來。王佐卿來。

趙天梵來。爲王佐卿作煉油廠題詞。李國智來。看《宋元學案》。

今午同席：郝紹文夫婦　李廷濤　袁煒（以上客）　楊令德
夫婦（主）

九月廿六號星期日（八月廿四）

魏郁偕其弟洪來。與樹幟等同出，到興隆居吃羊肉泡饃。十
時，乘車到中山林，步行上皋蘭山，望蘭州及黃河形勢。

二時許下山，四時至五泉山門，至西北療養院視鍾道贊疾。到
紫陽觀吃飯，到中正公園吃茶，遇劉衡如、栗維銘、李端揆，同
談。遇黎雄才，上官業佑。

回校，茗于樹幟處，遇方奎。歸，洗身。

今晨同席：向郁階　劉衡如　董爽秋及其子小東　段子美
李謨焯　劉宗鶴　陳祖炳（以上客）　樹幟及其女毓南（主）

今日同游及下午同席：除郁階、衡如兩人外，均參加，惟李
謨焯返城後即他去。

九月廿七號星期一（八月廿五）

到辦公室，準備功課。樹幟、爽秋、培良來。何尚儀來。

眠一小時。辛毓南來。爲王佐卿寫題詞。寫注冊組信。王秉
鈞來。

至義順林赴宴，步歸。看《朱子語類》。

今晚同席：吳鴻業　錢青選　楊質夫　張鴻欣　沈竟秋　劉
宗鶴（以上客）　樹幟及其女毓南（主）

毓南明日赴中山大學矣。

九月廿八號星期二（八月廿六）

　　四時起，準備功課。上課，講道統説（小程子）。看《朱子語類》。爲選課學生蓋章。

　　譚均來。眠一小時。到辦公室，準備功課。徐桂珍來。

　　樹幟、宗鶴、王德基、張培棪來。與樹幟在校内散步。到董爽秋處談。歸，看《太平天國雜記》（簡又文）。

　　静秋寄潮兒照片來，題云："潮兒兩周歲，身段長的太高了，看上去足有四五歲的樣子。近來知識欲特别開展，天天要去幼稚園打滑板，找小朋友玩。只是還不會説完全的言語。生活上的粗淺技能也逐漸會了，如自己穿衣、扣扣、洗臉等。并能殼替媽媽、舅舅、姨姨服務，如收拾鞋襪、拿烟、端茶之類，她都自動的去做。爸爸聽到這些，當甚快慰。"

九月廿九號星期三（八月廿七）

　　三時半起，準備功課。上課，講道統説（朱子）。鄧豫芳、王燕來。與樹幟談。寫静秋信。看《朱子語類》。陳威廉來，贈照片。

　　到辦公室，準備功課。翻看《朱子語類》。張嘉民來。寫逸民信。史系三年生來，請求西洋史學名著選讀發講義。段子美偕吳華甫、陳子介來。

　　出訪王舍光，未晤，見其夫人。歸，看《古史辨》第五册。王禄平來，請代作挽聯。

九月三十號星期四（八月廿八）

　　上課，講道統説（朱子）。李廷濤來。樹幟爽秋偕書舲來，同到紫陽觀吃飯。

　　到辦公室，翻看《朱子語類》，畢。吕文炳來。赴文實宴。

　　與樹幟散步校中。到樹幟處看報。失眠，服藥。

　　今午同席：周書舲　段子美　董爽秋（以上客）　樹幟（主）

今晚同席：樹幟　常麟定　質夫　吳均　宗鶴（以上客）
李文實（主）

代人挽張培之：（軍需正）

學承朱考亭，化雨童蒙思皖北。　才媲蕭相國，秋風涕泪灑河西。

道統說（自八月廿五講起）

16 小時
{
周公——四小時（天命與德）
孔子——七小時（聖人、君子、中、無爲、與周公之關係、神化、論語、皋陶謨）
孔孟之異——二小時（王霸、維持封建社會與推翻封建社會）
孟子——三小時
}

5
{
伏羲、神農、黃帝——三小時（繫辭傳觀象制器說）
堯、舜——二小時（論語堯曰、孟子盡心）
}

15
{
中庸——三小時（道的神化）
顏子——一小時
曾子——十一小時（曾子十篇、孝經、大學）
}

31
{
周濂溪——四小時（通書、太極圖說）
張橫渠——二小時（西銘、正蒙）
程明道——一小時
程伊川——四小時
朱晦庵——八小時
朱陸之異——二小時
陸象山——二小時
王陽明——八小時
}

顧亭林——二小時

顔李學派——六小時

待講之題　卅七，十，九，記。

尚書分論：

　○道統説：

　　○清代反理學諸家

　　○道統總論

　五帝説

　五德終始説

　三皇説

三禮總論

三禮分論：

　封建説

　井田説

　宗法説

　喪服説

　明堂月令説、五行説、災異説

　三統説

周易通論

周易分論：

　漢《易》

　宋《易》

春秋通論

春秋分論：

　三正説

　五等爵説

　　共二十題。

五行説：

1. 五行説（調和、相勝、相生、洪範九疇）
2. 災異説（洪範五行傳、漢書五行志、各史五行志、通志災祥略）
3. 明堂月令説：

　　一、明堂説（孟子、呂氏春秋齊宣王事、漢武帝建明堂、王莽建
　　　　　　明堂、漢儒説）

　　二、氣候説（夏小正、豳風七月、周書時訓）

　　三、順時布政説（管子四時、五行、幼官、洪範五行傳）

　　四、五帝五神説（封禪書、郊祀志、淮南天文、洪範五行傳、鄭
　　　　　　玄經注、孔子家語）

　　五、月令

古代神話〇
六經分析〇
先秦諸子
兩漢經學〇
宋明理學〇
清代經學
　此次所講〇

　中國思想史分期：

1. 巫術時代（周以前）（想像）　　古史神話化　┐
2. 王官時代（周）（因襲）　　　　記載系統化　│
3. 諸子時代（戰國）（創造）　　　古史學説化　│　古文化
4. 經學時代（漢至唐）（信仰）　　古史宗教化　│
5. 理學時代（宋、元、明）（懸測）古史聖道化　│
6. 史學時代（清）（研究）　　　　經典歷史化　┘

7. 科學時代（民國）（分工研究）　學術世界化—新文化

一九四八年十月

十月一號星期五（八月廿九）

準備功課，鈔昨集材料。上課，講道統説（朱子）。王樹民來上課。寫宣人、振宇信。

與樹民餐後，同到趙太太處談。看昆侖堂工作。寫静秋信，逸民信。翻看《公羊傳》，畢，鈔出材料。

質夫偕李自發來。看《西北通訊》。八時即眠。

自今日起，夏令時間終止。早上得有一小時之準備。

十月二號星期六（八月三十）

四時半起，鈔材料。上課，講道統説（朱子，畢）。周書舲、孫培良來。寫魯弟，冬侄，劉滋培信，寫和兒信未畢。

到辦公室，寫又曾、成泉、馮伯平信。爲人寫字七十件。梁希彦來辭行。

到樹幟處，晤郁階、鏡湖、子美、喬樹民、宗鶴等，同吃哈密瓜。到抗建堂，看戲，與林英同車歸。十二時眠。

寄成泉三千萬，寄稿件郵費。寄又曾六千萬，爲徵蘭作六十陰壽，在大乘庵禮懺一天，請一二桌客。此事明知與死者無益，但在個人情感上必如此乃安耳。

今日所觀劇：

胡褒、范鎮——閧樵鬧府

陳斐予——草橋關

聶永祥、陳辟疆、張黛妹、胡褒——回龍閣

馬最良、劉律華、陳夫人——審頭刺湯

齊蘭秋、白雲亭、葛少林——斬經堂

（蘭州市各界第四屆第十次聯誼晚會）

十月三號星期日（九月初一）

樹幟、郁階、宗鶴來，亞英來，同乘汽車到興隆館吃點。出，到苑仲淑小姐處，并晤其父莘卿。出，到崔家崖，游道觀，憲兵教育團郭雲祥君出招待。行至周家莊，車壞，到魯嵩齡處，并晤馬又君。苑莘卿來。

出，游馬家花園，小西湖，乘馬車至中央廣場，遇費克松。樹幟邀至馥蘭池洗浴。出，到義順林吃涮羊肉。出，到蘭園散步，訪王新命。

歸，寫静秋信。費克松來。

今日同游：樹幟　郁階　宗鶴　朱亞英

十月四號星期一（九月初二）

審查王利器所著《呂氏春秋比義》，未畢。馮仲翔、馮繩武來。孫培良來。質夫來。樹民來，與同到紫陽觀吃飯。

準備明日功課。

看《宋元學案》。

今午同席：樹民　延青　文實（以上客）　予（主）　金圓二枚。

十月五號星期二（九月初三）

李自發、楊質夫來。上課，講道統説（朱、陸）。續看《呂氏春秋比義》，未畢。爲湟川中學寫聯，托文實帶。送文實行。到共和路積盛園赴宴，看手相。

與郝紹文同到勵志社，與姜雨榮談。到質夫處，與自發談。

到義順林宴客，與樹幟同歸，到其室中看報。失眠，服藥。

今午同席：曾國輝　姜雨榮　李書箴　丁章甫　郝紹文　朱繼璋　唐昭坊　馬海文　徐志英（以上客）　董萬程（主）

今晚同席：李自發　樹幟　楊質夫　吳均（以上客）　予（主）　六元。

今晚歸來，本已倦矣，念明日課尚未準備，心中一急，又致失眠。急，真予大病，非改不可。

祝湟川中學十周年紀念：

俯觀河湟，自強不息。遠師歐美，其業日新。

（湟川授課，多用英美文教本。）

十月六號星期三（九月初四）

上課，講道統説（陸九淵、朱陸之爭）。沐允中來。寫静秋信。看《呂氏春秋比義》。

延青來。晤湯飛凡。將《呂氏春秋比義》審查完畢，作報告。寫驌先信。到義順林赴宴。

與樹幟同步歸。準備明日功課，至十一時半。質夫來辭行。

今晚同席：馬少香　趙子玲　馬子儀(旅長)　王洛賓　董國鈞　謝慈舟　李自發　吳均　楊質夫　祁金山(以上客)　樹幟(主)

十月七號星期四（九月初五）

上課，講道統説（王守仁）。周書舲來。馬少香、子儀、趙子玲來，伴同參觀，并談。到義順林宴客。

到辦公室，準備功課。裴俊峰來。文實夫人來。

鈔《傳習録》。

今午同席：周書舲　魏蔚文(以上客)　予(主)　四元二角。

得静秋信，知自濟南陷落，人心不安，搶購物資，而商鋪以不能漲價，相率閉門，金圓券又陷法幣覆轍矣。蘭州雖不至如上海之凶，但亦明缺暗漲，非黑市不能得物。大局如此，有何言哉。

十月八號星期五（九月初六）

朱人瑞來。陳延中來。馬少香，馬子儀，王洛賓來聽課。上課，講道統説（王守仁）。張雲石（曦）來。易靜正來。與書舲同到義順林吃飯。

與樹幟、宗鶴同到商務印書館，晤經理吳華楨。回校，到會議室吃梨。姜雨榮、薛步琦來。到辦公室，準備功課。

鈔錢穆《陽明良知學述評》。

今午同席：張雲石　周書舲　易靜正　何日章　劉仲阮　錢青選　劉宗鶴（以上客）　樹幟（主）

得自明信，自珍患乳癌。前接自珍函，謂乳上生瘡，未言癌也。此兒身體自幼薄弱，結婚後丙生收入既不多，渠又不會作家事，既有小孩則身子縛死，心境亦必不佳，遂至成疾。倘真係癌者，則壽命恐不長矣。去春一別，得無將永訣乎？可悲也！

十月九號星期六（九月初七）

上課，講道統説（王守仁）。寫靜秋信，未畢。與書舲談。

朱安節來。看黃彰健《張三世古義》。姜雨榮來，長談，伴之參觀學校，到樹幟處。到辦公室，爲人寫字二十件。

到南門紅玫瑰理髮。看《戴東原傳》（梁任公作）。

戲爲一聯述懷：

天地晦盲，且宜獨善。　滄溟壯闊，大好圖南。

十月十號星期日（九月初八）

樹幟、宗鶴來，同看昆侖堂工事。到興隆館吃點。歸，到辦公室，寫靜秋、宣人、自珍、文白、從吾信。理衣物，托宗鶴帶滬。

出，寄信，到紫陽觀吃麵。買哈密瓜乾。歸，樹幟、王德基來，同出，到科學教育館，看國防科學展覽會。到盧壽柟處談。與壽柟同出，到蘭園文藝園地，看菊花展覽，晤藝菊人袁志伊。

歸，到宗鶴處。到喬樹民家，赴宴。看《顏氏學記》。

今早同席：何日章　劉宗鶴　周以成（以上客）　樹幟（主）

上午天極晴朗，下午陡變，風起甚寒。

今晚同席：伍律　楊太太（何梅瑰）及其女　劉宗鶴（以上客）　喬樹民夫婦　唐禄琛夫婦及其妹（以上主）

十月十一號星期一 （九月初九）

樹幟來。到辦公室，看梁任公《近三百年學術史》。重寫張文白信。

朱安節來。到辦公室，準備功課。寫沈子淵、自明信。劉仲阮來辭行。

到宗鶴處，晤樹幟及楊浪明夫人。到仲阮處，未晤。歸，李萃麟來。宗鶴來辭行。

寄自珍金圓四十，作醫藥費。

夜頗寒，非做棉衣不可矣。

十月十二號星期二 （九月初十）

上課，講道統説（王守仁畢）。段子美來。董葆藩來。寫王載興，李梅軒信。到子美處，鈔《顏氏學記》。

張培棪偕買永彬來。劉壽嵩來。到辦公室，準備功課。李萬珍來。

朱安節夫婦來。看《古史辨》第五册。八時許眠。

十月十三號星期三 （九月十一）

上課，講反道統說（顧亭林）。郭海洲來。看《四庫提要》。何日章來，與同到義順林赴宴。

歸，到辦公室，準備功課。李占春（梅軒）來。

訪李廷濤等均未晤。歸，喬樹民來談。寫靜秋信。失眠，服藥。

今午同席：傅仁麟　劉壽嵩　王德基　錢青選　吳鴻業　張鴻欣　馬式玉（裕順營造廠經理）　徐文彪（源利營造廠）（福隆營造廠）凡二桌（以上客）　樹幟（主）

安眠多日，今晚一寫靜秋信，便致失眠。以此知夜間工作，只可爲受的，不可爲施的，蓋施的工作必須聚精會神，而受的工作則可模模糊糊也。予體如此，後當注意。

十月十四號星期四（九月十二）

朱亞英來。馮潤琴來。上課，講反道統說（顏習齋）。看黃明信等文字。到喬院長處，同到會議室。打盤尼西林針。寫靜秋信。

與趙太太同出，買布製寒衣（共買六十八元）。歸，寫李丙生信。到辦公室，代樹幟作畢業生同學錄序，約七百言。即謄出，送樹幟處。訪李撼聲，未遇。回室，撼聲來。

張令瑄來。看辛仲勤筆記。早眠。

今日買布料，走了好幾家，才得之，而價格則較前漲三分之二。許多鋪子，皆以零頭包木板，遠看似有貨而實際無貨。天乎，何其至于此極也！

與樹民談，知乳癌一發見即割，則易痊。如其遲滯，即不治；即使割，亦不過延五六年之命。自珍今以無錢，丙生不在旁，醫言當割而不割，恐終無救矣，奈何！

十月十五號星期五（九月十三）

上課，講反道統說（顏習齋）。王紹文及工職學生來。丁琦、李泮彩來。鈔《顏氏學記》。柳中杰來。

祁金山、嚴德浩來。到辦公室，準備功課。張培棌來。修改昨作之序。寫自明信，未畢。

與樹幟同訪書舲，不遇。遇李萃麟。訪吳均（志一）。看《古史辨》中樂調甫文。失眠，服藥。

得自明書，知其欲在貴陽辦私立聾啞學校，要我作經濟上之援助。但生于今日，自顧不暇，那有力量辦學。自明久不歸，以爲我家尚屬富有，而不知已成空殼子，因作書告以家庭實狀。此兒有擔當，將來有力時自當成其志也。

八月十九日，發行金圓券，銀圓二合金圓券一。未及二月，而金圓券七合銀圓一。是未及二月之中物價已漲十四倍也！可畏哉！

昨夜八時覺倦即眠，今晨醒來已五時半，天明矣。何其酣也！

今日傍晚，寫自明信，心一急，即宕，因此眠又不佳。可見傍晚及夜中必不能動筆，慎之！

十月十六號星期六（九月十四）

上課，講反道統說（顏元、李塨）。爲人寫字二件。董葆藩來。寫自明長信，畢。

寫筱蘇信。爲人寫字六十件。爲蘭大附設醫院寫匾額。張玉山來。延青來。張鵬翼來。李撼聲來。

喬樹民邀至勵志路北平館吃飯。歸，至其室談。看《古史辨》第五冊。

今晚同席：樹幟與予（客）　　喬樹民夫婦及其女榮文，子丹文、桂文（主）

今年甘肅大熟年，而米竟買不到，可謂奇事。

續寫自明信，謂我雖有一男四女，而一男無用，二女太小，自明，自珍遠在他方，自珍之孱弱無能與德輝同，可恃者僅自明，今雖遠離，將來自有會合之日，彼時望其管家事。實在，在這兩年中，德輝太使我失望了！

十月十七號星期日（九月十五）

李梅軒來。樹幟、郁階來。陳世杰來。與樹幟、郁階、梅軒同到柏道路訪周定宣，并晤楊銘九。到其同院韓樂然夫人處，看樂然遺畫。出，遇魏紹武。與樹幟到義順林赴宴。

飯畢，步歸，豫備明日講稿。將所借定宣敦煌書目交魏蔚文鈔。到辦公室，準備後日功課。

李撼聲來。何日章來。看《古史辨》第五冊。

今午同席：易靜正　胡國鈺　路葆清　莊星書　辛樹幟　段子美　董爽秋（以上客）　吳正桂（主）

蘭州近日物價大增，有數因：

1. 共黨在陝北隴東大量收買黃金白銀，黃金每兩至三十億。
2. 上海貨物不能出口。
3. 公路運費增高。

因此，物價貴至百分之二百，我輩薪水打一三折矣。錦州一失，不知又打幾折。

聞上海蒲石路十三層樓查出汽車若干，乃宋美齡所有，爲蔣經國所搜得。蔣中正到滬，即呼經國而責之，說："你真糊塗，你敢辦她嗎？"蔣之腐敗，自爲之也。

長春守軍欲突圍，而共軍圍之重重，竟突不出。無米無煤，軍民盡將凍餒以死，慘哉！

十月十八號星期一（九月十六）

延青來。到辦公室，寫盛彤笙，靜秋，方詩銘，金振宇，趙孟輊，顧希平信。李自發來。馮仲翔來。補書醫院區額題款。

到義盛林宴客。到文藝園地看菊花，看普照寺泰定鐵鐘。到李梅軒處，并晤李孔炤。與梅軒同到蘭師，晤李行之。到蘭中，晤苟乾齋。李撼聲來，爲蘭中、蘭師、女中、附中高年生講"中國文化之七階段"。遇韓定山。

到圖書館晚餐。爲人書字八幅。乘車歸。

今午同席：劉壽嵩　喬樹民　李延青　馮仲翔　王樹民　孫培良（以上客）　予（主）　十四元。

今晚同席：苟乾齋（秉元）　李行之　趙廷祺　趙禔（多倫）（以上客）　李梅軒（主）

十月十九號星期二（九月十七）

張質君來。文實夫人來。上課，講反道統説（戴震）。寫楊拱宸，李文實，王熾如信。鈔梁任公《戴東原的哲學》。

馬又君來，伴游全校。到辦公室，續鈔《戴東原的哲學》，訖。趙廷祺來。看《文史通義》。

獨至金城電影院，看《千里送京娘》一片。九時半歸。

蘭州電影，光與聲俱劣，想係電不足故。前兩夜皆早醒，醒後即不能眠。今夕看電影後較佳，知腦筋不能不休息也。

十月二十號星期三（九月十八）

上課，講反道統説（戴東原）。寫劉起釪信。雍興公司派車來接，乘之至七里河，與郝紹文談。入席。

飯後參觀麵粉廠，肥皂廠，毛織廠。與宋漢濯等同乘馬車，歸。到辦公室。馮潤琴來。

到吳均處，樹幟處。上街散步，訪孫培良不晤。歸，看《靜安文集》。失眠，服藥二次。

今午同席：易静正　宋漢濯　汪如川夫婦　于傳曾夫婦及其子　張培然（以上客）　郝紹文夫婦（主）

十月廿一號星期四（九月十九）

上課，講反道統説（王國維）。口試新生。鈔五行説材料。斥責何、尹兩助教。

馮潤琴來。李自發來。到辦公室，準備功課。陳夢家偕樂及士夫婦自北平來，談。

到潤琴處。王德謙來，同乘汽車出。到金龍及積盛園，皆不開。到元順樓吃飯。到易君左家，談至十時半。

今晚同席：王德謙與予（客）　馮潤琴（主）

美國斯丹佛大學中國藝術教授樂及士（Millard Buxton Rogers）來中國研究半年，已游泉州、北平，兹來游敦煌，夢家伴之來。夢家近在清華辦博物館，有甲骨二千餘片，銅器三四百件。

十月廿二號星期五（九月二十）

上課，講道統説一小時（畢）。講五行説一小時（調和）。到西北大廈，與夢家及樂及士夫婦同出，到圖書館訪劉衡如，同到省府，訪郭主席及丁宜中，商車事。

到義順林赴宴，與夢家等到民衆教育館參觀，晤吳憲。返校，準備功課。延青來，送予新製棉衣。

鈔《古史辨》中五行材料。

今午同席：樂及士夫婦　陳夢家　劉玉霞　周傳儒　段子美　董爽秋　喬樹民　劉衡如　王德基（以上客）　樹幟（主）

長春陷，鄭洞國殉職。此實救了長春數十萬市民。

後知其未死，被虜耳。

十月廿三號星期六（九月廿一）

上課，講五行説二小時（相勝、相生）。寫静秋長信。與書畬談。

劉廣毅來。文實夫人來。到工業職業學校，爲該校學生演講"江蘇與甘肅"，約四十分鐘。畢，爲人寫字四十餘幅。到辦公室。

到義順林赴宴。歸，與樹幟到爽秋處茶叙，又到喬樹民處談。看《管子》。

得静秋信，潮兒食量太少，一天吃不到一個饅頭，臉小得如初生時，走路亦無力。函中未叙明其病名，令人急殺。

今晚同席：樹幟　爽秋　子美　陳祖炳　日章　天同　張鴻欣　喬樹民（以上客）　王秉鈞（主）

十月廿四號星期日（九月廿二）

佘永誠來。與樹幟及喬樹民一家同到北平包子鋪吃點。出，到道贊處視疾。到西北大廈訪夢家及樂及士夫婦，同出，訪上官業佑，不晤。到中山林，吃茶。到顏家溝煦園，應天同宴。晤楚青，同游園。

出，與樹幟，喬樹民，馮仲翔，何樂夫同參觀靛園寺小學，到鴻汀處視疾，并晤令琦，令瑢。出，與樹幟、樹民到韓樂然夫人處，觀韓君遺畫。夢家等來。歸，鈔《洪範五行傳》，未畢。

到樹民家吃稀飯。與樹民一家到精誠劇團觀《白蛇傳》四集，九時半散。

今晨同席：樹幟　喬樹民夫婦及其女榮文，子丹文、桂文（客）　予（主）　六元六角。

煦園爲楚青于民國五年所築，牡丹，梨，蘋果，竹，菊滿之，地約十畝，有五泉山水灌之。堂上一額，曰"萬花擁護讀書堂"。可愛也。

今午同席：樂及士夫婦　夢家　易静正　何樂夫　馮仲翔

段子美　董爽秋　陳祖炳　喬樹民　樹幟（以上客）　水天同（主）

得静秋信，潮兒已漸愈。

十月廿五號星期一（九月廿三）

到辦公室，責何自誠。寫耿靖宇，費躍普，井成泉信。聽樂及士與陳夢家演講。講畢，與同參觀各院及圖書館。到會議室小坐，到厚德福吃飯。

與爽秋同步歸。到辦公室，準備功課。與王樹民談。陳湘藩來。劉壽嵩來，與同到辛先生處，商樂及是汽油事。責李國棟。

馮潤琴來談。將《洪範》鈔讀一過。

政府爲固守徐州計，將鄭州自動撤退。又爲固守歸綏計，將包頭之兵自動撤退。棟折榱崩，此其時矣。

今午同席：樂及士夫婦　陳夢家　董爽秋　錢青選　張鴻欣牛得林　王偉（以上客）　予與樹幟、劉壽嵩（以上主）　八十六元。

十月廿六號星期二（九月廿四）

上課，講五行説（《洪範》）。看《漢書·五行志》。蔣君章來。

到文史閲覽室，遍覽各史五行志。寫壽彝信。傅伯厚，劉壽嵩來。

鈔《漢書·五行志》。失眠，服藥無效。

静秋屢次來書，囑我早歸，因此竭力趕快，心又覺宕，失眠之疾又作矣。予生性已急，禁不起旁邊更有一急性人催我，而静秋恰與予同其性情，是可慨也。

十月廿七號星期三（九月廿五）

上課，講五行説（《洪範五行傳》）。日章偕張健侯來。鈔《新唐書·五行志》序。到文實夫人處。

到厚德福赴宴，與祖炳等同步歸。寫静秋，雁秋信。寄家用百元。雇車到小溝頭，訪夏維海，談新疆史地事。在夏維海處晤鄒剛處長，王建成，謝超。

維海留飯。與仲翔同出，到中華路剃頭。夜始雪。

今午同席：郁階　樹幟　子美　方奎　祖炳　德基　胡國鈺　汪如川　何日章（以上客）　易静正（主）

理髮價漲至一元三角，即三百九十萬。

新疆回族伊敏等作突厥一文，謂突厥有七千年之歷史，數建大帝國，鮮卑、契丹、蒙古等并爲回族，漢人文化中亦有大量之突厥文化，借此要求高度自治。新疆編譯館長夏維海君憂之，囑予務必到新疆一行，以破其妄。

十月廿八號星期四（九月廿六）

上課，講五行説（各史《五行志》）。王曰倫來。張建侯來。準備功課。

到辦公室，準備明後日功課。到西北大厦赴宴，九時歸。

今晚同席：水楚青　裴建準　宋賓三　駱力學　丁宜中　Lorie（勞義）　盛彤笙　易君左　王樹藩　丁慕堯　劉望蘇　孫汝楠　徐□□　上官業佑　趙榮聲　馬鍾秀（以上客）　楊霽青　喬樹民　姚尋源　張查理（以上主）

十月廿九號星期五（九月廿七）

上課，講五行説（《五行志》畢，明堂月令説）。準備明日課。王樹民來，爲寫張查理信。

謝再善來，同飯，訪樹幟，不遇，遇蔡亞東。到辦公室，準備功課。到樹幟處。到青年館，訪西北大學新疆旅行團師生，與再善等同赴宴。

在金龍飯店飯畢，與樹幟等同步歸，到喬樹民處談。

今晚同席：謝再善　閻銳　劉德謙　易春秋　何日章　向郁階　王德基　樊穆文　王道燦（以上客）　樹幟（主）

十月三十號星期六（九月廿八）

上課，講五行說（明堂說）。聽謝再善演講新疆旅行觀感。王樹民來，爲寫張查理信。

樹幟、再善來。戴一飛來。寫靜秋信。到閱覽室，爲人寫字三十件。樹幟偕劉熊祥等來，同到義順林吃飯，談至七時許歸。

翻看《管子》一册。

今晚同席：劉熊祥　莊鳴山　劉壽嵩(以上客)　樹幟(主)

自接靜秋指責速歸之函，欲趕緊結束功課，遂至失眠，迄今不能離藥。今日一天未用功，滿以爲可安眠矣，而仍不能，挨至十一時仍服藥，甚矣靜秋之苦我也！

十月卅一號星期日（九月廿九）

樊成仁來。到郁階處，與同出，到北平包子鋪吃點。與樹幟郁階到國立圖書館。出，到美齡托兒所參觀。到城隍廟游覽。到民衆教育館看莽權，晤吳斌如。歸，看昆侖堂工程。到德基處。朱亞英來。

到辦公室，吳志一、星濃光來，到祁連堂，參加歡迎西北大學新疆觀光團茶點會，致詞。返辦公室，寫靜秋，劉裕昆信，到中正路寄發。到興和路天津包子鋪吃飯。歸，得賢自青海歸，談。

與樹幟同到警官學校，看蘭州票友及警校學生演《黃金臺》、《罵殿》、《法門寺》三劇，十時半歸。

今早同席：樹幟　郁階　劉熊祥　莊鳴山　劉壽嵩（以上客）　予（主）　九元。

近日物價甚高，一雙毡窩子廿元，一雙皮手套卅二元，一人吃小飯館，叫一樣菜，三元。可知金圓券價格低落極速。

今日下午同會：謝再善　朱懿繩　閻鋭及西北大學邊政系學生十餘人（以上客）　樹幟　爽秋　吳志一　星濃光及蘭大邊語系學生十餘人（以上主）

樹幟欲在蘭大辦托兒所與幼稚園，擬聘靜秋主其事。此事極好，因即去函速之。

蘭大風潮如此處理（一中）

《隴鐸》新二卷第七期，卅七、十、一出版

由于蘭州大學裏不合理、不合法、不公不平的事情太多，在學生們底內心裏積怨太深了。尤其是學校重要負責人，似乎以征服者底姿態出現，把前甘肅學院底教職員及甘肅籍教職員學生當作被征服者，甚至當作爲奴隸或野蠻人。兩年以來被排擠離校的前甘院教職員達三十餘人，這種"肅清甘院餘孽"工作，今年還在積極進行。對待學生尤爲苛薄，一個湖南籍學生可領兩分三分公費，十個甘肅籍學生也不一定能領到一分公費。……（按：閉着眼睛造謠，極盡挑撥能事，可怕！可怕！）

今年招考新生時，采取了報復主義（實在是對弱者更進一步的壓迫與摧殘），在八百〇六個考生中僅取了八十六名。省參議會曾函請再舉行招生，而辛校長置之不理，對地方上的意見好像不值得尊重。……辛校長底理由是提高程度。提高程度，要教授好，校風好，設備好，還要行政辦好，試問辛校長作到了那一點？難道少取學生就能提高程度嗎？……投考學校的新生與蘭大風潮毫無干涉，錯也不能錯到他們底身上。……（按：難道要來一個取一個才算對？）

從考生説到同鄉會（羅漢）
《隴鐸》同期

炎夏過去了……我甘肅考生慘敗的更爲可憐，在一百五十六人中僅考取八九人。尤其是考取三個大學（北大、中大、暨南）的莫自鳴同學，他實是甘肅考生中的神槍手，甚至在全國千百萬考生中也是令人欽佩的常勝將軍，他的母校（蘭大附中）一定爲有此好學生而驕傲，他的家人（隴西）也一定爲有此好兒子而雀躍。此外還有楊守恪（考入同濟，甘谷中學畢業）、張中序（考入國防醫學院，蘭大附中）、張尚義（考入中大，邊疆學校）、趙舉賢（入同濟，浙大附中）、王爲堯（入中大，蘭大附中）、朱進良（入復旦，師院附中）、宋之琛（入復旦，蘭大附中），他們也是躍出龍門的成功者。（按：此八人中，蘭大附中畢業生占其四。）……目前最嚴重的問題是一百五十多流落京滬的落第學生，他們究應到那裏去？……只有擠在“夜店”式的甘青寧同鄉會館。……（按：這也是京滬各大學采取報復主義嗎?）

一九四八年十一月

十一月一號星期一（十月初一）

延青來。到會議室，參加月會，講“我的大學生活”，一小時半。朱懿繩來。

王樹民來。鄭慶端、章道彬來。西北大學學生趙文荃、羅萬壽來。準備功課。子美來。寫朱騊先信。到樹幟處。

方乘來。谷苞來。與樹幟等同到義順林吃飯。出，與樹幟方乘同到曹團長家訪易靜正夫婦，握別，并晤胡國鈺等。出，到謝再善、朱懿繩處，握別。歸，與樹民談。九時眠，十一時醒，起讀

《大戴·盛德》。

今晚同席：方乘　谷望溪　陳祖炳　段子美　王道燦夫婦及其子女　董爽秋（以上客）　樹幟（主）

今日一天幾未接觸書本，夜中走了幾處，歸來甚疲，九時即眠，似可不服藥矣，乃十一時即醒，無可奈何，仍服藥而睡。静秋使性，害我如此痛苦！

十一月二號星期二（十月初二）

吳步瀛來。與樹民同進點。上課，講五行説（明堂説畢，氣候説）。讀《豳風·七月》。寫陳逸民信。

讀黃橫《夏小正箋》，畢。薛雲鶴來。馬毅先、阿洛麥提來。到潤琴處。

到子美處，訪樹幟，未晤。到壽嵩處，與壽嵩同到傅仁麟處。歸，看《古史辨》第五册。

十一月三號星期三（十月初三）

上課，講五行説（氣候説，《夏小正》）。鈔本年黃曆之節候。寫又曾信，寄卅元。寫筱蘇信。

陳仙洲，徐肇辛來。到樹幟處，同出，看昆侖堂工程。參加歷史系迎新大會，致詞。遷辦公室于圖書室。朱冠東，林冠一來。

到潤琴處。看《古史辨》第五册。鈔《隴鐸》文。

今日下午同會：樹幟　書畬　培良　文實　史系二、三年級學生二十餘人　一年級學生十人　主席何尚儀

接静秋電，謂身體不便，兩小兒難携帶，决不去。静秋不能來，我又不能即歸，而時局日惡，天翻地覆即在目前，渠之痛苦可想，我則爲了講學，在集中精力時猶不爲愁悶所中，偶得閑暇，亦復惆悵難堪。

十一月四號星期四（十月初四）

上課，講五行説（氣候説，《豳風·七月》）。寫静秋，振宇信。口試新生。吴秉權來，送衣料。

延青來，同到中央醫院，視王樹民夫人之疾。歸，準備明日功課。君左、德謙來，同到潤琴處，晤米學顔，同乘車到金龍飯店吃飯。

到宜中家，茗談。到抗建堂，看齊蘭秋《玉堂春》，白雲亭、郭海清《賜袍》《斬顔良》，十一時許歸。

今晚同席：丁宜中夫婦　易君在（以上客）　馮潤琴與予（主）　三十元。

接孟韜信，知章伯寅師上月在上海中風病故，年七十一，爲之悵然。

十一月五號星期五（十月初五）

上課，講五行説（氣候説，《周書·時訓》，畢；順時布政説，《管子·四時》，未畢）。到樹幟處，商韓萬林停學事，與子美談。準備明日功課。

與文實夫人到共和路製皮衣，買棉鞋。到辦公室，準備功課。

延青來。段子美來。看《管子》。

接起潛叔函，謂子藏自英來函，言及此次巴黎國際東方學者會議，渠曾出席，并宣讀論文，會議中于《古史辨》論文常爲引徵。予努力古史學，足使國際視聽爲之一變，安敢不努力乎！使我得五六年安静日子，將《古史鑰》寫好出版，其影響當較《古史辨》爲尤大，而惜乎安静日子之不易得也！

十一月六號星期六（十月初六）

上課，講五行説（順時布政説，《管子·四時、五行》）。寫楊克强信，送樹幟處。看《古錢大辭典》。王志梁、常英瑜來，導觀昆侖堂工程。

到辦公室，爲人寫字六十件。張建侯來。馮仲翔來。裴斌來。董葆藩來。

與樹幟、爽秋同到義順林吃飯。歸，到爽秋處茶話。十時歸。

今晚同席：董爽秋　吳達賓　韓知範　郝守榮（以上客）樹幟（主）

接静秋書，知蘇滬一帶依然無物可購，人心恐慌，上月予一家用至十八億元，尚非每日肉食也。

蘭州鷄蛋，本五分一個，今以上海無蛋，商人在此收蛋，飛機運滬，蛋價遂貴至兩角一個矣。

十一月七號星期日（十月初七）

樹幟來，質夫來，同到興隆館吃羊肉泡饃。歸，寫静秋信。赴風風藝文研究會，致詞。到樹幟處。與樹幟同到義順林赴宴。

飯畢，到文藝園地看菊花展覽。遇施太侔。出，與樹幟到馥蘭池洗浴。到劉衡如處。與其夫婦同到紫陽觀吃飯。

子美來。樹幟來。戴一飛來。草先秦諸子分期表。失眠，服藥。

今早同席：楊質夫　李得賢（以上客）　　樹幟（主）

今日上午同會：樹幟　爽秋　學生董葆藩、李生華等四十餘人

今午同席：樹幟　仲翔　何樂夫（以上客）　　周書翰（主）

今晚同席：劉衡如夫婦（客）　　樹幟（主）

周恩來廣播，只要蔣下台，諸事俱好商量。

蘭州物價，今日比昨日又高一倍。米一石要金圓四百。

十一月八號星期一（十月初八）

以煤暈，到喬樹民處，到延青處，俱未晤。到辦公室，搜集五帝五神說材料終日。王樹民來，同飯。

爲學校寫五岳堂銘。延青來。樹幟，祖炳，爽秋，樊穆文來。

喬樹民來。改張令瑢筆記，看《補上古考錄》一卷。失眠，服藥。

今晨起身，忽覺頭眩足輕，舉步欲倒，大駭，疑爲中風。得賢謂此係煤暈。到天山堂，果即愈。蓋院中東屋，新來黃家，日夜生火，而其屋低，烟入予室，遂至此也。此尚是初次經驗。

十一月九號星期二（十月初九）

上課，講五行說（順時布政說，《管子·幼官》，訖。五帝五神說，《淮南子·天文訓》，未畢）。續集五帝五神說材料。到黃河邊，小立。在得賢處，晤祁峻山、魏輔民、陳德溥。

喬樹民來。到辦公室，續集五帝五神材料。樹幟等導馬子健來參觀。到會議室與子健談。

到義順林赴宴。歸，與樹幟同到爽秋處茗談。德基來。

今日起，到得賢家吃飯。以天寒，送飯易涼也。

蘭州一塊白洋，換金圓券至二十餘圓。我輩收入，一月僅十元耳。

今晚同席：馬子健（寧夏省駐蘭辦事處長）　郭子鈺　上官業佑　曾震五　朱亞英　喬樹民　董爽秋　何日章　陳祖炳　段子美（以上客）　樹幟（主）

十一月十號星期三（十月初十）

上課，講五行說（五帝五神說）。與樹幟、質夫同到邊語系看新到拉卜楞所印書。續集五帝五神之材料。

到辦公室，續集材料。孫培良來。樹幟偕丁慶霞來。到延青處取藥。

到質夫處。到郁階處。續鈔材料。

今夜未服安眠藥，惟服鎮静劑，僅得眠四小時耳。予來西北，別的均好，惟睡眠不好，爲苦。

保衛徐州之戰，自徐州至蚌埠，有兵一百萬人。尚有自連雲至商丘一綫，恐有二百萬人。這回戰事真是國民黨决死生之大戰也。

十一月十一號星期四（十月十一）

何自芳等來。上課，講五行説（五帝五神説）。鈔材料。樹幟偕錢毅南，熊先舉來。書龄來。

到辦公室，鈔集材料（律吕）。與書龄談。到樹幟處。

樹幟、德基來，同出，吃元宵。至蘭園。至朱亞英處話別。歸，文實來談。

今晚服鎮静劑，得眠五小時，稍進步矣。

終日小雪，不積。

此間元宵極好，不讓成都。聞只有冬季有。

與亞英，樹幟談，謂今日軍事尚有辦法，而政治則絶無辦法，蓋黨已被二陳變爲 CC，軍事長官已被陳誠"整軍"所更换，經濟則破壞于孔宋，雖有善者亦無如之何也。亞英將于後日赴京，以警校經費，内政部已不發四個月，無以爲爨。各部之總務司都以幣值之貶，扣留不發，自做生意，官場腐化，逼得人不能做事。

十一月十二號星期五（十月十二）

到辦公室，作《積石堂記》，約一千字，付葆英鈔。樹幟偕林鯤榮來，同到文實處，喬樹民處，同到義順林吃飯。

與樹幟到省銀行，參加婦女問題座談會。六時出，同到江南餛飩鋪吃飯。

與樹幟同參加醫學院迎新會，十時歸。

今午同席：林鯤榮　李文實　喬樹民及其女榮文，子丹文、桂文（以上客）　樹幟（主）

今日下午同會：王德謙　丁宜中　易君左　楊令德夫婦　江蕙　王九菊　趙榮聲　金明　張素我　李化方　柴木蘭　丁慶霞　仇若　黃錦鸞　李連枝　姚尋源　樹幟等約五十人

今晚同會：樹幟　子美　爽秋　喬樹民及醫學院師生百數十人

十一月十三號星期六（十月十三）

上課，講五行說（五帝五神說）。修改《積石堂記》，送校長室付鈔。段子美來。寫靜秋信。到義順林赴宴。遇楊子厚。

乘車到鐵橋，下，遇王德基。到祁連堂，赴皖江同學會迎新會，致詞。出，到文實處。到喬樹民處，并晤蔡亞東。到校長室，與費克松、戴一飛談。與樹幟、子美同到寧夏辦事處訪馬子健，不遇。

到雲亭路北平館吃飯。到精華劇團看五本《白蛇傳》，八時三刻散。步歸。

今午同席：劉訴年　鄭鋆年　樊懷義　段子美（以上客）樹幟（主）

今日下午同會：董爽秋　喬樹民　張澤友　戴一飛　費克松顧爲秀　錢青選　蔡亞東及皖江同鄉三十人

今晚同觀劇：喬樹民夫婦及其子女　樹幟　子美　李文實夫人（以上客）　予（主）　廿二元。

觀劇歸來，覺倦，就枕即眠，醒來已天明矣。知予之生活如安排得好，則自無失眠之苦也。

十一月十四號星期日（十月十四）

到辦公室，作《昆侖堂記》千餘言，未畢。樹幟來。

與樹幟，爽秋到抗建堂，參加甘肅同學迎新會，觀劇。四時半散，到文化服務社，看趙望雲新疆寫生展覽。到省立圖書館，看方志室。出，到義順林吃飯。遇蓋世儒，范振緒。

到西北療養院，視鍾道贊疾。歸，鈔《月令》篇一半。

始冰。上午寒甚。

今日所觀劇：樊城下書　木蘭從軍（齊蘭秋）　天水關（白雲亭）

予近日喉頭炎又作，多痰嗽。左足跟又生凍瘡，昨日破矣，不良于行。

十一月十五號星期一（十月十五）

到辦公室，準備功課。劉尚一來。孫培良來。王樹民來。尋樹幟，到軍官集會所赴宴。

與二法國人及田君游小西湖，觀秦長城。又同到校，參觀圖書館及醫學院。回辦公室，寫郭主席、丁宜中信。寫静秋信，飯後自赴中正路寄發。

樹幟，郁階來。喬樹民來。陳夢家自敦煌歸，辭別，為寫胡宗南、馬雅堂信。到文實處吃湯圓。

今午同席：賀偉烈（E. G. Auvynot，法國駐成都領事）于儒伯（Robert Ruhlmann，巴黎大學教授）　田英琦（長官公署外事課課長）　李子欣　上官雲相　周嘉賓　劉望蘇　宋賓三（以上客）　張治中　郭寄嶠（以上主，皆未來，劉任代）

今晨接静秋書，知上海恐慌彌甚，買米買油以及什物均須排隊，而每次所得甚寡，米一升，肥皂一方而已。車票須三天前買，而又不能必得。恐一家餓死而不為我所知，囑我務必早歸。因定下星期即到師院上課，十二月十日前行。聞由京飛蘭機票已定至明年二月矣。此間東飛當不至如此困難。

十一月十六號星期二（十月十六）

四時起，準備功課。上課，講五行說（五帝五神說畢，《月令》）。蓋世儒、王強棟來。質夫偕黃明信來，伴至樹幟處，同觀昆侖堂及圖書館。

準備功課。參加國文系迎新會，致詞。于儒伯來。與于儒伯及段子美同到義順林赴宴。

與爽秋同步歸。準備明日課。

今晚同席：于儒伯　黃明信　董爽秋　段子美　楊質夫　吳志一　李文實（以上客）　樹幟（主）

今日下午同會：樹幟　子美　天同　國文系新舊同學卅餘人

黃明信君，湖北沔陽人，長于北平，清華史系畢業，任教湟川中學兩年，入拉卜塄寺爲喇嘛，修習八年，今擬入藏進修。此今世一奇人也！

十一月十七號星期三（十月十七）

四時起，準備功課。上課，講五行說（《月令》）。于儒伯來。黃明信來，聽其講演拉卜塄喇嘛生活。青海隆務寺池甘倉、瑪乃倉兩佛及馬占彪來。到紫陽觀宴客。

與于儒伯、樹幟、爽秋、劉壽嵩同到小溝頭天主教堂，晤文和鳳神父及畢主教，參觀圖書館，觀彩陶二百〇七件。又觀教堂及學校、醫院等。五時歸。

與樹幟到太平洋赴宴。歸，準備明日課。寫楊克強，胡國鈺信。

今午同席：于儒伯　黃明信　樹幟　爽秋　文實　質夫　喬樹民（以上客）　予與劉壽嵩（主）　六十三元。

今晚同席：盛彤笙　樹幟　周嘉賓　張家煦　麥世貝　勞

□□　李□□（以上客）　　林鯤榮（主）

十一月十八號星期四（十月十八）

上課，講五行説（《月令》，畢；三王説）。劉尚一來。袁欣安來。于儒伯來，與同至義順林赴宴。

與于儒伯同到蘭園看金代鐘，到中華路張姓碑帖攤，到省立圖書館參觀。又至張姓攤。歸，鈔材料。

壽嵩、潤琴來。郭海洲、李禎輝來。續鈔材料。

今午同席：艾和鳳神父　柯來恩（P. L. Klein）　　樹幟　子美　爽秋　黃明信（以上客）　于儒伯（主）

十一月十九號星期五（十月十九）

上課，講五行説（五帝三皇説）。霍漢琦來。鈔材料。寫靜秋信。到樹幟處，遇湯祖壇夫婦及其女。到子鈺隆赴宴。于儒伯來道別。

鈔《帝繫姓》。爲人寫字三件。遇延青、成覺、馬建業。

到天山堂，開歡送周書舲會，聽書舲講美國外交政策。與樹幟、書舲到子美處談。又送書舲歸。失眠，服藥。

今午同席：樹幟　子美　爽秋　質夫　志一　郭延福（以上客）　黃明信（主）

今晚同會：周傳儒　樹幟　子美　文實　歷史系學生四十人他院系學生約八十人

今晚接靜秋十四五日函，知因奔走食用，又急又勞，致有病象。又接其十八日電，則謂已病，函電中并未説明其何病，聞之焦急，夜又失眠。決即覓機東飛，惟票價四千金圓，不知出在何處耳。

十一月二十號星期六（十月二十）

上課，講五行說（《帝繫》篇）。發靜秋電。寫靜秋，雁秋，振宇信。到文實處。

與樹幟、德基同到子鈺隆赴宴。歸，爲人寫字五十件。邊語系學生來。

到子美處。與樹幟、郁階、萃麟談。回，文實送蒸梨來。看陳布雷絕命書。

今午同席：樹幟　子美　明信　志一　文實　德基　望溪（以上客）　質夫（主）

予近日痰嗽頗甚，文實送蒸梨來。

十一月廿一號星期日（十月廿一）

到天山堂，續作《昆侖堂記》，畢。凡二千餘言，即重鈔。與樹幟、子美同到義順林赴宴。

返校，在毅然亭照相。爲黃明信寫傅孟真信。參加蘭大邊疆學會，致詞。與明信別。續鈔《昆侖堂記》，未畢。

到廣場理髮。歸，何尚儀來。林自強，王克儉來。改所作記。

今午同席：樹幟　明信　子美　望溪　質夫　文實　祁峻山　王樹民　吳墣（以上客）　吳志一（主）

今日下午同會：樹幟　明信　子美　谷苞　吳均　質夫　樹民及邊語系學生十七人

今日理髮價三元四角，合法幣一千二十萬矣。物價如直綫之升，如何活得！

十一月廿二號星期一（十月廿二）

鈔改《昆侖堂記》，畢。到周燠櫻處。到何日章處。到樹幟處。王樹民來。與樹幟乘公共汽車到十里店三友飯莊赴宴。

飯畢，到師院大禮堂上課二小時（巫術時代與王官時代）。晤吳宏中，宋漢濯。與胡國鈺同乘公共車返城。

文實邀至義順林吃飯。寫静秋信。

今午同席：樹幟　樂夫　劉熊祥　施畸　齊康久　唐□□
汪如川　李辰冬（以上客）　胡國鈺（主）

今晚同席：馬鳴獅與予（客）　文實夫婦（主）

十一月廿三號星期二（十月廿三）

上課，講五行説（鄒衍五德終始説）。將《昆侖堂記》改畢，送樹幟處。與王樹民同到十里店，到宋家飯。

到師院上課二小時（諸子時代）。晤王蕙。與國鈺同到院長室談。漢濯、樹民送上站，到李化方處小坐。車中遇甘棠澤。

方乘來。樹幟來。準備功課。作昆侖記銘詞，未訖。失眠，服藥。

今午同席：予與王樹民（客）　宋漢濯夫婦（主）

寄静秋四百元。聞上海物價之貴過于蘭州，四百元够什麽用。

十一月廿四號星期三（十月廿四）

作昆侖堂銘詞，訖。樹幟，日章來。上課，講五行説（秦漢的改制）。劉熊祥來。

到師院，上課二小時（經學時代）。到院長室，賀立義，夏增惠來訪問。漢濯、樹民送至車站。

喬樹民邀至北平包子館吃飯。準備功課。

今晚同席：陳祖炳　董爽秋　段子美　喬樹民　張鴻欣　張從辛　王德基（聚餐）

十一月廿五號星期四（十月廿五）

改作昆侖堂銘詞訖。樹幟、日章來。延青來。上課，講五行説

（三統説）。發静秋電。錢青選來。寫奠基字。劉景曦來。與樹幟同到十里店赴宴。

在師院上課二小時（經學時代）。到國文系。到十里店，于傅曾來。同到樂夫家小座。搭車歸，遇盧女士、質夫、志一。

李占春，趙廷祺來，樹幟、德基來。延青來。

今午同席：樹幟　胡國鈺　施天伴　齊康久　李辰冬（以上客）　何樂夫夫婦及其女（主）

十一月廿六號星期五（十月廿六）

上課，講五行説（《世經》的帝系）。美國牟復禮來，導之至圖書館參觀。參加積石，昆侖兩堂奠基典禮，伴馬子健、趙子玲談。赴義順林，午宴。

發静秋電。與樹幟等同乘車歸，將二堂碑記作最後修訂。爲人寫字二十五件。

樹幟、德基來，同到青年館，看豫劇李蘭菊演《三拂袖》，法律學會所邀。十一時歸。

今午同席：馬子健　趙子玲　爽秋　子美　天同　喬樹民
陳祖炳　日章　得賢　質夫　志一　張鴻欣　牛得林　錢青選
馬式玉　王德基　劉郁文　郭祖培　吳鴻業　劉希成　徐文彪
上官宗貴　吳達賓　李祖恒　樊體文　段永祺　焦信之　張紹先
龔才相　鍾道贊（以上客）　樹幟（主）

Mote 君，美籍，由哈佛大學派至北平留學，兹以北平緊張，遣散美僑，故轉蘭研究，想見北平恐慌之狀。

十一月廿七號星期六（十月廿七）

上課，講五行説（漢爲堯後説及武帝後之災異説）。準備下午功課。子美來。韓樂然夫人來。何日章，牛得林來。

到師院，上課二小時（理學時代，未畢）。到國文系，與樂夫、王樹民、張鐶、田葆瑛談。樂夫、樹民送上車，遇史進奎、強鍔。

到凱士林赴宴。與樹幟同到抗建堂觀劇。十一時歸。

今晚同席：王新令夫婦　駱力學夫婦　錢青選夫婦　樹幟　日章（以上客）　馬式玉（主）

今晚所觀劇：（銀會學會所邀）

打沙鍋　游龍戲鳳　珠簾寨　鐵公鷄

今晚飯畢，進咖啡一杯，初以爲可無事，孰知登床竟不成眠，起而服藥。此後夜中仍當禁飲刺戟物。

十一月廿八號星期日（十月廿八）

李行之，韓定山，李占春來，同到子鈺隆進早餐。出，到南關，遇谷望溪。到葆眞照相館攝影，游菜市。到厚德福赴宴。

與樹幟同步歸，談。駱秀峰來。到天山堂，爲人寫字二十件。張自勇來。記日記三天。

寫靜秋信，即赴郵局寄。時宴，未得寄。歸，張澤友來。子美來。

今早同席：予與定山、占春（客）　李行之（主）

今午同席：樹幟　郁階　道贊　日章（以上客）　爽秋　子美　祖炳　天同　喬樹民　德基　王伯侖　駱秀峰　馮潤琴　鄧照藜　劉壽嵩　傅仁麟　王道燦　莊鳴山　沐允中　郭松懋　錢青選　漆蔭棠　劉進　牛得林　張從辛（以上主）

十一月廿九號星期一（十月廿九）

到郵局寄信。到辦公室，準備下午課。寫金振宇信。爲人寫字三十件。孫培良來。張澤友來，量予血壓。到樹幟處，與同到陶樂春赴宴。

與胡國鈺同乘車到師院，講二小時（二程）。到樂夫處小坐。漢濯、樹民送至站。到汪如川家候車，晤李劍波等。與國鈺同進城。

崔道抃來。爲彤笙寫騮先信。訪樹幟等皆不晤。準備功課。王志梁來，同到三愛堂觀劇。十時，與樹幟乘上官業佑車歸。服藥眠。

今午同席：道贊　日章　郁階（以上客）　樹幟　國鈺　彤笙　衡如　葆清　沈祖昭（以上主）

今日量血壓，予上得百五十，下得九十，甚正常。

今晚所觀劇：長坂坡（西北劇校生演）　玉堂春（王彧夫人吳曼青演）

十一月三十號星期二（十月三十）

樹幟來，同進點。上課，講五行説（王莽時之祥瑞及其改制）。方乘來。接家電。即至電局發急電。乘車到十里店飯。王强棟來。丁慶霞來。

在師院上課二小時（朱、陸）。到樂夫處。漢濯、樹民送至站。與國鈺到如川家小坐，晤其夫人。與國鈺同車進城。

準備功課。改文實代作之吳母詹太夫人七十壽序。寫雁秋信。十二時眠，服藥。

今午同席：予（客）　王樹民（主）

今日上午接上海家電，静秋早産且難産，囑速覓機歸。我諸事牽纏，飛機亦無法提前，爲之憂悶甚。静秋此數月中，在金融極度動蕩之際，奮力維持蘇滬兩處家庭，又急又累，以至于此。時局害人，而我又不在其旁，增其悲傷，是真無可奈何者也。

此電到蘭，爲今晨一時，則發電當在昨夜。未知今日如何，已生産否？上海産科當有良醫，祝其平安度過也。

又接雁秋廿六日快函，係在蘇發，謂静秋往來蘇滬，均由其陪伴。并謂時局一天天在演變，并非某一事之長短勝負所能决定。静秋徬徨恐懼，勞心焦慮，遂以致病，盼我速回，作一決定性之準備，不至坐以待斃。并謂静秋慮萬一航空停頓，則不知尚有與我相見期否。

我已決定十二月七日歸矣，而又突起此事，奈何奈何！此數月中，我請静秋前往産科醫生處檢查，幾于每函必提，乃以彼心緒不佳，個性倔强，迄未一查，致有今日之難産，豈非脾氣所致乎！

雁秋述連雲鹽務局長何維凝君評予之言曰："其人有二特點。其一，能容反對者之議論，且看其書籍。其二，好提拔後進，不論認識與否。"按，説此話者不僅何君。此二點，其事皆極易做，而能做到者極少，此予之所以被稱也。然予以愛青年之故，受了許多累。蓋在上者觀青年接近予，則疑予拉攏青年，組織派系，將與彼以不利，故予提拔後進愈多，即受人排擠愈甚也。至于後進本身，則在未得地位時以予爲工具，殷勤進謁，求滿其欲，一旦奮飛，轉而反噬，若胡厚宣、趙肖甫之類皆是也。如此特長，不如無有。此後予其閟息聲聞，一意自己研究乎！惟有自己之成功爲人所打不倒，若博施濟衆則堯舜猶病矣。

静秋述趙公紱述聖陶評予之語，謂予近來"開倒車"。予不知聖陶指何事言。予之友人莫老于聖陶，而二人個性則迥然不同。彼喜唱高調而我務實際，彼不能用苦功而我慣苦幹，故一入社會便爾分途。民初，彼拉我入社會黨，其後我熱忱主義，彼即掉頭不顧矣。民十二滬上同人組織樸社，彼我均參加，而十三年齊盧戰争，即告解散，我苦心維持十餘年，而彼則絶不幫忙矣。年來彼參加民主同盟，翹然爲左翼分子，而我厭倦政治，閉門謝客，大約彼以爲我不與合流即爲開倒車。其實我倘與合流，在我衝鋒陷陣之際，彼猶然將曳兵而逃也。　　　　　　　　　卅七，十二，廿三記。

一九四八年十二月

十二月一號星期三（十一月初一）

蔣君章來。發振宇電。與費克松談。上課，講五行説（讖緯，光武受命，公孫述）。與史學系學生同照相。質夫、文實偕沈焕章來。到天同處。與樹幟到南城巷赴宴。

乘劉參謀長汽車到師院，上課二小時（經學時代，畢；史學時代）。到王樹民室，爲人書字七件。趁郵局長吳清澄車到城，至山字石中街赴宴。

乘張春霖車歸。準備明日功課。

今午同席：樹幟　劉任　魏紹武　喬樹民　李子欣　張查理　劉衡如（以上客）　張鴻汀（主）

今晚同席：王永興　洪静　郭莊　張春霖　王正緯　黄萬里　何子儀（以上客）　王樹藩　孟繁書　張慕堯（以上主）

今日無電至，不知静秋如何，爲之心驚肉跳。而出入交際場中，猶强爲歡笑，上課，猶强作鎮定，真苦事也。

聞徐州已放棄，則津浦南段自更緊張矣。

十二月二號星期四（十一月初二）

上課，講五行説（《潛夫論》；五德終始説畢）。與國文系學生同照相。與丁慶霞談。理書物。到樹幟處，與同到青島照相館，應楊枏、譚均約。又至義順林赴宴。

身體大不適，即歸卧，服阿斯匹靈。囑魏蔚文發家電。延青來，爲量熱。樹幟、爽秋來。（服阿斯匹靈後，熱高三十七度六；晚間又量，得三十八度五。）

延青來，爲量熱。喬樹民來。盛彤笙來。

今午同席：樹幟　爽秋　文實　質夫　志一　天同　德基
穆文　喬樹民　祖炳（以上客）　　子美（主）

予此次之病，實由蘭大與師院兩處授課，奔波太勞所致，而
所以兩處同時授課者，則以京滬恐慌，家人函電交促之故。否則
蘭大課畢，再到師院兩星期，生活并不累也。

十二月三號星期五（十一月初三）

樹幟來。延青來。仍臥床，熱上午三十八度許，下午降至三十
七度許。趙天梵來。劉尚一來。

延柯與參診脉，服中藥。延青來。林運元來。

延青來。夜出汗。

十二月四號星期六（十一月初四）

延青來量熱。樹幟來。仍臥床。上午熱三十六度四，中午三十
六度五，晚三十六度六。已無熱，惟極疲倦。何尚儀來。尹巨來。
王樹民來。胡國鈺來。于笑予、宋漢濯來。回教學生三人來。陳延
中來。

劉壽嵩，郭松懋來。莊鳴山來。馮繩武來。孫培良來。馮潤琴
來。彤笙來。樹幟、子美、爽秋來。

延青偕張□□來。譚均、楊栵來。

十二月五號星期日（十一月初五）

起床。樹幟來，同進點。質夫來。王立軒來。子美來。喬樹民
來送藥。沐允中來。延青來。郭松茂偕魏筱笠來。裴俊峰偕張士珩
來。董葆藩、張紹祖來。爲何步芳之祖母題照。爲史學系學生所印
予照片簽字。

譚均、楊栵來。張澤友來。寫吳母詹太夫人壽屏八幅，聯二

副。吳讓來。爲張鴻汀莫高窟訪古圖題詩二首。

　　馮繩武夫人來。爲人寫字約三十件。

　　題張鴻汀莫高窟訪古圖：

　　夢想敦煌四十年，奈何人事苦相牽。者回到得皋蘭下，又賦高山仰止篇。

　　張侯訪古寫爲圖，石窟琳宮記步趨。金石已成隴右錄，還將畫壁入書無？

　　壽吳母聯：

（一）有子克家，功由畫獲。　　唯孫繩武，教始含飴。

（二）西望玉山，婆娑王母。　　北瞻姑射，綽約神人。

　　今日本不當工作，以將行，所欠字債不得不還，乃借汽油燈，夜以繼日爲之，亦可憐也。

十二月六號星期一（十一月初六）

　　樹幟來。馬松亭來。延青來，代理物。郭維屏來。張曦來。終日寫字約一百五十件，直至夜十時。張澤友來。劉壽嵩來。王樹民來。谷苞來。到義順林赴宴。

　　沐允中來。王新令、馮仲翔來。劉景曦來。馬阿衡來。盛彤笙來。方撫華來。孫培良來。到文實家赴宴。

　　寫周廷元信。理物交文實。爲馬阿衡回教大學議作後記。到天山堂出席惜別會，致詞。蔣君章來。潤琴來。延青來。

　　今午同席：馬松亭　拜襄華　王新令　楊令德　康玉書　王籍田　劉壽嵩　徐杏貞　莊鳴山　張澤友　董爽秋　李得賢　段子美　陳祖炳　王德基（以上客）　辛樹幟（主）

　　今晚同席：樹幟　質夫　志一（以上客）　得賢（主）

　　今晚同會：予與樹幟，子美，培良，得賢及國文歷史兩系同學約八十人。

十二月七號星期二（十一月初七）

寫囑文實諸事。理物至上午三時半。重整行裝。五時，樹幟、文實、常麟定、裴俊峰、子美、楊質夫等來送行。上汽車，至中央航空公司飛機站。七時上機，戴一飛送上。九時半到西安，稍息。

下午一時許到漢口，與劉壽嵩別。上站吃麵，未畢，即上機。四時半到上海，靜秋等來接。同上汽車，開至寓所，與雁秋、德輝、李修吾、高靜一、晚霞等談。

丕繩、詩銘來。理帶歸物。失眠，服藥。

今日同機：徐杏貞及其二女　莊鳴山　張澤友　劉壽嵩

今日到滬站來接者：擎宇　誠安　張晚霞　靜秋　鴻鈞
潮兒

靜秋早產難產云云，盡是欺騙，徒欲我早歸耳。

昨日本當理物，以客多，字債多，直至晚十時半始理清（尚有師院學生囑書字八十件帶歸寫），摒擋各事，直至昧爽始得就緒，即登車矣。飛行中頗打盹，然疲倦迄不解。夜即失眠，以太累也。

十二月八號星期三（十一月初八）

晚霞來。志堅來。開家庭會議，討論張氏岳母葬事及全家此後行止。寫蔣仲川信。

晚霞返蘇。與鴻鈞同到大中國，與宣人、振宇談，寫練青信，交志堅帶粵。與鴻鈞同到三江浴室，洗浴理髮。

理帶歸物。丕繩來。

潮兒雖常思予，及予歸，反害羞，不敢近，此真女孩家情性也。渠近日愛玩不愛吃飯，故較前爲瘦，惟知識則甚開，雖尚未入幼稚園而常識則已有小學一年程度。

靜秋謂予出門半年，髮更白，額上皺紋更多，臉部亦瘦。蓋勞累萃面益背矣。

十二月九號星期四（十一月初九）

與靜秋、雁秋、王振華、鴻鈞、潮兒同到博物館。予與靜秋到誠安家，晤弟婦及德峻。回至博物館，與寬正、大沂談。歸，劉子潤夫人來。看《文史雜志》六卷三期。

瑞蘭來。寫樹幟及可忠信。到許漢三處。與靜秋同到金家，晤振宇夫人及立輝，出，到君匋處，晤其夫人，均贈物。遇陳芰香、紹虞。歸，張午炎來。與雁秋到大中國赴宴。

八時半歸，劉子潤夫人來。看數月中各處來信。失眠，服藥。

今晚同席：范笑秋　崔可石　雁秋　誠安（以上客）　宣人　振宇　緯宇　擎宇　子喬　君匋（以上主）

上海里中房屋，千篇一律，極不易認，我輩所以能認者，以記得阿拉伯數字之門牌耳。潮兒尚未識字，而今日自博物館歸，聽渠自行，而竟認前後門皆不誤，大堪驚異。

十二月十號星期五（十一月初十）

與鴻鈞、潮兒同到同濟大學，訪紹虞夫婦，并晤潤孫。歸，記日記三天。蕭一山夫婦來，長談，留飯。玉舜自鎮江來。

寫仲川信。與靜秋到海寧路虹口產科醫院檢查，又同訪崔可石，不遇。歸，理北平寄來稿件，未畢。

丕繩來，長談。

玉舜自鎮江來，謂鎮江西站待車者，有待至三天三夜而未得上者，渠自南站上車，亦待至一天一夜之久。若南京則有待至五天五夜而未得上者。噫，苦矣！

十二月十一號星期六（十一月十一）

到大中國，取款。寫驪先、角令信。到圖表社，晤家駒、擎宇等。到開明書店，晤伯祥，予同，聖陶，洗人，雪村，芷芬，墨林，調孚等。到市銀行，訪馮子陶，未晤。在福州路吃午飯。

步至南京西路，訪朱子英，未晤。到合衆圖書館，晤起潛叔嬸，誦芬弟，□太姑母，王巨川，胡嘉言。乘電車歸。

整理北平寄來稿件，未畢。

美海軍陸戰隊宣布到滬護僑，人心爲之一定。物價又漲矣。

志鈞侄自徐州退却，死于車中，當時不及知，到浦口人散，役夫發見于座位之下，檢視知係電局人員，其身邊尚有油條半根。則逃難時食糧缺乏可知也。予去年在徐，已見其不健康，猶力疾從事，今則遂從其父于泉下矣，傷哉！

十二月十二號星期日 （十一月十二）

張家駒、翁逸之來。到大中國，與振宇談。馮子陶來。開局務會議，至十二時，在局飯。

與君匋談。寫文實信。看《三民主義簡編》。静秋來，同到蕭一山夫婦處談。歸，又安自蘇州來。

許漢三夫人來。續理北平寄來稿件。

今上午同會：宣人　振宇　君匋　擎宇(緯宇已于昨日飛廣州)

大中國之營業，此半個月中，合批發與門市，不過三萬餘元，尚不够開銷，遑言贏利。即此可見工商業竟至末路，若政治不變，即將同歸于盡矣。（外埠批發近已斷絶，本市批發及門市亦不踴躍。）

十二月十三號星期一 （十一月十三）

雁秋，又安赴鎮江。臥床，看《聞一多全集》。

胡天秋夫人來。

丕繩、詩銘來。誠安來。

昨夜咳嗽大作。前數日已覺不支，腰背疼痛，喉頭炎又發作，痰吐增多，故今日只得臥床休息。總之，此半年太過勞累，宜有此也。

予與聞一多先生雖見過數面，然不甚熟，其學詣如何亦非我所深知。自他于前年被殺，去年清華同人編成此集，今年開明書店出版，病榻中始得翻覽一過。他極用功，極切實，新發見甚多，實爲整理故籍之一員健將，惜其爲政治而犧牲，年方四十八耳。他學問上取徑，略與郭沫若同，而處理神話尤勤。使天永其年，不難在史學界開一新局面。

十二月十四號星期二（十一月十四）

臥床，看《聞一多全集》。羅雨亭來。

張午炎來。張炎生夫婦及廖君、王太太來。劉子潤夫人來。

十二月十五號星期三（十一月十五）

崔新來。臥床，看《聞一多全集》。

起床，以足冷又眠。

姜義安自蘇來。

今日下午起身小坐，仍覺疲憊。外姑于十八日暫厝吾家塋地，本定明日歸，今日由玉舜買票。靜秋勸予再息數日，只得由玉舜代行矣。

北平爲林彪軍所圍，炮彈落至清華燕京兩校。適之先生由政府派專機前往迎至南京。

上海物價直綫下降。

十二月十六號星期四（十一月十六）

臥床，看《聞一多全集》。寫又曾信。起床，理物，交玉舜帶蘇。

起床，記日記四天。仍臥，續看《聞一多全集》。静秋到大中國取款。

静秋出外，聞將談和，歸而述之，一室皆喜。實在，人心并不傾向共產黨（徐德榮且表示，如共軍來，彼將跳江），而厭惡國民黨太甚了，國民黨已失盡了人心，故亟望其交出政權。

十二月十七號星期五（十一月十七）

臥床，續看《聞一多全集》。

眠一小時。起床，續看《聞一多全集》。

許漢三夫人來。

今日覽報，則昨所聞的和談乃是謠言。蔣氏尚想硬幹到底，其如人心已失何！

今日爲北大紀念日，適之先生在京，參加紀念會，泪隨聲下。

十二月十八號星期六（十一月十八）

起床，續看《聞一多文集》。

羅雨亭夫婦及鄭勵儉來，爲寫盧作孚信。失眠，服藥。

今日飯量略增，但近日氣候太不正常，仲冬之月宛然春秋佳日，傷風咳嗽終不愈。又晚間睡眠亦不佳。此次之疾，總緣腦筋太疲勞，腸胃太疲勞，感冒從而侵之耳。

今日外姑下葬，暫瘞于靈巖山下吾家塋地，俟安定後再遷。

十二月十九號星期日（十一月十九）

魏建猷來。許漢三夫人來。縱子洲（精瀛）來，留飯。

王公璵夫婦來。德輝、逸如來。看馮友蘭《新原人》。

丕繩、詩銘、黄永年來。瑞蘭來，留宿。高嵩來，留宿。

潮兒已能畫曲綫條，畫圓有甚圓者。

歸家旬日，時局緊張，靜秋愁悶，予亦以困頓而病，了無歡意。惟一見潮兒，既伶俐，又端重，心花欲放。渠有感情，看《三毛流浪記》爲之滴泪。有理智，無論何種圖畫皆識其意，無論何種工作及游戲皆欲一試。有意志，所欲必爲，所不欲必不爲。此兒將來如能受好教育，無疑可爲第一流人才也。聞洪兒亦頗聰穎，頭特大，有"顧大頭"之稱，甚望其與潮兒相輝映耳。

十二月二十號星期一（十一月二十）

續看《新原人》。寫自珍信，寄産兒禮百元。整理北平寄來稿件。

昨德輝來，謂咳嗽可服 Cresival，因購而服之，確有神效，今日即大稀。惟價太高，一瓶要七十餘圓耳。

十二月廿一號星期二（十一月廿一　冬至）

理北平寄來稿件。擎宇來。玉舜、雁秋自蘇來。

許太太來。記筆記兩則。遇戴克光。

與靜秋到誠安家，祭祖先，吃冬至夜飯。九時半歸。

今晚同席：予夫婦　嚴文塽(以上客)　誠安夫婦及其子女(主)

報載孫科主張"光榮和平"，即主和談。又傳周恩來已到京。現在國人所望者惟和，惟和可以喘一口氣，假使和談能成，必放鞭炮矣。觀津浦路戰事迄呈膠着狀態，似共軍亦有意求和也。

十二月廿二號星期三（十一月廿二）

黃仲明來。戴克光來。理北平寄來稿件。

高嵩自蘇來。劉太太來。寫吳樹德、王公璵信。

瑞蘭，高嵩來，留宿。夜大雨，屋漏。

潮兒摹仿力太强，見人縫紉即學縫紉，見人灑掃即學灑掃，人要替她洗臉她要自己洗，以是尚未到兩歲半而各種技能都會。今日以錐子拆被綫，不幸劃破右臉，伏而不啼，蓋其自尊心重，恐爲人所笑也。可愛哉！

十二月廿三號星期四 （十一月廿三）

寫又曾，毓蘊信。爲雁秋寫字贈郭克裘。理書，交義安帶蘇。爲電費事，劉太太與劉盛彥來。記日記二則。

到大中國，寫何公超信。與振宇、子喬談。爲人寫可忠、希白、江應樑信。到編輯所，與擎宇談。整理信札，寫雷伯涵信。到總管理處吃飯，與君匋、宣人談。晤莊良芹。

歸，郭紹虞夫婦來，邀往臺灣東方大學。

上海寓中用電，本月達七百餘元，水費七十五元。蘇州家中用電亦達三百餘元。公用事業驟漲五倍，叫人不能生活矣。

東條、土肥原、廣田等戰犯于今日上午〇時絞決。

今日出門，兩腿覺軟，知身體尚弱。

徐正穩去年一月存大中國二百萬元，利息優厚，至今年八月，本息滾至三億餘，加至一百五十倍，不爲少矣。而金圓券發，才合一百十六元，至本月而得二百六十六元，可憐哉存款也！

十二月廿四號星期五 （十一月廿四）

義安返蘇。與靜秋同到梁閨放醫師處，未遇。到執中醫院檢查，予亦驗血壓。歸，理書桌抽屜及予夫婦往來函札。與靜秋訪戴克光，未遇，見其夫人。

褚宏濤來。高嵩來。整理北平寄來稿件，略訖。

朱亞英所贈鋼筆一枝，歸後置臥室櫃屜中，今日欲取則已失去，使一家人感到不舒服。去年三姐寄靜秋處之金飾亦于兩月前失去，可見家中確有賊也。

今日檢血壓，上爲一百四十八，下爲八十，王醫師謂間隔較遠，不甚好。

静秋爲兌換黄金，招義安來，已十日矣，迄不能得。昨日外灘排隊者數萬人，當場擠死七人，傷者數十，看此事已無望，因遣之歸。爲了一兩黄金可賺千餘金元，竟擾攘至此，可嘆也！

十二月廿五號星期六（十一月廿五）

寫文實信。起潛叔偕聶筱珊來，長談，留飯。

起潛叔，聶筱珊談至二時許別去。爲段子美之母作墓志銘，未畢。與静秋、雁秋、鴻鈞下棋。

寫紀伯庸信。

隨便留一頓客飯，即化七十餘元。金圓已變爲法幣矣。

自廿三日擠兌出事，宣布停兌，物價遂直綫上漲。

十二月廿六號星期日（十一月廿六）

瑞蘭來。鄒珍璞來。點讀《新學僞經考》，自第九卷至十一卷上半。高嵩赴臺灣。胡寅亮來。

予近日入眠尚易，而半夜輒醒，一醒即至天明方一朦朧。蓋在蘭州夜不起溺，一夜一瞑，及歸來後，則静秋有中宵起溺之習，予隨而醒，以至此也。

傷風咳嗽，服 Cresival 及桔梗素後大愈。近日多雨天寒，不敢出門，乃藉點書以收放心。

十二月廿七號星期一（十一月廿七）

續點《新學僞經考》，自十一卷下半至十三卷上半。

與雁秋静秋到永安電影院，看《亂世孤雛》一片。遇虞墀筠。

書上有一"顧"字，令潮兒覓之，果然一指即對，可見其真識。蓋郵差送信來，渠即見信封上之顧字，積之既久，故能確然指出也。此兒尚不能言，而已識字，可謂佳話。又象棋上字渠亦識，故好將字同者置于一處。棋上車馬等字固易認，而炮將等字則甚難，渠亦能不誤，可見其穎慧。

十二月廿八號星期二（十一月廿八）

點《新學僞經考》，自十三卷下半至十四卷，全書畢。

複點第一卷。

複點第二卷，未畢。

自十九日以來，無一日晴，今日北風起，甚寒，青天露矣。

物價日高，一金圓不當一分用。蓋平津吃緊，游資大量南來之所致也。

十二月廿九號星期三（十一月廿九）

到大中國，接洽事務。到編輯部，與擎宇談。整理信札。到總管理處吃飯。

到門市部，看三層樓屋，與良芹談。出，理髮。回編輯部，整理《歷史故事小叢書》稿。續理信札。寫黃奮生、殷綬來信。冒雨歸，瑞蘭來。

爲王振華出走，致精神緊張失眠，服藥。

今日大中國總管理處遷至門市部三層樓上。二層樓亦不久可騰出。此後：北四川路八號——門市部、批發部、總管理處。仁智里——編輯部、貨房、職員宿舍。

剃一個頭，金圓二十。想八月中在蘭，僅三角耳。四個月中，遂漲六十餘倍。

十二月三十號星期四（十二月初一）

到總管理處。到編輯部，整理信札。寫自明，秦希廉，方重禹，沈子淵，趙豐田，馮伯平，趙肖甫，欒植新信。

雁秋來，與同至總管理處。

到總管理處，開局務會議。與君匋同車，冒雨歸。

今晚同會：宣人　振宇　君匋　擎宇

編輯、製版兩部同人請求加薪，理由甚正，然公司受時局影響，近來每月只營業六七萬元，經常開銷須九萬餘元，完全吃本尚且不足，何能增加支出乎！以是故，議決本年底不增，但爲顧全同人實際困難計，俟明春春銷獲利，給予補助費，俟物價低時取消之。

十二月卅一號星期五（十二月初二）

到編輯部，將昨夜會議結果報告編輯、製版兩部同人，得其諒解。王榮德來。整理信札。

與擎宇談。整理信札訖，寫黎小蘇、楊克強，史筱蘇，謝再善，朱懿繩，許重遠，王芷章，張西堂信。王榮德來。

到誠安處，與同到愚谷村赴宴，看古物，十時歸。

今晚同席：董彥堂　陳叔通　張□□　誠安　蕭綸徽夫人（以上客）　孫俶仁（主）

孫先生所藏古物甚精，王覺斯書兩卷，祝枝山書一册，好極，令我自悔不學書也。又有秦量（刻文始皇帝三抬），大滌子刻竹，尤水村山水卷，均佳品。

此次歸家，整理成泉寄來之予存平稿件，喟然而嘆。劫餘之物，今加整理，尚猶纍然盈數架。時不我待，年已望六，勞動之後，便感疲勞，自今以後，予之時間不復可浪費矣。所願社會工作從此斷絕，著作生涯急邅展開，恢復我北大畢業後迄九一八前之舊生活，計日程功，年成數種，毋蹈受人欺騙之覆轍，以真實之成就貢獻于人群也。　　　　　　　　　卅七，十二，廿三，頡剛記。

歸滬後看《一多全集》及《新原人》，知聞一多、馮芝生等在抗戰期中均有成就。若一多不幹政治，則將來之成就將益大。我則在抗戰期中有退無進，以較聞馮，實滋愧汗。此後改變作風，尚可不使後人嘆息予也。　　　　　　　　　　　同日又記。

自徐州陷，京滬人心恐慌，靜秋作逃難計，逼我東返。歸日商量行止，定赴廣州，以練青來信，謂吳敬軒所辦文化學院可聘予夫婦任職也。因此，予乃自薦于中山大學，得可忠之允，已將聘書寄來。然靜秋手足情深，不以夫婦及孩子同行爲滿足，雁秋一家及龍書一家亦須同行。惟拖老帶小十餘口，非五六萬元金圓行動不得，這筆費從何處來。且到粵之後，至少有四五間屋方能容，頂費及購傢具費又從何處來。我輩窮人，在此時代，安有逃難福分，爲此躊躇。原靜秋之所以必欲逃者，蓋以共軍所至，輒將男、女、小孩分開，恐一家人將從此不得見面，故寧可到外吃苦。昨觀《亂世孤雛》電影（The Search），述捷克爲德軍吞併，有醫生名英利者，家本小康，一妻二子，甚爲融泄，不幸以思想前進，爲德軍處死，其妻子囚集中營，不得會晤。及德軍戰敗，美軍釋放集中營囚徒，其兒卡琳已忘却生身父母，且以受德軍蹂躪，不復有活躍之氣。當善後救濟總署收容流離兒童，竟以爲又將受苦，或將爲毒氣所殺，躍車而逃，困頓頹垣敗壁中，不成人形。美軍若夫收之，與之同居，給以飲食，教之語言，渠在温暖之中，見他人母子之愛，忽憶自己尚有母親，當年分離于鐵絲網之前，乃潛出尋母。不得，徬徨于野，若夫覓之歸。會若夫將返國，將卡琳帶至聯總，交其管教，不意卡琳之母正任管理難童職務，得慶團圓，而父終不可見矣。共產主義固爲遲早必實現之政治，惟恐初來時狂風暴雨，使最愛之人活生生的訣別，故尚以遠走爲宜。（蘇聯欲改造社會，要把自然的愛取消，易以理智下之秩序，終恐逆天而行，于事無濟，徒令當此狂風暴雨中之人們痛苦而已。）日前紹虞來，謂蕭正誼君在臺灣辦東方大學，招我同行，因允之。前途演變，不知如何。起潛叔來，述鄭振鐸君言，謂"轉告頡剛，不必東跑西走，左傾歷史家甚敬重他"，彼固以爲予可以不行者也。在此大時代中，個人有如失舵之小舟漂流于大洋，吉凶利害，自己哪能作主，惟有聽之于天而已。

　　　　　　卅八，十二，廿八記。

一九四九年

一九四九年一月

一月一號星期六（十二月初三）

胡天秋、張爲群來。上街，買積木贈潮兒。到京滬中學，參加魏建猷婚禮。作證婚人，進餐。

談至三時許出。歸，頤萱嫂、木蘭、又安、洪兒自蘇來。張午炎來。魯弟偕九侄來。寫又曾、德輝信。

李炳墫來，留宿。

今午同席：王瑗仲（蘧常）夫婦，郭義暉夫婦，蕭老太太，黃樹滋等（凡兩桌）（以上客），建猷與新娘蕭善薌（主）。

今日蔣氏發表文告，謂個人之進退不計，惟須保持憲法與法統，如共黨願意言和，自無不可商量云云，此爲政府表示願意言和之第一步。聞張治中在京，奔走美蘇使館，希望兩國出面調停。

一月二號星期日（十二月初四）

與炳墫談。與玉舜、玉華、鴻鈞、潮洪兩兒同到博物館，打滑板。又到魯弟處，并遇張子豐表弟。

黃英來。張午炎來。與靜秋同上街，買物送毓蘇外孫。又到紹虞處，晤其夫人，到蔣大沂處，亦晤其夫人。到牟潤孫處算命，并邀黄光耀君看手相。寫秋白信，自珍信。題《禮緯含文嘉》别本。

與雁秋、丙生談。

洪兒自蘇來，以之與潮兒較，則潮兒文而弱，洪兒野而强，性格極不相似。潮兒進食甚少，常因看書游玩不欲就餐，洪兒則張口大啖如成人。潮兒静甚，不聲不響；洪兒則即在看書時亦輒大聲呼唤，大有楚霸王嗚咽叱咤之概。惟洪兒智力亦不低，是可喜也。

潮兒記憶力極强，每于一堆書中尋其所欲之材料而能必得。可知其過目不忘，且有了解，非浮光掠影也。

一月三號星期一（十二月初五）

上午一時半，静秋發動，即打電話招丁玉章女醫生來接。至九時二十分産一女。雁秋赴鎮江。魏建猷夫婦來。重點《僞經考》卷二訖。

王澤民夫婦偕其女來。楊寬正、蔣大沂來。丙生偕李國健來。寫楊亮功信。晚飯後丙生赴南京。

爲又安寫字三幀。重點《僞經考》卷三上，未畢。

新生之女，名之曰湲，字之曰孺滄。雖坐臀生，而甚速，重九磅，祝其如洪兒之壯也。哭聲不及洪兒之高亮。面容略似潮兒之秀，惟嘴較寬耳。此三兒中，潮爲純女性，洪爲男性，湲殆中之。

一月四號星期二（十二月初六）

戴克光來。又安赴常州。到編輯所，寫佘雪曼夫婦，容希白，顧希平，趙孟軺，黄奮生，志堅，葛毅卿，巨頑石，崔澤民夫婦，李自發，陳可忠信。到總管理處吃飯，與振宇、君匋談結婚紀念册事。

步歸，與兩兒嬉。覆點《僞經考》五頁。

今日天甚寒，零下四度。天晴矣。自我回滬，未見此太陽。

報上消息，和談漸有望，實在國共兩方實力均不足，停戰旬餘矣。

大中國近日營業，全靠幾本日記，故予設計印結婚紀念册。

予近日飯量又健，每頓吃三碗，或兩饅頭一碗飯。知腸胃恢復健康矣。今日到大中國，來去皆步行，絕不覺累，上月則走扶梯猶心宮。

一月五號星期三（十二月初七）

重點《僞經考》十頁。到編輯部，起潛叔來。寫朱士嘉，聶筱珊信。到總管理處吃飯。

點皮錫瑞《經學通論》十二頁。薛明輔來。德輝來。到總管理處吃飯。與陳宗舜談。

與君匋等談。雇車歸。續點《僞經考》。

予置《僞經考》于家，置《經學通論》于編輯所，一得暇即標點。現在研究經學人士寥寥可數，只沈鳳笙，張西堂數君，予苟不爲，則康崔之緒即斷。故此後研究工作，必傾向經學，庶清代業績有一碩果也。

一月六號星期四（十二月初八）

重點《僞經考》卷三上畢。到編輯所，點《易經通論》兩篇。

修改伯庸所作《秦始皇統一六國》，畢。到萬象照相館，與圖表社同人攝影。

應圖表社同人宴。八時，步歸。

今晚同席：予（客）　擎宇　張家駒　朱建霞　金立煌　凌

大夏　馬宗堯　劉思源　盧懷遠　董石聲（以上主）

　　以上皆編輯部職員。尚有學徒陳□□，王明德二人。

　　製版部職員爲：包興華　包桂榮　呂鳳生　楊伯華　楊才寶

一月七號星期五（十二月初九）

　　德武來，寫季達，綏平，綏來信，托帶甪直。許漢三夫人來。乘電車到編輯所，點《易經通論》八篇。

　　飯後與劉子喬談其家事（劉申叔一家）。到博物館，晤丕繩，寬正，詩銘，沈茹松等。再改《秦始皇》一篇，未畢。

　　劉子潤夫人來。

　　今晚潮兒看玉華爲予剝橘，亦爲予剝，而皮脫不易，頗費時。適三姨端晚飯至，欲其食肉，而彼必俟橘剝好，堅不聽。剝好交予，亦就三姨前吃肉。此可見潮兒有工作之自由力，又有享受之抑制力。

　　靜秋產後，無他苦，惟睡眠甚少。又多虛汗，甚望其養息復健。

　　湲兒清秀，鼻梁高，鳳眼（潮兒可謂龍眼），不輕哭，極可愛。

一月八號星期六（十二月初十）

　　修改《秦始皇統一六國》畢。到博物館還書。到編輯所，李成源來。盧村禾來。王澤民來。

　　王以中來，長談。整理編輯書籍。與擎宇談。覆看《西北考察日記》。

　　覆點《僞經考》卷三下，未畢。

　　昨夜湲兒久哭，靜秋疑是臍風。今晨延梁閏放醫師來治，梁醫師甚負責，遠勝于丁醫師，惜以前之未與聯絡也。

　　李成源謂予現在臉色比在蘭州時好得多，則歸來休養一月之效也。

起潛叔欲爲予油印文稿，擬將《西北考察日記》先交之，第二種爲《浪口村隨筆》，第三種爲隴西文稿，第四種爲滇蜀文存。第五種爲寶樹園雜記，第六種爲西南流寓日記。此後工作目標：1. 治經學。2. 作古史鑰。3. 編輯全集。4. 編歷史故事叢書。

一月九號星期日（十二月十一）

到總管理處，待開會，看報及雜志，與君匋、振宇談。到編輯所，點《易經通論》七篇。

再到總管理處，開局務會議。六時歸。

覆點《僞經考》卷三下，畢。

今日同會：振宇　宣人　君匋　擎宇　爲加薪事，討論半天。宣人態度傲慢，引起金氏弟兄及君匋之不滿。"滿話"洵不當説。

一月十號星期一（十二月十二）

到編輯所，召集同人談話，報告昨日會議結果。點《易經通論》七篇，本書畢。

在總管理處討論編所同人請求。再在編輯所召集同人談話。覆看《西北考察日記》。

看《大唐三藏取經詩話》，訖。

編輯所及製版部同人必欲加薪，及年終獎金依一月十五日指數，經理處不肯，將成僵局，予調處其間，舌敝唇焦矣。

偶在攤子上得小書數冊，因念專攻之學亦當以博覽爲基礎，而予苦失眠，晚飯後亦不得不翻一些雜書以解除腦筋之疲勞，故自今日起，將日與夜所看書分開。

一月十一號星期二（十二月十三）

到誠安處，晤其夫人。覆點《僞經考》卷四。到編輯所，召集同人談話，與擎宇到總管理處，商年終獎金事。

覆看《西北考察日記》，訖。劉朝陽來。再與擎宇到總管理處商定辦，回編輯部報告，事定。寫成泉、肖甫信，到郵局寄。

丕繩、詩銘、黃永年來。看耶律楚材《西游録》。

爲年終獎金指數事，忙了三天。今日決定，同人仍按十二月底指數發給。俟一月十五日指數出，十六日以予名義，補支差額發給。此等麻煩，太平時代所不會有也。我輩真不幸而生于今日。

日來天氣突暖，予今日下午在編輯所忽覺噁心，則喉頭炎又作矣。

一月十二號星期三（十二月十四）

到編輯所，草《西北考察日記》序文，得一千五百言，未畢。到大馬路集成藥房，四馬路華美藥房，買補爾精兩盒。

點《書經通論》五篇。誠安來，同步歸。

看《洛陽伽藍記》。

報載德國補爾精（Phosphorolesit Puresine），一名固精，缺貨多年，今由德國美軍管區運滬。其藥主治男子神經衰弱，操勞過度，陽萎早泄，腰酸腿軟，四肢無力，失眠腦弱，心跳氣短等症。病輕者每盒服六天，病重者每盒服三天，即能治愈。此藥含有大量健身素，睪丸荷爾蒙，多種維他命，果子精等。予病失眠三十年，倘果有此仙藥，能于短期內治愈，豈非大快事，因以八百元買兩盒，姑試之。

一月十三號星期四（十二月十五）

玉舜赴蘇。到編輯所，續草序文五百言。德輝來。立《滬樓日札》，記筆記三則。點《書經通論》六篇。

與劉開申討論故事圖。與擎宇討論二百萬分一地圖正名。

歸，沈勤廬來。又安自蘇州來。許太太來。

静秋産後，腸胃不佳，舌苔甚厚，大便溏薄，咳嗽亦迄未痊，當求醫藥。

買十行紙一百張，五十五金圓。物價之貴如此。

予朝晚步行，精神轉健，飯量每頓三碗，睡眠可六七小時，此才是正當生活。每自喜曰：被人打是痛，被人捧是癢，癢即痛之變相也。今隱于市肆，無打我者，亦無捧我者，真大自在也。

一月十四號星期五（十二月十六）

到編輯所，編呂叔達《中國通史演義》目，未畢。鈔前兩日所作序文，編《文史雜志》六卷五期。點《書經通論》七篇。彭林羮，張秉鐸來。

又安返蘇。與劉子喬談。

看《洛陽伽藍記》。失眠，服藥。

連日工作太緊張，今晚又致失眠。予之大病有二，一曰貪多，二曰求速。此病不除，縱鐵打身體亦必弄壞。此後當極注意。"留得青山在，不怕没柴燒"，其常念之！

一月十五號星期六（十二月十七）

寫梁闓放信。伴静秋，未出門。再點《新學偽經考》卷五至卷八，凡四卷。

許太太來。

予上顎之齒一枚，在蘭即搖動，今日大痛，痛至頰內生疱。

一月十六號星期日（十二月十八）

到總管理處，開六十一次局務會議。出變通支薪辦法布告。

理髮。到編輯所，點《書經通論》一篇。

到蜀腴宴客。八時，乘電車歸。

今日同會：振宇　擎宇　君匋　宣人傲慢過甚，衆意要我做真的總經理。予當草章程，使局中有制度，本年開董事會時提出之。誠能如此，亦本局之幸也。

今晚同席：劉英士夫婦　吳研因夫婦　顧蔭亭夫人　薛天漢父子　金采芝（以上客）　仲明　季康　小峰　邦楨及予（主）

理一次髮，五十五金圓矣。較上月廿九日貴至三十五圓。據君匋言，有貴至七十圓者。

一月十七號星期一（十二月十九）

到編輯所，田他盦來，談薩爾真《王莽》事。點《書經通論》四篇。與子喬談。

到誠安處。步至大馬路，欲乘電車，人擠甚，退至四川路橋，乘十七路車到打浦橋，轉合衆圖書館。與起潛叔同出，到五鳳里修文堂，晤孫實君，選書。石泰安來。

赴揆初先生之宴。八時半，與森玉先生同歸。

今晚同席：適之先生　振鐸　徐森玉先生　錢默存　張芝聯　起潛叔　鳴高叔（以上客）　葉揆初先生（主）

適之先生南來，一舉一動皆爲報紙材料，日報記之，雜志晷之。予勸先生，勿至南京，免入是非之窩。然孟真挾之以自重，恐終須去。當國民黨盛時，未嘗與共安樂，今當倒壞，乃欲與同患難，結果，國民黨仍無救，而先生之令名隳矣。孟真好作後臺，一手挾朱，一手挾胡，以張其勢，真曹大丞相也。

一月十八號星期二（十二月二十）

到編輯所，孫實君來。宋石于來。改前作薩爾真《英譯王莽傳》序，鈔一通。寫田他盦信。

寫沈鳳笙，又曾，德輝，陳雪屏，劉雁浦，黃奮生信。到郵局寄信。到總管理處，晤曹□森，托帶一千元回蘇。點《書經通論》二篇。草《五帝五神考》千餘言。

買書歸，翻看梁任公《墨經校釋》等。許漢三夫婦來。

一切物皆比剛發金圓券時加一百倍。飛蘭票已至二萬元。大家有活不了之嘆。

一月十九號星期三（十二月廿一）

到編輯所，點《書經通論》四篇。編《中國通史演義》目錄訖。擎宇邀至對門談史地圖表社事。

寫趙吉雲，陸步青，王向辰，沈鳳笙信。到誠安處。到修文堂，選購書籍。

到錦江赴宴。九時，與森玉先生同車歸。劉太太來。

覽報，悉適之先生與孟真同機飛臺灣矣。

嗣悉未去，報誤登也。

今晚同席：森玉先生　振鐸　蔣慰堂　起潛叔（以上客）孫實君（主）

一月二十號星期四（十二月廿二）

寫雁秋、劍秋信。乘電車至靜安寺，步至起潛叔處，看合衆圖書館半年來所購鈔本書。宴客。

談至三時半，與森玉、天木同出，到靜安寺待車，六時始返家。劉太太來。

看《明清戲曲史》等書。

今午同席：蔣慰堂　姚從吾　鄭西諦　賀昌群　孫實君　葉揆初　王天木（以上客）　起潛叔　徐森玉　予（以上主）

一月廿一號星期五（十二月廿三）

到編輯所，點《書經通論》四篇，本書訖。修文堂趙興茂來，送書。與到總管理處。王錫光等來，宴之。與同到總管理處。

理書。誠安來，同出，到凱福飯店赴宴，與君匋同車歸。

失眠，服藥。

今午同席：王錫光　阮國樑　李邦楨（以上客）　擎宇及予（主）

蔣氏今日下午離京，引退矣。此後和談當較順利。

今晚同席：振宇　擎宇　君匋　莊良芹　尹文發　岳海庚
馮大夏　王昌源　陳苗林　丁曉甫　陳宗舜　劉子喬　華耀明父
女　包桂榮　沈百民（以上客）　張維新（主）

一月廿二號星期六（十二月廿四）

遇董維翰。到編輯所，點《詩經通論》六篇。壽彝來，長談。田他盦來。

到中央圖書館出版品國際交換處，訪天木，并見其夫人趙指南，及孫家晋，濤世和。理抽屜。

步歸，遇朱錦江。丕繩、詩銘來，長談。

静秋產前原咳嗽，未治愈而產，產後至今咳，服克利雪佛亦不愈，此非佳事。

蔣大沂說話刻薄，使丕繩大爲難堪，不安于位，蓋介泉、肖甫之流亞也。一個機關中有此等人必然多事。此後予如主持機關，必不用能言人。

一月廿三號星期日（十二月廿五）

到總管理處，開談話會。

乘無軌電車至大世界，雇車至花園坊，訪公璵夫婦，未晤。步至文通書局，訪張志毅。到美梧里，晤魯弟婦及諸姪輩。遇薛葆寧。

點《僞經考》卷九。

今日上午同會：振宇　君匋　擎宇　大中國事，甚多暗礁。會計無清楚賬目，一也。庶務大揩其油，二也。裝釘作開價超出平常三倍，三也。而會計劉子喬，庶務岳海庚，裝釘作王昌源，皆陳宣人之人，無法嚴格管理。故亞光有獨立意。

今日自金神父路出，欲乘車，以身邊錢不足，乃步行，竟步返家。大約當有廿五里，知予腿之猶健也。

近日上海兵多，電車上皆擠滿兵，且從窗中出入。殊非予所能參加矣。

共軍于今日入北平城。

一月廿四號星期一（十二月廿六）

到編輯所，點《詩經通論》八篇。沈鳳笙來。趙興茂來，同到總管理處取款。

到東方書社，訪王畹薌，未遇，留條。

到四馬路大利酒樓，赴宴。九時，乘車歸。瑞蘭來。

今晚同席：振宇　擎宇　君匋　子喬　莊良芹　岳海庚　尹文發　凌大夏　華耀明　包桂榮（以上客）　王昌源及其子伯林　丁小富　陳苗林（以上主）

一月廿五號星期二（十二月廿七）

到編輯所，點《詩經通論》十篇。

寫沐允中信。到總管理處，赴年宴。

十時，與宣人同車歸。十一時半眠。

今晚同席：陳宗舜　誠安　宣人　振宇　君匋　子喬

一月廿六號星期三（十二月廿八）

德武來。寫楊寬正信，即親送至博物館（爲德平入學事）。到編輯所，點《詩經通論》三篇。

取錢歸家。整理抗戰後文言文，備送起潛叔處油印。

談和似無望，共黨則拖，國民黨則南遷備戰。上海現在駐兵太多，如果撤守，恐不免搶劫。振宇等已將細軟移至慕爾鳴路緯宇家，予家亦非安全區，只得運些出去。

一月廿七號星期四 （十二月廿九）

道遇賀昌群，同到編輯所談。到編輯所，點《詩經通論》十一篇，本書畢。緯宇自港來。

薛寶鼎夫婦來。吳道坤來。

誠安來，同至其家祀先，吃年飯。

今晚同席：予與嚴文塡（客）　　誠安夫婦及其子女（主）

中共發表第二次戰犯名單，胡適之先生在焉。平日爲國民黨排擊，今日乃殉國民黨之葬，太不值得。推原其故，蓋先生辦《努力周刊》，《現代評論》，《獨立評論》，一班朋友藉此多做了官，乃將之拖下水去，而先生則受人之捧，爲人所利用也。捧之害人如此。

一月廿八號星期五 （十二月三十）

義安自蘇來。理文稿。與玉華，潮兒同出買物。寫又曾、德輝信，交義安帶蘇。翻看十年來日記。

打起潛叔電話，托玉舜送箱籠去。金家車來，運箱籠至緯宇家。續撰《西北考察日記》序文，三百言，以升肝陽，上街散步。丕繩、詩銘來，留飯。寫壽彝信。

祭張氏祖先。全家辭歲。

日來和議難成，戰謠又作，虹口閘北兩區軍隊日多，誠恐退出時被搶，故將箱籠九口寄存緯宇及起潛叔兩家，備萬一也。物價今日突高，一兩黃金值二萬五，銀圓至五百，米一石至三千餘元，煎熬更甚。

今晚同席：丕繩　詩銘　三姐　頤萱嫂　玉舜（以上客）予夫婦（主）

一月廿九號星期六（正月初一　己丑元旦）

全家拜年。振宇，擎宇來。誠安偕四、五、六、七、八、十一侄來。魏建猷夫婦來。許漢三夫婦來。鄒今僕來。許志道，陳鶴生、王振鯤來。戴克光來。與靜秋到漢三處。

到誠安處，與同乘車到張姑丈處，晤姑丈、午姑母、紅妹、英囡。進點後出，步至秋白表弟處，并見其夫人及明章、明新兩侄。冒雨出，乘三路電車到外灘，雇三輪車歸。

作《西北考察日記》序文畢，即鈔清，凡三千餘言。

除夕一夜爆竹聲未停，想見上海之富。予所居興業坊僅一家放，知住此坊者都是公教人員也。

客見予三孩，都説她們身體壯碩，頎高。

靜秋爲湲兒常夜起，以是受寒，今日腹瀉三次。做母親真勞苦。

一月三十號星期日（正月初二）

到誠安處吃點。同出，到振宇，擎宇處賀年，又進點。歸，君匋來。陳宣人，劉子喬來。建猷偕戴維藩來。

將十餘年來文言文總看一過，編爲"高原集"。張子豐表弟來。編訖，凡四十二篇。

劉子潤夫人携其女及三輪車夫赴臺灣，乘中聯公司太平輪船，廿七日下午上船，夜十一時在洋面與建元輪相碰，沈没，搭客五百人，救出三十餘人。子潤在臺得惡耗，今日乘飛機返滬。在此亂世，間接犧牲者太多矣。

一月卅一號星期一（正月初三）

玉舜返蘇，寫又曾信托帶。劉子潤來，述其夫人遇難事，大哭。其戚張君同來。複看《考察日記》序，改訖。到丁君匋、陳宣人處賀年，遇緯宇、周敦年。

劉漢川夫婦偕許漢三來。整理《浪口村筆記》，未畢。

静秋近日痔瘡發甚劇。予則午後肝陽亦盛，兩頰緋紅如醉酒。前數日牙痛甚，看來上腭須拔去三牙。居今之世，醫藥費從何處來？

銀圓袁頭至八九百矣。肉三百圓一斤，動彈不得。

卅八，一，二，與靜秋到紹虞處，因晤牟潤孫君，渠能卜算，又同濟大學國文系助教黃光耀君能觀手相，因囑其推算予與靜秋，二人所言大略相同。記之于下：

（一）予壽七十五，靜秋壽六十三。

（二）予自五十六歲至七十，皆好運。官旺財旺。靜秋自三十三歲以後即入幫夫運，財旺于吾，至死無壞運。予則七十一至七十五，心緒不佳，不佳之故非衣食所迫也。

（三）予與靜秋皆有子，故必有。何時有？光耀謂在予五十九後，潤孫謂即今胎（結果潤孫説失敗）。

（四）潮兒聰敏而柔和，洪兒聰敏而剛強，皆克長成。洪兒更能創業，且一帆風順。潮兒須廿七歲後結婚。（予與靜秋不能見矣。）

（五）光耀謂予六十至七十期間，須作有實權之大官，爲國家棟梁。（案，此與重慶郭四海所言頗合，然非予所欲，蓋如此則妨予著書也。）（所以謂予七十後心緒不佳者，大約政局又變矣。）

（六）光耀謂予手紋，名譽綫之長，爲渠所看五百餘人中第一。右手更較左手好。（左手爲先天，即天分，右手爲後天，即努力。）

予等五人八字：

頡剛：癸巳　丁巳　乙巳　壬午　一歲起運
　　　（三月廿三日）

靜秋：丁未　癸丑　辛未　戊子　三歲起運
　　　（十二月十四日）

潮兒：丙戌　丁酉　庚寅　癸未　二歲起運
　　　（八月十八日）

洪兒：丁亥　辛亥　庚申　丙戌　一歲起運
　　　（十月廿五日）

湲兒：戊子　甲子　癸巳　丁巳　九歲起運
　　　（十二月初五日）

自珍生于民國六年正月廿五日午時。

一九四九年二月

二月一號星期二（正月初四）

交工作與振華。乘電車至大馬路大三元，吃點。與金丁諸人談公司事。遇曾繁康。出，到合衆圖書館，晤起潛叔夫婦，留飯。

到緯宇家，晤其兩夫人及女。步至大馬路，乘二路車到外灘，到禮查飯店訪劉朝陽，未遇。到赫林村訪劉漢川，亦不遇。到多倫路訪徐森玉先生，遇之。到同濟，訪紹虞夫婦及潤孫，大沂，并晤談。

在紹虞處留飯。歸，晚霞夫婦及其子虎子來。理明日工作與振華。失眠，服藥。

甥媳王振華，爲徐女師畢業生中之高材，嫻教學，善治事，以戰亂來滬，予請其自今日起助我辦事，予之稿件當可得一清理。

今日在大馬路待一路電車，久不至，欲雇三輪車，索價二百圓，還以一百，報我一笑。予憤而步歸。

潤孫爲湲兒算命，謂其少年多病，必過二十五歲方佳。此後則全是好運矣。（十歲至二十五歲，體最弱。）

二月二號星期三 （正月初五）

到建猷處，未晤，留信。遇達浦生。到編輯所，記筆記二則。

理髮。方紀生來。整理《浪口村筆記》，未畢。逸如侄來。

劉子潤來，留飯。宏滋、宏濤來，亦留飯。理稿件。失眠，服藥。

報載交大復大兩校教授會致電政府，謂目前物價已較八一九限價上漲百倍以上，而同人待遇尚僅底薪折計之十五倍，如依今日銀幣市價折合，則同人中最高待遇每月收入僅四五元而已。（《新聞報》記者按，照昨日市價僅合二元。）生活之瀕于絕境如此！

今日理髮，金圓二百，合以法幣，則六億矣。嗚呼，何其闊也！

二月三號星期四 （正月初六）

到戴克光處。到博物館，晤詩銘。到編輯所，義安來，同到總管理處取款。到銀行公會，訪孫俶仁，赴宴。遇余楠秋。遇潘恒勤（志吾）。

與誠安同乘九路車，到淵若叔祖處拜年，未晤，晤圭如叔。雇車到起潛叔處，并晤盧冀野，曹道衡，贊廷叔祖母，仲健嬸等。擠一路電車歸。

晚霞來。子潤來。失眠，服藥。

今午同席：金采生　孫俶仁　貝露孫　張頌周　鄭筱舟（以上客）　誠安（主）

楠秋謂余，任教復旦，月入二千餘元，但銀圓一元半耳。余思在大中國，薪數不爲小，亦僅十元耳。以十元之收入，養十餘人，且多交際，何可能也！然已大優于大學教授矣。

銀幣一元今換金圓券一千五百。

二月四號星期五（正月初七）

途中購書多種，到編輯所看之。君匋來。陸步青自京來，留飯，長談。

寫地球儀説明書千餘言。馬元材、王宜昌來。訪晚霞，未得，遇大沂。

宴客。理舊稿。

今晚同席：劉子潤　許漢三夫婦　戴克光夫婦　張晚霞夫婦褚宏濤（以上客）　予夫婦（主）　極簡單的請客，亦費三千餘元。

予日來牙痛甚，又便秘，當是内熱甚重。

潮兒臉忽腫，未知何疾。

太平輪之沈，胡健中有不少明板詞集，朱騮先亦有若干古物，均淪胥矣。

二月五號星期六（正月初八）

紹虞夫婦來。到編輯所，續寫地球儀説明書二千餘言，畢，修改一過。交家駒複看。

樊漱圃來。到方紀生處，未晤，晤周啓明。到誠安處，晤其夫人。

翻看《滹南辨惑》。

去年靜秋以五聯酬金買紙五十令，近以紙價不高，遠遜于布及肥皂（本來一令紙與一匹布，一箱肥皂同價，現在一令紙值三千五百元，一匹布值八千元，而一箱肥皂已至萬餘元），故托君匋賣去，共得十五萬餘元，以八萬元買金一兩，餘數購銀元，才四十餘耳。如此日子，如何過得！

金銀及物價早晚不同，今晨購銀元爲一千五百元，下午即貴至一千六百五十元。蘭州銀圓僅三百元，故有乘飛機走單幫者。

二月六號星期日（正月初九）

爲潮兒吵鬧，打之。到總管理處，開會，討論本局應變問題，自十一時至下午五時。遇陳邦賢。

尤炳圻、方紀生來。到誠安處，遇吳明德表侄。劉子亞來。

整理稿件付釘。失眠，服藥兩次無效。

潮兒早晨好在被窩中吃東西，不遂其欲則哭吵。今晨索葡萄乾，哭尤厲。予不得已而打其掌，左右各十。此予對彼之第一次體罰也。然予禁其哭，而彼誤會爲不許其食糖，故一日未索糖。

今日同會：宣人　振宇　君匋　緯宇　擎宇　爲戰事，營業區域日縮小，而生活指數又日高，本公司職員五十人，每人平均一萬元即須五十餘萬，加上飯食亦五十餘萬，殆占營業額百分之七十以上，此不可久也。因共商渡此難關辦法。爲此，使予精神緊張。夜又失眠。

二月七號星期一（正月初十）

到市立第四醫院就診。在配藥處晤李炳生，談。歸，理稿件。

到總管理處。到編輯所，劉鴻賓來。黄奮生，鄒明誠，李祥雲來。重作筆記中《華山》一條，約五百字。取《魯迅全集》，乘車歸。

翻看《魯迅全集》。服藥，得眠。

以昨夜一夜未眠，今日精神甚不舒服。近日牙痛甚，聽靜秋言，服消炎片，居然大愈。

二月八號星期二（正月十一）

寫雁秋，玉舜信。到編輯所，晤俞叔昼。黄奮生來。李成源偕其子文華來。林伯超來。尤炳圻，方紀生，王古魯來。遇劉衡如。

寫孫實君信。鈔《華山》一條。寫又曾，德輝，伯庸，丕繩，舜欽，祝總駿，馬元材，張智駿，成泉，肖甫，壽彝，李丙生信。誠安來。

到凱福宴客。九時歸，丕繩來。瑞蘭來。

今晚同席：林伯超　黄奮生（以上客）　擎宇與予（以上主）四千八百元。

誠安言，錦江飯店一碗麵，一碟桂花糕，便是千餘元。

玉舜買軋麵機歸，遭逢困難，又有歇手之意，青年立志不堅，便將終身無成，因書函責之。予對青年人決不客氣也。

二月九號星期三（正月十二）

理稿件付釘。冒雨出，雇車到編輯所。

續理《浪口村隨筆》，未畢。伯超來。在局晚飯後開會，討論亞光分出事。

九時，與君匋同車歸。又安來。

潮兒真有志氣，前日一打，連朝不要糖，肯早起了。這種小孩才可愛。潮兒以前隨振華玉華等歌舞，只有動作而已，今日始能隨唱。湲兒今日始能笑。

今晚同會：宣人　振宇　君匋　緯宇　擎宇　宣人對亞光版稅素來扣緊，金氏弟兄久不樂意，近以物價日高，局中擔負過重，因倡議亞光獨立，將編輯、製版兩部裁去。今日尚未成議，明日續論。

二月十號星期四（正月十三）

題國史講話材料。建猷來，同出。到編輯所。擎宇來，看其所草中國史地學社計畫，爲之增加幾條。

寬正、丕繩來。重寫《華山》一文，得千餘言。付《東南日報・文史》。到總管理處。劉衡如來。到銀行公會，與淵若叔祖及誠安談，進點。

晚飯後續開會，討論至九時。與君匋同車歸。玉舜自蘇來接眷。丕繩來。

予喉頭炎又作。

上海市立博物館本相安無事，自去年詩銘去，以隨意批評之結果，變成互相攻擊之局。寬正以丕繩、大沂、詩銘均爲我弟子，囑予調停其事。詩銘學問根柢不差，又肯用功，前途甚大，而其短處有三：驕傲，一也；冷酷，二也；好作批評，竟成挑撥，三也。學術界中真不易得全才，而四川人尤難對付也！

共産黨關閉和談之門，國民黨又唱備戰之論。哀我人民，如水益深，如火益熱，其何以堪之！

二月十一號星期五（正月十四）

玉舜、玉華、振華赴蘇。雨雪，寒甚。冒雪到蔣大沂處作調解。歸，又到魏建猷處送稿，到市立醫院取藥。路遇方堅志。到總管理處。

寫復局中同人信。到編輯所，整理《浪口村隨筆》，未畢。

晚飯後續開會，討論至九時，與君匋同車歸。

振華已在蘇州找得小學教員位置，在我處工作僅十天耳。于其去也，甚覺可惜，彼確是一人才也。

此次局中改組，以二事爲主要。一，亞光獨立。二，編輯製版兩部裁撤。連開三夜之會，討論猶未竟。值此時局，發行網日縮，購買力日低，而物價益騰，經此改組，局中裁去大半人員，每月發薪，底薪千元，尚可應付。而亞光獨立後，即可隨意壓低折扣以應付同業之競争，于事亦便。至于編輯部，擎宇擬集合傅角今，王錫光，張務聰等，另組史地學社，以版税自立，如昔日北碚之例。但望此社成立，不復有黃鏡澄，阮國樑輩之挑撥破壞耳。

二月十二號星期六（正月十五）

到編輯所，宣布裁撤編輯、製版兩部事。標點《浪口村隨筆》初步完成。

静秋來，與同乘十七路車到王公璵夫婦家，長談。出，乘廿一路車到黃浦灘，轉十一路車至北四川路，到傅宅訪張晚霞夫婦，留飯。路遇周謙冲。

歸，丕繩來，長談。起潛叔來電話，囑看福開森路一屋。

今日傷風更重，咳嗆不止，凌大夏君介紹 Brown Mixture 藥片，購服之。

戴季陶于今晨服安眠藥自殺。

共黨有于本月底開和議説，聲言在和談未破裂前不攻京滬。

二月十三號星期日（正月十六）

乘車到編輯所，又到總管理處，開局務會議，討論大中國與亞光分家事，自上午十時至下午四時半。

寫沈鳳笙信。看《唐宋傳奇集》。

許漢三夫人來。疲倦，早眠。

二月十四號星期一（正月十七）

到編輯所，將解散費公布。理《拋彩球》一則。到總管理處。乘十七路車到金神父路，步至合衆圖書館，與起潛叔夫婦談，靜秋來，同飯。

與起潛叔及靜秋同到武康路袁帥南家看屋，談。出，到霞飛路乘電車到外灘，雇車到大中國，與金、陳、丁諸君商房屋事。歸，許太太來。路遇林剛白，鄒樹文。

許漢三來辭別。渠家人今日遷出。

袁帥南君，前上海道袁樹勛之孫，操律師業，住福開森路（今名武康路）二八〇弄九號，洋房一棟，前有草地，今以將去臺灣，恐爲兵占，擬借與人住，起潛叔聞之，因介紹予，得其同意。今日與靜秋往觀，頗合理想，惟二層渠已許金陵大學靳君，而厨房只有一所，恐兩家合住不方便耳。予能住此，則離合衆圖書館較近，有參考之便，又附近無兵營，使人安心，而庭院頗大，潮兒可以活動，均爲優點。惟離大中國較遠，往返費時耳。

二月十五號星期二（正月十八）

劉子潤來。寫雁秋，伯庸信。與靜秋、三兒，頤萱嫂，木蘭，鴻鈞到萬方照相館拍照。到總管理處。

到編輯部，校地球儀説明書，簽署解散職員服務證明書。到外灘乘三路車到合衆圖書館，與揆初、適之兩先生談。校《西北考察日記》七頁。

乘三路車，回總管理處吃飯，取款。與君匋同步歸，爲靜秋捶腿。

靜秋昨日出門，走路較多，今日又抱潮兒行街上，兩腿疼甚，咳又不愈，爲之焦灼。

今日發表指數，爲三四九倍。

二月十六號星期三（正月十九）

寫振華，壽彝信。頤萱嫂、木蘭、鴻鈞、洪兒返蘇州。到編輯所，張家駒來談。翻看舊筆記，寫《踏歌》一條，又寫《職貢》一條，未畢。

王錫光來，張務聰、周其義來。校歷史叢書《商鞅》。

飯後歸。瑞蘭來。到誠安處，晤弟婦等。歸，張長弓來，爲寫殷綏和信。移住臥室。

昨今兩日，京滬、滬杭兩路皆罷工，頤萱嫂等到站後雖買票上車而車不開，坐了一天又一夜。此真非人世，一切露出末日光景。鐵路工人所以罷工，實爲待遇太薄，不足供饘粥也。公教人員亦如此，却不能罷！

以前寓中人口可四十人。今許家既遷出，而玉舜一家、雁秋一家亦俱返蘇，僅予夫婦及三姐、潮兒、徐德榮、馮淑琴六人耳。

以物價之高，靜秋永遠板着臉。渠咳嗽未愈，又受此精神打擊，無歡意矣。

二月十七號星期四（正月二十）

劉子潤來。到編輯所，續作《職貢小記》，未畢。

到公濟醫院看挂號時間。到凱福飯店，商史地學社事。歸，道遇紹虞。續寫《職貢》文畢，凡二千餘字。即修改一過。

到凱福飯店，再與亞光討論。九時，與君匋同步歸。

今日下午同會：擎宇　王錫光　凌大夏　張家駒　董石聲　劉思源　馬宗堯　又晚間同會：振宇　緯宇　擎宇　君匋　商組織中國史地學社及與亞光合作事，并討論亞光組織事。

潮兒今午又病高熱，至百○四度，食以消炎片。

二月十八號星期五（正月廿一）

到建猷處送稿，晤其夫人。歸，寫又曾、振華、施劍翹信。到編輯所，理物，移至總管理處三樓工作。看家駒所作史話。

劉子潤來。靜秋來，同到公濟醫院，以人多退出。校歷史叢書《秦始皇》，未畢。到編輯所，開會討論史地學社事。歸，遇鍾素吾。

翻《魯迅全集》。

潮兒今日愈矣。

今日下午同會：如昨日下午人數。

自明來信，近在文通任校對，補助廣順養家，工餘擬辦聾啞補習班，夜間施教，俾不致與工作時間衝突。然亦太勞矣。

二月十九號星期六（正月廿二）

到公濟醫院，爲靜秋挂號，出。吃點。到仁智里，續開會討論史地學社股款等事。靜秋來，同到醫院，遇徐曼英夫婦。到總管理處，徐蔚南來。

與汪孟鄒談，知胡鑑初于去年六月去世。校《秦始皇》一冊畢。芙先弟來，導之謁諸同人。洪駕時來。德輝來。翻看近年筆記，輯集作文材料。振宇、宣人、君匋來。商開除學徒事。

到陳式湘家赴宴。十時歸。遇周慧女士。瑞蘭來。

今晚同席：伍叔儻夫婦　吳□□夫婦（以上客），陳式湘夫婦（主）

潮兒今日又有三度熱，喉嚨亦啞。

醫師朱仰高斷靜秋之咳疾非肺疾，乃心臟病，起于積勞，非休養不可。當設法覓一乳母，使渠無哺乳勞。去年秋冬，靜秋以重身奔馳蘇滬，又爲物資停止交易，日爲覓購，勞心焦慮，又慮予在西北不得歸，宜其如此也。

二月二十號星期日（正月廿三）

誠安來。凌大夏，馬宗堯，金擎宇，張家駒，王錫光，劉思源來，開會，討論社約及與亞光合作契約。任克重來。李成源來。劉子潤來。

晚霞夫人偕子虎兒來。德輝來。陳宣人偕其三子景元來。孔祥嘉夫婦來，爲寫俞式如，雁秋信。

翻《魯迅全集》。

潮兒尚有數分熱，醫言是重傷風。湲兒上吐下瀉，當是腸胃炎，服以少量之消炎片。

二月廿一號星期一（正月廿四）

到總管理處，理書四架，將圖表社之綫裝書作一總清理。家駒來。改緯宇所作致公會函。

理髮。王宜昌來。擬合約二。寫志堅信。買攤上書三種。

詩銘來。翻看陶希聖《中國社會史》及《魯迅全集》。

兩兒皆痊，惟靜秋患“恐共病”，不易痊耳。此真杞人之憂也。我輩在此時代中，直薛平貴所説之“七八十來品”，有什麽可給人鬥的？靜秋而急，一般真有資産人將如何？

理髮價已至五百五十元。

二月廿二號星期二（正月廿五）

王澤民來，談民衆讀物及新民主主義，長談，留飯。

到起潛叔處，談福開森路屋事。并晤適之先生。爲人寫字二件，歸。

校《西北考察日記》三頁。

二月廿三號星期三（正月廿六）

到總管理處，搜集材料，草《東夷語試探》，未畢。振宇來，爲改亞光廉價啓事。寫中國史地學社招牌。

與振宇、君匋到天潼路西太平洋，看本局倉庫。夏廣宇來。静秋來，與同到商船學校，訪曾石虞夫婦及陳濤。出，到胡天秋家，晤其夫婦。

丕繩來，長談。

二月廿四號星期四（正月廿七）

續集材料，寫《東夷語試探》二千字，未畢。張志毅來，商《文史》事。鄒明誠、李祥雲來，爲寫奮生信。

與静秋到建猷處，晤其夫人。遇蔣天格。到許漢三處，到陳式湘處，到紹虞處，俱晤其夫婦。

詩銘來。建猷來，與建猷同到伍叔儻處。歸，理書物。

二月廿五號星期五（正月廿八）

續理書物。與静秋同車出，渠赴醫院，予到大中國取款。芙先來。到武進路赴宴。

三時，出，返家，續理書物。與静秋、潮兒、淑琴到京滬中學赴宴。與紹虞夫婦同步歸。

今午同席：黄如今　戈定邦　鄒泰來　錢季麟（以上客）鄒景衡　鄒明誠（以上主）　景衡爲絲織專家，而極富歷史興趣，所作絲織史之考證文甚多，可喜也。

今晚同席：紹虞夫婦　予夫婦及潮兒（以上客）　建猷夫婦及其子保武（主）

二月廿六號星期六（正月廿九）

續理書物。到總管理處，校《西北日記》一頁，校《墨子·

止楚攻宋》一篇。承名世來。寫劉起釪信。到仁智里，晤擎宇。振宇，君匋來談。

歸，與淑琴，潮兒同到公園。寬正、大沂來園見訪，談丕繩、詩銘事。歸，校《秦始皇》，《商鞅》兩篇。

汪毓平來，留飯及宿。雁秋自蘇來，談至十二時外。服藥眠。

本定明日遷，今晨接起潛叔電話，謂臺灣清查戶口，飛機輪船暫不入港，囑于三月一日遷往。

二月廿七號星期日（正月三十）

與雁秋談話。瑞蘭來。理古物一箱。寫朱家積信。

與雁秋、靜秋到虹光看蘇聯片《森林之曲》。出，與靜秋同到誠安家，進點。歸，記日記三天。

與雁秋談話。

二月廿八號星期一（二月初一）

寫壽彝信。與雁秋、靜秋同出，乘一路電車到靜安寺，換人力車到善鐘路警局，訪謝恒燊，同到武康路袁家看屋，計畫一切。出，予至合衆圖書館，晤揆初先生及馮翰飛，在起潛叔處留飯。晤靳自重夫人。

乘三路車至水上飯店，換乘人力車到局。寫井成泉信。芙先來。到亞光，商搬家事。雁秋返蘇。

歸，校《西北日記》四頁。

一九四九年三月

三月一號星期二（二月初二）

校《西北日記》一頁。馬宗堯等來，將物件移至樓下，九時許，車至，裝訖，已近十一時，予押運至武康路，靜秋等繼來。董石聲來。

搭車來。謝恒衮來，贈物。理書及稿，直至十時，未畢。

略翻《緣督日記》。

今日移家所用錢：

（一）大卡車　　四萬三千元
（二）小汽車　　九千元
（三）塌車　　　一萬一千四百元
（四）人力車　　八百元

共六萬四千二百元，合今大學教授三年薪水，可駭！

三月二號星期三（二月初三）

續理書籍。與潮兒同到合衆圖書館，晤起潛叔，揆初丈，章仲和。十二時歸。理稿件。

乘三路車到外灘，雇車到總管理處，晤振宇，取薪。點皮氏《三禮通論》六篇。出，雇車到法大馬路，乘電車歸。德輝來。

翻看《湛園未定稿》。

揆初先生云：在未和日本通商前，中國物價不能低，以其工業發達，需要原料多，而中國足可供應，藉以取得外匯也。若西洋諸國，則需求予中國之原料種類不多。

自移家武康路，十分舒適，惟予有職務，不能不出。到北四川路需時一小時許，來回便耗三小時，而車費亦須五百元之譜。一月合計實一大支出也。

報載共黨要求懲辦戰犯，已縮小至蔣、宋、孔、陳四大豪門。人皆云公允。聞宋子文在粵，自印鈔票，印出即套外匯，無怪物價之高也。

三月三號星期四（二月初四）

整理古物。續寫《東夷語試探》二千言，未畢。

雁秋來。起潛叔來，同訪李拔可先生，未遇。到合眾借書，晤鳴高叔。

予薪得十二萬元，不爲少矣。而近日銀圓價二千七百元，是亦不過四十餘元耳。

三月四號星期五（二月初五）

雇車到靜安寺，乘一路車，到建猷處送稿。到興業坊，看史地學社工作，與擎宇談。出，步至總管理處，校《西北日記》三頁。都冰如來。

雁秋赴青浦查案。到亞光，晤啓宇，竹安等。回，以天雨，雇車到外灘，乘電車歸，遇王澤民夫人。歸，續校《西北日記》三頁。

看金梁《光宣小記》一冊。眠不佳。

予做任何事皆害在性急上。日來移居，夜中極靜，睡眠甚好。今日偶翻書，必欲盡一冊，心中一急，眠又難矣。此後須知夜中工作，無我自由，切勿操之過急也。

三月五號星期六（二月初六）

校《西北日記》四頁。到起潛叔處，并晤洪駕時，將校稿交與印刷。校《西北日記》十頁。

起潛嬸來。雁秋自青浦歸。校教育報告審查意見一篇。

與雁秋靜秋到徐家匯散步。翻看《琴隱園詩集》等書。

起潛叔云，一張毛邊紙（已開者）現價須二十元。蠟紙一筒七千元，故印予文集大成問題。

三月六號星期日（二月初七）

校《西北日記》十頁，畢。校《上游集》四頁。與潮兒上街買物。

周泉源來。與靜秋，潮兒坐車到靜安寺，看盆景，賣銀圓。

袁孝儒及方君來。看金梁《四朝佚聞》。

湲兒兩周月，竟懂得寂寞之可畏，要人陪伴，人走開則立哭。

銀圓今日價爲三千四百，較三日前又高七百。

三月七號星期一（二月初八）

雁秋到嘉定查案。看《漢書人表》，尋尾生材料。到總管理處，翻《曲錄》訖。點《三禮通論》六篇。承名世來。芙先來。

寫白壽彝信。到亞光，訪金竹安。到永豐坊開明編輯所，晤伯祥，予同，曉先，顧均正，呂叔湘，湯定□。到史地社，與錫光等談。鍾素吾來。到建猷處，問乳娘事。乘一路車到靜安寺，雇車歸。

褚宏滋來，留宿。翻看《四明叢書》，《池北偶談》等。

北四川路賣買銀圓者本只限于虹光劇院及施高塔路口，今則蔓延及于全路，不第東岸，西岸亦然，蓋利之所在，自如霉菌之分化也。聞做得好者，每日可賺一圓，一個月亦十萬金圓矣。緯宇言，勝利之後多新職業，如賣美國剩餘物資，黃牛黨擠兌，及賣買銀圓皆是也。尚有過橋推車，推人進火車窗等職業，亦是。

三月八號星期二（二月初九）

續作《東夷語試探》，未畢。宏滋別去。

以大中國來電話，即往，與警察局卓清寶接洽裝霓虹燈事。擦皮鞋。乘電車歸。雁秋自嘉定歸。到李拔可先生處。又到上海銀行訪適之先生。校《商鞅》一冊。

張午炎來。與靜秋、三姨、潮兒到亞爾培公寓洗浴。晤竹安，莊浩及其母、妹。

三月九號星期三（二月初十）

寫壽彝，又曾信，交雁秋帶蘇。校《墨子》《秦始皇》一過。寫劉開申信。盧村禾來。

到擎宇處。點《三禮通論》六篇。乘十七路車，轉三路車歸。

静秋到建猷處相乳媽，歸，談。

三月十號星期四（二月十一）

終日寫《東夷語試探》，約三四千字，將材料理畢。

看《劇學月刊》。眠較難。

三月十一號星期五（二月十二）

乘電車到北四川路，理髮。到建猷處送稿。出，吃點。到文通書局訪張志毅。到大中國，點《三禮通論》六篇。芙先來。君匋、振宇來。

新聞專校以汽車來接，爲講"甘肅之種族與宗教"，一小時半。晤陳高傭、盧村禾。出，晤鍾道贊。步歸。余家芳夫婦來，静秋與同至紅十字會醫院檢查。

與静秋潮兒上街買物。看《東南日報·文史周刊》。袁孝儒來，長談。

今日理髮價一千二百六十元，吃一排骨麵七百元，"士別三日便當刮目相看"，今則無物非士矣。大約清代一制錢，合今金圓卅元。然彼時一銀元可兌千餘文，今則銀元價四千，只合百餘文耳，此家之所以難支持也。

自今日起，郵電又漲價一倍。寄一平信須五十元，挂號二百元，快信三百元。

鐵路票價加百分之一百八十六，到蘇州三等車一千八百元，特快則二千一百六十元，卧鋪三萬元。

三月十二號星期六（二月十三）

終日看《文史雜志》六卷五期稿，未畢。

詩銘來，長談。靳太太來。

袁孝儒來。

李德鄰任何應欽爲行政院長矣，此又一貪污大家也！特以其人八面玲瓏，故未預于四大豪門之列，實則其財産決不在四大豪門之下，而殺壯丁之罪尤重。此人執政而謂有望，吾不信也。

三月十三號星期日（二月十四）

到總管理處。點《三禮通論》六篇。開局務會議，下午三時畢。

到青年會，爲亞光事開會，六時歸。

靳太太來。眠書房。

昨夜以湲兒醒，閉燈則哭，遂使予無眠，故今日睡書房中。湲兒有熱一度，當係静秋昨日爲洗澡，受凉之故。晚幸愈。

今日議決，以志堅暫代穗局經理，一初級職員兩年餘即至此位，可謂速矣。此緣志堅能幹，亦是機會湊巧。然能否做得好，實可懼矣。今日同會：宣人　振宇　君匋　緯宇　擎宇

今日下午同會：振宇　緯宇　擎宇　君匋　君匋爭亞光名義，不歡而散。蓋亞光本金氏一家産業，今加入予與君匋之外股，自有些周折也。

三月十四號星期一（二月十五）

步至静安寺，乘一路車至興業坊，與擎宇、大夏、家駒談。與擎宇同車到總管理處，與劉子喬談。點《三禮通論》六篇。

與振宇，君匋談。寫吳敬軒信，辭文化大學文學院長聘。到銀行公會，訪誠安。乘法界電車歸。

翻看《唐人小説》。孝儒來。

今日與金氏弟兄及君匋談，予謂亞光五人，遇事但公同討論，無需名義，對外需要名義時則臨時定之，渠等贊成。一場風波，即告平了。予在局中每作和事老，此亦無用之用也。

敬軒來三函，邀予任文化大學文學院長，此校爲彼隻手所創，在黃花岡。予以遷家良難，辭之。

三月十五號星期二（二月十六）

作《尾生故事考》，三千言，訖，即鈔清。

德輝來。與靜秋到公璵處，并晤邱君。出，步至合衆圖書館，修改《尾生》文。步歸。遇王育伊，林嘉通。

看張九鉞《陶園集》。得樹幟電話。

尾生故事，在北平時即擬撰文，二十年來迄未成。近以胡道靜君索稿，起潛叔爲催數次，十餘日中搜集材料，今日一氣貫注寫下，此問題遂告一段落矣，一快。使予長有此工作環境，予生可以無憾矣。

今日發表指數爲一三三九倍。

三月十六號星期三（二月十七）

擎宇、大夏來。到來薰閣訪樹幟，未遇。到霞飛路訪之，又未遇，留條。出，吃點。到大中國，交現貨與振宇，入亞光股。點《三禮通論》五篇。樹幟、宗鶴、陳濟川來，談。同到博物館參觀。訪周啓明。由方紀生導訪王古魯，未晤。出，飯于蘿香閣。

與樹幟等到開明，與伯祥、予同談。到史地社。到叔儻處。予復返史地社，開會，討論招股等事。到大中國，領薪。乘車歸，商明日宴客事。寫適之先生信。

到適之先生處，同飯。并晤張慰慈，陳伯莊，邱錦淇。歸，爲潮兒作畫。

今日下午同會：擎宇　凌大夏　王錫光　張務聰　馬宗堯　董石聲

三月十七號星期四（二月十八）

到樹幟處，看來熏閣書。出，訪鍾道贊，在嘉善路吃點。到中央研究院。晤羅宗洛，參觀全所。到適之先生處，并晤羅靜軒，全紹文，房福安。歸，宴客。

三時，客散。王畹薌來。寫中央研究院信。寫《拋彩毬考》，二千餘言。袁孝儒來。

今午同席：辛樹幟　劉宗鶴　蘇雪林　伍叔儻　陳濟川　起潛叔（以上客）　予夫婦（主）　五萬元。

三月十八號星期五（二月十九）

步至靜安寺，乘車至興業坊，取身分證。出，理髮，擦皮鞋。到建猷處送稿。雇車至大中國，到亞光付款。蔣秉南來，爲寫吳敬軒信。王古魯來。

飯後與緯宇同到慕爾鳴路，取箱歸。易中山裝，與靜秋，潮兒乘車到靜安寺，換電車至大馬路，步至杏花樓，賀君匋長女鳳玉出閣。予爲證婚人。

晚飯後歸，高吟谷來，留宿。理書至十一時。

今晚同席：李小峰　宣人　子喬　擎宇　啓宇　緯宇　劉季康　陳宗舜　嚴幼芝及其弟仲和　誠安　芙先　莊良芹　華耀明　岳海庚　田他盦　張志毅　王昌源　陳苗林等約百人（以上客）　韓孝安及其子傳昌　丁君匋及其女鳳玉（主）

去年北平打包寄出之書，今日由大中國倉庫中運至寓所一部分，因加整理。

三月十九號星期六（二月二十）

填戶口表。程枕霞來，爲寫方詩銘信。終日整書，粗就緒。

寫曹慶森信，囑付頤萱嫂款。

雜翻所理書。感疲倦，早眠。

昨日上午，天極晴暖，行路流汗矣。下午大風，今日大雨，又陡寒。"春寒凍死老黃牛"，洵不誣也。

三月二十號星期日（二月廿一）

張務聰來。擎宇來。馬宗堯、王錫光、董石聲來。高吟谷赴松江。續理書。

伴湲兒，看《太平廣記》目錄。剪貼二月來在報紙發表諸文。

靜秋性易怒，去年金圓貶值，米糧無買處，心中躁急甚，且蘇滬奔馳，亦勞甚，產湲兒後病咳，醫謂非肺疾，乃心臟有病。今日左手腫甚，臉部亦腫，疑即心臟病之徵也。當就虹橋療養院邱醫生處診之。

三月廿一號星期一（二月廿二）

寫袁帥南信，上樓，贈物，與袁孝儒談。步至靜安寺，乘電車至大中國，作《中國史地學社緣起》一千五百言。

魯弟來。方詩銘來，爲寫王古魯信。將緣起文修改鈔出。到啓明先生處，并晤王古魯夫婦。到興業坊，送稿。乘十一路車轉法一路車歸。

鹿世灃來，留宿。看蘇雪林《崑崙之謎》。

鹿世灃君上月從徐州歸，講徐州陷後事，又使靜秋害怕。我輩本無產，渠所以懼者，爲怕拆散家庭也。然此等事怕亦無益，徒傷自己身體。

潮兒好尼人講書，其求知欲發達可知，更可愛矣。

三月廿二號星期二（二月廿三）

袁孝儒赴臺灣。作東夷語材料統計。

與靜秋，世澤乘電車至八仙橋黄金劇院，看石揮、上官雲珠主演之《太太萬歲》。七時歸。

爲潮兒作畫。與世澤談。

三月廿三號星期三（二月廿四）

世澤返蘇州。到起潛叔處。到靜安寺，乘車到大中國。寫雁秋、張錫君信。方紀生來。寫自明，華問渠信。

到亞光付款。到文通，與張志毅談，托帶物與自明。到上海商學院，訪吳道坤，遇之。回大中國，寫自明、自珍信。任千里偕其弟裕民來。寫傅啓學信。到郵局寄。乘十一路車轉法界車歸。

看《漢書・地理志》。

三月廿四號星期四（二月廿五）

續作《東夷語試探》千餘言，未畢。啓明先生、王古魯來。

看《春秋世族譜》。

予翻《世族譜》，潮兒來，注意"公"字，檢得不少。此兒對字如此有興。渠對看不懂的書也看，對聽不懂的話也聽（聽無綫電時，也依樣說"毛澤東"、"李代總統"諸詞），可見甚好學。惟近日稍不如意即放聲大哭爲可厭耳。

三月廿五號星期五（二月廿六）

續作《東夷語試探》千餘言，畢。到靜安寺乘電車到建猷處送稿。雇車到大中國，編戰國歷史故事。

到亞光，校史地學社緣起、章程。劉開申來。編戰國故事十二種，訖。爲人寫字四件。五時歸，校兩月來報紙發表諸文。

理書。

東夷語一問題，語言學家未提而由我提出，可謂大奇。此文前後竟寫成一萬餘字，亦想不到。但須補充者甚多，《左傳》、《國語》、《史記》等書均須細讀，又須請教專家，方爲定論耳。

三月廿六號星期六（二月廿七）

終日理書，將上周送來之北平郵包整理略訖。

與靜秋上街買物。

靳自重歸，與靜秋到樓上談。自重夫婦亦來予室。

報載昨共軍炮打安慶，不知自珍等如何倉皇逃難。

近日物價之漲，速度太高，銀圓一枚已至萬元。爲湲兒買50c.c.之魚肝油精一瓶，六萬五千元，前數日只四萬餘元耳。蓋拆息太高，十日便漲至一倍之故。

靳君言，在南京聞人言，中共廣播，招予前往。干戈之世豈能談文教，予即往亦爲點綴品耳，且爲人罵作投機分子。隱居滬市，整理舊作，此真實之貢獻也。

三月廿七號星期日（二月廿八）

點錢贊黃《大小積石考》。到大中國，開局務會議。

飯後歸。黃英來。看北平圖書館新出之《圖書季刊》三册。到達人中學，訪王澤民，晤其夫人。遇呂斯百夫婦，吳顯齊。

今日上午同會：振宇　君匋　緯宇　擎宇　今日會中，諸同人要我與君匋到北平，設分局。歸爲靜秋述之，一説即哭，無商量餘地。公私之間，不能兩全，亦無可奈何也。

中共已定四月一日在北平開和談，群料兩方無和平誠意，徒然拖宕耳。

物價之所以高，湯恩伯藉保安捐名義壓榨商民亦其一也。

三月廿八號星期一（二月廿九）

瑞蘭來。到大中國，編戰國歷史故事十二種細目，訖。范希衡來。寫田他盦信。

點《三禮通論》五篇。與君匋談。將地圖，故事畫發鑄。楊寬正來。伍叔儻來。作戰國地名今釋，未畢。歸，理書。

理書。失眠，服藥。

今日岳海庚又送書一車來，徐德榮已爲解包，即付整理。以精神太集中，興奮，又致失眠。予夜中真不能任較重工作也。

三月廿九號星期二（三月初一）

理書。與瑞蘭、潮兒步至迪化兒童公園，又至林森公園，十一時半歸。

理書，略訖。程應鏐來。洗浴。作戰國重要地名今釋畢，即鈔清。靳太太來。

疲倦，早眠。

三月三十號星期三（三月初二）

瑞蘭返復旦。到大中國，理書。擎宇來。寫田他盦信。

理髮。點《三禮通論》六篇，本冊畢。到亞光，與擎宇同到東亞飯店訪任千里，未晤。訪程枕霞，未得。歸途，遇馬阿衡，與同至其女國靖家。

鈔《爾雅》一頁。看《越風》。睡不佳。

理髮價至四千二百元矣。

寓中來兩車書，已塞滿，只得在公司中打包矣。凡史地學社所需用者，均寄存。凡有史料性者，均捐入合衆圖書館。如此，得疏散若干矣。

電車中巧遇馬阿衡，渠自青海歸，謂青海軍隊爲國民黨如此出力打仗，甚勝利，而國民黨依然對之疑慮，不給予配備給養，又令胡宗南監視之，此蔣之所以失敗，完全由于圈子縮得太小也。

三月卅一號星期四（三月初三）

鈔《爾雅》三頁。馬阿衡及其女國靖來，長談。馬宗堯來取書。理書。與靜秋、潮兒到復興公園，看動物。歸，續理書。

爲潮兒講書。早眠。

《爾雅》、《周禮》、《儀禮》，爲我最不熟之經，當鈔一過。

潮兒常取書送我前，曰："爸爸講！"渠亦頗能了解意義，表示其緊張與鬆快。

今日發表指數達三四〇二倍。物價之瘋狂上漲可知。今日上午銀圓價一萬三千元，下午即達萬七千元矣。米價，三月十六日爲三萬七千元一石，今日價爲九萬一千元。在此種情形下，靜秋日坐愁城。以前所謂"經濟崩潰"者，至今日竟實現矣！

一九四九年四月

四月一號星期五（三月初四）

鈔《爾雅》二頁。到大中國，寫奮生，文鑑，沈鏡如，拱宸，伯庸信。方紀生來。田他盦來。任千里兄弟來，同到凱福飯店餐談。

靜秋來。楊寬正來，與同乘車到光華大學，演講一小時半，講題爲"原經"。晤誠之先生。與寬正、丕繩同出，到興業坊取物，乘車歸。

翻看《夢溪筆談》及《左盦外集》。

今午同席：任千里，裕民（以上客）　擎宇與予（主）

四月二號星期六（三月初五）

淑琴逃走。黃奮生來，長談。鈔《爾雅》三頁。理書。

理書。看《圖騰主義》二章。與靜秋到路口換錢，遇淑琴，携之歸。

到馬家赴宴。歸，雁秋自蘇來。談至十一時半眠。

淑琴工作不力而頗有心計，去年五月已逃亡，今日又逃矣。渠日前與徐德榮在厨房幽會，爲瑞蘭撞破，故急欲走。養婢女真不易也。直至下午六時，渠徘徊于大街之廊，周身遭大雨濕透矣。

奮生來，迫予受邊疆文化教育館職（研究員），予不能住南京，只得爲之撰文以塞責耳。

今晚同席：予夫婦　常子萱　馬國棟（以上客）　馬松亭　馬占祥夫婦（以上主）

四月三號星期日（三月初六）

鈔《爾雅》三頁，《釋詁》畢。與雁秋、潮兒乘車到徐道鄰處，并晤熊偉、牟潤生。到謝恒衮處，未晤，見其夫人。歸，理書。

方詩銘來。到金勤伯處。到史地學社，宴客。

九時，乘金家車歸。宏滋領乳婦田雷氏自蘇州來，留宿。十二時眠，失眠，服藥。

昨日風雨，予又傷風。

緯宇云：從前法幣時代，每三個月漲一倍。今金圓券則一個月漲八倍，如何不釀成鈔荒現象。今大額鈔票未發行，不得不用錢莊本票，然以本票買物即打一八折。沈卓甫言，近來商家每日必將物價提高一成，始不太吃虧。

今晚同席：許文德　張維新　沈卓甫　錢驥　高雲　陳苗林　丁小富　梅致中　振宇　緯宇（以上客）　擎宇　錫光　家駒　石聲　宗堯　大夏（以上主）　爲史地學社募股事。

四月四號星期一（三月初七）

看《圖騰主義》。理書畢，與淑琴打四十四包（雜志、雜書）。宴客。

三時，客去。送小説到馬國靖處。到適之先生處，并晤黃如今，張國燾，汪一鶴，李壽雍，董大興等。

宴客。謝恒袤來，未入席。

今午同席：徐道鄰夫婦　雁秋（以上客）　予夫婦（主）

今晚同席：王公璵夫婦　雁秋（以上客）　予夫婦（主）

四月五號星期二（三月初八）

起潛叔來，將打包書送合衆圖書館。作《九州名義小記》二千五百言。莊鳴山來，長談，留飯。

雁秋返蘇。到合衆圖書館。

看《左盦題跋》。

予以清末民初之史料雜志等贈合衆，皆彼館所未備，喜得其所。予自幼過書攤必拾一些歸，而不知正爲合衆積也。

潮兒不教識字，她自己要識。今日在書箱上所刻字，認出"上""下"二字來。

袁大頭一枚，值金圓券二萬八九千元矣，與美金幾同值矣。蓋一班公教人員得薪之後，買黃金則力有不及，買美金則無此便利，相率買銀圓，以求者之多故價格激增也。所以袁大頭貴于龍洋鷹洋及小頭（中山紀念幣）者，以江北路販猪必以此也。若銀質，則大頭實不如龍洋。

四月六號星期三（三月初九）

到上海銀行，送適之先生西行。遇徐士浩，楊亮功，王同榮，任鴻雋，翁文灝，胡祖望等。到大中國，吳傳鈞來。孫實君來。蔣大沂來。理書。

到建猷處送稿。遇許公武。到史地學社。到陳式湘家，晤其夫人。到君匋處視疾。再到史地學社，候劉子潤未至。到博物館。回大中國，理書，取錢。

大沂來，與同至道鄰家，不遇。歸，寫道鄰信，爲常州古墓發掘事。

適之先生來滬兩月，對我曾無一親切之語，知見外矣。北大同學在彼面前破壞我者必多，宜有此結果也。此次赴美，莫卜歸期，不知此後尚能相見，使彼改變其印象否。

聞汪典存先生已于兩月前逝世。

推車過蘇州河橋，給以百圓尚不肯受，物價之高如此！

四月七號星期四 （三月初十）

校《上游集》二十二頁。編《上游集》目，未訖。

與靜秋到合眾圖書館送書。到靜安寺百樂商場購物。自中正西路、江蘇路步歸。

劉子潤來。褚宏滋來，留飯，送至車站。

四月八號星期五 （三月十一）

到大中國，寫黃重憲信。晤趙增祺。陸步青來，同到倉庫及亞光。鈔戰國故事細目。

到式湘處，晤其夫人，談屋事。到興業坊，與劉子潤談屋事。回大中國，寫陳斠玄，朱東潤，吳敬軒，田他盦信。

歸，看《粟香二筆》等書。與靜秋鬥口。

予寫文沈得住氣，寫信便沈不住，愈寫愈快，逼得胸前氣悶。將來有錢，非專用一人寫信不可。

興業坊 35 號下二層屋，由式湘頂下，價三條。而子潤必欲我頂，謂他人則須三條半也。

四月九號星期六（三月十二）

遺失全家身分證。鈔《爾雅·釋言》。作《尾生故事補記》五百言。作《影劇溯原》八百言。

孫實君來。與静秋、潮兒到百樂商場購物。高梅，耀玥、王載興來，商婚事。瑞蘭來。耀玥、瑞蘭、載興留宿。

家中連續失物，而静秋毫無防人之心，重要物件不加收拾。今日欲取身份證購米則又不見矣。據三姊言，淑琴前日曾欲檢其身分證，則由彼取去可知也。此兒心太壞，而静秋猶留之，直是養虎自貽患也。渠十六歲耳，已如此，大了不將殺人！

後來淑琴見静秋哭，始從書櫃内取出。

四月十號星期日（三月十三）

看方紀生《民俗學講義》。與載興等談話。到大中國，與擎宇談。開局務會議，商討股東會事。

寫魏建猷信。與宣人同到志安坊，晤式湘夫人，看屋。歸，誠安夫婦及九侄、平侄來，吃點。田媽之鄰人李某來。校《上游集》六頁。

翻看日本安井衡《管子纂詁》。

大頭價扶搖直上，至六萬元矣，物價安可問耶！

今日上午同會：宣人　振宇　緯宇　擎宇　（君匋病甚，未到。）

耀玥述蘇州士紳及教授擬于變動之際，請予出維持地方治安。此等事亦想及予，蘇州真無人矣。

四月十一號星期一（三月十四）

到大中國，作《上游集》序，五百言。擎宇來談。汪孟鄒來，同飯。

希衡來。與范希衡同歸，與林鵬俠談。與靜秋、潮兒、鵬俠、希衡同到復興公園散步，品茗。出，與靜秋、潮兒到永寶齋，晤子萱、松亭，并晤達浦生阿衡。

劉子潤來。鹿世澧來，留宿。翻《癸巳類稿》。

晨，夢中得句云："滿空鐵翼天方醉，在幕燕巢夢亦驚。"時代之逼人也。

四月十二號星期二（三月十五）

校《上游集》十八頁，訖。將昨作序鈔清。世澧伴三姐到紅十字會醫院，視咳血疾。

鹿世澧返蘇。編《浪口村隨筆》。與靜秋携《諭摺彙存》等書到合衆圖書館，未晤起潛叔。出，到靜安寺買物，乘十路車到中山公園，看櫻花。雇車歸。松亭偕子萱、達浦生、買子敬、謝康夫來。

翻《癸巳存稿》。望月。

大頭達八萬矣。買紅藍墨水各一瓶，即三萬。

四月十三號星期三（三月十六）

到大中國。方紀生來。金品素來。理書，約打百包。寫洪駕時信。

黃永年來，同理書。擎宇來。馬繼高來。編定戰國歷史故事。携書送合衆圖書館，晤鳴高叔。

看裴文中《中國史前學上之重要發現》。

大中國之書架已作成，頗能放些書矣。

四月十四號星期四（三月十七）

高瑞蘭來。淑琴又逃走。鈔《爾雅·釋言》，未畢。吳簡香表弟來。侯漢聲來。謝恒袞來，送電影票。

整理《浪口村筆記》，未畢。寫任千里信。

徐德榮找淑琴歸，罵之。

報載銅質輔幣在漢口流通，以百分合銀圓一元，每分折合金圓千元。金圓券之價值可知矣！

乳媽來此未及半月，奶已日少。湲兒半飲乳粉。真倒霉！

淑琴今早又逃至虹江支路華士舞廳爲女傭，不知何事不滿意，又打電話來。徐德榮遂往覓之歸。此兒如此不忠實，愛搗亂，而靜秋又姑容之，真養癰貽患也。決與徐德榮同時遣去。

四月十五號星期五（三月十八）

剃頭。到大中國，看歷年會議紀錄。

歸，爲靜秋伴三姐看病，予陪潮兒澆花，講故事。渠睡後予整理《浪口村筆記》。靜秋歸，爲予洗浴。

看《世界美術全集》。

今日發表指數，爲一五一四〇倍。理髮價一萬七千元。

大頭至十三萬。聞靳太太言，有人大量拋出，吸收美鈔黃金，故將金鈔價壓低，大頭價增高，一班民衆受其愚弄，遂致如此。

四月十六號星期六（三月十九）

續校《浪口村隨筆》。德輝來，陳傳薪來，均留飯。程枕霞之子女雲蒨、雲程來。

携書至大中國，整理書架。振宇以損益表講釋。擎宇來。芙先來。

在局飯後歸。看《栩緣老人遺集》。

銀圓漲至十八萬矣，可駭！此真使人窒息！

昨浴後受寒，喉頭炎又作。此後非甚暖之日不要在家洗澡，蓋予無此抵抗力也。

四月十七號星期日（三月二十）

雇車，携書至大中國，理書。寫井成泉，嚴叔平，紀伯庸，韓介軒信。到圓明園路訪李文衡，已歸蜀。

開股東大會，自二時至四時。到大光明，看《花花世界》電影。回局，晚餐。吳受之來。

雇汽車歸。爲徐德榮、淑琴事，雁秋訓話。

今日同會同席：馬克文（張錫君代表）　葛喬　糜文溶　糜文焕　雁秋　誠安　任裕民（任千里代表）　静秋（余松筠代表）宣人　振宇　緯宇　擎宇　劉子喬　尹文發

銀元漲至廿一萬。雇汽車歸，廿五萬二千元。

四月十八號星期一（三月廿一）

到大中國，看《左庵集》。向振宇借款。程枕霞打電話來。到誠安處，同到天昌祥金號賀復業，與淵若叔祖談。到吳宮飯店訪程枕霞，同到杏花樓吃飯。

到申報館。到勝利出版公司。乘電車歸。李炳塏來，爲寫歐元懷信。續校《浪口村隨筆》。

徐德榮與馮淑琴結婚，同餐。

今午同席：予（客）　程枕霞及其子雲程（主）　（四十六萬）

申報館地圖售五千元，廉甚。久欲購而無其便。今日從杏花樓出，便往，則已漲至五萬元矣，悵然而出。然五萬元只合兩角五分耳。顧頡剛乃貧至此乎！

今晚同席：雁秋　三姐　静秋　潮兒　徐德榮　淑琴　田乳媽　今日爲德榮成婚，明日即遣去，一則上海無房間，二則淑琴爲人很戾，亦不敢再與親近也。十一時半，袁宅工人張漢文不許德榮夫婦住書房，由三姐，雁秋與之易室，事乃已。

四月十九號星期二（三月廿二）

與家人同到中山公園，啜茶，游植物園及動物園，在茶館吃飯。到草地上坐，賞櫻花。

二時許出，予與靜秋同到兆豐別墅訪陳懋恒，談。歸。雁秋偕徐德榮、馮淑琴赴蘇。續校《浪口村隨筆》。

今日同游：雁秋　三姐　靜秋　潮兒　湲兒　田奶媽　徐德榮　淑琴　靳太太及其女蘇珊，子　邱太太　共用大頭兩枚。

淑琴天生惡性，處處虧人自利。昨日結婚，今日離滬，禍根除矣。然到蘇之後，猶住我家，則禍根猶在也！

四月二十號星期三（三月廿三）

到大中國，點皮錫瑞《春秋通論》八篇。君匋來談。

點劉師培《左盦集》十餘篇。與振宇談。擎宇來。劉村生來，爲寫樹幟信。以鵬俠來，靜秋來電話促歸，留鵬俠飯。

靳自重來。看《印雪軒隨筆》。

車價日高，大中國來回一次便是兩萬元，然以實物計之僅一毛耳。

和談恐將決裂，沿江戰事又作，南京聞炮聲，京滬綫恐斷。以是靳君還滬，與其夫人同商進止。

四月廿一號星期四（三月廿四）

鈔《爾雅·釋言》，訖。整理《浪口村筆記》。重寫《吹牛拍馬考》一篇，一千七百言，入《集納》。

與靜秋同出，到合眾送稿。到鵬俠處，未晤。遇秋白，到其家坐。

翻《國學季刊》等書。

静秋性卞急而好潔，自徐德榮等行，收拾厨房，洗滌陽溝，洗濯衣服，過于勞累，今日下部又出血，如三十五年十月中情形，夜中尤多，色黑。當又是血管破裂也。裁人本期省錢，那知更多出了醫藥費。命中破財，有何話説！

四月廿二號星期五（三月廿五）

寫雁秋信。到狄畫三處，偕之歸，診静秋疾。到林森路中英藥房配藥。到馬斯南路郵局寄信。

接樹幟電話，到來薰閣，與談。并晤陳可忠，莊鳴山，陳濟川。出，與胡厚宣同車，到大中國，理書，與振宇、子喬、宣人談，七時歸。

接樹幟電，知明早即行。與静秋談行止。

畫三謂静秋係急性子宮出血，但不甚嚴重，爲打止血針。

樹幟極勸予到蘭大，謂共黨世界使人窒息，無我輩容足地也。歸與静秋商之。渠謂我在此間自是不妥，然一家之遷甚難，一是力不足，在此已窮，易一地則更窮。一是放不掉孩子，此三孩要一個人管，太勞苦，欲分幾人管，則何能帶人至西北。因與樹幟言之，渠謂西北既不便去，不如往廣州，因路費較省，物件可多帶，人也可多去幾個也。

今日大頭價至 46 萬——49 萬矣。買漿糊一瓶即二萬五千元。

潮兒前已能繪綫條，今日居然能畫物，雖不逼肖，亦頗有意思。

四月廿三號星期六（三月廿六）

五時半出門，步至静安寺，乘電車至來薰閣訪樹幟，進點後同到金門飯店沈策軍長室，候汽車。九時半，車至，送樹幟上車。予歸家，與靜秋商赴粵事。寫雁秋信，到馬斯南路寄信。訪可忠，未遇。路遇劉英士。歸。

整理《浪口村隨筆》。靳太太來，談南京陷落事。瑞蘭來。玉舜自蘇州來。

狄晝三來，爲靜秋打針。看《香飲樓賓談》。

上午予不在家，湲兒啼，靜秋抱之，稍勞，下部又出血。

今日大頭落價至卅七萬，蓋浦口一失，南京逃難至滬者多，拋出銀元，故價賤也。然物價則仍漲，一斤牛肉價二十萬，一塊銀元買不到兩斤。

下午靳太太得息，南京已陷。旋德輝打電話來，則無錫亦失。何事之遽也。"長江天險"，乃竟唾手得之，大奇！

四月廿四號星期日（三月廿七）

鹿世磊自蘇來。寫雁秋，曹慶森信。步至靜安寺，乘電車到大馬路，至大東吃點，商談亞光事。到大中國，開局務會議，商緊急處置。

在局飯後理書，丁家祥幫作。吳道坤來。德輝來。步至十六鋪，乘電車歸。王澤民來。到周泉源、金勤伯處。澤民又來。

上樓，聽中共廣播。

江陰要塞司令戴戎光受賄叛變，故不戰而下。南京則係戰略撤退。蘇州兵亦撤，由地方民團維持秩序。共軍過江者不及兩萬，分配不來，故遲遲未至也。

今早同會：君匋　振宇　緯宇　擎宇

今午同會：宣人　君匋　振宇　緯宇　擎宇

蘇州河中船隻悉驅散，一江春水，成爲風景區矣。

四月廿五號星期一（三月廿八）

世磊返蘇。到大中國，以車擠，至十一時始到。理書。

理書訖。鄒樹文來。到擎宇處。乘車到靜安寺，步歸。到靳太太處。吳海峰，瑞芝母子，老表，高大姐自徐州來。

與高大姐等談。看《茶餘談薈》。

今日外灘，河南路，四川路，江西路一帶車輛之擁擠爲前所未有，余在車歷二小時，蓋遷家者多也。人心之亂，即此可知。

上海駐軍十七，派兩軍至蘇州，掩護上海物資及政府官員撤退。待撤退盡，度亦放棄。惟官方發表新聞則猶謂準備作戰耳。

大頭落至每圓卅萬，而物價則漲甚，昨日買鷄蛋，一圓四十枚，今日則十五枚耳。鈔票奇缺，銀行中空空如也，手中非有大頭，竟難存活。

老表名李承祥，濟寧人，年六十餘，吳氏義僕也。

四月廿六號星期二 （三月廿九）

海峰等俱赴蘇。與潮兒出，訪徐道鄰，王公璵，俱遇之。到復興公園看動物。十二時歸。李炳塤來，留飯。

整理《隨筆》。起潛叔來。

看陳乃乾編《譚瀏陽全集》。半夜爲潮兒哭醒。

此間學校師生被捕者數百人，多停課。紹虞以不在教授會，亦列入，已躲避。周谷城被捕。不期途窮日暮，又復倒行逆施。

晚報一份，價一萬五千。

潮兒恃愛驕恣，日夜多哭，不得已打之。湲兒喜作咿啞聲，若説話然。

四月廿七號星期三 （三月三十）

整理《隨筆》，補寫兩則，第一卷訖。

趙人龍，莊元勛來。林少川來，留飯。

蘇州于昨日夜半三時失矣。

大頭一枚至一百卅萬，以本票易之則百五十萬。一切物價均以大頭計值。北四川路商鋪有閉門者。

今日靜秋起身片刻，不敢任其作事也。渠爲時局之惡，心極愁悶。

四月廿八號星期四（四月初一）

步至靜安寺，乘電車到寧波同鄉會，吊劉子潤夫人之喪。出，步至大中國，校戰國故事樣册，改伯庸補撰三序。君匋來談。寫田他盦信。

誠安來。寫承名世信。劉鴻賓來。點《春秋通論》八篇。乘汽車至靜安寺，步歸。訪蘇雪林，未晤。歸，王澤民夫婦來，留飯。

粘報。雜覽。翻《上游集》（今日訂出）。

大頭高至二百萬。聞係湯恩伯及其部下故意提高以壓低黃金美鈔，而彼等又以賤價購進金鈔也。

大中國之飯，本三葷，一素，一湯，今則三素，一葷，一湯，而葷乃爲鹹魚矣。

保甲長貪污，予遷武康路，欲辦遷出入證，久之不得，蓋非賂不行也。上自孔宋何孫，下至保甲長，一例腐爛，焉得不亡！

澤民執教于建國西路達人中學，現警備司令部取作集中營，勒令師生離去。澤民無法，只得將其妻女送至吾家，與袁氏女工同室，己則天天來吃飯，仍宿校中。

四月廿九號星期五（四月初二）

修改《隨筆》第一卷畢。到起潛叔處，與嬸母談。到簡香表弟處，同出。到商務書館編輯所訪蘇繼卿。并晤馮翰飛。到狄畫三處，付診金。乘電車歸。

看《栩緣老人遺集》兩冊。翻看《隨筆》底本，搜集修改材料。

共軍已至長興，吳興，則志在浙贛，越過上海矣。在此情形之下，我輩直將爲經濟之火燒死！

葉揆初先生于昨日下午逝世，年七十六。我能居袁氏室，彼所介紹也。我得讀合衆圖書館書，彼所創立也。

自廿六日半夜爲潮兒哭醒，怒打之，至今無夜不醒，一醒輒三四小時，甚以爲苦。

大頭價至三百六十萬。

四月三十號星期六（四月初三）

紹虞來。翻看《隨筆》底本，訖。丁少蘭之弟逢辛來，留飯。

寫《畿服》條約三千言，未訖。

翻看《癸巳類稿》。服藥眠。

《新聞報》一份，價十萬元。

今日發表指數爲三七一，三四四倍。銀圓價經政府公告爲每枚合金圓券四百萬元，不分大小頭。

今日狂風暴雨，酷肖時局。

公璵夫婦及其子女于今日赴臺。船票大頭百餘。

一九四九年五月

五月一號星期日（四月初四）

作《畿服》文千餘言，略訖。乘車到大中國，以始行夏令時間，飯已吃過，即炒飯食之。

開局務會議。與擎宇談。步至大馬路，覓邵萬生買乳糕，以適值勞動節休假，不開門，即乘車歸。黃仲明來，看書畫，留飯。

翻《焦氏筆乘》。

一個大餅，一個油條，價十萬元。《新聞報》昨賣十萬元一份，今日則賣廿四萬元。得一大頭，如獲異寶矣。

大中國鋼筆部，前日被劫去派克筆五打，送貨店員之手錶亦被搶。上海真盜窟也。

仲明印刷廠中有百餘工人，吃飯亦成問題。

今日下午同會：宣人　振宇　君匋　緯宇　擎宇

五月二號星期一（四月初五）

與靜秋同到紅十字會醫院，無零錢，退出，到靜安寺欲換錢，未得。到合衆圖書館，晤起潛叔夫婦，爲草覆袁帥南信，歸。

將《畿服》文鈔清，并改作，得二千餘言，未畢。紹虞來。到上海銀行算電話費。澤民夫人携物歸，爲守兵所阻，復歸。

翻《栩緣遺集》。

袁家有老女工張媽，年七十餘，主人既行，渠極負責，靜秋甚賞其忠誠。而渠頭腦太舊，負責又過分，遂多扞格。例如洗衣不許在浴盆内，打痰盂不許在便桶内，嫌我家人多，嫌我家工人毀壞其器物，寫信至臺灣，遂使帥南以爲我家人將拆毀其屋宇，來函致起潛叔，嚴屬指責。寄人籬下，痛苦若此！

自當局取締銀元販子，換錢遂極不易。到鋪子買物，無錢可找，要買足一元。今日到醫院挂號處要其找錢，院中只有本票，靜秋以其買物須打折扣，不欲受，診病事遂不成。爲了錢，不知費掉多少時間，妨礙多少工作。生在此時，真有寸步難行之感。如人身然，血脉不流，詎不即死！

五月三號星期二（四月初六）

到大中國，托付電話費。理髮。寫志堅信。取薪。點《春秋通論》十四篇。

　　到邵萬生買乳糕。歸，洗浴。静秋到程美玉醫師處檢查。

　　翻《栩緣遺集》。

　　理髮價一百廿萬元。十餘日間，竟至百倍！來回大中國一次，五十萬元。擦皮鞋廿萬元。

　　爲潮兒買《兒童知識》一册，四川中路三萬元，寧波路十萬元，南京路十五萬元，静安寺廿萬元。物價如此參差，叫人如何購物！

　　捕去銀元販子，聞年輕者送至臺灣，訓練爲新兵，年長者送至國共兩軍交界處，不管其死活，故此類人已絶迹，欲得現鈔遂極不易。

　　現鈔既難得，而中下級人又力不能乘車，以是人力車價獨不甚漲，索廿萬元者十萬可成交。不似電車之一加即十六萬元也。

五月四號星期三 （四月初七）

　　與静秋，潮兒同出，到人和醫院，改至聖日院路劉劍秋女醫師處，檢查。歸，編《栩緣遺集》目。

　　鈔《爾雅·釋訓》半篇。林少川來。鈔《幾服》文一千五百言。到起潛叔處繳《栩緣集》卷。張一庵父女來，留飯及宿。

　　翻林少川《新疆行》。

　　静秋昨日又流血，似淤者。今日往醫師處檢查，謂是子宫不正所致，須每日在床跪二小時以矯正之。

　　杭州國軍撤退，聞錢塘江大橋炸毀。

五月五號星期四 （四月初八）

　　張一庵偕其女文霞到王傳熠家。續作《幾服》文三千言，畢（本文凡七千言）。

与静秋，潮兒到合衆圖書館，與起潛叔夫婦談。冒雨步歸。

看《新疆行》及《淵鑑類函》。

今日聞炮聲，不知何自來。聞蔣在此，恐須抵抗。如將蘇州河諸橋炸毀，則我家之經濟來源涸矣。

聞蘇州解放後，市面反好。

五月六號星期五（四月初九）

步至静安寺，乘電車到興業坊，先到劉子潤處小坐。到學社，晤擎宇及沈靖之，談。到建猷處談。到大中國，承名世來。

一時，鳴高叔來，助運書，直待至四時半。公路局車始來，與海庚同到西太平洋倉庫，運書十四箱。公路局謝祖蔭來助運書。到合衆圖書館，開箱運書。七時歸。黃寶群，于愛華來。遇瞿兌之。

甲長高士奎來，收工事費。靳太太來。澤民夫人來。高吟谷自松江來，留宿。眠不佳。

起潛叔本允携去書兩三箱，昨日與振宇通電話囑準備後，岳海庚乃將廿二箱都搬至門口，化大頭十二元。今日鳴高叔借省公路局車來，運走十四箱，餘八箱只得仍送歸原處矣。而不幸車子碰壞了警崗之紅緑燈柱，須賠償，并須吊銷開車人之執照，爲了我書害人！

聞蔣翁在吳淞口兵艦上，仍主抵抗。然共黨廣播，將以水雷封鎖江口，陸路既斷，若水路再斷，則此駐滬之十七個軍將如何撤退？又聞共軍將攻廣州，則上海或暫不來。然此間生産停頓，經濟無來源，物價益高，人民將如何生活乎！

五月七號星期六（四月初十）

將《隨筆》第二卷編定，覆看一遍。高吟谷赴松江。到合衆圖書館，理書。遇馬蔭良。歸飯。澤民夫人遷出。瑞蘭來。

大中國又送一車書，即清理。與靜秋、潮兒同到百樂門飯店訪林少川，送菜。出，到百樂商場購物。

樓上王君來。看《品花寶鑑》第一回。

在書箱內發見先父手鈔之《吳都文粹》，又發見書畫數十册軸。

聞蔭良言，上海開明書店，一天做一千數百萬即甚高興，實銀幣三枚耳。北平分店則理科書甚好銷。長沙分店有銀幣萬元周轉，亦好。上海竟成死地，與蘇州差不多矣。大中國幸設文具部，尚勉可支持。

五月八號星期日 （四月十一）

家駒來。德輝來，留飯。助理書。整日理書，粗分配訖。

澤民來。程枕霞來，爲寫韓介軒信。遣玉舜送書至合衆，寫起潛叔信。編《隨筆》目次。

與靜秋等坐草地談。看《點石齋畫報》。

五月九號星期一 （四月十二）

鈔《爾雅·釋訓》畢。草史地學社章程，未畢。又理書一日，至于夜。

與靜秋到劉劍秋診。到馬國靖處，未晤。歸，國靖來。

看《品花寶鑑》第二回。

近日常聽號聲，知附近住兵多也。又常聽炮聲，知瀏河時有接觸也。共軍已至江西，將直趨廣州，陣綫過長，能操必勝乎？如到廣州後更到香港，則第三次大戰起矣。

街頭地攤增多，價格狂賤。蓋一則工廠發不出薪，即以成品代薪，工人以此發賣；二則大商店毫無生意，爲維持食用計不能不在外擺攤，以期吸收現款；三則自禁止銀圓販子以後，黃牛黨無處覓食，遂爲此新生意也。然路人雖甚願買，亦知現款用出不易補進，只得縮手，故攤子生意并不好。可憐！此是末日現象！

五月十號星期二（四月十三）

續草學社章程，未畢。繼續理書。

寫雪曼夫婦信。洗頭，洗浴。丕繩來，長談，留飯。希衡來。看《品花寶鑑》第三回。

丕繩來，述及寬正，大沂已由蘇回滬，謂我家有共黨前往，云顧頡剛係國民黨國大代表，該封門，經將證件給他們看，謂是制憲國大，且係用社會賢達資格被選，非國民黨，此等人乃去，後亦無事。此我將一切文件交毓蘊保管之效也。

天氣大熱，易穿中裝。

靳太太家有客來，見潮兒，謂其眼真好，將來不知做出甚事。希衡來，見湲兒，亦謂其眼真有神。一日之間，兩兒所得評語略同，亦可喜也。兩兒長成時，世界當太平，深望其得有正常之發展。

五月十一號星期三（四月十四）

與靜秋同到徐家匯，乘十五路車到北站，雇車到王傳熠家訪高大姐，并晤高梅，瑞蘭，張道五等。到大中國，與君匋談。鈔學社章程，理書。

誠安來。湯定宇來。鈔章程訖。靜秋來。到亞光訪擎宇，交卷。與靜秋乘法界車歸。遇雨。鈔《爾雅·釋親》。

看《品花寶鑑》第四回。

傳蔣翁到青島，與麥克阿瑟商禦共之計。上海有死守之意，工事築得甚好。然工商業并停頓，民心軍心均渙散，如何可守。

漢口，廣州銀圓價已至千餘萬，上海以槍斃販子故，仍四百萬，然菜價日高，拿一圓錢做不了甚事也。

誠安告我，其友聽共黨廣播，招我前往。可知靳君所述確有此事。然戰事中如何提倡文化事業，予即前往亦不過作花瓶式之點綴耳。君匋爲大中國前途，極勸我行，而靜秋則尼之。予恐予一前往，上海之公司便爲湯恩伯封門也。

五月十二號星期四（四月十五）

寫《齊桓九合諸侯》，《齊桓盟辭》，《滅項》三篇入《隨筆》，約二千五百言。

誠明文學院張承浚來。與靜秋，潮兒到街口散步，靜秋先歸，予挈潮兒訪朱錦江、馬客談、李清悚于世界社。

歸，看《品花寶鑑》第五回。

蔣竹莊先生所立誠明文學院，原由王乘六君任"目録學"、"春秋左傳"兩課，自蘇州陷，王君不能來，起潛叔介紹予往代課，在此乾枯境界中，遽應之。

孫文主義革命同盟陳惕廬，朱大同，張達生等五人槍決，此皆國民黨中之進步分子也，而死于湯恩伯。

五月十三號星期五（四月十六）

到史地學社，開會討論經費、編輯及章程。乘擎宇車到大中國。寫吳文藻信。修改章程文字。

方紀生來。點《春秋通論》八篇。到擎宇處，送章程稿。歸，段恕誠來，留飯。

看《品花寶鑑》第六回。

今日炮聲漸迫漸密，終日未停。聞南翔已失，楓涇亦陷，而蔣在滬，調臺灣軍三十萬來，已到十萬，主堅守。噫，我輩之生命財産盡作蔣之殉葬品乎！是何其勇于爲獨夫也！

五月十四號星期六（四月十七）

將《九合諸侯》及《齊桓盟辭》兩條重作鈔清，得四千字。編第五卷稿。汪毓平來，留飯。

洪駕時來，取稿。與靜秋到靜安寺購物。

看《品花寶鑑》第七回。

與靜秋上街買物，出銀圓找錢，問銀圓作價幾何，則皆答曰："你要多少？"蓋銀圓官價爲四百萬，而實際已爲七百萬，肆中皆就買客所說之價而磋商之。予等今日購物，皆以六百萬元計，當時已謂便宜，歸爲靳太太言之，始知猶吃虧也。

洪君鈔稿甚快，每日可三千字，然我則有他事牽縈，不能每日必出三千字也。

五月十五號星期日（四月十八）

到雁蕩路錦江菜館，晤振宇等，吃點，商亞光事。同到復興公園，步行一周，歸。重寫《滅項》一條，訖。

李光信來。與靜秋潮兒出外寄信。準備明日功課，迄眠。

今日同席同會：振宇　緯宇　擎宇　君匋　（吃茶點二千〇五十萬元。）

炮聲愈緊且近，蓋已至虹橋飛機場之北也。

五月十六號星期一（四月十九）

乘電車到老北門，步至民國路誠明文學院，上"春秋左氏傳"課三小時。歸，韓仁母女（姜維凱）來，留飯。

與潮兒到高君珊處，未晤。與靜秋，潮兒送韓仁返五原路寓所。歸，小眠。寫《太公》一則入《隨筆》，約八百言，即鈔清。

看《品花寶鑑》第八回。

武漢以戰略撤退。月浦，楊行戰鬥劇烈，以即在吳淞口之西也。如吳淞一被占，則蔣家軍便無退路矣。

錢穆與張其昀在廣州參加反共組織，有演講，此君亦參加政治矣。

武康路堆沙袋，静秋聞一兵士云："這有什麽用處！"軍心如此，而乃期其守乎！

五月十七號星期二（四月二十）

到大中國，取薪。遇計志中，談。到建猷處，爲合衆圖書館事，寫黃樹滋信。回肆，理書。爲希衡，鴻賓備聘書。

誠安來。點《春秋通論》八篇。歸，旋出，到合衆圖書館問，并取書。歸，與諸兒玩。

看蔡啓盛《經窺》及《品花寶鑑》第九回。夜半，爲炮聲所驚醒。

合衆圖書館居五路之口，且高四層，適于瞭望。軍人欲占者數矣。今日一軍官去，必欲占。起潛叔打電話，囑設法。因至建猷處，請黃校長轉達湯恩伯。然此等事湯亦管不了，好在上海能守幾天實不可知，或今日遷來明日即遁走也。

蔣仍在吳淞口外軍艦上，迫湯以死守。湯亦無法，聞已作犧牲計。國軍在此僅卅萬人，共軍則有百餘萬，國軍有大炮五十一門，共軍則有千餘門，勢不可敵。在此情形下，蔣猶要死守而不計人民，若惟恐人民對國民黨猶留絲毫好感者，其愚真不可及也。

五月十八號星期三（四月廿一）

李拔可先生來。將《尾生》《虞幕》二則修改鈔清，得五千餘言。

狄畫三來。保甲長來，爲做柵門捐款事，上樓與王先生談。

上海戰事成膠着狀態。

静秋治事太認真，太用力，今日擦地板後子宮又出血，幸不多，因勸其眠。

五月十九號星期四 （四月廿二）

在門口與保甲長談。寫袁帥南信。到大中國，看《書林清話》。

理書一木箱。到亞光，訪擎宇未晤，見其夫人。歸，寫《二女在臺》一條，得千餘言，改訖。

看《點石齋畫報》。保甲長八人來。

静秋血尚未止，不知月經歟？抑病歟？

保甲長爲做柵闌及守望事，頻來捐款，所索數甚大，必非我力所可任，因寫信與帥南，囑其匯款，否則我不勝其擾，只得遷出矣。

五月二十號星期五 （四月廿三）

三時許即醒。寫《徐偃王卵生》及《趙謙》兩條，千五百言。編《隨筆》第四卷，訖。

將《隨筆》第四卷複看一過，作最後之修改。與静秋到麥琪路買菜，遇韓仁。保甲長來收款。

翻看在燕京時之筆記。中宵醒，恐失眠，服藥。

從今日起，外灘除軍車外禁止駛行。電車許過不許停。大約浦東方面共軍得手，須隔江開炮也。今日炮聲頗稀，蓋戰事已轉至浦東高橋一帶，或此間聽不到也。自今日起，外灘不許通過，以隔江即共軍也。

今日上街買菜，肉肆以肉藏于内室或抽屜中，蓋彼自己本錢，一銀圓買不到二斤，而軍人買肉則一圓須買四斤也。肆中人云，明日豫備關門矣。

銀圓壓了好久的四百萬元，昨日國行挂牌爲九百六十萬，然實際之價已爲一千四百萬。今日下午升至二千三百萬，及傍晚則升至三千萬矣。予購豆腐時每方二十萬，傍晚則三十萬矣。在如此情形下，只得人食狗彘食，方可當活。靜秋買豆渣歸，乳媽見之，謂此是喂豬的，如何吃得，然不吃此更有何法。

五月廿一號星期六 （四月廿四）

出，遇馬客談，李清悚。到誠明文學院，上“目録學”兩小時。與鄭國讓談。歸，瑞蘭來，留飯。

小眠。洪駕時來取稿。林少川來，囑看稿。韓仁偕其女來，與靜秋、潮兒偕之到迪化公園散步。同歸，留飯。

到樓上王先生處。翻《吕氏春秋》，未畢。

下午炮聲又作。浦東方面，共軍實已到江岸，故外灘不得不戒嚴也。今日出門，電車甚少，故擠甚。未至八仙橋，已停下。只得雇車至民國路上課。今日客機全部停開，或虹橋飛機場已失矣。

大頭價今日下午至六千萬元。

昨誠明送臨時生活費二千五百萬元來，買豬肉一斤四兩。靜秋曰：“食此肉，如食我自己肉也。”

五月廿二號星期日 （四月廿五）

翻《吕氏春秋》畢。到街口剃頭。準備明日功課。

眠二小時。將燕京筆記統翻一過。

與靜秋，潮兒在巷散步，看新製木柵。

理髮價二千萬，此在法幣時所未有者。

今晨炮聲響甚，諒是龍華機場被襲。是時適雷雨，竟不辨是雷聲炮聲矣。

早德輝打電話來，云南市起火，校中幸未殃及。繼知造船廠自行燒毀，因延及民房。

五月廿三號星期一（四月廿六）

到誠明文學院，上"春秋左傳"課三小時。

小眠。寫《贅婿》條，得一千五百字，即鈔清。到范希衡處，未遇。乘電車歸。途遇斯行健夫婦。洗浴。

看《十駕齋養新錄》。

近日上街，凡店鋪門面不止一間者悉上鐵門或木版，而貼紙其上曰："照常營業。"又各家皆書曰："脫貨求現"及"驚人犧牲"。商人之苦，即此可知。聞浦東工廠悉已炸毀，則工業家更傷痛矣。

五月廿四號星期二（四月廿七）

步至靜安寺，乘十五路汽車至浙江路橋，步至大中國。校戰國故事序三篇。與宣人談。理書。靜秋以滬西戰，打兩電話來，即出，到邵萬生買奶糕，雇車到八仙橋，乘電車歸。

德輝來。眠一小時許。寫《大九州》一則，壹千言，即鈔清。三樓王太太來付捐款。

續看《養新錄》。失眠，幾終夜。

昨夜終宵炮聲不絕，靳、王兩家均未眠，看火光。德輝來言，浦東已不守。上午靜秋得息，兆豐公園已在戰中，徐家匯遭搶，故電促余歸。

德輝言，蔣氏以空軍眷屬送臺灣安置，故空軍不敢變。然前昨兩日，飛機爲共軍打下者十五架矣。

下午得訊，情勢更緊，電車已停。晚間炮聲及機關槍聲甚近且密，靜秋不敢睡床上，與之同臥地板，以此遂失眠。今日國軍大量退却，北四川路一帶商店，三時半即打烊。

南昌已爲共軍所占。

五月廿五號星期三 （四月廿八）

寫《烝報》一則，壹千言，即鈔清。翻《墨子》一過。

莊良炘來，同至其家，并晤其夫人及俞大可。與靜秋及潮兒散步至世界小學幼稚園，玩滑板、浪船。遇吳有訓及張石公先生。

翻《責善半月刊》。上三樓，望蘇州河北大火。

今晨起身，家人傳言，共軍已于上午四時由興國路進市區，解放矣！繼廣播電臺報告共軍布告八條，知一切采取緩進政策。惟蘇州河以北尚在國軍手中，虹口交通斷絕。下午得志濤電話，知彼方戰事正劇也。上街，看新標語已貼出，電車仍停，商鋪開門者極少，外國人行動受阻。

自本月五日聞炮聲起，至今日解放止，戰事凡歷二十天。昨共軍沿鐵路至西站，天黑乃來，聞有內應。蔣要打一硬仗給外國看，結果打不成，所謂"兵敗如山倒"也。此君"自我得之，自我失之，亦復何恨"，惟苦了萬千老百姓耳。

五月廿六號星期四 （四月廿九）

改《大九州》條。到石公先生處談。出，遇清悚。修改《烝報》及《贅婿》兩條訖，又改《一妻多夫》一條。

小眠。韓仁母女來，留晚飯。與靜秋及韓仁母女同到高君珊家談。

翻《浪口村隨筆》底本。與潮兒及靳家兒捉迷藏。

與志濤通電話，悉四川路北京路正在激戰；大中國中炮彈碎片，玻璃窗盡破。予所存書不知尚能保存否？

上午打電話至大中國，知兩軍正在四川路與北京路間打，下午再打電話去，則已渡過蘇州河，在北四川路打矣。

石公先生僑居上海十餘年，每日工作在十小時上。《中國地方志考》已成書，《元史考》亦寫成若干，近數十年史亦屬草。此種生活真可羨也。

前夜共軍由興國路進，國軍由武康路退，故機關槍聲特近。

五月廿七號星期五（四月三十）

鈔《拋彩毬》、《吹牛拍馬》二條入《隨筆》，計四千五百字。編《隨筆》第七卷，未畢。

朱錦江來。蔣秉南，丁逢原來。留丁君飯。

準備明日課。

看報，上海全部解放。

今日振宇，擎宇，誠安皆打電話來，謂虹口經三日兩夜之恐怖，幸均無恙。并謂現在仍有槍聲，囑一二日内勿去。瑞蘭亦打電話來，謂閘北亦平安度過，惟經搶掠。下午此間仍聞斷續炮聲，不知何自來。

近日天氣潮濕，時有暴雨，雖雨而仍悶熱，使人甚不舒服。

五月廿八號星期六（五月初一）

上午一時半即醒。草《新疆種族》條，未畢。寫《蒙新考古》成，得千五百言，即改正。林少川來，留飯。

小眠。洪駕時來。與静秋、潮兒、靳太太及其子到華山路買鞋。

昨日以雨，竟日未走動，故今晨早醒即無眠。此後當每日散步。

五月廿九號星期日（五月初二）

仍上午一時半醒，服藥。寫雁秋、又曾信，交玉舜帶蘇。草《新疆種族》條畢，凡二千五百言，即鈔清。

小眠。與静秋，潮兒到徐家匯買中藥，遇章友三。

李拔可先生偕仲明來。看《漢律考》。

近日每天上午必上廁三次，未知何故。抑以廿四日失眠，起吃廣東點心，內葷油多，而近日極少吃肉，藜藿之腸不適于食此耶?

以連夜失眠，今日服中藥。此種草藥，從前一服只一角餘耳，今則貴至九角。所謂"黃金有價藥無價"也。

《解放日報》上文字，多保護工商業，發展工商業之文字。毛主席所謂"公私兼顧，勞資兩利，城鄉互助，內外交流"也。李立三亦作文談此，知前傳毛、李不合出國民黨謠言。

五月三十號星期一（五月初三）

五時起，準備功課。八時，到誠明文學院，上《左傳》（晋文出亡及霸業）三小時。遇伍蠡甫。以腹痛歸。高梅、瑞蘭來，留飯。

宣人來，同車到大中國。方詩銘來。開會，商討局務，至六時散。在局飯。步至外灘，遇胡曉升、王文新。

看《石室秘寶》。

街上鋪面尚未全開。解放軍紀律確好，無坐電車者。

聞虹口居民死傷者約五千人，以天潼路，海寧路一帶爲多。

蘇州肉價，銀幣一枚可得七斤，常州則可得八斤或鷄卵百枚。上海則僅二斤或三十枚耳。

今日同會：宣人　振宇　君匋　緯宇　擎宇　議決，派緯宇擎宇到北平，緯宇設分局，擎宇集材料。

五月卅一號星期二（五月初四）

爲林少川修改其新作《新疆行》一卷半。

眠一小時。陳士斌，杜啓泰來。王澤民夫人來。

與潮兒同乘車到少川處，未遇，留條歸。十二時，鹿世瀅偕岳錫朋來投宿，予由夢中驚醒，遂無眠。

徐州親戚毫不爲人家想，半夜打門，使我失眠之疾又作，真氣人！此皆雁秋，靜秋好客，喜留人之所致也。蘇州人嚴人我之分，決不隨便到人家吃飯或投宿，而徐州人則否。在這樣年頭，我經濟上負此重擔已大苦矣，又要我精神上受打擊乎！岳君與我非親非故，而世磊牽之來宿，殊非是。我家非客店，安得來一個留一個！

靜秋右手作痛，拇指屈伸不自由。我左臂屈筋亦久不愈，當同到醫院一看。

有人統計，從一九三七年到一九四九年五月，上海的物價，上漲了三十六萬億倍。在一九三七年可以買五百五十萬擔大米的錢，到一九四九年只能買一粒米。在一九三七年能買四百億擔煤球的錢，到一九四九年只能買一只煤球。這是多麼驚人的數字，多麼可怕的比數！從法幣到關金券，從關金券到金圓券，物價不獨早晚不同，即瞬息亦不同。在此可怕之十二年間，我們竟未毀滅，尚能成家，不可謂非僥天之幸也！

自抗戰起，予固不能作正常工作，然所寫文字亦不少，約計之如下：

（1）語體文　　　　　四十萬言（半待清理）

（2）文言文　　　　　五萬言（已成）

（3）隴西日記　　　　六萬言（已成）

（4）流寓日記　　　　二十萬言（尚未清理）

（5）雲大、中大講義　十五萬言（待清理）

（6）筆記　　　　　　十七萬言（已成）　尚可理出八萬言

共計一〇三萬言至一一一萬言，尚須工作一年方得清訖。不知此後一年能工作否？

　　　　　　　　　　　　　卅八年八月記。

[剪報] 卅八，七，二，天津《進步日報》

通俗讀物編刊社徵求圖畫、文字稿件

本社自民國二十二年在北平創立，所出唱本畫片博得北方大衆之歡迎，銷數極巨。抗戰後輾轉遷徙，不幸停頓。現值各地解放，亟有繼續工作之必要，特即在滬設立出版機關，展開社教事業。茲大量徵求稿件，敬希各界同志不吝賜教。條件如下：

徵稿範圍 1. 中共領袖及勞動英雄等模範人物之小史；2. 解放軍光榮史迹及壯烈故事；3. 新民主主義之解釋；4. 帝國主義壓迫弱小民族之歷史及現代國際狀況；5. 社會科學、自然科學及實用技術之常識；6. 中西文化及歷史故事。以上諸項均以故事方式寫出之，不可僅作抽象説明。

稿件形式 1. 畫片（年畫式）；2. 連環圖畫；3. 鼓詞秧歌及各種小曲；4. 戲劇；5. 小説。文字韻脚一律用國音國語，竭力求淺顯，凡不甚通俗之名詞及辭句必須加以注釋。其不能自作圖畫而能作圖幅之設計及説明者亦得應徵。

稿件分量 1. 畫片以一大幅爲單位（一大幅内亦得分畫爲數小幅）；2. 連環圖畫以一冊爲單位；3. 鼓詞小曲及戲劇小説均以一篇爲單位。連環圖畫每冊以一百幅爲限（但可先寄樣張十幅左右），文字每篇短者不拘，長者以一萬字爲限；但如有長篇佳構不能以此爲限者亦得與本社商量辦理。

撰寄稿件 1. 應徵之稿或根據書籍報紙，或根據地方傳説，或出對方口述，或出作者想像，均須于稿後詳加注明，以便稽核。2. 稿寄上海四川北路山陰路興業坊三十五號三樓本社。發信人之姓名地址務須繕寫清晰，以便答覆。3. 本社接到來稿，當于兩星期內審查作答，凡決定收受者優送稿費，其不收受者即交郵退還。4. 凡不願收受稿費者，得先行聲明，本社當加以榮譽之推崇。

一九四九年六月

六月一號星期三（五月初五）

修改林少川《新疆行》，自二卷至四卷。李炳塏來，取寄存行李。

眠一小時。起潛叔來。與靜秋，潮兒乘車到霞飛路購物。遇李炳煥。到徐重道買中藥。

鹿世磊來，留宿，服中藥，得安眠。

以昨夜無眠，今日精神困憊，然猶不得不工作，如在雲霧中爲之。

六月二號星期四（五月初六）

寫雁秋信，交世磊帶蘇。乘電車至老北門，步至大中國，寫黃海平，井成泉，紀伯庸，高耀玥信。崔竹溪來。李平心來。

到誠安處談。到擎宇處談。取地圖，修改《新疆行》第四卷，畢。與君匋同到市教育局，訪范長江，未遇，留條。晤徐伯昕，談。歸，洗浴。

看《點石齋畫報》。半夜，爲蚊嚙醒，幾失眠。

六月三號星期五（五月初七）

將《撒拉回》一文改爲文言，入《隨筆》，凡二千五百言。何曉村來。到靳家吃飯。

小眠。韓仁來。與靜秋，潮兒到世界小學及迪化公園散步。遇龔光朗。

看《點石齋畫報》。十一時，又安自蘇來，予爲驚醒，幾失眠。

今午同席：管榮法夫婦(以上客)　靳自重夫人及其子女(主)

六月四號星期六 （五月初八）

與又安談。編《隨筆》第七卷訖。到誠明，上"目錄學"兩堂（《漢・藝文志》與《隋・經籍志》）。晤王善業。

小眠。汪叔棣來，長談。洪駕時來。韓仁來。翻《黃帝內經》。乳媽之夫田壽庚偕其女來，留宿。

看五行材料。

銀幣一圓，本易人民幣六百五十元左右，今日高至一千二百。可見金融市場仍有人操縱，使人民券貶值一倍也。上海商人真膽大！

六月五號星期日 （五月初九）

續集五行材料。乳媽田雷氏隨其夫歸。抱湲兒半日。

小眠。準備明日功課。到蔣秉南處。出，遇李資廉。丁逢辛來。續準備功課。失眠，服藥。

今宵本倦矣，上床後，靜秋出洗脚，恐其回室時將我驚醒，忍而待之，以此一點興奮，又致失眠。起索皮篋，得藥一丸，服之，以爲可至天明矣，乃一覺醒來，是上午二時，蓋尚未眠足兩小時也。決明日就醫。

昨日乳媽之夫來，渠傷寒後身體未恢復，至今咳嗽無力，靜秋因于今日遣乳媽隨之返家。從此抱孩之事我與靜秋任之矣。此乳媽性懶而驕，乳又涸竭，遣去亦好事，但我爲彼已化六擔米矣。僅做兩個月，豈非冤枉！

六月六號星期一（五月初十）

到狄畫三處診病。乘九路車到大馬路，步至大中國，與君匋，擎宇談。

在北四川路購中西藥。遇鍾素吾，同到大中國談。翻孫志祖《讀書脞錄》。冒大雨歸，郝昺衡，李資廉來。

澡身。服西藥，得酣眠。

大中國諸同人知南京房捐凡分七等，屋美者捐極重，因勸我回住興業坊。適晤式湘夫人，渠家有意出讓，或與我家同住。俟式湘歸，當爲商量一辦法也。

畫三謂予體尚好，失眠爲偶然性，惟心臟跳得快，一分鐘八十六下。血壓自八十至一百四十餘，正常。

六月七號星期二（五月十一）

抱湲湲。張益予來，送誠明薪。略集宋鈃材料。

眠一小時許。擬編印通俗讀物計畫。高大姨及瑞蘭來，留宿。

與又安，潮兒到徐家匯散步。翻《虞初新志》。

昨雖得眠，而今日疲倦甚，倘緊張之後應有之現象耶！白天脉跳八十六，臨睡乃祇得六十五，何耶！

蘇州人有信來，均言洪洪聰敏能表現，喜畫，雁秋寄一紙來，畫樹枝，筆姿頗生動。

六月八號星期三（五月十二）

寫黃海平，王成組，井成泉信。乘五路汽車至静安寺，轉電車至大中國。車中遇周谷城夫人及其子。與君匋同到文匯報館訪徐鑄成，并晤嚴寶裕。又到文教會訪范長江，留飯。

與夏衍長江談民衆讀物事。回大中國，改《新疆行》一卷。與振宇談。到大馬路買奶糕，乘車歸。王澤民來談。老表自蘇來，爲我家工作。

與靜秋，潮兒到韓仁處。看《虞初新志》。

今午同席：予與君匋（客）　范長江　戴百韜　金仲華等（主）。

君匋欲爲大中國出通俗讀物，囑予與長江接洽。長江謂此事甚重要，但人民政府當此開創之際尚未考慮到此，亦無出版審查機關。予請其供給材料，則謂共産黨頻年在流動中，實無材料可供給，只要就新華書店所出書作根據即可。

六月九號星期四（五月十三）

到中研院，參加廿一周年會，聽竺藕舫，陳毅，張菊生等演講。晤蔡師母，錢臨照，趙九章，陶孟和，柳翼謀等。會散，復至會議室，與陳市長談。一時，乘汽車歸。

小眠。鈔喇嘛寺組織材料。

韓仁來。看《虞初新志》。

聽陳市長毅講話，態度極好，知反共者直是多事，我輩爲國民黨蒙蔽處太多矣。

菊生先生侃侃而談，謂當此艱辛之日不當慶賀，何以霞飛路搭兩個彩排樓。又言將舉行入城式。解放軍進城已久，何必又來這一套。陳市長向之解釋，謂此皆人民之意，解放軍實不願爲也。

六月十號星期五（五月十四）

伴送大姨，三姨，又安，潮兒到法國公園。予至呂班路乘十七路車到大中國，與君匋等談。改《新疆行》第六卷。

寫袁復禮，張印堂，金靜庵，向覺明，聶崇岐，王重民，張政烺，葉聖陶信，爲緯、擎宇介紹。程枕霞來。晤嚴幼芝。開局務會議。

赴亞光，宴，乘緯宇車歸，帶書籍至學社。

今日同會：宣人　振宇　君匋　緯宇　擎宇

今晚同席：緯宇　擎宇　振宇　丁小富　君匋　陳苗林　岳海庚(以上客)　劉子喬　尹文發(以上主)　爲緯、擎宇餞行

蔣氏遣飛機來炸虹橋飛機場，無聊！

證券大樓操縱金融者悉被捕。大頭本已漲至二千餘元，自失此操縱之神經中樞，陡落至一千二百元。

聞白崇禧在長沙得大勝，林彪所率三師爲其消滅。然此局部之勝利必不能挽回大局。則徒然使人民延長痛苦而已！

六月十一號星期六（五月十五）

韓仁來。準備功課。到誠明，以學生出外宣傳不用銀元，停課。蔣竹莊先生來談。

小眠。改《新疆行》第七卷。德峻侄來。起潛叔來，與同到拔可先生處。

高大姨與瑞蘭返王傅熠家。看《虞初新志》。

竹莊先生年七十七，直如四五十歲人，修養之有效可知也。渠先從道教下手，後乃習密宗，至今任誠明光華兩校院長，且任課。腰脚輕健，可羨也！

今夜未藥而睡，居然得眠，可喜！竹莊先生謂我，靜坐可治失眠。去雜念不易，可先數息。

潮兒索紙畫草，芊芊有致。湲兒膽小，聽門窗震動聲即嚇得一跳。其神經過敏可知。此三兒均神經質，在文藝及學問上當能有成也。

六月十二號星期日（五月十六）

到大中國，草通俗讀物社徵稿辦法，手鈔三份，備登報。剃頭。到亞光，小坐。

韓仁母女來，送之登車。歸，看學生爲取締銀元販大游行，電車爲阻絕。步至亞爾培路，雇車歸。歸，陳叔諒，王以中來。

雁秋自蘇來，談。失眠，服藥。

今日緯宇、擎宇北行，韓仁母女搭伴。聞浦口待車人極多，恐不能上火車，須搭汽車也。

理髮價人民幣三百六十元。即金圓券三千六百萬也，又高矣。

今宵疲甚，本可睡，惟以予登床，静秋又出房一晌，又使予不能眠。

潮兒始畫人，居然有些像。静秋月經來，頭痛。

六月十三號星期一（五月十七）

準備功課。到誠明，上《左傳》課三小時（城濮之戰與殽之戰）。

眠一小時。到大中國，看戰國故事十二種釘出樣本。莊學本來。與振宇談。

歸，宴客，與雁秋散步。服中藥，得安眠。

今晚同席：徐道鄰　雁秋（以上客）　　予夫婦（主）

今日聞有自南京歸者，謂浦口車站待車者至十餘萬人，不但火車搭不上，即汽車亦搭不上，緯宇等恐須退歸矣。

下午，潮兒發燒，熱高百〇三度。

聞蔣方飛機投下傳單，謂十五日來上海炸。此人倒行逆施如此，安得不敗！

六月十四號星期二（五月十八）

修改《新疆行》第八卷，未畢。寫又曾信。

小眠。王傳熠夫婦來。高君珊來。

丕繩來。雁秋返蘇。

聞寧波爲蔣軍收復，遂思進一步收復上海矣。收復未必能，人民之苦痛則加增無疑。

聞津浦北行車所以擠者，乃安徽，河南解放區中民變。蓋徵糧太凶，老百姓多自殺，地主乃與農民合力抗共，原有紅槍會之民間武力，遂得揭竿而起。其口號曰："打倒蔣介石，活捉毛澤東。"然無國際背景，如何成功，重苦我民耳。

六月十五號星期三（五月十九）

修改《新疆行》第八卷畢。到呂班路法商水電公司。歸，車中遇君珊。

小眠，未着。高梅、耀玥來。出，到石公先生處談。訪林少川，已行。訪周谷城，未遇。訪楊家駱，長談。步歸。路遇梁士純夫婦。

翻平步青《讀經餘瀋》。

改《新疆行》八卷，費時約五天，少川游記僅得半也。總算告一段落。

潮兒今日全愈。

六月十六號星期四（五月二十）

乘車至老北門，步至大中國，與振宇、子喬、宗舜談。晤大夏。寫丙生夫婦，姬信之，紀伯庸，汪叔棣，劉起釪，黃奮生，趙孟鞱信。

到誠安夫人處談。到博物館，與寬正、詩銘，瞿子陵，黃永年談。德輝來。

歸，晤林少川，留飯。

今晨蔣機果來轟炸，聞寧波爲其收復時，解放軍消滅二十萬。又聞馬繼援打一大勝仗，中共極順利的解放數名城後，又盤根錯節了。

又聞解放軍得西安後，國軍又盡占西安郊區。解放軍只得一個城圈。此等事皆報紙所不載，故傳説遂愈多，實非計之得也。

六月十七號星期五（五月廿一）

寫九嬸母信，交又安連錢帶蘇。周其超來。編《高原上的呼聲》，未畢。

眠一小時。史□□送張嫂（蠻子）來。又安返蘇。

與静秋，潮兒乘電車至徐家匯，步歸。

將十餘年來所作邊疆及民衆教育文辭，編爲《高原上的呼聲》，此予經世之文也。

六月十八號星期六（五月廿二）

與静秋到靳太太處話別。旋送之上汽車。編《高原上的呼聲》，未畢。到誠明，上"目録學"兩堂。

眠半小時。

翻《虞初續志》。

六月十九號星期日（五月廿三）

與静秋，潮兒出，訪黄仲明，未遇。晤其夫人。訪范希衡，并晤柯育甫，劉海萍夫婦。訪湯吉禾夫婦，并晤徐光化。游林森公園。十二時歸。

眠一小時。侄女沅及德武，德泰兩侄來。出誠明學生暑假工作題。洗浴。到李資廉處，并晤朱元。

翻《愙齋集古録》。

六月二十號星期一（五月廿四）

到誠明，出題目。到大中國。凌大夏來。許公武來。誠安來。寫吳鶴九，吳樹德，王則誠，羅雨亭，程銅士信。陳安鎮來。

到史地社，與家駒，大夏，叔棣等談。到紹虞處，未晤，晤其女新和。歸，世瀅來，留宿。與潮兒上街寄信，遇君珊，至其家小坐，晤洪高兩君。

看《愙齋集古錄》。

誠明文學院中學生雖少而肯用功，惟圖書太缺乏耳。王煦華君甚能發問，可以造就。又女生袁漪能填詞。

緯宇有電來，昨日到平，行一星期。

六月廿一號星期二 （五月廿五）

起潛叔來，爲改所作葉揆初先生行狀。周棋超來。静秋赴醫院，翻車跌傷，與潮兒往視，診後歸。

看《西北教育設計報告》，修改訖。起潛嬸來。檢文集材料。

范希純父子、柯育甫來。

静秋患拇指不活動，屈即不伸，伸即不屈，工作困難。予勸其就診。今日偕王太太上醫院，不幸所乘三輪車前輪脱走，静秋自車中衝倒地上，臂、腿、口腔多傷，幸尚不重。

蔣家機兩日均來，炸黃浦江邊船隻及火油庫，頗傷人。此人如此搗亂，直與民衆爲敵，可厭甚矣。

六月廿二號星期三 （五月廿六）

續檢文集材料。到大中國，作《上海詳圖》序例七百言，即鈔清。黃重憲偕其弟存元來，爲寫雁秋、又安信。

天熱甚，任何事不能作，因翻架上書，看《心史叢刊》等。步至大馬路，買乳糕及草帽。歸，洗浴。

看《三大疑案考實》，畢。

日來患消化不良，頻頻放屁，大便一晨三次，幸不稀耳。静秋謂予口中有臭氣。

大中國門市，約三四萬元一天，已較前爲佳。鋼筆生意則不好，以一支萬元以上，大家買不起也。

孟心史先生以考證方法施之于清史，成績超卓，以材料之多，任何問題均可作定論。將來編考證文選時，當選入數篇。

六月廿三號星期四（五月廿七）

補作《内蒙盟旗要求高度自治問題》入集，得三千字，未畢。

丁逢辛來，留飯。

翻看予廿二年日記。

予在抗戰前，頗留心蒙事，集材不少，而未曾寫文。今補作一篇，加入文集。

静秋患重感冒，予近日亦多盗汗。

六月廿四號星期五（五月廿八）

到大中國。子喬來談。續作昨文，得三千五百言，畢，即修改一過。

君匋來談。

看《愙齋集古録》。

六月廿五號星期六（五月廿九）

寫户口單交保長。將昨文作最後修改。將《高原上的呼聲》第一編編訖，將有問題者翻看一遍，編寫目録。洪駕時來，取稿。與静秋，潮兒出，參觀可的牛乳廠。遇朱錦江、高醒粹。

眠一小時。補《抛彩球》條七百言。看《左傳釋人》，鈔婦人名號，略爲分類。

六月廿六號星期日 （六月初一）

作《婦人稱謂》一千六百言，即鈔清。

眠半小時。翻《虞初新志》。

看《藝風雜志》。

予近日飯量減少，放屁增多，靜秋斥余不能節制工作所致。爲了合衆圖書館肯替我印稿子，洪駕時君每星期來取稿，逼得我更無閑暇，初則失眠，今則腸胃不消化。正似作《五德終始說》時也。

六月廿七號星期一 （六月初二）

作《宋鈃書入小説家》一千五百言，即鈔清。

與靜秋，潮兒到國泰電影院看《香檳小姐》，四時出，買布，歸。寫德輝，木蘭信。

翻看馮夢龍《山歌》。

今日與潮兒觀電影，爲賽馬五彩片，渠竟能終場，不吵不睡，其智力之進可知也。

六月廿八號星期二 （六月初三）

到起潛叔處，送稿送書。到樂仁醫院訪程玉麟，已去臺灣。到魯弟處。到大中國，修改《新疆行》第九卷畢。時代廣告公司徐普慶來。

徐普慶又來。與振宇談。寬正、大沂來。歸，途遇張匯文夫婦。德輝來，留飯。玉舜自蘇來。

詩銘好隨便説話，如趙肖甫，而又驕又吝，處處引起其不滿，遂使博物館中大家不安。今日大沂等來，請我爲之介紹出書，在此時候有何方法，且彼之入館係丕繩所介紹，于我何與。此人性情如此，必無好結果。

時代廣告公司爲《青年報》來拉廣告，予漫應之，遂爲其逼簽字。既而告陳金丁諸君，則以爲不可。此後予當竭力避免管事。予自知非辦事才也！

六月廿九號星期三（六月初四）

作《飲器》一條，七百言，即謄清。可貝夫人來。集筆記材。

眠一小時許。譚季龍來。起潛叔來。鈔《碏》，《墓象山形》二條。

與靜秋、玉舜、潮兒到復興西路散步。歸，范希純來。

今日一天就厠五次，每次所下不多，幸不溏薄耳。

今日飛機又來，盤旋一小時許，在閘北、北站及靜安公墓投彈，死傷數百人。（後聞達千人。）蔣氏臨没落還要闖禍！

六月三十號星期四（六月初五）

爲起潛叔再改葉揆初先生行狀。到大中國。出，剃頭，買鞋。看《吳越春秋》。

點皮氏《春秋通論》十篇。本書訖。丕繩來。童養年來。晤大夏。歸。章君疇來。

洗浴。看《儒學警悟》。

理髮價四百元。一雙布鞋，一千七百五十元。

皮鹿門《五經通論》，去年歸後即點，至今日始訖，半年矣。此爲我第二次點讀。再點一次，可以作注矣。

今日大便已正常。

卅八，六，廿八，雁秋與靜秋書曰：

妹的親愛精誠的熱，發生正面的效力最大，然而因爲不自知覺而來得過當的地方也實在不少，因而在大環境中能發生向心力，也能發生離心力。地位重要些的人的行動，影響到環境中越發會大呀！你最大的毛病是因爲自信真誠，不覺不知的會有暴慢與不恭，這在社會上會失人心，在家庭裏也會發生不少的離心力和失去信仰心呀。四妹，你能多用些“忍耐”“和氣”嗎？對人，尤其對家人夫婦手足，忍耐是不難過的，恭敬和氣是光榮的。你本明達，略爲留心，略加改正，便成完人了。祝四妹接受我的話去作。

又説：

四妹心熱質直，對諸姊及兄雖愛護無微不至，用心確實良苦，用力確實太多，祇以愛護之心力太大，太多，太切，遂不知不覺而失去敬禮之義。……我們確實各有最高的熱誠，最好的博愛，最大的爲公而犧牲性，最難能可貴的孝慈友愛，我們爲什麼不能再加修正補闕，求爲完人，以發揮我們高尚純潔的風度，去暗示給兒輩？

余自遷武康路，有安居之樂，北平寄運書籍打開，又得度十餘年前讀書生涯，書肆營業不佳，無公可辦，復得寫作，竟不思動矣。然擎宇等自北平歸，爲述北平友人語，予如再不前往，即將被疑爲不合作。而上海新華書店召集書業界商談教科書事，大中國竟未簡招，或以本局得第一號執照，疑與朱家驊有關，或以予曾任國大代表，疑與國民黨有關，均未可知。要之，予如不到北平一次，謁見中共最高當局，本局前途亦殊不利矣。因定八月初赴平，與毛主席商出版通俗讀物事，君匋、振宇偕行，并籌設辦事處于琉璃廠，俾將本局出版地圖，乘新政府未正式成立時速在平津及東北銷盡，庶本局在風雨飄搖中尚得存在也。本局今年六月營業額一百五十萬，而開銷爲二百五十萬，即是將售出圖書之成本吃完外，再賠一百萬元。如不即速打開一出路，則五年來心血白費矣。

青島解放後，接管山東大學者爲羅振寰君（今名竹風），北大國文系畢業，曾上予課。山大本無歷史系，下年擬創立，又擬設史學研究所，與拱宸、紀彬聯名邀予前往任職。予已不想教書，惟大中國前途尚不可知，而予家連生三孩，開支日大，萬一支持不下則將何如？上海門户之見甚深，非予教書之地。青島風景佳勝，適于讀書居家，山大歷史短淺，尚未造成學閥系統，或可移往。擬俟北平南旋時，迂道往視，能兼則兼之，否則或一年前往一次也。

卅八，七，九，記。

一九四九年七月

七月一號星期五（六月初六）

作《鯉跳龍門》一條，一千言。周其超來。寫起潛叔信。靳自重，李家文來。德輝來。先父八十陰壽，設祭。作《四戴》一條，千五百言。宴客。

簡香來。林少川來。

月臺乘凉。翻《儒學警悟》。

聞七月七日，蔣機要大轟炸上海，不知又有多少屈死鬼！

靳君言，南京物價比此間低得多。牛奶一磅二十元，此間則四百元。故阿諾歸後直以牛乳當茶喝。南京本有百二十萬人，今去四十萬，故市面蕭條。

今午同席：靳自重　李家文　高三姨　高玉舜　德輝（以上客）　予夫婦（主）

七月二號星期六（六月初七）

鈔《左傳》中關于"劍"之材料。到大中國，鈔集材料。趙孟頫夫人偕其子人驥來，同到復興園吃飯。

與振宇、宣人、子喬談。翻看《戰國策》，鈔材料。六時半歸。

與靜秋、潮兒、玉舜到黄浦灘散步。

今晨七時半即來炸，巨聲作于東南，聞仍係炸船廠。

與局中人談，現在一個月可做百餘萬生意，但因底薪折米價高，開銷須二百餘萬。如時局不好，則將維持不下。又謂前印教科書，今年秋銷如無辦法，則便擱淺矣。聞此愁絕，予家之經濟基礎又動搖矣。

七月三號星期日（六月初八）

鈔《吳越春秋》"劍"的材料，未畢。到伯祥處，長談。到伍蠡甫處，談。歸，孟輯夫人及人驥來，留飯。

眠一小時。吳明德表侄來，爲予家人照相，與潮兒玩。洗浴。

翻《東塾讀書記》。在草地乘凉。

今日又來炸三四次。

今日湲兒熱百度，不思飲乳，惟精神尚好，服鷦鴣菜。

明德能與小兒玩，今日一來即與潮兒熟，謂潮兒個性强，要她做事不能用命令式口氣，必反言之乃有效，此言是也。

七月四號星期一（六月初九）

出，遇沈勤廬。到大中國，鈔《吳越春秋》及《戰國策》材料。

看《國語》，集材料，未畢。玉舜歸蘇州。歸，適遇文藝工作者游行大會游行，停車待甚久，天黑始歸。

看《呂氏春秋》，集材料。

湲兒仍有熱一度。

八時半，敵機來襲，聞係龍華站。蔣氏真流氓行徑！此所謂"損人不利己"也。

七月五號星期二（六月初十）

與静秋、三姐、潮兒同到孫克鍾醫院打防疫針，買物歸。看《國語》，集材料，訖。看《呂氏春秋》，集材料訖。王澤民來，留飯。

眠一小時。洗浴。看《淮南子》半部，集材料。與靳自重、李家文同看花。

天熱甚，簡直不能提筆。

湲兒下午仍有熱，入晚而退。未知是生牙否？渠近日吐涎甚多也。

上午五時半，敵機即來炸，又是龍華。聞機場係在舟山群島，故來去如此便捷。

潮兒愛美，得花即欲簪髮。又好爲母，爲其洋娃娃設鋪陳，且喂乳。此兒之女性與母性真十足。近日極好發問，"在那裏？""這是什麼東西？"常挂齒角，知其知識欲之强也。

七月六號星期三（六月十一）

與潮兒、靜秋同到霞飛路買書，游復興公園。予獨至呂班路底乘無軌車，乃以大游行停開。復到公園找靜秋，不得，雇人力車歸。

眠一小時。看《淮南子》，訖。汪叔棣來長談，留飯。丁逢辛來，偕張嫂去送子。靳自重返京。

爲潮兒講書。

今明兩日以慶祝勝利大游行，電車、公共汽車悉停。此等鋪張之狀，實如菊生先生言，非刻苦實幹之中共所宜有也。一般人只會錦上添花，殊無益于事！

潮兒買了幾册兒童畫報，到公園後即欲覓一坐位看書，其後走在路上亦看，真是一小書呆子！

今日稱體重，予得百四十七磅，靜秋得一百二十三磅，潮兒得三十二磅。

七月七號星期四（六月十二）

看《越絶書》，訖。寫又曾，沈鳳笙信。

得電話，到永安公司鸞鳳廳，晤緯宇，擎宇等，談北平事，商設辦事處。六時歸，童丕繩來。

翻看各本《戰國策》。

昨晚潮兒突然熱，高至一百〇二度。今日延狄晝三來診，謂是胃炎。

今日下午同會：振宇　緯宇　擎宇　君匋　（亞光）

今日放假游行，大馬路上看者極多，電車擁擠甚。然均在汽車中打鑼鼓，亦無甚好看也。

蔣氏在臺廣播，謂今明將大轟炸，而飛機竟不來，其爲美國人所阻止歟？

七月八號星期五（六月十三）

到大中國，寫楊拱宸，程銅士，白壽彝，韓鴻庵，黃萍蓀，朱東潤信。子喬來，送上月薪。

開會，商北平設辦事處事，自二時至五時半。到郵局寄信。步至外灘，乘電車歸。

翻看《詩經》，未畢。

潮兒今日下午熱退。予晨出，告以爲買糖，渠曰："爸爸有錢吧？"日前飛機來襲，靜秋令其入室，時予已出，渠曰："爸爸呢？"以此知其能爲人設想。

今日下午同會：宣人　振宇　君匋　緯宇　擎宇　（大中國）

七月九號星期六（六月十四）

看《詩經》訖。誦芬弟來。爲起潛叔所作葉揆初先生行狀作最後修改訖。作《周道》八百言，未畢。

就眠，未入夢。蔣秉南來，長談。吳明德來，送所照相片。與同出上電車。

到寧海路錦江川菜館赴宴。九時，乘緯宇車歸，洗浴。看吳趼人筆記。

今晚同席：緯宇　擎宇　振宇　宣人　子喬　文發　王昌源　陳苗林　丁小富（以上客）　君匋（主）

近日天氣，直是倒黃梅，時時有雨，寒熱不定。

聞臺灣米價每擔至黃金三兩。

大中國底薪一元折合米三升，已支持不下，而王昌源言，裝釘作工人要求一元折米七升，此豈非勞資兩敗乎！

七月十號星期日（六月十五）

續作《周道》一千言，訖。起潛叔來，再改其文。王育伊來。

眠一小時。作《楚材》六百言，未畢。與靜秋到靜安寺買物，遇程國任。

看吳趼人札記小說。

今日爲兒輩買藤車，小書架，浴盆等，化三萬元。我輩丁此時艱，所用絕少，惟爲兒輩計，仍使其得過正常生活。可謂對得起她們了。

七月十一號星期一（六月十六）

到銀行公會，與誠安談。到大中國，翻看《荀子》一過，集材料。

寫伯祥信。六時半歸。

起潛叔來，再改其稿。頤萱嫂，玉舜，洪兒自蘇來。看吳趼人札記小說畢。

報載北平成立新史學研究會，在南方之伯祥、壽彝皆在，而無予名，予其爲新貴所排擯矣。予爲自己想，從此脫離社會活動，埋頭讀書，庶幾有晚成之望。惟三兒皆幼，培植需錢，而大中國見予失去社會地位，復將以芻狗土龍視之，生計乃大可慮耳。數月前，君匋亟勸予赴港轉平，予以靜秋之阻未能應，若予先解放而往，當不至如此也。

前數年，予所以不能不接近政府，實以既辦大中國，便不得不與政治發生關係，不慮即以此使人歧視。

七月十二號星期二（六月十七）

與靜秋，三姐等同到孫克鍾處打防疫針。與靜秋到連雲路石筱山處挂號。游新城隍廟，購物。歸，寫《吳國兵器》一千言，未畢。

小眠。與靜秋到石筱山處診治。出，在霞飛路購物。歸，洗浴。

石醫爲上海著名傷科，求醫者至多。靜秋跌傷處謂無礙，惟其兩拇指運用不靈則不易治（按，西醫亦如此説），謂是血管硬化也。予之左肩，謂是漏肩風，須多打幾針，且敷膏藥。

三小兒俱在側，謂靜秋曰：潮兒玲瓏剔透，眉目妍麗，可名之曰"秀氣"。洪兒糾糾其容，易于發怒，可名之曰"武氣"。湲兒安分不鬧，見人即笑，可名之曰"和氣"。

七月十三號星期三（六月十八）

發燒，臥床。看《漁磯漫鈔》（雷琳等編）。看《左傳》一卷。

自昨日浴時起，覺得不舒服，半夜醒來，遂不成眠。今晨量之，熱九十九度二，下午升至九十九度八。終日僅吃牛奶鷄蛋一碗，未進他食。大約昨日所打防疫針分量較重（1c.c.），故反應也。

床上翻讀《左傳》，較用心，覺頭痛，即停止，看筆記小説，隨手翻覽，不費精神也。

七月十四號星期四（六月十九）

又安自蚌埠來。臥床，看程熙《吹影編》四卷。寫又曾，潤孫，張志毅信，爲借糧事乞援。

玉舜商量行止。

振華自蘇州來。

今日已無熱，惟疲倦甚，不能起耳。

又安與王傳熠到蚌埠購煤運滬，本錢一噸七千元，而滬價則七八萬元，可大獲利，惟只作此一次耳。

昨得又曾信，知借糧須四石二斗，合時價當十七八萬元，囑想辦法，因囑其向四家房客各借一石，恐借不到，適牟潤孫擬介紹一人住壽彝所，請其先付兩石，又函文通，請其將未付清之房租先付兩石，俟算出後多退少補。如此張羅，大可憐矣。

七月十五號星期五（六月二十）

臥床。看王家楨《在野邇言》八卷，俞蛟《夢厂雜著》十卷。世澐來，留飯。

晨飲牛乳後覺噁心欲吐，想吃酸辣湯，當是胃中有病也。

近日物價波動，由于米之缺乏。國民黨時代有美援米，可平價分配，現在没有了，而交通阻塞，運輸不易，兼以水旱之災，農産減少，遂至如此。

七月十六號星期六（六月廿一）

看俞鴻漸（曲園父）《印雪軒隨筆》。周棋超來。洪駕時來。

小眠。看金武祥《粟香二筆》。看新出版之《僞官醜史》。

看王曇《烟霞萬古樓集》。

今日飯量增加，午飯一碗飯，一個饃。晚二個饃，一碗粥。明日有力做事矣。

火車票一漲即四倍，又是公用事業領導漲價。近日米一石已漲至六萬八千矣。

　　湲兒自乳媽田雷氏行後，專飲乳粉，食量有定，醒臥有乳。自吃張朱氏乳後，不願飲乳粉，一頓乳粉須吃多回，因此睡眠無定時，且一驚即醒，向日肉極緊，今又鬆矣。靜秋爲此悶甚，予謂只有不吃人乳而已。

七月十七號星期日（六月廿二）

　　補記日記五天。修改《吳國兵器》，增二百言，訖。方紀生來。保甲長來。秋白夫婦及其子明新，簡香夫婦及其子其康來。

　　方詩銘來，爲寫楊拱宸信。作《教條式之銘辭》一千八百言，畢。

　　看吳薌厈《續客窗閑話》。洗浴。

　　得德輝書，悉我家被派地價稅三萬八千元，又是一筆負擔。現在物價日高，大中國營業日劣，而官家攤派反日甚，真將把我壓死。父大人傳些產業，我未得享受，反挑重擔，反不如無產者之悠然也。

　　得上海市政府房捐通知書，五六兩月分該出貳萬四千七百廿元，又是一筆大支出。如此，予家住武康路屋，等于每月出大頭十枚。

　　頤萱嫂謂湲兒爲杏眼。秋白弟謂湲兒兩睛似兩粒黑棋子。

七月十八號星期一（六月廿三）

　　改昨作畢。到大中國。作《九鼎》二千餘言，未畢。擎宇來談。改解放區地圖説明。汪孟鄒來。

　　剃頭。與振宇、宣人、君匋談。

　　林少川來。看《客窗閑話》。洗身。

　　理髮價六百元矣。

　　解放軍初來，大家很滿意，尤其毛主席"勞資兩利"之説一出，人心甚安，但至今日，則民咨胥怨，以勞資將兩敗也。盛傳國軍將與亞洲五國聯合反攻。

大中國每日營業，約自四萬至十萬。然以米價之高，薪水之漲，不敷開銷遠甚。如物價猶作波動者，不過支持兩個月耳。局中有金條，而官價壓低，與米價相差遠，值日貶。有存貨，而國定本教科書已作廢，恐須繳銷。有房子，而取消二房東制，收不回頂費。故有產而無異于無產矣。

七月十九號星期二（六月廿四）

將《九鼎》重作，訖，得三千四百言，修改訖。王煦華，盧元來。趙光濤來。

洗浴。

看《續客窗閑話》。

潮兒見振華作針綫，亦爲之，饒有姿態。此兒女性十足。

蔣氏聯合日本，朝鮮，菲律賓反攻之説，今日報紙亦載，知多日謠傳業已證實。若然，上海必又經一番兵事矣。予北平之行似以不去爲宜，否則能去不能來，將若何！

聞蔣爲聯軍總司令，岡村寧次爲副司令。八月十五反攻。

上海前爲國民黨之毒瘤，今爲共産黨之毒瘤。上海自經國軍封鎖，食糧成問題，故米價貴，米貴則百物隨之，而金銀價又在高壓下不得高，故凡有積蓄者無不怨恨，而工廠等待吃完關門，則無産階級亦恐慌矣。共産黨在軍事上尚有辦法，在經濟上則絶無辦法，徒有壓榨耳。

七月二十號星期三（六月廿五）

到大中國，搜集《中霤》材料。許公武來。擎宇來。來薰閣孫景潤來，邀緯宇商批發。

誠安來。寫又曾，德輝，林冀信。到郵局寄。歸，洗浴。

看《續客窗閑話》。

又安所運煤今日方到，手頭可略裕矣。

山東大學趙紀彬，楊拱宸，劉雁浦都來信，勸予前往，擬先至青島，再去北平。惟日來京滬路天天受炸，未知能成行否耳。

誠明文學院邀予任中國文學系主任。

誠安到蘇州，見諸家繳不出借糧，均在門口設攤售家具什物，一紅木椅，銀幣五枚耳。有拆房子零賣者，爲人民政府所禁止，謂我輩來正要建設，如何破壞。其繳不出者，男子捉將官裏去，無男子者捉女人，有上吊者。滿目是一慘字！

七月廿一號星期四（六月廿六）

作《中雷》一千五百言，《臺》一千七百言，《明堂》一千五百言，編《隨筆》第三卷。汪毓平來，留飯。

洗浴。

在草地乘涼。看《續客窗閑話》。

得趙紀彬信，知青島文教部部長王哲，北大出身，留學蘇聯，曾任北大教育系教授，高教處處長羅竹風，北大中文系畢業，曾上我課，故接管之始，即囑拱宸出名，邀赴山大，辦史學系及研究所。

七月廿二號星期五（六月廿七）

將《隨筆》第三卷複看一遍。到大中國，作《蜀中石器》一千二百言。又作《蜀中冢墓》未畢。

開業務會議，自二時至六時（爲調整薪金及商發行所經濟獨立事）。

洗浴，看《續客窗閑話》。

今日下午同會：宣人　振宇　君匋　緯宇　擎宇　議決，三十元以下折實單位以二·四計，百元以下除卅元外以一·六計，百元以上除百元外以〇·八計。予薪最高，當少支三分之一。發行所每月賠四百單位，擬令獨立，使勞方獨利，資方不賠，未成議。

太平洋反共聯盟日益具體化，報紙上日罵之，即表其懼也。聞共黨已準備撤退，蘇州河中夜必有大批木船運物，係由運河轉至蘇北者。聞美國表示，要共黨退至黃河以北，故可能撤至北方。

七月廿三號星期六（六月廿八）

續作昨文畢，鈔清，將《隨筆》第三卷作最後修改。洪駕時來，取稿。張志毅來電話。

草《隨筆》序文兩千餘字。吳明德來。洗浴。

看《續客窗閑話》畢。看《四庫提要》。

《浪口村隨筆》暫以六卷訖，今日完工矣。自四月十二日着手至今，凡閱三個月又十二日，得十七萬餘字。此一星期中，凡寫一萬一千字，亦云多矣。

潮兒見予衣破，即拈針爲補，此可見其好作事。但性質倔強，不聽話，客來令作敬禮及對答，決不爲，或害羞太甚耳。

張嫂與潮，湲兩兒皆感腹疾。

七月廿四號星期日（六月廿九）

鄭國讓、李光信來。王古魯來。重草《隨筆》序，畢。

小眠。丕繩來。看徐紹楨《道德經述義》。看梁思成《清式營造則例》。

此次又安合夥到蚌埠買煤運滬，今日銷訖，渠入資黃金三兩，除運費及諸開銷得一條子，利固甚厚，而費時至一個月之久，謀利固不易也。

國讓，光信來，致竹莊先生意，請應誠明國文系主任之聘。予能不離滬固最好，因現在時代搭一家不易，拆一家亦不易，真一動不如一靜也。然大中國前途甚可慮，如我僅靠誠明吃飯，而誠明之錢又不够我吃飯者將奈何？故告二君，一月總得要六石米。

七月廿五號星期一（六月三十）

鈔《隨筆》序，凡四千言，即改定。鈔《隨筆》目録。

小眠。看元曲《對玉梳》。

看元曲《王焕百花亭》。

昨晚颱風襲滬，至晚十二時，狂風暴雨，拔木震屋，一時後即無電矣。今日大雨整整一天，惟下午風較微耳。水災之後繼以風災，嗟乎吾民，不聊生矣。今日無報紙，諒以昨停電故。道上想已無行人。

今日爲上海解放整兩個月，故小民云：這次颱風殆爲解放軍作雙滿月。

七月廿六號星期二（七月初一）

再改《隨筆》序文，校《隨筆》第一卷訖。

眠一小時。洗浴。看元曲《竹塢聽琴》。

看元曲《金水橋陳琳抱妝盒》。

得振宇電話，知予存仁智里書七箱浸在水中。可惜，可惜！此又一厄運也！

報載今次颱風大水，自民國二十年後爲最大之一次。電車今日尚未得開，以街上積水也。

靜秋上街，遇高君珊，她說，潮兒最美，湲兒最可愛。此評甚的。

七月廿七號星期三（七月初二）

寫雁秋，周揚季信。校《隨筆》第二卷訖，又校第四卷三分之一。又安，玉舜夫婦赴蚌埠。

查書，改《隨筆》誤字。玉舜夫婦又歸。

前日之水尚未退，今日又下長脚雨，上海人將爲魚矣。

七月廿八號星期四（七月初三）

校第四卷，未畢。雇車，到蔣竹莊先生處，談聘教及寄存書事。到文通訪張志毅，晤之。到亞光，看箱中所浧書。到大中國，張簡文來。擎宇來，改家駒所作募股啓。玉舜夫婦北行。

到亞光，與擎宇同到史地學社，開會，商募股事。與汪叔棣談。與擎宇到亞光。返大中國，與子喬等談。到銀行公會，與誠安談。到邵萬生，買乳糕。雇車歸。途遇王古魯。

看《文史通義》。爲潮兒講書。

今日下午同會：擎宇　凌大夏　董石聲　馬宗堯　張家駒

名爲勞軍，實係攤派。總額定百億元，書業公會攤到六千萬元，大中國被攤四十五萬元，亞光亦十餘萬元。中共如此作去，處處怨聲載道。

説不鬥争，實是軟性的鬥争。説不清算，實是長期的清算。説民主，偏不民主。説自由，絶無自由。一切欺人！

七月廿九號星期五（七月初四）

校第四卷畢，校第六卷三分之二。周棋超來，爲寫致擎宇片。

小眠。洗浴。

與潮兒捉迷藏。

七月三十號星期六（七月初五）

校第六卷訖。王善業來。洪駕時來。王煦華來。

校第五卷，亦訖。眠一小時。

林少川來，留飯。

與少川言，我輩無政治興趣，不思活動，故即無自由亦不要緊，所求者吃飯耳。今既無自由，又不能吃飯，豈非大苦，如何能不怨！

善業來，謂誠明文學院今年招生，報名者只十餘人，雖學校擬在外埠招生，而如此時局，學費以米計，家長能擔負者絕少，恐終無望。予其決至青島矣。

七月卅一號星期日（七月初六）

重鈔《隨筆》序，計四千五百言。

誠安偕德勇、德全兩姪來，長談。盧元（拯黎）來。洗浴。

修改序文。翻《周易》。

此《隨筆》序文凡易稿四次。

靜秋身上忽生瘡，癢甚。

頡剛劫餘藏書（印章）

傷心慘目！許多書失了，許多書殘了！

本年自一月至七月，作文四十篇，以三十四篇入《浪口村隨筆》，占該書四分之一（以篇幅論當爲三分之一），在擾擾生活中得此成就亦良不易。

《浪口村隨筆》目（自四月十一日至七月廿三日）

卷一　古地理（十九條）（稿五十葉）四月廿九日發

華 1　箕子封國 2　燕國曾遷汾水流域 3　平陽與韓原 4　驪戎不在驪山 5　梁州名義 6　朱圉 7　岷江 8　桓水 9　禹貢導江

[剪報]　卅八，七，八《文匯報》

新史學會籌備委會在平成立

〔本報北平通訊〕中國新史學研究會籌備會已于一日在平正式成立，一致通過迅速籌備召開全國歷史工作者代表會議，該籌備會于一日下午三時半假北京飯店舉行，到有該會發起人郭沫若，范文瀾，鄧初民，陳垣，侯外廬，翦伯贊，向達，吳晗，鄭振鐸，黎錦熙，裴文中，馬衡，余嘉錫，鄭天挺，陳鍾凡等三十餘人（發起人名單附後）。會中，郭沫若，范文瀾，鄧初民，向達，陳鍾凡等均先後發言，一致表示全國歷史工作者應團結起來，從事新史學的建設工作。籌備會全體通過了籌備會的組織規程和中國新史學研究會暫行簡章。并决□迅速籌備召開全國歷史工作者代表會議。選出郭沫若，吳玉章，范文瀾，鄧初民，陳垣，侯外廬，翦伯贊，向達，吳晗，楊紹萱，呂振羽等十一人爲籌備會常務委員會委員，籌備會常委會推選郭沫若任主席，吳玉章，范文瀾任副主席，侯外廬，楊紹萱任秘書，負責進行召開全國歷史工作者代表會議籌備事宜。

中國新史學研究會發起人名單（共五十人）：王冶秋，王重民，王伯祥，尹達，白壽彝，向達，呂振羽，吳玉章，吳晗，吳澤，宋雲彬，杜守素，余嘉錫，余兆祥，李則剛，周谷城，周予同，尚鉞，金燦然，邵循正，范文瀾，侯外廬，馬衡，翁獨健，梁思成，容肇祖，唐蘭，陳垣，陳家康，陳述，郭沫若，嵇文甫，張雲波，華崗，葉丁易，葉蠖生，楊紹萱，楊東蓴，楚圖南，裴文中，翦伯贊，鄧初民，鄧以蟄，黎錦熙，鄭振鐸，鄭天挺，齊燕銘，錢杏邨，韓壽萱，羅常培。

予前辦通俗讀物，攻予爲共産黨最力者，羅常培也。今北平入共黨之手，首先鑽進去者，亦羅常培也。予前主持邊疆語文會，攻擊我不解邊疆語文者，羅常培也。今入其所不習之史學團體者，亦羅常培也。天下乃有此無恥之徒，予甘心落伍矣！

［剪報］卅八，一，十《時事新報》

向中國國民政府表示同情是最不現實的事
譚佛拉爾呼籲援華

（下略）

王華庚　張魯青
多倫路東橫浜路松桐里五號袁宅　　電話0262452

一九四九年八月

八月一號星期一（七月初七）

將《隨筆》序文改定。到大中國，又將序文改一過。宣人來談。到亞光，與擎宇談。與王昌源，陳苗林同飯。

洪駕時來，與同到亞光，看浸濕書，并商印刷《隨筆》事。與振宇，緯宇談。寫拱宸，紀彬，雁浦信。寫丙生自珍信。出，寄信。到魯弟處。出，到山東路買物。歸，洗浴。

翻秘文甫《船山哲學》。

上街買物，處處苦價高，一枝筆即八百五十元。近日人民票，已成去冬金圓券，奈何奈何！予之薪入二十餘萬元，實際只二十餘元耳，一家十口如何度得！至于不如我者，其苦更可知。

今日周谷城，胡厚宣到寓所見訪，惜予不在家，而靜秋正午睡，未知其故。報載谷城任復旦教務長，豈來聘我耶？靜秋甚不願我到外埠，慮有戰事阻斷消息也。然予今日發拱辰函，已允其于半月內往。

八月二號星期二（七月初八）

寫高靜一信。校《隨筆》第三卷，訖。盧拯黎，王煦華二君來，爲予理寄存誠明文學院書籍，留飯。

理書。洗浴。

爲潮兒講故事。

予書籍寄存誠明文學院，一室當可容萬冊。當將合衆、大中國及寓中所存較整齊者與之。即請盧王二君編目。

送牛奶者係浦東人，云浦東常聞炮聲。近日報載工廠內遷之呼聲，當出當局授意。

八月三號星期三（七月初九）

玉華、鴻鈞自蘇來。到大中國，爲汪伯繩等寫扇。寫周谷城，成泉，起鈃，萍孫，奮生信。草存書合同稿。盧拯黎，王煦華來，爲予理書送誠明文學院，同至青年會吃西餐。晤汪孟鄒。

仁智里送書來，理之。到誠明，晤國讓，光信，廉建中等。到起潛叔處談。步歸，洗浴。

看柴萼《梵天廬叢録》。

三個人到青年會吃一頓極簡單的西餐，八千六百元，人民券之貶值比金圓券更速矣，爲之駭然。記去冬由蘭返滬，自山陰路雇車至大中國，金圓券五元耳，今則一開口即二百元。二旬前，蔬菜四五十元一斤，今則三四百矣。人民宛轉于水深火熱之中，如何不怨。

今日飛機又炸造船廠。

理書，見父大人，履安，自明手迹，不禁黯然。生離死別，何堪爲懷！

八月四號星期四（七月初十）

理書。以中來，長談，留飯。煦華來，理雜志，送誠明。校《隨筆》序文。

洗浴。看王靜安《東山雜記》。

疲倦，早眠。

湲兒前自田雷氏行後，靜秋日喂乳粉、乳餞，有定量，吃得很胖。自張朱氏來，又飲人乳，以飲人乳故，不欲飲乳粉，强喂之則避，而張朱氏年齡大，乳不足，遂致食無定時，睡亦無定時。不得已于昨日起停飲人乳，幸彼安靜，未哭吵也。

潮兒與洪兒在一塊，易爭吵，蓋潮兒氣量小，見洪兒取其玩物則即奪去，而洪兒氣性不好，見潮兒奪之則即舉手打，遂致兩哭也。

一家有三個小孩，年齡又相去不遠，遂使一家人皆爲她們忙，我賺來的錢亦儘爲她們花，而猶嫌不足也。

八月五號星期五（七月十一）

寫又曾，樹德，人驥信。到大中國，理書。彭林糞、吳樹德來，寫張志毅信托帶。

理書，略訖。寫起潛叔信，贈史料。看先父所鈔《三謝詩》等書。到郵局寄信。到仁智里看曬書。到誠明文學院，與竹莊先生及國讓談中國文學系功課。洗浴。

丁逢辛來。爲玉華病打電話與狄書三。看《梵天廬叢錄》。

今日接得誠明聘書，予任中國文學系主任，此初次嘗試也。

玉華于二日來，在車一夜未眠。既來家即以涼水洗浴，四日遂病，今晚熱度高至一○五度，頗駭人。幸用涼手巾鎮額後漸降低。

聞京滬路火車頭爲飛機炸去百分之六十，本來每日開二十餘次，今減至七八次，再越一月，此路當不能走矣。静秋慮予到青島後欲歸不得，使家中絕糧，以是不欲予行。

八月六號星期六（七月十二）

理書。到起潛叔處送書，并取回衣箱。歸，看七月分《新聞報》上毛主席文字。記筆記一則。

眠一小時。爲林少川改《新疆行》（第十部——西疆），未畢。洗浴。王傳熠夫婦來，留飯。

剃頭。看《梵天廬叢錄》。

三四個月來，爲編筆記忙，毛主席發表文告竟未細讀，今日乃得縱觀。

天水、平涼、長沙、株州，都在此一星期內解放。使無外力牽掣，豈不即成統一之功。陳納德飛虎隊有一千架飛機，此亦使中共頭痛。

理髮價一千三百元矣！薪水打折扣而物價激增，怎不叫人短氣！

静秋赴醫院，悉身上所起小粒乃是受紫外綫刺戟所致，非濕氣也。應少見陽光。

八月七號星期日（七月十三）

改《新疆行》第十部訖。到育伊處，長談。訪鄭相衡，未晤。到石公先生處，長談。

靜秋病，嘔吐，未進食。小眠。改《新疆行》第十一部，未畢。洗浴。

看《梵天廬叢録》。

山大事，育伊亦不肯就，蓋目睹共黨之幼稚，恐去後弄不好也。共産主義我們都贊成，共黨之刻苦我們都佩服，但其不擇手段之作風則使許多人不願入其圈子，此亦彼輩工作之失敗也。

中共太性急，一方面要打倒國民黨，一方面又要打倒英美帝國主義，遂致兩面作戰，物資不流，民生日困，不知弄到如何田地。然此何嘗是中共性急，只是蘇聯要如此作，中共不敢不受其節制耳。

晚得山大信，聘予爲文學院長。

八月八號星期一（七月十四）

續改《新疆行》。工友李承祥（老表）以與靜秋不洽辭職。到大中國，理浸濕書籍。與擎宇，君匋談。

開局務會議，至晚飯後續開，七時半訖。誠安來。周谷城來。洪駕時來印筆記。

歸，洗浴。

今日靜秋愈，而潮兒右腿微瘸，靜秋疑之，與至中美醫院，經X光透視，醫言疑是麻痹。然麻痹者當先發燒，嘔吐，而此未有。及中午歸，則果發燒嘔吐矣。急延狄畫三視之。謂不似麻痹，當是神經性痙攣症，服以發散之藥，夜果退凉。

今日同會：宣人　振宇　君匋　緯宇　擎宇　書局開銷須四千四百折實，即四百餘萬元，而營業亦不過如斯，但本錢則吃盡矣。爲苟延殘喘計，計減薪及各種撙節（如不備茶葉，少定報紙），并事開源，如星期日上午亦營業，并將文具送各學校兜攬生意等。如此苦幹，不知尚能苟延幾時，此予之所以不得不行也。

八月九號星期二（七月十五）

雁秋，崔冷秋女士來。改《新疆行》完畢。記筆記一則。理抽屜，未畢。靜秋病，伴之，延狄晝三診視。

與雁秋談。出，遇李清悚。到誠明文學院，參加院務會議。七時，與鍾道贊同出。

洗浴。看《梵天廬叢錄》。范希衡來。

今日潮兒仍有些熱，但精神甚好，腿亦不瘸矣。

今日下午同會：蔣竹莊　鍾道贊　俞劍華　鄭國讓　李光信　朱啓超　楊大膺　張承浚　王善業　廉建中　馮公焙　夏高波

今午靜秋吐瀉兼作。畏寒蒙被睡，蓋前數日病本未痊，加以兩兒之病，奔馳求醫，焦急之甚，今日再一泄也。同時三姊及張嫂，一犯胃氣痛，一犯腸胃炎，亦均臥疾，而兩兒猶未全痊，故狄醫一來即視五人之疾。

八月十號星期三（七月十六）

與雁秋、靜秋商進止。許公武來。到大中國，與王煦華、袁漪同理書籍，送誠明（第四號）。續理水浸書。與煦華到小飯館吃飯。

與宣人，振宇，擎宇，君匋談行止。續理書。到鄭相衡家談，并見其新夫人李瑞林。到王育伊處談。歸，洗浴。

看《梵天廬叢錄》。

雁秋不欲予行，以予之社會地位爲超然的，一往即無以保此超然也。與君匋等言之，則以爲不可，囑再考慮。

潮兒日有微熱，不及一度，至晚則退。玉華又高燒，延狄醫視之謂是瘧疾。一家多病人，負擔愈重！

人民政府要中紡公司減薪，要申新紗廠機器內徙，工人與解放軍鬥爭，雙方各有死傷。雖報紙不載而上海人已均知之。聞政府要定新法令，許工廠解雇工人。如是，則所謂無產階級執政者云何？

地價稅收取至重，一所住宅動須七八十萬。聞震旦大學須繳三千萬，其附屬之廣慈醫院須六千萬，如何繳得出？

八月十一號星期四（七月十七）

理書。寫紀伯庸，又曾，劉伯涵，黄永年，孟韜、奮生信。誠明派鄭文英，華筠之來，理書籍寄存（第五號）。王傳熠來，留飯。

題張宏《史記君臣故實圖》。理未取去之書。疲倦，小眠。洗浴。

看《梵天廬叢録》。

予之書籍，受兵災，水災，兼以盜竊，郵寄遺失，白螞蟻蛀蝕，損失至多。"多藏厚亡"，此之謂也。

八月十二號星期五（七月十八）

理書。到大中國，理書。張簡文來，留飯。汪孟鄒來。

與振宇，君匋談行止。到海光照相。訪誠安，未晤。到誠明，開會。與道贊同車出。予訪程枕霞。歸，洗浴。

王士卓（東平）來，留飯。滕仰支來，長談，十時半去。失眠，服藥。

今日下午同會：蔣竹莊　楊大膺　鍾道贊　張承浚　（談文學院科目）

予至夜九時必倦怠思眠，今日滕仰支來，談至十時半去，予遂不能睡矣！將來必當禁止夜中會客。

八月十三號星期六（七月十九）

張筱石（慈倫），葛澄來。到合衆圖書館，理書送誠明，同工作者爲楊鑑，鄭文英，袁漪，起潛叔父子，杜君等。晤徐森玉，牟潤孫，王運熹。

携書歸，洗浴。丁逢辛，曹繩緒來。

理書。童丕繩來，十一時去。

今日取出書五千餘册，不再積合衆樓梯上矣。今日樓上下携書累甚，故丕繩雖十一時才走，我亦得眠。傍晚歸時，全身如水浸者，入浴極舒服。在勞動後得休息，乃是真趣味。

潮兒每日上午熱高出四五分，下午便一度，夜則退。精神如常，疑係中醫所謂陽明熱。

八月十四號星期日（七月二十）

送起潛叔信，囑鴻鈞往取書。王育伊來。終日在家理書，訖。

眠一小時。王煦華來。浴。

翻王鳴盛《蛾術編》。

我剛理好書，潮兒即來弄亂，雖亦嫌之，而終愛之，以其求知欲之強烈也。自明與潮兒之求知皆内發的，自珍與德輝之求知則皆外鑠的，即此一點可定終身，勉強不來也。

樓上王家天天邀客打牌，抽頭每天可得十餘萬，除飲食茶烟外均給工人，故工人極高興。静秋爲此不平。予曰：汝曷不請爲王家女傭乎？

八月十五號星期一（七月廿一）

記筆記三則。到大中國，程枕霞來，與同至君匋處談。理書。擎宇來。

詩銘來。張簡文來。到紹虞處，晤其夫人。到史地學社，開會。與擎宇同車回大中國，取錢，晤嚴幼芝。李唐晏來。到誠安處。

歸，浴。與雁秋談古史。看陳繼儒《書蕉》。

今日同會：擎宇　王錫光　張家駒　凌大夏　董石聲　馬宗堯

紹虞爲同濟大學文法學院院長，而月薪只米兩石，又不得兼課，近日開會多，聽講忙，又自貼車錢，一家生活竟顧不周全。

自美國發表白皮書後，中共又要組織“民主個人主義人士”了。然其人既個人主義矣，又如何能組織？

大中國今日招工人修電綫，此工人曰：“從前希望共產黨來，今日希望共產黨去，存此心理者占工人界百分之九十九點五。”人心如此！

八月十六號星期二 （七月廿二）

拾棣華來。寫拱辰等信，說明今年不去青島之故。看周仲穆《更生齋全集》，備作碑文。

小眠。浴。

翻楊家麟《史餘萃覽》。

熱久矣，昨日布雲未雨，今日才飄數點，殊不解渴。

潮洪兩兒仍中午有熱。

八月十七號星期三 （七月廿三）

到大中國，德峻，嚴文塤來。爲張鑑文寫扇。鑑文來。德峻又來。理書。

與振宇、宣人、君匋談。看民衆文庫。與君匋同到北四川路區公所，取通行證申請書。到史地學社，簽字。楊寬正、魏建猷來長談，并晤叔棣。

歸，張筱石，葛澄來，留飯。浴。看蔣知白《墨餘書異》。爲潮兒病，失眠，服藥。

振宇前日病赤痢，今日已到局辦公，可見其勤。北平之行，約遲數日，今日填寫申請書，大約一星期内啓行，以將及秋銷，可做一筆生意也。建猷，寬正極贊予赴山大之聘，謂遲早必走這條路，與其遲不如早。又謂大中國生意即使做得好，亦不過打一強心針，必非久局也。

陳璞如自徐州來，爲言徐州各鄉人民反抗政府，及政府派下鄉之政治人員及解放軍動遭暗殺，甚至市政府門口之守衛二人亦于夜間被殺。竭澤而漁之結果，使人民與人民政府立于對峙之局，豈不悲哉！又言徐州軍隊大都南開，土匪漸積漸多，形成燎原之勢。

潮兒十時半後忽腹痛如絞，十一時許予醒，疑其發痧而無藥應急，又時晏不能請醫，遂致失眠。

八月十八號星期四（七月廿四）

與雁秋，静秋談進止。爲人寫字三幅。校重滕之《隨筆》序。到張石公先生處，并晤周棋超。

鈔《清經解》目録，未畢。陳懋恒來。爲人寫字六幅。王士卓來。與家人游復興公園。

看《墨餘書異》。

今日下午同游：崔冷秋　雁秋夫婦　三姐　鴻鈞　玉華　予夫婦及三女　復興公園草地被踐踏得不成樣子，花木亦多凋零，不勝滄桑之感。

洪兒今日得中美醫院檢查結果，謂其肺上有結核遺痕，雖已硬化，誠恐因病復發。

湲兒游公園，口中咿啞作語，若表其欣賞者。終因刺戟太多，夜中遂不能睡眠，直至上午二時始睡去，知此兒亦神經質也。

八月十九號星期五（七月廿五）

寫馬詩峒信，并爲寫字。到大中國，理已印之《隨筆》三份。宣人來。與君匋到區公所繳保證書。到誠安處，即在公會吃飯。

爲人寫字七件。校印出之《隨筆》半卷。與振宇等同到錦江餐室，赴宴。

九時歸，浴。

今午同席：宣人　振宇　君匋（以上客）　誠安（主）

誠安述近日蘇州民歌：“有米莫吃粥，有錢多買肉。先死的是福，後死的入地獄。”充滿了“只顧今天”的意味。

今晚同席：徐方洵　徐讓賓　振宇　緯宇　擎宇　葉子任　誠安　逸如　君匋（以上客）　宣人（主）　宣人爲葉君與逸如作媒，因令相見。七月初君匋在錦江請客，菜同，人數同，而彼日衹兩萬餘元，今日則六萬餘元。此一見物價之高，一見捐稅之重也。此等菜館尚有半年生命乎？

八月二十號星期六（七月廿六）

與鴻鈞，潮兒同出，到世界小學之幼稚園報名，到書三處打針，到徐家匯照相。歸，續看《墨餘書異》。

送雁秋、冷秋到盆湯橋船埠。到大中國，王傳熠夫婦來，與君匋同到區公所取通行證。回，汪叔棣來。歸，浴。

疲倦，早眠。

爲潮兒報名入幼稚園，惟小班人數已滿，只得報大班，而大班須考阿拉伯數字及簡單文字，是必無望。

雁秋等回蘇，以火車票不易購，改乘小輪。

予體重一百四十磅，狄醫生謂予强。

安徽農民，每家只許存十石穀子，餘均供借糧，故農人怠工。恐終須分地。杭州農家所藏粟盡爲軍取，即作種之穀亦全被奪，農人求之，則曰："我們已爲你們研究好，有三種草可作食。"因令每家繳草作今年冬糧。嗟乎農民，其苦痛更甚于我輩也！

八月廿一號星期日（七月廿七）

看《墨餘書異》訖。寫張又曾，祝乙秋（嘉），丙生，衛仲璠，李資廉，楊拱辰，周谷城信。

到霞飛路剃頭。到中央菜館，爲莊洪深、莊蕙莉（良芹女）結婚作證婚人。茶點而散。歸，理物。浴。

看陳其元《庸閑齋筆記》。

八月廿二號星期一（七月廿八）

寫范希衡、誠安信。理物。鈔《清經解》目録。運行李至大中國，晤章丹楓，汪孟鄒。到亞光，赴宴。鴻鈞來送物。叔棣來。誠安來。寫趙光濤信。

返大中國，與叔棣談。落款于所寫對聯。寫静秋信。三時，上站，換票，交涉運物。五時五十分車開。與君匋同到餐車飯。

十二時半到南京下關。三時半，車渡江。眠不佳。

　今午同席：振宇　君匋　竹如（以上客）　　緯宇　擎宇　文發　海根（以上主）

八月廿三號星期二（七月廿九）

五時半到浦口。十一時到蚌埠。四時半到徐州。車中晤郭仲隗，陳萬里。寫静秋信，不得寄。看中共理論書籍。與振宇，君匋談。

過滕縣後天黑。早眠。

上午大便不通，食梨及西瓜，晚下便。

八月廿四號星期三（閏七月初一）

晨醒，已過德州。八時廿分到滄縣。十一時，到天津。到萬里處，萬里來談。

二時，到北平，入中國旅行社招待所。寫靜秋信。出，到中行公司，晤玉年。到龍門書局，晤嚴叔平，穆懿勤等。

冒雨歸，洗浴。在旅行社飯。看報載宋雲彬文。

望見水災區，悟九丘説由此來。

八月廿五號星期四（閏七月初二）

三時半即醒。八時，到仙樂吃點。到大柵欄。到龍門。與君匋到師大，晤侯外廬，張雲波，王鈞衡，陳玉書，黃海平，陸詠沂等。與振宇，君匋，竹如同到燈市口聯合書局，晤陸達光。出，到洞天酒家吃飯。

游東安市場。予先歸，寫靜秋信。玉年來。與振宇等到勸業場，到楊梅竹斜街定招牌。到龍門，與嚴叔平同到韓家潭悦和芳飯。

九時歸，擦身。

今晚同席：振宇　　君匋　　竹如　　何□□　　穆懿勤　　楊□□（以上客）　　嚴叔平（主）

八月廿六號星期五（閏七月初三）

仍三時半醒。五時半出，步至石駙馬大街海平家，與其夫婦談。進早餐。芸圻來，同到其家，與其夫婦長談。出，遇章雪村。到萬生園，至北平研究院訪馮伯平，蘇炳琦，許道齡，參觀圖書館及陳列室。到西直門内平研究宿舍，到旭生處。到伯平家飯。

到炳琦處。出，到禹貢學會，與肖甫夫婦，成泉夫婦，世五夫人，伯平太夫人談。到段繩武夫人處，寫致王守真信。還肖甫處飯。到壽彝處。步歸。

八月廿七號星期六（閏七月初四）

三時半醒。陶瑞伯來。寫靜秋信。與君匋同到王姨丈家，看寄存木器。到范仲澐處。到于思泊處。思泊邀至森隆吃飯。

到聖陶處，并晤宋雲彬，朱□□。到侯外廬處。到北京飯店，訪愈之等均未晤。晤陳劭先。歸，與振宇談。

在旅社進食。到長安大戲院看荀慧生劇。十一時半歸，十二時眠。

今午同席：君匋與予（客）　于思泊（主）　五千元。森隆爲市場最大菜館，工作者三十八人，今午惟我們一桌，而人不能裁，掌櫃逃滬。

八月廿八號星期日（閏七月初五）

四時三刻醒。看唯物史觀書。聖陶來，談半天。到炳琦處飯。

到伯平處，開禹貢學會理監事會，自四時至七時。

與世五同出，購天王補心丹。九時歸，服藥後即眠。

今午同席：予（客）　炳琦夫婦（主）

今日下午同會：于思泊　張亮塵　徐旭生　蘇炳琦　唐立厂　馮伯平　趙肖甫　馮世五　予爲主席，組織保管委員會，推于思泊爲主席。

今晚同席：予與世五（客）　馮伯平夫婦（主）

八月廿九號星期一（閏七月初六）

上午二時醒，越半小時又眠。六時醒，精神一振。出，訪章雪村，遇于涂。訪黎劭西，王靜如，均未遇。到容元胎處，長談，留飯。

到馬堅處。到向覺明處，未遇。訪馬鶴天，并晤其子銳、捷。到杜文昌處。到季豫、援庵處，均未遇。到立厂處，晤其夫人。到馬神廟，遇鄭毅生，葉企孫。到北大研究所，訪湯錫予。到鄧恭三處，并晤張苑峰、余讓之、趙斐雲。

歸，在仙樂飯。馬繼高、彭林蕢來。劉佩韋來，長談。十時半眠。

今午同席：予（客）　　元胎夫婦（主）

八月三十號星期二（閏七月初七）

上午一時三刻，軍警來，搜查房間，極細密。失眠，服藥，直至四時半後方得朦朧。與君匋同出，訪玉年，與同到姨丈家，取木器，見大琪弟婦。到中行公司，晤玉年。到龍門書局，訪叔平。到來薰閣，晤濟川。與振宇，君匋同到南池子看屋，到洞天吃飯。

與君匋同到禹貢學會，晤肖甫夫婦，看木器。到成泉處，晤其夫人，寫致成泉信。與君匋同到北平圖書館，遇剛主，陶洙（心如），晤趙斐雲，參觀書庫。與君匋到北海公園，茗于雙虹榭。

七時歸。王大玫、大琬兩表妹來。郭敬輝來。佩韋來。服藥就眠，甚酣。

八月卅一號星期三（閏七月初八）

雨。鄭振鐸來。王古魯來。寫靜秋信。爲大中國及禹貢學會各寫一節略。爲新史學會開名單。

玉年來。思泊來。出寄信。遷至擷英飯店。看《浪口村隨筆》。到劉佩韋處談。

君匋來，同到洞天吃飯。出，游東安市場，遇嚴叔平等。到旅行社。十時，返擷英。

```
          通 行 證      上海市人民政府發
                       第 030610 號

持證人│顧頡剛│年│伍柒│在本市│山陰路興業坊門牌第叁伍號
姓  名│      │齡│    │住  址│北四川路區舊第念壹保念玖甲拾弍户

出外事由│推廣書局業務      │到達│ 北平（往返）
                          │地點│

經過地點│南京  徐州  濟南                      ┌──────┐
                                              │      │
本證有效期間│叁捌年 捌月念弍 起 共計念捌天     │  照  │
            │      玖   念  止               │  片  │
                                              │      │
  （此上有“上海市人民政府之印”）              └──────┘


注  本證過期作廢如在有效期内不返上海居住者應持此證向當地人民政府聲
意： 報户口
```

卅八，八，十六，與羅竹風、趙紀彬、楊拱辰三君書：（下略，見
《顧頡剛書信集》）

一九四九年九月

九月一號星期四（閏七月初九）

寫靜秋信，未畢。植新來，同到大中國。到師大訪董渭川，又
到其夫人處。回大中國，吳玉年來。出，到張次溪處，未晤，見其
夫人。歸，與振宇君匋同到洞天吃飯。

到建功處長談。訪傅振倫于歷史博物館。游中山公園。回旅
館，小息。到旅行社飯，携物歸。

佩韋來。次溪來。

今日大中國北平辦事處開幕。

明日振宇，君匋赴天津。

九月二號星期五 （閏七月初十）

寫靜秋信畢。寫文懷沙信。七時，乘人力車到新市區，訪王守真，并晤徐特立先生等。十二時回城，訪黃明信。在西單飯。

剃頭。訪劭西，仍未晤。訪金北溟亦未晤。到絨綫胡同中行公司參觀，到玉年處。到延增夫婦處。到張蓉初處，到許楚僧處。

到王姨丈家赴宴。冒雨歸。佩韋來談。

今晚同席：嚴濟慈夫婦　李士豪（以上客）　　姨丈　三妹　四妹　六妹　九妹　二弟婦（以上主）

九月三號星期六 （閏七月十一）

寫毛主席，范仲澐信。守真來。芸圻夫婦來。訪仲澐，未晤，送《禹貢》，留條出。到聖陶處，并晤曉先、雲彬，與葉蠖生長談。到聖陶家吃飯。

到東四清真寺訪馬繼高，未晤，晤龐士謙。到修綆堂，與孫助廉談。到北大，應約出席史系座談會。六時散。毅生邀宴于十刹海。遇余讓之等。

九時歸。金鵬，黃明信來。汪子雲（吟龍），張次溪來。佩韋來。

今日下午同會：鄭毅生　向覺明　楊人楩　鄧恭三　余讓之　胡鍾達　楊曾驤　汪籛　張政烺　漆俠

今晚同席：予與熊正文（客）　　毅生（主）

九月四號星期日 （閏七月十二）

何人瑞來。寫馬鶴天信。竹如來。金永欽來。馮世五來。謝剛主來。吳曉鈴來。人楩夫婦來。寫靜秋信。佩韋偕曹覲虞來。楚圖南，尚鉞來。

到煤市街吃飯。到馮伯平處。到肖甫處。到世五處。到文懷沙處，赴宴。

到金静庵處，觀其日記。歸，大琪表弟來。查店，失眠，服藥。

今晚同席：冒舒湮夫婦　牙醫吳君　中孚銀行陳君（以上客）　懷沙　剛主　趙豐田（以上主）

静庵日記三十餘年，成百數十册，記事録文，又一《越縵堂》，近代史之重要資料也。

九月五號星期一（閏七月十三）

五時起，到佩韋處送行。班曉三來。到辦事處取錢，付旅館賬。到思泊處。乘三輪車到燕京，赴長順和飯。

到翦伯贊處。訪志韋，未晤。到思和處。到筱珊及獨健處，均未晤。到文如處，并晤鍾翰。到八爰處，并晤七嫵。梁思莊來談。再到獨健處，仍未晤。在八爰家飯，渠姊妹送上車。

八時到城，買藥。歸後稍息即眠。得静秋寄來相片。

今晚同席：予（客）　容七嫵、八爰（主）

九月六號星期二（閏七月十四）

寫静秋信。到東華門，欲乘八時車到清華，以車行時間改，到東安市場散步。以天雨，雇三輪車到海淀，至競進書社赴宴。

與辰伯同到清華。招雷伯倫，江清，默存，循正，毓棠來談，并晤吳夫人袁震。與伯倫同出，訪芝生，光旦。到伯倫家長談。進點。六時半，上車進城。

到曉三家飯。爲人寫字四件。九時半冒大雨歸。君匋自津來，談。失眠，服藥。

今午同席：予與吳辰伯（客）　李退厂及其子蔭强　欒植新　馮世五（以上主）

今晚同席：徐雲生（士瑚）　李君益（延增）（以上客）班曉三及其子綿榮（主）

今夜失眠，當以在雷家飲咖啡多故。

九月七號星期三（閏七月十五）

寫靜秋信。與君匋同出，到門框胡同吃點。到大中國，晤振宇，與君匋，振宇同到來薰閣訪陳濟川，未晤。獨到台基廠中法漢學研究所訪傅惜華，并晤韓百詩，景培元，康德謨，吳曉鈴，參觀其圖書館。遇曾覺之。到人梗處飯。

到建功處商小學生字典之編輯。訪平伯，不遇。到北平圖書館，訪王重民、萬斯年，并晤金靜庵，戚志芬，張秀民。出，訪玉年，未晤。歸，傅惜華來。

與君匋，振宇到煤市街飯。散步前門大街。歸，植新來，長談。睡至上午二時半，以查夜醒，失眠，服藥。

今午同席：覺明　毅生（以上客）　人梗及其夫人蓉初（主）

九月八號星期四（閏七月十六）

壽彝來。與君匋同到楊梅竹斜街吃點。到陳濟川處。到大中國。濟川來，同到書業公會，晤孫殿卿。回，邵尚文，駱達光來，同到陝西街恩成居吃飯。道遇黃鏡吾。

席罷，討論書價。到留香旅館訪黃鏡吾，并晤鍾敬文夫婦及夏宗禹。到大中國。玉年來。到書業公會，晤傅君。與振宇，君匋到師大，訪黃海平，談地圖事。晤劻西。與君匋同到教科書編審會，訪葉蠖生。到華文學校，訪封鳳子及其夫沙不里。

到洞天酒家宴客。到進步日報社訪徐盈，長談。十時半，回旅社易衣，到光明日報社訪胡愈之。至十二時半歸。一時眠，服藥。

今午同席：振宇　君匋（以上客）　邵尚文　駱達光（主）
今晚同席：沙不里　封鳳子（以上客）　君匋　振宇及予（主）

九月九號星期五（閏七月十七）

次溪來。植新來。與君匋同到大中國吃粥。植新來，與同到擷英。出，到芸圻處，未晤。到陸詠沂處，晤其夫人。到裴文中處，遇之，參觀人類學室。出，到西四吃飯。

到肖甫處。到立厂處。到郭敬輝處，未晤。到符定一處，亦未晤。到馬鶴天處，詳談。到李君益處，赴宴。

談至九時歸。查店。與君匋談。

今晚同席：徐雲生　班曉三（以上客）　李君益夫婦（主）

九月十號星期六（閏七月十八）

寫楊克強，肖甫，植新信。孔玉芳來。符定一先生來。與君匋到仲澐艷處，送地球儀及地圖，托其轉達毛主席。出，遇祝叔屏。返旅社，玉芳來，同到門框胡同吃羊肉。

回館小眠。振鐸，愈之，巴金來，同到中山公園上林春吃茶，談大中國、禹貢兩機關與新華書店連繫事。愈之等行，予與振宇，君匋同照相。看蘇聯建設展覽會，遇獨健，耀華，葉至善。歸，易衣。

到芸圻家飯，談至十時歸。

今午同席：予（客）　玉芳（主）

今晚同席：鄭振鐸夫婦及其子爾康　葛澧夫婦（以上客）
芸圻夫婦及其女瑩（主）

今日愈之來，談兩事。一，希望大中國編輯部移北平，俾可助《新華月報》畫地圖。二，《禹貢》雜志可由新華書店續出，并可由新華付稿費及編輯費。此兩事如能成，均極好，此兩團體便皆能欣欣向榮，使學術工作逐漸推進矣。

九月十一號星期日（閏七月十九）

馮世五來。馮伯平夫婦來。郭敬輝來。于儒伯來。王輯五來。寫靜秋信。到君匋處，晤宦鄉。金靜庵來。與振宇，君匋同到海平家飯。

訪王靜如，長談。與靜如同到劉盼遂處，并晤許翔五。到壽彝處，并晤王輯五。

到洞天，與振宇，君匋同飯。到恭三，苑峰處談。十時歸。十二時半查店。幸得眠。

今午同席：周谷城　盧鋆　振宇　君匋（以上客）　海平夫婦（主）

九月十二號星期一（閏七月二十）

寫鄭國讓信。出，遇植新，同到東站寄信，談。到西四，剃頭。到學會，與肖甫、植新談。理書物。留飯。世五之父來談。

到成泉處。到北京飯店訪振鐸，由其導至郭沫若處。又到酆雲鶴處。到王姨丈家。到立厂處赴宴。題畫冊。

乘周叔迦車到恭三處，并晤丁梧梓，張苑峰，湯錫予。十時歸。失眠，服藥。

今午同席：植新與予（客）　　肖甫夫婦（主）

今晚同席：馬叔平　周叔迦（以上客）　　唐立厂（主）

九月十三號星期二（閏七月廿一）

寫靜秋信。到大中國，寫海平，渭川，毅生，拱辰，仲澐信。與君匋到馮伯平處，晤其夫人。又同到燕京，到獨健處。遇瑋瑛。到瑋瑛家。到圖書館，晤陳鴻舜，參觀。與君匋在校園散步。到獨健處飯。

齊致中來，與同出，遇吳貽芳，雷潔瓊。到哈燕社，晤筱珊，八爰，看史系所繪歷史地圖。到燕東園，訪蔣蔭恩夫人。到林耀華處。到趙紫宸處，晤其夫人。與紫宸夫人同到陳夢家處。回蔭恩家進茶點。與君匋到張東蓀、蔛伯贊家。遇陸志韋，饒毓蘇。

到燕京大門，遇瑋瑛。乘七時車進城。到洞天吃飯。到五洲書局訪李東洲。歸，尚愛松來談，至十一時去。服藥眠。

今午同席：君匋與予（客）　翁獨健夫婦（主）

今日下午同茶點：君匋　林耀華　鄺平樟（以上客）　蔣蔭恩夫人（主）

九月十四號星期三（閏七月廿二）

王姨丈、姨母來，同到大中國。張次溪來。到北大研究所，參觀現代史料室。十一時，靜庵召集同人開談話會。午，到靜庵家飯。出，冒大雨到思泊處長談。到立廠處。與立廠，君匋同看米糧庫十九號屋。出，到北大第二院，遇江澤涵。至其家，晤其夫人蔣圭貞。到周枚孫處。

到洞天吃飯。到西單商場游藝社聽大鼓書。十二時歸，服藥眠。

今午同席：鄧恭三　王家琦　關伯璋（以上客）　金靜庵（主）

今晚同聽書：君匋　竹如（客）　嚴叔平（主）

今日上午同會：（下缺）

九月十五號星期四（閏七月廿三）

植新來，寫竹如、玉年、建功信交之。方紀生來。尚愛松來，長談。理物。愛松邀至門框胡同吃烤羊肉，以雨，又長談。

遇于儒伯。到大中國，寫海平、致中信。與嚴叔平、君匋話別。寫聖陶、張禮千信。歸，算賬。

寫靜秋信，到東站寄。買補心丹。到門框胡同吃飯。歸，八時即眠。

今午同席：予（客）　尚愛松（主）　予最愛吃烤羊肉，

今日愛松要請予吃飯，予以是言，故又飽食一次。而愛松來平三年，此尚是第一次也。

九月十六號星期五（閏七月廿四）

理物。寫植新及禹貢學會全體會員信。竹如來，同上站。九時半上車，遇吳玉年及其女，張有齡。十時十分開車，玉年來談。

在車看《人民日報》。至津，張維華上車，予望見之，不與之言。到餐車吃飯兩次。

十一時十分到濟南，落宿福照樓。失眠。服藥。

九月十七號星期六（閏七月廿五）

寫靜秋信。欲買票赴青島，而高密以東鐵路爲水衝壞，車停開。遂買蚌埠票，十時卅分車開。

在車看風景及報紙，買零食當飯。車中本空甚，一節車才四五人。自至徐州後乃大增（夜十時半到徐）。

倚車座睡甚酣。

九月十八號星期日（閏七月廿六）

五時到蚌埠，落宿站旁新華旅社。寫靜秋信。到經一路建華公司訪周揚季，長談。雁秋來，同到生生藥房，晤羅怡生，吳績成，同至社會浴室，與雁秋到旅社取行李。赴浴。回生生吃飯。

爲人寫字約三十件。世灃來。義生來，與義生同到軋棉廠，參觀。晤劉承璐，高仲三。返生生，又寫字約十件。

吳彥求來。散步市街。早眠，甚酣。

九月十九號星期一（閏七月廿七）

吳彥求來，同游蚌山（中山公園）。遇丁逢辛。參觀托兒所，晤蘇同疇。出，到法院小坐。回生生，董樂亭來。又安、仲三來。

丁逢辛來。師哲萍來。爲人寫字廿餘件。在生生飯。寫楊拱辰信。

蚌埠中學校長杜仲和，孟子厚，姚寅賓來。爲人寫字十件。二時半出，到船埠，三時半船開，五時許到懷遠。步至立人中學，訪校長劉輯五，落宿。

到南門內世界飯館吃羊肉粉條及吊烙饃。回，看《懷遠縣志》。得佳眠。

九月二十號星期二（閏七月廿八）

參觀立人中學。到劉輯五家進早點。辭出，參觀淮西中學，由校長侯福聲導。出，游卜和洞，三皇祠。至白乳泉，品茗于望淮樓。張讓卿自蚌來。純陽道院道士王長遠贈杖。鈔縣志。進飯。

一時下山，至下洪渡淮，入獅山小學存物，雁秋留。一時五十分上山，路險甚，世澐扶予行。三時至啓母石，進禹王廟，到呂祖廟飲茶，與道士鄭宗堅談，參觀全廟。出，道士指點禹會村，防風墓，鯀王祠址。下山，更難行，由世澐、讓卿扶予行。五時到小學，攜物上渡船，至碼頭。五時五十分開船，六時三刻到蚌。

到大馬路復興園吃飯。到新華池洗浴。歸，看縣志。崔宇湛來。失眠，服藥。

九月廿一號星期三（閏七月廿九）

鈔《懷遠縣志》，訖。爲人寫字五件。董樂亭來。鹿世澐來。又安來。與雁秋同至師哲萍夫婦處。又至樂亭處。樂亭又來。

一時半出，性生，茅于棠送行，劉承璐同行。以空襲警報，至三時許平滬通車方到，即上車。

在車中略眠，下半夜更眠不着。

九月廿二號星期四（八月初一）

五點五十四分到上海，與承璐同雇車歸家。理物。兵士來查戶口。睡眠，至午飯。

沐浴。休息，看帶歸之照片册。

早眠。

静秋見予，謂予面黑而胖，至少增加五磅。

瑗兒見予仍認識，要予抱，可見其記憶力之不弱。瑗兒見人即笑，見物亦笑，十分和氣，倘爲福相乎？然不識人哄之固笑而抱之即哭。

潮兒每日午仍有熱一二度，醫言天凉自好。渠雖有熱，興致仍不惡。

九月廿三號星期五（八月初二）

到大中國，與擎宇、子喬等談。遇林永俁。到銀行公會訪誠安，未遇，訪孫俶仁。點《古書疑義舉例》一卷。

誠安來。到開明，晤徐調孚，葉至善。到博物館，晤寬正，大沂，詩銘，潤緡。到史地學社，晤叔棣，馬宗堯。歸，煦華來。

看《梵天廬叢録》。

上海物價殊穩定，予出去一月，仍然如故，此不能不服政府之措置得宜也。

九月廿四號星期六（八月初三）

補記日記六天。點《古書疑義舉例》兩卷。

到誠明，晤國讓等。遇孫毓華。德輝來，留飯。

看《梵天廬叢録》。

九月廿五號星期日（八月初四）

到伯祥處，長談。訪石公先生，未晤。點《古書疑義舉例》

六頁。

瑞蘭來。與靜秋同到起潛叔處談。歸，汪叔棣來。洗浴。

看《梵天廬叢錄》。

九月廿六號星期一（八月初五）

四時，痰咳甚劇。臥床，看《史記》。

予歸後即病喉頭炎，至今日而大發，痰多頭暈，因臥。

出門一月，無一日得休息，南旋時又失眠三夜，精神不足，而近日氣候寒燠屢變，因病。此無可避免者也。

九月廿七號星期二（八月初六）

臥床，看《史記》。

狄晝三來診病。承璐赴蘇。

狄醫來，量予熱，得卅七度七分，雖不高，總是有熱，脉搏八十餘，肺部好，惟氣管發炎。

九月廿八號星期三（八月初七）

狄醫生來。臥床，看《史記》。

讀《史記》，擬爲"秦漢史條理"一書，將《史記》、兩《漢書》、諸子、雜史中所記秦漢事，依紀事本末體分排，以《考信錄》及《春秋戰國異辭》體加以比較評判，俾研究秦漢史者得一基本書。此事不甚難，惟須得一助手耳。

予今日熱已正常，小便則少而赤。

九月廿九號星期四（八月初八）

起床。點《古書疑義舉例》一卷。看《書林清話》。

范希衡來。

　　上海吃的東西雖日賤，而用的東西價日高，如布匹，如藥物，皆其著者。然折實單位則偏重食物，故賴薪給者逐月減少，而一家之需則不僅食也，故大家弄得束手無策。靜秋爲此感不安，又以張嫂病，家事更忙，脾氣又發，日來屢與予齟齬，這叫我有什麼法子？凡正當弄錢之道，我已竭盡了力量了。若要我幫做家事則我確不會做。正猶靜秋之不能代我上課也。

九月三十號星期五（八月初九）

　　點《古書疑義舉例》一卷半。看《書林清話》。

　　程枕霞來。

　　看《梵天廬叢錄》。

　　天又大熱，今年天真失常，今日屢雨屢晴，直如黃梅天。

　　今日新政協選舉毛澤東爲中央政府主席，朱德，劉少奇，宋慶齡，張瀾，高崗，李濟深爲副主席，陳毅等五十六人爲委員。

　　得誠明信，除"校勘學"及"傳記研究"外，又派任"中國文學史"一課，一星期凡九小時，須去二、三、四、五肆天。如此，這半年中將全爲誠明犧牲矣。如無生計之驅策，我決不允。

［剪報］卅八，十，十二《大公報》

華北高等教育委員會頒布
各大學專科學校各系課程暫行規定

　　［新華社北京十一日電］華北高等教育委員會頃公布"各大學專科學校文法學院各系課程暫行規定"，原件如下。

　　各大學專科學校文法學院各系課程暫行規定

　　茲規定大學專科學校的文學院和法學院各系的課程如下，希望各校根據本項規定的精神，按照各校具體實際情況，靈活和合理地采用（兩院公共必修課必須按規定實施），并在實施中研究進一步改進的辦法。

甲、文學院法學院的公共必修課程：

㊀ 辯證唯物論與歷史唯物論（包括社會發展簡史）（第一學期學完，每周三小時），

㊁ 新民主主義論（包括近代中國革命運動史）（第二學期學完，每周三小時），

㊂ 政治經濟學（第二學年起，每周三小時，一年學完）；

乙、文法學院各系的課程：

㊀ 各院系課程的實施原則是廢除反動課程（如國民黨黨義、六法全書等），添設馬列主義的課程，逐步地改造其他課程。

㊁ 本規定僅包括文、法學院的文學、哲學、歷史、教育、經濟、政治、法律等七個系的主要課目。如各院校文、法學院有其他的系（如社會學系），其課程可參照本規定的精神，按照各校實際狀況酌定之。

㊂ 本規定僅列若干主要課目，至于各課所占學分，先後程序，及必修課、選修課的具體分配，均由各校按照具體情形試行，暫不作一律的硬性的規定。

㊃ 各系外國語應儘可能設俄文課。

一、文學系課程

甲、中國文學系

㊀ 任務：1 培養學生充分運用中國語文的能力；2 培養學生對文學理論及文學史的基本知識；3 培養學生了解整理和批判中國文化遺產能力。

㊁ 本系基本課程：1 中國文學史（包括歷代及現代）；2 中國語文；3 文藝學；4 寫作實習；5 中國文學名著選（包括歷代及現代散文、詩歌、小説及戲劇等）；6 世界文學史。

除上述基本課程外，各校可酌情增加專書、專家、專題研究等選修課程。

㈢ 本系得按各校具體情況分組修習，其課程由各校酌定。

乙、外國文學系

㈠ 任務：1 培養學生正確運用和翻譯外國語文的能力；2 培養學生對文學理論及文學史的基本知識；3 培養學生了解、介紹和批判外國文學的能力。

㈡ 本系基本課程：1 作文與翻譯；2 語音學；3 文藝學；4 世界文學史；5 國別文學史；6 世界名著選（注重現代進步作品）。

除上述基本課程外，各校可酌情增加專書、專家、專題研究等選修課程。

㈢ 本系得按各校具體情況分組修習，其課程由各校酌定。

二、哲學系課程

㈠ 任務：引導學生較深刻地去學習辯證唯物主義，并能用辯證唯物主義來解決研究一定的具體實際問題，如政治、經濟、文化、思想等任何一方面的問題，培養中等學校講授邏輯課的師資。

㈡ 本系基本課程：1 辯證唯物主義（包括自然辯證法）；2 歷史唯物主義；（以上兩門均應對公共必修課作必要的補充。）3 中國哲學史（應着重中國近代思想史，特別五四以後的思想史，着重馬克思主義哲學與中國革命實踐的結合過程，但仍應講授古代哲學史的大概）；4 西洋哲學史（應着重唯物論與唯心論的鬥争史。黑格爾以後，應以辯證法唯物論與歷史唯物論的發展史爲講授或研究的主要內容）；5 論理學。

㈢ 選修課程：各個別哲學學派及各個專門問題的研究和

講授，可按照各校原有人力，作適當配置。但應注意：1
增加唯物學派的研究和講授。2 講授認識論、倫理學、形
而上學等專門問題的課程時，儘可能采取批判性質的講授
法，其次是用介紹性質的講授法。3 酌加近代西洋革命
史、中國革命史、中國革命問題等課程，以幫助學生了解
辯證法唯物論哲學發展的歷史社會基礎。4 名著選讀應增
加馬、恩、列、斯哲學著作的選讀（《反杜林論》、《費爾
巴哈論》、《家族、私有財産及國家之起源》、《唯物論與
經驗批判論》、《國家與革命》、《無政府主義還是社會主
義》、《辯證唯物主義與歷史唯物主義》）。5 專修課程中的
學習課程内應加"毛澤東思想方法研究"一項，選讀毛澤
東的著作。6 研究課程中應加"當前世界和中國的思想文
化戰綫上的某些問題"的研究。

三、歷史系課程

㊀ 任務：培養學生以歷史唯物主義的觀點分析中外歷史發
展過程的能力，并培養其對中國和世界歷史的基本知識。

㊁ 本系基本課程暫定下列五門：1 社會發展史（應儘可能
多用中國史實説明）；2 中國近代史；（以上兩項課程須與
公共必修課密切配合作必要的補充。）3 馬列主義史學名著
選讀——在下列各書中選讀：㊀家族私有財産及國家之起
源；㊁ 德國農民戰爭；㊂ 法蘭西階級鬥爭；㊃ 拿破侖第
三政變記，法蘭西内戰；㊄ 德國的革命與反革命；㊅ 論
一元論歷史觀之發展；㊆ 什麽是人民之友；㊇ 國家與革
命；㊈ 帝國主義論；㊉ 聯共黨史；㊋ 思想方法論附録；
（以上各書，或選讀幾本，或按問題編成講義，如無適當教
員，可采集體討論方式。）4 中國通史；5 世界通史（必須
包括蘇聯史及亞洲史，參考殖民地附屬國歷史一書）。

㊂ 選修課程：中國斷代史及外國國別史，必須選讀幾門，其他課程由各校酌定。

四、教育系課程

㊀ 任務：根據新民主主義的教育方針及馬克思主義的理論與方法，培養爲人民服務的中級教育工作者的知識與技能。

㊁ 本系基本課程：1 新民主主義教育概論；2 教學方法；3 教育心理學；4 中國近代教育史；5 西洋近代教育史；6 教育行政；7 教育測驗與統計；8 現代教育學說研究；9 職業教育概論；10 實習；11 政策法令；12 政治經濟名著選讀（參考政治系名著選讀及經濟系基本課程）；13 蘇聯及新民主國家教育研究。（以上課目一部分得列爲選修。）

㊂ 本系得分組修習，如教育行政、兒童教育、中等教育、社會教育、職業教育等，其課程由各校酌定。

五、經濟系課程

㊀ 任務：學習馬克思主義政治經濟學的基本知識，培養以馬列主義的觀點方法，分析經濟財政問題，學習經濟建設的各項實用基本知識。

㊁ 本系基本課程：1 政治經濟學（應與公共必修課程密切配合，作必要的補充）；2 新民主主義的經濟建設；3 政策法令；4 蘇聯經濟建設研究；5 中國近代經濟史；6 近代經濟學說史；7 現代國際經濟；8 中國土地問題與土地改革；9 財政學；10 貨幣銀行學；11 普通統計學；12 會計學；13 經濟地理；14 社會經濟調查。（以上課目中一部分得列爲選修）

㊂ 本系得分組修習，如貨幣銀行、財政、工商管理等，其課程由各校酌定。

六、政治學系課程

㈠任務：學習以馬列主義的立場、觀點、方法分析政治時事問題，并培養新中國的一般行政事務的知識與技能，培養中等學校教授政治課的師資。

㈡本系基本課程：1 中國革命史；2 中國革命基本問題；3 近代世界革命史；4 現代世界政治；5 政治學概論（馬列主義的階級論，國家論，民族論等）；6 政策及法令；7 名著選讀（共產黨宣言，帝國主義論，列寧主義問題，馬克思主義與民族問題，聯共黨史等）。

㈢本系得分組修習，如普通行政、外事行政、思想及制度研究等，其課程由各校酌定。

七、法律系課程

㈠任務：培養以馬列主義的科學觀點分析政治法律問題，并培養新民主主義國家立法司法幹部的基本知識。

㈡本系基本課程：1 馬列主義法律理論——主要内容爲馬列主義的社會觀、國家觀及法律觀；2 新民主主義的各項政策法令——主要内容爲：一、新司法制度——人民法院組織、新審檢實務、監獄制度，二、土地政策法令——土地改革、減租減息、城郊土地政策等，三、城市政策法令——工商業政策、房屋租賃、民主建設、城市管理及建設、失業處理、乞丐妓女問題等，四、勞工政策法令——職工運動、勞工立法、工會工作、工資政策等，五、財經政策法令——金融外匯管理、對外貿易、財政、合作新法規等，六、婚姻法令，七、文化教育政策法令——新民主主義文化教育方針、知識分子政策等，八、外交政策法令；3 名著選讀：選讀馬、恩、列、斯和毛澤東的重要著作，如：共產黨宣言，家族私有財產及國家之起源，論一元論歷史觀的發展、國家與革命、論國家、斯大林關于蘇

聯憲法的報告、新民主主義論、論聯合政府、論人民民主
專政等；4 新民法原理；5 新刑法原理；6 憲法原理；7 國
際公法；8 國際私法；9 商事法原理；10 犯罪學；11 刑事
政策；12 蘇聯法律研究。（除政策與法令、馬列主義法律
理論、名著選讀等外，其他課目得酌量改爲選修。）

一九四九年十月

十月一號星期六（八月初十）

擦身。陳懋恒來。點《古書疑義舉例》一卷半，全書訖。

聽毛主席就職廣播。

看《梵天廬叢録》。

今日全市游行慶祝，適逢大雨，可謂天公不作美也。

三樓王家女孩，一周歲，而重量反不及湲兒，知湲之身體頗
壯也。

十月二號星期日（八月十一）

欲赴書局，冒大雨出，至武康路口，無電車，而衣服已濕，乃
歸，易衣。看《商史編》。

大中國派車來接，乘以往，開局務會議，討論一部分移北平工
作事。至六時散。

飯畢，乘緯宇車歸。

今日仍終日雨，如武康路北頭，華山路，茂明路，均積水，
淺者數寸，深者尺許，店鋪多閉門，新國旗招揚雨中，道少行
人，極凄清之致。

今日同會：宣人　振宇　君匋　緯宇　擎宇

自張嫂病，静秋作兼人之事，遂致累極而病。今日傷風甚

劇，晚有熱度。渠實不能過苦日子而時代如此，奈何奈何！

十月三號星期一（八月十二）

伴靜秋病榻，看《書林清話》等書。

靜秋鎮日臥，熱約一度，滿身疼痛。幸張嫂起床，可以接力。

予在家，不得不照管孩子，一翻卷即放下，以此知已婚婦女之苦痛也。

十月四號星期二（八月十三）

準備功課。

到誠明，晤楊大膺，陸步青，鄭國讓，蔣疇余，龔懋德，汪育春，李榮廷等。上"中國文學史"課兩小時（《詩經》與音樂之關係）。領薪。

與陳萬濤同乘三輪車行。看王國維《太史公行年考》。

出門，無電車，訝之，雇三輪車赴誠明。可知林森路積水甚深，尤以嵩山路口為甚，車軸亦入水，竟成浩蕩長河。車價去時一千，歸則一千四百。

三樓王家遷出，王君好色，妻至四人，而寄其第四妻華小姐于此。近日已説通，迎之歸。此亦上海腐化之一面也。

十月五號星期三（八月十四）

豫備功課。八時出門，雇車至誠明，上"傳記研究"二小時（《史記》之優點），"校勘學"一小時（大意）。與梁措成談。雇車歸，王傳熠來，留飯。

為紙行寫劉佩韋信。小眠。看《書林清話》。

看張鵬一《太史公年譜》一過。

湲兒今日足九個月，能學人咳嗽，懂得"燈"、"貓"諸名。

十月六號星期四（八月十五）

抱湲湲。補記北平行日記十三天。詩銘來，留飯，傍晚去。

與靜秋、潮兒到起潛叔處，送月餅。逸如侄來。

準備明日課。與靜秋、潮兒、鴻鈞到興國路一帶看燒香斗，踏月。失眠。服藥。

靜秋傷風甚，咳嗽劇。推其起因，蓋由于夜視孩子，一夜常三四起之故。因于今日在房中另爲予設一榻，而將湲兒移臥大床，則夜可不起也。

逸如告予，接潔如自甪直來書，謂中共之在甪直者，人家養雞一，則月收稅卵十枚，此真苛捐矣。

十月七號星期五（八月十六）

到誠明，上"傳記研究"一堂（《史記》作法及其闕佚），"校勘學"二堂（文字，章句，事實之校勘）。與楊大膺談。看盧元所編書目。到江西路剃頭。

到萬福居吃飯。遇孫蔚廷。步至大中國，與擎宇、振宇、維新談。招集史地學社同人開會。寫樂植新信。四時半出門，以游行隊多，至六時半始抵家。

與三姐，潮兒同到武康路口散步。

今日下午同會：擎宇　大夏　劉思源　董石聲　擎宇于四五日內北行，同行者凌大夏，馬宗堯。思源、石聲移至亞光工作，山陰路社址取消。予前所頂屋亟須出頂，因重托振宇。予一月來虧空達卅萬，如能得一筆頂費，以之存入銀行，則每月所得利息足抵薪入之虧空無疑也。

今日剃頭六百元，上海物價漸平矣。

十月八號星期六（八月十七）

與三姐、潮兒看游行。到李拔可先生處，并晤楊綽庵、陳懋解。到張石公先生處。補記北平行日記十二天，訖。

看《三百篇研究》。洗浴。到番禺路尋海光圖書館，未得。點《太史公行年考》半卷。

與靜秋、三姐、鴻鈞、張嫂、潮兒、湲兒同上街看游行。看《雕版源流考》。

今日下便三次，屁亦多，豈中秋節吃壞耶？近來夜半又盜汗，其上課太累故耶？

念予廿餘年來所任之課，可編成講義酬世者，有《尚書》、《春秋》三傳、《史記》、校勘學諸種，異于中國古代史、《詩經》學、《堯典》、《禹貢》諸考之爲我著作。然愈是講義銷路必愈好，足爲稻粱之謀也。此可先編。

十月九號星期日（八月十八）

點《太史公行年考》訖。寫范仲澐，胡愈之，葉聖陶，王鈞衡，齊致中，翁獨健，欒植新，韓博仁，黃奮生，李丙生自珍信。寫李九魁，魏建功信。

到合衆，與起潛叔談。爲石公先生草致禹貢學會函。靜秋偕全家來，同到靜安寺購物。

到雪園老正興，赴宴。九時歸，汪叔棣來。失眠。服藥。

今晚同席：宣人　振宇　緯宇　擎宇　子喬　文發　君匋（以上客）　許文德　張維新（以上主）

敬啓者：接讀來書，具悉一切。查民國二十四年九月二日國淦代表前培德學校董事會將該校坐落北京西四牌樓大紅羅廠內後口袋胡同六號七號及小紅羅廠八號又大紅羅廠西口鋪房損贈貴會，并于是年八月廿八日呈請北平市政府社會局備案，施行在案。當時曾向貴會顧理事長頡剛聲明此項捐贈房地係專作禹貢學會研究學術之用，如貴會不需用此項房地時應仍交還原主，不得抵押變售，原係鄭重公產之意，并非產權尚屬培德學校。茲接來函，謂如此則產權未能確定，于登記手續似覺未合云云。國淦思之，亦有餘憾，溯自抗戰以來，貴會雖一度停頓，而各個工作人員仍站在自己崗位再接再厲；現在全國解放，貴會工作又有開展之望，則前所慮者可以冰釋。茲特代表培德學校董事會更向貴會聲明：此後該項房產一任貴會處理，概與培德學校無涉，即祈鑑察是荷。又培德學校曾購振懦女校出讓房地作爲培德學校校產之一部分，當捐贈貴會之時，曾將該項出讓字據一紙，舒登瀛登記證明書一紙，紅羅廠學校（即培德學校）登記證明書一紙，登記地圖一紙，交與貴會保存，并載明《禹貢半月刊》第四卷第二期。茲來書謂振懦出讓未經登記，似屬誤會，并請查復是要。此致

禹貢學會

張國淦啓

十月十號星期一 （八月十九）

鈔出爲張石公所書信稿，送石公先生處。歸，寫壽彝信。準備明日課。吃蟹。

與靜秋同出。予到大中國，寫嚴叔平，于思泊，景培元，向覺明，王重民，鄧恭三，樂植新，白壽彝信。題贈北京各機關《浪口村隨筆》簽。家駒夫婦來。誠安來。

到大新街悅賓樓赴宴，十時歸。

今晚同席：彭匡侯（學文）夫婦及其子　振宇　緯宇　擎宇　君匋　子喬　文發（以上客）　陳宣人夫婦及其子（以上主）

今日發見，一件夏布大褂未帶歸，蓋係在北京旅館中失竊，甚懊惱，以現在失一衣即添補不起也。

十月十一號星期二（八月二十）

寫石公先生及壽彝函。豫備下午課。

黃永年來長談。寫奮生信，出寄。到校，與程柏廬談話。上"文學史"兩堂（四家詩與賦、比）。取薪歸。

看狄平子《平等閣筆記》。

靜秋爲家用不足，時時生氣。《北門》之詩，可爲予詠。

十月十二號星期三（八月廿一）

到校，上"傳記研究"兩堂（《史記》之竄入材料），"校勘學"一堂（齊宣王與蓋王之年代校勘）。出，在河南路飯。

到和成銀行，爲張嫂存錢，晤逸如。到亞光，送擎宇、大夏、宗堯行。到大中國整理潮濕書畫。出，訪寒碧，未遇。到百樂門商場吃點，買物。遇段益山，劉秋英及其夫張大同。

看翁國樑《山歌選》。

靜秋咳嗽甚劇，尤以夜中爲甚。

潮兒仍每日有熱，熱起較早，午後即退，眼皮亦早晨發腫，不知何病也。此兒太慧（即太神經質），欲其體之強，難哉！

十月十三號星期四（八月廿二）

到番禺路保辦公處，詢得海光圖書館，即往，晤林同濟及蔣孔陽，參觀全館。游法華鎮。歸，預備功課。

與鴻鈞、潮兒到八仙橋黃金大戲院看《三毛》電影。到石公先生處，值其睡，留條出。到誠明，上課一小時（興詩）。與王善業談。買藥。

看《古史辨》第五冊自序。

同濟囑予到海光圖書館讀書作文，此地甚靜謐，且由上海銀行供給飯食，可鎮日工作，允之。擬自下星期起，每星期一、六兩日往。

十月十四號星期五（八月廿三）

到誠明，上"傳記研究"一堂（史遷生卒，十表中續附），"校勘學"兩堂（今古文的分別）。遇高君珊。到城隍廟吃飯。步至大中國。

洪駕時來。胡厚宣來。寫汪叔棣，魏東升，魏瑞甫，張禮千，程銅士，祝乙秋，張又曾，沈文倬信。到郵局寄信。

看董含《三岡識略》。

厚宣來，爲復旦聘予。予現任大中國及誠明職，不爲人所注目，亦足苟安。若任職復旦，則衆目所集，將使予生活不得寧定矣，却之。

今日下午六時半，廣州解放。國民黨政府要人分逃香港、重慶、臺灣諸地。

十月十五號星期六（八月廿四）

豫備下周功課。起潛嬸來。

與靜秋到泉澄處送陳濟生聘書。到靜安寺買物。到華山路買鞋。步歸。

停電，未看書。失眠，服藥。

前日下午二時，蔣機來炸十六鋪，死卅餘人，傷七十人。今日上午十時，又來炸數次，聲甚巨，覽報，悉又是十六鋪一帶。有本領，應到前綫去，或收復失地，現在儘作損人不利己之事，以老百姓生命爲兒戲，豈英雄耶！

湲兒能食，臉白且肥，又善笑，活似畫中和合。潮兒則食量減少，面龐瘦削，可憐也。潮兒沈默寡言，看書或游戲均極專心，將來只要身體不太壞，定可在學界露頭面。若洪湲兩兒，則希望其能辦事。

十月十六號星期日（八月廿五）

寫張家駒信。到鄭相衡處，到范希衡處，到王育伊處，并晤之。歸，吳明德，德輝來，留飯。

懋恒偕陳濟生（拯）來。汪叔棣來，長談，留飯。

看《三岡識略》。

予今日上午已大便兩次，晚飯時覺腹痛，夜又大便兩次，皆甚少，而不溏薄，未知何故。

潮兒今日午睡後，熱仍不退，夜中量之爲九十九度二。聞此病有延長至三個月者，未知渠下月能好否。

十月十七號星期一（八月廿六）

到海光圖書館，搜集作文材料，并預備明日課。與蔣孔陽，周進楷談。

歸，與静秋、潮兒到武康路口吃點、買物。遇李清悚。

看《梵天盧叢録》。

合大中國及誠明兩處薪入不足家用，静秋因囑作文投漢學研究所，期以稿費補不足。海光地僻，且未正式挂牌，極爲静謐，故自今日起，得暇即往。第一篇文，爲"詩三百篇起興考"，存之于心二十餘年而未吐者也。惟研究文字作實不易，一篇之成總須數月，是願静秋勿督責過甚耳。

今午同席：蔣孔陽（述亮）　　周進楷（谷城之子）　　毛世錕夫婦　　林毅

十月十八號星期二（八月廿七）

寫家駒信。猫産子。到海光，預備今明日課。看《三希堂帖》。

乘三路車，到民國路口，看炸迹。到誠明，與竹莊先生談。上課二小時（《詩經》之性質分類，未畢）。

歸，林少川來。

昨接家駒信，謂山陰路屋只值七兩，即等于賠去十八兩。以家用不足，必須存放，故去函允之。亦可憐也！

林女士以久不作事，手頭又乏絶，幽憂多病。此真英雄末路矣。因勸其赴北京。其家爲莆田富户，解放後全家逃避香港，故渠欲赴港。

十月十九號星期三 （八月廿八）

寫雁秋信。到誠明，上"傳記"二小時（司馬遷年譜），"校勘學"一小時（五德終始説）。到五馬路冠生園飯（1200元）。

看慶祝廣州廈門解放游行隊。到逸如處取款。到大中國，與振宇等談。寫欒植新，于思泊，金竹如，陳濟川，陳寒碧信。到郵局寄。到誠安處談。

看《小説世界》及《梵天盧叢錄》。夜半，以湲兒哭，失眠，服藥。

十月二十號星期四 （八月廿九）

到海光，準備下午及明日課。與王述魯（傳曾）談。

到誠明，上課一小時（《詩經》選讀）。與王善業談。

看《梵天盧叢錄》。

十月廿一號星期五 （八月三十）

何志競來，取壽彝托帶物。到誠明，上"傳記研究"一堂（司馬遷年譜），"校勘學"兩堂（今古文傳授系統）。到四川中路吃飯。

剃頭。到大中國，陳純侯夫婦來。君匋來談。寫愈之，丕繩，拱辰，角今，小蘇，文實，劉伯衡（鈞）信。寄信。

歸，停電。抱湲兒，未看書。

十月廿二號星期六 （九月初一）

到海光，爲張石公先生擬致禹貢學會及北京市政府信。林同濟來。準備下周功課。

與屬德寅，潘應昌談。周谷城及其子進楷來。到石公先生處商事。

看孫毓修《中國雕板源流考》。

十月廿三號星期日 （九月初二）

到起潛叔處，請鈔昨草三信，并晤鳴高叔。歸，張家駒來。高瑞蘭來。王士純來。與靜秋，潮兒同到鄭相衡夫婦，遇宗君。歸，瑞蘭、士純留飯。

王澤民來。與靜秋同到張姑丈家，與姑丈母及子豐夫婦談。到石公先生處，將三函簽字蓋章。遇蕭覺天羅靜軒夫婦。

黃仲明來。續看《雕板源流考》。

十月廿四號星期一 （九月初三）

寫植新，吳玉年，孫助廉信。到海光，點讀《太史公自序》，作《史記》分析表（以時代列各篇目錄），草《司馬談與史記》一條。

到思明路寄信。

看吳大澂《字説》。以靜秋出語刺戟，失眠，服藥。

靜秋身生疥瘡，癢甚。

十月廿五號星期二 （九月初四）

到海光，將《史記》各篇名鈔上卡片，并以《太史公自序》

及《漢書・遷傳》所記篇名校之，又重作《司馬談作史》千餘言，即鈔清。

到誠明，上"文學史"兩堂（《詩・七月、無羊》）。與李榮廷，程柏廬談。

歸，爲潮兒講畫書。

今日得檢查結果，潮兒心肺正常，一慰。如大便檢查亦無病，則其熱可無慮，或滿三個月便自好。

十月廿六號星期三（九月初五）

到誠明，上"傳記研究"兩堂（司馬遷年譜畢，司馬遷對于史料之審查方法），"校勘學"一堂（今古文系統）。到青年會吃飯。遇陳石珍。

到大中國，徐仁鉞來。王春沐來。陳乃乾來。靜秋偕汪叔棣來。與靜秋到林少川處（梧州路），同乘六路電車歸。買藥。

近日物價又大高，折實單位超出九百元，爲解放後所未有。予買 R. C. A 潤喉止咳糖，第一次每盒三百元，第二次五百元，今七百元矣。僅半月餘耳。持家益難，予奔走兩職，形勞神瘁，而開銷益不夠，苦哉！

山陰路屋，本擬頂與朱馨蕃，今日王傳熠姨甥婿願頂，只得讓與，價亦八兩。

十月廿七號星期四（九月初六）

寫雁秋，朱馨蕃，張家駒信。又寫頤萱嫂信。到海光，點《漢書補注》之《司馬遷傳》半篇，并鈔集"重黎"材料。

到誠明，上課一小時（《詩經》分類）。與蕭純錦談。

停電，早眠。

十月廿八號星期五（九月初七）

到誠明，上"傳記研究"一堂（《太史公自序》），"校勘學"兩堂（《古史辨》第五冊自序畢）。遇孫毓華。到朱葆三路法郎德吃飯。

到四馬路爲潮兒買書。到大中國，朱馨蕃來。汪叔棣來。到亞光訪擎宇，未晤。與黃鏡湖、董石聲談。還店，寫黃奮生、馬鶴天、張又曾、方詩銘、周谷城信，到郵局寄。

看吳榮光《筠清館法帖》。

今日靜秋挈潮兒到錢恩澤（小兒科專家）處診治，知大便已檢查，亦無病。彼謂恐是腸胃有熱，無大關係，但須休息，多吃水果。得此診斷，可放心矣。

湲兒近日能作揖，鬥鷄鷄。潮兒能搭積木，兩面對稱，且構造漸複雜。

十月廿九號星期六（九月初八）

到海光，點讀萬斯同《石經考》畢，續點《漢書補注·司馬遷傳》畢。

雜翻袁家所藏碑帖。

秋風起，陡寒。

十月三十號星期日（九月初九）

到大中國，開七十七次局務會議，商討出版方針。程堅（治平）來。

到起潛叔處，修改代陳叔通致文教處信。歸，與靜秋到法華路訪陳石珍夫婦，又到海光看房屋。

翻看《山海經》。

今日同會：宣人　振宇　君匋　擎宇

　　興業坊房屋頂出後，二兩存傳熠處，六兩托大中國存出，計
合人民幣壹百萬，三角息，月得三十萬。

　　擎宇謂見愈之，道及《禹貢》，渠謂由新華代售固可，若要
新華出版則須俟開會。晚接植新書，謂壽彝意《禹貢》以不辦爲
宜，此事頗給予一刺戟。上月在京，愈之自向我言之，今乃不承
認，恐有人在後面破壞，迫使愈之食言耳。予之挫折如此其多，
真不料也。

十月卅一號星期一（九月初十）

　　到海光，點《屈賦微》中之《離騷》篇，鈔《離騷》三分之
二。點《觀堂集林·魏石經考》，鈔石經材料。

　　周谷城來。

　　看齊如山《中國劇之變遷》。

　　聞日前游行隊伍中，一中紡女工扮作和平之神，游行時間太
長，欲小便而不得，忍之又忍，及隊伍解散，則已不能出溺，腎
臟壞矣。送至醫院，不救而死矣。瑞蘭言，復旦隊伍在橫浜橋待
至六小時，及至跑馬廳報到而回，則已半夜矣，因此同學多病，
渠亦病。聞蘇聯代表團來，批評三點：（1）開會太多，（2）開
會時間太長，（3）女子服裝男不像男，女不像女。不知當局者聞
之作何感想也。

　　“中國文學史”課學生：

　　陳孟琰　方思廉　梁鶴聲　華筠之　顧乃雍　楊忠　黃季珊
汪欽督　王瓊琅　邱文瑞　吳道弘　朱志賢

　　“傳記研究”學生：

　　王煦華　王培煒　馬婉如　袁漪　鄭瑞水　周志清　龍瓊　吳
道弘

　　“校勘學”學生：

王煦華　王培煒　馬婉如　袁漪　鄭瑞水　周志清　龍瓊

[**徐調孚來信**]
頡剛先生：

　　茲遵命將齊魯大學寄存稿八種（目如下）送呈，乞察收。（海南島黎人一種已由著作人收回）

呂氏春秋集解（三包）	繪畫史
戰國史考證	國聞譯證續
宋詞紀事	寧屬社會概況
崔述辨僞書語等三種	學報存稿一包

耑上祗頌
大安　　　　　　弟調孚奉　　廿六日（一九四九、十、廿六）

　　擬爲大學生作下列數書：

1. 詩經學（兼楚辭）　　7. 詩經讀本
2. 尚書學（兼逸周書）　8. 尚書讀本
3. 春秋學（兼竹書紀年）9. 春秋三傳讀本
4. 國語學（兼左傳）　　10. 假定本國語
5. 史記學（兼漢書）　　11. 史記讀本
6. 校勘學　　　　　　　12. 書林清話，語石，尚書古文疏證，經讀考異，經典釋文，經傳釋詞，古書疑義舉例，新學僞經考等標點本

卅八，十一，五，爲方思廉君寫紀念册：

　　獅子搏虎用全力，搏兔亦用全力，任何事情，沒有隨便一學就會的，也沒有隨便一做就好的。必須用了全力去幹，才可學得本領，才可做出成績。

一九四九年十一月

十一月一號星期二（九月十一）

到海光，作《班固竊父書》二千餘言，即改正。

到誠明，上課二小時（《詩經》分類，畢）。

歸，翻《劉申叔遺書》。三姐病，潮兒住予室。

　　三姐胃病發，臥床。潮兒解事，今日午後即自至予室眠，晚亦睡予床，竟有成人格局。

十一月二號星期三（九月十二）

到誠明，上"傳記研究"二小時（《史記自叙》），"校勘學"一小時（石經）。到大中國，飯。

寫上軍事委員會呈文及上毛主席書（爲二百萬分一地圖出版事）。鳴高叔來。魯弟來。

冒雨歸，停電。續翻《申叔遺書》。

　　物價大跳，折實單位已至一千九百九十六元，較昨日高六十六元之多。如不急速壓平，經濟又崩潰矣！

　　魯弟謂銀行公會本月內即改組，擬即脫離。然家累之重如此，脫離後將如何？

十一月三號星期四（九月十三）

到誠明，點《史記志疑》末卷，鈔王靜安先生《魏石經考》三篇。

戴克光來。到誠明上課一小時（《楚辭》概論）。

翻《申叔遺書》。

　　此數日睡眠又不好，蓋工作太緊張也。靜秋勸予擺脫誠明，予何嘗不願，不過已接受聘書，已領薪金，如何説走就走。

十一月四號星期五（九月十四）

到誠明，上課三小時（《史記自序》，《漢石經》，《魏石經》）。到大中國飯。

重草軍委會呈文。汪叔棣來。看《漢書》。歸，德輝來，留飯。看《史通》。

腸胃多時不好，每日下便兩次。今日天寒受凍，乃至三次，夜中放屁甚多。前在蜀中，相者黄子箴謂我左頰騰蛇入口，當患腸胃病，其竟驗耶？

靜秋時説予瘦，迥異九月杪自北平歸時。大約此一月中實在趕功課太急，經濟壓迫又重，心緒不佳所致。在此時代，奈之何哉！

十一月五號星期六（九月十五）

載書于小車，鴻鈞推之，予携潮兒，同到海光，即理入書架。看《史記》中劉氏宗室各篇，畫一表。

看《史記》十表，摘要鈔出。到興國路剃頭。

看《雕板源流考》及《冷廬雜識》。

十一月六號星期日（九月十六）

與鴻鈞潮兒到兆豐公園，看扭秧歌，參觀動物園。十一時半，靜秋、三姐、胡繩武、瑞蘭、湲兒等至，又至動物園。一時歸。世灃自徐來，同飯。

寫《三代世表》筆記一則，約千言。洗浴。高仁福太太（高楣之嗣母）、高楣來。高太太留宿。到霞飛路爲潮兒買玩具。

與世灃、鴻鈞談鬼。與瑞蘭談。

瑞蘭及高太太均謂我瘦，可見我的生活確實有致瘦之道。明年決減少教書鐘點，但望没錢用時，静秋勿埋怨我耳。

十一月七號星期一（九月十七）

到海光，重作《三代世表》，得三千三百言，即改正。冒雨歸，買表飛鳴（Biofermin）。

看《左盦集》。服藥眠。

潮兒數月前看電影，曾見游泳池，今日便搭積木爲游泳池，隅立電燈，而置白雪公主之矮老人于池中，令其游泳。可愛哉！

十一月八號星期二（九月十八）

到海光，準備今明日課。

到誠明，上課一小時（《離騷》）。

歸，停電，爲潮兒講書。

物價跳動益甚，昨日一天折實單位高八十二元。

R. C. A糖片，雖不能愈咳嗽傷風，却可治喉頭炎，予服此後喉頭舒服得多。

十一月九號星期三（九月十九）

到誠明，上"傳記研究"一堂（《史記》之表），"校勘學"一堂（《漢石經》之發見及其與今本異同）。到大中國飯。

詩銘來，寫又曾，頤萱嫂信與之。寫翁獨健，陳乃乾，方紀生，郭壽鐸，丙生夫婦，伯祥，沈鳳笙，景培元信。孫俶仁，誠安來。

范希衡來。起潛叔來。

折實單位又高七十七元，嗟我人民，將無噍類矣。

予今年三月剛遷至武康路時，每日交通費千元，現在亦每日千元，足知人民幣之貶值已與三月初之金圓券一樣。

十一月十號星期四（九月二十）

寫黃重憲信，匯盤費。到海光，準備今明日功課。

到誠明，在圖書室看書。與俞劍華談。上課一小時（《離騷》）。范希衡偕徐新予（家震）來。

今日與俞劍華君談好，"中國文學史課"歸其擔任，如是，我的生活可以有軌道，不至上課之日夜飯太遲，且少跑兩天，工作亦較從容也。

聞金門島已爲蔣軍奪回，福州廈門亦有此謠傳，歐洲風雲亦急。又聞舟山群島之戰，解放軍損失極大，軍長師長均被俘。物價之高，人民券之低落，當與此有關也。

十一月十一號星期五（九月廿一）

冒雨到誠明，上"傳記研究"一堂（《史記自序》之表、書），"校勘學"兩堂（《五帝本紀》之分析，唐以下石經）。到大中國飯。

看孫詒讓《周書校補》。與振宇談。寫黎小蘇，王樹民，李旭信。冒雨歸。

看《揚子法言》。早眠。

今日折實單位又高七十六元。

湲兒在藤坐車中見燈下之影落其手上，發生興趣，儘看不已，不肯進食。静秋抱之出，及回室，又續觀之。此兒才十個月，已有注意力若此，將來可爲科學家也。

十一月十二號星期六（九月廿二）

到遠東飯店，訪程宇啓夫人。到誠明，參加國文外文兩系及國專科聯誼會。十二時，静秋電來，逃席歸。

搜集簡策材料。看傅振倫文。與静秋到霞飛路買玩具。

爲潮兒講書。看齊如山《中國劇之變遷》。

今日上午同會：楊大膺　鄭國讓　蔣仲華　陸步青　李光信
董每戡　梁措成　張益予　王乘六　張承浚　馮公焙　盧元（以
上教職員）　王培煒　王煦華　馬婉如　袁漪　柴忠寶　華筠之
等二十餘人（以上學生）

程宇啟（楚潤）病氣管瘤，八月初到滬就醫，竟於本月一日
病没中山醫院。其夫人熊淑平侍疾三月，備極勞苦，兹隻身辦其
後事，凄凉之甚。宇啟年才四十八，而去年在蘭州見之，總以爲
五十許人。蓋抗戰以來，生活太苦，而去年風潮又受絶大刺戟，
活活給時勢逼死也！

十一月十三號星期日（九月廿三）

王育伊來，同出。到大中國，與振宇、君匋談。點王國維《簡
牘檢署考》十二頁。發樹幟電，報告宇啟之死。

叔棣來，傳熠來，商通俗讀物社事。到誠明，參加教職員會。
五時半，與善業同出。

到高家，茶點。七時，與静秋同歸。

今日下午同會：蔣竹莊　楊大膺　俞頌華　鄭國讓　鍾道贊
陸步青　王善業　程柏盧　李榮廷　李光信　曾克熙　蔣仲茀
袁昂　夏高波　陳萬濤等廿餘人

今晚同席：王國秀及其夫孫瑞瑝　劉大杰　起潛叔　（予夫
婦）　高君珊及其侄宛真（主）

誠明教員全要“學習”，我被編入星期六下午一組，從此更
忙些了。

十一月十四號星期一（九月廿四）

誦芬弟來。到海光，作《共和》一篇，約二千餘字。
點《簡牘檢署考》畢，豫備後日課。

停電。翻《路史》。

玉舜來信，其父龍書由雙溝赴徐州，乘棉花車，車翻壓傷腰部，請其母即北返。如此，三姐不得不行，潮兒失一保姆矣。

十一月十五號星期二（九月廿五）

寫雁秋信。到海光，將作文重寫，約三千言。與周進楷談。

回家，取雨衣。到誠明，上"文學史"一小時（《離騷》）。歸，遇陳孟琰。

翻看《史記》。

折實單位一跳就是一百四十六元，靜秋急得大哭。只得去信與雁秋，請其蚌滬間多來回幾次，藉得將此僅有之微資加以運用，不致真成涸轍之鮒。

市場狂跳，金子一兩已至五十餘萬。予頂出房子所存六兩，今衹能收回二兩耳。我們真苦命，即此僅有之財產亦在半個月中化爲烏有！

十一月十六號星期三（九月廿六）

到誠明，上"傳記研究"二堂（《史記自序》，又《五帝本紀》分析），"校勘學"一堂（竹木簡）。到大中國飯。靜秋來。

擎宇來。寫姬信之信。草《蘇聯新圖志》新聞稿三則。王傳熠來。與靜秋同歸。

翻《籀膏述林》。

米昨晨一石六萬餘元，今日高至十四萬元。許多鋪子關門，許多貨物無行市。一種恐怖情形與去年金圓券塌臺時無異。惟下午米價已低至十一萬餘元。

謠傳崇明島蔣軍已登陸，又有人從舟山過，見上懸一大旗，書"解放舟山，奉送臺灣"，蓋必自恃其不能解放也。近日物價如脫繮之馬，人心皆怨。從前國民黨以無能而倒，豈共產黨亦將墮入此局耶！

十一月十七號星期四（九月廿七）

到海光，準備今明日課。林同濟來談。

點讀《五經異義疏證》二十五頁。到誠明，上"文學史"課一小時（《離騷》）。

高吟谷，閻宗棠來，留飯。點孫仲容文兩篇。

昨夜有賊自後園籬笆入，竊去余家麵粉兩袋，又入東鄰，竊其自行車一輛。按解放軍站崗，武康路一帶甚密，而賊之活動乃不爲見，是可訝也。

貴陽于十五日解放，蔣之西南防綫突破矣。

吟谷自徐來，一路見糧食車甚多，向北開，然則政府之大量徵借糧食，非以支援前綫也。聞中蘇密約之一，蘇聯將所奪東北機器還我，而我以糧食與之。中國糧食本已不足，前則安南，暹羅米補之，後則美援米補之，今外國之米已不至，今年又有水旱之災，乃復以糧食運蘇，是今冬明春餓死之人將無算也。我輩不知在此枉死籍中否？

聞近來物價之高，實由政府所辦之貿易公司大量購買貨物所致。依據其國富民貧之政策自當如此，但我們人民實太苦耳。

十一月十八號星期五（九月廿八）

到誠明，上"傳記研究"一堂（《史記自序》），"校勘學"兩堂（《五帝紀》分析，竹木簡）。到大中國飯。

草贈送《蘇聯新圖志》函稿。點《今古學考》。王天木，楊寬正，蔣大沂，方詩銘來。

看《印雪軒隨筆》。

前日潮兒夜哭，後問之，則曰："洋娃娃跳井了。"可見其已有夢。又近常說夢話。我出門，潮兒送予，曰："有飛機來，跑向圖書館去！"可見其甚有心計。

十一月十九號星期六（九月廿九）

到海光，點《五經異義疏證》二十六頁。寫書根百册。

寫植新，毓蘊，華問渠，自明，汪安之，德峻信。到誠明，開學習小組會議，由四時至六時。遇杜佐周。

翻《韓非子》。

昨夜賊又來，後園入，偷去鷄二隻，摔開鎖，自大門出。可見其膽子愈來愈大。

通惠實業銀行倒閉，静秋經手之美鈔二百元及亞平之學習存款八十萬元全落空。雪上加霜，吾屬無噍類矣！

今日下午同會：袁昂　楊大膚　蔣竹莊　鍾道贊　王善業　陳萬濤　李榮廷　夏高波　沈慶熾　張鳳翔　這是我第一次參加學習，討論問題爲"組織教職工會"。

十一月二十號星期日（十月初一）

與張魯青看賊迹。量衣服。鈔《漢石經》後記。出買藥。到起潛叔處。剃頭。瑞蘭來，德輝來，均留飯。

莊鳴山來。搜集明日作文材料。寫失竊報告，送常熟路警察局。林少川來，話別。

翻《國語》。

物價雖經政府壓得稍平，但仍高，折實單位已至二三九三元，在一個月前乃七百餘元耳。報紙一份，前一百元，今三百元。我們一家，如何活下去？今日做父母，才真是兒女的奴隸。

理髮價二千三百元。

服表飛鳴一瓶後，一日下便一次，屁也不放，停藥五日，舊病又作，今日再買一瓶，價三千元矣（上回一千四百）。貧與病連，真痛苦耳。

十一月廿一號星期一（十月初二）

寫壽彝信。到海光，作《黃帝》一篇，先鈔出兩千字。

翻《呂氏春秋》。

雁秋有信來，促靜秋到蚌埠數日，靜秋定明日往車站登記。

蘇州有了一些房地，真成了累墜。現在秋徵、房捐及稅契等等又來了！苛政猛于虎，信然信然。

大中國出《蘇聯新圖志》，自以爲穩占錢矣，乃昨接京電，謂胡愈之囑刪去第十三圖，蓋此圖爲"帝俄東部疆域的開拓"，謂璦琿條約將黑龍江以北之地割讓帝俄，至一八六〇年又取烏蘇里江以東之地也。夫此乃歷史事實，且係帝俄所爲，不與蘇聯相干者，而共黨不但曲解歷史，更進一步而抹殺歷史，彼輩日日講客觀，講唯物，而所爲乃極度主觀，極度唯心，可嘆也。

十一月廿二號星期二（十月初三）

寫劉佩韋信。續作《黃帝》文畢，共四千五百言，即修正。

徐澄宇偕其子來。到誠明，上課一小時半（《離騷》畢）。

吟谷來，留宿。

湲兒近日不思飲食，昨今連以鷓鴣菜飲之。此是第一次生病。

竊予家物之賊，凡三人，已爲公安局緝得，但不承認，故失物仍存局中，未領歸。

聞上海私家銀行五百餘家，人民政府有意逼坍二百家，即如通惠之倒閉，乃共黨存款六千萬元，越數日即要全部提出，而通惠只能籌得四千萬元，與商緩提不允，遂只得倒閉矣。私家銀行固足以混亂金融，然若干家之財產繫焉。共黨手段亦太辣矣。

十一月廿三號星期三（十月初四）

到誠明，上"傳記研究"二小時（《太史公自序》，《五帝紀》分析），"校勘學"一小時（竹簡與帛卷）。出，遇徐擁舜。到大中國飯。

誠安來。擎宇來。與振宇談。靜秋來，送之至北站，乘十五路車歸。

看《史記》列傳六篇。失眠，服藥。

昨折實單位高三百餘元，今日高四百餘元，一日之間便爾如此，真水深火熱矣。此故有二。一則共黨到處搜索物資，貨物大缺，而新解放區愈大則負擔愈重，不能不多印鈔票以應付，鈔多則賤，物缺則貴，自然之勢。二則人民銀行以折實單位吸收游資，欲使各銀行之利息遠不及折實之高，則存戶自群趨人民銀行，該行吸盡游資，生意可以獨攬，而他人之投機盡息，各銀行無事可爲，自然倒閉矣。

重慶有昨日解放息，國民黨政府遷成都，聞將入西康。

靜秋今日赴蚌，看雁秋又安所爲生產事業，約下星期一回。

十一月廿四號星期四（十月初五）

翻讀《史記》列傳十餘篇，準備明日功課。與張蔭桐談。

準備今明日功課。到誠明，上"文學史"一堂（《九歌》）。晤曾克熙。携米四斗歸。

看《聞一多集》。

桂林解放。聞李宗仁赴美洽商，白崇禧退兵至海南島，以圖復起。爲保全實力計故不作抵抗。

十一月廿五號星期五（十月初六）

到誠明，上"傳記研究"一堂（《史記自序》），"校勘學"兩堂（《五帝本紀》分析，卷子）。到大中國飯。

林少川來，贈與程儀。寫胡愈之信。振宇來。汪叔棣來。張志銓來。擎宇來。

看震鈞《天咫偶聞》。

服表飛鳴兩瓶矣，腸疾仍不愈，每日仍大便兩次，屁仍多。楊大膺勸我吃石榴，然現在每個五百元，也有些吃不起了。

二樓張君謂近日上海時有搶劫，應當心門戶。在如此煎迫之下，恐上海治安要一天不如一天。

十一月廿六號星期六（十月初七）

到海光，點《五經異義疏證》三十三頁。與同濟談。

到誠明，翻看《古逸叢書》。出席學習小組，討論教育工作者的地位。六時散。

冒雨步至青年會，赴宴。歸，看開明送來齊魯諸稿。失眠，服藥。

靜秋來信，云："彈花廠正在結束，公家又賴了賬，以大秤發棉花，以小秤給新麥，吃虧了將近一萬斤收入。"此正與田成子之"以大斗出貸，以小斗收"相反，然則其將來之命運可知矣。

今日下午同會：袁昂　楊大膺　俞劍華　鍾道贊　李榮廷　王善業　沈慶熾　張益予

今晚同席同會：金擎宇　張家駒　董石聲　劉思源　（討論中國史地學社出圖事。）

十一月廿七號星期日（十月初八）

到張石公處，長談。到起潛叔處，借書歸。王士純來，耀玥、瑞蘭來，皆留飯。

與耀玥瑞蘭談。黃英來。看《史記》六篇。

點《中國雕版源流考》。

耀玥近服務于常州民教館，辦各種成人班，瑞蘭在復旦上學，黃英在農林部工廠爲工人。談起共黨作風，無不疾首蹙額，以此知彼黨之實未真把握住人民也。

耀玥數月未來，今日見吾，亦謂予瘦。知予腸胃病實損健康，俟手頭略裕，必當就醫。

湲兒日來甚懂事，能聽人之簡單話而有所表示，喜走路，與貓接吻。見予自外歸，便縱身入予懷。在此苦悶之際賴有此安慰耳。

十一月廿八號星期一（十月初九）

寫振宇信。到海光，搜集顓頊材料。修改《司馬談作史》篇。

冒雨歸。詩銘來，留飯。

看《天咫偶聞》。失眠，服藥。

潮兒近日喜以剪子剪畫片，專心一志，大有廢寢忘餐之概。

靜秋本當于今日歸，不歸，何也？

予近日牙痛。

十一月廿九號星期二（十月初十）

冒雨到海光，作《顓頊》一篇，凡三千五百字。

乘車歸。

看《天咫偶聞》。半夜又起服藥。

今日單位跌三六六元，爲二七三五元。

今日大便至四次之多，腸病不得不醫治矣。

韓博仁來，索取款項，大是一難題。

十一月三十號星期三 （十月十一）

静秋自蚌埠歸。冒雨到誠明，上"傳記研究"二堂（《史記自序》，《五帝紀》分析），"校勘學"一堂（五代宋刻本）。到大中國飯。

與君甸談。寫筆記一則。寫韓博仁信及收據。韓博仁來。静秋偕王傳熠來。作大中國日記本字幕。與静秋到郵局寄信，同歸。

震旦大學祁龍威偕同學陳國鈞，萬金輝，秦立章，王有璵，郭蔚泉來，邀任課。

今日大便只一次。

静秋歸，謂彈花廠之所以少得工資者，乃由共黨之貪污。聞傳熠言，通惠銀行之所以倒，即由共黨之以公款存利而急于取出所致。

重慶于今日下午解放。

震旦師生邀予任"史記選修"課，拒之不得，允于星期一下午往上一小時。静秋聞之，不許也。前日得林冠一函，又約往西北大學任教。復旦則谷城等屢言之。予如年壯力強，當然可多跑幾處，奈年已望六，體亦漸衰，而著作之志復甚強何！

擬爲古史綜論一書，將《浪口村隨筆》擴大，敷以系統，分爲兩編：

一、史實編：

1. 地理及民族　2. 制度　3. 名物　4. 宗教及神話　5. 史事

6. 人物　7. 年代及天文　8. 思想

二、史料編：

1. 詩　2. 書　3. 春秋　4. 古史書（世本、紀年之類）　5. 禮

6. 易　7. 諸子　8. 史記　9. 楚辭等　10. 古物　11. 傳說

爲欲敷以系統，故他人成文亦可采入，總使人得到此書即得一整個見解。如一類分一二冊，全書即有二三十冊，可分冊出版。每冊題

下加某編某類字樣，即不必書第幾冊。包含之時代自邃古至漢代。

此外筆記，凡不與古史相干者，則定爲拾貝編。

一九四九年十二月

十二月一號星期四（十月十二）

與靜秋同到狄晝三處診疾。寫震旦大學信，請辭。

準備明日課。鈔楊寬正《戰國年表》，未畢。修改《顓頊》篇，訖。瑞蘭來，留宿。

狄晝三謂予一日大便數次爲大便發酵，表飛鳴力量不足，改服 Aglical 藥片。又量予血壓，得一百五十九，予向日爲一百四十五，亦嫌其高，諄囑休息。震旦課遂只得不去矣。予血壓久不高，今如此，殆以兩月來工作太緊張之故。予之年齡與體力均不許其如此矣。將來能不教書，還以不教書爲宜。

潮兒上午熱高一百度〇八分，下午睡醒後低至九十七度六。雖眠食照常，精神活潑，而身之有病係顯然事實。問之狄醫，謂恐是關節炎，仍須驗血，如其真是，應打盤尼西林針。

十二月二號星期五（十月十三）

到誠明，上"傳記"課一小時（《史記自序》畢，《史記》選目），"校勘學"二小時（《魯世家》分析，宋刻本）。到大中國飯。

寫齊思和，周立三信。與君匋、振宇、擎宇談。張公輝自贛來，長談。洪駕時來。

祁龍威與震旦學生三人來。

《蘇聯新圖志》，出版總署命令各地新華書店停售，該店遂將前批去之書退還。蓋一則以其中述帝俄東侵，有妨邦交，二則此類書要由彼方自己出，不讓他人作也。大中國本欲趨時，反遭碰壁，且恐影響他種圖書之銷路，悲夫！于今日寫周立三書，勸其遵從愈之之意，將第十三圖取消，并將東德改爲德意志共和國，南北韓改爲朝鮮人民共和國，未知見許否。

折實單位，僅前日（十一月卅日）爲發薪故，跌下四百餘元。此二日又每日漲四五十元。政府行事一切用手段，而人民苦矣。

現在出門一次，車資即須三千元。

十二月三號星期六（十月十四）

到海光，草《帝嚳》篇，未畢，約二千餘言。與林同濟，蔣孔陽談。

到誠明，翻看《古逸叢書》。開院務委員會，至六時猶未畢，逃席歸。

看《湘山野錄》。

今日下午同會：蔣竹莊　鄭國讓　楊大膺　張承浚　陸步青　程柏廬　俞頌華　李光信　李榮廷　朱啓超　沈慶熾　張益予等及學生代表呂慎之等　討論院中經費，房舍及獎助金事。

十二月四號星期日（十月十五）

與靜秋、鴻鈞、潮、湲到海光，遇高君珊、周谷城父子。到大中國，與金竹安同車，開局務會議。

寫周立三信。改廣告稿。與君匋談。寫自珍、又曾、毓蘊、林冠一、倪方儒、丕繩信。歸，起潛叔來。黃英來，留飯。

看《湘山野錄》。

今日同會：宣人　振宇　君匋　緯宇　擎宇

潮兒近喜兩事，一剪紙，一塗色。凡零碎畫張，均爲剪去背景而獨留人物。凡畫冊，皆以蠟筆塗其人物之顏色，忘餐廢寢，極顯其精神之專注與興趣之高。

　　聞陳毅部隊攻舟山，先後凡十九批，每批五萬人，皆犧牲，以是受譴。上海由劉伯承部隊接管，市長聞將派李立三。

　　聞蔣介石已復總統職，李宗仁出洋，白崇禧軍隊移海南島。

　　爲詩銘代我編書目，買一本帳簿，價四千元。在戰前則兩角而已。以此知現在二千元抵從前一角，則二萬元抵從前一元。予現在收入約百萬元，則抵從前五十元而已。以五十元養蘇滬兩家，焉得而不貧！

十二月五號星期一 （十月十六）

　　祁龍威來。到海光，鈔出《帝嚳》二千言。飯後與周進楷談。

　　震旦學生陳國鈞、周知行來，同乘車到震旦，晤校長胡文耀，上課三小時（《史記》大要）。四時許，祁龍威伴至圖書館，參觀合肥李氏望雲草堂書庫。龍威送至霞飛路，乘電車到海光，取酬歸。

　　翻《夢溪筆談》等書。

　　今日上震旦課，初以爲一小時耳，乃連上三小時。學生約六十人。晤胡校長，乃予在北大上學時之數學教授。

　　服 Aglical 藥片後，雖每日仍下便二次，而屁大少，可喜也。

　　今日政府發表高級官吏任命，華東區軍政會主席乃饒漱石而非陳毅，陳仍繼續任上海市長。知政府亦明白承認三野軍之失敗矣。

十二月六號星期二 （十月十七）

　　到海光，看徐旭生《中國古史的傳說時代》。振宇來電話，即到大中國，晤周立三。

　　與立三商談。起致胡愈之信稿，公同閱後，即鈔正。到文通，訪張志毅，未晤，與鄧時銓談。到誠安處。

　　豫備明日課。看《賓退錄》。

　　鄧時銓君上月由貴陽來，言自明在文通任校勘，月薪大頭卅
餘元，合六石米。

　　俞慶棠女士，任職新政府社會教育司長，不幸于前日晚在北
平逝世，年五十七。

十二月七號星期三（十月十八）

　　到誠明，上“傳記研究”二堂（《封禪書》，《魯世家》分
析），“校勘學”一堂（宋坊刻，《古逸叢書》）。改正王煦華所鈔
《黃帝》、《顓頊》兩文。到大中國飯。

　　吳樹德來，寫張志毅信。草出頂屋之契約。高楣來。靜秋來。
到誠明，開教務委員會。六時猶未畢，先出。

　　看梁任公《先秦政治思想史》。

　　今日下午同會：鄭國讓　張承浚　夏高波　陸步青　鍾芷修
袁昂　李榮廷（教職員）　王培煒　柴忠寶　華筠之（學生代
表）　（討論考試、計分、請假等事。）

　　戴宗慈來作工。戴氏爲邳縣望族，去年以避亂來滬，遂不克
歸。宗慈曾讀書市立中學，由高吟谷介紹來我家服務。

十二月八號星期四（十月十九）

　　到海光，將《帝嚳》上篇作完，得四千字，即改正。與周進
楷談。

　　準備明日課。鴻鈞送書盒來，與同歸。

　　翻《呂氏春秋》。

十二月九號星期五（十月二十）

　　到誠明，上“傳記研究”課一堂（《封禪書》，《魯世家》分
析），“校勘學”一堂（元明刻本）。到大中國飯。

到文通，訪張志毅，未晤。到博物館，晤大沂，詩銘，承名世，蔣天格，參觀新買古物。到魯弟家，晤弟婦及德峻。再訪志毅，仍不晤，與夏□□談，留條出。静秋來，與同歸。

吳玉年，張有齡來。看《賓退録》。

予上顎一齒，去年已搖動，惜費未拔，近日又大痛，然更從何處得醫齒費耶？生不逢辰，夫復何言。

十二月十號星期六 （十月廿一）

到海光，看期中考試卷，未畢。記筆記三則。與同濟談。

到誠明，開學習會議（三大憲章）。遇杜佐周。

看金松岑《天放樓續集》。

今日下午同會：袁昂　楊大膺　鍾道贊　王善業　夏高波　沈慶熾　吳道存　李榮廷　會中討論"人民""國民"問題，大家覺得，人民包有小資産階級，國民包有地主階級，而小資産階級與地主階級實不可分，則人民與國民自不易別也。

今日水電費賬單送來，較上月高出五倍許，加價之巨可知也。園中本有井，擬儘量用井水。電燈亦儘量少開。

張嫂怠工，静秋與之又有裂痕。一切皆從窮上來。以我家窮，無法滿足其欲望，故致此。生于今日，非有共産黨之組織，真無法用人矣。

十二月十一號星期日 （十月廿二）

到海光，與李亞農、金兆梓等談。開新史學研究會上海分會籌備會議，谷城主席。歸，宴客。

與志毅談壽彝房租事。二時許，客去。與静秋到虹橋路散步，向市場，由林森西路歸。

理書。

　　今日上午同會：周谷城　李亞農　金兆梓　姚紹華　周予同　胡厚宣　董每戡　吳澤　蔡尚思　李平心

　　今午同席：張志毅　華宗澤　鄧時銓　夏清和（以上客）予夫婦（主）

十二月十二號星期一（十月廿三）

　　到海光，記筆記兩則。豫備下午功課。

　　到震旦，上課三小時，講《太史公書序》。在呂班路剃頭。歸，到張魯青處。

　　理書。

　　理髮價三千五百元。

　　現在無論與何人談，總是怨氣冲天。共產黨真有本領，使人如此齊心，連民主人士周予同也羨慕起無屋無田的王伯祥了。

十二月十三號星期二（十月廿四）

　　六時半，雁秋自蚌埠來。誦芬弟來送書。到海光，記筆記三則。準備明日課。

　　寫鄭振鐸信。與同濟、孔陽同到百老匯大廈，訪振鐸，不晤，留條出。到水上飯店茗談，吃點。五時歸。

　　到東鄰吳家看電影。頤萱嫂帶洪洪及郭宗英來。

　　前買藥寄至蚌埠，適逢物價落，竟未賺錢，今由雁秋帶回。山陰路屋之頂費蝕光矣，豈非命耶！

十二月十四號星期三（十月廿五）

　　到誠明，上“傳記研究”兩堂（《封禪書》，《魯世家》分析），“校勘學”一堂（明清刻本）。到大中國飯。

　　魯弟來。擎宇來。汪叔棟來，爲寫大沂信。莊學本來。姬信之來。

張魯青來談。

聞共黨計劃，第一步打倒銀行，第二步打倒工廠，第三步打倒商店，凡私人企業一切完了。然則何必言新民主主義？

十二月十五號星期四（十月廿六）

寫又曾信。到海光，草《四嶽與五嶽》，得五千言。

雁秋來。

準備明日課。

静秋月經不來，恐又得孕，大懼生後不得撫育，恨恨無已。噫，值此時代，賺錢難而化錢易，一磅奶粉至十萬元，以予家之力不克養一孩子，豈非天哉！

今日之所以寫得甚多者，以已有十年前之成稿也。

十二月十六號星期五（十月廿七）

修改昨作。到誠明，上"傳記研究"一小時（《封禪書》），"校勘學"二小時（《魯世家》分析，清人校勘成就）。到大中國飯。

誠安來。寫張鑑文，熊叔平，昌群，鴻庵，筱蘇，王毓瑚，楊拱辰信。莊學本來。寫陳同生信。寫樂植新信。

瞿兒之來。

蘇州義莊齊將房屋田產捐獻國家，不知政府能允之否。范仲淹之澤，至今日而斬矣。

蘇州玄妙觀中三萬昌茶肆，已有三百年之歷史，今亦關歇。然此肆本米行茶會，與有閑階級之消遣者不同。

十二月十七號星期六（十月廿八）

到海光，草《帝嚳》下約二千言。與静秋，頤萱嫂，洪兒到狄畫三處診驗。

曾繁康，陳石孚來。到誠明，參加學習小組（三大憲章）。歸，高二嫂來。德輝來，同飯。

雁秋，鴻鈞送予至海光宿。與同濟談。

予血壓已低至八十至百卅。此固正常度數，然在予則爲以前未有之低，不知何故。予身重爲百四十磅，未減低。

潮兒之病爲淋巴腺太多，醫云予夫婦年長生子，抗抵力自薄，須五歲後方可望强壯。洪兒亦然。

今日以高二嫂來，家中住不下，故予住入海光。爲瑞蘭與傳熠口角，須與平亭，而瑞蘭以學校考試，須三日後來，高二嫂住此待之。故予當住館四天。

十二月十八號星期日 （十月廿九）

題人壽册。得静秋電話，即打振鐸電話，與同濟、孔陽同到百老匯訪振鐸，并晤王以中。到大中國，開局務會議，至一時半方飯。寫學本，嚴叔平信。

到慈淑大樓訪莊學本，未晤。到誠明，則會已散。即歸。吳明德來。黃英來，留飯。

返海光，看《始皇石刻》三種。

今日上午同會：陳宣人　金振宇　丁君匋　金擎宇　商參加通俗出版物聯營社事。

水電費貴，爲省錢計，將井淘清。雁秋率鴻鈞、黃英、張嫂、宗慈、宗英等工作三日，鈞水七八百桶。此後用水可大省矣。

湲兒見予歸，嬉笑索抱，蓋不見者已一晝夜矣。渠真解事，如何不愛。

洪兒兩周歲，已能做針綫。又説話清楚。此兒將來必能幹，第讀書當不如潮兒耳。

十二月十九號星期一（十月三十）

準備下午課。翻看《公羊傳》一過。

到震旦，上課二小時（《太史公書序》）。晤祝世斌，祁龍威，李吉崖。參觀圖書室及李氏圖書卡片，歸。寫瑞蘭信。

雇車到海光。感冒，身無力，早眠。

在海光中失去雨衣一件，現在如何再買，大是愁人。而海光地方靜謐，且有此，真有人間何世之感。

十二月二十號星期二（十一月初一）

準備明日課。記筆記五則。看江俠庵所譯《先秦經籍考》。

靜秋來。

到周進楷處，與進楷，孔陽談。

昨日竊衣賊係一外國人，乘星期一休假之日，中午進餐之際，以觀《莎士比亞全集》爲名，乘眾人皆在飯廳之際行竊，毛君亦被竊一大衣。今日何日，逢此洋賊，大是奇事。

昨夜似發熱，今日遂無力作文，只得隨便看書矣。近日天時變化太劇，與予同病者甚多。

十二月廿一號星期三（十一月初二）

到誠明，上"傳記研究"課二小時（《封禪書》，《魯世家》分析），"校勘學"一小時（山井鼎與阮元）。到大中國飯。

劉朝陽來。寫葉聖陶，周立三信。蔣大沂，承名世來。到起潛叔處。

夜飯後步歸海光，看《先秦經籍考》。

今日爲斯大林七十壽辰，報紙竟皆成斯大林專號。但人民則寂無表示。

以《蘇聯新圖志》事告聖陶，囑爲友誼的審查。想渠不至如愈之之不負責任。現在出版總署之辦公廳主任爲徐伯昕，出版局長爲黃海峰，皆共黨，劫持愈之，諒聖陶不受劫也。

十二月廿二號星期四（十一月初三　冬至）

抱病，作《瓜州》一文三千言，未畢。

靜秋偕高二嫂及鴻鈞來。

與孔陽，進楷談。

今日未曉，夢與我父同游獅子林，父手提一爐袋，有不豫之色。醒而思之，今日爲冬至，家例必于前夕設祭，其殆索羹飯乎？卅年除夕在崇義橋夢見我母，今日乃有此，自省旅居在外，久未祭掃，禮儀不周，當囑毓蘊爲代辦也。

今日痰咳極多，身疲倦，氣促急，若有大病然。因定明日請假，休息一天。

十二月廿三號星期五（十一月初四）

續作昨文訖，凡四千言，即修改訖。靜秋來，同飯。

看《春秋復始》首末卷。四時，歸。看先父自述。

晚飯後冒雨回海光，與同濟談。

今早醒來，身子輕鬆了，但痰咳仍有，想多加養息必可痊愈也。飯量今日甚不好，早只一碗粥，午只一碗飯耳。

十二月廿四號星期六（十一月初五）

修改《四嶽》《瓜州》兩文訖。記筆記數則。

靜秋來，同步歸。瑞蘭來。留宿。

看《讀史餘瀋》，《黎洲遺箸》。同濟來，談至十二時。

四嶽九州一題存于予心且三十年，亦曾作《州與嶽的演變》及《九州之戎與戎禹》兩文，但近日新見增多，必須改作，故兩星期内又成兩篇，擬于寒假中再寫一篇"四嶽與五嶽，瓜州與九州"，投寄中法漢學研究所，庶幾得些稿費以濟貧。

今日傷風仍未愈，惟飯量已增進至每頓兩碗。

静秋臨鏡，自嘆憔悴。予謂此乃"窮"與"忙"二字所致。她領了湲兒，夜恒不得好睡，而手頭匱乏，又無時不愁也。

十二月廿五號星期日（十一月初六）

修改《班固竊父書》，重寫一千字。蔣孔陽來。十一時，歸家。看《子不語》。

與家中人同到城隍廟，看動物園，吃餛飩。到黄浦江邊散步。六時歸。

回海光宿。

今日同游：高二嫂　雁秋　静秋　黄英　瑞蘭　鴻鈞

冬侄考取華北大學俄文專修班，兩年畢業，定廿八日赴北京。

十二月廿六號星期一（十一月初七）

豫備下午功課。與蔣孔陽夫人（濮氏）談。取物歸家。

高二嫂由鴻鈞送回王家。到震旦，上課二小時許（《太史公自序》）。

校震旦所印講義。看《子不語》。

今日住歸，計住海光者九天矣。

十二月廿七號星期二（十一月初八）

到海光，點讀劉咸炘《治記緒言》，訖。

豫備明日功課。記筆記二則。四時半歸，與曹寅甫談，留飯。看《子不語》。

得又曾信，秋徵公糧已繳清，計稻穀八百〇九斤二兩，合人民幣卅八萬一千九百元。此後即須準備房捐、地價稅及換契等費用。勝利公債又必派到，叫人如何擔負得了。聞上海市府盈餘一千多億，而民窮如此，可嘆可嘆！

十二月廿八號星期三（十一月初九）

到誠明，上"傳記研究"二堂（《封禪書》，《魯世家》分析），"校勘學"一堂（阮元，段玉裁）。乘公共汽車到大中國飯。

開局務會議，自下午一時至六時。遇魯弟。步至外灘乘車歸。

陳國鈞來。看《子不語》。

今日下午同會：宣人　振宇　君匋　緯宇　擎宇　（討論年終獎金及出書等事。）

聞美國今年豐收，吃不了則化爲肥料或投之海中，然儘量在暹羅，安南買米，蓋欲使各民主國益無米也。蘇聯政治上有辦法，而美國經濟上有辦法，所苦者中國之民耳。

十二月廿九號星期四（十一月初十）

到海光，鈔段玉裁《與諸同志書論校書之難》，凡三千餘言。蔣孔陽來。林同濟來。

到合衆，與起潛叔談。

讀《封禪書》，預備明日課。

前日起西北風，以爲當晴矣。今日中午，陽光映麗，那知不久即陰，至四時而下雨矣。共黨之歌曰："解放區的天是明朗的天。"解放後上海兒童反之曰："解放區的天是黃梅天。"或曰："陰沈沈的天。"此童謠于今驗矣！

十二月三十號星期五（十一月十一）

到誠明，上"傳記研究"一堂（《封禪書》），"校勘學"兩堂

（《魯世家》分析，段玉裁論校書之難書）。到大中國飯。

吳樹德來，爲寫張志毅信。寫又曾信，匯毓芬婚禮。出，到郵局，步至金陵路，乘電車至修文堂，赴宴。看書。

談至九時，與森玉先生同歸。看《法言義疏》。

今晚同席：鄭振鐸　趙斐雲　柳翼謀　尹石公　徐森玉　沈曼士　顧起潛（以上客）　孫實君（主）

汪袞甫《法言義疏》八册，售價八千元，合之戰前僅八角耳。是爲予今年第一次購書。

今日墙壁及水門汀地皆淌水，如閩粤春夏天，真怪事！

十二月卅一號星期六（十一月十二）

到海光，將《大、小戴記》各篇拆散分類。晤周進楷夫人。

雁秋來，同到中正東路訪師哲萍，未晤。遇程鵬飛。到誠明，鈔宋翔鳳《四岳》篇。出席學習會議，六時散。

看《子不語》。

今日下午同會：蔣竹莊　楊大膺　李榮廷　袁昂　沈慶熾　王善業　張益予（討論共同綱領畢。）

在重慶所鈔之經子擬在海光每日讀一篇，先從兩《戴記》起，不知能如願否。

近數月所作文：

1. 司馬談作史（十月24—25）	一，五〇〇
2. 班固竊父書（十一月1）	二，五〇〇
3. 三代世表（十一月6—7）	三，三〇〇
4. 共和（十一月14—15）	三，〇〇〇
5. 黃帝（十一月21—22）	四，五〇〇
6. 顓頊（十一月28—29）	三，五〇〇

一九五〇年

茂名路升平街芝瑞里 21 號趙公綏
浙江永嘉滄河巷 18 弄内王明（則誠）
北平東四六條五號馬鶴天

一九五〇年一月

一月一號星期日（十一月十三）

　　擬誠明國文系必修選修科目單。李光信來。爲静秋寫韓博仁信。

　　静秋病，伴之。整理盒子内書籍。到合衆，赴宴，并看其所藏書畫圖書。八時半歸。

　　今晚同席：鄭振鐸　趙斐雲　徐森玉　志翔叔　鳴高叔（以上客）　起潛叔（主）　振鐸云：共産黨辭典上無"辭職"字。斐雲問：蘇聯何以置溥儀于西伯利亞？振鐸曰：此事只當存而不論。

　　今日天陰了一天，上街居然未穿皮鞋，但歸家時已飄小雨，至十時，雨大，忽作雷電。此在冬至二九中而有此，豈非天變災異！

一月二號星期一（十一月十四）

到海光，鈔《夏小正傳》半篇。點孔廣森《大戴記補注》。

翻《管子》一過。得靜電話，知王澤民來，即歸，與談，留飯。程枕霞之子雲程來。高楣、瑞蘭來，留飯。黃英來，留飯。

湲兒哭，予失眠，服藥。

爲換一奶頭，湲兒嫌硬，不肯飲，爲從來未有之大哭，遂使予又眠不着矣。

近日每天下便一次，腸疾可痊，爲慰。惟停藥數天，屁又作，仍須服矽炭銀片。

一月三號星期二（十一月十五）

與雁秋、靜秋、鴻鈞同到英士路訪師哲萍，未遇。到跑馬廳，看華東區農業展覽會，雨後泥濘，未得遍觀，遇王士純。出，到雲南路吃飯。

靜秋等歸，予在八仙橋擦皮鞋，遇李光信，至其家。到民國路理髮。到誠明，看《困學紀聞》。三時半，開會商討下學期課程及折實公債等事。與董每戡談。

看《子不語》。

今日下午同會：蔣竹莊　楊大膺　陸步青　程柏廬　鍾芷修　李光信　吳道存　王善業　俞劍華　蕭純錦　袁昂　李榮廷

雁秋今日到唯亭，看織麻布袋廠。

看木蘭信，充滿青年積極精神，可喜也。我們兩家後輩，惟自明與木蘭兩人有作爲，而皆有廢疾，且係女性，此無可奈何者也。

一月四號星期三（十一月十六）

到合衆圖書館，誠明學生八人來，看各種版本，參觀書庫，起潛叔爲導。到大中國飯。

子喬來。寫誠安信。承名世、黃永年來。李唐晏來。中國史地學社同人來，開會。冒雨歸。

看《周月》、《時訓》兩篇。

今日同參觀：王培煒　周志清　鄭瑞水　龍瓊　王煦華　袁漪　馬婉如　吳道弘

今日下午同會：金擎宇　張家駒　劉思源　董石聲

今日寒矣，總謂可晴，乃下午又雨，且甚大，天公眼泪何流不盡耶？

今日誠安來信，轉到芺先信，謂迁客公墳糧要繳九萬餘元。按迁客公一系，其嗣早絕，應負墳糧亦應歸莊中擔負，而芺先乃向我們要，奇甚。即此可見大家窮得沒有辦法，乃欲將祖宗轉嫁也。噫，祖宗數百年來在封建社會下所作事，解放後乃要我們一輩一齊負責，人民政府之手段亦過辣矣。

一月五號星期四（十一月十七）

到海光，鈔《夏小正經傳》訖，并爲作表。與周進楷談。

預備明日功課。周谷城、黃穎先來。歸，高吟谷來，留飯。

寫林冠一信。改陳國鈞《論尚書》一文。雁秋自蘇州回。

連日報載美帝侵略遠東計劃及菲律賓與臺灣聯防，法帝招募德兵侵越等消息。看來海上之戰已爲期不遠，我輩又得聞炮聲矣。

吟谷自徐來，謂見若干物資均西運，此或是作戰準備乎？

一月六號星期五（十一月十八）

寫丁陶夢雲信。出，遇袁哲，孫毓華。到誠明，上“傳記研究”一小時（《封禪書》，畢），“校勘學”二小時（《魯世家》分析，段玉裁、孫詒讓之校勘學）。到大中國飯。

與振宇談，修改中華人民共和國精圖序例。到郵局寄信。與振宇、君匋、宣人談王善業編字典事。寫秦希廉，鮑文熙，胡厚宣，周予同信。歸，吳明德來。遇李夢英。

點王寶仁《夏小正訓解》。

昨吟谷來，潮兒以其肥也，歌"胖子胖，打麻將"一歌以譏之。吟谷問誰是胖子，則曰"爸爸是胖子"。今日天晴明，渠即歌"解放軍的天是明朗的天"。此可見渠對于歌詞意義頗了解，又頗調皮也。

一月七號星期六 （十一月十九）

到海光，鈔《平準書》二千字。準備星期三功課。

出，遇王春沐。到誠明，翻《困學紀聞》。開校務委員會，自三時至六時半。與周志清談。

續點《夏小正訓解》。

今日下午同會：蔣竹莊　楊大膺　鍾道贊　陸步青　李榮廷　王善業　程柏廬　俞劍華　張志浚　盧拯黎　馮公焙　呂慎之　柴忠寶　李光信　劉勇緯

予知識欲太強而政治欲太低，開會時絕無意見，觀他人說得頭頭是道，恒自慚。何日能擺脫人事，得恣意游于學海中耶？

一月八號星期日 （十一月二十）

到誠明，開國文系科師生會，討論下年課程及業務學習等事，予爲主席。歸，續點《夏小正訓解》。

吟谷來，黃英來，留飯。與靜秋、鴻鈞及潮洪兩兒到靜安寺榮康酒家，參與吳明德、張桐遜訂婚禮，予爲證明人。禮畢茶點。五時歸。

看《子不語》。

爲了對《夏小正》的研究興趣，前昨兩夜均點讀《小正訓解》，那知兩夜睡眠便均不佳，時醒，醒且久，心臟呈異象。乃知予夜中必不能工作。此後還是看小説罷。噫，有體力而不惜時者，其鑑我之欲工作而不得之情乎！

今日上午同會：蔣竹莊　蔣仲弗　王善業　張承浚　李光信（以上教職員）　王煦華　王培煒　馬婉如　袁漪　鄭瑞水　吳道弘　龍瓊　孫愛蓮　華筠之　楊忠　汪欽晉　王瓊琅　邱文瑞　朱志賢　顧乃雍（以上學生）

今日下午同席：張廣仲姑丈夫婦　張子豐夫婦　吳秋白夫婦　吳簡香夫婦　誠安夫婦　逸如　張同遜　姚文思夫人　姚戟楣夫婦　德武　德平　張學曾……（凡五桌）

一月九號星期一（十一月廿一）

到海光，豫備下午課。

到震旦，上課三小時（《太史公自序》）。與祁龍威談。在吕班路口待車甚久，乃得上。

聽無綫電。看《子不語》。

黄英在農業藥械廠作工，謂臺灣機來炸時，工人歡呼，謂來得好，大似前重慶機炸滬時矣。

誠安謂聽南漢宸演講，頭頭是道，確實感動，但如此好黨員能有幾個，他則悉以“勞苦功高”四字刻在額上矣。

米價已至廿萬一石，麵粉價五萬六千一袋。

一月十號星期二（十一月廿二）

到海光，鈔《秦始皇刻石辭》七篇，《平準書》一頁。準備明日課。

歸，到李拔可先生處。謄正誠明中文系科目表。

看《子不語》。

今日韓仁來，向靜秋索取存物，金二兩固拿得出，但美鈔二百元則無着矣。靜秋兄妹均愁悶見于顏色。予擬俟停課後即爲中法漢學研究所作文，希望得到美金之稿費，以資補償，而草織袋廠亦有望矣。生于此日，處處是陷阱，將奈之何！

物價近又突高，折實單位一日漲二百餘元。聞係利息低，故大家以存款購貨，而物價遂高。政府要壓低利息，又要壓低物價，二者不可得兼，故利息低而物價高矣。

一月十一號星期三（十一月廿三）

到誠明，上"傳記研究"課二堂（《平準書》，《魯世家》分析），"校勘學"一堂（《古書疑義舉例》卷五）。在空襲中，步至大中國飯。

誠安來談。黃振緄來。寫林少川，王毓瑚，辛樹幟，德泰侄，侯芸圻，韓鴻庵信。與振宇君匋談。歸，程枕霞之子女來，爲寫鄭振鐸信。

看《子不語》。

今日折實單位爲三八五一元。

吾族祠堂以百石米出賣，聞作工廠用。此是秀野草堂原址，今非復我有矣。莊中得此，今年或尚可勉強度過，明年仍是不了。從此以後，無所謂祭祠堂，大家族的遺痕再也見不到了。

一月十二號星期四（十一月廿四）

到海光，鈔《平準書》四頁，準備明日課訖。

蔣述亮偕許汝祉來。歸，到古物保管委員會，訪柳翼謀，尹石公，徐森玉先生，并晤沈尹默，張朗生先生。

看《子不語》。陳國鈞來。

洪兒向與予不親，近來每晚歸來輒予以糖，彼亦漸親我矣。

噫，得小兒以糖，得成人以錢，昔予爲事多得人助力，而今不然，即以從前尚有餘瀝及人，今則自顧不暇也。豈不痛哉？

潮兒怕羞，又固執不聽話，因之未易以威脅。洪兒不然，只要對她有利，即有轉圜之地。在作事上言，將來洪兒占便宜，在個性上言，則潮兒站得住也。

一月十三號星期五（十一月廿五）

到誠明，上"傳記研究"課一小時（《平準書》），"校勘學"二小時（《魯世家》，《古書疑義舉例》）。到大中國飯。

擎宇來。李唐晏來。許公武來。到韓博仁處。寫呂叔達，張又曾信。

看《子不語》。

今日欲印名片，而百張需六千元，竟不敢印。噫，戰前只四毛錢耳。

聞舟山群島來人言，彼地本築防禦工事，現已不築，蓋準備反攻也。

一月十四號星期六（十一月廿六）

寫又曾，戴宗慈信。到海光，讀《古書疑義舉例》一卷。鈔《周語·虢文公諫宣王》一章。

鈔《單襄公告定王》一章。鈔《平準書》兩頁。到誠明，出席小組會議。五時半先出。德輝來。

到拔可先生家赴宴。失眠，服藥。

今日下午同會：蔣竹莊　袁昂　盧元　吳道存　鍾道贊　李榮廷　王善業

報載近日東北運糧至滬，榮廷曰：安有此事！東北那裏有糧食多餘！如東北可以運滬，又何必從南方運至北方！米價日貴，宜也。

今晚同席：吳眉孫　沈羹梅　柳翼謀　徐森玉　尹石公　陳病樹　宋小坡　楊鑑資　陳彥和　陳伯冶　陳澤鍠　起潛叔（以上客）　李拔可（主）

一月十五號星期日（十一月廿七）

到霞飛坊訪李季谷，未晤。到伯祥處長談，留飯。晤其幼子湜華。

歸，又出，到震旦，訪孫雨廷。出席國文系會，討論全系課程，六時半散。與李青崖等談。

看《西北考察日記》。

今日下午同會：祁龍威　徐浩　徐哲東　李青崖　學生代表陳國鈞等四人

今日與伯祥談，居然休息了半天，久未有矣！

今日又放屁，不知是否昨宵赴宴之故。此腹中久充藜藿，殆不受肥濃乎？

昨晚以多講話失眠。予之不堪酬應如此。

一月十六號星期一（十一月廿八）

寫振宇信。到海光，鈔《平準書》訖。準備下午功課。

到震旦，上“專書選讀”三小時（《太史公自序》）。遇蔣子英。孫雨廷來。

看《子不語》。

報載蔣介石在西德招兵。按，此恐美國在那邊招兵爲東指之用，假蔣之名耳。

近日天氣大暖，今日尤甚，簡直流汗。以三九中而有此，不謂之災異得乎！雁秋謂辛亥年白晝見星，今年亦然。

聯合國蘇聯代表馬拉克聲稱蔣廷黻不受開除，蘇聯即退出聯合國。如此，戰爭危機迫矣。

今日姜維凱住來，潮洪兩兒得有游伴。

一月十七號星期二（十一月廿九）

到海光，終日讀《平準書》及《食貨志》。莊恭天來。

到興國路理髮。

看《食貨志》。

予近日頗覺氣喘，每趕電車略快跑數步，或上三層樓（大中國、誠明、海光皆然），即須喘息數分鐘乃定。其衰象耶？我父暮年亦氣喘甚，遂呈委頓之象。

腸中發酵，至今未愈，日或兩便，夜中泄屁多。昔成都黃子箴相予，謂予左口腔有騰蛇象，縱不至如周亞夫之餓死，亦必得腸胃病，其信矣乎？

一月十八號星期三（十二月初一）

寫竹莊先生書。到誠明，上"傳記研究"二小時（《平準書》畢），"校勘學"（《古書疑義舉例》）一小時。到大中國飯。

魏建猷，方詩銘來。理書。與劉子喬算賬。寫自珍信。

高吟谷來，留飯。看《子不語》。

今日折實單位超出四千元關矣！

美國撤僑撤領，形勢愈亟。美國股票跌價，亦是戰前形勢，蓋生產將由政府統制，故商人資本不值錢也。聞以前臨戰亦是如此。

靜秋往視托兒所，潮洪兩兒雖合條件，然行將放假，現在不收。

一月十九號星期四（十二月初二）

到海光，讀《平準書》一過。讀《河渠書》，鈔一過。準備明日課。記筆記三則。

韓博仁來，接維凱、戴宗慈至其新寓。

連夜爲湲兒哭吵，不得佳眠。而小兒之所以哭吵，爲不得飲乳也。所以不得飲乳者，爲乳粉貴也。生于此世，老小同苦，尚何言哉！

米價今日貴至廿五六萬一石。

潮兒昨夜又發熱，今日高至百〇三度。蓋氣候變化劇，渠無抵抗力也。

昨日下雨，今日刮風，天又涼矣。

高龍書來信，要振華接三姐回徐州。張嫂又以索債欲回湖南。她們一走，静秋將更忙且愁。

一月二十號星期五（十二月初三）

到誠明，上“傳記研究”一小時（《河渠書》），“校勘學”兩小時（《古書疑義舉例》）。到大中國飯。

寫丁山，伯庸，芸圻，丙生，奮生信。李唐晏來。振宇來。詩銘來。蔣子英來。誠安來。

與静秋口角。看《卜辭通纂》。

潮兒之病，今日經狄醫生證明爲肺炎，但不嚴重。此皆前數日天氣大暖，渠游于草地，静秋爲脱衣所致也。

雁秋買榨油機成，計一千單位。予由大中國取錢歸，静秋爲予未打電話歸，明日折實高，與予閙。

廣州分局之現款，前囑志堅買報紙六百令，既不便運，囑其借與一書店，乃至今未交出，定出毛病。志堅有才而膽大妄爲，大中國方面過于信任，乃致此。

一月廿一號星期六（十二月初四）

到海光，修訂《廿五史補編》目錄，未畢。鈔童丕繩論社會階段函，亦未畢。林同濟，李唐晏來。

到李季谷處。到思南路郵局寄信。到誠明，出席教務委員會。會散，聽薛良叔講"猿與人"。歸，與雁秋到虹橋浴室澡身。

王澤民來，留飯。失眠，服藥。

今日下午同會：張承浚　陸步青　鍾道贊　李榮廷　李光信　柴忠寶　王培煒　梁鶴聲　吳明德　討論放假、招生事。

今日付房捐，十一、十二兩月計派得十六萬六千八百元。當年三月予家初到此時，一月才金圓券一百元耳。

潮兒今日熱至一百〇四度六，晚鼻出血，口亦吐血，當是肺燒破矣。狄醫生言，不致有危險，心仍憂之。（靜秋爲輸血五 c. c.）

兩人洗浴，計一萬六千元。以金圓券十萬元對人民幣一元計之，則合金圓十六億矣，詎不可駭！

今日折實單位至四千五百元。

一月廿二號星期日（十二月初五）

到大中國，開局務會議，自十時半迄一時。

寫志堅信。理書。四時歸，復出，到徐匯中學訪祁龍威，未晤。訪徐振流，又同訪張伯達。黃英來，留飯。看護蔡小姐來，留宿。

看《子不語》。宿書室，與雁秋同榻。

今日同會：宣人　振宇　君匋　緯宇　議决派宣人到粵，查辦志堅挪用紙張案。此人真有負培植！自掘墳墓！

今日爲湲兒陰曆生日，試爲抓周，首取粉匣，繼取綫柁，取刀尺，最後乃取書，其爲正常之女性耶！

潮兒今日熱仍不退，胸中作噁，又吐出些血。厭煩，有人至床前，即說："不要來，睡覺覺！"然取血驗之，則白血球又不够，似非肺炎。狄醫生派看護蔡小姐來，爲三小時打一次連黴素—c.c.，盤尼西林—c.c.，應打八次。

打電話與狄醫生，渠謂白血球所以少者，爲服消炎片故。

一月廿三號星期一（十二月初六）

到張魯青處。到海光，看《溝洫志》。歸，即出，到大中國，與宣人談志堅事。記筆記四則。

理書。得靜秋電，即歸，與狄醫生談。

看《越風》及《子不語》。

宣人與在滬之粵書商談，知志堅在粵確係狂嫖濫賭，則紙錢必無着落。除紙外，尚有港幣兩萬元亦在伊手。這爛污真撒得天來大！

潮兒之疾，醫謂是流行性感冒性之肺炎，現肺炎已大好，而流行性感冒尚在，故熱仍不退。

予今晨漱口，吐痰，忽見痰中帶血。此爲予此生第一次，頗不安，其後鼻中又流了些，疑氣管破裂也。

一月廿四號星期二（十二月初七）

到海光，準備明日功課。記筆記三則。

歸，請狄醫生驗血壓，聽肺部。與靜秋同訪韓博仁于教育局研究室。出，到遠東食府吃點。到亞爾培路購物。

看徐振流《廿五史論綱》。

昨夜中宵起溺後，即不得眠，今日驗血壓，便自九十至一百五十九。此志堅之嫖賭與潮兒之病壓迫之所致也。予肺部據醫言甚好，昨日之血偶然事耳。

潮兒今日大愈，熱度降至百度，呼吸降至三十九，明日便可不打針，今日蔡看護文嫻去矣。

霞飛路上，遠東點心舖見之半年，以手頭不裕，總不敢進。近日意緒不佳，覺得生活不當太苦，故與靜秋往試之。食雞肉包子一碟，蝦肉餛飩一碗，牛肉粉絲一碗，化一萬餘元。

一月廿五號星期三（十二月初八）

到誠明，上"傳記研究"一堂（《河渠書》，畢），"校勘學"二堂（《古書疑義舉例》，畢）。到大中國飯。

點《漢書補注·溝洫志》，未畢。與擎宇等談。理書。在外灘待車甚久，乃得上。

振華自蘇州來。

今日十二時半，飛機來轟炸，投彈于浦東及小東門，局中及家中門窗均震動。予五時到外灘，隔江濃烟上騰，燃燒猶劇。此爲共軍占滬後最劇烈之一次。聞死傷凡二千人，慘矣！

據狄醫生云，潮兒肺炎尚有十分之一，故仍打鈣針。

一月廿六號星期四（十二月初九）

到海光，點《〈漢書·溝洫志〉補注》訖。出震旦《史記》選讀課題。

清書桌抽屜。準備明日功課。點《大戴記補注·文王官人》篇。歸，到徐匯中學。

赴宴，八時半歸。

今晚同席：張一純　孫雨廷　祁龍威　徐振流　朱□□（以上客）　張伯達（主）

聞英國最能實行社會主義，自搖籃以至墳墓，完全由國家供給。其政治地位高者雖欲多享受而不可。此不流血之革命也。

雁秋謂予，"從前依賴你，或不依賴你，都有辦法。今日則依賴與不依賴皆無辦法，故不得不爲破釜沈舟之計，到蚌埠辦小工業"。

一月廿七號星期五（十二月初十）

到誠明，上"傳記研究"一小時（歷史故事小叢書），"校勘學"兩小時（輯佚學與辨偽學）。車中遇高君珊，談。到大中國飯。

雁秋轉蘇赴蚌。寫佘雪曼，史筱蘇，丁山，紀庸，德峻侄信。周祺超來。王明德來。魏孝亭來。

看《子不語》。

孝亭來，謂思想可以搞通，肚子則無法搞通。此痛語也。

潮兒今日熱退，惟極疲乏，無心講話。

湲兒近日重感冒，痰聲咯咯，飯後恒嘔出。狄醫生言恐是百日咳。三個孩子中尚以洪兒爲最壯。

一月廿八號星期六（十二月十一）

到海光，鈔丕繩論中國社會發展階段史函，訖。看郭沫若《十批判書》。汪長炳叔侄來，同飯。

以黃善夫本《史記》校所鈔《河渠》、《平準》兩書，訖。到誠明，出席學習會議，聽郭□□講"教育工作者工會組織大綱"。

出，錯走入城中，雇車到霞飛路，爲潮洪兩兒買書物。看《子不語》。

晚，雨中，自誠明出，欲爲潮兒買圖畫書及食物，而民國路無之，欲省四百元電車費，儘往西走，孰知竟隨馬路走至肇周路，近黃浦江矣，只得雇車到霞飛路，反而花了一千五百元。

汪長炳來，知社教學院決與無錫江蘇教育學院合併，改名文化教育學院。圖博系則併入北大。新聞系及社會事業系則併入復旦，併至無錫者僅社教系及國語專修科耳。拙政園改蘇州市政府，從此游人不得入矣。誰謂共產黨不想享受耶！

一月廿九號星期日（十二月十二）

韓博仁來。坐潮兒床上，爲其講書。理書半日，將家中書約略理訖，書桌上清楚矣。

龍楡生來。與靜秋同出，到黃金大戲院，看《越劇菁華》電影。看《子不語》。半夜，以潮兒哭，失眠。

韓仁與姜炳麟離婚，以前頂屋費係姜所出，索還，而此頂費爲靜秋賠去，除金二兩當面交還外，尚欠美鈔一百九十五元，大是窘人！此數折合人民幣四百餘萬元。靜秋作事太勇，乃致此！韓限一星期内還她錢，予夫婦大躊躇矣！

越劇盛極一時，而予勝利歸來，事尤不克一睹。今日往觀，始知即民國十餘年之"紹興文戲"也。腔調簡單，場面簡單，地方劇性重。其所以盛者，當由上海寧紹幫人多，且操商業力量，故作逾分之捧耳。今日所見爲馮笑儂、竺水招之《賣婆記》，徐玉蘭、王文娟之《販馬記》，袁雪芬、吳筱樓之《雙看相》，范瑞娟、傅全香之《樓臺會》。

一月三十號星期一（十二月十三）

與靜秋同出，到上海銀行問車票。到亞光，訪擎宇，未晤。到上海紙廠，訪汪伯繩，爲大中國索欠。到大中國，飯。

到四川路中國旅行社問票。寫丁山，鴻庵信。擎宇來，到凱福飯店，茗談。商史地社事。回大中國，寫齊致中信。

吳明德來。

今日下午同會：擎宇，凌大夏，張家駒，馬宗堯，董石聲，劉思源。

予欲作插圖本《史記》注，與史地社同人道之，許爲繪圖（地圖與器物圖、表）。如每星期整理一篇，三年可了。

近日湲兒喜自己走路，得人一指之助即可。能學貓叫。洪兒

則能畫人。静秋曰："我們的孩子都是天才。"我曰："亦即都是
神經過敏者。"潮兒受醫時，狄醫生聽其心臟跳動，大人説一句
話，她心跳即加速，狄云："此兒乃如此神經過敏！"渠多夢，夢
中不如意即哭醒，而予受其累矣！

一月卅一號星期二（十二月十四）

到海光，整日看誠明"傳記研究"及"校勘學"平時試卷，
未畢。

續看試卷。

誠明學生期中考試卷遲遲未看，明日即學期考試，故今日盡
一日爲之。誠明國文系生，以王煦華、周志清兩人爲最，王培
煒、袁漪、吳道弘次之，若龍瓊、馬婉如、鄭瑞水，則下駟矣。

昨日《大公報》載寧波槍決惡霸張翰庭，是即今春太平輪在
溫州海失事，有一販橘船盡傾其橘而救起三百餘人，送至上海，
經市政府冠以"上海榮譽市民"之船主也。以佛家因果説論之，
不知將怎樣講？此人肯傾一船之橘而救人，乃以惡霸聞，不亦
怪乎？

擬爲"史記十書"：

1. 史記引——太史公自序，年譜，與任安書，游踪圖，史記分析
   表，各代各國世系表，秦漢郡縣表，歷代大事表與史記各篇，
   史記序録，補史記各家。
2. 史記選——取最精彩各篇，注之。作大學課本。
3. 史記徵——凡史記所録他書材料，盡取而比較之，加以批評。
4. 史記删——史記探源之重作。
5. 史記平——逐篇作批評，爲整理此書之結果。
6. 史記注——標點分段，插圖，注釋。

7. 史漢校

8. 史記詞彙

9. 史記簡注

10. 史記補注（附圖表）

[丁山來信]

頡剛長兄左右：

得回函，恍如隔世。自燕都識荊，忽念餘年。兄德修謗興，道高毀來，知之者皆兄素所愛護之人。蟾蜍蝕月，固無礙于高明。弟以愚戇，處世鈍椎，所能終始見庇者，惟兄而已。亦惟兄知弟埋頭故紙，向不參加政治活動也。解放後，初詆弟爲青年黨，既辱弟爲法西斯，蜚語相傷，毒于蜂蠆。弟撫躬自問，愛國情緒，不敢後人，救世有志，心餘力絀，不意鼎革以還，吹毛求疵者有人，均抹煞弟亦嘗營救共黨黨員若干人也。量變質變，兄解放前所戴的紅帽子，今且變爲灰帽子，當然加兄赤冕人物，今且赤冕自冠，易兄以灰冕矣！昔日是非，決于今日政治手段，我輩書生，自甘落伍而已！但求新民主時代，假以苟安的生活，俾在光明之下，得結束個人卅年研究。個人觀點，或無補文化建設高潮；自信對于商周文獻，不無一得之愚，免將來學者再從頭做起。爲此區區，竟不能昆明池水，一吊觀堂。草間偷活，又累兄作糟邱，清夜自思，實慚愛護之厚！復旦想成過去。社教學院，最適弟想。如再不成，南京史學系或需教古代史課程，煩代商諸儒林，雨亭諸兄，如何？其次，則求私立大學，或轉業出版編輯方面，倘能贍及妻子，勉強糊口，弟即收拾行李，訪兄滬瀆。現在此，月入不足二百折實，雖有改善之説，莫蘇涸鮒。沫若常通訊否？渠曾許在寒假介紹弟赴蘇社教院。聞社教院有歸併江蘇教育學院消息，是以不便再求。抗戰時期，一等要人住美國，二等要人住香港，勝利後，三等要人住臺

灣，弟輩碌碌，窮且受氣，來日大難，總爲不能通權達變，學會
"政治手段"。所謂政治手段，厚黑爲體，趨時爲用而已。兄力能掃
除數千年來學術思想之黑暗，政治上竟不許有所貢獻者，抑以學術
貴真理，政治貴趨時乎？兄連舉三千金，此正弄璋佳兆。弟嘗先女
後男，今有犬子二矣！男子六十始閉房，以兄積世累德，天必賜以
佳兒，慰兄遲暮！弟亦苟活大衍矣！一無所成，罪有千般，臨紙觳
觫，不知所云。即此肅頌

道安！并祝

閤府大吉羊！

弟山謹上。一月廿五日燈下。

前緘欠郵資，曾煩昺衡兄轉上一緘，諒亦到達。弟留此公私
俱困，故急欲南歸，已蒙此間文教部同意（紀彬兄疏通之力），
如南京或社教院見聘，行動無問題。山再奉。

一九五〇年二月

二月一號星期三（十二月十五）

四時起，將平日試卷看畢。八時，到誠明監試。在試場中看
《説文通訓》後數卷及朱駿聲行述。冒雨步至大中國。

静秋送張嫂回湘，赴車站，經大中國取錢。劉子喬，王□德，
黃振縄來。君匋來。王善業來。擎宇來。静秋自車站回，與之同歸。

發燒，早眠。

今日風雨，氣候甚寒，而余早出，衣服未加，遂感寒致病。
量之得百度點二。

去年在蘭，課下畢而病。今年亦然。知予在緊張時可以忍
病，一時鬆懈，即不自禁矣。

静秋欠韓仁之美鈔二百元，今日由擎宇作保，借得劉詢牧君

黃金五兩，略可作抵，限期一個半月內交還。予當即速作文，售之中法漢學研究所中。噫，此所謂"著書專作稻梁謀"矣！予生平所未有也。

二月二號星期四（十二月十六）

起潛叔來。臥床，看《子不語》。靜秋至狄醫生處，取退燒藥來，服之。

王士純來。

傍晚即眠着，至中夜方醒，熱度即退。

今日熱度高時至一百〇一度點八。上午就廁三次，皆水瀉。狄醫生謂疑是腸炎，服甘乃定止之。

豐子愷畫"可愛的無理要求"，一孩子強貓吃香蕉不成而哭。湲兒已解其意。子愷之畫真等于香山之詩矣。

二月三號星期五（十二月十七）

臥床，看《子不語》，訖。

今日無熱，惟覺疲倦，故再睡一日。四個月來，予憊甚矣，宜有此。雖睡床，而腰痛，脊骨痛，知發勞傷也。

《子不語》一書，予十餘歲所看也。近日再翻一過，覺其中實保存清代上半期社會史料不少，惜無閑功夫爲之理出。筆記小說，妝點固多，而記錄之真事實亦儘有之，不若文集之惟膚廓門面話也。後之研究社會制度、倫理思想、宗教思想及正統派以外之學術者其注意之！

湲兒今日始能獨行三四步。扶牆摸壁則能由此室走至彼室矣。

二月四號星期六（十二月十八）

起床，休息。看容媛《鄭固碑集釋》，羅惇曧（癭公）《菊部叢談》及李宣倜（精戡）校補。

　　寫伯祥信。王煦華來。

　　湲潮兒講《看圖識字》。

　　今日起床，猶疲倦無力，仍只隨手翻覽。

　　煦華來云：渠家開布店，而現在強購公債，視店中存布幾疋即勒買幾分公債，欲收店則不許，欲續營則無力，苦不可言！

　　潮兒今日亦起床，已睡半月矣。

　　予一波未平，一波又起，左臂腋下作痛，痛不在骨而在肉，不知要生疔瘡否？

　　看《菊部叢談》，知譚鑫培、陳德霖、楊小樓、梅蘭芳皆苦學成名。陳德霖號陳石頭，久聞之而不解其義，今乃知其以笨如石頭而號之也。若王蕙芳、朱幼芬等未嘗無一時之名，而終于不振者，皆自滿于小成之故。劇藝與學術正同，能不憬然。又每一成名之角色，必有若干中材妒之傾之，然而終究傾陷不得，此亦小人之枉爲小人也。

二月五號星期日（十二月十九）

　　翻看《淮南子》四册。李光信來，送熏鴨。

　　沈鳳笙來。蔣仲茀來。誠安來，長談。翻《禮經釋例》。

　　折實單位超過五千關矣！

　　上海人云：現在農人無米吃，政府口惠而實不至，犯了相思病。學生工人鎮日游行扭秧歌，犯了神經病。商人負擔奇重，血液枯竭，犯了第三期肺病。地主階級突然破家，犯了急性腦充血。如此比擬，殊似。

二月六號星期一（十二月二十）

　　誦芬弟來。看《淮南子》畢。點《後漢書・西羌傳》一過。

寫景培元、德輝信。

鄭瑞芝來。

翻《莊子》，以無燈，未多看。

今日又大炸，下彈數十，將電燈廠破壞，除路燈勉強維持外，竟成黑暗世界矣。

商務印書館一月開銷六億元，而收入極少，南京分店營業月才十萬元。地皮、機器、紙張，無一不賣，而折實公債認至一萬分，如何繳法。

振華自徐來信，謂龍書發胃病甚劇，請三姐即日返徐。三姐不能自行，必須有伴，兩張三等票及行李、車費，總必四五十萬元。予今所處境，山窮水盡，加以年底，如何籌出，爲之悶損！噫，有生以來以今日爲最苦矣！

二月七號星期二（十二月廿一）

再讀《西羌傳》，鈔出其要點。寫玉舜信。

將誠明兩班學生試卷看訖，算分數。

翻《樂府詩集》。

昨日洋燭一支，價一千元，今日升至八千元，需要之多可知。予家幸有火油，尚得點燈。

自昨炸後，上海已無動力，各工廠皆停業，恐與治安有害也。

寫玉舜信，告以實情，謂過年後何時籌得路費即何時行。潮兒已報名托兒所，可無慮矣。

誠明來電話，謂寒假中高教處開兩個學習會議，每會均須數日。予爲債迫，非賣文不可，而賣文則必有整段時間作文，幸而有寒假兩星期可工作，若再赴兩會則又完矣！因告以決不能去，如因此而受免職處分就免職好了。共產黨不但要人錢，也要人時間，真受不了！

二月八號星期三（十二月廿二）

得盧元電話，即赴誠明，與楊大膺、鍾芷修商量校務。爲王煦華寫起潛叔信。到大中國飯。

理髮。王善業來。寫許毓峰，聖陶，德泰侄信。到震旦，參加國文系師生座談會。

翻《莊子》。

蔣竹莊先生大約因誠明經濟涸竭，無法維持，于昨日赴廣州。臨行書函，囑予與芷修維持校務。此加我一難題也！定明日召集緊急會議，與同人共商之。

理髮價七千元。

今日忽晴忽陰，忽毛毛雨，忽傾盆大雨。當大雨來時，黑暗甚，理髮師不能工作，囑一人持燭，乃得爲予理。牆上地上均潮濕淌水，予穿皮袍，出汗浹背。以陰曆臘底而有此，天人洵有相應之理乎！

二月九號星期四（十二月廿三）

看震旦卷，未畢。得振宇電話，知宣人有信來，即往看信。謝剛主來，留飯。

誠安來。擎宇來。到康樂酒家，賀孟剛叔續姻。乘九路車歸。

得君匋電話，悉宣人在港來電，貨物無着，約明早往談。看《莊子》。

今日下午同席：淵若叔祖，圭如叔，起潛叔夫婦，誠安，鳴高叔夫人，陸欽墀，仲健叔，女宅主人申竹林，男宅主人贊廷叔祖母（凡九桌）。

爲志堅悍不交代事，累我不得寧定，此事尚小，萬一粵方三萬餘港幣（合人民幣壹億餘元）之貨物盡被其花用，則我以總經理兼介紹人之兩重責任將如何辦，大中國塌了臺又將如何生活！

念此急甚。

二月十號星期五（十二月廿四）

二時即醒。未明即起，七時半到大中國，與振宇、緯宇談。擎宇來，告知志堅已到滬，即往誠安家與之晤面，吃點後與之同到凱福食堂。緯宇來與談。予返大中國看震旦卷。十二時又至凱福飯。

擎宇來。回大中國，將震旦考卷看畢。到郵局寄信。到大世界附近爲兒輩買玩具。歸，車至常熟路無電，步回。

翻《莊子》。

今午同席：志堅　振宇　緯宇　（十萬元）

志堅稱穗局貨物俱存香港，無所失，惟其中三分之一爲其移用作生意，須二月底方可得現款。所以不交宣人者，爲其與宣人宿有惡感也。果能如此，大家放心。因定下旬緯宇與之同到港穗辦接收事。至于此後，渠願自作生意，離開本局，此亦甚善，蓋蛟龍終非池中物也。

志堅云：港報載蘇聯要中國七個港口，毛澤東未允，故毛遂被其扣留。周恩來往，又被扣。蘇聯之爲帝國主義無疑問矣。毛周不肯賣國，固足敬。

二月十一號星期六（十二月廿五）

編定震旦學生分數，鈔出一單。寫祁龍威信。到張石公先生處，長談。

到徐匯中學，訪張伯達神父，同到天主堂藏書樓，選鈔《隴州志》。五時歸。

翻《莊子》。

震旦上予課之學生卅二人，其思想有條理、文筆亦通順者，僅孔繁農、王綏昌、朱思佑三人而已。其他則只會鈔書，或連鈔書而不會者。大學生程度如此，怎不令人痛心！

石公先生與董必武相稔，上月董來，先生告以農村情形，竟說不進。董有秘書，告先生，中央開會時，年輕者激烈，董有言，亦説不進。噫，農村久無米糧矣，即副食品亦盡矣，而米糧之運蘇聯者乃有加無已，豈將全數中國人餓死乃能實現共產主義乎！此之謂不揣其本而齊其末，此之謂將唯物轉向唯心！

二月十二號星期日（十二月廿六）

寫筆記七則。謝剛主來，長談，與同至拔可先生處。歸，留飯。黃英來，留飯。

師哲萍來。韓博仁來。到大中國，與振宇、君匋等談志堅事。到錢業中學，訪魏孝亭，未晤，晤王思齊。到陳叔諒處談。

看《四十年來之北京》。失眠，服藥。

三兒中，湲食量最大，故最健碩，能走亦最早。潮洪俱畏吃正式之飯，必百般誘騙方可，而潮尤甚，故更薄弱也。

今日復有電，停六日矣，眼目爲一清快。聞上海發電爲十七萬瓦脱，所炸者爲十一萬，其存者不過三之一耳。工業停頓，不言可知。

志堅告宣人，存港貨物存香港徐世楨處。宣人至港，晤徐夫人，悉其全妄。昨來電後，今晨緯宇到林森路訪徐世楨，則出徐夫人電，告以“此事甚奇，請注意”，并謂志堅昨至其家，言將往北京分局任經理。連篇鬼話。證明前日所言全係騙人。大中國本已在風雨飄搖中，更爲志堅鑿一洞，舟能無覆乎！慘哉慘哉！志堅説謊本領真大，能使人看不出。

二月十三號星期一（十二月廿七）

寫魏孝亭，起潛叔函。與靜秋同車到徐家匯，遇祁龍威。到天主堂藏書樓看方志，集文材。十一時出，歸，看予前作《九州之戎與戎禹》。

到藏書樓，續鈔方志。五時出，與靜秋同冒大雨到誠安處，到大中國飯。

開會商討志堅事。歸家已十一時。玉華自蘇來。

今晚同席同會：振宇　緯宇　君匋　誠安　靜秋　議決派靜秋赴蘇，看志堅動靜，且勸導之說實話。

美國宣傳新造之輕氣炸彈威力較原子彈高一千倍，投一彈可使周圍三百方公里化爲灰燼，惟投彈之飛機亦化烏有，故正研究以電控制之。

蔣介石自詡："未淪陷區的百姓不是我的，淪陷區的百姓才是我的。"此語確有一部分真實。

師哲萍，共產黨也，亦謂人民券如此不值錢，大是難題。

二月十四號星期二 （十二月廿八）

到海光，作《中國古代羌戎的分布及其文化的移植》約三千言。飯後與蔣孔陽，周進楷談，給工友賞金。

看《史記·大宛列傳》。到藏書樓，續集志書材料。五時歸，看鄭相衡《老子新編》。

翻看《山海經》。

今晨下大雪，未積而化。午晴，起風，甚寒。

靜秋今日返蘇，以買票者多，旅行社停止售票。飯後即至車站排隊。

上海派銷公債三千萬分，到現在只繳了四百餘萬分。以全國第一商埠而如此，知民力竭矣。經濟崩潰，說了幾年，至今日而實現。

潮兒自己理書架，分書的大小與好壞，一本一本的叠着，甚整齊。當理書時，飯亦不肯吃，母走亦不送。其自發之工作興趣與專心工作精神，均可喜也。

二月十五號星期三（十二月廿九）

到海光，着手作《羌戎》之青海部分，畫《西次三經》圖及青海圖比較。

看鄭德坤《層化的河域地名》。到藏書樓，無人，門不啓，退出。到誠明，參加學習小組。

七時半歸，翻《山海經》。静秋九時自蘇歸，談志堅事。瑞蘭放假，來家住。

今日作到"昆侖"，知此題甚大，即够寫一長文，全部羌戎文只得分段作出矣，因擬改寫《昆侖山及其神話》一文送漢學研究所。

静秋到蘇晤志堅，始知其將紙張擅自運出，而船被炮擊受傷，勉强至青島，今貨在青島。不知可信否？

今日開會：楊大膺　袁昂　曾克熙　程柏廬　蕭純錦　王善業　俞劍華　鍾道贊　夏高波　張承浚　盧元　馮公焙　梁措成　吳道存　蔣仲茀

誠明日前開會，推出鍾道贊、陸殿揚二人爲副主席，維持校務，予得卸肩，可喜也。

二月十六號星期四（十二月三十）

到海光，將《山海經》所有關于昆侖之材料完全鈔出，又讀《淮南子・地形》篇。

湯吉禾，閻披華，蔡賓牟來。

祀先。家人辭歲。與瑞蘭談。

前日七十架飛機炸青島，毁滅三分之二。昨日四十架飛機炸南京，歷四小時之久。不知犧牲多少生命財產。聞年初三將炸上海矣。生于今日，居城市則恐炸，居鄉村又無米，毫無生命保障，真生不若死。

昨日出報，遲至下午六時，謂係因待中蘇條約全文故。其實非也。蓋中蘇新約有不便公布者（若西北石油礦歸蘇聯及中國出若干人赴蘇聯等），故將報紙重排印耳。即就所公布者觀之，名爲蘇聯借款三萬萬美元，實則彼方以所取日本留在東北之物資作價賣與中國，而中國償以三萬萬元耳。以舊貨收現款，其無賴有如此者。

二月十七號星期五（正月初一　庚寅元旦）

祀先。家人拜年。點《水經注·河水》一卷半，至夜十時。與靜秋到陳式湘夫人處，未晤。到高君珊處，并晤君箴。遇秦林舒夫婦。

趙泉澄夫婦來。與靜秋到范希衡處，又到起潛，鳴高叔處。

今日出門，打鑼鼓之隊固多，而叫化子則更多，皆江北婦女，自七十餘歲至五六歲皆有，兩兩比較，則表面之愉樂終不敵實際之貧苦也。聞上海公安局曾捕去乞丐及推車過橋者甚多，後均放出，蓋養不起也。如此上下俱窮，而謂能建國乎？願太奢矣！

日前靜秋返滬，車中遇一農村服務團員，與談，問其農村凋敝至此，有何辦法，渠答曰：將勸其養蠶。夫無米糧乃日前之大問題，而養蠶之利則半年後事，遠水豈能救近火。且絲織品在"精簡節約"號召之下尚有何出路乎？可見共黨對于農村實在毫無辦法。農村既如此，都市則解放臺灣爲號，勒逼人民多買折實公債，往往爲之蕩盡產業。聞各業公會開會時，解放軍把守大門，非超額完成不許出。鐵業公會至爲之開會三天三夜。許多鋪子認購之後，準備屆期將鋪子交給國家，怨氣直冲霄漢。在如此情形之下，政府如何站得住？況尚有外力之打擊耶！

二月十八號星期六（正月初二）

起潛叔來，與同至拔可先生處。王煦華來。周棋超來。張文英來。點《水經注》第二卷畢。宴客。

范希衡夫婦來。

看《漢書·西域傳》一卷。

今午同席：高君珊　高醒萃　韓博仁　姜維凱　鍾素吾　李光信（以上客）　予夫婦（主）

中蘇既有攻守同盟之協定，第三次大戰迫于眉睫，我輩真不知命在何時矣！

二月十九號星期日（正月初三）

簡香來。與靜秋到謝剛主處，晤其夫人。看《漢書·西域傳》畢，鈔出需用材料，記筆記一則。

飯後與靜秋同出拜年，已上汽車，忽遇空襲，遂歸。歸，鈔《水經注》材料。謝剛主夫婦來，長談，留飯。

看德坤《層化》一文。

今日上下午俱有警報，上午僅發傳單，下午則投彈。聞路人言，前見所發傳單曾言上海、漢口、南京、杭州四處爲投炸彈區，北平、天津兩處爲投小型原子彈區。若然，中國人民不知又將犧牲多少。可愛之北京，其將從此消滅乎？

有農村服務團以逼倒農村，有勝利公債以逼倒商人，有公糧、地價稅以逼倒地主，此之謂竭澤而漁，得魚非不多也，而後此無魚矣。

毛周將歸國。既已簽字，便放回來，此非扣留而何？夫中蘇協定，大事也，既號稱民主，而又有政治協商會議在，宜如何提交政協，付諸討論而後實施，今乃迫一二人決定之，國人有以識蘇聯矣。

二月二十號星期一（正月初四）

續鈔《水經注》材料。瑞蘭返校。得振宇電話，即赴大中國，飯。

開局務會議。到楊家駱處，并晤李清悚。到謝剛主處，看所藏精本。吃飯。

看書至八時半歸。

今日上下午警報兩次，有一高射炮彈落于予院。

今日同會：振宇　君匋　緯宇　議決，派予與緯宇到粵，處理志堅經管財物。及歸，則静秋得振華信，高少雲姻丈于元旦逝世，三姐即須回徐，不欲予行，且予一行則文將不成，債又不能清了也。明日静秋當往書局商之。

剛主好收書，頗得佳本，尤以雜史及筆記爲多，有許多書不但予未見過，亦未聽過，信乎孤本之多也。

家駱言，世界書局已接管，開明書店亦請求官商合併。商人所開之書局快消滅了。

二月廿一號星期二（正月初五）

到海光，翻兩《清經解》中材料。静秋導紹虞來，長談，留飯。

周谷城、潘震華來。

翻喬松年《緯攟》。

紹虞來視我，笑曰：“這個時代，你還弄這些東西做什麽？”予曰：“此猶飲醇酒也，可藉之以忘憂。”紹虞因言聖陶在北京，酒後輒痛哭，其中心之痛苦可知。聖陶最不能屈己從人，而既入轂中，更無自由可言矣。

　　潮洪兩兒本決定入托兒所，現在書局前途暗淡，生活大成問題，兩兒一進托兒所，每月便須五十單位，依現價即是三十萬元。甚慮出不起，只得放棄矣。

　　得賢來函，知其住西寧，思東行。魏郁聞于解放前失踪，其受國特之害耶！

二月廿二號星期三（正月初六）

　　到海光，作《昆侖山及其神話》（羌族的地域與歷史）初稿五千字。林同濟太夫人來。

　　劉子潤來家，與予通電話。歸，王煦華來，孫毓華來。

　　汪叔棟來，長談。失眠，服藥。

　　叔棟來，謂共黨有三個原則：（1）謊話即真理，（2）奴隸即自由，（3）戰爭即和平。渠即赴香港，吸取自由空氣矣。

　　蔣孔陽自蕪湖返滬，謂蕪湖商店請求停業者達二千家。

　　潮兒知三姨將行，時時流淚，然又強爲歡笑，語洪兒曰：“阿姨走了，我不哭。如妗妗走，你也不要哭。阿姨是到徐州看姨夫病的，看了再要來。”但説到這裏又哭了。領到三年半，一旦分離，其心之慘苦可知。

　　前日炸閘北水電廠後，施高塔路一帶連路燈也沒有了。震旦大學密邇法商水電廠，已在院中架高射炮，怕今年開不成學。

二月廿三號星期四（正月初七）

　　到海光，續作文（《山海經》中的昆侖區），本日約作四千字。以送三姐，回家飯。

　　三時，三姐與郭宗英同赴站回徐州。靜秋到站送。予在家招呼小孩。

　　與群兒嬉。翻郭沫若《甲骨通纂》。

折實單位達六二九二元。經濟崩潰，大家活不下去了。

前知徐州人已吃豆餅（即榨油所餘之渣滓，範爲餅狀，作肥料及喂猪用者），今知鎮江亦然，則已延及江南矣。今年春荒嚴重至極，不知餓莩當有多少。有人自北方來，謂至蚌埠始見有米。

潮兒知三姨即行，瞻戀之情，使予涕下。午後將睡，猶擁姨身，曰："阿姨窩我。"既睡，姨遂登車。潮兒醒，便自躍起，不履而行，既而不見阿姨，知行矣，乃哭。幸先買得洋娃娃及搖籃，玉華，鴻鈞哄之，爲作枕被，始破涕爲笑。夜臨眠，一聲不響，鑽入被中。及中宵醒，不能自禁，縱聲而哭。予爲吵醒，又不成眠。此真一幅凄涼圖畫也。予久不流淚矣，今亦爲之漣漣。想三姨在車，亦必嗚咽不置。

二月廿四號星期五（正月初八）

王善業來。到海光，續作文四千字（《淮南子》中的昆侖，張騫西征與昆侖的實定）。王春沐來。

到静秋電話，即至大中國，經銀行公會，訪誠安，未晤。

誠安來，同飯。飯後商討志堅問題。乘緯宇車至八仙橋，轉電車歸。翻《山海經》。

今晚同會：振宇　君匋　緯宇　擎宇　誠安　宣人來信，告知志堅在港，與一班惡少交游，而港津跑單幫者均虧本，恐其經手之錢已化烏有。真急死人！

自電廠被炸，上海市上限制用電，今日下午八時歸，僅四馬路之西頭有些飯館，尚有燈光，其餘均已打烊息燈，若在深夜。霞飛路上，向日五花八門之霓虹燈全息，幾不識其爲霞飛路上。今日商人，白天則以空襲不能做生意，晚間又以無電不能做生意，實已面臨死亡矣！

二月廿五號星期六（正月初九）

到海光，續作四千字（《漢書》、《水經》的昆侖與河源）。谷城來，同飯。

得誠明電，即到校，與服之、承浚等談。寫君匋信。

與群兒嬉。略翻殷元正《集緯》。

楊服之家上饒，家有田產，政府既將其屋宇沒收，又槍斃其侄，以爲抗不繳糧之鑑戒，并派員到滬來捕。如此逼人，直將人活活逼死。焉有爲政而如此者乎？焉有如此爲政而不亡者乎？

金城銀行自本月起，每一職工均發五十單位。聞上海銀行、浙江興業銀行亦將如此。半年中私家銀行全不存在矣！

共黨是在去年説過"不讓一個人餓死的"，今日報載華東區主委饒漱石的公告，説："華東各地災民已達千餘萬，因餓、病致死的一千三百餘人。鬻妻賣子或自殺情事亦已發生。"這是官方的公布！

潮兒自三姨行後，白天尚可，一到晚上便發愁，睡夢初回，哀號長啼，使人心碎。但口中絶不説一聲"我要阿姨"，明知説亦無益，且不欲示弱也。喉嚨已哭啞，熱度仍有，白天高時至百度〇六分，晚則退至九十七度。此兒健康終不樂觀。

二月廿六號星期日（正月初十）

到海光，續作二千餘字（《水經注》的昆侖與河源），未畢。

得靜秋電，即返家，與之同到國際飯店，晤大中國諸人，商志堅事。五時出，到靜安寺爲兒輩買走馬燈。遇翟俊千。黃英來，留宿。

與兒輩嬉。看《層化的河域地名》。

今日同會：振宇　君匋　緯宇　擎宇　予夫婦　志堅言昨日來滬，而今日不至，接德輝信，知已于前日行矣，分明逃走，因商對策。然渠無身家，實無策可言，予夫婦亦只兩肩擔一口耳，何能負此責任。且予任總經理，原係名義，并無實權。設廣州分局及派志堅到粤，事前我均未知。予夫婦介紹渠至局，原只望其爲一初級職員耳，安知得總管理之信任，委爲代理粤局經理，是已超出我輩保證之範圍。

爲了要激起潮兒的快樂，我只能每晚和她們玩。爲了潮兒要媽媽抱着睡，我只能抱了湲兒睡。我是"一身兼作母"了。

商務請求接管，政府説：你們機構太龐大，不要。

二月廿七號星期一（正月十一）

寫李文實，王傳熠，毓藴信。到合衆圖書館，鈔各引得，《西域圖志》，《崆峒山志》等材料。起潛叔留飯，談。

看《水經注疏要删》。以洪兒哭鬧，鴻鈞説瘋話，使我失眠，服藥三次。

中央生産會議議決，向上海各紙廠定造報紙六萬噸，而華東貿易局打小算盤，貨價不够成本，因此不能作，而銀行貸款又得不到，于是三十家紙廠停業者達二十家。而汪伯繩以主持之上海紙廠無法周轉，率家屬逃開，大中國之貨價遂無着，又是一筆損失。此經濟崩潰時代應有之慘事也。

鴻鈞幫洪兒，總以爲予夫婦偏向潮兒，孤負洪兒，夜中一再言之，使予憤而失眠。此兒真無出息！

二月廿八號星期二（正月十二）

到海光，看兩《唐書·吐蕃傳》，寫《西藏古史》一章，又將前作者修改數頁，約寫三千字。

寫李季谷信。到震旦，晤祁龍威。到季谷處，并晤徐佐良。

看郝懿行《山海經箋疏》及萬斯同《昆侖河源考》。眠兩小時後即醒，更不能眠，又服藥二次。

聞小除夕，揚州人民呼曰："不搶老百姓，只搶解放軍。"相率至解放軍之米倉，時軍人列機關槍于倉前，止之曰："你們不要搶，我們給你們就是了。"遂每人發與五升米。然此只數日糧耳。將來如何，勢必又搶，亦勢必隨從者愈多也。聞有商人運米之船隨軍人運米船行，軍人船有槍，商人船無之，故群衆擁至商人船，搶劫一空。商人請軍人保護，軍人曰："老百姓已數月未見米了，隨他罷！"

志堅有一相好舞女曰凌雲，在粵時約其到滬結婚。此女如期來，而志堅不至。到徐世楨處問，亦無下落，甚發急。余意，志堅蓋以徐君已知其底細，故不敢往耳。舞女尋之不得，仍返港作舞女就是，受志堅之騙猶淺也。志堅對愛人且如此，遑論他人！

聞毛澤東此次赴蘇，頗受史大林責備，蓋去夏如不解放江南，則經濟負擔不重，今雖席捲大陸，而原有之軍隊與公教人員均歸新政府給養，一切生產又均停滯，遂使經濟上陷于無可奈何之境。黨政界勸人民望美麗之遠景，其口號曰："有困難，有辦法，有希望！"實則困難越來越大，而辦法越來越窮，則所謂希望者幻想耳。漢武帝求仙，何嘗無美麗之遠景，而方士之辦法不成爲辦法，則一切均完矣！

一九五〇年三月

三月一號星期三 （正月十三）

到海光，作《崆峒山與洋水》千餘言。

得靜秋電，即至大中國送緯宇行，寫致宣人函（爲查辦凌大韶事）。

晤汪孟鄒。與子喬談。訪擎宇，未晤。到魯弟婦處談，并晤嚴文涓。到魏建猷處。

與群兒嬉。看小川琢治《穆天子傳考》。臥書房，得眠。

連日爲志堅捲逃事失眠，兼以三小兒夜中屢哭，更睡不着，白天疲倦昏沈，如喪魂魄，兩足奇冷。故今日睡書房，以己床讓與潮兒（母易照顧）。以清靜故，居然達曉，惟仍不敢斷藥耳。

傳蔣介石今日在臺灣復總統職，故飛機不來。此君真厚顏！

汪孟鄒年七十四，經營書業已四十八年，亞東圖書館又極省，今乃毫無辦法，對我説："怕我活了這麼大的年紀還要討飯吧？"孟鄒云："現在看報真無意思，報上只有吹牛拍馬——拍的是蘇聯的馬，吹的是共黨的牛。"

上海初解放時，自靜安寺至武康路，三輪車人民幣五十元，今乃漲至一千五百元，足知此九個月中物價漲至三十倍，亦即幣值落價三十倍。

去年初寓武康路時，買一瓶 Dix 牙膏，金圓券二百元，今日挂上標價二千元，知一年中，人民幣已落至金圓券之十倍。

三月二號星期四（正月十四）

到誠明，與李光信、王善業談。參加院務會議。歸飯。

到海光，寫《馬岌之昆侖説》一千言，畢。寫《禹貢之昆侖及諸家説》一千五百言，未畢。與蔣周二君談。

看《穆天子傳》。

今日報載政務院發布關于新區土改徵糧指示，中一條云："地主完全收不到租，或佃農完全不繳租者，該田畝應繳之公糧即完全由佃農負擔，地主不負擔。"蘇州人見此，皆大歡喜！

今日同會：鍾道贊　程柏廬　李榮廷　楊大膺　李光信　汪育春　曾克熙　盧元　馮公焙　學生代表　討論在慈淑大樓設第二部及收回北站西校舍事。

三月三號星期五（正月十五）

看《十六國春秋》。黃英來。寫盧村禾信。到海光，續寫《禹貢之昆侖及諸家説》三千五百言，畢。

得静秋電，歸，同到霞飛路 Idis 吃茶，爲志堅事，與徐世楨及凌雲談。五時餘歸。

看《穆天子傳》。

據徐世楨猜測，志堅或係赴津，以其經營商業在彼也，允代發電往查。凌雲爲舞女，志堅之所以認識徐君，即以凌雲之介紹。志堅向之求婚，渠有允意。今則彼亦得不着消息矣。

三月四號星期六（正月十六）

到海光，作《穆天子傳與竹書紀年之昆侖》六千言，未畢。

在興國路理髮。

與静秋散步。看蘇雪林《昆侖之謎》。失眠，服藥。

經一皮匠攤，聞其語曰："解放臺灣？呸，再投一轉人身！"由此可知解放軍實未在民衆間建立信仰。

今日劉子潤來（渠今日續姻，要我做證婚人），王東平來，均言美國即將動手。如現在不動手，將來即屈服矣。美國主戰者在國内號召，説：大家肯接受俄羅斯民族的統制嗎？華萊士在大學演講，大受噓噓聲。凡事欲速則不達，共産主義之受挫折固以此也。

自今日起，應嚴格遵守每日半度電的節制。否則罰款太多，大家受不起。

三月五號星期日（正月十七）

寫沈勤盧信。到海光，續作昨文，得二千字，仍未畢。湯吉禾來。

林同濟自港歸，談。開新史學研究會籌委會。與伯祥同到張石公先生處，值其遷家。遇羅靜軒夫婦。

爲潮兒講《三毛從軍記》。未藥，得眠。

今日下午同會：周谷城　周予同　王伯祥　金子敦　姚紹華　姚舜欽　董每戡　李平心　胡厚宣　討論徵集會員及定期開會事。

谷城、予同均在復旦教社會發展史，而先期到中央研究院聽講，一轉述耳。

上海銀行每月賠美金廿餘萬，一年資本盡矣。聞浙江興業銀行已閉門。

吉禾夫婦二人在人文中學教書辦事，兼當書記，僅得百餘單位。

韓仁來，向靜秋叫苦，以教育局中不讓人專做一件事，又不讓人休息也。渠擬回哈爾濱去。

豬肉價一萬二千元一斤，當抗戰前十萬倍。蝦一斤，現售八千餘元。

三月六號星期一（正月十八）

到海光，續作昨文，三千字，本章畢。酈家駒來。與蔣孔陽談。

看劉師培《穆天子傳補釋》。

再爲潮兒講《三毛從軍記》。

得誦唐弟函，志堅到紹興，住客棧，花錢侈。案此可見其毫無辦法，故四處躲避也。其人自甘墮落，真成絕物！待錢用光，不將入乞丐隊乎！

聞寧波米價已至八十萬元一石。上海則以有東北運來之米，未出三十萬關。

聞谷城在解放初，在報紙上發表談話，係其自寫。其後則人家寫好了交他簽字，他于不同意處加以修改，及報紙刊出則仍是原文，故此後索性不看，送到即簽字矣。此之謂自由！此之謂民意！此之謂民主人士！

三月七號星期二（正月十九）

寫誦唐信。到海光，修改《穆天子傳》一章訖。寫《神異經與十洲記的崑崙》一章，二千餘言，訖。

歸，與靜秋同乘靜安寺車到劉子潤家，吃喜筵，九時三刻歸。

今晚同席：予夫婦與子潤親友七人（客）　　劉子潤及其新夫人金氏（主）

聞客言，香港單幫商人所以虧本者，一以運輸費高，二以捐稅重，三則內地無購買力。又聞，上海洋貨價比香港低，所以然者，爲避免高稅，從速出脫，還可收回一半本錢耳。

上海美商水電廠被毀十分之七，閘北水電廠全毀。所存者惟法商一廠，該廠發電量本少，故現在限制每家每商鋪每月只點十五度。吾家換十五枝燈頭後，已不愁超過。每度四千餘元，兩家分之，予家不過派得四萬元，大省。德輝校中亦只許點十五度，則教員學生宿舍中將如何？

三月八號星期三（正月二十）

校宗慈所鈔予文。葛砥石來。重定《崑崙傳說與羌戎文化》目錄及插圖表之目錄。到海光，寫《莊子與楚辭中的崑崙》四千餘言。

到徐匯中學，晤徐浩，由錢振邦伴至孫雨廷家，未晤，留誠明聘書。

校戴宗慈所鈔《穆天子傳》一章，未畢。失眠，服藥。

草文半個月，成四萬五千字，平均每日三千字。加以搜集材料的時間，則一天僅可二千字耳。此文當有十萬字，必須有五十天功夫，然則完工之日其將待四月杪乎？什麼事都性急不來，而予性好完備，好正確，更不當性急也。

夜中一校稿，又失眠了。此後晚上還是儘量和小孩玩！

聞美國對于臺灣意見不一，外交部主放棄，軍人主堅守。

政府不印鈔票，但以收來之鈔票發出，故近日物價較低，而商人急求脫貨，亦爲落價之一因。大東書局賴印鈔票維持，今亦陷于困難中矣。

三月九號星期四（正月廿一）

寫李青崖信。到海光，看《楚辭》及蘇雪林《天問中三個神話》，未畢。修改《禹貢中的昆侖》畢。

何亞光姊妹來。程雲程來，爲寫楊寬信。

瑞蘭來，宿。爲潮兒講《看圖讀書》。

前數日天極潮熱，棉衣穿不住了，自七日起狂風，八日下大雪，天又轉寒。去冬望雪不至，及今乃來，天心也錯亂了。

隔鄰李家前數日玉蘭已盛放，今逢此寒，不堪憔悴矣。如此天氣，使植物亦無法適應。

三月十號星期五（正月廿二）

五時即起，校戴宗慈所鈔文。到海光，再定所寫文目錄。得静秋電話，知志堅來家，即打電話與振宇。予先歸家與談，振宇，君匋後至，與之開誠布公的説。留飯。

振宇，君匋三時行。爲志堅寫徐世禎信。看蘇雪林《天問裏的三個神話》，未畢。

失眠，服藥，無效。

志堅于年初八自蘇赴紹興，爲避人也。到彼數日，見其兄誦唐生活甚苦，且不歡迎渠去，而報上又不見大中國之尋人廣告，覺得待其寬厚，因來滬自首。渠自廣州將解放時到港，盤桓舞場

酒肆，及三閱月，計虧欠黃金三十四兩，美鈔一千五百卅元，港
幣七千五百元，銀圓二百元，共約港幣二萬八千五百元。前所謂
做生意者騙人耳。自謂懊悔無及。然此爛污撒得太大，無法清
理。君匋見我一次，即説要我負全責。夫志堅之升豈出我意，志
堅之到粵亦豈我命乎！君匋爲人冷酷，終非好相識。然以彼之
言，刺戟我續犯失眠。

三月十一號星期六（正月廿三）

　　校戴小姐所鈔文。到海光，將《昆侖實定》與《漢書的河源》
兩篇合爲《昆侖與河源的實定》一篇，加寫兩千五百字。

　　静秋來，同到霞飛路散步，到遠東食堂吃點，買物。

　　與兒輩嬉。得眠。

　　霞飛路商鋪多寫"求現，狂跌"四字于門。

　　本欲到巴黎電影院，看蘇聯片《米邱林》，以去遲，須買下
午八時票，遂退出。

　　大中國房捐一百六十萬，合衆圖書館房捐二百七十萬，看來
我所住屋總當有一百五十萬，如是則我便派到七十五萬，實在是
不輕的擔負。"倒懸"二字到今日才真瞭解其意義。

　　潮兒能讀書。洪兒能説話。湲兒則潑剌豪爽，將來必能辦
事。舅舅曾説她有英氣，真吾家英物也，予其尚能待彼成立乎？

三月十二號星期日（正月廿四）

　　校戴小姐所鈔《禹貢中的昆侖》一文，并加修改。改《昆侖與
河源的實定》一文，訖。誠安來，開導志堅，令寫致公司信，留飯。

　　與誠安、静秋同到海光，接君匋電話。送誠安上汽車，由江蘇
路歸。

　　爲小兒講書。未服藥，上午三時醒後即不眠。

貿易局開五星公司以售用品，開土產公司以售食品，價有較市上便宜一半者，均生意特好。然而商人列肆則大減色矣。與民爭利，無孔不入，苦哉商也！此之謂和平的鬥爭。然則何必以新民主主義相標榜，國旗上亦何必四粒星乎！

三月十三號星期一（正月廿五）

校戴小姐所鈔文。到海光，重作《山海經中的昆侖及其附近諸山》一文，得六千字，未畢。

歸，君匋，子喬，王榮德等爲志堅事來，留飯。飯後振宇又至。

服藥得眠，上午二時醒，又服藥。

由劉子喬等之質詢，志堅始吐實，蓋開明書店廣州經理陸聯棠，《文匯報》廣告部袁大昌等都是白相人，而知志堅手頭有錢，玩弄之，拉入舞場，舞一小時港幣十一元，開新光飯店房間，每天卅元，又坐汽車，上飯館，都要志堅化錢，遂致三個月中用去近三萬元之譜。此人本聰明，而竟致如此糊塗，則戀舞女爲之也。舞女凌雲頗勸志堅，謂你如要白相，我可在白天陪你，免致花錢，可見此女頗有良心。而志堅既迷不悟，陸聯棠等又百般慫恿，乃演成不可收拾之局。

三月十四號星期二（正月廿六）

改《水經的河水》一文訖，付鈔。到海光，續作《山海經中的昆侖》一文，四千字，未畢。聽轟炸。

到合衆，晤起潛叔及王煦華，以文稿交煦華鈔正。

瞿兌之來。與諸兒玩。得眠。

今晨起，覺眼睛模糊，就鏡視之，則紅絲滿焉，左眼皮亦腫。此志堅之所賜也！

聞近數日又打舟山，以水寒，令軍士服紅砒，其服少者入水後凍死。其服多者，則不能動彈，爲彼方所擊死或俘虜。凡去十五萬人無一生還者。什麼事硬做總不行，而共黨則偏好如此，結果白送人命而已。

今日飛機來二十六架，炸龍華飛機場，投彈五十餘枚，破壞甚巨。

虹橋療養院長丁惠康也逃了。近日各機關領袖人物逃者甚多，如廠長，商店經理，校長，醫院長都是。蓋一則員工薪水不能減少而收入則日絀，二則捐稅及折實公債亦日以加重，無論如何有錢亦負擔不起也。

三月十五號星期三（正月廿七）

與志堅談。到海光，續作昨文，得四千字（内一部分係重作）。改文付鈔。

到震旦，晤張伯達，祁龍威。上"專書選讀"一課，"考證學"一課。晤范希衡。

王煦華來。與群兒嬉。服藥眠。

龍書，三姐于前日晨到蘇。

起潛叔出示推背圖，有一幅云："一二三四，無土有主"，謂新民主主義下四階級，行土改則無土，信仰主義則有主也。此幅後有詩曰："一口東來氣太驕，足下無履首無毛"，則毛與東俱見，而云"首無毛"則非佳兆也。

三月十六號星期四（正月廿八）

遣鴻鈞到震旦取二月薪，寫會計處信。到海光，續作昨文三千餘字，訖，并加修改。

豫備明日課。與張魯青談。

與群兒嬉。

近日爲收公債，打局甚多，不是打指導員，即是打公會之理事長。聞因此里弄公債將不舉辦。這也是一個好消息。

誠明雖開學，而注册學生只三四十人，（一）欲繳費而無錢，（二）不知開得成學否，暫且觀望一下。聞滬江大學原千餘人，今只三百，將不能開，以其規模大也。

報載河州一帶民變，有"反共滅漢"之口號。蓋彼地家有槍枝，而共黨必欲收之，遂以激變，回民固非易欺也。自民十七馮玉祥逼變後，今又來一度，不知又有多少漢人遭殃。

三月十七號星期五（正月廿九）

到誠明，上"史漢比較研究"課一小時，論《禹貢》《洪範》與書志關係。與盧拯黎、陸步青、王善業、楊服之等談。歸，柴忠寶來。

玉華返蘇。校戴小姐所鈔《山海經》文，未畢。與静秋到迪化路及土產公司購物。到合衆看《西域圖志》，與起潛叔談。與煦華同出，到伯祥家。

接君匋電話，即到大中國，門不啓。到亞光，晤擎宇，復返大中國，參加員工大會，討論志堅事，十時歸。

今晚同會：莊良芹（主席）　劉子喬　王榮德　高啓明　許志濤　黄振緄　振宇　君匋　王玉成　葉芝山　丁家祥　尹文發

今日取震旦二月分薪計三十六萬元。

聞蘇州人作一聯曰："蔣匪毛匪誰是匪，親蘇親美不親民。"

街上鋪子大都廉價，有標于門者曰："購債還債，忍痛賤賣。"今日商人苦痛甚多：一、多認公債，二、提高營業稅及房捐，三、有存貨則納貨物稅，故爲逃稅計，寧不顧血本也。

三月十八號星期六（二月初一）

　　到海光，修改《禹貢中的昆侖》，《昆侖與河源之實定》，《水經的河源》三文訖，付煦華鈔之。又改《山海經的昆侖》小半篇。

　　徐千、柴忠寶來。

　　到法華路柴家，宴。歸，三姐自蘇來。與志堅談。服藥眠。

　　海光房捐本季六百萬元，故一切書均不能購矣。政府壓倒商人之不足，還要壓倒各種私人興辦之文化事業，可嘆也。

　　潮兒近日專好問人“爲什麼”？如問“電燈何以會亮”？答以“有電”，又問“電爲什麼會亮”？則使人不能答矣。此兒知識欲之強如此。

　　今晚同席：徐勉之　徐群浩夫婦　錢驥　倪佩坤夫婦　儲伯賢　錢憲文　李向英　衛杰文　朱蟾元　鈕文六（以上客）（自倪佩坤以下皆育材中學教職員）柴忠寶夫婦（主）　群浩向予訴苦，謂做了中學教員絕無時間讀書，在上星期內，開會至十三次之多。

三月十九號星期日（二月初二）

　　校戴鈔文。劉子喬，黃振緄來，偕志堅赴大中國。黃永年，瑞蘭來，飯。黃英來，飯。伯祥、予同來，飯。爲人寫字五件。

　　與伯祥、予同到海光，出席新史學研究會第一次學術會議。五時，會散，上樓，記日記。

　　王榮德，黃振緄，許志濤送志堅歸。看《昆侖之謎》。

　　今日同席：伯祥　予同　永年等（以上客）　予夫婦（主）

　　三姐謂連日軍隊及船隻皆南運，老毛子已到徐州及連雲港，軍士在南行前多哭，是大戰期已近。又謂蘇聯飛機曾襲臺灣，但皆未歸。

　　今日房捐條送到，本宅計壹百七十三萬餘，予任其半，亦八十六萬餘。予一月能賺幾何而有此負擔乎！

　　今日下午同會：周谷城　周予同　吳澤　蔡尚思　李平心

伍蠡甫　王伯祥　柳翼謀　金子敦　姚舜欽　胡厚宣　陳守寔
黃穎先　王蘧常　楊寬正　姚紹華　李旭　林舉岱　《大公報》
記者左步青（共二十餘人）　予被此會推爲幹事。此會以討論學
術爲任務，即是要建設唯物史觀的中國史，意思甚好，但大家或
爲政治而忙，或爲生活而忙，而學問之事不是可以隨便應付，然
則將何以得收穫乎？

　　伯祥，予同皆謂下級幹部奉行上級命令過當，上級只望做到
八成，而下級要功心切，常做到十二分，以是過火，使人民遭
殃。上級屢次禁止亂罵，亂打，亂殺，但下級爲完成任務計，不
能不出之以罵、打、殺之手段，故上級的話亦惟說給民衆聽，使
之得到口頭之安慰耳。

三月二十號星期一（二月初三）

　　到海光，作《肅州的昆侖》二千言。

　　豫備震旦功課，鈔集材料。到徐家匯吃飯。乘廿三路車到震
旦，遇徐哲東、陳鍾浩。

　　上《史記》一堂（選讀篇名），"考證學"一堂（考證目標），
九時半，乘三輪車歸。服藥眠。

　　志堅昨自四川北路歸，三輪車價四千元，予今日自呂班路
歸，亦止二千元。物價高而車資低，于以知坐車者少，車夫不得
不抑其價格，向電車看齊也。

三月廿一號星期二（二月初四）

　　到天主教堂圖書館，竟日搜集材料。晤館中執事者張文伯。到
亞洲廳剃頭，到長興館吃麵。

　　晤大明信染織廠經理周景胡及吳勝良。

　　歸，看連環圖畫《秦良玉》，《月宮寶盒》。

商界中不乏好學者，鄭湘蘅，余元庵之外，今日又見周吳二君在藏書樓中鈔集現代史料。

現在一碗麵即五千元，憶抗戰前則一毛耳。知物價提高五萬倍矣。理髮價八千元。

予近日眼睛覺花，不知是到了這年齡所發生的自然衰象呢？還是爲了志堅的事，多夜失眠，激成的變態呢？要重配一副眼鏡，如何有此力量！

三月廿二號星期三（二月初五）

爲志堅返蘇，打振宇電話。到海光，豫備下午功課。

志堅回蘇取保。作《肅州昆侖的實定》五百言。到誠明，與楊服之談國文系功課問題。到震旦，上《史記》一小時（《史記》與六經），"考證學"一小時（托古改制之例證——三年之喪）。

看《班馬異同》。

志堅在滬找保人，忙了兩天，無一應者，只得到蘇州去找。生今之世，規矩做人，覓保尚難，何況墮落分子。

湲兒與三姨睡，半夜輒哭，思母。今夜嘔吐多次，大約三姨爲之脫褲眠，受寒也。潮兒雖頗戀三姨，但以一個月之訓練，故三姨來後亦肯獨睡。

三月廿三號星期四（二月初六）

寫九嬸母信。到海光，續作《酒泉昆侖的實定》四千字，畢，即修改一過。

歸，王煦華來。看《昆侖之謎》。

潮兒太神經質，極似林黛玉。湲兒沈着有辦法，則似薛寶釵。至洪兒則顢頇鹵莽，而又任性，實似薛蟠。今晨不肯吃粥，要這要那地作吵，因打之。

潮兒近日極想識字，時看電話機上數字而念之。

徐州每家吃飯，須閉了大門吃，并一個一個人零吃。要是坐了整桌，別人就以爲他有錢，要鬥他。買菜也這般，買了肉不敢公然拿在手裏走。如此爲人，無乃太苦。

三月廿四號星期五（二月初七）

到誠明，上課兩小時（《世本》，《左傳》與《國語》）。與楊服之談。歸，校戴鈔文。

到海光，再將昨文修改一過。毛世焜來。到合衆圖書館，晤起潛嬸。

再改昨文。

商店多貼大廉價條，或云"買一送一"，或云"削減碼洋，再打△折"。蓋公債限于本月底繳清，不得不賤售以期渡過此難關也。又有許多"關店大拍賣"，則竟給重捐稅及公債逼倒矣。

聞蘇州地價稅將較去年加一百倍。起潛叔家去年十五萬，此次將爲千五百萬。如果如此，則我當有一千萬元之擔負，何以應之？我不願反對共黨，而共黨必欲與我不共戴天，倘亦彼辨證法中矛盾律應如是耶？

三月廿五號星期六（二月初八）

上午三時，雷電大雨，遂不成眠。到海光，修改《山海經中的昆侖》一文，未畢。

吳林伯來。到大中國，與振宇、子喬談。到凱福飯店，賀楊家喜事，予爲證婚人。與擎宇、光宇、家駒、大夏等談。

八時，乘三輪車歸。

湲兒不想吃飯已多日，近加以受涼，精神不振，雖不欲睡，而頭總倒在人懷中。此彼第一次病也。

今晚同席：大中國全班　亞光輿地學社全班　中國史地學社全班　張維新　丁小富　兩家常州親戚凡八桌（以上客）　楊柏如（新郎）在亞光工作　潘仁英（新娘）　共用三百餘萬元。

三月廿六號星期日（二月初九）

到海光，續修改《山海經》一文，未畢。

續翻《海經》一過。蔣孔陽偕羅先高來。

續翻《山經》一過。張文英來。

久不吃館子飯，昨赴喜筵，今日便腹瀉矣。晚上頗不舒服，疑將病。

湲兒病已好。湲兒性情剛毅，敢打人而少哭，此即其有辦法之表現也。

聞李宗仁將練兵五十萬以反共反蔣，不知他將在那裏練？

三月廿七號星期一（二月初十）

起稍遲。與靜秋同訪李偉光醫生。到海光，修改《山海經》一文完畢。

擬作文計劃。準備夜間功課。歸飯。王煦華來。

到震旦，上《史記》一小時（《史記》與《尚書》），"考證學"一小時（托古改制），冒大雨，雇車歸。

腹瀉仍未愈，今日精神疲倦，腎囊下垂。

《山海經中的昆侖》一章，竭予之力，改了兩天半，加了五千字，共計二萬五千字。此問題雖不能解決，大略定矣。作文真不易，寫一文直如送半條命。

三月廿八號星期二（二月十一）

到海光，作《昆侖考引言》二千字。

準備功課。到震旦，上《史記》一小時（《史記》與《尚書》），"考證學"一小時（回護古人）。與龍威談。遇江少虎。到霞飛路爲潮兒買方塊字。

教潮兒識字。看《捫蝨新語》。志堅自蘇州來。

霞飛路商店大率廉價，有作哀語者，曰："脫貨購債，忍痛犧牲"，此實情也。有作豪語者，曰："完成購債任務，努力克服困難"，此强顏爲歡也。

志堅到蘇六天，僅取得其表兄馮杏光保信一通。人格破産，誰復肯爲出力。

潮兒時説要認字，静秋亦以爲可，因購商務所出方塊字片與之。一盒凡四百字。

今日仍瀉一次。惟昨夜眠佳，精神較好耳。

静秋夜中醒，輒呼周身疼，不知是何病。此病彼由來已久。

三月廿九號星期三（二月十二）

到海光，續作引言五百字，訖。作《緯書中的昆侖》二千字，未畢。

到大中國，開局務會議，自二時半至五時。與曹慶森談。到金神父路口，爲潮兒買口琴。高二嫂來，留飯。

看《綴白裘》。

又見一鋪子貼紙條云："解決國家困難，不惜任何犧牲！"語豪而心更苦矣。

三月三十號星期四（二月十三）

作《鄒衍以後的世界觀——神州和昆侖》（即昨文）三千字，訖，即修改完畢。

豫備明日課。歸，德輝來，留飯。

看程仰之《中國遠古史》。

三孩打卡介苗後，反應甚好，可保無肺病。

三月卅一號星期五（二月十四）

到誠明，上課兩小時（《僞經考》評《左傳》，《左氏》原書中不信實處）。與陸步青談。

到海光，修改《酒泉昆侖的實定》一章，增入五百字，改訖。高二嫂回王傳熠家。

看《綴白裘》。

震旦選課學生

"專書選讀"：

韓履平 2 年級　朱禮震 2　祝世斌 2　孫家澄 2　方敦蘩 2　李濟森 2　鄭康林 2　郝曉昌 2

"考證學"：

陳瀛洲 3　孫家澄 2　郝曉昌 2　葛浩湯 2　譚之仁 2　祝世斌 2

誠明選課學生

"史漢比較研究"：

周志清　華筠之　邱文瑞　（趙偉道）　王培煒　朱志賢

《昆侖傳說與羌戎文化》：（次序照發鈔）

5. 穆天子傳與竹書紀年中的昆侖	一萬字	10，000
6. 禹貢中的昆侖	六千五百字	16，500
7. 昆侖和河源的實定	五千字	21，500
8. 水經的河源	二千四百字	23，900
3. 山海經中的昆侖區	一萬七千字	40，900

10. 酒泉昆侖的實定	七千字	47，900
山海經一文加出	五千字	52，900
1. 引言	二千五百字	55，400
9. 鄒衍以後的世界觀——神州和昆侖	五千字	60，400
山海經一章再加	二千五百字	62，900
鄒衍一章加	二千字	64，900
4. 莊子和楚辭中的昆侖	一萬四千字	78，900
2. 三千餘年來的羌戎	四萬三千字	121，900

一九五〇年四月

四月七號星期五（二月廿一）*

到誠明，上課兩小時（《竹書紀年》、敦煌書、崔東壁書），待煦華鈔稿，十二時許歸。

到海光，作《楚辭中的昆侖》三千字，尚未畢。

今夜頗倦，登床即眠，而至上午一時仍醒，服藥兩次，至三時半乃眠。

四月八號星期六（二月廿二）

到海光，作《楚辭中的昆侖》一千字畢，先修改十頁付鈔。看劉永濟《王逸章句正誤》一文。

歸，與靜秋挈潮洪兩兒到青年會，賀凌大夏婚禮，予爲證婚人。禮畢，進茶點，與李蔚如等談。與靜秋及兒輩游大世界，看哈哈鏡。

到杏花樓赴宴。九時半歸。煦華來。十二時醒，服藥。

＊　4月1—6日日記缺。

今晚同席：李成源（蔚如）　　李方華　李滿存　武次申　擎宇夫婦　劉子喬等（凡五桌）　　凌大夏　張璟芬（主）

李滿存，杏花樓之主人也。爲言該肆已開八十餘年，傳衍四代，但至今年，則擔負公債七千二百分，又捐重，每月賠一億，眼看到六月底只得關門。在本市諸菜館中，杏花樓要算生意最好者，尚如此，其他可知矣。聞公債一收，全市店鋪之關門者達三千家，至端午節恐將全關。

四月九號星期日（二月廿三）

到海光，修改昨作，增作一千字。谷城來，同飯，談。

參加新史學研究會第一次幹事會，自二時至六時。韓博仁，姜維凱來，留飯。

翻蔡尚思《中國傳統思想總批判》。未服藥。

今日同會：周谷城　金子敦　蔡尚思　周予同　姚舜欽　李平心　楊寬　討論工作大綱及通過會員。

今日下午，湲兒發熱，至百〇三度，想係種痘發出。

上海各中學間反共激烈，育才中學學生竟打死一解放軍。上政治課時提出奇怪問題，使教員不能答復；及退堂，則高唱國民黨黨歌。老舍《我這一輩子》製爲電影，觀衆見五色國旗及青天白日旗則鼓掌，見五星旗則噓噓，各劇場皆然，政府只得下令停演。此固有匪特作用在，然苟無客觀環境與之配合又安能如是。

四月十號星期一（二月廿四）

到海光，將《莊子和楚辭中的昆侖》修改完畢。

準備今夜功課。五時歸，進飯。德武侄來，同食，與同至武康路口。

到震旦，上《史記》一小時（《春秋》），"考證學"一小時

（以人少，改爲談話）。

渶兒仍發燒，夜中降至一百度零四分。

四月十一號星期二（二月廿五）

到海光，將戴鈔《莊子楚辭》文前半點改一過。

準備今日課。到震旦，與祁龍威談，上《史記》課一小時（春秋），"考證學"一小時（五服九服糾纏）。

王煦華來。翻《莊子》。

震旦國文系本有七八十人，本學期繳費注册者僅十三人，其他則或轉學，或輟學，或仍來校上課。因此祁君發嘆，謂前途太黯淡了。

四月十二號星期三（二月廿六）

到海光，王培煒、周志清來上課，與談工具書一小時許。修改戴鈔《莊子楚辭》文，未畢。

開始寫《古代羌戎的分布》二千餘字。到合衆，與起潛叔及煦華談。到大中國，與振宇君匋談。

到亞光，預劉子喬之弟補喜筵。九時，乘三輪車歸。

今晚同席：陳宣人夫人　振宇　君匋　華耀明　擎宇　啓宇　張維新　劉次羽夫婦（共三桌）　劉子喬（主）

有人從廣州來，謂粵人强悍，公債勸募委員下鄉派債過當，鄉人群起殺之。葉劍英派一營人剿之，又爲其全部消滅，乃派大軍去，將此村轟平。故近日廣東游擊隊甚多。以武力壓迫人民，此馬步芳之所爲耳，而人民政府亦如此，强悍者能忍受乎！

四月十三號星期四（二月廿七）

到海光，將《莊子楚辭》一文修改完畢。略翻《資本論》（郭大力譯）。

續作《羌戎分布》一文二千餘字。到合眾送書，與起潛嬬談。

方詩銘來，長談。

湲兒已痊可。日前教她一個"中"字，無論何處均能指出，可見其敏慧。

上月伯祥見湲兒，謂三孩中她最像我。實在潮湲兩兒是一個版子印出來的。

四月十四號星期五（二月廿八）

誦芬弟來。到誠明，上課兩小時（《左傳》中的重複事實及三正異同）。到李光信處。歸，教潮兒識字。翻《昌黎集》。

眠，未着。看《後漢書·皇甫規張奐段熲傳》。煦華來，取稿。

看董作賓《獲白麟解》及《雲間兩徵君集》。

今日俗傳"老和尚過江"，狂風猛雨，撲人欲倒。因在家中休息半天。

四月十五號星期六（二月廿九）

到海光，續作《羌戎分布》文四千字。

李唐宴來長談。同濟來。

翻吳士鑑《晉書斠注》。失眠，服藥兩次。

聞近日穿解放裝者夜行恒遭人襲擊，以是穿者大減。民心如此，欲政權之鞏固得乎！

聞徐州已爲蘇聯空軍基地，上海亦然，蘇聯空軍來滬後不許外出，故僅于飛機場附近見之。

四月十六號星期日（二月三十）

到海光，續作《羌戎》文四千餘字。董道寧來。

張文英來，留飯。翻《晋書斠注》。

予近日每日大便，或一次，或二次，不定，然未有三次者，屎亦較少，可見腸疾較痊。惟早晨向來能吃，今竟吃不下，一碗牛奶之外只能吃一些稀飯，半個饅頭，且不吃亦不餓，恐胃亦不佳矣。

雁秋來信，謂機器運到蚌埠，不敢開廠，因一開廠捐稅即來，將至不能支持也。現在情形，不做事錢慢些完，一做事則錢早些完。故不得已，只有將機器賣與政府機關，只有他們做才可不賠錢也。工商界如此不利，如何談生產建設！

四月十七號星期一 （三月初一）

到海光，豫備今明後日功課。

覺困，小瞌睡。五時歸，進飯後到震旦上《史記》課一小時（《左傳》），"考證學"一小時 （《僞古文尚書》），晤祁龍威。

失眠，服藥。

得志堅香港來函，謂已見凌雲，她允相助，此舞女殊義氣。

但志堅歸時迄未取到，謂他人不出，渠不便獨出也。

四月十八號星期二 （三月初二）

送潮兒到培新托兒所。到海光，繼續豫備功課。譚季龍自杭州來。

到震旦，上《史記》二小時（《左傳》不可信處）。與龍威談。歸，熊德基來。爲小兒故家人爭吵，予解勸之。

今日潮兒始上托兒所，是爲彼生活于學校教育之開始。她下午竟不肯回家，可見其有興趣。

上周在呂班路書攤上見有《古史辨》三册，欲購之而無錢，今日携錢去則已無有矣。當此之際，還有人買此失時之書，可見文化工作必不因政治而停頓也。

潮洪兩兒屢爭，鴻鈞極疼洪兒，惟恐其受一些冤屈。洪既得助，潮便縱聲哭。潮哭則三姨助之斥鴻鈞，鴻鈞不屈，則静秋又詈之。一家人竟若分成兩黨然，此皆以好心得惡果也。

四月十九號星期三（三月初三）

到海光，準備功課，并豫備下星期一的。王培煒、邱文瑞、華筠之、辛品蓮四人來上課兩小時（《國語》之著作時代）。

下雨，大寒，早歸易衣。校《左傳》、《史記》中之吳越部分。煦華來。

熊德基來，留飯，長談。翻《晋書斠注》。

本學期上課，震旦每周四小時，誠明每周三小時，因爲學生來海光，改爲一周二小時，一周四小時。本周上課八小時，故預備功課遂費三天之力，論文工作只得放下矣。

今晚同席：熊德基（厦門大學教授）　　王煦華（以上客）予夫婦（主）　五萬元。

熊君讀余所著甚多，謂《漢代學術史略》最爲深入淺出，希望用此筆墨寫一部中國古代史。此正合我意。

四月二十號星期四（三月初四）

到海光，續寫《羌族》文二千六百字。

回家，易衣，到四馬路大利酒家，爲陳苗林子證婚。與大夏等談。夜飯後歸。

志堅由粵還，談。看《晋書斠注》。

今晚同席：振宇　君匋　擎宇　耀明　包桂榮　莊良芹　王昌源　子喬　張維新　丁小富等共十五桌（以上客）　陳苗林及其子陳勝根（新郎），媳李美英（新娘）（主）　大利酒家係無錫人所開，今老闆已逃，由伙計們維持。

由廣播中得國民黨宣傳，謂林彪軍攻瓊州島者，已消滅兩軍，兩軍長亦死。然報紙上則謂共軍已勝利登陸。究不知孰是。

志堅來，謂廣東、湖南、江西一帶凡買不起公債，完不得捐稅者皆上山爲游擊隊，故彼今日車誤十一小時，蓋經某站時適値游擊隊來襲，人皆伏于車箱中也。又謂此次南行，車中擠甚，皆上海商民之逃避負擔者也。此真所謂爲叢驅雀矣。

四月廿一號星期五（三月初五）

到誠明，上課兩小時（《國語》中之《吳語》、《越語》、《左傳》、《史記·吳世家、越世家》之比較）。與盧拯黎談。到大中國午飯。與振宇、君匋、子喬談志堅事。

到外灘，乘三路車到海光，記日記兩天。看《舊唐書·吐蕃傳》，續寫《羌戎》一千字。

看張運禮《中國歷史全書》。

志堅此次到港粵，絕未借到現款，僅徐世楨允于下月初返滬賣去木料再借錢，凌雲亦允借金條兩根，但今尚不能付。志堅嘆世態炎凉，渠到此時方清醒乎！

潮兒進托兒所後怕羞，不肯說話，老師屢誘之而無效。怕羞，恐是我們顧家的遺傳。

四月廿二號星期六（三月初六）

到海光，改《羌戎》文上半篇付鈔。

到誠明，開學習會議，填入工會申請書。到愛棠新村訪華汝成，付編輯費。

翻《晋書斠注》。

天氣寒燠不常，我喉頭炎又發。潮兒則咳嗽甚劇，此兒真無抵抗力，吃飯又太少，下便則黑如焦炭，可見其腸熱。此病不瘳，料難長命。

今日下午同會：袁昂　鍾芷修　鄭文英　李光信　廖世瑜　唐啓宇　李榮廷　陸步青　盧元　張承浚　虞紀林　王善業　梁措成　馮葆光　楊大膺

聞芷修言，樹幟已任西北農學院長，赴陝西矣。

四月廿三號星期日（三月初七）

到海光，續改《羌戎》文付鈔。歸家飯。德輝來，留飯。

到市立博物館，參觀各陳列室，并新繪之漢代生活圖。本開會討論奴隸社會問題，以谷城等未到，四時半散。遇吳道坤，囑協恭，朱璇。到誠安處，與弟婦及逸如談。

誠安歸，與談，留飯。八時許歸。

今日同會：呂誠之　金子敦　王伯祥　楊寬正　林舉岱　陳旭麓　李旭　伍蠡甫　董每戡　胡厚宣　姚舜欽　姚紹華　陳守寔　黃穎先

德輝言，中學教員中本有前進者，去年學習時甚認真，但現因開會太多，亦流于形式主義，學習時甚多公開罵政府者。此乃"揠苗助長"必有之結果。即如今日新史學會，大家以奉令前往，及谷城因出席上海市人民代表會議而不克來，遂爾流會，并不討論社會發展史某一階段，此等會有何價值乎？徒糜費時間耳。

四月廿四號星期一（三月初八）

到法國公園散步。到震旦，上《史記》研究課二小時（《國語》之分析）。與龍威談。歸飯。

與靜秋同到康定路世界殯儀館，弔典韶叔之喪，與起潛叔談。出，在梵皇渡路購物。到兆豐公園散步，品茗。五時出，到興國路剃頭。

點戴所鈔文。

典韶叔本爲美豐銀行副經理，有肺病久而未治。今年美豐歇業，諸職工往彼處索解散費，心中一急，舊疾頓重，至前日而突然死去。遺有子女六人，毫無儲蓄。余因念大中國總經理雖係空名，而在此大時代中甚易受實禍，況又有志堅之事介乎其間耶！因決心于開董事會時辭職，寧一時經濟之困難也。

湲兒同時出牙七枚，故涎流時多，不思吃飯，近日較軟弱矣。

四月廿五號星期二（三月初九）

到海光，續作《羌戎》文（氏及西域之羌）三千餘言。

志堅、鴻鈞送書套六十五個來館。歸家，易衣。到大中國，與宣人等同出。

到大馬路老正興小酌，談廣州分局事及志堅事。十時許歸。服藥二次乃眠。

今晚同席：陳宣人　丁君匋　金振宇　劉子喬　（十三萬元）

街上多"削價還債，售完改業"之標語，及"關店大拍賣"之樂聲。

宣人今日歸來，謂徐世楨及凌雲雖允助志堅，究恐口惠而實不至。使志堅墮落之罪魁禍首爲開明書店之廣州分局經理陸聯棠，此人慣弄手段，犧牲他人以增益其享受，實應予以懲罰，囑予告志堅，予以嚴厲之處置。蓋開明于解放後爲臺灣政府印教科書，即是陸氏經手，此事一經宣布，對開明有甚大打擊，而陸氏在印刷購紙上又賺開明之錢，有使之不得不就範者也。

四月廿六號星期三（三月初十）

華汝成來。到海光，續作《羌戎》文（東漢之東西羌）三千言。修改十頁。

　　翻《華陽國志》。八時半，服藥眠，眠極酣。

　　合衆圖書館房捐三百餘萬元，地價稅七百餘萬元，申請減免，謂圖書館對人民服務，自應量減。教局派員來視察，謂起潛叔道：“你們須知道，你們以前的服務，只爲四大家族服務！”又云：“你們應向市立圖書館看齊！”捐稅不能減，性質又要改，合衆恐只得關門矣！此之謂人民政府之文化建設！

四月廿七號星期四（三月十一）

　　到海光，修改《羌戎》文。蘇繼廎來。

　　準備功課，未畢。到誠明，出席工會成立會。未散，即退。到伯祥處話別，留飯。

　　看《冷廬雜識》。

　　今晚同席：予　　矗□□夫婦（以上客）　　伯祥夫婦及其最幼之子女（主）

　　今日同會：袁昂　　鍾芷修　　盧元　　張承浚　　姚永美　　虞紀林　　鄭文英　　楊大膚　　程紹德等二十餘人

四月廿八號星期五（三月十二）

　　到誠明，上課兩小時（《國語》、《左傳》、《史記》之比較）。與陸步青談。歸飯。師哲萍來。

　　寫《北大與五四之回憶》千六百字。寫高教聯信，親送去。到震旦，晤孫雨廷。上課二小時（考證學方法），以發警報，學生不多，以談話方式行之。

　　看《冷廬雜識》。

四月廿九號星期六（三月十三）

起潛叔爲上海紙廠事來，爲打大中國電話。到海光，將《羌戎》文續作三千字，本篇完，但尚待大修改。

志堅送衣履來。谷城來，進楷來。

看董作賓《羌與蜀》。

今日洪兒亦進托兒所，以潮兒在所想妹妹，常致哭也。

四月三十號星期日（三月十四）

到海光，整日搜集材料，準備修改。

進楷偕洪□□來。李唐晏來，長談。

看劉節《中國古代宗族移殖史論》。

一九五〇年五月

五月一號星期一（三月十五）

王育伊來。王文新夫婦來。魏孝亭來。送孝亭至高安路。歸，看董作賓《羌與蜀》。

到海光，點改《羌戎》文三十頁。到華汝成處接洽。

歸，與志堅談。精神緊張，兩次服藥，迄未安眠。

聞陸聯棠已來，予囑志堅加緊往索，而渠態度不積極使予生氣，致失眠。

五月二號星期二（三月十六）

抱病到海光，重作《羌戎》文三千餘字（甲骨文中之羌及姜嫄）。

譚之仁及繆□□來，同步至徐家匯，與之仁乘汽車到震旦，與祁龍威、徐□□、孫雨廷同到胡校長處，催發上月薪。

志堅歸，與談。張小姐來。

陸聯棠允返粵後籌六千港元匯滬，爲志堅還債，此心一慰。

據志堅估計，大約欠款可還半數。能如是，我或不至爲大中國諸人逼死。

震旦四月分薪，理醫等院均發，惟文學院不發，蓋教務長法國人以文學院學生繳費少故也。因集教員至校長處爭之。此事當然校方無理，但校長無權，院長又不管事，外籍教務長則太管事，致如此。

五月三號星期三（三月十七）

將改定《羌戎》文稿二十頁送煦華。到海光，王培煒，周志清，華筠之，朱志賢四人來上課，將予筆記及孟姜女材料示之，囑其仿效工作。歸飯。

與靜秋雇車到北浙江路人民法院，爲石公訟事代表出庭。偕該院蔡體曾同到淮安路石公家，錄取口供。四時半出，與靜秋在道上吃牛肉湯。歸。

看《冷廬雜識》。

昨晚張小姐來，送到法院傳張國淦詢問票，蓋張疑爲禹貢房屋事，故囑予代出庭也。然傳票上寫明刑庭，學會決不至此。及至庭，知果爲房產事，而此房在地安門廠橋，非小紅羅廠，予乃無從答覆。法院中派人與我同去，乃知廠橋之屋尚係民國七八年間售與吳鼎昌之兄者，現在吳鼎昌爲戰犯，故法院擬將其沒收，而證據不充，故特托滬法院爲代詢也。

五月四號星期四（三月十八）

到海光，搜集《戰國策》之作者與版本之材料，準備明日課。

到華汝成處，請作廣告，晤其女，留條出。

看《冷廬雜識》。振宇遣王玉成來，爲改作《世界新地圖》序二百言。洪兒半夜哭，直至天明，予眠爲不安。

五月五號星期五（三月十九）

華汝成來。到誠明，上課二小時（《戰國策》之作者與版本）。與楊服之談。歸飯。

點《羌戎》文，并加修改。準備功課。三時出，遇姚伯南。到震旦，以開學代會停課。到會計處，又過了時間。歸，途遇靜秋，與同到培新托兒所，晤所長王佩珍，領潮洪兩兒歸，遇周泉源。

王煦華來，續交十紙鈔。看《冷廬雜識》。夢中爲洪兒哭鬧驚醒，服藥眠。

震旦毫無組織，學生代表大會借其地方開會，學校停課，也應打電話來通知一聲，否則也應在布告版上貼一通知，而皆無有，害得我白跑一趟，花去兩千元車錢，拋却半天功夫。此等腐化機關看尚能延續至幾時。

五月六號星期六（三月二十）

寫德輝夫婦信。到海光，點《羌戎》文訖，修改十頁。與同濟談。

早歸，洗浴，靜秋爲予擦身。寫徐世楨，自珍信。煦華來，續交八紙。

感疲乏，早眠。十二時後，以潮兒夢哭致醒，直至近天明始得睡。

毓蘊于（本月）一日產一男孩，予名之曰行健，題其小名曰開，以下一輩由是開始也。予家行輩，向無定準，今擬以"德、行、文、學"爲次。

五月七號星期日（三月廿一）

到海光，續改《羌戎》文五頁。草工作計劃。趙紀彬來，長談。吳明德，張鴻鈞帶潮洪兩兒來，照相。

歸，到公安幹部學校，訪秦林舒，談。與紀彬同步歸，飯。張
文英來，留飯。

與紀彬談，留宿。

五月八號星期一（三月廿二）

李文實自西寧來。到思南路郵局寄信。到震旦上課，以學代會
尚在開，僅郝曉昌一人到堂，與之談。到會計處取支票，到上海銀
行取錢。

依紀彬意，寫自述約四千字。文實偕詩銘來，留飯。

　聞文實言，張鴻汀于兩月前自殺，以其任甘肅省黨部主任委
員二年，被派公債一萬分，且予鬥爭，故致此。共黨不留讀書種
子，一至此耶！又聞魏郁在蘭州解放前數日爲國特所殺，亦史學
界一損失，爲之浩嘆。

五月九號星期二（三月廿三）

續寫自述三千字。紀彬、林舒來，留飯，飯後看所藏古物。紀
彬今日返青島。

到海光，修改《羌戎》文，看《後漢書・西羌傳》。到華汝成
處，商挂圖事。

看《冷廬雜識》。不易眠，服藥。

今日爲予生日，闔家吃麵條。

戴宗慈去，以其不聰敏而又不努力也。

五月十號星期三（三月廿四）

與振宇，君匋通電話，商挂圖廣告。到海光，重作《羌戎》文
四千五百字。

五月十一號星期四（三月廿五）

到海光，準備明日課。

到大中國，開局務會議，自三時至六時半。

到雲南路大發菜館吃飯，十時歸。

今日同會：宣人　振宇　君匋　緯宇　擎宇

五月十二號星期五（三月廿六）

到誠明，上課兩小時（《竹書紀年》、《先秦諸子繫年》）。歸飯。

到雲南路剃頭。到震旦，晤胡文耀，祁龍威，孫雨廷等。上課一小時半（《僞古文尚書》）。出，乘二路汽車到四川路訪誠安。

到亞光，赴宴。飯後中史社開會，十時半歸。

今晚同席：緯宇　宣人　振宇　沈蔭庭　光宇　君匋（以上客）　子喬　擎宇　啓宇　文發（以上主）

今晚同會：擎宇　大夏　石聲　思源

五月十三號星期六（三月廿七）

到海光，作《羌戎》文二千餘言（五胡十六國）。

李唐晏來。

翻《全晉文》。未服藥，眠至十二時醒。遂不寐，至翌日黎明始復睡。

五月十四號星期日（三月廿八）

昨失眠，遲起。劉詩孫來。到大中國，開局務會議，自十時至十二時半。

飯後商亞光事。記日記四天。到海光，參加新史學研究會幹事會。與寬正談。

看蘇雪林寄來之《中國傳統文化與天主古教》。

今日上午同會：宣人　振宇　君匋　緯宇　擎宇

今日下午同會：振宇　緯宇　擎宇　君匋

今日下午又同會：谷城　予同　子敦　每戡　寬正　厚宣

五月十五號星期一（三月廿九）

到震旦，取薪，上《史記》研究課二小時（《戰國策》）。

到海光，續作《羌戎》文（仇池國），又吐谷渾，未畢，約二千言。

韓博仁偕其女維凱來，留飯。談。

五月十六號星期二（三月三十）

續改《羌戎》文，增作二千字（吐谷渾），并修改。

頤萱嫂返蘇。歸，取件，到華汝成處，送校。

看《冷廬雜識》及《清代學者像傳》。

五月十七號星期三（四月初一）

作地球儀廣告百餘字。華汝成來。到海光，王培煒，周志清來上課，爲講《尚書古文疏證》及《古今僞書考》。

續改《羌戎》文，增作一千字（李特）。遇潘健卿。到合眾，交稿與煦華。與起潛叔談。與靜秋同到“大發”，與擎宇談。

李蔚如來，設宴。九時半歸。

今晚同席：傅懷琛　岳峻文　李方華　擎宇　凌大夏　予夫婦（以上客）　李蔚如（成源）（主）

國民黨政府遷南韓，臺灣由美國代管，凡現任國民黨政府官員均須退出。舟山撤退。如此華東區可以終止行動，我輩所納捐稅其得稍輕乎？

五月十八號星期四（四月初二）

讀《戰國策》中蘇張游説辭。

準備明日功課，未畢。張石公先生，蕭覺天，羅静軒來，長談。

五月十九號星期五（四月初三）

二時許醒，欲起，静秋禁之，到五時起，準備功課。到誠明，上課二小時（《史記》中戰國事誤例）。爲謝君《俄華字典》寫大中國信。歸飯。

到海光，記日記五天。修改《羌戎》文最後十頁。翻《通鑑》及《元史》等。

劉佩韋來，長談。

佩韋經理津中行公司，出口桐油頗獲利，此次公債派出四萬分，無法應付，只得逃滬。擬作長時期句留。又謂天津碱廠廿餘家，火柴廠十六家均關門，農村中仍用火石，回復數十年前之生活。

五月二十號星期六（四月初四）

看呂思勉《中國民族史》及梁啓超《中國歷史上民族之研究》。到海光，將《羌戎》文修改完畢，作附記一千餘言。本章全訖。

張慰慈偕其子澤華來。

自上月着手此文，至今歷五星期，僅乃成之。設無他事，專心爲之，當費二句。

慰慈言適之先生就美國康乃爾大學太平洋研究所工作，脱離政治。胡師母在曼谷，將返香港。祖望亦去美。

五月廿一號星期日（四月初五）

遇李拔可。與鴻鈞挈潮洪兩兒到法國公園，看動物。出，到霞飛路買積木。十二時半，雇車歸。

翻王昆繩《居業堂集》。眠一小時。韓博仁偕其女來。到大中國，晤劉開申，開局務會議。以徐世楨來，寫志堅信。

到亞光，赴緯宇子湯餅宴。

五月廿二號星期一（四月初六）

到華汝成處。與静秋，湲兒到狄晝三處診疾。到震旦，上《史記》兩小時（《史記》記戰國事之錯誤）。與徐浩談。到誠明，送推薦王培煒信。頤萱嫂自蘇來。

與文實同到人文中學，訪湯吉禾，并晤蔡賓牟，閆披華，彭素夫。同到吉禾家，又到甘鏡先家，看矢王彝，蜀大字《史記》及磁器等，爲《史記》編一目。五時歸。

看《子曰》雜志。半夜，以潮兒哭而醒，不成眠。服藥。

狄醫量予血壓，上高一百五十二，下高八十，相距尚無大礙。體重爲一四四磅，醫謂予肚大，中積脂肪約七八磅，須多勞動。

湲兒不思飲食，臉日黃，體漸瘦，醫云應常換食物，勿專吃牛奶。

甘家，廣東香山人。其父翰伯好古物，積三四十年，得一二千件。適值庚子之亂，內府物散出，頗有得者。其瓷器多精品。宋蜀大字本《史記》，爲楊守敬、熊會貞所校，存卅卷，闕一百卷。原爲宜稼堂郁氏物，徐渭仁跋，謂當太平天國之際，舊家藏書掃地，有一善堂以敬惜字紙故，收買舊書，每斤兩文，日予焚燒，此書即在待焚中救出者也。至今日，則善堂雖無收買之力而紙廠興，收作還魂紙，南北書籍之毀于紙漿者已不知其幾何矣。

五月廿三號星期二（四月初七）

到海光，將文實所補大小金川節寫入《羌戎》文，又添千字。又將引言改訖。

得程宇啓夫人電話。寫呂叔達、任乃強信。記日記三天。

早眠。

宇啓傳文迄未寫，程夫人今日來電話，悻悻然。輕諾寡信，予之罪也！

今晚八時半即眠，眠甚佳，而上午二時即醒，醒後乃不能復睡，待旦而興，因此精神不好，整日在頭暈中工作，藥物誠不可絕矣。

五月廿四號星期三　（四月初八）

華汝成來。寫君匋信。到海光，讀《國策》，《史記》及《諸子繫年》，尋蘇秦張儀説之牴牾。

伴靜秋疾。看《子曰》雜志。

近日靜秋、鴻鈞、洪兒俱患感冒，靜與鴻俱臥床，洪兒未到校。

湲兒太喜歡看書，不但看圖，且愛認字。凡所識者，書報上的小字（五六號字）亦能指出。靜秋慮其神經衰弱，禁不令認，但禁之甚難。渠日來進食略多矣。

五月廿五號星期四　（四月初九）

送圖至華家。到海光，準備明日“考證學”課，搜集《僞古文尚書》材料。

續看《國策》、《史記》及楊寬之《戰國史》稿。

看《子曰》雜志。

昨宵十時服藥睡，中間曾醒而仍得眠，至今晨六時半而醒。睡一足，精神又好矣。

潮兒近日拉稀，因購蓖麻油服之令瀉，今日請假一天。

五月廿六號星期五（四月初十）

三時半即醒，遂未眠。到誠明，上課兩小時（戰國時的從橫）。歸飯。

小眠，未着。到震旦，因課堂爲醫學院生所占，文學院生遂未到。與雨廷、青崖、文耀談。方敦燮來。出，參觀震旦博物院。歸，途中遇張魯青，同行。買玩具及藥。

志堅自蘇來，與談。

近日常失眠，夜中或服藥兩次，見徐重道藥肆有"補腎固精丸"一種，謂可治失眠，因購服之。

五月廿七號星期六（四月十一）

到海光，作自傳七千字。

與蔣述亮夫婦同到家取書。靜秋爲洗澡。出外剃頭，買藥。

看丕繩來信及文實代爲之程楚潤傳。爲孩子們搭積木。未服藥，眠佳。

潮兒每食必挑剔以至哭鬧，甚厭苦之。與其妹處，又多打架，然對于玩具如積木等則頗能專心一志而爲之，大有研究學問態度，此可喜也。

五月廿八號星期日（四月十二）

藍洪安夫婦自贛來。華汝成來。到海光，續寫自傳二千餘字。

到大中國，開局務會議。寫聖陶信。文實來，與之同歸。

看《冷廬雜識》。

今日上海解放周年紀念也，又風雨。

今日同會：宣人　振宇　緯宇　擎宇

天津中行公司來信，謂經理劉佩韋赴塘沽投海自殺，召開緊急會議。佩韋以自殺名義離津，自此遂只能作南方人矣。商人受公債之威脅，一至于是。

五月廿九號星期一（四月十三）

到海光，續寫自傳四千餘字。寫紀彬信。

到蔡賓牟家，看其所藏書畫、印章、信札、磁器。六時許，與文實同歸。

詩銘來，同飯，談昆侖問題。失眠，服藥。

今日雅集：吉禾　程演生　予與文實（以上客）　蔡賓牟夫婦（主）

滬人有諺曰："高級好，中級少，下級糟。"言其作風之不一致也。又曰："下級共產主義，中級社會主義，上級新民主主義。"言其言行之不一致也。

五月三十號星期二（四月十四）

到海光，鈔自傳六千字（民衆教育部分，畢）。

與兒輩玩月。

五月卅一號星期三（四月十五）

到海光，鈔自傳四千字（邊疆部分，未畢）。

回家，與靜秋及藍洪安夫婦到巴黎影院看蘇聯片《到東部去》。

複看今日所鈔自傳。

湲兒不思食已久，肚子作痕，夜中輒醒，今晨令飲蓖麻油，下便兩次，有粘汁如癮，此兒太慧，深恐其福不足也。

一九五〇年六月

六月一號星期四（四月十六）

到海光，鈔撰自傳六千餘字（怎樣厭惡了教育界）。

藍洪安夫婦赴徐。歸，修改所作。

看《漁磯漫鈔》。

六月二號星期五（四月十七）

到海光，鈔撰自傳四千五百字（怎樣脫離國民黨）。

到震旦，上"考證學"課一小時許（《偽古文尚書》的絕對偽證）。與孫雨廷談。到復興公園，看三野軍戰績展覽。出，遇王文新。

范希衡來。爲蚊咬難睡，服藥。

六月三號星期六（四月十八）

華汝成來。到海光，鈔撰自傳四千字（怎樣脫離國民黨，畢）。

與同濟談。静秋來電話，催歸。到托兒所接潮兒回家。

與鴻鈞携三小兒到淮海路散步。

六月四號星期日（四月十九）

到大中國，參加業務會議，會畢寫字兩幅，在局飯。

與振宇、君匋、宣人談。到海光，道遇李青崖。上樓，晤同濟父母。鞠清遠來，長談。續鈔撰自傳二千言。

看《漁磯漫鈔》。

聞膠州公園住蘇聯軍隊，附近多工廠，常拉女工進園强奸，工人大嘩。傳至金科中學，該校學生質問政治教員，謂以前美軍强奸沈崇，我們曾爲此事游行，現在也可游行嗎？政治教員告以己本國民黨，也不贊成此事，但在現在情況之下則無法反對。又聞虹橋機場之蘇聯航空員入一華籍航空員之宅而強奸其妻，此華員聞之，即開機赴臺灣，兩機追之，渠電告以故，三機遂同赴臺矣。

六月五號星期一（四月二十）

遇尹石公，孫寶君等，同車。到震旦，上《史記》研究二小時（《史記》用《戰國策》）。與徐振流談。

續鈔撰自傳三千五百字（怎樣入商界一章訖，性格分析一章未訖）。

看《漁磯漫鈔》。

六月六號星期二（四月廿一）

到海光，續鈔撰自傳六千餘字（性格的分析畢，治學計劃未畢）。

與文實談時事。

橫征暴斂之結果，政府財政固有辦法，而人民經濟乃絕無辦法。大家在死亡綫上挣扎，而廣播之歌聲中乃猶云"人民政府愛人民"也！

六月七號星期三（四月廿二）

準備功課。到誠明，上課兩小時（《楚漢春秋》、《尚書》、《書序》）。與楊服之談。歸飯。

以大雨，未出。續寫自傳五百言，校改約萬言。抱湲兒。王煦華來，送鈔稿。

看《漁磯漫鈔》。

日前静秋發雁秋函至蚌埠，今日乃退回，批明"此人已他去"，然未接其他去之信，亦未接蘇州信説此事，大急，即打電至生生藥房羅經理詢之，乃夜中又退回，謂"此電報挂號已退，無從投遞"。噫，當此時日，大家走頭無路，爲經營工商業而自殺或失踪者不知凡幾，雁秋去蚌數月，毫無辦法，得無有不幸之事耶？

潮洪湲三兒近日身體均好，托兒所王老師云："潮潮現在胖了，不及從前美了！"惟潮湲因是神經質，潮兒每以做夢哭醒，湲兒則中夜恒醒而不睡，以是使静秋每夜不得佳眠。

六月八號星期四 （四月廿三）

到海光，續撰自傳五千字（我的治學計劃），全文畢，即改訖。煦華來。

看《尚書講義》。

作自傳共計費時十一天，得四萬四千字。以如此抒寫胸臆之文，一日平均亦纔得四千字，知研究文字一日自只得二千字矣。

予自服徐重道補腎固精丸後，日得佳眠，一睡即不易醒，以是小孩之吵竟不知之。

湲兒記憶力極强，偶一指示，即不忘記。静秋謂湲兒智力較潮兒爲高。

六月九號星期五 （四月廿四）

到誠明，上課二小時（《僞古文尚書》）。與謝文西談。

小眠。到震旦，上"考證學"一小時（《僞孔傳》）。

校煦華所鈔稿。

震旦學生上課精神極差，每次上課未足時間即要求退課，上幾次説爲吃飯，今日則説爲開會。予所教大學無如此泄氣者，下學期决不往矣。

震旦五月薪迄今未發，聞係付地價税三億元之故。

在電車上見有用鋼筆書于電車章程上者，云："打倒□美兩帝國主義"，中一字雖爲人扯破，然有"戈"字遺痕，民衆眼光固雪亮也。在國民黨極度腐化之下，人民對于共産黨自寄以十分希望，而無如有一太上皇何！觀毛主席欲離婚而不爲蘇聯所許可，足知其干涉至何種程度矣。

六月十號星期六 （四月廿五）

到海光，修改地球儀説明書，草程宇啓傳初稿二千言。集王蕭材料。寫景培元信。又寫胡厚宣、周谷城信。

歸，洗浴。戴宗慈來。

與文實談。

潮兒昨在托兒所打防疫針，臂上腫痛，夜不能眠，今日熱一○一度，臥床。渠昨與洪兒同打，而洪無事，可見其抵抗力之弱也。

予近日每夜盗汗，胸背及頸間如浸水中。静秋謂係太累所致。

六月十一號星期日 （四月廿六）

到河南路，剃頭。到四川北路，吃點。到大中國，開局務會議。至下午一時會散，飯。

與振宇，君匋等商辭職問題。到海光，參加新史學會幹事會。與谷城夫人談。與同濟談。校論文十餘頁。

看梁章距《浪迹叢談》。

上午同會：宣人　君匋　振宇　緯宇　擎宇

下午同會：谷城　予同　子敦　寬正　林舉岱　厚宣　姚紹華　陳旭麓

聞軍政界人來局買廣州地圖，見封套上畫黄花崗，即不欲。此氣量真小，黄花崗之烈士，非犧牲性命以赴革命之目標者耶！此與上海改路名，并及于宋教仁公園，此固宋墓之所在也，而猶去之，與“中正路”同科，此皆示人以不廣也。

六月十二號星期一（四月廿七）

到震旦，與徐浩談。上《史記》一小時（《田齊世家》與《齊策》之比較）。到老西門，乘車到四川路橋。至大中國飯。

到大源報關行，晤錢壽坤。回大中國，又與振宇同到大源，失望歸。寫徐世楨、雁秋函。到銀行公會訪誠安。歸，起潛叔來，長談。

雁秋自蘇來，長談。服藥眠。

志堅謂徐世楨肯借與二千萬元，分兩次付，一在本月十日，一在本月廿日，越日又告，十日付不出，要在十二日付，又約予到大源報關行，與同到慈淑大樓取款。及予赴大源，則行中謂無有是人，與振宇同往，待至二時許，終不至。知又被騙矣。此人太喜說謊，徐氏不肯借款，亦不妨直說，何爲說謊？如已付款而彼捲走，則更可誅矣！

志堅自上月廿六日來滬，即謂大源報關行中走了三人，招彼代工，每日自九時往，晚八九時歸，并述吃包飯等事。予等皆信爲實然。乃今日往，竟無此人，錢君尚知其在粵。其漫天撒謊，有何意義？此真不可雕之朽木矣！

六月十三號星期二（四月廿八）

煦華來，送布。與雁秋談。到海光，將《羌戎》一章校訖。爲志堅事，與振宇、誠安、靜秋通電話。

到銀行公會，與誠安及誦唐談志堅事。與誦唐同到青年會吃飯。

準備明日課。

據誦唐云：志堅根本未與徐世楨晤面，一切是謊話。

六月十四號星期三（四月廿九）

準備功課。到誠明，上課兩小時（王肅諸僞書）。看俞頌華圖畫展覽。到泰山堂買藥。

到海光，將《山海經》一章校訖。

與雁秋、靜秋、文實談自傳之應否修改。

雁秋勸將自傳中凡攻擊我之人名皆刪去，免爲其所知，再來一次打擊。

接徐世楨信，謂本擬助志堅，今以商業失敗不果。

六月十五號星期四（五月初一）

到張魯青處。到海光，校文四萬五千字。

冒雨歸。

續校文，訖。

六月十六號星期五（五月初二）

準備功課。到誠明，上課兩小時（《史記》與漢《古文尚書》，及司馬遷用《尚書》）。歸飯。

小眠。訪王善業，不晤。到震旦，上"考證學"課二小時（總結，無意的造僞，臨別贈言）。

張文英來。上午二時醒後不成眠，服藥。

服補腎丸後睡甚好，今日試停一日，則半夜又起溺矣，一溺即不易復入眠矣，爲之悵然。

六月十七號星期六（五月初三）

到海光，將《羌戎》文第一、二章再看一過，并加修改。熊德基來電話，囑往廈大。

周谷城來。到亞光新址，預董石聲喜宴，參觀各室。九時歸，十時到。

今晚同席：金光宇　振宇　啓宇　緯宇　擎宇　劉子喬　張維新　包貴榮　凌大夏等。

六月十八號星期日（五月初四）

到華汝成處送圖。簡香表弟來。洗浴。看《通鑑》。

到金山飯店訪王亞南，熊德基，并晤胡體乾。到大中國，參加局務會議。看《通鑑》。

到誠安處飯。晤德輝。金振宇、擎宇來，談至九時歸。

今下午同會：宣人　振宇　緯宇　君匋　擎宇

六月十九號星期一（五月初五　端午）

王善業來。到震旦，上《史記》課一小時（司馬遷所作漢代史）。歸，遇雨。

續改《山海經》一章。將司馬氏所作漢史各篇編一表。看《通鑑》。

與諸兒嬉。略看《浪迹叢談》。

六月二十號星期二（五月初六）

到海光，將前三章作最後之整理，寫小題，排頁數。

寫景培元信。歸，準備明日課，看《史通通釋》等書。

六月廿一號星期三（五月初七）

到誠明，上課兩小時（《史通》、《通志序》、《文史通義》三書中批評《史》《漢》意見）。到大中國飯。

爲書局作小史。到誠安處。到誠明，與王善業談，與陸步青談書局事。到圖書室，搜集昆侖文材料。六時歸。

整理行裝。

六月廿二號星期四（五月初八）

冒雨到衡山路，乘十五路汽車到車站，九時四十分車開。在車看蔣智由《中國人種考》五十頁。十一時二十五分到蘇州，在車站進飯。雇車到家。

令志堅重寫坦白書。與九嬸母、姜二姐、吳大姐、崔冷秋、高龍書等談。到高靜一夫人處。到二嬸母處。到又曾處，看開孫。到詩銘夫人處。崔菊如來。

到毓蘊處飯。歸，與二姐、冷秋、龍書、玉華等談。失眠，服藥三次。

蘇州二年餘未歸矣，蕭條更甚。車經護龍街（今改人民路），關歇之鋪甚多，有店雖關門而于門外擺一攤子，如此乃可不抽稅也。聞有乞丐死者，人爲之轉向地，乃書其背曰“窮人翻身”！錢伯煊，名醫也，所入不貲，政府派予公債過多，使其不能任受，至欲自盡。地主及店主自盡者極多。予幸而離蘇，否則亦必不免。

六月廿三號星期五（五月初九）

看《中國人種考》，與龍書同飯。雇車到汪安之處，未晤，晤其三妹采齡、嵩齡、壽齡。十一時歸。與二姐等談。到毓蘊處吃飯。爲職工學校作聯語。

回宅，跌一交，右腕略傷。汪安之來。與顧福生同到站，三時廿三分開車，六時三十五分到滬。車中擠甚，站至滬。乘接送車到常熟路，換乘三輪車歸。

與家人談。看《浪迹叢談》。

職工學校聯：

服職盡勞，效率隨任務而進。

勤工勵學，生活與智識相通。

開孫甚壯，眼大有神，已能笑。

滬寓久不用人，静秋與三姐，頤嫂做得太累，故從蘇州帶一廚司來，講明月工資叁斗。

汪氏三表妹：采齡，名國珍，字美之。松齡，名國洪，字善之。壽齡，名國範，字式之。

六月廿四號星期六 （五月初十）

補記日記三天。到海光，再看第四章至第七章，并加修改。計九十頁。

看《春在堂隨筆》。

二姐囑我轉告雁秋，又安所辦油廠已歇業，再不要前往興舉了。雁秋因謂前些時有一共黨到蚌埠，謂人云："此間人還是吃得好，臉上紅紅白白的，要是我做了這裏市長，三個月之後一定叫他們扶了牆走路！"其心狠毒如此，而實與政府不利。中央所頒布告，意思均極好，而幹部必欲反其道而行之，必使個個人做乞丐餓斃道路而後已，無民何以有國，可不謂大愚乎！聞山東某處餓死若干人，而報上去則云病死，以中央不准有人餓死，實報則得罪也。如此朦蔽，與國民黨何異。嗟乎，下級乃拆上級之臺，必使其速倒而爲快乎！

六月廿五號星期日 （五月十一）

寫希白、子植、謙之信，托文實帶粵。到大中國，與緯宇等談。出，剃頭。回局，翻《史記》，鈔録崑崙文材料。在局飯。

晤梅致中。寫致各股東，各董事辭職信。開第四屆股東常會，自二時至七時。在局飯。

與雁秋，静秋同歸。到家已十時，擦身。失眠，服藥。

今日同會同席：陸步青（主席）　金振宇　緯宇　擎宇　丁君匋　陳宣人　顧誠安　張雁秋　静秋　葛喬　今日之會，除修改章程，改選董監及規定人民幣資本外，以討論志堅事爲重要項目。議定：1. 由經理部勒令志堅按期追繳欠款。2. 于必要時由董事會依法律辦理。3. 經理部同人自行檢討（罰俸）。4. 挽留予辭職。5. 向開明接洽事由予私人出面。

今日文實本赴粵，以浙贛路爲水衝斷而未行。水災一何多，去年如此，今年又如此。

六月廿六號星期一（五月十二）

到海光，再看第八章至第十章，并加修改，計三十八頁。

歸，洗浴。

聽廣播。疲極，早眠。

南北韓昨日開戰矣。美國廣播，謂北韓攻南韓。此間報紙所載則爲南韓攻北韓。去年即聞人説，第三次世界大戰將自南北韓始，今其言踐矣。我輩毫無力量，惟有静待天命耳。必須定于一，大家方有飯吃也。

劉伯承在新政協報告，謂政治幹部下鄉失踪者達三千人，又謂四川土匪有四十萬，即此可見四川秩序之不安。

六月廿七號星期二（五月十三）

到海光，將第四章至第十章各加小題目，又總整理一過，此半篇文章得一結束矣。

歸，寫景培元信。與静秋同到思南路郵局寄信。到蘭心戲院看《假鳳虛凰》電影。

聽廣播。看《茶香室叢鈔》。

景培元來信，謂寄去三章，字數已至八九萬，則全文二十二章，依此比例，恐須六十餘萬，擬請寄一短文去。然予四五個月來，爲此文竭盡其力矣，若易一篇，則遠水不救近火。且頭上兩章所以多者，以《羌戎》章説明其歷史地理背景，《山海經》章説明其神話傳説背景，爲下諸章之領要也。此下廿章字數不多，而欲不用，漢學研究所何其小器耶！因去一函，説明稿費以卅萬字爲限，超過者不計。當此一寒澈骨之際，急而求人，宜有此也。

六月廿八號星期三（五月十四）

到誠明。上課三小時（"史漢研究"一小時，看江上達所藏甲骨古物書籍二小時）。與煦華同出。

眠一小時。看《茶香室叢鈔》。與静秋携湲兒到永福路女青年會第二托兒所參觀。到迪化公園。步歸。

聽廣播。到隔壁李家看電影。

今晨覽報，北韓軍隊已迫近漢城，李承晚已出走。今晚聽廣播，則美國已海陸空動員，各政黨（包共産黨）已一致擁護杜魯門，抵抗以共産主義侵略民主國家者，又謂美已支持臺灣反攻大陸，看來上海戰事亦不過旦暮間耳。蘇聯逼人太甚，固宜有此結果。而中國人則又爲遭殃矣。

湲兒第一次看電影，即津津有味。當演畢之後猶堅不肯歸，抱之歸則哭。他家嬰兒看電影則眠，渠獨有興如此，可見其于電影已有了解矣。静秋云：此兒不患不慧，但患不健耳。

六月廿九號星期四（五月十五）

到海光，看文實所寫《隋唐元明之河源問題》。重鈔程宇啓傳，并修改，得二千五百言。

出震旦考題。到震旦，晤李濟森，郝曉昌，談。到教務處交題。瑞蘭來，留宿。

德輝來，留飯。

昨日誤聽，乃美令蔣勿反攻大陸，亦令人民政府勿攻臺灣耳。

今年大學畢業生全由中央派至各地服務，黃永年本已決定留校任助教，今只得候派。高瑞蘭思在近處供職，俾得養母及舅，兹亦未可，故來家即哭。聞被派者皆係供給制，只得吃飽自己肚皮耳。

德輝云：近來在學校教政治課程者，多女教員，以其不負家庭經濟責任，故可前進也；多理化英文教員，以其向不與政治發生關係，故易于接受新觀念也。然一教政治課程，則前後自相矛盾，爲學生所厭苦矣。按，此亦"脫離群衆"所必有之結果也。

六月三十號星期五（五月十六）

再改程宇啓傳。寫周紹濂信。與瑞蘭同出。到誠明，看江上達所存金石書，與諸生講解。十二時出。

與雁秋、靜秋、湲兒到復興公園，看動物，吃茶，五時歸。看《昆侖之謎》。洗浴，浴後疲甚，小眠。

看《曲園集》。以湲兒不能睡，亦失眠，服藥。

湲兒喜找刺戟，故處處留心，然其身體則實不能受刺戟，故今日到公園，以太興奮故，夜遂不得安眠，直鬧至十二時。渠與潮兒必是先天性的神經衰弱。

我的苦痛：

（一）年長——從前三四十歲時，覺得爲國家、爲大衆，多犧牲一些時間不要緊，後頭的日子長得很。今則年近六十，後頭愈來愈短，現在不做更無他時，必須緊緊地把握現在，才可使一生學力不致虛擲。然而現在這個世界乃是要使盡人作政治生涯的，不容我靜靜地攻讀，一方面又是經濟壓迫得緊，也無法有自由的生活。然而一天一天地過去，我的年齡將不容許我爲學術而工作了。我的學術，別人不了解我，以爲是和現實脱節的，其實則是根本摧毀舊社會的，在現實上十分需要。倘使我竟不能做，將來的人要做時便當費甚大的功夫了。

（二）家貧——要做學術工作總得要有一個經濟背景。以前先父傳了一分家産給我，指望我在五十五歲以後回家著作。依那時的看法，這確是做得到的。但解放之後，這些財産便失却了經濟的價值，反而變成了我的沈重的包袱。爲了家産，我須得在外面多弄錢付捐税，我父的愛我竟成了害我。續娶後連生三子，多聰穎可愛，但在現在則每月支出以孩子的需要爲最多。爲了孩子，又使我加增了姻戚的負擔。現在蘇滬兩方，一月實要三百萬元，但辛苦的服務，每月拿不到兩百萬元，這樣的陷入泥淖教我怎樣自拔！静秋爲此，時常哭泣。我雖不哭，亦心中如搗。不但學問生涯成虚願，即一家吃飯亦成問題。現在虧得有一大中國書局，還可不餓死，否則殆矣！

（三）服務的不稱心——爲了吃飯，我不得不和刻薄的商人周旋，聽他們的命令而做事。爲了吃飯，我不得不和没出息的學生敷衍上課，又不得不和氣味不相投的同事們往來。大中國的薪金打了一個對折，誠明以捐款不到，薪水打七折，欠薪已及三月，震旦則因地價税及房捐之重，欠薪亦兩月。這樣牛馬般奔走，而正式的薪金還得不到，我何苦做事來！

（四）無通融的朋友——苦日子，我以前亦曾過過，在北京軍閥政府時代，我在北大，欠薪達兩年，但有蔣仲川處可借。今則人家皆窮，真有錢的已出國，留在國内的同陷于僵局，每個人自顧不暇。在許多親友裏，我身兼數職，還是“頂呱呱”的。人家方來求我，教我如何去求人呢？

（五）政府的不照顧——現在全國的經濟已集中于政府，政府應當解决人民的痛苦才是。當抗戰之際，國民黨政府固不好，但救濟工作總是做的，如大學生有公費，教職員也另想些名義。現在則政府只教人民望遠景，而當前的階段則惟教人犧牲。犧牲總該有限度，否則人便死了，再能享什麼理想中的幸福！倘使人是一件東西，那麼，現在挂幾年在梁上，待將來建設時代再取下來用好了，可是人不能一天不吃飯呀！他們只想培養幹部，使幹部以外的人盡數窒息以死！這樣，人民固然苦極了，但他們的政權能穩固嗎！

一九五〇年七月

七月一號星期六（五月十七）

寫程宇啓夫人函。記筆記二則。到海光，寫丁山，王樹民，杜光簡，張公量，秦希廉，楊拱辰，童丕繩，趙紀彬，自珍，范可中，辛樹幟，劉起釪，紀伯庸，謝孝思信。出，寄信。

得自明書，蓋一年餘不通信矣。洗浴。

幾半年不寫信矣，今日又一爲之。

佘雪曼來書，謂得予照片，較前爲瘦。予日前回蘇，安之亦云余瘦，蓋一則太忙，二則精神亦不舒服，三則腸胃有疾所致。

自明仍在文通任職，惟以解放後文通營業不佳，但支維持費，月米百餘斤。廣順仍在貴陽醫學院畫圖，裁員三分之二而未及彼，則以其能力之高也。自明曾病白喉，轉爲心臟病，休息至三個月。

七月二號星期日（五月十八）

到大中國，與振宇等談。點讀《尚書大義》（江蘇師範講義）半册。

開董事會，自二時半迄五時。點《尚書大義》一册，訖。寫汪安之信。

飯後與雁秋同歸。看《西神叢語》。

今日同會：張雁秋（主席）　　陸步青　誠安　宣人　振宇　緯宇　君匋　今日之會，予仍連任總經理，予實不願居此名，但爲大中國前途計，亦只得如此。

予與《尚書》發生關係，殆已四十年，確曾下過一番工夫，擬于《羌戎文化》文結束後，着手兩書：一、《尚書》（包括各種本子及譯文，校勘記等，金文選等），二、《尚書學》（作系統之叙述，爲經學史之一部）。此完全爲初學着想，亦將歷年學校講義作一整理也。

七月三號星期一（五月十九）

到大中國，寫致志堅函，及代志堅致予信，與諸同人商酌修改。點《尚書大義》第二册數頁。

歸，遇大雨，至打浦橋雇車還。送李文實赴粵。看震旦試卷。洗浴。

看黄起蛟《西神叢語》。

陸聯棠錢仍不寄來，大中國同人着急，故囑予爲志堅作一函稿，由予寄伯祥，請爲代催。錢在人家手裏，要人的錢，尤其在今日，是不容易的。

今日顧福生去。此人予亦知其貪懶，而挈之至滬者，爲三姐頤嫂作家事太勞，天熱更苦也。福生來此，香烟不離不放，午飯常至下午一時始開，而猶謂事情做不了。蘇州人之不可用如此。

七月四號星期二（五月二十）

以天熱，未出，在家看馬乘風《中國經濟史》，自西周至春秋。洗浴。

已眠，爲鄰家開電影片聲所鬧醒，服藥。

予于辯證法及社會發展史亦甚欲用功，惟此事非一蹴可幾。

現在普通機關之學習，特形式主義耳，除造成幾句口頭禪之外無所有也。馬乘風一書雖甚疏漏武斷，亦有中肯處，即以此爲始。

七月五號星期三（五月廿一）

續看馬乘風《中國經濟史》，至戰國。張建文來。與靜秋到午姑母處，拜其七十壽，與心怡叔等談。

與靜秋到大馬路飲冰其林，到大光明看《碧血黃沙》（西班牙鬥牛片）。

王文新來。洗浴。服藥眠。

今午同席：沈心怡及其女婿沈吾省　吳秋白夫人　吳簡香夫婦及其子　誠安及其女逸如、子德武、德勇（以上客）　張姑丈午姑母　子豐夫婦（以上主）

秋白夫人云：有人持和平簽名簿到慈厚南里（其所居處）請住戶簽名，乃無一應者。日前在大中國，許志濤等謂渠輩已各簽六七個名，可見此簽名之不可靠。

夜中鄰家又演電影，三孩均往觀。洪兒在場先睡着抱歸，潮兒繼亦倦，自欲歸，惟湲兒興特高，無倦容，抱之歸則大哭，只得任其前往，至畢乃歸。以此驗湲兒，智力與興趣在兩姊上。

七月六號星期四（五月廿二）

到海光，晤曾昭燏女士及蔣孔陽夫人。記日記四天。鈔徐復《說薆》入筆記。

寫自明，侯仁之，德泰侄，靳自重，毓蘊信。審查徐復《語文論著一集》，填表。

洗浴。倦甚，早眠，極酣。

七月七號星期五（五月廿三）

到大中國，寫伯祥信，爲陸聯棠事，經宣人、子喬等修改後再鈔清。承名世來，談畫《由猿到人》事。寫趙紀彬信。

與君匋談。點《尚書大義》數頁。戈湘嵐來，與同乘車到亞爾培路美術協會，晤沈同衡。君匋等來，同到對門喝汽水，談出版畫册事。五時歸，點《晉書斠注》序。洗浴。

王培煒來。與三小兒在草地玩。剥製醬之豆。以蚊咬失眠。

今日下午同會：沈同衡　張樂平　余白墅　劉開申　承名世　戈湘嵐（以上客）　君匋與予（主）　大中國出挂圖，銷路尚好，故君匋擬復出五彩畫册。

上月出版總署開一地圖會議，主持者爲曾世英，僅邀亞新地學社及師範大學地理系參加，對亞光等社則斥爲“地圖商”而不邀，其盛氣凌人可知，共產黨的世界何嘗有平等？以此知新華興地學社發達之日即亞光窒息時矣！亞光如此努力而竟不被延者，其即以努力故耶？

七月八號星期六 （五月廿四）

鈔《晉書斠注》序。羅性生來。到海光，寫翁大草，趙人驥，關偉生，趙宗復，楊拱辰，金擎宇，吕叔達，樂植新，黄奮生，容八愛，陳光甫信。

看《曲園雜纂》。

韓博仁暨姜維凱來，長談，留飯。洗浴。

報載蘇州小木匠一千一百人，今失業者已達一千人。由此比例，可知失業者之多。

聞河南南部，今年大雨，積水一二尺，而北部則不雨，地爲坼裂。南方又多螟災。天之不助人民政府如此。

七月九號星期日 （五月廿五）

劉詩孫來。寫于鶴年，童丕繩信。到興國路寄信。與雁秋、鴻鈞携三小兒到海光，在草地玩。歸，看《社會發展史簡編》。

魏建猷、洪□□，酈家駒來。與靜秋到昭通路訪羅性生，同出，到中山公園照相，散步。歸，同飯。在草地長談。

洗浴。

羅性生以在蚌埠爲大商人，捐税負擔重，且慮戰事蔓延，擬遷滬經營。

聞本年大學畢業生，文、法、教育三院者須參加"土改"工作，訓練三個月，工作五個月，歸後再派事。許多學生多不願，蓋一則家盡貧，好容易已到畢業，即須作事養家，二則下鄉實有危險，將爲農村中鬥爭目標也。然政府計畫已定，不去終不可得。

七月十號星期一（五月廿六）

起潛叔來。趙人麟來。看《社會發展史簡編》。

小眠。與雁秋到羅性生處。同出，到中國史地學社，由金竹安導引參觀。出，到凱福飯店，應擎宇約，夜餐。

與性生，雁秋到新城隍廟太乙子（朱爲綱）處問卜。歸，洗浴。

聞蘇聯在滬軍隊已離去，大約到東北也。英國會通過，參加南北韓戰事，世界大戰日益接近矣。

中史社趕出朝鮮圖，以三人爲之，一做白天，一做上半夜，一做下半夜，數日內即可出版。此真有"挂冠不顧"之精神矣。中國，世界兩挂圖出版後半年，已五版，故社中經濟情形較好，舊欠都已清償，予亦得車馬費月四十單位。天凉後當隔日一往，以其爲我留有一室也。

聞中國科學院中，鄭振鐸任考古研究所所長，羅常培任語言歷史研究所所長。去年予到北京，晤王日蔚君，渠云：從此教育界上不再有鈎心鬥角事矣！那知到了今日，偏是這輩會鈎心鬥角者得意。共產黨之用人于此可知矣！

七月十一號星期二（五月廿七）

到海光，以《六國世家》對誠明學生試卷，未畢。鈔丕繩來信入筆記。

翻看俞樾《第一樓叢書》。寫景培元信。羅性生，陳□□來，留飯。

洗浴。

托兒所王所長持和平簽名紙來，囑令多書數名，予以予夫婦已簽，乃盡書三兒之名于紙。此等簽名，豈非兒戲。

七月十二號星期三（五月廿八）

雁秋爲改景培元信後，重鈔付寄。以天熱，静秋勸在家休息，因將艾思奇《社會發展史講授綱要》看一過。

志堅自蘇來，長談，旋回蘇。洗浴。

乘凉。爲潮兒哭吵醒，與静秋出乘凉。服藥眠。

三個小孩，個性均太强，什麼事情要自出主張，自己動手，一點不聽大人的話，此與彼等前途極好，惟今日父母之管理遂甚難。

湲兒智識欲太强，教了她一字她即問第二字，告了她一種花名即問第二種花名。喜出門，上街，且要走得遠，與洪兒之畏葸絶異。

今日達九七・五度。

七月十三號星期四（五月廿九）

到海光，閲誠明學生試卷訖，填分數單。記筆記二則。看《右台仙館筆記》。

小眠。歸，性生來，與雁秋、性生、静秋及三小兒同到巴黎看《白雪公主》影片，静秋與三兒先歸。

性生邀予與雁秋到西藏路看皮德福表現騎自行車上壁。到美味齋吃菜飯。出，繞行跑馬廳一周。飲鄭福齋酸梅湯。歸，洗浴。

白雪公主之中心觀念爲"愛"，七個小矮人與諸動物對于公主是無條件的愛，公主對彼等亦然。共產黨鼓吹階級爭鬥，雖以中國極和平之民族亦必在好肉上生瘡，硬成幾個對立的階級，其中心觀念爲"恨"。此在革命階段上固不得不然，然其遺下不良影響固可斷也。

七月十四號星期五（五月三十）

到八仙橋，剃頭。到四川中路小常州，吃麵。到大中國，商志堅事。雁秋來，商量代銷地圖事，同飯。

與雁秋同歸，接陸聯棠信及景培元信，俱失望。與静秋到韓博仁處，商還款事。出，在霞飛路購物。

洗浴。

今日歸家，《昆侖》一文哀然在案，退還矣！漢學研究所中毫無理由，家人均沮喪萬分。然今日之世一切脱去軌道，我家無辦法，人家機關亦豈有辦法。彼輩或爲房捐地價税所逼倒，或因臨近大戰思束裝歸去，均未可知。總之"亂世文章不值錢"，自是鐵律。予能作出此文，總是自己成績，今日雖欲換美金數百而不得，而他日之價值必非數千美金所可及也。

到韓仁處，請以亞光合營契約作抵，將所得紅利官利歸之。渠亦無辦法，囑我在報上將此事揭曉，使政府逐出此帝國主義國家之文化機關。然此兩敗俱傷之事，予不肯爲也。

七月十五號星期六（六月初一）

到大中國，商陸聯棠事。改作朝鮮地圖廣告。看裴文中自敘。與振宇談還韓仁款事。

歸，看震旦學生試卷，定分數。與雁秋、鴻鈞到大光明，待性生來，同看《斯大林格勒大血戰》影片。歸，留性生飯。

胡寅亮來。洗浴。

振宇聞退稿事，謂亞光可相助，將韓氏債款還去，惟美鈔一時買不到耳。盛意可感，非金氏昆弟之助，我真有活不下去之勢矣。

陸聯棠滑頭行徑，謂合會要志堅自己出面，渠只可任五百元。此事只得待伯祥歸來再談。

七月十六號星期日 （六月初二）

李光信來。華汝成來。看《社會發展簡史》。與雁秋挈三兒到兆豐公園，游動物園。吃茶。十二時半歸。濮之珍送谷城信來。

到海光，參加新史學研究會，討論中國奴隸社會。接開幹事會，討論南京申請入會諸人。六時歸。韓博仁來。師哲萍來，同飯。

鍾素吾來。程雲程來。洗浴。

今晚同席：韓博仁及維凱　師哲萍及其隨行二員　雁秋（以上客）　予夫婦（主）　師哲萍，在江灣飛機修理廠服務，聞該廠將遷南京，以蘇空軍自滬撤離，無保障也。

今日同會：周谷城　周予同　金兆梓　姚紹華　姚舜欽　陳旭麓　林舉岱　徐德嶙　伍蠡甫　胡厚宣　李平心等二十餘人

光信來，欲拉予爲誠明文學院副院長（正院長仍爲竹莊先生），辭之。

七月十七號星期一 （六月初三）

三姐發病，臥。到大中國，寫劉開申信。承名世來，同討論社會發展史挂圖事，同飯。鈔華汝成工業圖計畫。

點《尚書大義》完畢。擎宇來。與振宇談。歸，途遇羅性生，渠定明日返蚌。與張魯青談。與靜秋挈三兒到濮之珍夫婦處。爲程枕霞寫佘雪曼、馬季明信。

乘涼，洗浴。

北韓行人海戰術，與中共之攻擊徐州一樣，故美軍被迫後退。聞林彪已赴北韓相助。

湲兒能知一日間太陽之起落，可謂奇慧。潮兒能以生活融入歌中，如云："排排坐，脫衣服，脫了衣服洗澡澡。洗好澡，穿衣服，穿了衣服下樓去。"又如見貓，則嘆云："貓，一天獨自一個，好苦呀！只吃飯，沒有別的，好苦呀！"俟其稍長，給以文學訓練，實有成才之望。湲兒說話不過三四字，而唱歌則可七字。

七月十八號星期二（六月初四）

到海光，補記日記四天。寫震旦信，寄分數。寫我的痛苦于日記簿中。

看《茶香室叢鈔》，記筆記一則。小眠。看蘇雪林《昆侖之謎》，摘鈔三千五百字。

瑞蘭來，留宿。洗浴，乘涼。

予欲出門，湲兒牽衣而哭，真難死人！

天酷熱，坐亦流汗。

予今在家看社會發展史，到大中國治《尚書》，到海光研究昆侖，無論到何處均有工作可做。然在家即爲小孩所纏，故社會發展史成績最差，惟望昆侖研究能于今冬作成耳。

瑞蘭畢業矣，依新民主主義青年意，要派其參加土改，渠恐安全有問題，但不參加土改則只有到東北去或到三野部隊中去，依然不平安。欲不應，則將來便無出路，痛苦之甚，憔悴甚矣。表面上儘説"自動參加"，實際則是硬派。

七月十九號星期三（六月初五）

看胡厚宣《古代史與史料問題》，至晚畢。到大中國，承名世來，與同到亞光編輯部，晤董石聲，約定共同工作《從猿到人》圖，并晤大夏、竹安。重點《尚書大義》二十頁。

雁秋來，與同到振宇處，商量推銷事。五時，同歸。

與靜秋，潮兒到鍾素吾處，未晤。歸，洗浴。

自漢學研究所退稿後，靜秋鬱抑日甚，長日流泪，對小孩亦時發氣。昨瑞蘭來，即説："四姨，你是病了嗎？爲什麼又黑又瘦？"可見其實有病態。生于此日，罹斯痛苦，奈何奈何！

美國要聯合國出兵相助，報載無一應者，如此，則爲蘇聯各個擊破不遠矣。

七月二十號星期四（六月初六）

到海光，摘鈔《崑侖之謎》六千八百字。

小眠。翻《茶香室叢鈔》。

歸，王煦華來，爲寫北大研究部推薦信。洗浴。到魯青處。

七月廿一號星期五（六月初七）

到華汝成處，送稿費及圖。寫振宇、君匋信。到海光，續鈔《崑侖之謎》四千字，第三章訖。

小眠。看《茶香叢鈔》。記筆記二則。

姜甥義安來。魯青來談。洗浴。

義安來，幫我家作事，三姐、頤嫂及靜秋不至爲家事太累。此左氏書所謂"士有隸子弟"也。義安從蚌埠來，見兵車北行者極多。

湲兒習聞其姊唱"排排坐，吃果果，幼稚園裏朋友多"之句，即用其調，唱"張媽媽，張媽媽，張媽張媽張媽媽"，謂袁家女傭也。雖無意義，亦見其能用心。

七月廿二號星期六（六月初八）

看《社會發展簡史》四、五兩章。到華汝成處。瑞蘭來，留飯，渠今日返徐。

小眠。高二嫂來，留飯。

洗浴，并洗頭。

天熱且悶，怕出門，故在家讀書，而湲兒索抱多，實不能安心讀也。

瑞蘭言，自彼輩簽名參加土改後，此帶頭作用之同學三十人即退出，又爲他項工作帶頭矣。如火車頭然，將列車拉到一地，車頭即退歸。此種欺騙手段，學校青年痛恨極矣。

七月廿三號星期日（六月初九）

看《社會發展簡史》六、七、八三章，訖。華汝成來。師哲萍來。

與靜秋到起潛叔處。出，到百樂商場購石磨。歸，韓博仁、維凱來，還欠款。黃英來，留飯。

洗浴。

韓博仁之美金二百元欠款還清矣，靜秋心頭覺得一輕。計借亞光人民幣六百九十萬元，又美鈔廿元，利息以予應得之股息及紅利比例扣除。

聞美軍將攻越南。

今日有風，且屢有陣雨，鬆爽不少。

七月廿四號星期一（六月初十）

出，遇華汝成。送潮洪上托兒所。到大中國，與君匋談挂圖事。作地圖廣告八則。點《尚書大義》廿頁。

戈湘嵐來。與子喬談。開勞資協商會議，予爲主席。歸，起潛叔來。

看河上肇《新社會科學講話》之緒論。洗浴。

　今日同會：宣人　振宇　君匋　子喬　黃振緄　（爲定職員薪資）

夜中試驗警報，湲兒大驚。此真不祥之聲也。

聞歐洲戰事亦將發動。

中史社所編朝鮮地圖，出版後不及一星期，即再版矣，此可知國人之注意戰事也。

七月廿五號星期二（六月十一）

到海光，因遷移藏書室而退歸。看河上肇書《辯證法的唯物論》（總論）。補記日記三天。

看何上肇書《辯證法的唯物論》（細論之一——三）。小眠。

洗浴。

七月廿六號星期三（六月十二）

到華汝成處。出，到衡山路乘十五路車，遇汝成。到大中國，寫劉開申，齊思和信。點《尚書大義》四十頁。

與振宇談。與君匋談。歸，看河上肇書六——八章。

洗浴。

　得容八爰書，知予前在燕大服務時所存養老金可望發還。依會計處人計算，當有兩千美元左右。此真想不到之事，是使我絕處逢生。惟錢存美國，取來須擔擱多時，當此大戰瀕臨之際，不知有無拿到之望耳。

七月廿七號星期四（六月十三）

看何上肇書九──十章。到襄陽路訪承名世，未找得。到中國科學院訪李亞農，未晤，晤陳宗器。遇羅宗洛。歸。趙人驥來，留飯。寫李亞農，承名世信。

小眠。看河上肇書第十一──十四章。起潛叔來。與雁秋，靜秋携諸兒到武康路口買物，遇蔣孔陽。

洗浴。

起潛叔來，知徐森玉先生提出上海市文物保管委員會聘我任委員，已通過。當時柳先生甚贊成，而沈尹默則反對。

七月廿八號星期五（六月十四）

終日在家理書，訖。

洗浴。

與諸兒出散步。看《紀錄彙編》。爲潮兒哭，服藥眠。

近日不知何故，容易氣喘，偶一勞動便覺得上氣不接下氣。此風不可長，但能有錢即當根治。

七月廿九號星期六（六月十五）

到海光，以遷至二樓故，又終日理書，略訖。

蔣述亮邀晚飯。

與諸兒散步。洗浴。倦甚，早眠。

理書兩日，頗疲乏，兩足心作痛，此亦衰態乎？近日一作事即易喘，又多痰，疑是肺弱。

七月三十號星期日（六月十六）

看河上肇書十五——十六章。到武康路口理髮。客來，商討挂圖事。閻啓松來作飯。黃英來，留飯。

誠安、德峻、德武來，長談，留點。德峻去後又來。看河上肇書十七——十八章。

洗浴。疲甚，早眠。

　　今日同會及同席：華汝成　沈章　曹樹旺　劉開申　方泂　戈湘嵐　承名世　沈麓元　金擎宇（以上客）　君匋與予（主）

七月卅一號星期一（六月十七）

看河上肇書第十九章，全書訖。華汝成來。

看毛澤東《新民主主義論》、方潮聲《新中國的工商政策》，畢。王善業來。

洗浴。爲潮兒哭醒，服藥眠。

　　湲兒病，熱度百〇四度，不知是否昨游中山公園受暑所致。此兒身體畢竟太弱。

　　善業來，謂明日游行，須于今夜十二時半到呂班路排班，既不能睡，又不能食，而明日游行到何時亦不可測，倘學校逼我參加，我必病矣！

一九五〇年八月

八月一號星期二（六月十八）

看毛澤東《論聯合政府》，未畢。寫容媛、燕大會計處信。

狄書三來，視湲兒疾。洗浴。

與三姐商談返蘇返徐事。爲湲兒哭醒，服藥眠。

　　狄醫謂湲兒病感冒，惟心跳太速，一分鐘百四十。湲兒今晚退涼，惟較平度反低。

今日爲共產黨八一建軍節紀念并爲朝鮮問題示威游行，工、農、軍、學、政各界皆參加，約十餘萬人，車輛爲之停駛半天。凡參加者皆于昨夜十一時左右集合，今日天未曉到跑馬廳，適逢大雨，衣履盡濕。此在解放軍固無所謂，而上海市民不睡，不食，不飲，不撒十二小時，衣服濕了乾，乾了再濕，不知有多少人生病矣。

八月二號星期三（六月十九）

徐森玉先生來，談文物會事。到大中國，與君匋談。草與華汝成訂立契約四紙。晤王昌源。

點《尚書大義》二十頁。歸，續看《論聯合政府》。到華汝成處，未晤，留條出。

鍾素吾來。趙人鵬、人驥來。洗浴。

湲兒仍有熱一二度，隨時高低不等，惟興趣甚好，不肯眠，能自己上廁與擦屁股。

今日予又大便三次，不知何故。俟有錢後當治腸疾。又活動之牙亦須拔去。

徐先生來，正式邀予到文物保委會，任委員及編纂工作。聘書須市政府發出，尚須遲數天送來。昔毛義捧檄而喜爲其母，予則爲三個孩子矣。

八月三號星期四（六月二十）

看《論聯合政府》。華汝成來。到海光，與進楷談。補記日記三天。

寫答嚴志安問古史問題千餘言，即鈔入筆記簿。點《左傳》隱元年。爲人寫扇面二。歸，起潛叔來，爲改上文化部文。

看起潛叔所作題跋。洗浴。

　　湲兒早起仍熱，百度〇八。惟食欲頗强。湲兒身上出風疹，熱之不退即由此故。狄醫言不嚴重。

　　近日酷熱，步至海光，身如水浸。因此，疲倦甚，勢不能工作。此亦足徵體衰乎？此後當乘車到館，以節體力。今日又大便三次，疲甚，竟不能正式作工，可悲也。

　　蘇州圖書館善本書盡爲蘇南文化保管會攫去，起潛叔大憤，故邀集同鄉，呈文化部争之。

八月四號星期五 （六月廿一）

　　到華汝成處。到誠明，晤盧拯黎。到開明，晤伯祥、予同，調孚等。到大中國，與宣人談。萬劭人來。

　　與振宇、擎宇、君匋談。萬劭人來。點《尚書大義》四十頁。歸，記日記。

　　馬志康、馬遠峰、拜少天來。洗浴。

　　予同家鄉人均逃至上海，謂家鄉住不得，捐税太重，負擔不了，只有逃出才是生路。予同因謂"中下級幹部與上級作風不同，是有意耶？無意耶？"蓋無意尚可以整風方法矯正之，有意則上級永遠作好人，中下級則永遠作紅臉，政府將與人民絶對分離也。予同，民主人士也，而有此疑，其他更有何説。如其無意，則是脱節。如其有意，則爲勾結。脱節則黨之組織爲不健全，勾結則一切文告都是騙人，二者必有一于是。

　　在開明見一紙商，予謂之曰："現在紙價高了，你們生意好了。"他説："上海哪有好做的生意，現在商人爲公家做，則不得賺錢；爲私家做，則生意又寥寥無幾。"

　　聞美軍已在北韓登陸，英軍又參加戰事，麥克阿瑟到臺灣。大戰愈益迫近了。

八月五號星期六（六月廿二）

到華汝成處。到海光，寫劉子植，趙宗復，關偉生，劉詩孫，郭紹虞，常任俠，德輝夫婦，王燦如，魏孝亭，朱志賢，雷伯涵，湯吉禾，趙孟軺，史筱蘇，李季谷，黃濤川，謝孝思信。點《左傳》隱二、三年。

眠一小時半。周谷城來。

洗浴。與雁秋談。

與朱志賢書曰："窮愁之中，讀書亦是一安心之法。以今日術語言之則爲麻醉。人當痛苦至極之際，麻醉劑亦醫藥上所必要也。"

與史筱蘇書曰："以前許多朋友均不以剛參加商業爲然，剛深知經濟爲人生命脉，不肯從。今日思之，真爲大幸也。兄勸我來往書函不必親自書寫，但令人代寫即須發生經濟關係，剛至今日安有餘力養一書記耶！蘇州家用，以先人遺有薄產，向不過問，今則須由滬寄錢去。我輩實爲工人階級，一向靠薪水過活，今則須爲若干代之地主祖先負其責任，不亦冤乎？"

八月六號星期日（六月廿三）

寫王文新信。起潛叔來。王善業來。到大中國，開局務會議，自十時半至下午一時。

寫周立三信。到郵局寄信。歸，開詳細履歷。看《論聯合政府》畢。

洗浴。看照片册。

今日同會：宣人　振宇　君匋　緯宇　擎宇　爲君匋出席上海書業界談話會而未克在代表中取得一席，宣人大不滿意，在會中劍拔弩張。蓋君匋欲自當選代表，故不通予與宣人而徑自出席，又不爲人所重視，以致落選也。

八月七號星期一（六月廿四）

到文物會，晤育伊，森玉，翼謀，尹石公，談。返家，脫衣。到華家與華太太萬霽雲同到大中國簽約。點《尚書大義》十頁。

與振宇、宣人談。草致愈之，聖陶長信，論此次上海代表推選事，二千餘言。又經宣人，振宇之修改，重鈔，再討論。

飯後歸，王培煒來。洗浴。失眠，服藥。

爲爭取全國出版會議代表事，致愈之，聖陶兩署長書論之。

今日予感暑傷風，失音。實在，如此伏天，猶然奔波不已，真勞苦也。

前王澤民在大中國編輯部編《民衆周刊》時，丁君匋對之極不禮貌，對此周刊亦不出力推銷，坐視其消滅。澤民遂不得不出教中學。至今日，政府提倡民衆讀物，君匋乃亦思作此，屢語予，函澤民請其作文，編小叢書。然澤民已爲三聯羅致矣！上海書商，只知趨時，宜其永無成就，與推動文化無與也。

八月八號星期二（六月廿五）

到華汝成處。出，遇蔣述亮。重鈔致愈之、聖陶信，約二千六百言，訖。

小眠。與靜秋同到思南路郵局寄信。到南京大戲院，欲看《思凡》電影，以時間不合，退出。到八仙橋購物，到林園飲杏仁豆腐。歸。看納蘭詞。

洗浴。十二時以腹痛醒，大便，失眠，服藥。

天熱如焚，只思冷飲，進冰凍杏仁豆腐兩碗，回家後腹中即覺不舒服矣。

八月九號星期三（六月廿六）

到海光，點《左傳》隱四——七年。爲起潛叔點改《玄覽堂叢書提要》。

　　小眠。看《欒城集》，記筆記四則。晤徐德麟。寫起潛叔信稿。洗浴。疲倦，八時即眠。

　　袁帥南致起潛叔書，謂邇來捐稅頗多，難于勝任，囑予將武康路寓所所有捐稅皆分任半數，略資貼補。然政府舉措時時出人意外，予蘇州負擔已重，何能應此無厭之求。因致起潛叔函，請在某種名目下增加些擔負，蓋即承認出房租也。

　　湲兒仍有熱一度，得無如潮兒之經常熱度耶？潮兒進托兒所後頗壯健，則湲兒如此諒無妨也。

八月十號星期四（六月廿七）

　　四時半起，鈔致起潛叔信。到合眾圖書館，與起潛叔談，并晤劉厚生先生（垣）及煦華。到海光，點《左傳》隱八——十一年。記筆記三則。

　　小眠。得靜秋電話，歸。與雁秋、義安、鴻鈞到大光明，看《斯大林格勒大血戰》續集，張文英小姐所請也。六時半，步至呂班路乘車歸。

　　洗浴。看《開明廿周年紀念集》。

八月十一號星期五（六月廿八）

　　看《開明廿周年紀念集》，記筆記二則。爲蘇南區提取蘇州圖書館善本及文物多有不當，作上文化部呈文二千餘言，即鈔清，寫二千言，未畢。

　　小眠。

　　洗浴。看《辛未訪古日記》。半夜，爲湲兒哭醒。

　　潮洪兩兒俱經托兒所醫生檢查，一般情形均佳，惟潮兒有沙眼嫌疑，洪兒扁桃腺略不正常耳。潮兒實足年齡三歲十一個月，身長四十二公分＊又八分之七，體重三十六磅。洪兒實足年齡兩歲九個月，身長三十六公分＊又八分之五，體重廿八磅。按潮兒一歲〇八個月時曾患麻疹，三周歲時曾患腸炎，三周歲半時曾患肺炎，而此次檢查，竟被目爲標準兒童。可慰。

八月十二號星期六（六月廿九）

將昨文鈔畢改畢，共三千五百字。看程恩澤等《左傳讀本》凡例。

眠未着。得擎宇電話，即出，先到起潛叔處送稿，稿竟失。遇曹道衡。到亞光編輯部，參加同人聯誼會，致詞。到三處金家參觀。

赴宴。九時歸，洗浴。

得拱辰信，知滬文管會事實爲紀彬所推動，但紀彬亦以不得其復信爲訝，則此事殆未必成乎？

今日同會同席：振宇　擎宇　啓宇　張家駒　王宜甫　黃鏡湖　董石聲　王明德　劉思源　金竹安　張維新　楊柏如夫婦緯宇

八月十三號星期日（六月三十）

到海光，重寫昨文，得四千二百字。與同濟談。

眠一小時許。

與雁秋談。洗浴。

昨文作訖，便送起潛叔處，及到，索之，則亡矣。蓋出門時以此文塞短衫口袋中，衫係綢質滑，不知其于何處掉下也。急打電話至家，則大家見予攜走者。以兩日工夫所作竟爾遺失，真倒霉事。靜秋爲我哭了幾場。今日又費一天時間重爲之。予苦窮，

＊　似應爲吋。

不得養一書記爲留一副本，致如此。將來有錢，當買一架打字機，俾一文之成可多留幾份底子。

予近日又盜汗，每早醒時，自頸以下，乳以上，衫盡濕。此是生理的，還是病理的？抑近日天熱致此耶？

八月十四號星期一（七月初一）

李光信來，談下期誠明課事。到大中國，改定化工契約付鈔。鈔改《司馬談作史考》。

重改昨文，訖。爲君匋改作《人世間小史》。遇計志中。歸，爲司馬談一文再集材。洗浴。

爲洪兒哭鬧，生氣，打之，服藥眠。

三孩中洪兒最會哭鬧，無冬無夏，無朝無夜，永遠是她的吵聲。静秋不忍打，舅妗又護之，彼乃更驕。予不能忍，常施體罰，而静秋輒制止之。今晚復爲彼與静秋爭，結果致失眠，而洪哭猶未絕，因與静秋同往打之。渠性情吃凶，打得甚痛，竟不哭矣。

八月十五號星期二（七月初二）

重鈔《司馬談作史考》，并改定，得二千五百言。寫周一良信。與華汝成通電話。

眠一小時許。點《左傳讀本》隱公卷注。欲到起潛叔處，中途遇之，同歸，談。

看宋張世南《游宦紀聞》。洗浴。

《司馬談作史考》一文，尚係去秋所草，一年以來頗有新得，昨今修改又易稿兩次。雖是一短文，而謹嚴精湛，可置于《觀堂集林》中而無愧。假使天與我讀書時間，容我作此類文百篇，則即使其他著作悉未有成，亦爲傳人矣。（此文爲《周叔弢六十紀念集》作）

八月十六號星期三（七月初三）

記筆記二則。華汝成來。到大中國，爲汝成取款。與沈麓元，邵鶴鳴，胡若佛夫婦談製模範人物挂圖事。鈔農業圖目。寫齊致中信。

剃頭。與戈湘嵐談。承名世來。眠一小時。點《尚書大義》廿頁。五時歸。洗浴。

看姚名達《邵念魯年譜》。上午一時半，靜秋聞予咳，呼予加被，遂不成眠，服藥兩次。

八月十七號星期四（七月初四）

看張家駒君所作世界地圖説明書，略加修改。到華汝成處送款。看《邵念魯年譜》。

小眠。寫志堅，德輝夫婦，八爱，紀彬，謝孝思信。方洞，劉開申來。

洗浴。看《邵念魯年譜》訖。

今日得上海市政府聘書，予爲文物管理委員矣。此事醞釀三星期餘，幸而得成，不致窮餓而死。此紀彬之功也。

八月十八號星期五（七月初五）

華汝成來繳圖。與雁秋同到文管會訪柳翼謀先生，遇孫誠齋。看世界地圖説明書，并加修改。續開取書目寄德輝。

靜秋偕三姐、潮、湲返蘇，予送之至站，適逢大雨，未能進站，上茶館小坐。雨止，送上站。到大中國，與君匋談。取款。留飯。

歸，洗浴。蔣孔陽來。看梁任公《古書真僞及其年代》。

八月十九號星期六（七月初六）

到華汝成處送錢。看世界地圖説明書畢。擬《尚書》學題目。

整理曹寅奏摺鈔本。

眠未着。寫楊向奎，劉子植，黃奮生信。到文管會訪徐森玉先生，并晤汪旭初，蔣大沂。洗浴。

黃永年來。看《長元吳三邑諸生譜》。

八月二十號星期日（七月初七）

記筆記三則。到亞光編輯所，參加學習會議。十時，中國史地學社開會，商討登記及出版目標事。十二時，在社吃飯。

到海光，道遇楊寬正，同到靜安寺雇車往，參加新史學研究會，六時散。與姚紹華等同上電車，予赴南京路新雅酒樓。

同宴客。九時歸，洗浴。失眠，服藥，看納蘭詞。

今日上午同會：亞光編輯部全體及中史社全體

上午又同會：擎宇　家駒　大夏　石聲　思源

今晚同席：李旭旦　盧村禾　陳爾壽（以上客）　振宇　緯宇　擎宇　君匋　家駒　大夏（以上主）

今日下午同會：王蘧常　楊寬正　金子敦　姚紹華　徐森玉　陳旭麓　張遵驑　周予同　周谷城　胡厚宣　蔡尚思　黃穎先　徐德嶙　蔣炳南　李平心

八月廿一號星期一（七月初八）

以昨日勞頓，且以食膩，致泄瀉，故臥床看《左傳》四册，搜集材料。

眠一小時。洗浴。

翻汪汲《詞名集解》。

今晨水瀉兩次，服甘乃定即愈。

予一夏未生痱子，而近日肩背兩臂痱子大作，此可見"秋老虎"之烈也。

中華書局擬出"新史學研究"雜志，由李平心主編，囑予撰文，予擬集中力量研究春秋時代的社會史，故從《左傳》翻檢材料，折角記之。

八月廿二號星期二（七月初九）

翻《左傳》兩册。擬晚成堂全集目。

眠一小時。到文物管理會，開會。與褚葆權談。看《敦煌秘籍留真新編》。歸，記筆記三則。

洗浴。十時，静秋偕三姐携潮湲兩兒自蘇歸，談至十二時眠。

今日同會：徐森玉　柳翼謀　尹炎武　沈尹默　汪旭初　吴仲超　劉汝醴　沈邁士

劉君爲李亞農之幹部，在文物會爲秘書主任，極當權，排柳先生，使之不能從事實際工作。

今日數雨，頓有秋意。得氣象臺報告，數日内可轉涼。舒服的日子在望了。

八月廿三號星期三（七月初十）

德輝送書來。華汝成送稿來。與德輝同出，予到大中國，與邵鶴鳴商談繪模範人物圖事。爲大中國作編輯工作之經過、問題、將來計畫，送出版總署。

眠一小時。代劉開申寫致華汝成信。與君匋、振宇談。點《尚書大義》十頁。到誠明，開會選舉"勞模教工"，予當選。六時半，會散。冒雨歸。

洗浴。翻《文史雜志》。

今日同會：鍾道贊　程時煒　俞劍華　吴宗燾　唐啓宇　廖世瑜　夏高波　盧元　張承浚　王善業　李光信　李榮廷　馮公焙　鄭文英　梁措成　吴道存　張益予　汪育春　屠翼如

日來美機轟炸朝鮮，每天投彈七百噸至一千噸。韓民無辜，白白爲美蘇二國送死，真不幸哉！

蘇州有民謠曰：“七路殺八路，家家户户殺幹部。”怨毒之于人甚矣。

八月廿四號星期四（七月十一）

抱湲兒，讓静秋作事。翻《左傳》兩册。看段玉裁《古文尚書撰異》。

眠一小時。記筆記兩則。與潮湲兩兒出外散步。

洗浴。翻《文史雜志》。

天氣驟凉，雁秋患感冒，静秋與潮兒患泄瀉，予亦微有咳嗽。

在黨政界中，幹部與非幹部争，舊幹部與新幹部争，問題亦正多。總而言之，知識不够，氣量太小也。

八月廿五號星期五（七月十二）

抱湲兒。翻《左傳》三册，訖。記筆記三則。

眠一小時。與諸兒散步。

洗浴。爲諸兒講書。

潮洪兩兒在托兒所頗循謹，能自食，一回家則叫囂倔强，要人喂飯而又不食，追而迫之，輒致哭吵。恃愛則易驕，故“易子而教”實有其必要，禮固不如法之有約束力也。

今日三姐亦病。

得聖陶，愈之信，謂予所寫去者已轉知華東，囑其再加考慮。并延予爲出版會議特邀代表。如此，則北京之行決矣。

八月廿六號星期六（七月十三）

抱湲兒到菜市，與静秋同歸。寫汪安之，起潛叔信。到華汝成處。整理家中書桌抽屜，竟日。

看《日知録》卷二。

自遷武康路，事忙，抽屜一年未理。茲以尋世界地理説明稿，費一日之力爲之，知事物積聚易而整理實難也。

得紀彬、拱辰信，乃知此次文物會之聘，由紀彬向華東教育部副部長唐守愚言之，唐向文物會主任李亞農言之，李乃囑徐森玉提出者也。

八月廿七號星期日 （七月十四）

到誠明，與芷修、光信談排課事。到大中國，開九十一次局務會議，自上午十時至下午四時半。誠安來，同飯。

五時許，冒雨歸。

與雁秋談。

廣東政府與香港政府互相開炮，廣九路已不通。上海大場、龍華、江灣飛機場均在擴大，收買民田，每畝價七十石米。戰爭形勢愈來愈緊，日本如因媾和而參加聯合國，則又將縱橫馳驟于我土矣。國外情勢既如此，國內則公債又須發行，人民流離，其負責任者或自殺，或發瘋，或逃亡。如此又窮又弱之國如何能在大戰中站住。共黨之理論，之主張，之目的均好，惜太性急，欲將數千百年來之積病一朝解除，而忘病人之吃不消也。

八月廿八號星期一 （七月十五）

寫劉開申信。到華汝成處。重寫致起潛叔信。寫簡的自傳，寄張承浚。與静秋到武康路口購物。遇濮之珍。歸，補看世界地圖説明書四篇。

寫韓鴻庵，周立三，徐嵩齡，秦林舒信。胡厚宣來，同訪李亞農，未晤。同歸，談。方詩銘來，起潛叔來，均留飯。

張文英來。與起潛叔及雁秋同到瞿兌之處。

濮之珍言，到華東教育部任職兩月，體輕十一磅。所以然者，夜間常開會，歸極遲，而早晨則七點即上班，起不得不早，睡眠既不足，又吃得不好，故體重驟減也。共產黨的事真不易做，以彼青年且如此，況衰老者乎！是做事直送死也！

得秦林舒信，渠謂前在上海，是動的忙，現到出版總署，是靜的忙。

自七月六日始穿短裝上街，至今日上街改穿長袍，計五十三天，是爲暑期。實過一難關也。

肉每斤本賣八千，今日貴至一萬，可見物價仍在日升之中，惟米、麵、煤、布四項在政府控制之中，價目不漲，故折實單位停滯在伍貳〇〇耳。聞物價之所以貴，乃由于香港富人的歸國，渠等手頭握有資金，不肯不用于囤積。

八月廿九號星期二（七月十六）

與静秋送兩兒入托兒所，予到大中國。寫志堅信。取華汝成款。萬劼人來。點《尚書大義》十頁。

到黃金大戲院購票，待雁秋，静秋來，同觀《筱香水》影片。歸，車中遇董維翰。瑞蘭自蘇州來。洗浴。起潛叔來。

蔣孔陽夫婦來。看《戲考》。

在報上見《筱香水》影片廣告多日，今日乃得見。片中寫軍閥時代的淫威及其生活的腐化。小香水與醫生梁燕銘相愛，而爲軍政執法處督察長馮占元所破壞，梁被殺，香水逼嫁，結果馮爲香水所殺，香亦自裁于梁之靈幃。此事固不確（予于民國廿四五年間尚見她演劇，而片中謂是十五年四月事），然亦足表見斯人之性格，彼固一英風俠氣人也。其人今尚生存否不可知，而此片轟動一時，令觀者紀念其人，永保存一"烈"的印象，是可慰已！

八月三十號星期三（七月十七）

到華汝成處。李亞農來。張伯達來。點《尚書大義》九頁，畢。到海光，作先烈周仲穆先生紀念碑，初稿訖。與同濟、進楷談。看孔憲庚《經之文鈔》。

廿七日上午十時，美國軍用飛機侵入我領土上空，在鴨緑江中游右岸輯安城及上游右岸臨江城與大栗子車站偵察掃射，死傷二十餘人。戰事越來越近，大家又不安心矣。

八月卅一號星期四（七月十八）

出門，遇王善業。在武康路口剃頭。到華東新聞出版局，參加全國出版會議豫備會議。十一時半會散，即乘三路車到海光。

作周仲穆先生碑文訖，即鈔清。理蘇州運來書。歸，洗浴。看復旦紀念册。

陳媽自蘇州來。改今日文。中夜爲潮兒哭醒，遂不成眠，服藥。

今日同會：王子澄　萬國鈞　王畹薌　姚蓬子　金擎宇　金兆梓　舒新城　史久芸　陳邦楨　李小峰　黄仲明　劉季康　屠思聰　徐調孚　孫實君　嚴幼芝　方學武等共七十餘人　予定九月八日赴京。

蘇州寄來書一木箱，今日打開，理之上架，事畢大喘。知予之體力已不適于作勞動，老態現矣，此可悲也。再隔十年，如又不勝筆墨之勞，則生不若死！

陳媽雖生長蘇州，不能説外方語，却能聽外方語，自張嫂走后，今日始得一女工。

[趙紀彬來信]

頡剛先生：

十七日大示敬悉。文物會工作，只是政府在困難時期暫時借重，文建高潮到來，先生計劃當可次第實現也。目前擬請先著《尚

書今譯》，脫稿後彬當與政府洽商出版不悮。尊著《自傳》，拱辰，
丕繩與彬皆已讀過，除同情及佩服外無何意見；稿暫存彬處，得便
當帶滬面交。此係先生自我總結，既不擬發表，自無再呈當局之必
要，未知然否？丁山先生亦經彬推薦到文物會工作；惟事成之後，
丁先生忽然中途轉念，堅不肯就，良可惜也。彬以負校政責任，勸
教授離校，有送客嫌疑，聽之而已。此致
敬禮！

後學趙紀彬頓首。八月廿二日。

今年暑中所作事：（一九五〇年六——八月）

一，撰自傳四萬餘字。

二，作程宇啓傳二千餘言。

三，作先烈周仲穆先生紀念碑一千餘言。

四，重作《司馬談作史考》二千餘言。

五，爲蘇南區提取蘇州圖書館文物善本作上文化部呈文四千
餘言。

六，讀《尚書大義》，河上肇《新社會科學講話》、《社會發展
簡史》，毛澤東《論聯合政府》、《新民主主義論》，方潮聲《新中
國的工商政策》，艾思奇《社會發展史講授綱要》，胡厚宣《古代
史與史料問題》，姚名達《邵念魯年譜》。

七，翻讀《左傳》一過，點《左傳杜注》隱公卷。

八，爲大中國邀集華汝成、沈章、曹樹旺、承名世、沈麓元、
邵鶴鳴、戈湘嵐等繪製挂圖。

九，修改張家駒所作世界地圖説明書。

十，寫致出版總署胡葉兩署長信，爲大中國爭代表。

十一，理家中及存海光書，雜紙。

十二，擬晚成堂全集目録。擬《尚書》學題目。

十三，修改《昆侖傳説與羌戎文化》上半篇。

十四，記筆記廿一則。

十五，摘鈔《昆侖之謎》，未畢。看馬乘風《中國經濟史》未畢。

十六，上誠明震旦兩校課十二次，看試卷。

十七，寫信九十七通。

十八，開會十六次。

十九，看《假鳳虛凰》、《碧血黃沙》、《白雲公主》、《斯大林格勒大血戰》、《筱香水》電影。

二十，回蘇州一次。

一九五〇年九月

九月一號星期五（七月十九）

寫汪家表妹信。到合衆，晤起潛叔及王煦華。到開明，晤伯祥。到旅行社，問定票事。到誠安處。到大中國，寫擎宇，李鏘信。到開明，王劍三來，同到杏花樓吃飯。

返大中國，校地球儀説明書。借錢。歸，與雁秋、静秋、鴻鈞及三小兒到一品香，看程枕霞蠟像展覽會。步至八仙橋，乘電車歸。遇蔡賓牟。

洗浴。看張霞房《紅蘭逸乘》。

今午同席：王統照與予（客）　伯祥　朱達君　徐調孚（以上主）　調孚言，代表名單上本有大中國丁君匋，及送上，則因去君匋之故，并去大中國，冤矣！

聞北韓爲美機所炸，有許多城在飛機上已看不出，所有公路，鐵路均受嚴重之破壞，運輸靠挑擔。

九月二號星期六（七月二十）

　　爲人寫字二件。到文管會，晤徐森玉、尹石公、劉汝醴。歸，寫周谷城信。與靜秋，瑞蘭到金陵東路運輸營業所，爲靜秋定票。歸，作前三個月工作總結。

　　寫汪安之信。眠未着。到誠明，出席歡迎蔣院長返校會。予致詞，與程柏廬、唐啓宇等談。赴徐勝記印刷廠，吃飯。

　　九時許歸，洗浴，服藥眠。

　　今日下午同會：蔣竹莊　鍾道贊　楊大膺　蕭純錦　程柏廬　俞劍華　唐啓宇　張承浚　王善業　李光信　盧元　王培煒　連學生約七八十人

　　今晚同席：魏炳豐　屠思聰　陳□□　金氏五弟兄　金竹安　魏書年（以上客）　凡兩桌　徐聚良夫婦及其子與媳（主）

九月三號星期日（七月廿一）

　　高靜一來。到大中國，寫簡香，自珍，金子敦信。開局務會議，自十時至十二時。

　　寫呂叔達信。寫李光信，張伯達函。重作大中國編輯現況及計畫。歸，黃永年來。寫周揚季信。倦甚，小眠。起潛叔來。

　　宴客。雁秋赴蚌埠。

　　今日上午同會：宣人　君匋　振宇　緯宇　擎宇

　　今晚同席：林同濟　周進楷　蔣述亮夫婦　毛世錕　林毅（以上客）　予夫婦（主）

　　印一盒名片，即一萬元，駭人！

　　永年被派爲交大政治助教，供給制，每月膳費二十三單位，零用三單位，然與交大教職員同食，每月包飯即廿六單位，而尚無早餐，勢須從家中拿錢出來用。得一職業，不易矣，而猶在饑餓綫上，亦可嘆也。

九月四號星期一（七月廿二）

到華汝成處。寫支薪函，到文管會，晤徐森玉，劉汝醴，尹石公，李馨吾，謝蘊真等。到育伊室，看金山姚氏、高氏、海寧朱氏捐贈書目。大雨，雇車歸。曹子超來，留飯。

小眠。到李平心處，遇大雨，遂留飯，作長談。

八時許，雇車歸。

　　昨予在局務會議中，提出王善業編輯《小學生辭典》事，丁君匋竭力反對，竟遭否決。夫編輯《小學生辭典》，去年即由君匋發動，且已與魏建功訂約，後遭建功退回，乃謀之于善業。今善業《工農辭典》已編竣，教課只誠明文學院一處，月入不過二十萬元，非有一固定收入則全家均嗷嗷待斃。君匋徒以彼無藉藉名，在社會上不活動而輕之，揚言曰："我是最現實主義的，一定要大家爭取的人我才爭取他！"其勢利眼如此。我與商人結合，氣味不相投，自取侮辱，宜耳。

九月五號星期二（七月廿三）

今日上午，以積水多，電車停開。寫宣人等信。到文物會，晤蘇州革大黃星垌，觀其所作《從猿到人》圖畫，作批評，備修改。晤孫實君，爲寫劉子植介紹片。與森玉、汝醴談丁山事。歸，寫丁山信。

到文物會，看趙之驊所記予對于《從猿到人》圖畫之評語。開四十一次會議，四時半歸。洗浴。

到起潛叔處晚餐，九時歸。失眠，服藥。

　　今日同會：柳翼謀　尹石公　汪旭初　沈尹默　沈邁士　吳仲超　劉汝醴　徐森玉（討論辦上海圖書館事）

　　今晚同席：朱士嘉　趙泉澄夫婦　曹道衡（以上客）　起潛叔夫婦及誦芬弟（主）

今日遣鴻鈞赴大中國取旅費，陳宣人謂旅費由出版總署供給，毋須由公司付。結果借了五十萬元而歸。夫火車費固由出版總署供給，飯食亦然，然整裝時必須添備什物，如藥物，如名片，如雨具，又吃點恐須自上館子，又人力車亦須自付，奈何不給一文乎！我所以爭代表爲大中國面子也。爭得而要自己化錢，有此理乎！予不幸，覩此群小，現在爲吃飯計無法掙脫，將來必與分開。今夜即以此故，予與靜秋皆失眠。爲人在世，必須經濟自立，否則雖在共產黨統制之下，無產階級所受苦痛尚極深也。

九月六號星期三（七月廿四）

王善業來。擬誠明出版社簡章。寫方紀生、劉子植、常任俠、王文新、商錫永、唯物史觀醫學史研究會、郭紹虞、祝嘉、鄭毅生、趙紀彬、楊拱辰、沈顏閔、趙人驥、沈文倬、程枕霞、李得賢、德武伾、辛樹幟、于鶴年、紀伯庸信。

眠一小時。

瞿兌之來。

士嘉云：美國人甚不齊心，必不能如二次歐戰之順利。又云：宋子文等在美住極好的洋房（第五街），用汽車夫（美國除總統及年老議員外皆自開汽車），豪華絕世。然美國人看不起他們。所以留住之者，此輩一走，美國金融將受波動也。實際上，此輩括來的錢無異送給銀行做生意。士嘉出國十一年，其妻有外遇矣。

聞潘序倫爲立信會計叢書，每月收入版稅三四千萬。予如能得其什一，便不致受人閑氣。

九月七號星期四（七月廿五）

寫王燦如，李平心，祝總駿信。擎宇派人送中國地理教科圖序例來，即改之。趙泉澄來。寫蔣述亮信。汪采齡、松林兩妹自蘇來。

高静一來。鈔商錫永、于鶴年兩函入筆記。寫文管會信，取錢。與汪氏兩妹到鐵路營業所購北京車票，冒雨游黄浦江邊及復興公園。出至淮海中路遇静秋，瑞蘭，同購物。五時許歸。

寫鍾芷修信。洗浴。潮兒哭，服藥眠，仍不安。

湲兒甚羨其姊之入托兒所，每晨必隨行，及抱出門必哭。今日送之入所，極高興。明日潮兒北行，伊即補缺矣。

九月八號星期五（七月廿六）

理物。（下缺）

一九五〇年十月，先到北京，繼與樹幟同到西北農學院，接洽農業挂圖編輯事。（本月未寫日記，不知手册中有否。）

十一月，由西安南歸，值志願軍援朝鮮，乘鐵皮車，經徐州返滬。到誠明文學院上"尚書研究"課。讀蘇雪林《天問裏的三個神話》。修改《中華人民共和國地圖説明書》。十九日，參加新史學研究會。

十二月，七日，到蘇州，參加人民代表會議，十二日回滬。十四日，參加抗美援朝運動游行。十九日起，病卧，看《曲海總目提要》。土地運動起。

一九五〇年十月

十月一號星期日（八月二十）

潮兒熱退，仍重傷風，與之到花圃及動物園。理書物。

飯後到張典卿處談。眠一小時半。起，整理日記訖。四時半，與静秋、潮兒同到文潤處，并晤愛松。文潤留飯。

與愛松、文潤及其女彭君同到天安門看烟火。九時許歸。

今日北京公務員、教員、學生等游行，凡七十萬人，以七十人爲一列。毛主席的手舉了半天。下午散隊後，街上始有車。夜間天安門前以高射炮放烟火，極奇麗之觀，萬頭攢動，煞稱熱鬧。

十月二號星期一（八月廿一）

周晶成、陳重寅來。樹幟來電話。與静秋，潮兒同出，予帶書籍到大中國，遇許輯五。與君匋、擎宇同訪田鵬，并晤其夫人（梁實秋女），其父田述基。

到芸圻家飯。到東單三條及東四三條訪樹幟，不得。到平伯處談。四時，到文匯報館，晤浦熙修，謝蔚明。君匋來，開出應接洽各處及大中國、亞光、人世間社三機關之出版方針與之。

六時，到大中國，遇屠思聰，竹安，竹林，同吃蟹。樹幟來談。九時歸。與静秋好合。

　　今午同席：吳辰伯　楊宗翰夫人　予夫婦及潮兒（以上客）芸圻夫婦（主）

十月三號星期二（八月廿二）

（下缺）

一九五〇年十一月

十一月一號星期三（九月廿二）

黃奮生來，同到王捷三處。奮生邀予與樹幟同到西大街興盛館吃鷄絲餛飩及柿餅。到西大，參觀圖書館，王芷章導，并晤趙殿卿。又參觀古物室，晤陳進宜。到奮生處，爲人寫字約四十件。在奮生家午飯已一時許矣。謝再善，霍世誠，劉亦珩來。

到大禮堂，爲史系學生講“史料與整理”一小時半。與奮生、進宜、樹幟父子同游碑林，看新得漢、唐、元大套明器及于右任所捐魏至宋墓志，李希平導。到教育部，晤副部長党清範。

歸，吳景敖來，同到群衆堂，看豫劇《白水灘》、秦腔《拷如姬》、京劇《打漁殺家》及《新紡棉花》，十一時歸。

十一月二號星期四（九月廿三）

黎小蘇來。史筱蘇來，同飯，長談。

出，遇王逸軒，到新世界理髮。到牧場晤宗恩澤。曾克毅來，邀予及樹幟父子至其家晚飯。

到西京招待所訪農院工程處諸君。購玩具贈仲軒。歸，理物。夜大雨。

十一月三號星期五（九月廿四）

三時半起，整裝訖，而汽車夫及買票人至五時方起，到站車已開。返交際處，與樹幟談。補記日記四天。看《辯證法的唯物論》。

三時上車站，遇余省三。四時，樹幟父子及省三西行。五時，予上東行車。六時飯。八時眠，仍雨。

十一月四號星期六（九月廿五）

天晴。七時到澠池，起身。續看《辯證法的唯物論》。

三時到鄭州，出站，排隊。五時，上鐵皮車，五時十分開。

八時過開封。一夜無眠。

今日乘鐵皮車，天突寒，閉門則悶，開門則寒不可耐。半日未進食。車無燈火，小偷多，時有警告，客皆不敢睡，莫不叫苦。予坐鋪蓋上，將兩皮包夾于兩股，而取燒酒徐飲之，挨過一宵，足凍而麻，甚辛苦矣。

十一月五號星期日（九月廿六）

五時到徐州，進車站食堂，進餐。雇車到玉舜處，并晤褚太太。與玉舜同到高大姐家，晤雁秋，并見高鳴。與雁秋，玉舜同到高鐵嶺家。又與同到基督醫院視振華及其新產子克明，并晤振華母王太太。到高大姐家取物後，與雁秋同到張仁傑處。回車站，雁秋代買票。同午飯。遇五金商曲君。

十二時上車，本擬看書，以眼澀不能，與古玩商羅伯恭談。旋閉目養神。

八時倚窗眠。十二時到南京，看報。又不能睡。

今日到徐覽報，知我軍已準備與美軍開戰，尚未入經濟建設階段而已作孤注一擲，此真大膽事。亦知其受人束縛，不得不如是也。

十一月六號星期一（九月廿七）

五時到滬，乘車站汽車返家，與家人談。洗浴。易衣。臥床，看《辛巳文錄》。文實來，同飯。

整理北京寄來書，未畢。蘇寄廎來。翻看北京寄來書。文實來，同飯。

看《習學記言》。眠甚佳。

自九月八日出門，至今日歸，適爲六十日。雖甚勞倦，而靜秋謂予轉豐腴，可見予之適于旅行生活也。使予無失眠疾者，予殆爲徐霞客矣。

聞此次之戰，中共中，劉少奇，高崗，林彪等主戰，周恩來，林祖涵，董必武等不欲，然劫持于人，毛主席亦不得不主戰矣。現在各校各工廠已簽從軍志願書。不但謂人父，亦且爲人死，冤哉！

十一月七號星期二（九月廿八）

抱湲兒送潮洪兩兒上學。到大中國，與振宇、君匋、湘嵐等談。到誠安處，并晤孫儆仁。到亞光編輯部，與擎宇談。留飯。與大夏等談。

到大中國取書包，即赴文物會，與翼謀、石公談。開委員會，自二時至五時。起潛叔來。看若干送會書畫及六朝寫經。看《辛巳文録》。

文實來。詩銘來，留飯。承名世來。

今日同會：徐森玉　吳仲超　沈尹默　尹石公　胡惠春　柳翼謀　汪旭初　沈邁士　劉汝醴

據上海人推測，此次之戰，明係蘇聯命令。蓋蘇欲牽制美國于東方，故先之以朝鮮，繼之以中國，俾其得應戰于西歐也。爲了史大林之想統一世界，不惜以友好之邦大量人民作犧牲，吾知其步希特勒之後塵矣。

十一月八號星期三（九月廿九）

重擬《尚書》學編輯計畫。聞轟炸聲。補記日記三天。寫容女士信。文實來，同飯。

到誠明，上"尚書研究"課兩小時（自周至南北朝）。到大中國，商農院契約事。

與諸兒嬉。看照片。

誠明本屆有學生一百七十餘人，情形轉佳，薪金已發至十二月矣。

十一月九號星期四（九月三十）

寫自珍信。到海光，與孔陽、進楷談。鈔蘇雪林《天問裏的三個神話》。遇曾昭燏。

與李平心談。德輝來。填誠明課計畫表，寫張承浚信。

與諸兒看照片。

自珍任南京市中課，每日往返下關，坐車震蕩，以致小產，寄去十萬元，作將養之費。

雪林兩稿，因寄廎約好星期日來取，只得趕鈔，并分與文實、義安鈔寫。

十一月十號星期五 （十月初一）

到海光，續鈔《天問裏三個神話》。

三時半出，乘三路車到大中國，與振宇、宣人、君匋會商農院契約事。呂叔達自渝來。七時歸。

兒輩睡後，續鈔五頁，至十時半，服藥眠。

十一月十一號星期六 （十月初二）

到海光，續鈔《天問裏三個神話》。

靜秋看屋，到海光，同歸。

鄭家舜、家範來。續鈔《天問神話》。

十一月十二號星期日 （十月初三）

鈔《天問神話》訖。寫蘇雪林信。校義安所鈔《昆侖之謎》。王培煒來。蘇繼卿來，留飯，同看書畫。

雇三輪車到亞光編輯部參加上海印刷公會大中國圖書局委員會成立會，報告出版會議情形，與謝瑞棠談。到誠安處談。

在亞光飯。九時歸。失眠，服藥。

三日來鈔蘇女士文，約五萬言，太緊張矣。

聞誠安言，嚴舜欽于上星期以盲腸炎逝世。此固時代之犧牲者，然一生做事不著力，提拔不起，又好吸烟飲酒，遂成二流子。否則如張又曾，縱所入少，尚不致餓死也。

　　今日同會同席：大中國局全體　亞光全體　中國史地社全體
謝瑞棠（上級工會）　　周□□（青年出版社）　　張維新　丁
小富　梅致中等　共六桌。

十一月十三號星期一（十月初四）

　　乘三輪車到澳門路中華書局，晤金子敦、姚紹華、華汝成。雇
車到北京西路，換乘一路電車，到大中國，與戈湘嵐、方泂、張幼
丞談，同飯。

　　到四馬路中華書局，晤舒新城，葉曉鐘，談武功農院出叢書
事。回大中國，校進步日記中所插文字。開會，討論武功契約，與
呂叔達、戈湘嵐談。

　　歸，加衣，雇車到法華路柴家赴宴。九時許，與趙景深同車歸。

　　今日同會：宣人　振宇　君匋

　　今日同席：蔣竹莊　趙景深　張承浚　錢小柏　李向英　柴
□□（以上客）　　柴中抱　徐千（群法）（以上主）

　　予出門兩月，大便已復正常，每天一次，但一歸滬，則無論
在家，在圖書館，每日又兩次（皆在上午）。今天跑了一天，又
爲一次。知生活不當安定，一安定腸胃即有毛病也。

　　予年來伏案、行路皆正常，惟俯首拾取一物，再站起時便會
作喘，此亦衰態也。

十一月十四號星期二（十月初五）

　　到海光，校文實所鈔《昆侖與四水》訖。理雜紙。

　　覺疲，小眠。翻看王照圓，梁端所注《列女傳》。到大中國，
寫樹幟公私兩函。與緯宇談。許公武先生來。

　　歸，以感冒故，少進飯。八時即眠。服發汗藥。

日來突然轉寒，而又兩夜出外赴宴，歸甚遲，以是致疾，幸服藥後稍瘥。

十一月十五號星期三（十月初六）

到海光，準備下午功課。

到誠明，上課兩小時（自唐至今《尚書》學之演進）。與楊大膺、辛品蓮、盧元、余楠秋等談。到震旦訪孫蔚廷，未晤。爲柴忠宦寫李青崖函。待電車半小時。

翻《習學記言》。以潮兒夜哭，失眠，服藥。

今日在呂班路上，以兩萬元買得《古史辨》四、六兩册，甚不貴。

淮海中路以雨後積水故，正翻修馬路，電車減少班次，以是擠甚，等待費時。

十一月十六號星期四（十月初七）

到海光，校蘇雪林《昆侖之謎》，訖。到合衆圖書館，晤起潛叔及煦華。

到大中國，取薪，與振宇、君匋談。寫左璺，浦熙修，田鵬信。到静安别墅訪蘇繼廎，并晤童宸山先生，看繼廎所藏唐人書及善本書。寫陳宗祥信，還《蠻三國》譯稿。

與諸兒看照片册。又爲潮兒哭醒，服藥。

頗欲爲諸兒買畫書，而走歷數攤，竟不能得，所陳者皆政治讀物也。政治力量之大，于此可見，而兒童應有之享受被剥奪矣！

十一月十七號星期五（十月初八）

到華汝成處。到海光，看王國維《釋史》、劉師培《古學起于史官》等文，寫《古代史官》一千字，未畢。

平心來談。

爲諸兒講《小仁兒》等書。理北京寄來書。

今日在圖書館工作一整天，而大便下至三次之多。我的身體真不許我坐定。若一忙，一天就只有一次了。這不知何病，當請醫生檢驗。

十一月十八號星期六（十月初九）

寫樹幟信。得振宇電話，囑將《中華人民共和國分省地圖》之説明書即速修改，因看八篇。

鄭家舜，家模來，爲家舜講"工具書"一小時。

理北京寄來書三包。

地圖説明爲張家駒君作，材料甚豐富，而文字嫌嚕囌晦澀，頗多應修改處。篇幅甚長，須費大工夫也。

十一月十九號星期日（十月初十）

到魯弟處，并晤王君。到振宇，擎宇處，均不遇。到大中國，看地圖説明一篇。劉開申、華汝成、方泂、戈湘嵐來，與君匋同商農業圖改編事，同飯。德輝來。遇魏建猷。

到新雅，參加新史學研究會，自二時至五時。出，到來薰閣及温知書社。孫實君來，同到蜀腴飯。

八時許歸，翻《烟嶼樓讀書志》。

今日同會：周谷城　周予同　呂誠之　金子敦　王蘧常　楊寬正　黃穎先　陳乃乾　潘碻基　陳旭麓　蔣天樞　胡厚宣　譚季龍　朱澂　姚紹華　伍蠡甫

今晚同席：予　孫實君（以上客）　孫助廉（主）

十一月二十號星期一（十月十一）

改地圖説明六篇。

與静秋到番禺路看屋，晤利美公司沙欣生夫婦。到大中國，與擎宇談地圖説明事。寫陳文元信，爲天花圖畫事。到誠安處。到孫實君處，冒雨歸。爲辛品蓮寫證明書。

理北京寄來書三包。

得成泉信，知其夫人將死。此人死，成泉得解放矣。

得恭三信，知渠介紹之朱學西君欲住禹貢學會，被趙肖甫虛聲恫嚇，竟未敢住。肖甫之把持學會如此！

十一月廿一號星期二（十月十二）

改地圖説明五篇。

到文管會，翻《金瓶梅》圖册。到天平路文管會古物陳列室，看陶、銅、甆器，參加開會。四時許出，乘十五路車到火車站。雇車到中史社，開社務會議。

應中史社之宴。九時半歸，服藥眠。

今日同會：徐森玉　吳仲超　沈尹默　汪旭初　沈邁士　柳翼謀　沈羹梅　劉汝醴

今日又同會：金擎宇　張家駒　凌大夏　劉思源　董石聲

今晚同席：徐勝記印刷廠徐聚良父子及其高級職員張、劉等諸君　大中國宣人、君匋、子喬、文發等　亞光振宇、緯宇、擎宇等（凡三桌）　中史社（主）

十一月廿二號星期三（十月十三）

到海光，準備下午功課。

到誠明，上課兩小時（研究古書與整理古書的方法，今文僞古文篇目）。歸，車中遇王揆生。

宴客。

今晚同席：孫實君　孫助廉　起潛叔（以上客）　予（主）

文實今日又赴港，送拜夫人也。

十一月廿三號星期四 （十月十四）

翻看《萬山綱目》。修改地圖説明兩篇（河北、平原、山西、察哈爾、山東、河南）。

翻看《曲海總目提要》。

翻看《曲海總目》。十二時，爲猫抓門驚醒，服藥。

十一月廿四號星期五 （十月十五）

華汝成來。與静秋到茂名南路，與沙欣生夫婦同到北京東路馬海洋行，商番禺路房屋事，無結果。到大中國，寫吳研因，許義生信。爲君匋題畫，改圖畫序。

修改地圖説明一篇（綏遠）。寫張伯達，金立輝信。到誠安處，并晤孫倣仁。冒雨歸。遇鈕師愈。

看《曲海總目》。

新華書店太能銷，所批本局圖太多，使我們將所有之錢全付在造貨上，還不够。固然生意好，但竟致周轉不來，不得不借債。故生意太壞固不好，即太好也不好。

大中國營業既好，編輯工作即須開展，予事便忙，震旦功課勢不能兼，決辭職，因作張院長函，將所取本學期四個月薪退還。

十一月廿五號星期六 （十月十六）

到海光，點《尚書》馬、鄭注及《孔傳》中《堯典》下半篇。

鄭家舜來，爲講考證學一小時半（人與書）。晤林同濟父子。寫伍蠡甫，傳角今信。

仁傑來，留飯、宿。看蘇聯兒童讀物三册。

近日兩眼均癢，早晨眼泚又多，不知何病。

聞仁傑言，徐州老毛子甚多，殆數千人，有兵有官。九里山下將築大飛機場。車票現甚難買。蘇聯官兵極度享受，不備精美之枕褥便不睡。彼之此來，即爲渠等購電料也。又言每個老毛子須三個中國兵伺候，月薪超八百萬，闊哉！

聞中朝軍收復八城之翌日，美軍投五萬燃燒彈，林彪部隊損失卅萬人。遂調劉伯承部往。今則調陳毅部矣。

十一月廿六號星期日 （十月十七）

到華汝成處，未晤。到李唐晏處，參觀其所藏佛像及舍利子。出，吃點。到大中國，開局務會議，自十時半至下午三時。

祝瑞開來。劉子亞來。余白墅來。四時歸，與靜秋同到杜美電影院看《他們有祖國》。仁傑來，留飯宿。

爲潮兒哭鬧，不成眠，服藥。

十一月廿七號星期一 （十月十八）

雁秋自徐州回。到華汝成處，仍未晤，與其夫人談。與靜秋到狄晝三處看病。到林毅處，晤其母劉孝瑾（林伯遵夫人）。

程恩（枕霞之女）來。補記日記四天。開此次旅行賬目。與靜秋到陳式湘處。

翻姚燮《今樂府考證》。

到狄醫生處，知予血壓高百六十，下一字爲八十。醫言胖不是好事，血壓因胖而增加。須每日休息兩小時，且作運動方好。眼病則係眼皮發炎，服消炎片數日當好。

聞雁秋言，車上遇走單幫者，與談，知近來黃表紙銷路最旺，以自江西運至山東者爲最多，蓋鄉村民眾受了時代之痛苦而不知痛苦之由來，遂相率敬神禮佛以藉轉變，如一貫道等組織蜂起，故燒黄表紙特多也。

十一月廿八號星期二（十月十九）

到海光，看予所著《堯典評論》，豫備明日課。

歸後冒雨到銅仁路訪金子敦，談中華繪圖員入大中國事，并晤其夫人。

與群兒嬉。看《録鬼簿》。服藥眠。

自出版總署成立後，壓低出版家贏利而提高著作家稿酬，從此無賣絶版權之事，凡從事寫作者大有前途。然如我輩之考據工作則不易爲大衆所接受，爲迎合一般人口味計，爲不冤屈自己工作計，頗擬撰"中國戲劇與故事"，并選雜劇傳奇爲若干集，以此原爲予早年之志願，故事之整理亦與予研究古史相證成也。如此願而遂，得較多之版税，即可專力從事古史學矣。

十一月廿九號星期三（十月二十）

到大中國，修改地圖説明一篇（遼東）。與張幼丞商編礦物圖。

到誠明，上課二小時（講《堯典》）。與俞劍華談。再到大中國，取圖片。

翻《曲海總目》。

十一月三十號星期四（十月廿一）

華汝成來。到海光，修改地圖説明四篇（遼西、熱河、吉林、松江）。

蔣述亮來，爲寫田他盦介紹片。翻《王十朋集》。記筆記一則。靜秋來，同到武康路口吃餛飩。歸，式湘夫人來。

爲兒輩講書。翻《曲海總目》。

今日大寒，當穿皮矣。

一九五〇年十二月

十二月一號星期五（十月廿二）

到金子敦處。到大中國，作一九五一年度出版計畫，應出版總署之命，即鈔清。寫左堮，李杭，高良潤，田鵬，聖陶，樹幟，譚季龍，齊致中信。田他盦來。陳宗舜來。

呂叔達來。與張幼丞談。到誠安處。歸，記親友通訊處于册。記日記三天。鴻鈞自醫院歸。

翻《曲海總目》。

大中國爲造貨，欠債近兩億，則以利息太薄，而供應則繁也。

十二月二號星期六（十月廿三）

到華汝成處，又未晤。到海光，改地圖説明三章（黑龍江、陝西、甘肅東部）。

鄭家舜來，爲講“讀書目”“校勘書”。

看《曲海總目》一卷。已入眠，爲潮兒夢魘哭醒，服藥。

十二月三號星期日（十月廿四）

改地圖説明兩章（甘肅西部、寧夏）。宴客，談話，自十一時至四時。

育伊來。與靜秋同到霞飛路買物。詩銘來，留飯。

翻《曲海總目》。服藥眠。

今午同席：簡香夫婦及其子琪康　汪和春及其子自新　誠安夫婦及其子德全、德平　德輝（以上客）　予夫婦（主）

十二月四號星期一（十月廿五）

到大中國，修改地圖説明一篇（青海），未畢。陳增敏來。歸飯，以洪兒三周歲也。

到合衆，與起潛嬸談。起潛叔來，同到程枕霞處談。出，到修文堂選書，又回枕霞家飯。

與雁秋同歸。翻《尚書譜》。失眠，服藥。

今晚同席：雁秋　起潛叔　予（以上客）　程枕霞（主）商開蠟像展覽會事。

十二月五號星期二（十月廿六）

到海光，點讀《皋陶謨》及王先謙《尚書孔傳參正》，準備明日課。

題新購書三則。到興國路蘭亭剃頭。

式湘夫人來。看《曲海總目》。

徐森玉先生來電話，謂汪旭初先生自蘇來信，蘇州人民代表會議將開，囑予務于本月八日前趕往，則予又須歸家一次矣。

十二月六號星期三（十月廿七）

王善業來。到大中國，爲君匋寫三聯及徐伯昕信。新華書店送社會發展史圖來，與戈湘嵐等同看。

到誠明，上課兩小時（《堯典》著作時代）。歸，到華汝成家，與蘇元復談工業挂圖事。同飯。

今晚同席：蘇元復　予（以上客）　華汝成夫婦（主）

十二月七號星期四（十月廿八）

理物。與靜秋，潮兒同上車，十二時四十分到蘇州，入合作社飯。適逢大雨。遇凌敬言。

歸，與二姐、龍書、崔冷秋、吳大姐等談。途遇許自琛。到榮社訪謝孝思，談。訪單束笙先生，未得。到蔣仲川處，值其中風臥病，就榻前談，晤其兩夫人及子婦。歸，到毓蘊處，并晤毓芬。

家中無電燈，早眠。又以初歸不易入眠，服藥。

仲川年六十，上月突中風，右臂麻木，經半月之醫治，今又能動，惟不及病前耳。渠辦繡谷，樂園兩公墓，惠及人民，今則政府令出墳糧。而作墳之家則星散，無從收取，只得由他賠出，言之甚氣。恐中風正有不少經濟原因。賠墳糧，一也。族人親友窮乏者屢來借錢，二也。作新墳者雖有，皆用極簡單辦法，掘一坑而下棺，不用石灰，不封不樹，無石工，渠言現在須作五十墳才抵得從前一墳，以前的起碼貨變成現在的頭號貨，公墓維持不下，三也。

十二月八號星期五（十月廿九）

九時，到榮社，參加蘇州各界人民代表會議協商委員會第二次全會，竟日。晚飯後到開明大戲院，參加抗美援朝演講會，予亦致詞。九時歸，喉啞矣！在會與王東年、李凌、徐步、俞鈺、莊畏仲、李印泉、汪旭初等談。

服藥眠。

今日同會：王東年市長　李凌黨主委　徐步宣傳部長　李印泉　汪旭初　謝孝思　莊畏仲　陶叔南　黃肇謨　沈澤蒼　阮昕惠廉等三十餘人　討論抗美援朝、冬防、穩定物價、成立生產救濟會等事。

今晚主席團：蔣宗魯（主席）　匡亞明　徐步　李印泉　黃肇謨　魯光　楊永清　汪旭初　陳錫寅　祁淑華　陶叔南　阮昕　莊畏仲　張賢福　盛善恩　及予，約四十人。

十二月九號星期六（十一月初一）

與靜秋、潮兒及二姐、魴魴到獅子林，穿假山，照相，飲茶。歸，到二孀處，并晤餘妹。到毓蘊處飯。

獨出，到單束笙先生處談。到李印泉先生小坐，并見其孫。到趙人驥處，并晤其兄人龍。途遇王季玉。

點王先謙《尚書孔傳參正·皋陶謨》篇。

昨聞電氣廠工程師阮昕報告，該廠所發電，原十分之六爲電燈，其四爲電力。近年工廠漸多，燈與力各半，今則燈二力八，非燈之少，乃力有急劇之擴展也。聞蘇州大小工廠有九百餘家，此大可喜。

今午同席：予夫婦及潮兒（客）　　又曾夫人、毓蘊、毓芬（主）

十二月十號星期日 （十一月初二）

報界甘蘭經來訪問。與靜秋、潮兒到張一貫處，并晤其妹一飛。出，到馬詩坰處，與其夫婦談。到侯漢聲處，晤其父子。歸飯。

獨出，到沈駿聲處，談。到汪旭初處，未晤，留條。到吳碧澄處，晤其夫婦及孫。歸，路遇古楳夫婦。歸，與靜秋同出，到吳緝熙夫人處，并晤其女慧貞與其夫文緯中，歸。路遇王慧貞。

徐德榮來。崔延齡自無錫歸，談。點《孔傳參正》。

蘇州將拆城牆，按蘇城周圍爲運河所包，拆城之後仍不便通行。如須造橋，則當橋址開城門可已。如拆城爲賣磚計，則拆城工資又儘够造磚。此事真可怪也。

十二月十一號星期一 （十一月初三）

開書室及古物室門，理書籍雜紙。趙人驥來。與靜秋、潮兒、人驥、魴魴同到玄妙觀，看動物。出，食湖州千張包子。歸，宴崔氏母女。馮淑琴携兒來，同飯。陳媽之女來。

沈勤廬來，長談。續理書物。傷風，身體不快，早眠。毓芬、毓芳來。

日來因氣候時暖時寒，傷風，鼻腫痛，眼亦紅腫。

今午同席：崔冷秋　崔延齡　姜二姐　姜玉蘭　高龍書　高玉華　馮淑琴（以上客）　予夫婦（主）

十二月十二號星期二（十一月初四）

寫留交詩銘信。寫謝孝思、協商會信，爲修橋事，交冷秋送去。理行裝。到元嬅處。又曾夫人、毓蘊來。飯後，十二時，上站，玉華送。

一時四十五分車開，四時到滬。歸，理物。遇王善業。孫守佩來，留飯。

祝瑞開來。

一夜安眠，今日霍然矣。

洪兒前日在托兒所嘔吐發燒，今雖愈，尚未到校。

十二月十三號星期三（十一月初五）

到大中國，與諸同人談。改地圖説明兩篇（新疆，瓊崖）。

到誠明文學院上課二小時（《皋陶謨》，未畢）。與張承浚談。與趙述庭、唐啓宇同到修文堂書店閲書。到林園吃麵。

遇陳逸民。再到誠明，參加勸説學生參軍會，予未畢會即歸。

潮兒今日喉痛發熱，照之發白，疑係白喉，延狄醫生視之，謂是扁桃腺發炎。

承浚告我，前日教部開會，謂各校如不參軍，即思想有問題，如參軍而多，減少學校收入，則教部可以貼補。故今晚勸説會，囑我必須參加，明日游行亦必去，藉以保衛誠明之安全。此真所謂威脅利誘矣。

十二月十四號星期四（十一月初六）

寫毓芬信。爲抗美援朝運動，八時，到大光明，以人滿，到大滬書場開大專教師會。十一時許，排隊游行。十二時許回大光明，進食。

二時半，看《攻克柏林》電影，五時許畢，即歸。

翻《陔餘叢考》。倦甚，早眠。

在會場所見諸友：胡繩武　祁龍威　郭紹虞　伍蠡甫　劉大杰　朱璵　譚季龍　章益　施蟄存　莊鳴山　高二適　誠明文學院十六人　此次游行，凡三千餘人。

今日游行，報端即載"老教授堅決要游行"，如此上下相欺，如何能有好結果。

十二月十五號星期五（十一月初七）

到惠中旅舍訪傳角今，擎宇來，同返。到大中國，改地圖説明一篇（江蘇）。十時始進點。寫謝蔚明，樹幟，莊鳴山，蘇元復信。

開局務會議。文實自港歸，談時局。

晚飯後歸。鍾素吾來。

昨夜眠極酣，足八小時方醒。予若放下筆竿，專事活動，則失眠疾可愈矣。

潮兒雖愈，仍傷風。

予到蘇一次，上海小報上已記其事，并稱爲"蘇州三老之一"（謂李印泉，汪旭初及予），可見予韜晦結果，仍受社會注目，其不自由如此。

十二月十六號星期六（十一月初八）

到海光，點讀惲敬《十二章圖説》，畢。

改地圖説明兩篇（浙江，安徽）。記筆記一則。施蟄存來。

到六合路九如赴宴，九時半歸。

今晚同席：傳角今　戈湘嵐　袁兆熊（以上客）　振宇　緯宇　擎宇　宣人　君匋　大夏　子喬　鏡湖　予（以上主）

今日風雪交加，撲人欲倒。予本應參加工商界游行，書局同人囑王榮德君代表，遂得藏海光一日。然以冒寒赴宴故，喉頭炎又作矣。

湲兒作吐，有熱。三個孩子接連生病，苦哉！

十二月十七號星期日（十一月初九）

補記日記十一天。程仰之夫人來。孫實君來。看新購書。譚季龍來，留飯。

與季龍同到海光，參加新史學研究會第九次座談會。李唐晏來。與諸兒嬉。

仰之夫人來，知仰之于今年三月逝世矣。渠病，日有熱度一度餘，疑是副傷寒，入南京大學附屬醫院，而是時適當南大集體學習，醫生亦不得免，因以耽誤，慘哉！其所作《中國神話研究》一稿尚未成，其夫人擬托予爲整理之。

今日同會：周谷成　周予同　潘硌基　王蘧常　譚季龍　史守謨　蘇孔英　蔡尚思　楊寬正　金子敦　姚紹華　伍蠡甫　李旭　（爲抗美搜集史料）

予重傷風，喉頭不舒，服消炎片。湲兒今晚起又高興。

十二月十八號星期一（十一月初十）

乘九路車到大中國，改地圖說明三篇（江西，湖北，湖南）。爲君匋看童話稿三篇。寫伯祥，田鵬，周慶基函。

寫學習問答一紙。誠安來。余白墅來。

黃永年來，爲題其所得《汴圍濕襟錄》。與文實談。

　　沈顔閔自蘇州漁墅關來，言鄉間自地主至貧農無不怨幹部者。人家之物無不分，而幹部所取特優。人家無飯吃，而幹部日日上館子。此更甚于國民黨時代之區分部矣。

　　美國新聞發表將來之轟炸區，瀋陽，長春，北京，天津，南京，上海無不在焉，我輩不知是不是劫數中人？予頗欲將家移往蘇州。

十二月十九號星期二（十一月十一）

　　華汝成來。與靜秋同到廣慈醫院治目疾，上藥。歸，徐瀚澄夫婦來。長談。留飯。

　　到海光，準備明日課，而體憊不勝，遂雜翻書。與林毅同步歸。以體不舒，早眠。

　　醫謂予左眼網膜發炎，蓋自上月鄭徐車中所起。近日咳嗽多痰，今日竟渾身無力，似將大病者，幸熱度不高。

　　前日蟄存見告，北京正令翦伯贊輩改變黃巢，李自成爲農民起義之説法，蓋此原爲未取得政權時語，今已成正統，自不容他人起義矣。此正如解放前鼓勵工人罷工，而今則不許罷工也。

十二月二十號星期三（十一月十二）

　　雁秋送三姐回蘇。臥床，看《曲海總目提要》三卷。

　　文實來。

　　靜秋勸予休息，因眠。

　　玉華報名參軍，而三姐不欲，昨日得信一夜無眠，且不食，故雁秋送之歸以守之。此事不知使多少父母椎心飲泣。聞七佺女亦欲參加。聞政府所以發動青年參加軍校，即爲撤退之準備。華南有放棄説。

十二月廿一號星期四（十一月十三）

卧床，看《曲海總目》三卷。

鄭家舜及其弟來。

祝瑞開來。

服消炎片多，胃納不佳，每頓進挂麵一碗。

前日徐瀚澄來，談及蘇州人家如何維持。渠謂現在只有把金首飾出賣，然不久即將賣完，届時如何維持實想不出。

十二月廿二號星期五（十一月十四）

看《墨子姓氏考》。孫實君來。看《曲海總目》三卷。翻顧實《穆天子傳講疏》。

翻柳亞子《懷舊集》及林庚白《麗日樓自選詩》。

今日下午，潮兒發熱，高至一百〇三度。蓋今晨往迪化公園打滑板，覺熱，歸來坐車又受寒也。此兒真無抵抗力！

蘇州開援朝會，又聘予任民主人士代表。予那有此工夫奔跑，又那有錢作旅費耶！

十二月廿三號星期六（十一月十五）

看《曲海總目》兩卷。紹虞來，留飯。仁杰自徐州來。

狄醫生來，診予與潮兒疾。雁秋自蘇回。

狄醫謂予係氣管支炎，再有四日可好。渠量予血壓，知上字百四十，下字七十，極理想。予近日眠頗安，即以此故。

紹虞為前進教授，且為華東區監察委員，然渠亦對現政府所為大不滿意，然則更有誰人滿意耶？

侯漢聲在觀前街開藥房，兼做西醫，予前日往觀，覺其甚頹唐。今日雁秋回，知其日前為了付某項捐税十四萬元，本鋪拿不出，到鄰近熟鋪借之亦借不到。蘇州市面萃于觀前街，而觀前鋪子之窮如此，誠可嘆矣！

十二月廿四號星期日（十一月十六）

看《曲海總目》兩卷。德輝來，留飯。

詩銘來，留飯。

德輝謂抗戰中曾看《蘇聯內幕》一書，現在政府即據蘇聯舊法而行，凡蘇聯所犯之偏差今亦俱犯，是知上下層間原未脫節，而今日所發生之偏差，政府亦明知之也。

十二月廿五號星期一（十一月十七）

沈勤廬自蘇來。呂叔達來。起床，理髮。雜翻書。

補記日記六天。寫戈湘嵐信，開西北農學院重要教職員名單。寫樹幟信。

看《孤本元明雜劇提要》半卷。

臥床五日，今日起身，軟極矣，然蘊伏之病庶幾一清。

今日上午，湲兒又發熱，高至百〇二度。

蘇州曲園仍爲俞宅產，而平伯近來手頭窘甚，其父喪後又有逋負，出不起捐稅，願歸公家。予爲勤廬言之。此次蘇南區圖書館開會，勤廬將此事道之，羣贊成。如能將曲園辦成一圖書館，亦蘇人之幸也。

十二月廿六號星期二（十一月十八）

寫振宇，擎宇，伯祥，季龍信。修改地圖說明三篇（福建、臺灣、廣東）。

看《孤本元明雜劇提要》畢。

與文實談。

得張令璆信，知其尊人鴻汀先生未刊遺稿完全散佚，此關係西北文獻者甚大，至可惜也。

　　潮兒今日熱退至六分。惟湲兒仍有熱三度許。予痰嗽仍多。

十二月廿七號星期三（十一月十九）

　　改地圖説明稿二篇（廣西、貴州）。看《曲海總目》一卷。
寫文管會，蔣述亮信。詩銘來，留飯。與詩銘，文實長談。

　　近日各地槍斃人極多，報紙有載有不載。徐州楊文炳君即于
本月三號被解至東鄉所殺，而報不見。除鎮壓特務外，亦以土改
而殺"不法地主"。聞有些鄉村本無大地主，幹部爲執行任務，
即以富農充作地主而殺之。又有些地方，大地主甚得農民好感，
令開鬥爭會而不予鬥爭，因不能達成任務而殺之者。鄉村間暗無
天日，遠非城市中我輩所可想象。

十二月廿八號星期四（十一月二十）

　　華汝成來。改地圖説明稿二篇（四川、西康）。寫莊鳴山信。
寫振宇、君匋信。

　　看文實新作之《木蘭辭時代考》，與談。

　　潮兒今日出水痘，滿身紅點，乃知渠一星期來之病即爲此
也。湲兒寒熱仍有八分，惟興致甚好。

　　予咳嗽亦較昨日稍好，仍服克利西佛。

十二月廿九號星期五（十一月廿一）

　　張伯達來。爲雁秋改所作蠟像展覽引言。看《曲海總目》兩
卷。爲大中國寫蘭州某合作社信。

　　鄭家舜來。狄醫生來。

　　狄醫謂潮兒係假痘，即假性天花。恐即廿二日到迪化公園所
傳染。什麼病她都犯到！

十二月三十號星期六（十一月廿二）

改地圖説明稿一篇（雲南）。看《曲海總目》一卷。寫張禮千，金竹如，張伯達，李季谷信。

十二時，湲兒哭，予遂不能寐，服藥無效。

潮兒受了氣，吞聲飲泣。洪兒受了氣，號咷大哭。湲兒受了氣，一聲不響，尋間報復，或告之尊長，請予打擊。以此知三孩中，以湲爲最有辦法。

十二月卅一號星期日（十一月廿三）

改地圖説明稿一篇（内蒙自治區）。看《曲海總目》二卷，上函畢。德輝來，留飯。戈湘嵐來。

與文實談。

大前夜潮兒周身發癢，爲之爬搔，前夜昨夜又均爲湲兒夢哭而醒。三夜不得佳眠，今日困倦難言，勉强工作，實不任矣。

晚成堂全集（理想的成就）

甲集　研究論文　　　　　　　古史辨自序

（一）民族史之部

  1. 三皇考　　　　　　　　　東夷語試探

  2. 五德終始説下的政治和歷史　燕國曾居汾水流域考

  3. 昆侖傳説與羌戎文化　　　禹考

  4. 從四岳九州説看羌戎文化

  5. 公亶父非太王考

  6. 吳越史事考

  7. 古代巴蜀與中原的關係

（二）疆域史之部

  1. 五藏山經試探　　　　　　讀爾雅釋地以下四篇

2. 海經的整理　　　　　　讀周官職方

3. 禹貢著作時代考　　　　畿服説探源

4. 春秋時代的縣　　　　　州與岳的演變

5. 戰國時的郡縣

6. 兩漢州制考

（三）思想史之部

1. 禪讓傳説起于墨家考　　孔墨孟荀的關係

2. 從呂氏春秋推測老子的　孔子何以爲聖人而不爲
　　成書年代　　　　　　　神人

3. 堯典著作時代考　　　　堯典二十有二人説

4. 洪範著作時代考

5. 王制著作時代考

6. 月令著作時代考

7. 大學溯源

8. 皋陶謨著作時代考

9. 製器説考

（四）學術史之部

1. 周易卦爻辭中的故事　　戰國秦漢的造僞與辨僞

2. 論詩經所録全爲樂歌　　左傳豫言考

3. 詩經的厄運和幸運　　　康有爲學術地位的評定

4. 論禮的推致　　　　　　司馬談作史考

5. 詩起興考

6. 史記取材的分析

7. 今古文問題的批判

8. 左傳與國語

9. 春秋戰國史的分期

（五）社會史之部

1. 四民説探源　　　　　　　春秋時代的霸主

2. 春秋時代的氏族制

3. 春秋時代的階級倒墜

4. 秦漢的奴隸制

5. 社祀考

6. 九族説探源

7. 五服説探源

8. 三年之喪考

9. 古代的繼承法

（六）其他

1. 孟姜女故事考　　　　　　妙峰山的香會

2. 六月雪故事考　　　　　　八仙考

3. 吳歌小史

4. 楊惠之造象考

5. 曹寅年譜

乙集　專著

1. 中國古代史

2. 中國古代思想史略

3. 當代中國史學

4. 近世學人著述考

5. 古史鑰

6. 考證學略説

7. 古代學術文鈔（清以前）

8. 近代學術文鈔（清至今）

9. 唐以前文類編

10. 古史料選讀

11. 假定本國語

12. 先秦學案

13. 兩漢學案

14. 尚書今譯

15. 皮錫瑞經學通論校注

16. 史記整理（注、圖、詞釋、索引）

17. 左傳整理（同上）

左傳圖注
（先　作）

1. 本文標點注解

2. 地圖（分國）

3. 世系表（視陳厚耀本增婦女）

4. 大事表

5. ｛爵姓表
　　世卿表

6. 器物圖

7. 官制表

8. 天文圖

9. 曆法表

左　傳　析
（後　作）

1. 左氏經説（與公、穀校）

2. 左氏事校（與國語、史記、諸子校）

3. 假定本國語（分國）

4. 左氏豫言考

成此後作"春秋學"

18. 帝繫考

19. 王制考

20. 道統考

21. 經學考

22. 尚書學

23. 春秋學

24. 詩經學
25. 三禮學
26. 周易學
27. 周漢諸子彙編
28. 歷代史志彙編
29. 歷代四裔傳彙編
30. 蘇州史話
31. 西北史話
32. 吳歌集
33. 尚書通檢
34. 春秋通檢
35. 辨僞叢刊
36. 元雜劇本事
37. 崔東壁遺書
38. 姚立方遺書
39. 性情集
40. 紅樓夢討論集
41. 鄭樵及其著述
　　中國古代地理材料集
　　中國疆域沿革史
　　中國史談
　　中國地方史談
　　目錄書目
　　經學書目
　　目錄學（一，分類學；二，版本學；三，藏書史）
　　標點本十三經
　　春秋史事辨

丙集　雜類

　　1. 筆記　　　　　　　　　　古史辨序文

　　2. 年譜

　　3. 日記　　　　　　　　　　辛未訪古日記

　　4. 自傳　　　　　　　　　　西北考察日記

　　5. 雜文集（上游集、東隅集、桑榆集）

　　6. 少作

　　7. 游記

　　8. 書目

　　9. 古器物目

　　10. 通信集

　　11. 先人文字合輯

以下的幾部古史書，最好由我一手整理，合編爲"古史彙函"。

　1. 尚書　　　　　2. 春秋　　　　　3. 國語

　4. 左傳　　　　　5. 竹書紀年　　　6. 逸周書

　7. 穆天子傳　　　8. 世本　　　　　9. 楚漢春秋

　10. 戰國策　　　11. 史記　　　　12. 漢書

　13. 水經注　　　14. 山海經　　　15. 吳越春秋

　16. 越絕書　　　17. 蜀王本紀